鼎城年鉴

（2016）

DING CHENG NIAN JIAN

常 德 市 鼎 城 区 人 民 政 府 主 办

常德市鼎城区人民政府地方志办公室主编

方志出版社

Publishing House of Local Records

图书在版编目(CIP)数据

鼎城年鉴．2016 / 常德市鼎城区人民政府方志办公室编．— 北京：方志出版社．2017.12
ISBN 978－7－5144－2848－3

Ⅰ．①鼎…Ⅱ．①常…Ⅲ．①区（城市）—常德—2016—年鉴 Ⅳ．①Z526.43

中国版本图书馆 CIP 数据核字(2017)第 315948 号

鼎城年鉴（2016）

编　　者：常德市鼎城区人民政府地方志办公室
责任编辑：李志瑜

出 版 人：冀祥德
出 版 者：方志出版社
　　地址　北京市朝阳区潘家园东里 9 号（国家方志馆 4 层）
　　邮编　100021
　　网址　http://www.fzph.org
发　　行：方志出版社图书经销中心
　　电话（010）67110500
经　　销：各地新华书店
印　　刷：常德市鼎城区草坪印刷厂

开　　本：889×1194　　1/16
印　　张：29.37
字　　数：743 千字
版　　次：2017 年 12 月第 1 版　　2017 年 12 月第 1 次印刷
印　　数：0001～2000 册

ISBN 978－7－5144－2848－3　　定价：298.00 元

鼎城区地方志编纂委员会

名誉主任：杨　易

主　　任：朱金平

顾　　问：杨　君　韩才渊

副 主 任：王时雨　李卫民　王明东　瞿政前　朱正权
林红华　王少贤　刘新远　雷建国　杨　凡

委　　员：李三葆　孙华伟　陈　宏　舒　伟　杨　斌
何奕波　董宏志　王志新　李国忠　李书跃
钟兴满　潘文斌　马庆云　涂华军　陈顺来
林新忠　杨　珂　钟伟胜　李勇岗　聂建平
马永祥　曾世平

鼎城年鉴编辑部

主　　编：雷建国

副 主 编：杨　凡

执行主编：曾世平

编辑部主任：官姿伶

责任编辑：金柯羽　陈　欣　郑运莲　谭宏君　李艳平

抢抓新机遇

建设新江南

鼎城区行政区划图
中河口镇
蒿子港镇
周家店镇
石公桥镇
十美堂镇
祝丰镇
韩公渡镇
牛鼻滩镇
镇德桥镇
双桥坪镇
蔡家岗镇
石板滩镇
灌溪镇
金凤
龙泉
西洞庭管理区
常德市
武陵区
鼎城区
安乡县
石门县
澧县
津市市
临澧县
桃源
汉寿
南县
安乡
石门县
蒙泉镇
马鬃岭镇
盘塘镇
架桥镇
太浮镇
西新岗镇
锋火乡
白衣镇
毛里湖镇
药山镇
安丰乡
大鲸港镇
深柳镇
安康乡
下渔口镇
陈家嘴镇
西港镇
西湖镇
西洲乡
罐头嘴镇
洲口镇
白鹤镇
柳叶湖
河洑镇
长庚
穿紫河
芙蓉
丹阳
七里桥
芷兰
南坪
永安
东江
陬市镇
木塘垸乡
枫树维吾尔族回族乡
群英水库
王家垱水库
长岭岗水库
田河水库

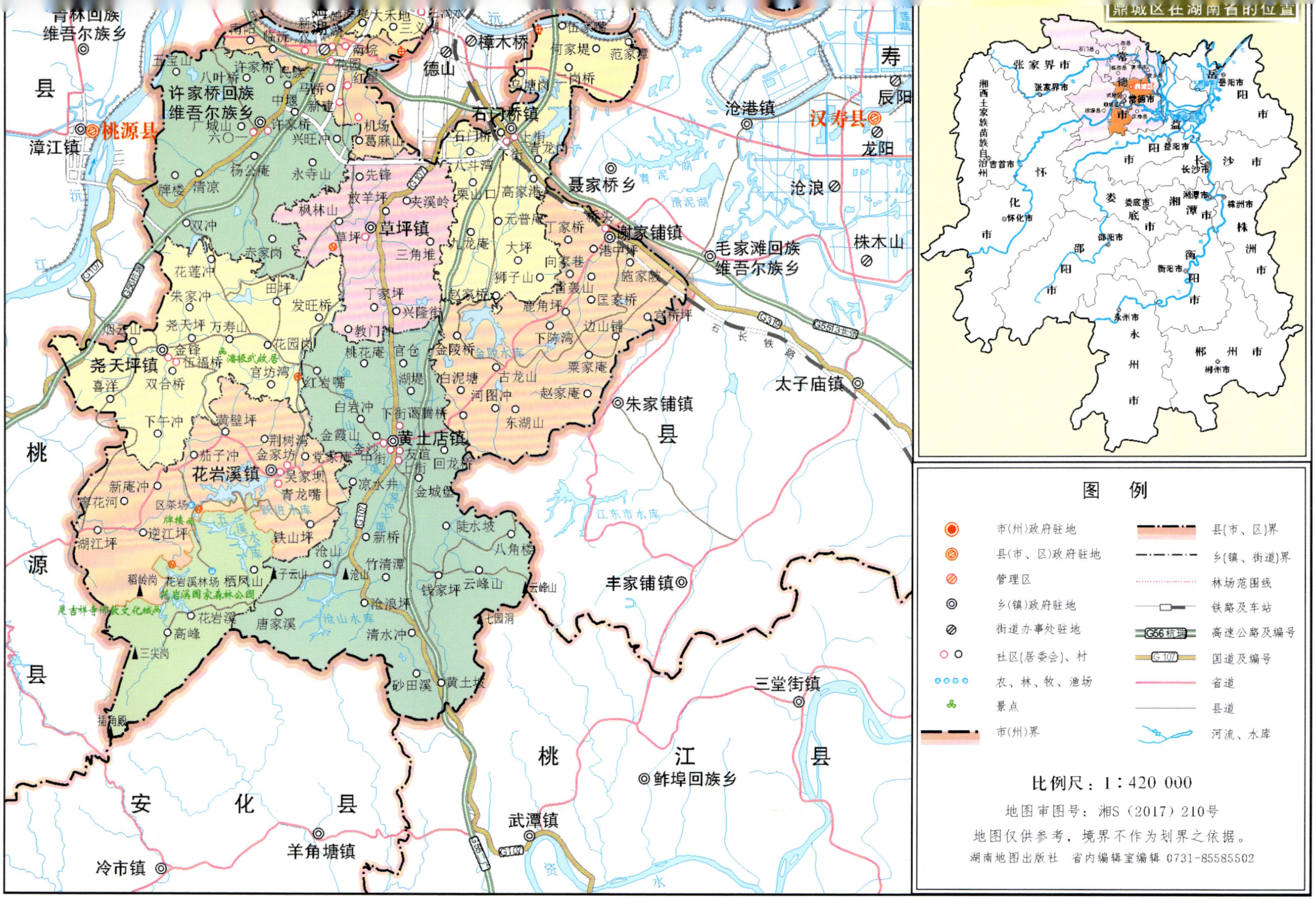
鼎城区在湖南省的位置
桃源县
漳江镇
青林回族维吾尔族乡
许家桥回族维吾尔族乡
石门桥镇
德山
樟木桥
草坪镇
尧天坪镇
花岩溪镇
黄土店镇
谢家铺镇
聂家桥乡
毛家滩回族维吾尔族乡
沧港镇
沧浪
汉寿县
龙阳
辰阳
株木山
太子庙镇
朱家铺镇
丰家铺镇
三堂街镇
鲊埠回族乡
武潭镇
羊角塘镇
冷市镇
桃江县
安化县
桃源县
图例
市(州)政府驻地
县(市、区)政府驻地
管理区
乡(镇)政府驻地
街道办事处驻地
社区(居委会)、村
农、林、牧、渔场
景点
市(州)界
县(市、区)界
乡(镇、街道)界
林场范围线
铁路及车站
高速公路及编号
国道及编号
省道
县道
河流、水库
比例尺：1：420 000
地图审图号：湘S（2017）210号
地图仅供参考，境界不作为划界之依据。
湖南地图出版社　省内编辑室编辑　0731-85585502

推进二次创业　建设现代鼎城

常德市委书记王群调研湖南常德高新园区建设工程

常德市委副书记、市长周德睿调研江南临江棚改工程建设

常德市人大常委会主任刘明率人大代表到鼎城区视察

常德市政协主席李爱国视察鼎城区城市规划建设

鼎城区委书记杨易调研乡镇经济发展情况

鼎城区委副书记、区长朱金平调度沅澧快速干线建设

鼎城区人大常委会主任杨君视察脱贫攻坚工作

鼎城区政协主席韩才渊视察水资源保护工作

编 辑 说 明

一、《鼎城年鉴》是由常德市鼎城区人民政府主办、常德市鼎城区人民政府地方志办公室主编的地方综合年鉴。2007年创刊，每年编辑一卷。《鼎城年鉴(2016)》为第10卷。

二、《鼎城年鉴(2016)》以马克思列宁主义、毛泽东思想、邓小平理论、“三个代表”重要思想、科学发展观、习近平新时代中国特色社会主义思想为指导，坚持辩证唯物主义和历史唯物主义的立场、观点和方法，围绕“三城四区五中心”新江南建设，全面、系统地记载2016年鼎城区政治、经济、文化和社会发展的基本情况，为广大读者了解鼎城区提供基本信息资料。

三、《鼎城年鉴(2016)》记述时限为2016年1月1日～12月31日，采用分类编辑法，设类目、分目、条目3个层次，条目为记述基本层次。全书设类目29个、分目199个、条目383个，配有表格35个，主要以各乡镇村级合并情况为主。

四、本卷年鉴框架结构基本保持稳定，略有调整。原“纪检·监察”类目改为“纪检监察工作”分目，调整至“中国共产党鼎城区委员会”类目下；原“法治·军事”内目调整为“法治”“军事”2个独立类目；原“专题”“乡镇场·街道”“地方文献”3个类目依次调整为“专辑”“乡镇·街道·场”“重要文件”。

五、《鼎城年鉴(2016)》收录范围为区属乡镇、街道、场，区直副科级以上行政企事业单位及中央、省、市驻区单位。年鉴初稿由各单位安排专人撰写，经单位领导签字盖章后，交由鼎城年鉴编辑部编辑。年鉴中凡涉及鼎城经济和社会发展全局的数据，均以鼎城区统计局提供的为依据，统计年鉴中没涉及到的数据及各单位提供的为依据。

六、本年鉴的编辑出版，得到全区各级各部门和驻区各单位的大力支持，广大编撰人员为之付出了艰辛劳动，在此一并表示感谢。由于成书仓促，不足之处，敬请广大读者批评指正。

编 者

2017年9月

目　录

特　载

专　文

专　辑

大 事 记

区情概览

中国共产党鼎城区委员会

鼎城区人民代表大会常务委员会

鼎城区人民政府

中国人民政治协商会议鼎城区委员会

民主党派·工商联·群众团体

法 治

军 事

经济监督管理

财政·税务

金　融

农业·林业

水　利

工　业

商务·旅游

城市建设与管理

交通·邮政·通信

教育·科技

文化·卫生

人力资源和社会保障

乡镇·街道·场

资证论坛

重要文件

附　录

索　引

彩　页

表　格

特载

Special Records

中国共产党常德市鼎城区第十二次代表大会

中国共产党常德市鼎城区第十二次代表大会

中国共产党常德市鼎城区第十二届委员会常委简介

鼎城区第十七届人民代表大会

鼎城区第十七届人民代表大会主任会议成员简介

鼎城区人民政府领导简介

中国人民政治协商会议常德市鼎城区第九届委员会

鼎城区政协第九届委员会主席会议成员简介

中国共产党常德市鼎城区第十二次代表大会

2016年8月29–31日，中共常德市鼎城区第十二次代表大会在鼎城人民会堂隆重召开，出席本次大会代表368名(应到代表372名,因病、因事请假4名)。会议听取和审查了中国共产党常德市鼎城区第十一届委员会工作报告和中国共产党常德市鼎城区纪律检查委员会工作报告，与会代表经举手表决,一致通过关于《中国共产党常德市鼎城区第十一届委员会工作报告的决议》、关于《中国共产党常德市鼎城区纪律检查委员会工作报告的决议》和《关于选举鼎城区出席常德市第七次党代会代表的选举办法(草案)》。会议选举产生了中共常德市鼎城区第十二届委员会和区纪律检查委员会,杨易、朱金平等45名同志当选为中国共产党常德市鼎城区第十二届委员会委员，王明东等21名同志当选为中国共产党常德市鼎城区纪律检查委员会委员。会议还选举了王群、杨易等51名同志为出席常德市第七次党代会代表,李书跃、徐杰等10名同志为中国共产党常德市鼎城区第十二届委员会候补委员。

中国共产党常德市鼎城区第十二届委员会委员、候补委员合影

中国共产党常德市鼎城区第十二届委员会常委简介

杨　易　鼎城区委书记。男，1962 年 5 月出生，汉族，湖南桃源人，本科学历，1983 年 8 月参加工作，1984 年 10 月入党。

工作简历

1980.9~1983.7　湖南农学院常德分院农学专业学生；

1983.8~1984.11　桃源县鄢家溪公社干部，1984 年 2 月副乡长；

1984.12~1986.11　共青团桃源县委副书记；

1986.11~1988.7　湖南省委党校党务专业本科培训班学员；

1988.7~1989.1　桃源县委办公室副主任；

1989.2~1989.3　桃源县委宣传部副部长；

1989.4~1990.12　桃源县政府办副主任，1989 年 12 月兼县经改办主任；

1991.1~1992.7　桃源县马宗岭乡党委书记，1992 年 1 月兼陬溪区委副书记；

1992.8~1995.9　桃源县陬市镇党委书记，1995 年 4 月明确副县级待遇；

1995.9~1999.5　桃源县政府副县长；

1999.5~2001.1　常德市旅游局副局长、党组成员；

2001.2~2002.5　石门县政府副县长；

2002.5~2007.3　石门县委常委、县政府副县长；

2007.3~2009.9　常德市城管执法局党组书记，2007 年 4 月局长、党组书记；

2009.10~2013.3　澧县县委副书记、县政府副县长、代县长，2010 年 3 月当选县长；

2013.3~2016.7　鼎城区委副书记、区政府区长候选人，2013 年 5 月当选区长；

2016.7~　　　鼎城区委书记。

朱金平　鼎城区委副书记、区人民政府区长。男，1966 年 12 月出生，土家族，湖南石门人，本科学历，1988 年 7 月参加工作，1987 年 6 月入党。

工作简历

1985.9~1988.7　湖南农学院常德分院学生；

1988.7~1988.12　石门县司法局干部、团支部书记，县委政法委干部；

1988.12~1996.9　常德市财政局干部、团支部书记、1993.9 人教科副科长，1996.5 主任科员

其中：1993.8~1995.12　参加中央党校函授学院财经管理专业本科学习毕业；

1996.9~2003.8　常德市委组织部干部三科正科级干部，1997.11 副科级组织员，2000.3 干部一科副科长，2001.2 正科级组织员，2002.8 援藏办主任；

2003.8~2005.8　常德市委组织部干部监督科

科长；

2005.8~2011.6　临澧县委常委、组织部部长；

2011.6~2013.10　澧县县委常委、县政府副县长（常务）；

2013.10~2015.4　汉寿县委副书记；

2015.4~2015.9　常德市广播电视台台长、党委副书记；

2015.9~2016.7　常德市广播电视台台长、总编辑、党委副书记；

2016.7~2016.11　鼎城区委副书记、区人民政府代区长；

2016.11~　　鼎城区委副书记、区人民政府区长。

王时雨　鼎城区委副书记。男，1976 年 6 月出生，汉族，湖南长沙人，本科学历，工商管理硕士学位，1995 年 8 月参加工作，2000 年 5 月入党。

工作简历

1992.9~1995.6　浏阳师范学校学习；

1995.8~2002.10　长沙市雨花区兴隆小学、和平小学教师（其间：1995.12~2000.6　湖南师范大学汉语言文学专业自考本科学习；

1999.8~2001.12　中央党校函授学院本科班经济管理专业学习）

2002.10~2004.1　长沙市雨花区高桥街道办事处工作；

2004.1~2005.4　长沙市政府办公厅秘书一处科员；

（2001.9~2004.6　湖南师范大学汉语言文学专业函授本科学习）

2005.4~2006.12　长沙市政府办公厅副主任科员；

2006.12~2007.10　长沙市政府办公厅主任科员；

2007.10~2008.8　长沙市政府办公厅农村处副处长（正科）；

2008.8~2010.3　湖南省政协办公厅秘书处正科级干部；

2010.3~2014.12　湖南省政协办公厅秘书处副处级干部；

（2005.4~2013.10 湖南大学工商管理专业学习，获工商管理硕士学位）

2014.12~2016.8　湖南省政协办公厅离退处调研员；

2016.8~　　鼎城区委副书记。

李卫民　鼎城区委常委、区人民政府副区长。男，1964 年 12 月出生，汉族，天津人，本科学历，1984 年 7 月参加工作，1994 年 6 月入党。

工作简历

1982.7~1984.7　常德供销学校学生；

1984.7~2007.9　桃源县财政局工作，1998.2 副局长、党组成员，2001.3 局长、党组副书记，2002.3 局长、党组书记，其中：1986.12 获得会计自考大专文凭；

2007.9~2011.6　桃源县委常委、县委办主任；

2011.6~2015.9　桃源县委常委、县政府副县长、统战部部长，2013.11 免统战部部长；

2015.9~2016.8　常德市经信委副主任、党委副书记（排第一）；

2016.8~2016.11　鼎城区委常委、区人民政府副区长（常务）候选人；

2016.11~　　鼎城区委常委、区人民政府副区长（常务）。

王明东　鼎城区委常委、区纪委书记。男，1972 年 10 月出生，汉族，湖南安乡人，本科学历，1994 年 7 月参加工作，1993 年 12 月入党。

工作简历

1990.9~1991.7　中国人民解放军南昌陆军学院学员；

1991.9~1995.7　复旦大学国际政治系行政管理专业学生；

1995.7~1996.8　德山乡政府秘书、团委书记、组织干事；

1996.8~1999.7　德山乡党委委员、办公室主任；

1999.7~2001.4　德山开发区管委会办公室副主任；

2001.4~2004.12　德山开发区工委、管委办公室主任；

2004.12~2005.12　常德市委办综调室、秘书科干部；

2005.12~2007.4　常德市委办秘书科副科长；

2007.4~2009.9　常德市委办秘书科科长；

2009.9~2011.6　常德市国家保密局副局长；

2011.6~2016.8　汉寿县委常委、县委办主任；

2016.8~　　鼎城区委常委、纪委书记。

瞿政前　鼎城区委常委、统战部部长。男，1975年8月出生，汉族，湖南汉寿人，本科学历，1994年7月参加工作，1996年5月入党。

工作简历

1991.9~1994.7　常德师范学校学生；

1994.7~2001.1　汉寿县西港镇干部；

2001.1~2003.3　汉寿县西港镇党委副书记，2001.3镇长；

2003.3~2007.9　汉寿县东岳庙乡党委副书记、乡长；

其中：2001.8~2003.12参加中央党校函授学院经济管理专业本科学习毕业；

2007.9~2009.11　汉寿县东岳庙乡党委书记；

2009.11~2010.3　常德市广电局副局长、党委委员；

2010.3~2011.6　常德市文化市场执法局副局长、党组成员；

2011.6~2016.8　武陵区政府副区长候选人，2011.7当选副区长；

2016.8~　　鼎城区委常委、统战部部长。

朱正权　鼎城区委常委、区政法委书记。男，1972年1月出生，汉族，湖南鼎城人，研究生学历，1994年7月参加工作，1994年5月入党。

工作简历

1990.9~1994.7　湘潭师院物理系学生；

1994.7~1996.7　常德市粮油总公司上海期货部干部；

1996.7~1997.3　常德市粮食局办公室干部；

1997.3~2007.3　常德市委编委办事业单位登记管理科干部；

2002.1登记管理科科长，2005.9机构编制一科科长；

2007.3~2010.10　常德市委编委办副调研员

其中：2004.9~2007.7　参加省委党校函授学院在职研究生经济管理专业学习毕业；

2010.10~2011.6　澧县人民政府副县长候选人，2010.12当选副县长；

2011.6~2012.9　澧县县委常委、县委办主任；

2012.9~2013.10　鼎城区委常委、区委办主任；

2013.10~2015.9　鼎城区委常委、统战部部长、副区长候选人，2013.12当选；

2015.9~2016.8　鼎城区委常委、副区长；

2016.8~2016.11　鼎城区委常委、政法委书记、区政府副区长；

2016.11~　　鼎城区委常委、政法委书记。

林红华　鼎城区委常委、宣传部部长。女，1978年5月出生，汉族，湖南临澧人，研究生学历，1996年9月参加工作，2001年6月入党。

工作简历

1996.9~2003.10　临澧县交通局干部；

2003.10~2005.11　临澧县委组织部科员；

2005.11~2007.11　共青团临澧县委书记、党组书记；

2007.11~2009.12　临澧县杉板乡党委副书记、乡长；

2009.12~2011.6　临澧县杉板乡党委书记；

2011.6~2012.9　安乡县委常委、宣传部部长；

2012.9~2013.8　安乡县委常委、县政府副县长候选人、统战部部长，2012.11当选副县长；

2013.8~2016.8　安乡县委常委、县政府副县长；

2016.8~　　鼎城区委常委、宣传部部长。

王少贤　鼎城区委常委、组织部部长。男，1966年7月出生，汉族，湖南沅江人，本科学历，1983年10月入伍，1986年7月入党。

工作简历

1983.10~1986.8　步兵第一二三师三六七团战士；

1986.8~1989.7　桂林陆军学院学习；

1989.7~2001.11　广州军区第三通信总站任技师、连长、副营长，其中：1999.3—2000.2武汉通讯指挥学院指挥系学习，2000.9–2003.6　参加国防科技大学法律专业函授本科学习毕业；

2001.11~2003.3　湖南省临澧县人武部军事科副营职参谋；

2003.3~2003.6　湖南省常德军分区政治部宣保科副营职干事；

2003.6~2004.3　澧县人民武装部政工科正营职干事；

2004.3~2006.9　湖南省常德市武陵区人民武装部政工科科长，2006.2副部长兼军事科科长；

2006.9~2008.2　湖南省常德军分区政治部副团职干事；

2008.2~2012.12　湖南省澧县县委常委、人民武装部政治委员；

2012.12~2013.10　鼎城区委常委；

2013.10~2016.8　鼎城区委常委、区委办主任；

2016.8~　　鼎城区委常委、组织部部长。

刘新远　鼎城区委常委、区人民武装部部长。男，1972年1月出生，汉族，湖南新邵人，本科学历，1990年3月入伍，1991年10月入党。

工作简历

1990.3~1991.7　火箭军某基地工兵营战士；

1991.7~1992.9　火箭军某基地勤务连战士；

1992.9~1995.7　火箭军工程大学学员；

1995.7~1995.12　火箭军某训练团排长；

1995.12~1999.6　火箭军某旅修理所技术员；

1999.6~2000.6　火箭军某旅某连副连长；

2000.6~2001.3　工程兵驻湘某舟桥团某连指挥员；

2001.3~2003.6　工程兵驻湘某舟桥团后勤处营房股正连职助理员；

2003.6~2004.3　工程兵驻湘某舟桥团后勤处

营房股正营职助理员；

2004.3~2007.3　工程兵驻湘某舟桥团后勤处营房股股长；

2007.3~2010.3　工程兵驻湘某舟桥团后勤处处长；

2010.3~2010.12　湖南省津市市人民武装部副部长兼军事科科长；

2010.12~2012.3　湖南省常德军分区离职干部休养所副处级助理员；

2012.3~2014.2　湖南省常德军分区离职干部休养所副所长；

2014.2~　鼎城区委常委、区人民武装部部长。

雷建国　鼎城区委常委、区委办主任。男，1968年2月出生，汉族，湖南鼎城人，本科学历，1990年8月参加工作，1994年11月入党。

工作简历

1987.9~1990.8　湖南省农机化学校学生；

1990.8~1996.4　鼎城区农机局干部，1993.4

办公室副主任，1993.7管修培训股股长；

1996.4~2001.1　鼎城区十美堂镇党委委员（监察员），1997.3党委副书记，1999.1副科级干部，2000.2党委副书记；

2001.1~2002.12　鼎城区黄土店镇党委副书记，2001.10镇长；

2002.12~2008.2　鼎城区石公桥镇党委副书记、镇长候选人，2003.4当选镇长，2004.2党委书记；

其中：2004.8~2006.12　参加中央党校函授学院法律本科学习毕业；

2008.2~2011.6　鼎城区政府办常务副主任、党组书记，2008.3区政府办主任、区政府党组成员；

2011.6~2016.8　鼎城区政府副区长；

2016.8~2016.11　鼎城区委常委、区委办主任、区政府副区长；

2016.11　鼎城区委常委、区委办主任。

（资料由区委组织部提供）

鼎城区第十七届人民代表大会

2016年11月27~30日，鼎城区第十七届人民代表大会第一次会议在鼎城人民会堂隆重举行，鼎城区委书记杨易作重要讲话，鼎城区人大常委会主任杨君致闭幕词。

会议应到代表317人，实到代表312人，符合法定人数。

大会执行主席杨易、朱金平、王时雨、杨君、王明东、王少贤、刘运华、钟泽英、李润初、李湘建、沈国华、余建明、徐政国、何福珍、孙启林在主席台前排就座。区委、区人大、区政府、区政协、区人武部领导在主席台就座。

会议由李湘建同志主持。

新当选的鼎城区人大常委会正、副主任，区人民政府正、副区长，区人民法院院长、区人大常委会委员，区人大法制委员会、财政经济委员会委员向宪法宣誓。

宣誓后，区人民政府区长朱金平发表热情洋溢的讲话，代表新一届人民政府班子成员就政府今后的工作作出了庄严的承诺。

鼎城区委书记杨易代表中共鼎城区委，对大会的圆满成功，对新当选的同志们表示热烈的祝贺！并对新一届人大及其常委会、区政府、法检“两院”提出了希望和要求。

大会在国歌声中胜利闭幕。

常德市鼎城区第十七届人民代表大会第一次会议

鼎城区第十七届人民代表大会主任会议成员简介

杨　君　鼎城区人大常委会党组书记、主任。男，1962年1月出生，汉族，中共党员，本科学历，籍贯鼎城。

1979年9月~1981年7月　常德农机校读书；

1981年7月~1982年2月　原常德县公安局牛鼻滩派出所工作；

1982年3月~1982年12月　湖南省公安厅警犬训练员学习班学习；

1983年1月~1985年8月　原常德县公安局刑侦队干部；

1985年9月~1987年7月　湖南广播电视大学学员；

1987年8月~1989年2月　原常德县公安局刑侦队干部；

1989年3月~1991年3月　鼎城区公安局刑侦队政治指导员；

1991年3月~1991年10月　鼎城区公安局治安股股长；

1991年11月~1993年11月　鼎城区政法委干部，92.12秘书；

1993年11月~1995年1月　鼎城区尧天坪乡党委书记；

1995年1月~1995年10月　鼎城区河洑办事处主任、党委副书记；

1995年10月~2000年3月　鼎城区武陵镇镇长、党委副书记；

2000年3月~2002年1月　鼎城区武陵镇党委书记；

2002年1月~2006年6月　鼎城区委常委、政法委书记；

2006年6月~2010年3月　鼎城区委常委、区政府副区长(其中:2004年9月~2007年1月参加北京师范大学网络教育本科法律专业学习毕业)；

2010年3月~2011年6月　鼎城区委常委、鼎城区政府副区长(排第一)；

2011年6月~2012年2月　鼎城区人大常委会副主任候选人、党组副书记(排第一)　2011年11月正处级干部；

2012年2月~2012年11月　鼎城区人大常委会副主任、党组副书记(排第一)；

2012年11月~2012年12月　鼎城区人大常委会党组副书记、主任；

2012年12月~　鼎城区人大常委会党组书记、主任。

刘运华　鼎城区人大常委会党组副书记、副主任。男，1962年12月出生，汉族，中共党员，本科学历，籍贯桃源。

1979年11月~1981年9月　湖南省军区独立团机炮连战士；

1981 年 9 月 ~1982 年 7 月　桂林陆军学院后勤训练大队学员；

1982 年 7 月 ~1985 年 7 月　桂林陆军学院后勤训练大队代保密员兼收发员，1983 年 9 月正排职保密员兼收发员（其中：1982 年 8 月 –1985 年 2 月参加桂林陆军学校政治中专专业毕业）；

1985 年 7 月 ~1987 年 9 月　桂林陆军学院政工专业学员；

1987 年 9 月 ~1990 年 6 月　广后汽车十二团政治处宣传股正排职干事，1987 年 11 月副连职干事，1988 年 6 月二营四连指导员；

1990 年 6 月 ~1996 年 4 月　湖南省常德军分区干休所一级科员干事，1993 年 12 月副科级干事，1994 年 2 月政治部副营职干事（其中：1994 年 8 月 ~1997 年 2 月参加中央党校函授学院经济管理专业学习毕业）；

1996 年 4 月 ~1999 年 3 月　常德市武陵区人武部政工科科长；

1999 年 3 月 ~2003 年 3 月　湖南省常德军分区政治部宣传保卫科科长；

2003 年 3 月 ~2008 年 1 月　湖南省安乡县人武部政委，2005.8　中共安乡县委常委；

2008 年 2 月 ~2012 年 11 月　鼎城区政府副区长；

2012 年 11 月 ~2012 年 12 月　鼎城区人大常委会副主任；

2012 年 12 月 ~　鼎城区人大常委会党组副书记、副主任。

钟泽英　人大常委会副主任，女， 1964 年 11 月出生，汉族，中国民主建国会党员，本科学历，籍贯澧县。

1984 年 9 月 ~1988 年 7 月　湖南农学院学生；

1988 年 7 月 ~1997 年 12 月　鼎城区经管科、区农经局干部；

1998 年 1 月 ~1999 年 2 月　鼎城区农经局副局长；

1999 年 2 月 ~2002 年 11 月　鼎城区审计局副局长；

2002 年 11 月 ~2007 年 12 月　鼎城区政协副主席（兼）、区审计局副局长，区政府办副主任、信访局局长；

2007 年 12 月 ~2012 年 11 月　鼎城区政协副主席（兼）、区工商联主席；

2012 年 11 月 ~2016 年 8 月　鼎城区人民政府副区长；

2016 年 8 月 ~2016 年 11 月　鼎城区人民政府副区长、区人大常委会副主任候选人

2016 年 11 月 ~　当选区人大常委会副主任。

李润初　鼎城区人大常委会副主任。男，1963 年 6 月出生，汉族，中共党员，本科学历，籍贯鼎城。

1978 年 9 月 ~1981 年 8 月　常德地区农业学校学生；

1981 年 8 月 ~1984 年 4 月　原常德县瓦屋垱乡、双桥坪乡团干、秘书；

1984 年 5 月 ~1985 年 7 月　原常德县双桥坪乡副乡长；

1985 年 7 月 ~1989 年 2 月　原常德县［鼎城区）镇德桥镇副镇长（其中：1985 年 8 月 ~1988 年 12 月参加湘潭大学（自考）专科党政专业学习毕业］；

1989 年 2 月 ~1990 年 5 月　鼎城区冲天湖乡党委副书记；

1990年5月~1992年7月　鼎城区断港头乡党委副书记；

1992年7月~1998年1月　鼎城区镇德桥镇党委副书记、镇长；

1998年1月~2001年1月　鼎城区钱家坪乡党委书记；

2001年1月~2001年11月　鼎城区长岭岗乡党委书记；

2001年11月~2004年12月　鼎城区斗姆湖镇党委书记，2002年4月享受副处级待遇（其中：2000年8月~2002年12月参加中央党校函授学院本科班法律专业学习毕业）；

2004年12月~2009年11月　鼎城区国土资源管理局局长、党组副书记；

2009年11月~2012年11月　常德市国土资源管理局副调研员、鼎城区国土资源管理局党组副书记、局长(其中:2009年11月~2011年12月参加长沙理工大学自考本科国际贸易专业学习毕业)；

2012年11月~2013年6月　鼎城区人大常委会副主任、常德市国土资源管理局副调研员；

2013年6月~　鼎城区人大常委会副主任。

李湘建　鼎城区人大常委会副主任。男，1962年8月出生，汉族，中共党员，大专学历，籍贯鼎城。

1978年9月~1981年12月　湖南省常德基础大学学生；

1981年12月~1985年1月　常德县钱家坪公社干部；

1985年1月~1986年2月　常德县委组织部干事；

1986年2月~1988年10月　常德县委组织部副科级组织员，秘书；

1988年10月~1990年3月　鼎城区政研室副主任；

1990年3月~1991年8月　鼎城区团区委书记；

1991年8月~1995年1月　鼎城区委办副主任，纪检组组长；

1995年1月~1995年10月　鼎城区黄土店办事处党委书记；

1995年10月~1997年3月　鼎城区乡企局党组书记，局长；

1997年3月~2001年7月　鼎城区花岩溪度假村管理处工委书记；

2001年7月~2002年4月　鼎城区委办公室正科级干部；

2002年5月~2012年11月　鼎城区纪委常委、副书记，2007年12月区政府党组成员、区监察局局长；

2012年11月~　鼎城区人大常委会副主任。

沈国华　鼎城区人大常委会副主任。男，1964年1月出生，汉族，中共党员，本科学历，籍贯鼎城。

1981年7月~1982年7月　常德县乡镇企业局干部；

1982年8月~1984年8月　常德县金矿干部；

1984年9月~1985年9月　常德县工业普查办干部；

1985年10月~1991年4月　鼎城区政府办干部；

1991年4月~1993年1月　鼎城区政府办秘书(副科)；

1993年2月~1995年1月　鼎城区芦荻山乡党委书记；

1995年1月~1995年11月　鼎城区大龙站办事处党委书记；

1995年11月~1999年2月~2001年5月　鼎城区政府办党组成员、副主任；

2001年6月~2002年2月　鼎城区经委主任、工委副书记；

2002年2月~2012年11月　鼎城区工业发展局党组副书记、局长，2002年12月兼任乡企局局长，2005年5月党组书记，2005年7月免乡企局局长（其中：2001年9月~2004年6月　参加国防科技大学法律专业本科学习毕业）；

2012年11月~2013年4月　鼎城区人大常委会副主任；

2013年4月~　鼎城区人大常委会副主任、区总工会主席（兼）。

（资料由区人大办公室提供）

鼎城区人民政府区长、副区长简介

朱金平 鼎城区委副书记、区人民政府区长。男,1966年12月出生,土家族,湖南石门人,本科学历,1988年7月参加工作,1987年6月入党。

1985年9月~1988年7月 湖南农学院常德分院学生;

1988年7月~1988年12月 石门县司法局干部、团支部书记,县委政法委干部;

1988年12月~1996年9月 常德市财政局干部、团支部书记、1993年9月人教科副科长,1996年5月主任科员(其中:1993年8月~1995年12月参加中央党校函授学院财经管理专业本科学习毕业);

1996年9月~2003年8月 常德市委组织部干部三科正科级干部,1997年11月副科级组织员,2000年3月干部一科副科长,2001年2月正科级组织员,2002年8月援藏办主任;

2003年8月~2005年8月 常德市委组织部干部监督科科长;

2005年8月~2011年6月 临澧县委常委、组织部部长;

2011年6月~2013年10月 澧县县委常委、县政府副县长(常务);

2013年10月~2015年4月 汉寿县委副书记;

2015年4月~2015年9月 常德市广播电视台台长、党委副书记;

2015年9月~2016年7月 常德市广播电视台台长、总编辑、党委副书记;

2016年7月~11月 鼎城区委副书记、区人民政府代区长;

2016年11月~ 鼎城区委副书记、区人民政府区长。

李卫民 鼎城区委常委、区人民政府副区长(常务)。男,1964年12月出生,汉族,中共党员,本科学历,籍贯天津。

1982年7月~1984年7月 常德供销学校学生;

1984年7月~2007年9月 桃源县财政局工作,98.2副局长、党组成员,2001年3月局长、党组副书记, 2002年3月局长、党组书记(其中:1986年12月获得会计自考大专文凭);

2007年9月~2011年6月 桃源县委常委、县委办主任;

2011年6月~2015年9月 桃源县委常委、县政府副县长、统战部部长,2013年11月免统战部部长;

2015年9月~2016年8月 常德市经信委副

主任、党委副书记(排第一)；　2016年8月~2016年11月鼎城区委常委、区人民政府副区长(常务)候选人。

2016年11月　鼎城区委常委、区人民政府副区长。

洪振坤　鼎城区人民政府副区长、区公安局局长。男，1965年4月出生，汉族，中共党员，大专学历，籍贯安乡。

1984年9月~1986年7月　湖南省警察学校学生；

1986年7月~1992年1月　安乡县公安局刑警大队侦察员(其中：1989年9月~1992年7月中国刑事警察学院函授刑侦专科毕业)；

1992年2月~1995年12月　安乡县公安局刑警大队副大队长，大队长；

1996年1月~2002年6月　安乡县公安局副局长、党委副书记；

2002年6月~2005年8月　桃源县公安局党委书记、局长(副处级侦察员)；

2005年8月~2010年10月　桃源县公安局局长(高配副处级)、党委书记；

2010年10月~2012年2月　常德市综治办副主任；

2012年2月~9月　常德市公安局工会主席；

2012年9月~11月　鼎城区副区长候选人、公安局局长(高配为副处级)；

2012年11月~　鼎城区副区长、公安局局长。

杨　凡　鼎城区人民政府副区长。女，1973年7月出生，侗族，本科学历，籍贯会同。

1988年9月~1991年6月　湖南省劳动人事学校学生；

1991年7月~1995年3月　桃源县五交化公司工作(其中：1991年7月~1994年6月参加湘潭大学自考专科行政管理专业学习毕业)；

1995年4~1997年11月　桃源县人民检察院工作；

1997年11月~1999年5月　共青团桃源县委副书记；

1999年5月~2006年1月　桃源县司法局副局长(其中：2001年9月~2004年6月参加国防科技大学成教本科法律专业学习毕业)；

2006年1月~2007年11月　桃源县监察局副局长；

2007年11月~2016年8月　桃源县政府副县长(其中：2006年9月~2009年7月参加湖南省委党校法学理论专业在职研究生学习毕业)；

2016年8月~11月　鼎城区人民政府副区长候选人。

2016年11月~　鼎城区人民政府副区长。

王直华　鼎城区人民政府副区长。男，1974年9月出生，汉族，中共党员，本科学历，籍贯临澧。

1993年9月~1997年8月　湘潭工学院机械系学生；

1997年8月~2000年12月　石门县新铺乡干部；

2001年1月~2003年1月　共青团石门县委书记、党组书记；

2003年1月~2004年2月　石门县易家渡镇党委副书记、镇长；

2004年2月~2007年10月　石门县磨市镇党委副书记、镇长；

2007年11月~2010年10月　石门县磨市镇党委书记；

2010年10月~2010年12月　石门东山峰管

理区管委会主任;

2010年12月~ 任鼎城区人民政府副区长。

蒋宏武 鼎城区人民政府副区长。男,1969年8月出生,汉族,中共党员,本科学历,籍贯汉寿。

1987年7月~1990年7月 汉寿县档案局职工;

1990年12月~1991年12月 汉寿县县委驻大南湖乡社教队队员(其中:1987年9月~1990年6月参加湖南省经济管理干部学院劳动人事专业毕业〈脱产学习两年〉);

1991年12月~1993年10月 益阳市人才交流中心职工;

1993年10月~1997年2月共青团汉寿县委干部;

1997年2月~1997年10月 汉寿县军山铺镇秘书,1997年10月武装部长1999年3月副镇长、副科级干部(其中:1997年8~1999年12参加中央党校函授本科经济管理专业学习毕业,1998年9月~2000年9月省委党校党政干部培训班脱产学习两年获本科学历);

2001年10月~2002年6月 汉寿县太子庙开发区副主任;

2002年6月~2004年11月 汉寿县夹堤原种场党委书记、场长;

2004年11月~2006年3月 汉寿县政府办党组成员、副主任;

2006年3月~2008年8月 汉寿县朱家铺镇党委书记;

2008年9月~2010年10月 柳叶湖旅游度假区街道党委书记;

2010年10月~2016年8月 西洞庭管理区纪委书记、党委委员;

2016年8月~2016年11月 任鼎城区人民政府副区长候选人。

2016年11月~ 鼎城区人民政府副区长。

熊 辉 鼎城区人民政府副区长。男,1965年11月出生,汉族,中共党员,本科学历,籍贯鼎城。

1986年9月~1988年7月 湖南林业学校学生;

1988年7月~1991年3月 鼎城区木材公司计财股工作;

1991年3月~1991年7月 鼎城区木材公司经营处主任;

1991年7月~1992年9月 鼎城区木材公司经理;

1992年9月~1994年2月 鼎城区人大办干部;

1994年2月~1995年2月 鼎城区黑山嘴乡副乡长;

1995年2月~1995年11月 鼎城区黑山嘴乡党委副书记;

1995年11月~1998年1月 鼎城区黑山嘴乡党委副书记、乡长;

1998年1月~1999年1月 鼎城区蒿子港镇党委副书记、镇长;

1999年1月~2001年1月 鼎城区谢家铺镇党委书记;

2001年1月~2002年12月 鼎城区韩公渡镇党委书记;

2002年12月~2003年3月 鼎城区韩公渡镇正科级干部;

2003年3月~2004年3月 鼎城区审计局副局长、党组副书记(主持全面工作);

2004年3月~2007年2月 鼎城区审计局局长、党组副书记(其中:2006年9月~2008年1月2参加省委党校函授学院法律专业本科学习毕业);

2007年2月~2007年11月 鼎城区审计局局长、党组书记;

2007年11月~2012年2月 鼎城区财政局

局长、党组书记；

2012 年 3 月 ~　　鼎城区人民政府副区长。

钟科程　鼎城区人民政府副区长。男，1970 年 7 月出生，汉族，中共党员，本科学历，籍贯鼎城。

1988 年 9 月 ~1991 年 7 月　常德师范专科学校；

1991 年 7 月 ~1995 年 2 月　鼎城区职业中专办公室；

1995 年 3 月 ~1998 年 2 月　鼎城区委组织部干部；

1998 年 2 月 ~2004 年 3 月　鼎城区委组织部秘书；

2004 年 3 月 ~2005 年 7 月　鼎城区委组织部部务会成员、秘书；

2005 年 7 月 ~2006 年 3 月　鼎城区委组织部正科级组织员、部务会成员、秘书；

2006 年 3 月 ~2007 年 10 月　鼎城区委组织部副部长、正科级组织员；

2007 年 10 月 ~2009 年 11 月　鼎城区蔡家岗镇党委书记；

2009 年 11 月 ~2015 年 12 月　鼎城区石板滩镇党委书记、鼎城经济开发区管委会工委委员(兼)；

2015 年 12 月 ~2016 年 8 月　鼎城区石板滩镇党委书记；

2016 年 8 月 ~11 月　鼎城区人民政府副区长候选人、石板滩镇党委书记。

2016 年 11 月 ~　　鼎城区人民政府副区长。

（资料由区人大办公室提供）

中国人民政治协商会议常德市鼎城区第九届委员会

2016年11月26～29日，中国人民政治协商会议常德市鼎城区第九届委员会第一次会议在常德江南城区召开隆重举行。会议听取政协鼎城区委员会换届工作情况报告，选举产生政协鼎城区第九届委员会主席、副主席、秘书长和常务委员。韩才渊当选为政协常德市鼎城区第九届委员会主席，涂国祥、罗旺甫、周伟建、蒋利荣、胡小芳当选为副主席，戴芳当选为秘书长，王全等60人当选为政协鼎城区第九届委员会常务委员。会议还听取政协鼎城区委员会换届工作情况报告，协商了区人民政府区长、副区长、区人民法院院长、区人民检察院检察长候选人建议名单。

中国人民政治协商会议常德市鼎城区第九届委员会第一次会议现场

鼎城区政协第九届委员会主席会议成员简介

韩才渊　男，1963年8月出生，汉族，湖南临澧人，本科学历，1980年8月入伍，1986年12月入党。

1984.8~1985.5　参加解放军总参三部技术侦察培训班学习

1985.6~1986.5　解放军总参三部六局二处副连职助理研究员

1986.5~1988.12　原常德县（鼎城区）人武部政工科干事

1989.1~1991.3　鼎城区人武部办公室干事

1991.3~1992.7　鼎城区人武部办公室副科级秘书

1992.7~2001.2　鼎城区丁家港乡党委副书记、乡长，1993.3党委书记

2001.2~2007.9　鼎城区人民政府副区长

2007.9~2011.6　中共鼎城区委常委、区委办主任

2011.6~2012.2　政协鼎城区第七届委员会副主席候选人、党组副书记（排第一）（期间：2011.11正处级干部）

2012.2~2012.11　政协鼎城区第七届委员会副主席、党组副书记（排第一）

2012.11~2012.12　政协鼎城区第八届委员会主席、党组副书记

2012.12~2016年11月　政协鼎城区第八届委员会主席、党组书记

2016年11月　当选为政协鼎城区第九届委员会主席

涂国祥　男，1962年7月出生，汉族，湖南鼎城人，本科学历，1982年8月参加工作，1987年10月入党。

1979.9~1982.7　常德农校学生

1982.8~1984.3　常德县双桥乡农科站干部

1984.3~1985.1　常德县植保站干部

1985.2~1989.3　鼎城区粮油工作站干部

1989.3~1990.3　赴美学农

1990.4~1992.7　鼎城区粮油工作站

1992.7~1994.2　鼎城区韩公渡镇副乡长

1994.2~1995.9　鼎城区韩公渡镇党委副书记

1995.9~1997.7　湖南省委党校学员

1997.7~1998.1　鼎城区韩公渡副科级干部

1998.1~1998.12　鼎城区韩公渡镇党委副书记、镇长

1999.1~2001.1　鼎城区韩公渡镇党委书记

2001.1~2001.10　鼎城区大龙站镇党委书记

2001.11~2002.11　鼎城区周家店镇党委书记

2002.11~2006.12　鼎城区财政局副科级干部

2006.12~2007.12　鼎城区劳动局副局长（按正科级待遇）

2007.12~2010.10　鼎城区劳动和社会保障局局长、党组书记

2010.10~2012.11　鼎城区人力资源和社会保障局局长、党组副书记

2012.11~2012.12　政协鼎城区第八届委员会副主席，区人力资源和社会保障局局长、党组副书记

2012.12~2016.11　政协鼎城区第八届委员会副主席、党组副书记

2016.11　当选为政协鼎城区第九届委员会副主席

罗旺甫　男，1962 年 11 月出生，汉族，湖南鼎城人，本科学历，1984 年 8 月参加工作，1987 年 4 月入党。

1981.9~1984.8　长沙农业学校学业生

1984.8~1985.12　原常德县港二口区农科站干部

1986.1~1989.5　原常德县港二口区公所团委书记

1989.6~1992.7　鼎城区长茅岭乡副乡长，92.03 党委委员

1992.7~1993.11　鼎城区长茅岭乡党委副书记

1993.11~1995.10　鼎城区尧天坪乡党委副书记、乡长

1995.11~1998.12　鼎城区逆江坪乡党委书记

1999.1~2006.3　鼎城区双桥坪镇党委书记，2003.1 享受副处级待遇

2006.3~2012.11　鼎城区发展改革物价局党组书记、局长(其间:2006.8-2008.12 参加中央党校函授学院法律专业学习毕业）

2012.11~2016.11　政协鼎城区第八届委员会副主席、党组成员

2016.11　当选为政协鼎城区第九届委员会副主席

周伟建　男，1975 年 1 月出生，汉族，湖南鼎城人，在职研究生学历，1999 年 7 月参加工作，无党派。

1995.9~1998.7　重庆钢铁高等专科学校学生

1999.7~2001.10　鼎城区牛鼻滩镇文化站干部

2001.10~2002.11　鼎城区黄珠洲乡副乡长

2002.11~2002.12　鼎城区人大副科级干部

2002.12~2003.3　鼎城区人大内司委副主任

2003.3~2007.10　鼎城区人大联络委副主任，2005.5 按正科级待遇（其间:2002.8~2004.12 参加中央党校函授本科法律专业学习毕业）

2007.10~2012.12　鼎城区能源办主任(其间:2010.9~2013.6 参加湖南省委党校经济管理专业在职研究生班学习毕业）

2012.11~2012.12　政协鼎城区第八届委员会副主席(兼）

2012.12~2016.11　政协鼎城区第八届副主席(兼)、鼎城区工商联主席

2016.11　当选为政协鼎城区第九届委员会副主席

蒋利荣　女，1970 年 9 月出生，汉族，湖南鼎城人，本科学历，1993 年 7 月参加工作，民进会员。

1990.9~1993.7　常德师范专科学校学生

1993.7~1995.3　鼎城区镇德桥镇政府妇联主任

1995.4~1995.10　鼎城区石公桥办事处妇联主任

1995.11~1998.12　鼎城区蔡家岗镇政府妇联主任

1998.12～2006.3 鼎城区蔡家岗镇副镇长（其间：1998.8～2000.12 参加中央党校函授本科经济管理专业学习毕业）

2006.3～2007.10 鼎城区政协经济科技联谊委主任

2007.10~2012.11 鼎城区民族宗教局局长

2012.11~2015.12 政协鼎城区第八届委员会副主席（兼）、鼎城区民族宗教局局长

2015.12~2016.11 政协鼎城区第八届委员会副主席（兼）、鼎城区文联主席

2016.11 当选为政协鼎城区第九届委员会副主席

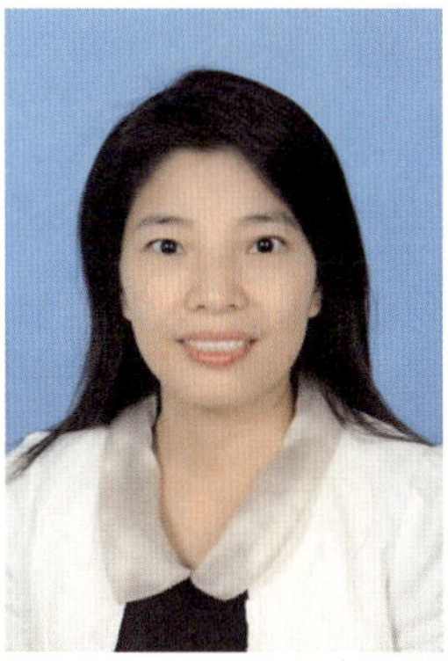

胡小芳 女，1970 年 9 月出生，汉族，湖南鼎城人，本科学历，1989 年 7 月参加工作，无党派。

1989.7～1991.11 鼎城区牛鼻滩中学任教

1991.11～1999.1 鼎城区韩公渡镇妇联主席

1999.1~2001.10 鼎城区韩公渡镇人大副主席

2001.10~2007.11 鼎城区劳动和社会保障局培训股副股长、股长（副科级干部）

2007.11~2010.10 鼎城区劳动和社会保障局副局长

2010.10~2012.12 鼎城区人力资源和社会保障局副局长

2012.12~2016.8 鼎城区环保局局长

2016.8~2016.11 政协鼎城区第九届委员会副主席候选人、鼎城区环保局局长

2016.11 当选为政协鼎城区第九届委员会副主席

戴 芳 女，1969 年 11 月出生，汉族，湖南鼎城人，本科学历，1987 年 7 月参加工作，1996 年 4 月入党。

1987.7～1998.2 鼎城区政协机关工作

1998.2～1999.2 鼎城区政协机关办公室副主任

1999.2～2006.4 鼎城区政协文教卫体文史学习委副主任

2006.4~2012.12 鼎城区政协文教卫体文史学习委主任

2012.12~2015.12 鼎城区政协副秘书长、办公室主任

2015.12~2016.11 政协鼎城区第八届委员会秘书长、党组成员、办公室主任

2016.11 当选为政协鼎城区第九届委员会秘书长

（资料由区政协办公室提供）

专文

Special Article

区委经济工作会议

在区委经济工作会议上的讲话

常德市鼎城区人民代表大会常务委员会工作报告

常德市鼎城区人民政府工作报告

中国人民政治协商会议常德市鼎城区委员会常务委员会工作报告

鼎城年鉴（2016）

在区委经济工作会议上的讲话

中共鼎城区委书记　杨　易

2017 年 1 月 20 日

区委书记杨易作工作报告

这次区委经济工作会议的主要任务是：总结 2016 年经济工作，贯彻中央、省委、市委经济工作会议精神，安排部署 2017 年经济工作，动员全区上下高举"抢抓新机遇，建设新江南"旗帜，大投入、大建设、大发展，加快推进美好新江南建设。

一、客观总结过去一年，坚定发展信心

2016 年，是继往开来的一年，十二届区委接过历史的接力棒，开启了"抢抓新机遇，建设新江南"的新征程，全区经济社会发展稳中有进、稳中向好，实现了"十三五"良好开局。

1.真抓实干，形成了全面加快发展的好态势。从总量来看，增长速度更快。预计全年实现地区生产总值 278 亿元，增长 9.5%；一般公共预算收入 16.69 亿元，增长 12.6%；固定资产投资 266.7 亿元，增长 19.1%；城乡居民收入分别达到 28374 元、13128 元，增长 8.8% 和 9.3%。从质量来看，产业结构更优。商贸更加活跃，销售商品房 60.9 万平方米，销售额 27.8 亿元，分别增长 123%、145%；新增限上企业 15 家，完成个转企 1007 户；桥南地下商城、国龙大厦、南城天街建成开市；实现社会消费品零售总额 172 亿元，增长 12.6%；第三产业增加值占 GDP 比重达 48.7%。工业企稳回升，新增规模工业企业 23 家、亿元企业 20 家，规模工业总产值增长 37.2%。农业效益提升，现代农业示范区扎实推进；继续保持全国产粮大县、产油大县位置；新增农村新型经营主体 318 家；"鼎城茶油"获批国家地理标志保护产品。从长远来看，发展来势更好。城市魅力更足。阳明湖基础设施全面启动，阳明大道建成通车；临江新区拆迁 3100 多户，完成投资 17 亿元；沅江风光带成为常德城市新名片；新城西区骨干路网逐步拉通；空港新城规划设计全面铺开。园区平台更强。创建国家级高新区进入国务院候批程序；沅澧快速干线 1

号大道推进顺利；建成全市首批省级科技企业孵化器；高新区在全省134个重点产业园区综合指标排名第15位。项目支撑更有力。引进亿元以上项目22个，农村一二三产业融合等4个国家试点项目落户我区；广德医药等项目建成投产；中联重科起重机械生产基地、远大住工等项目有力推进；粤港光电产业园等项目前期工作全面启动。

2.民生为本，营造了全民支持发展的好氛围。一年来，我们坚决不让一个贫困人口在小康路上掉队，用实干赢得了群众支持。挂图作战、精准施策，35个工作队、138名工作队员驻村帮扶，1990名副科级以上干部结对帮扶贫困户，9602名贫困人口脱贫，2个贫困村整村退出，在全市脱贫人口认定核查中排名第一。全力强基础、补短板，有望在全市二类区县中率先实现全面小康。我们坚持把改善群众生活作为始终不渝的追求，用实惠赢得了群众满意。民生支出占一般公共预算支出的76.6%，增长6.58%。完美社区、美丽乡村建设全面推进；完成所有行政村道路硬化，改造危桥39座。各类社会保障待遇按时足额发放。江南小学投入使用，农村义务教育薄弱学校改造获全省一等奖，在全省教育督导评估中获优秀等次，我区被认定为“教育强区”。全面实施二孩生育政策，基本公共卫生服务实现全覆盖。省级公共文化服务体系示范区创建扎实推进，常德丝弦走进联合国。成功举办全区第二届体育运动会。我们把维护社会安全稳定作为义不容辞的责任，用实绩赢得了群众认可。加大矛盾化解力度，信访量下降24%。安全生产、综治、信访工作获全市先进。区司法局获评“全省六五普法先进单位”。婚姻家庭多元调解工作经验被中央综治办推介，我区第六次获评“全国人民调解先进单位”。继续保持全省平安区县(市)称号。

3.党建总揽，呈现了全力抢抓发展的好状态。转变了干部作风。扎实开展“两学一做”学习教育，认真学习贯彻党的十八届六中全会精神，创新开展“周五党日”活动、千名党的报告员“微党课”大赛，党员干部“四个意识”明显增强。坚持挺纪在前，确保了区、乡两级换届风清气正、圆满成功。深入开展“雁过拔毛”式腐败和“四风”问题整治，查处138人。全面开展“四讲四比”，形成了创先争优的浓厚氛围。建强了基层组织。并村工作顺利完成。新增村级运转经费和惠民资金1000万元。选派520名党建指导员进驻基层支部，25个软弱涣散党组织全部整改到位。基层党建考核全市第二。凝聚了发展合力。切实加强党对人大、政协工作的领导，人大工作在全市有地位、全省有作为、全国有影响；区政协坚持服务大局、立足改革创新，开创了工作新局面。切实加强党的统一战线和群团工作，加强党管武装工作，凝聚了“抢抓新机遇，建设新江南”的强大合力！

回顾过去一年，成绩来之不易，值得倍加珍惜。我们深深感到：抢抓才有机遇。正是我们全力争取、积极抢抓，才有了阳明湖城市新中心的定位；才有了鼎力公司、江南公司两个市级融资平台；才有了花岩溪与市文旅投合作的良好开端；才有了远大住工、粤港光电产业园等项目迅速落地。担当才有作为。正是我们下定决心、敢于担当，才有了隧道征拆3天签约123户，工程如期开工的良好局面；才有了临江棚改9个月征拆3100多户，热火朝天的建设场景。用心才能成事。正是我们认真谋事、用心干事，积极创先争优，才有了半年时间民调全省排名提升70多个名次的群众认可；才有了财政收入、城市管理、农业农村等多项工作走在全市前列；才有了绩效评估全市先进的好结果。

这些成绩的取得，得益于市委、市政府的坚强领导，得益于全区广大干部群众的共同努力，得益于社会各界的大力支持。在此，我代表区委向全区广大建设者们，向一直关心和支持鼎城发展的朋友们，表示衷心感谢！

二、科学谋划新一年工作，明确发展思路

2017年，是奋力拼搏的一年，大干快上的一年，加快发展的一年。做好今年经济工作，要全面贯彻党的十八大和十八届三中、四中、五中、六中全会以及中央省委市委经济工作会议、省市区党代会精神，高举“抢抓新机遇，建设新江南”旗帜，深入推进新常德新创业，加快建设“三城四区五中心”，以“四讲四比”为总抓手，全面做好稳增长、促改革、调结构、惠民生、防风险各项工作，促进经济平稳健康发展和社会和谐稳定，以优异成绩迎接党的十九大胜利召开。主要预期目标是地区生产总值增长8.5%以上，一般公共预算收入增长10%以上，固定资产投资增长15%以上，城乡居民收入增长10%以上。

做好新一年工作，要坚持加快发展这个主题。一切围绕发展、一切服务发展、一切服从发展。这是准确把握总基调的要求。稳中求进总基调，基础是“稳”，在经济增长、经济政策、社会就业、物价运行、社会大局上求“稳”；关键在“进”，在结构调整、方式转变、改革开放、质量效益、人民生活上求“进”。当前，我区面临的主要问题是发展不充分的问题，经济总量不大、发展环境不优、发展水平偏低。解决这些问题，唯有加快发展。这是全力抢抓新机遇的要求。国家继续实施积极的财政政策和稳健的货币政策，为地方融资平台支持产业发展和基础设施建设提供了广阔空间。省委实施“创新引领、开放崛起”战略，省政府3年内将投入100亿元，用于扩大有效投资。特别是市委沿江发展战略深入实施，江南城区成为全市发展重点，阳明湖定位为常德城市新中心。面对难得机遇，唯有加快发展。这是全面展现新作为的要求。新常德新创业如何体现鼎城担当？就是要高举“抢抓新机遇，建设新江南”旗帜，用时不我待的意识、只争朝夕的精神、风雨兼程的干劲、舍我其谁的担当，全力推进“三城四区五中心”建设，全力打造以现代工业文明为特征的现代化新城区。重塑鼎城辉煌，唯有加快发展。

做好新一年工作，要坚持城市引领发展。新型城镇化是拉动内需的综合大平台，具有扩投资、增消费、聚产业、促创新的综合效应。我们虽然是城市区，但城市发展起步晚、发展慢，城市成为经济发展的短板。突出发展城市经济既是大势所趋，更是现实需要。我们要紧紧围绕增强城市辐射和带动能力这个目标，坚持规划先行、基础先行，引入大项目、实施大建设、激活大产业、推动大发展。

做好新一年工作，要坚持园区带动发展。园区是地方经济发展的重要平台，是产业发展的重要阵地，是地方税收的重要来源。新的一年，我们的园区将升级为国家级高新区，“国家队”的品牌效应将争取到更多政策支持和优质项目。我们要紧紧抓住转型升级这条主线，完善基础设施、深化园区改革、优化产业结构，打造带动经济发展的强力引擎。

做好新一年工作，要牢牢抓住民生这个根本。一切发展，都是为了改善群众生活。新的一年，我们要把更多的目光投向基层，把更多的精力投向群众，把更多的财力投向民生，用民生质量体现发展质量。

三、准确把握工作任务，突出发展重点

今年经济工作的主战场，就是加快推进“三城四区五中心”建设，以战斗的热情、战斗的姿态、战斗的精神，全力“抢抓新机遇、建设新江南”。

1.加快建设“三个新城”。江南新城要有新面貌。突出板块开发，全面掀起江南新城建设热潮。加快建设临江新区。完成一期棚改征拆，启动一桥、三桥两厢棚改。完成沅江风光带提质改造，“江南画壁”一期上墙，规划一桥以东沅江风光带建设，抓好过江隧道和辅道建设。用心打造阳明湖。按照城市新中心定位，年度融资40亿元以上，加快推进路网建设和水系治理，规划建设阳明湖公司总部大楼，启动海绵城市论坛规划设计，推进区域内综合管廊及棚户区、城中村改造。全面推进新城西区建设。编制6500亩城市片区规划；抓好区域内主次干道建设；启动市民服务中心建设，确保2019年投入使用。工业新城要有新气象。立足国家级高新区，对接“两个500强”，加大招商引资力度，力争完成工业总产值248亿元，入库税金4亿元。完善基础设施。投入8亿元以上，加强园区基础设施建设。新建标准化厂房20万平方米。完善园区教育、医疗等三产配套服务。强化园区管理。全面完成“一权两制一司”管理体制改革。用好用活土地政策,年内争取工业用地指标1500亩以上。优化项目服务,加快项目建设进度。加大中小企业扶持力度,壮大实体经济。发展专业园区。突出“高、新、专”,探索“产业基金+特色园区”新模式,加快推进中联装备制造产业园、粤港光电产业园、智能制造产业园、建材产业园、通信技术设备产业园等专业园区建设。努力把高新区打造成以起重装备、环保装备为主的全国先进装备制造业基地,全省智能制造示范园,产城互动、自主平衡的现代化工业新城。空港新城要有新步伐。以临空产业园为重点,全面启动空港新城规划建设。加速形成交通枢纽。加快推进G207、G319城区改线升级,启动区域内道路建设,协助抓好沅水四桥建设,积极谋划呼南、渝厦高铁枢纽站落户。加速构建物流中心。发挥空港交通优势,实现航空、港口、公路等多种运输方式无缝对接,大力发展第三方物流及配套物流服务。加速集聚临空产业。按照“产业基地”发展定位,制定临空产业发展规划。积极对接有实力的知名企业,加快推进临空产业项目。加速完善城市功能。规划布局学校、医院、酒店等配套设施,加快斗姆湖融城步伐。

2.扎实推进“四个强区”。做强“大产业”,打造农业强区。稳固传统农业。确保产粮大县、产油大县位置不动摇,强化农产品质量安全监管,打造常德市“绿色农产品供应地”。发展特色农业。打响“鼎城茶油”“精为天”“河洲甲鱼” 等农业品牌,加快形成生产加工销售产业链;大力发展园区农业,加快推进城郊蔬菜、花木等现代农业示范园建设。促进产业融合。积极开展农村一、二、三产业融合发展等国家级试点,深入推进农村改革,壮大新型经营主体,大力支持农产品加工企业发展。构筑“大商圈”,打造商贸强区。着力打造大桥南、阳明湖、临江新区、新城西区、空港新城五个商圈。大力招商引资,领导带头、感情招商、以商招商,引进一批带动性强、附加值高的大项目、好项目。推进临空产业园、农产品冷链物流等项目建设,搭建物流信息共享平台,构建现代物流体系。立足“大城郊”,打造旅游强区。编制全域旅游规划,打造常德环城一小时休闲度假旅游圈。以花岩溪文旅公司为平台,推进市场化运作,加快花岩溪景区和鸟儿洲景区基础设施建设。融入全市旅游格局,打造以沅江风光带为核心的城市观光游,以大花岩溪为主的生态休闲游,以鸟儿洲为主的湖乡湿地游,以“五朵金花”为主的乡村体验游。凸显“大底蕴”,打造文化强区。推进市场运作,加大文化产业项目引进力度,力争文化产业增加值占GDP比重达到5%。扩大常德丝弦、花鼓戏等非遗文化品牌影响,加大文化精品创作扶持和文化人才队伍建设力度,巩固草坪、尧天坪、周家店等民间文化艺术之乡品牌。深入推进现代公共文化服务体系示范区建设,全面启动图书馆、档案馆、党史馆规划建设,开展经常性文体活动,丰富群众精神文化生活。

3.努力打造“五个中心”。打造现代商贸中心。突出抓好商业综合体、专业市场、特色商街建设。完成副食城整体搬迁,启动轻纺城整体改造,加快推进五金机电等专业市场、华邦国际等项目建设。大力发展电子商务,促进互联网与传统商贸深度融合。打造商务会展中心。以阳明湖海绵城市论坛建设为重点,策划集商务会展、文化创意和休闲娱乐等于一体的综合平台。积极整合工业、商贸、旅游、文化等行业资源,包装机械展览会、旅游产业博览会、农产品交易会等会展项目,培育会展品牌。打造科技研发中心。创建国家级科技企业孵化器,坚持引资引智并重,吸引更多的高新技术企业和高端人才落户园区。大力发展总部经济,实现企业总部和研发中心“零”的突破。力争3~5年内,引入一所综合性大学,建立博士后工作站。打造文化体育中心。按照“中外一流、百年不朽”的要求,加快推进“江南画壁”建设,打造中国现代壁画博物馆。全力争取市奥体中心落户江南城区。启动广电业务大楼规划建设,打造高端文化展演平台。打造生态宜居中心。坚持绿色发展理念,推进生态修复和城市修补“双修”结合,建设绿色城市。深入实施城市管理"一改四化",着力解决管理粗放、环境污染、交通拥堵、违法建设等问题,建设智慧城市。加强和创新基层社会治理,巩固完美社区建设成果,提升市民文明程度,建设人文城市。统筹推进教育、医疗、养老、住房、户籍等领域配套改革,提升城市吸引力,促进房地产去库存,使我们的城市更有活力。

4.办好改善民生六件实事。抓好脱贫攻坚。把脱贫攻坚作为第一民生工程,紧扣脱贫目标,对照脱贫要求,全面落实脱贫攻坚责任制,抓实"两个全覆盖",充分发挥贫困村党组织战斗堡垒作用,做好产业发展、易地搬迁、危房改造、教育助学、兜底保障、健康扶贫等重点工作,确保退出贫困村32个、脱贫1.1万人以上。抓好城镇带动。加快推进镇、村规划修编,整合项目资金,发展各具特色的小城镇。投入1000万元用于乡镇(场)机关和村级活动场所建设,打造庭院式机关,加强集镇建设和管理,让每个集镇成为一道靓丽的风景。落实最严格的耕地保护措施,深入实施"蓝天碧水净土"工程,持续抓好农村环境整治,整区推进美丽乡村建设。抓好基础建设。实施"3135工程",打好交通跨越大会战。加快入城口改造,力争沅澧快速干线1号大道7月底前竣工,启动4号大道、5号大道、6号大道建设;完成双蔡线干线公路和蒿子港码头主体工程;抓好农村公路安保工程和危桥改造工作。加强水源保护,巩固安全饮水工作成果,加快病险水库除险、中小河流治理等重点水利建设项目。推进农村电网改造和燃气下乡。抓好教育卫生提质。加大教育投入力度,深入推进教育改革;与名校合作办学,引进优质教育资源;积极培育名学校、名校长、名教师,下定决心解决教育质量不优的问题。深入推进医药卫生体制改革,全面提升医疗服务水平,完成四医院二期建设,启动二中医院异地迁建和妇幼保健院儿童保健大楼改造。全面落实计划生育基本国策,坚持"一把手"负总责、"一票否决"不动摇。抓好社会保障。扩大城乡基本养老保险、基本医疗保险覆盖面,提高城乡低保、五保供养、医疗救助等保障水平。完善创业就业扶持政策,以创业带动就业。抓好安全稳定。深入推进"平安鼎城""法治鼎城"建设,全面创新社会治安综合治理,依法打击违法犯罪行为,积极创建"无上访村(社区)"。以网格化管理为载体,提升民调满意度。抓好安全生产工作,加强食品药品、交通运输、烟花爆竹、森林防火、消防等重点行业和领域安全监管,牢固树立"零死亡"理念,制定责任清单,尽职照单免责,失职照单追责,坚决杜绝较大以上事故发生,切实保障人民群众生命财产安全。

四、用党建总揽全局,强化发展保障

深入贯彻落实党的十八届六中全会精神,坚决维护习近平总书记的领导核心地位,坚持以党的建设总揽全局,以"四讲四比"为总抓手,弘扬扛鼎精神,提升行政效能,为实现全年目标任务提供坚强的组织和作风保障。

1.严字当头,让讲政治、比党性成为自觉。要真管真严。把严肃党的政治纪律和政治规矩摆在首位,做到党中央提倡的坚决响应、党中央决定的坚决执行、党中央禁止的坚决不做,确保令行禁止。严肃党内政治生活,认真贯彻"一准则两条例",认真开展批评和自我批评,增强党内政治生活的政治性、时代性、原则性、战斗性。要敢管敢严。"行之以躬,不言而引。"各级党组织书记要有"向我看齐"的底气,敢于亮身份、敢于讲真话、敢于得罪人,真正把规矩立起来,把纪律严起来。坚决反对"一团和气",要树立严管就是厚爱的意识,本着对大局负责、对单位负责、对干部负责的态度,对各种不正之风大喝一声、猛击一掌。要长管长严。重制度制定,更重执行,抓好教育、培训、管理、监督等各项制度落实,切实发挥制度的作用。对工作中存在的新情况、新问题、新动向,制定行之有效的管理办法。发扬"钉钉子"精神,长抓不懈、久久为功。

2.严格要求,让讲责任、比担当成为风尚。要知责明责有担当。主动担起党建责任。严格落实基层党建工作责任制,切实履行"第一责任人"责任,建好党建阵地,建强基层组织,加强党员教育管理,切实提高基层党组织的凝聚力和战斗力。认真落实意识形态工作责任制，弘扬主旋律、传播正能量、提振精气神。主动担起发展责任。强化“为官一任、造福一方”的意识，确定目标、安下心来、扎实工作，把自己的全部智慧和精力贡献出来，让群众满意，让自己无悔。主动担起稳定责任。全面落实维护稳定责任制。广大基层干部要适应乡镇区划调整、乡镇职能转变的新要求，继续“画好村情图、记好民情账”，认真当好安全员、网格员、调解员、党的报告员，促一方稳定、保一方平安。要履职尽责敢担当。有权必有责、有责要担当。我们只有解放思想、大干快上，才能不负组织信任、不负群众期盼、不负鼎城这块有着优秀传统的土地。要敢于大胆决策，改革创新没有固定模式，只要有利于发展，依法依规、风险可控，就要抢抓机遇、敢闯敢试。要敢于攻坚克难，面对行政效能不高、发展环境不优等问题，我们要有刮骨疗毒的勇气、攻城拔寨的决心，扫除束缚发展的一切障碍。要主动作为能担当。立足本地实际、本单位职能，在建设“三城四区五中心”总任务中，找准定位、积极作为。要做发展的排头兵，积极创先争优，争取各项工作走在前列。要做坚定的执行者，认真落实区委、区政府布置的工作，完成任务不打折扣，服从安排不讲价钱，雷厉风行决不拖延，一抓到底决不懈怠。要做群众的贴心人，把群众利益看得高于一切，扎扎实实做几件群众看得见、摸得着的实事。

3.*严肃纪律，让讲规矩、比作风成为习惯*。要老老实实做人。始终绷紧纪律这根弦，做老实人、说老实话、办老实事。要对组织忠诚，如实向组织报告自己的重大事项，服从组织安排。要对同志坦诚，言行一致、表里如一，形成清清爽爽的同志关系，规规矩矩的上下级关系。要对群众负责，知民情、晓民意、问冷暖，实事求是，务实效而不为虚名。要规规矩矩从政。“当官就不要想发财，想发财就不要做官。”要始终把“清正廉洁”放在首位，做到“心中有规矩，言行守规矩，用权讲规矩”。全面落实党风廉政建设责任制，准确运用监督执纪“四种形态”，让咬耳扯袖、红脸出汗成为常态。始终保持惩治腐败的高压态势，切实解决发生在群众身边的不正之风和腐败问题。要踏踏实实干事。面对建设新江南的大好机遇，我们只有“撸起袖子加油干”。以壮士断腕的决心抓环境整治，切实提高行政效率。要把成就一番事业作为人生追求，认真谋事、用心干事，全面创先争优，干出一番新业绩。

4.*严明奖惩，让讲奉献、比作为成为追求*。要真心关注，让勤于作为的干部有温暖。真正重视干事的干部，把目光投向基层，让那些默默无闻工作的同志感受到组织的温暖。真心支持干事的干部，替他们着想、为他们解难，让他们有经费、有平台、有能力服务群众。真情关爱干事的干部，全面落实基层干部待遇，全面推行在职村干部养老保险政策，逐步提高村(社区)干部基本报酬。让那些勤于干事、埋头干事的干部有尊严、有待遇、有想头。鼓励创新，让敢于作为的干部有底气。改革进入“深水区”，探索创新过程中不可避免会出现失误。我们要宽容干部在工作中特别是改革创新中的失误，建立容错纠错机制，严格落实“三个区分开来”，旗帜鲜明地为敢于担当的干部担当，为敢于负责的干部负责，为敢于干事的干部撑腰，保护改革者，鼓励创新者，切实解决一些干部不想干事、不敢干事的问题。公正用人，让善于作为的干部有位子。改进干部评价和激励机制，坚持按照好干部标准识别、使用、管理干部，坚持从工作一线看干部，把那些想干事、会干事、干成事的干部用到重要岗位上；严格执行纪律，把不称职、不适宜、不作为、乱作为的干部换下来，形成能者上、庸者下的生动局面。

同志们，百舸争流，奋楫者先。新的一年，我们肩上的任务光荣而艰巨。越是任务繁重，越能体现奋斗的价值。让我们紧密团结在以习近平同志为核心的党中央周围，全面落实中央、省委、市委各项决策部署，团结一心，奋力拼搏，大投入、大建设、大发展，加快推进美好新江南建设，以优异成绩迎接党的十九大胜利召开！

常德市鼎城区人民代表大会常务委员会工作报告

——2017年2月23日在鼎城区第十七届人民代表大会第二次会议上

鼎城区人大常委会主任　杨　君

区人大常委会主任杨君作人大常委会工作报告

一、过去四年工作回顾

过去四年，区十六届人大常委会在区委的坚强领导下，依法履行宪法和法律赋予的神圣职权，为促进全区经济社会协调发展，发挥了积极作用。区十六届人大常委会任期内，共召开人民代表大会会议6次、常委会会议35次、主任会议61次，听取和审议"一府两院"工作报告160个，作出决议、决定43个，形成审议意见26件，组织视察、调查、执法检查69次，任免国家机关工作人员272人次，接受辞呈53人，全面完成了各项工作任务。

（一）全力服务大局，议决大事更加科学

紧跟区委决策部署作决议。先后对撤销武陵镇设立三个街道办事处和斗姆湖镇成建制改设街道办事处，乡镇区划调整改革，实施沅澧城镇快速干线建设等10多项区委重大决策部署作出了决议、决定，有力地保障了改革和建设的顺利推进。

紧抓经济运行质量作决议。先后听取和审议了"十二五"规划实施情况的中期评估报告及现代商贸物流业、新型工业化、区级城建项目安排和资金使用、高新区管理体制改革、旅游业、油茶产业等情况汇报，所作决议得到了区人民政府的高度重视，促进了相关工作的落实。

紧扣社会事业发展作决议。先后听取和审议了新农村建设、小城镇建设、环境保护、医疗卫生、教育强区、文化强区、城乡教育均衡发展、未成年人保护等情况汇报。听取了《中华人民共和国森林法》《中华人民共和国水法》等11部法律法规的贯彻实施情况报告，所提意见和建议，得到了"一府两院"的积极回应。

（二）依法创新举措，监督工作成效显著

财政监督有特色。每年听取审议区人民政府关于财政预算执行情况审计汇报、决算(草案)汇报及地方政府性债务的汇报，持续加大了对审计查出问题整改落实情况的督查力度。结合我区实际，对151个约9.5亿元50万元以上财政专项资金开展了绩效评价监督，并强化结果运用，共对28个专项资金项目进行了调整，其中，调增6个、调减18个、取消4个。

任后监督有成效。把工作评议作为任后监督的重要手段，出台了《鼎城区十六届人大常委会关于开展工作评议的意见》，每年评议6个单位，先后对18个单位进行了集中评议，并进行了满意度票决，下发评议意见，限期报告整改情况，促进了"一府两院"依法行政、公正司法。

司法监督有亮点。先后对区人民法院、区人民检察院、区公安局进行了工作评议，审议通过了《关于进一步加强预防职务犯罪工作的决议》《区人大常委会监督司法工作的若干规定》修正案，共组织人大代表旁听庭审案件25件，对区人民检察院办理的审查逮捕案件和审查起诉案件公开听证2次，对全区公安基层派出所执法工作情况进行了审议。视察了区社区矫正中心建设、区公安交警大队车管所规范化建设等工作，支持区人民法院完成了人民陪审员倍增计划，为促进司法公正作出了努力。

法律监督有作为。认真开展了规范性文件备案审查，共接受区人民政府、区人民法院及乡镇人大报审备案的规范性文件72件，向市人大常委会报送备案的规范性文件10件。

(三)积极主动作为，民生民本持续改善

全力开展"五行"活动。"环保世纪行"，督促有关部门在水污染治理、燃煤锅炉煤改气、车辆环保检测及关停大气保护圈内的黏土砖厂、非煤矿山等方面取得了明显成效。"农产品质量安全行"，配合市人大开展了《中华人民共和国农产品质量安全法》的执法检查，为我区2014年至2016年，连续三年被评为全省农产品质量安全监管示范县发挥了积极作用。"农民健康行"，督促区人民政府及相关部门建成了13个卫生院中医药综合服务所，完成了37个贫困卫生室的建设任务。"民族团结进步行"，助推许家桥回维乡被评为全省民族团结进步行模范集体，该乡中堰村被评为全国民主法治示范村。"司法公正常德行"，创新开展了典型案件评析和"两官"履职评议工作，跟踪监督社区矫正工作，大力支持我区在全市率先成立了社区矫正工作局，全市社区矫正工作情况汇报会在鼎城召开，区活动组委会连续两年被评为全市优秀组委会。

着力维护群众诉求。共受理群众来信来访289批608人次，直接受理或经国、省、市人大转办、交办的群众信访件215件，已办结190件，办结率为88.3%。全国人大常委会办公厅信访局先后三次向全国推介了我区重视人大信访工作的做法和经验。

倾力解决民生热点问题。支持区人民政府认真落实市人大常委会关于抓饮水安全的"一号议案"，全区城乡饮水安全覆盖率达100%。全面加强了饮用水水源地保护，督促区人民政府依法关停了金泉何牧业生猪养殖场。先后对环洞庭湖基本农田建设综合整治项目、农业综合开发工作、乡镇水利工程建设、美丽乡村建设及脱贫攻坚等工作，开展了集中视察。同时，还就城乡居民低保、劳动争议调解仲裁、职业病防治、食品药品安全、文体广新工作等进行了专题调研。

(四)不断强化保障，代表作用充分发挥

代表工作基础得到有力夯实。全面开展了"双联""双促""双争"活动，表彰了乡镇人大工作先进单位和先进个人。共组织人大代表培训382人次，履职培训、专题培训2000人次。分期、分批组织部分省、市人大代表赴全国人大培训基地进行了学习培训。定期给人大代表寄送学习刊物和印发各类学习资料20000余份。指导全区所有乡镇、街道建立了人大代表联系群众工作室。全市人大联络工作暨人大代表联系群众工作室建设推进会在我区召开，宣传推介了我区的工作经验。

代表履职形式得到有益丰富。认真组织人大

代表集中视察调研、参加执法检查、列席区人大常委会会议，共组织人大代表参加活动1000人次，实现了闭会期间代表活动常态化。认真落实人大代表述职活动，6名驻区市人大代表在区人大常委会上进行了述职。为提高人大代表的履职热情，区人大常委会将50多名积极履职的省、市、区人大代表的典型事迹采写成文后，在《常德日报》进行了集中推介，并汇编成《躬耕履职为民生》一书。

代表建议办理得到有效落实。共收到人大代表建议、批评和意见481件，已解决200件，占41.6%，已列入规划解决243件，占50.5%。建议、批评、意见的回复率和与人大代表见面率均达100%，人大代表对办理结果满意率和基本满意率达98.7%。

（五）明确目标定位，自身建设全面加强

坚定不移维护区委核心。始终把坚持党的领导贯穿于人大工作的全过程。在区委的高度重视下，召开了区委人大工作会议，成立了区人大法制委员会、财政经济委员会，进一步完善和规范了区人大及其常委会机构设置。2016年下半年，在区委的坚强领导下，区乡人大换届选举工作组织严密、程序规范、风清气正。全区共选举产生区人大代表318人，乡镇人大代表1290人，选民参选率达94.6%。在区十七届人民代表大会第一次会议上，选举产生了新一届区人大常委会组成人员、区人民政府领导班子、法检“两长”以及出席常德市第七届人民代表大会的代表。

持之以恒树立人大形象。认真开展了“党的群众路线教育实践活动”、“三严三实”专题教育、“两学一做”学习教育。明确每周五下午为“主题党日”，每半年开展一次集中警示教育活动，先后组织机关全体干职和人大代表观看了《高速路上的腐败陷阱》《镜鉴》《不可触碰的底线》等警示教育片，干部作风建设明显加强。

凝心聚力唱响宣传品牌。《鼎城人大》内刊提质扩容，“鼎城人大网”成功开通，出台了《鼎城区人大常委会宣传调研工作考评奖励办法》，召开了全区人大制度理论研讨会，编辑出版了《纪念人民代表大会制度建立60周年画册》《法治之路》《法治足音》等书刊，全面展示了我区民主法治建设成果。在国、省、市媒体推出了不少有影响的作品，其中，3篇文章分别荣获“中国人大新闻奖”和“湖南人大新闻奖”，17篇文章分别荣获省、市人大理论制度研讨论文奖。

纵横拓展加强多方联系。全国人大常委会原副委员长、中国农工党原中央主席蒋正华，全国人大常委会副委员长吉炳轩，省人大常委会副主任谢勇、陈君文等领导先后来鼎城指导视察。30多个省、市、县人大先后来我区学习考察、交流经验。配合市人大完成了6部法律法规的执法检查，积极参与市人大获批立法权后首部地方性法规，即《常德市饮用水水源保护条例》的制定和3部法规的立法、生态市建设、“水”课题等相关调研工作。坚持每季度召开一次乡镇、街道人大工作片会。

各位代表，区人大常委会取得的成绩，得益于区委的正确领导，得益于“一府两院”、区政协、区人武部和社会各界的大力支持，得益于上级人大的热情指导和乡镇、街道人大的通力协作，得益于各位人大代表和人大工作者的共同努力。在此，我代表区人大常委会向大家表示崇高的敬意和衷心的感谢！

四年来，区人大常委会的工作虽然取得了一些成绩，但离党和人民的要求还有一些差距，主要是：监督实效不够，跟踪问效和刚性监督有待加强；履职能力不够，工作的专业化、精准化、科学化水平有待提高；自身建设不够，规范管理、优化服务有待完善。这些都需要在今后的工作中认真加以改进。

二、本届人大工作目标及2017年工作安排

各位代表，区十七届人大常委会任期的五年，是全面贯彻落实党的十八届六中全会精神、习近平同志系列重要讲话精神和党中央治国理政新理念、新思想、新战略的五年。是全面贯彻落实中央、省委、市委、区委关于加强区乡人大工作和建设的若干文件精神，全力推进依法治区的五年。是全面贯彻落实区第十二次党代会精神,全力实施“三城四区五中心”发展战略的五年。作为新一届人大常委会,必须进一步强化“作为”意识,提高“能为”本领,找准“善为”路径,不断提升人大工作水平。

三、本届人大工作目标

全区人大工作要迈向民主法治新高度。习近平同志对人民代表大会制度提出了“长期坚持、全面贯彻、不断发展”的新要求,我们要牢记习近平同志“不忘初心、继续前进”的谆谆告诫,切实把讲话精神转化为履职尽责的强大动力、干事创业的实际行动,让全区人大工作体现时代性、把握规律性、富于创造性。

全区人大工作要进入创新发展新阶段。根据中央、省委、市委文件精神,区委出台了《关于加强区乡人大工作和建设的实施意见》,人大工作面临着前所未有的发展机遇。我们要在开好区乡人大会议、健全议事规则、完善审议程序等方面积极作为,为人大工作创新发展注入持久的动力。

全区人大工作要完成履职担当新任务。区委提出了“抢抓新机遇,建设新江南”的奋斗目标,我们要紧紧围绕区委工作的重点、政府工作的难点、人民群众关注的热点,注重监督与支持相统一,寓支持于监督之中,为深化改革、加速发展、维护稳定做出贡献。

全区人大工作要落实从严治党新要求。我们要认真贯彻党的十八届六中全会精神,把严的标准落实到党的思想建设、组织建设、作风建设、反腐倡廉建设和制度建设各个方面,确保“真管真严、敢管敢严、长管长严”。

全区人大工作要展现为民务实新作为。我们要在区委的坚强领导下,矢志不渝地贯彻全心全意为人民服务的根本宗旨,保障人民群众的合法权益,确保新增财力更多地用于社会事业和民生改善,努力实现好、维护好、发展好人民群众的根本利益。

四、2017 年工作安排

2017 年,是区十七届人大常委会工作的开局之年。区人大常委会工作的指导思想是:紧密团结在以习近平同志为核心的党中央周围,以中共中央〔2015〕18 号文件精神为指导,全面贯彻党的十八届六中全会和区委经济工作会议精神,按照“五位一体”总体布局和“四个全面”战略布局,牢固树立“创新、协调、绿色、开放、共享”的发展新理念,全力服务服从“三城四区五中心”建设,依法行使各项职权,充分发挥代表作用,不断加强自身建设,为“抢抓新机遇,建设新江南”凝聚智慧、贡献力量。

维护区委核心,保持正确方向

在思想上,要不断强化政治意识、大局意识、核心意识、看齐意识,始终坚定道路自信、理论自信、制度自信和文化自信,切实做到与区委思想同心、目标同向、工作同步。

在政治上,要把党的领导作为人大工作的旗帜,把坚持党的领导贯穿人大工作全过程,坚决以党的旗帜为旗帜、以党的方向为方向、以党的意志为意志。

在行动上,要自觉服从、服务于区委中心工作,维护区委“总揽全局、协调各方”的领导核心地位。要自觉坚持重大问题由区人大常委会党组向区委请示报告制度,无论是讨论重大事项、监督“一府两院”,还是选举任免国家机关工作人员,都要做到坚持党的领导、人民当家做主、依法治区的有机统一。

全力服务中心,依法行权履职

要进一步提升服务大局水平。进一步细化量化重大事项的界定范围,规范常委会讨论重大事项的内容和工作程序,推行重大事项年度清单制度。今年,在完成对财政预、决算审议等工作外,还将重点围绕城建、环保、食品药品、公共卫生服务、脱贫攻坚等开展工作。

要进一步增强监督工作实效。特色监督纵深化。继续深入开展 50 万元以上财政专项资金绩效评价、“两官”履职评议、案件评析等特色监督。刚性监督常态化。根据监督法要求,探索使用询问、质询等刚性监督手段，把人民群众来信来访中反映的集中、突出的问题、审计报告中指出的问题，尤其是多次审、多次提，又没有得到整改的问题作为监督的重点。常规监督实效化。常规监督要由程序性向实质性转变。年内，所有专项报告要形成审议意见书，每项视察要形成视察意见书，每项活动必须推动具体问题解决。审议程序规范化。要进一步完善审议程序，审议调查要充分、细致、全面，形成的调查报告要内容翔实、有理有据，审议发言要有的放矢。在综合整理常委会组成人员审议发言的基础上，由法制委员会把关后，经主任会议研究，再发出书面审议意见。要对审议意见的落实情况加大跟踪和问效力度。法律监督精细化。扎实开展规范性文件备案审查工作，对报备的每一份规范性文件都要进行主动审查，杜绝“红头文件”违法违规。

要进一步规范人事任免程序。坚持党管干部和人大依法任免干部相统一，严格组织提名、任前了解、法律考试、任前汇报、会议审议、集体票决、颁发任命书、向宪法宣誓等程序，充分保障常委会组成人员的知情权、表决权和监督权。认真抓好随届任命工作，并将《我的汇报》汇编成册，发送全体区人大代表和相关人员。

始终紧贴民心，助推民生改善

要持续聚焦民生热点。重点听取食品药品监督管理、环境状况和环境保护目标完成、国家级文化乡镇的创建和建设、耕地保护、土地动态平衡、公共卫生服务等情况汇报，认真组织贯彻实施《种子法》的执法检查。

要稳步推进“五行”活动。“司法公正常德行”，要在维护社会公平正义上狠下功夫。“农产品质量安全行”要在督促指出问题的整改上狠下功夫。“环保世纪行”，要在水资源保护和大气污染治理上狠下功夫。“民族团结进步行”，要在形成人人自觉维护民族团结、人人争做民族团结模范的社会氛围上狠下功夫。“农民健康行”，要在加大基础设施建设、保障农民问医用药安全上狠下功夫。

充分凝聚人心，做实代表工作

认真组织专题培训。把学习培训作为提升人大代表素质的重要抓手，根据上级要求，结合我区换届后实际，今年上半年，我们将认真组织新一届区人大常委会组成人员及乡镇人大主席、街道人大工委主任、市人大代表小组长到全国人大培训基地参加履职培训，切实提高区乡人大工作者和人大代表的履职能力和工作水平。

丰富代表履职形式。要认真组织人大代表开展工作视察、执法检查、听取专项工作报告、专题调研等活动。年内要有序组织人大代表开展向选民述职活动。要继续扩大人大代表对区人大常委会工作的参与面，完善人大代表列席区人大常委会会议机制，进一步规范“人大代表联系群众工作室”的运行使用。

加强代表议案和建议的办理。年内要组织 1~2 次人大代表撰写议案、建议、批评、意见的业务培训。要健全完善人大代表建议审查、交办、督办工作制度，进一步提高人大代表建议办结率和满意率。年内要选择综合性强、涉及面广、问题反映比较集中的 10 条以上人大代表建议，由常委会主任会议成员牵头重点督办，并组织人大代表对随机抽取的 10 个建议办理单位进行工作评议，强力督促人大代表建议办理工作的落实。

创新代表履职机制。要加强人大代表履职监督，建立人大代表履职档案，探索建立人大代表履职激励机制，建立健全不称职人大代表退出机制。要全面加强人大代表的思想、作风建设，教育和督促人大代表依法执行职务，模范遵守法律法规，自觉遵守社会公德。

切实彰显公心，加强自身建设

要进一步强化政治意识。把严守党的政治纪律和政治规矩摆在首位，充分发挥区人大常委会党组在区乡人大工作中的领导核心作用，坚持党要管党、从严治党，严格执行《党章》《关于新形势下党内政治生活的若干准则》《中国共产党纪律处分条例》《中国共产党问责条例》《中国共产党党内监督条例》,坚持“三重一大”事项党组集体决策制度。进一步巩固“党的群众路线教育实践活动”“三严三实”专题教育、“两学一做”学习教育的成果,让“讲政治、比党性”成为人大干部队伍的自觉。

要进一步强化责任意识。坚决落实区委的决策部署,积极参与区委的中心工作,深入开展“四讲四比”活动,扎实推进创先争优。要积极配合上级人大开展好各种活动,扎实做好配合立法的各项调研工作,认真办理国、省、市人大转办、交办、督办的信访件。进一步加强对乡镇、街道人大工作和建设的指导联系,定期召开乡镇、街道人大工作片会、人大制度理论研讨会、现场经验交流会等,促进全区人大工作均衡发展。认真抓好常鼎发〔2016〕4号文件的贯彻落实的督办工作,确保乡镇、街道人大“有机构管事、有人员办事、有经费做事”,让“讲责任,比担当”成为人大干部队伍的风尚。

要进一步强化制度意识。要认真贯彻落实中央、省、市、区委关于加强人大工作和建设的若干意见,广泛收集人民群众和各级人大代表对抓好人大工作的意见和建议,从人大常委会的工作制度、会议制度、人大常委会活动方式、人大信访会商办理制度、闭会期间人大代表的活动等方面,加以规范和改进。要建立健全区人大专门委员会和区人大常委会机关的各项制度,修订完善《区人大常委会议事规则》《区人大常委会规范性文件备案审查办法》《监督司法工作的若干规定》等,用制度的完善,促作风的转变,让“讲规矩、比作风”成为人大干部队伍的习惯。

要进一步强化宣传意识。要积极打造宣传国家根本政治制度“人人有责、人人有心、人人有为”的大宣传格局,高度重视《中国人大》《人民之友》的订刊、学刊、用刊工作,开展好“以党建新思路推动人大工作新发展”的专题调研活动,组织好《法治足音》的送书、读书、评书活动,用理论成果指导工作实践,促进我区人大工作在高起点上继续向前发展,让“讲奉献、比作为”成为人大干部队伍的追求。

各位代表,我们的职务光荣而神圣,我们的使命崇高而伟大,我们的目标任重而道远,让我们在区委的坚强领导下,不忘初心,继续前进,努力谱写法治中国梦的鼎城篇章,为“抢抓新机遇,建设新江南”营造良好的法治环境,以优异成绩迎接党的十九大胜利召开!

常德市鼎城区人民政府工作报告

——2017年2月22日在鼎城区第十七届人民代表大会第二次会议上

鼎城区人民政府区长　朱金平

区委副书记、区长朱金平作政府工作报告

一、过去四年及2016年工作回顾

四年来，区域实力在加快科学发展中迈上新台阶。产业结构不断优化。三次产业比从23.9：37.7：38.4优化为17.5：32.9：49.6。经济总量不断壮大。GDP达到280亿元，年均增长8.3%；一般公共预算收入达到16.7亿元，年均增长13%；社会消费品零售总额达到171亿元，年均增长13.4%。发展质效不断提升。无论城市还是农村，无论工业还是三产，发展效益越来越好。

四年来，城乡面貌在推进协调发展中呈现新气象。城市开发快速推进。拓骨架、推片区、开大盘，江南城区开辟了新天地。地下工程改造，地上“三改四化”，城市品位有了质的提升。“一湖一中心”“一带一新城”“一园一枢纽”“一轴一干线”“一区一基地”的战略布局，江南成为一方开发的热土。农村环境大为改善。美丽乡村的推进，乡村旅游的开发，生态文明的创建，改善了农村生产生活条件，美化了农村环境和面貌。

四年来，改革开放在谋求创新发展中开创新局面。在改革中见证了鼎城魄力。粮食系统改革、桥南市场改革、行政审批制度改革，改出了新思路、新气象、新活力。在创新中彰显了鼎城智慧。项目“三制联动”、征拆阳光操作、融资平台升级，不仅破解了瓶颈、提高了效能，而且拓展了发展的视野与空间。在探索中丰富了鼎城经验。创造了农产品质量安全示范县、平安农机县、文化先进县和财政绩效管理、社区侨务工作、安全饮水建设、油茶品牌打造、项目PPP开发等一批具有区域特色的鼎城模式，为跨越前行打下了扎实基础。在实践中塑造了鼎城形象。一块块奖牌、一面面锦旗，一个个国家级的示范点、一场场展示性的现场会，无不证实我们从来就没有攻克不了的难关、没有成就不了的事业。

四年来，民生福祉在实现和谐发展中得到新提升。2016年，城乡居民人均可支配收入分别达到28362元和13125元，分别是2012年的1.4倍和1.6倍，民生支出占一般公共预算支出的76.6%。平安建设卓有成效，综治民调大幅提升，群众生活更加殷实、更富品质、更有尊严。

各位代表，已经过去的2016年，是我们积极作为、不断进取的一年。这一年，我们各项工作均位列全市第一方阵，全面绩效综合考核有望全市夺旗，脱贫攻坚评为全省先进，小康建设提前实现并获全省“十快进县”奖，常德高新区获批国家级高新区。

这一年，我们坚持对接从速、开发从快，项目建设实现大突破。“十三五”规划开发重大项目222个，总投资2113亿元；争取上级投资10亿元；完成固定资产投资266.7亿元，增长19.1%；融资平台落实融资47.5亿元；争取用地指标2900多亩，储备土地500多亩；临江棚改征拆经验全市推广。

这一年，我们坚持总量做大、质量做优，支柱产业取得大发展。城市发展来势猛。阳明湖、临江新区、新城西区开发迈出实质性步伐；城市管理荣获全市最佳荣誉；沅江风光带开园迎客，江南画壁启动建设，桥南人防商城投入营运，过江隧道已经开工；商品房销售60.9万平方米，创历史新高。工业发展态势稳。建成标准化厂房26万平方米，建成了1.5万平方米的全市首批省级科技企业孵化大楼；10多家中小企业实现转型升级，科箭机械两项专利填补国内空白；实现工业总产值225.8亿元，增长10.1%；推新工作全市排名第一。农业发展形势好。农业农村工作排名全市第一；森林城市创建评为全省先进；乡村旅游打出品牌；粮油、蔬菜生产分别保持全国大县、重点县位置，生猪、水产养殖位列全省前十、全国百强；“鼎城茶油”“河洲甲鱼”等农业品牌影响扩大；“精为天”在新三板成功上市；新建省级美丽乡村1个、市级5个。三产发展气势足。规上服务企业营业收入18.7亿元，增速全市第一；开发了五金机电城、健康医药产业园等一批重大功能性项目；国龙大厦、南城天街等城市综合体建成开市。

这一年，我们坚持和谐共建、成果共享，民本民生得到大改善。社会保障全面覆盖。全区有2个村和9602人脱贫；为7300名五保户统一购买了意外伤害险；新增城镇就业6900人、农村劳动力转移就业4900人；新增社会保险1.2万人。社会管理不断创新。信访总量下降24%；安全生产、综治工作获全市先进；司法局获全省“六五”普法、司法行政工作先进单位，我区第六次获得全国人民调解先进单位。社会事业持续发展。全区所有行政村通村公路全部硬化，改造危桥39座；完成了2.3公里的善卷垸东线治理，安全饮水实现全覆盖；教育荣获全省教育强区称号，江南小学建成使用；市第二工人文化宫、市四医院南院二期、卫星“户户通”工程等民生项目推进顺利；第二届“全运会”成功举办；常德丝弦赴联合国巡演；计生、国土、环保工作推进有力；武装、广电、科技、工商、信息、民宗、气象等工作均有新进步。

这一年，我们坚持政风求实、作风求硬，自身建设得到大提升。自觉接受监督。主动接受区人大及其常委会的法律监督和工作监督，自觉接受区政协的民主监督和社会各界的舆论监督；全年办理人大代表议案、建议128件，政协委员提案111件，办结率100%，满意和基本满意率达99.6%。切实强化自律。大力推进法治政府建设，认真落实党风廉政建设责任制，全面加强行政监督和审计监管，严肃查处了各类违纪违法行为。大力提升效能。全面清理部门审批职能，全力推进重大项目行政审批全程代理，行政审批大幅提速，有效促进了政府依法行政。

各位代表，过去的工作中，我们真切感受到，我们每一项决策部署的有效落实，每一个发展难题的成功破解，每一项重点工程的顺利推进，都离不开上级党委、政府与区委的总揽全局和正确领导，离不开人大、政协的有效监督和大力支持，离不开各单位的主动作为和扎实履责，离不开广大干部群众的开拓进取和奋力拼搏。在此，我代表区人民政府，向各位代表、各位委员，向全区广大干部群众以及关心支持鼎城发展的各界人士，表示衷心的感谢和崇高的敬意！

在肯定成绩的同时，我们也清醒地认识到，鼎城的发展任重道远，在前进中还存在很多困难和问题，主要表现在经济结构不优、瓶颈制约突出、财政压力较大、行政效率不高等方面。对此，我们要予以高度重视，切实加以解决。

二、未来五年及 2017 年工作安排

未来五年，既是我们深化改革、转型升级的重要机遇期，更是我们大有作为、大干快上的黄金发展期。未来五年，我们将以区十二次党代会精神为指引，坚持创新、协调、绿色、开放、共享发展理念，围绕"四个一"，全力推进政府工作。

打起一面旗帜——抢抓新机遇，建设新江南。抢抓市委实施沿江发展战略历史机遇，大视野审视、大手笔谋划、大气魄开发，把江南建设成"重构产城功能，彰显滨水特色"的现代新都市，当好常德迈向大城市时代的排头兵。

弘扬一种精神——弘扬扛鼎精神，打造现代江南。在"抢抓新机遇，建设新江南"的旗帜引领下，凝扛鼎之气，造扛鼎之势，聚扛鼎之力，成扛鼎之作，浓墨重彩谱写现代江南的华美篇章。

绘就一幅蓝图——打造"三城四区五中心"。建设江南新城、工业新城、空港新城，打造农业强区、商贸强区、文化强区、旅游强区，把江南城区建成现代商贸中心、商务会展中心、科技研发中心、文化体育中心、生态宜居中心。

成就一个梦想——成就鼎城的江南梦。把鼎城建成以现代工业文明为特征的现代化新城区，让现代江南成为幸福鼎城的代名词，人民群众更有获得感、归属感与自豪感。

各位代表，2017 年是我们"抢抓新机遇，建设新江南"的开篇之年。这一年，中央将实施积极的财政政策和稳健的货币政策，大力推进新型城镇化和农业供给侧结构性改革，着力振兴实体经济。湖南省、常德市分别推出了"三四五""一三五"发展战略。所有这一切，对鼎城而言，既送来了政策的东风，也带来了发展的利好。特别是常德沿江发展战略与"两化"融合试点，更给鼎城带来了千载难逢的历史机遇，我们即将迎来一个大投入、大开发、大建设的高潮。从现在开始，我们要信心百倍、激情满怀，以战斗的姿态、战斗的精神，乘势而上、奋力赶超，共同推进鼎城的新创业，努力创造我们无愧于时代的光辉业绩。

2017 年，我们将全面贯彻党的十八大和十八届三中、四中、五中、六中全会以及中央省委市委区委经济工作会议、省市区党代会精神，高举"抢抓新机遇，建设新江南"旗帜，加快建设"三城四区五中心"，以"四讲四比"为总抓手，全面做好稳增长、促改革、调结构、惠民生、防风险的各项工作，促进经济平稳健康发展和社会和谐稳定，以优异成绩迎接党的十九大胜利召开。2017 年主要预期目标是：地区生产总值增长 8.5%以上，一般公共预算收入增长 10%以上，固定资产投资增长 15%以上，城乡居民人均可支配收入增长 10%以上。全面完成上级下达的节能减排等各项约束性指标。

（一）以扩大投入为先导，加快项目推进

始终把项目建设摆在重中之重的位置，大力开展"项目推进年"活动，以项目的大开发，推动经济的大发展。

在争资争项上争取新突破。坚持以开放的空间视野和敏锐的创新思维，紧盯国家新型城镇化、现代产业政策、洞庭湖生态经济区、省"135"、"313"重大工程包及市"1115"工程等投资政策，大力争资争项，争取上级投资 12 亿元以上。

在招商引资上争取新突破。大胆解放思想，树立战略眼光，实施政策激励，围绕阳明湖、临江新区、空港新城、常德高新区、电子商务产业园等重大板块、重点项目，着力引进一批龙头型、税源型"两个 500 强"企业及三产知名品牌企业。紧扣时代脉搏，紧跟时代潮流，大力推行“互联网+商务”模式，积极引进智能制造、生命科技、创客空间等新型业态，增强发展的爆发力和持续力。

在项目建设上争取新突破。通过领导领衔抓项目，推行“三制联动”，强化“三大举措”，大力推进项目建设“双十工程”，全年重点项目建设实现投资超过160亿元，掀起项目建设新热潮。

在瓶颈破解上争取新突破。抓住时机扩融资，力争融资100亿元以上。新增用地3000亩以上，三年储备土地5000亩以上，提高国土收益。大力推进征拆阳光操作，确保项目早开工、早建成、早日形成现实生产力。

（二）以现代高端为取向，建设宜居城市

抢抓市委、市政府构建“一江两岸”“一城双心”“一体三极”城市发展格局的新机遇，大力实施“城镇带动”大会战，高起点规划、高标准开发、高质效管理，努力打造宜居宜业宜商宜游的城市家园。

拉伸主骨架。抓拓展。重点抓好善德路、江南大道等主干道路建设。抓延伸。重点加快阳明大道、建新西路、永富路、红云路等道路建设。抓融合。重点启动“四进四出”城市出入口建设，加快“一轴一干线”和沅水四桥建设，启动一桥综合改造，做好五桥、六桥建设前期工作，拉通南北城市通道，打开东西新城大门。

开发大片区。开发临江新区。投入25亿元，完成临江板块一期棚改征拆，加快新区开发；启动一桥、三桥两厢棚改，改造城中村；推进“一壁两园三带”建设，重点加快沅江风光带提质升级和江南画壁一期建设；加快过江隧道建设；继续推进善卷垸综合治理。开发阳明湖。先期启动投资45.5亿元的基础建设，推进“913”工程，全年完成70%的工程量。开发新城西区。启动西区控规修编，完成西区规划布局和地块控制；完成“市民之家”规划设计方案，年内启动投资2亿元的政务中心建设；启动西站路、祥云路等主次干道建设，配套市政管网建设；抓好人防指挥中心建设。开发空港新城。按“交通枢纽、城市新区、产业基地、物流中心”的发展定位，重点抓好顶层设计与项目招商，落地一个10亿元以上的龙头引领型项目，开发临空产业；启动茅坪路、富民路等5条骨干道路建设；力争用5至10年的时间，把空港新城打造成泛湘西北呼应东西、吞吐南北的开放新高地。

打造特色镇。高标准做好城乡体系规划，启动全域规划编制。通过城市开发带动，突破小城镇建设瓶颈，集中打造周家店、灌溪、斗姆湖3个市级示范镇，积极扶持一批边贸、旅游、中心镇建设。投入2.45亿元，有序推进255个农村综合服务平台建设和21个乡镇（场）机关院落建设。

管理精细化。推进智慧城市建设，健全“数字城管”体系，完成地理空间框架建设，打造数字鼎城。围绕“一改二争三创四落实”工作主线，积极完善城市管理机制，不断提升城市管理科学化、规范化、系统化水平。巩固文明城市创建成果，全面实现控违拆违、交通秩序、市容市貌等城市管理的新常态，全面落实环保“一改两查（察）三治”工作任务，提升城市软实力。

（三）以转型升级为核心，打造新型工业

全面对接“中国制造2025”和湖南省建设制造强省五年行动计划，大力实施“园区攻坚”大会战，确保完成工业总产值248亿元以上，入库税金4亿元以上。

坚持基础先行。完善顶层设计。按国家级高新区定位，进一步完善园区产业发展、功能配套、体制机制等顶层设计。加快中联装备制造产业园、粤港光电产业园、珠三角智能制造产业园、新型建材产业园、通信设备产业园、光伏产业园等6个“园中园”的规划建设，着力打造专业特色园区。夯实基础设施。完成基础建设投入8亿元以上，重点完成五铁路南延、富窑西路等8条道路建设，启动高新大道、兴工路等6条道路建设，拉通五纵五横骨干路网。新建标准化厂房20万平方米。加速园区融城。完善产城融合发展规划，深入推进“东退西进”战略，抓好水、电、路、气管网与市城区的全面对接，启动灌溪棚户区、污水处理厂等项目建设，将新型工业化与新型城镇化相结合，打造生产发展、生活便捷、生态优良“三生”协调的新型园区。

突出项目兴园。抓项目招商。通过以商招商、以情招商、分队招商，力争新引进投资2000万元以上的新兴战略项目和高新技术项目20个以上，其中亿元以上项目10个。抓项目落地。重点加快推进投资10亿元的远大住工二期、投资2亿元的通信产业园等签约项目快速落地。抓项目建设。重点推进投资60亿元的海仑物流、投资50亿元的粤港光电产业园等项目尽早开工。抓项目投产。重点加快投资16亿元的中联起重机产业基地、投资3亿元的常德智能水表等在建项目推进，力争早日竣工达产，形成新的经济增长点与税收贡献点。

助推转型升级。实施政策驱动。支持实体经济，落实帮扶企业十条措施，用好中小微企业发展资金，培育企业上市，争取万家炊、科箭机械在新三板挂牌；扶持健康产业，支持国药控股做大做强。突出科技创新。设立创新创业基金，对成功申报省级高新企业给予奖励，引导中小企业加快从产业配套型向自主研发型转变，鼓励企业创品牌。注重信息引领。抢抓“宽带中国”战略机遇，通过互联网加快提升传统产业，培育一批“互联网＋中小企业”典型；以标准化厂房为基地，以佳诚、质中电为龙头，做大做强现代信息产业。强化人才支撑。抓好省级科技孵化器建设，引进一批技术先进、产品高端的项目入园孵化，年内争创国家级科技孵化器；深化厅区共建、校企合作，采取奖励措施，加强高精尖人才引进，为园区跨域发展提供强大的人才支撑。

（四）以增产增效为目标，发展现代农业

紧密对接中央1号文件精神，深化农业供给侧结构性改革，以标准化、规模化、信息化、品牌化、园区化为导向，大力推进农业产业化，积极打造农业强区。

抓重点。实施农业产业提升工程。大力提升优质稻、油菜、油茶等八大支柱产业，确保190万亩粮食、60万亩油菜播种面积不减少，确保生猪养殖全省前十、水产养殖全国百强位置不下降；保护好45万亩油茶资源，新扩、低改油茶5万亩以上。实施高标准农田建设工程。大力推进8大类157处国省投水利工程，搞好田湖系统修复。实施农村道路通达工程。新建农村机耕道路50公里，建设农村断头路100公里，维养农村公路生命安全工程100公里，提质农村公路50公里，改造危桥14座。

抓亮点。培育产业特色。发展好石板滩、蔡家岗特色花木，园艺场特色水果，特养场、石公桥、十美堂、韩公渡特色水产，牛鼻滩、中河口特色蔬菜，花岩溪生态康养，草坪特色畜禽养殖，周家店、黄土店、谢家铺、尧天坪特色油茶产业。扶持产业龙头。扶持“精为天”“鼎城茶油”“河洲甲鱼”等特色产业和涉农企业发展，支持“精为天”、“申友农林”争创国家级龙头企业。打造产业品牌。新增省著名商标2件以上、“三品一标”认证10件以上，“河洲甲鱼”争创国家驰名商标。

抓难点。集中脱贫攻坚。大力实施“脱贫攻坚”大会战。全面落实“两个全覆盖”“五个精准到户”，突出金融、产业、智力帮扶，做好基础建设、易地搬迁、危房改造等重点工作，全年完成25个村、14650人的脱贫任务。支持建立各类经济合作组织，不断壮大村级集体经济。突出环境整治。抓好环洞庭湖五大整治行动，开展农村面源污染整治、畜禽养殖污染治理、农村水源保护、农村能源建设和农村生活垃圾处理，完成畜禽禁养区退养任务。深化农村改革。推进供销社改革，构建现代农业服务体系；完善合乡并村后续管理，抓好村（居）换届；大力推行“3+X”社会化管理模式；稳妥推进农村土地确权颁证。

抓试点。推进现代农业示范园建设。按照“一年打基础、两年见成效、三年出亮点”的基本思路，建设“四区三园”，打造集高效种植、生态养殖、旅游观光、农产品精深加工于一体的示范样板，今年重点打造6个千亩示范片。推进美丽乡村示范带建设。按照“五化”标准，重点建设207国道沿线美丽乡村示范带，为全区美丽乡村建设探索新路径、提供新思路、创建新模式。推进国家级农业示范县建设。抓好国家一、二、三产业融合试点项目;高标准、高质量推进国家农产品质量安全县、粮食生产全程机械化示范县、农业面源污染治理试点县、农业废弃物资源化利用试点县创建,确保出成效、出经验。

(五)以激活市场为抓手,提振第三产业

激活人流、物流、资金流,发展现代服务业,打造商贸强区。

振兴大市场。改造升级桥南市场群,重点推进总投资15.4亿元的江南汇一期工程,建设现代商贸中心。抓好蔬菜批发市场升级改造。大力推进“个转企,企入规”工作,出台《鼓励企业消费本地产品奖励办法》。深入推进“电商换市”战略,建立电子商务交易平台,引导实体公司在平台开设旗舰店面。政府引导、市场运作,启动副食城整体搬迁、商贸城整体开发,加快华邦国际、福捷华中城等项目建设。引进知名品牌战略投资者,集聚城市人气,重振桥南雄风,再创历史辉煌。

打造大流通。深入推进“3135”工程,大力实施“交通跨越”大会战。力争7月份沅澧快速干线1号大道竣工通车,年内启动4号、5号、6号大道建设,启动7号大道前期工作。抓紧陬鄂线、双蔡线、谢杨线等主干公路建设和207、319国道改线,加快构建环城“一小时交通经济圈”。提升隆腾物流园服务功能,拓展市场辐射空间。按照产业规划,启动空港新城“一园一枢纽”基础设施建设。抓好蒿子港码头建设,包装好斗姆湖码头项目,加快构建鼎城水陆空三位一体的流通大格局。

创建大金融。积极引导金融机构创新产品,实行税收上台阶奖励,全年争取信贷投放200亿元、税收增长25%以上。积极搭建银企合作平台,实现金融投放与企业投入快速对接。大力发展总部(楼宇)经济,发展普惠金融,积极引进村镇银行、证券公司、涉农担保公司等金融机构,开发农村金融市场。

开发大旅游。编制全域旅游规划,积极打造旅游强区。推进花岩溪与市文旅投战略合作,全面启动景区大开发,2017年投入5000万元完成花岩溪游客中心、麻家溪游船码头等项目建设。推进乌儿洲湿地公园建设,建成乌儿洲游客中心、澧水古洪道游船码头景区。依托沅江风光带,融入全市城市旅游发展大格局。继续办好乡村旅游节庆活动,打造乡村民俗亮点,打响乡村旅游品牌。

(六)以造福民生为宗旨,发展社会事业

坚持发展依靠人民,发展为了人民,大力发展社会事业,最大限度地让人民群众共享改革发展的成果。

发展民生事业。深入推进义务教育均衡发展,加快标准化学校建设,实施名学校、名校长、名教师工程,不断提升教学质量。稳步推进公立医院改革,加快市四医院南院二期、市二中医院迁建、妇幼儿保大楼建设,完成40个贫困村卫生室建设,创建计生管理“新国优”。加快发展创意文化、特色文化、销售文化三大文化产业,保护非物质文化遗产,抓好常德丝弦、花鼓戏传承与发展,打造“名人、非遗、红色、休闲”四大品牌。推进索县城址保护与开发。启动江南剧院、文化综合馆、广电业务楼、“三馆一中心”建设。加强国家级文化乡镇建设,成功创建全省现代公共文化服务体系示范区、全国气排球和太极拳之乡,完成第二工人文化宫一期工程,打造文化强区。统筹抓好科技、国防、武装、史志以及残联等工作。

完善社会保障。强化社保扩面,实施全民参保登记,逐步提高人民群众医疗、养老保障。加大低收入家庭保障力度,提高社会救助水平。启动福利中心二期建设。加快江南陵园建设。实施就业优先战略,大力扶持和促进广大民众创新创业。适度提高乡镇、村级运转经费,保障机关事业单位人员待遇。

创新社会管理。规范信访秩序,打造法治信访、阳光信访、责任信访。抓好民调工作,加强社会治理创新。提升完美社区建设水平,完善社会治理网格化管理。深化安全生产领域改革,强化生产、交通、消防、食品药品、环保安全监管防控,制定安全责任清单,尽职照单免责、失职照单追责,确保不发生较大以上安全事故。关注空巢老人与留守儿童，开展家庭文明建设，创新社会调解机制，大力开展“无上访村（社区）”创建工作，促进社会和谐稳定。

（七）以创先争优为动力，强化自身建设

坚持“四讲四比”，推进自身建设，为经济社会发展提供强大的动力支撑与行政保障。

满怀激情干事业。要有舍我其谁的精神。做到分内之事不推、调度之事不躲、既定之事不拖，以责无旁贷的政治自觉和向我看齐的英勇气概，积极抓执行、抓推进、抓落实。要有一往无前的韧劲。无论抓建设，还是破难题，始终咬定青山不放松，不达目的不罢休，以压倒一切困难的魄力，战胜一切挫折的勇气，朝着既定目标前行。要有奋发有为的追求。面对你追我赶、不进则退的发展态势，始终保持清醒的头脑，砥砺奋进，迎接挑战，不断研究新情况，解决新问题，开辟新境界，实现新作为。

解放思想勇担当。在拓展视野中彰显担当的情怀。坚持以发展为己任，把鼎城的发展放到全市、全省乃至更大的功能体系去定位，以思想的大解放，推动经济的大发展。在破除障碍中展示担当的勇气。鼓励创新、宽容失败、容许试错，以积极的姿态与无畏的勇气，去冲破一切妨碍发展的思想观念，破解一切影响发展的要素瓶颈。在开拓创新中提升担当的境界。善于借助外力求发展，抢抓政策机遇，运用融资手段，在风险可控的前提下，要敢于科学、合理、适度负债搞建设；做活土地文章，实现资源资产化、资产资本化、资本资金化，不断拓展跨越发展的新路径，开辟科学发展的新局面。

雷厉风行抓落实。要有立言立行的作风。定了就干，说干就干，坚决做到接受任务不讲价钱，执行任务不摆困难，完成任务不打折扣。要有抓铁有痕的力度。对于明确的任务、议定的事项，坚持紧抓不放、一抓到底，抓一件成一件。要有扛鼎夺旗的气势。敢于冒尖、敢于出彩，以创先争优的精神，积极打造一批具有鼎城气势的“扛鼎”之作，使鼎城成为常德决胜“十三五”的排头兵与领头雁。

优化服务敢亮剑。向乱检查、乱收费、乱罚款亮剑。严格规范行政执法行为，大力整治以权代法、违规执法、搭车收费、以罚代管等问题，对胆敢触碰纪律红线与法律底线的，犯到哪里就办到哪里。向不作为、慢作为、乱作为亮剑。强化效能监管，开展百名股长效能监察行动，对个别有令不行、有禁不止，借审批服务之机、行索拿卡要之举的害群之马，坚决清出干部队伍。向强买强卖、强揽工程、强行参工参运亮剑。对个别破坏项目工程建设、扰乱企业经营秩序的黑恶势力，重拳出击、定点铲除，坚决打掉背后的保护伞，一定让破坏经济发展环境的人和事，在鼎城无藏身之处、无立锥之地。

忠诚为民树形象。在维护权威中强化为民宗旨。坚决维护区委的政治权威，坚决落实区委的决议、决定与指示。在接受监督中兑现为民承诺。认真执行区人大及其常委会的决议、决定和审议意见，自觉接受区人大及其常委会的法律监督和工作监督、区政协的民主监督和社会各界的舆论监督，认真办好人大代表建议议案、政协委员提案，提高办理实效。在依法行政中践行为民理念。积极落实推进法治建设第一责任人责任，建设法治政府。严格落实行政执法责任制，规范行政自由裁量权。着力规范编制人事集中管理。积极推进政务信息公开。在恪守清廉中永葆为民底色。落实党风廉洁责任制，进一步加大对行政权力运行监督，严控“三公”支出，加强国资管理，对重大项目、重大资金使用情况进行审计，严厉查处一切滥用权力、以权谋私、与民争利的人和事，努力建设人民满意政府。

人勤春更早，追梦铸江南。各位代表，今天的鼎城已站在一个全新的历史起点上，发展的蓝图已绘就，战斗的号角已吹响。百舸争流，奋勇当先；千帆竞发，疾行领航。让我们在区委的坚强领导下，撸起袖子、铆足干劲，以时不我待的意识、只争朝夕的精神、风雨兼程的干劲、舍我其谁的担当，全力推进大投入、大建设、大发展，为建设幸福鼎城、现代江南而努力奋斗！

名 词 解 释

三改四化：路改、水改、棚改和美化、绿化、亮化、数字化。

一湖一中心：按照现代、生态、高端要求建好阳明湖，打造成常德商贸商务金融中心。

一带一新城：建成沅江风光带，建好沅水右岸临江新城。

一园一枢纽：规划建设临空产业园和斗姆湖交通枢纽。

一轴一干线：建成“阳山大道—过江隧道—阳明大道”的城市道路主轴线，加快建设沅澧快速干线1、4、6号大道。

一区一基地：建成以灌溪工业园为代表的国家级高新区，打造泛湘西北先进装备制造业基地。

三制联动：推行项目全程代办制、集中审批制、责任追究。

项目PPP开发：政府与企业为了合作建设城市基础设施，通过合同来明确双方的权利和义务，形成一种伙伴式的合作关系。

省“三四五”战略：即三个着力、四大体系、五大基地。着力推进供给侧结构性改革、着力加强保障和改善民生、着力推进农业现代化；构建科技文化创新体系、现代产业体系、新型城镇体系、综合交通枢纽体系；打造以长株潭自主创新示范区为核心的科技创新基地、以中国智能制造示范引领区为目标的现代制造业基地、以精细农业为特色的优质农副产品供应基地、以影视出版为重点的文化创意基地、以“锦绣潇湘”为品牌的全域旅游基地。

市“一三五”战略：即将常德打造为泛湘西北现代化区域中心城市；迈进高铁时代、大城市时代、千亿产业时代；建设智慧、健康、美丽、现代、幸福常德。

两化：即新型工业化和新型城镇化。

四讲四比：讲政治、比党性，讲责任、比担当，讲规矩、比作风，讲奉献、比作为。

省“135”工程：即建设100个产业园区、3000万平方米标准化厂房、引进5000个创新创业企业。

省“313”工程：即启动30个重大工程，推进1000个重大项目，带动全社会投资3万亿元左右。

市“1115”工程：5年打造三个千亿工程，即将中联重科常德工业走廊打造成千亿走廊，将常德经济技术开发区建设成千亿园区，将烟草产业发展成千亿产业集群，培育年主营业务收入过50亿元的企业15家以上，其中5家过百亿元。

两个500强：世界500强企业和全国500强企业。

互联网+商务模式：指以互联网为媒介，整合传统商业类型，连接各种商业渠道的全新商业运作和组织构架模式。

创客空间：指社区化运营的工作空间，有共同兴趣的人们聚会、社交、展开合作。

三大举措：科学确定审批项目、制定审批流程、界定审批时限。

双十工程：即十大基础民生工程、十大产业项目工程。

一江两岸：沅江穿城而过，两岸协调发展。

一城双心：即未来常德城市新中心，北有白马湖城市中心，南有阳明湖城市中心。

一体三极：即以市城区为主体，向南跨江发展，建设江南—德山新城；向北滨湖发展，建设柳叶湖—北部新城；向西带动桃源县城，建设西部新区。

一壁两园三带：即江南画壁、三桥桥头公园、王家铺公园、桃花源路景观带、阳明湖沿湖景观带、善德路景观带。

阳明湖“913”工程：即建好善池路、永丰路、德安路等9条道路，治理好阳明湖水系，建成广电大厦、阳明湖大厦、海绵城市论坛会展中心。

数字城管：综合运用现代数字信息技术，创建城市管理和市民服务综合指挥系统。

一改二争三创四落实：深入推进城市管理体制改革；争创全市城市管理考核和控违拆违季度考核的双先进；创建一流的队伍、创建智慧城市、创建美丽新城；落实违法存量建设处置问题、落实推进美丽乡村集镇整洁化工作、落实服务区委、区政府中心工作、落实好重大活动保障任务。

一改两查（察）三治：完成环境监察监测机构管理垂直改革；搞好全区土壤污染普查，做好中央环保督察；抓好大气污染防治，搞好环洞庭湖水环境的专项整治，完成全区农村环境综合整治。

东退西进：工业园区按照“生产向西，生活向东”的发展思路，实行功能分区，渐河以西布局工业项目，渐河以东布局城市设施。

两个全覆盖、五个精准到户：即贫困村驻村、贫困户结对帮扶全覆盖；社会保障到户、生产发展到户、技能培训到户、教育助学到户、危房改造到户。

“3+X”社会化管理模式：即社区党工委、社区居民理事会、社区公司董事会和若干行政村组成的农村管理模式。

四区三园：即产业整合示范区、美丽乡村示范区、鼎城茶油示范区、特色养殖示范区、现代农业核心示范园、城郊蔬菜示范园、生态康养示范园。

6个千亩示范片：十美堂千亩吊瓜子、千亩白芨、双桥坪千亩菊花、中河口千亩稻虾高效农业、园艺场千亩脐橙、牛鼻滩千亩蔬菜示范片。

五化：即厕所无害化、建房规范化、集镇整洁化、庭院绿色化和垃圾处理市场化。

一二三产业融合：以农业为基础、农村为依托、农民就业增收为目标，形成农村一、二、三产业高度一体化的新型农业产业形态的过程。

“3135”工程：“十三五”投资100亿元，建设100公里沅澧快速干线，建设100公里干线公路，建设500公里农村公路，实施500公里农村公路安保工程，改造危桥50座。

总部经济：因某一单一产业价值的吸引力，而出现众多资源大规模聚合，形成有特定职能的经济区域，此区域辐射周围区域，成为一种特殊的经济模式。

新国优：新一轮全国计生优质服务先进单位创建活动。

三馆一中心：即党史馆、档案馆、图书馆和奥体中心。

中国人民政治协商会议
常德市鼎城区委员会常务委员会工作报告

——2017年2月20日在政协常德市鼎城区第九届委员会第二次会议上

鼎城区政协主席　韩才渊

区政协主席韩才渊作政协常委会工作报告

一、八届区政协工作回顾

过去的四年，是我区“推进二次创业、建设现代鼎城”，向着建设现代化江南新城目标奋力前行的四年，也是区政协事业持续发展的四年。四年来，区政协在区委的坚强领导下，坚持团结民主两大主题，紧紧围绕全区改革发展目标任务，创造性地履行政协职能，政协工作呈现出务实创新、有为有位的新局面，为助推全区经济社会发展做出了积极贡献。

（一）紧贴党政中心，协商议政成果丰硕

坚持想大事议大事，与区委、区政府共同协商制定年度重点协商计划，积极拓展协商内容、丰富协商形式、提高协商质量，协商建言的针对性和成效性明显增强。四年来，组织开展了6次议政性常委会议协商、10次议政性主席会议协商、14次专委会对口协商和16次提案办理协商活动，向区委、区政府提交了18份建议案、建议函和协商意见，提出了一批具有科学性、前瞻性、建设性的意见建议。

围绕改革发展协商议政。先后围绕“推进二次创业、建设现代鼎城”行动纲要、“十三五”规划纲要等事关全局的重大事项以及推进城市管理改革创新、加快商贸物流产业发展、提升城市开发建设水平、推进临空产业园建设等涉及全区经济社会发展的重点问题开展协商，形成了一批有价值的协商建言成果。关于推进全区中小微企业持续健康发展的建议案，区政府召开会议专题研究，严格落实有关政策，组织开展帮扶行动，支持中小微企业转型发展。在政协全体会议上，委员们围绕加快推进江南临江棚户区改造、大力实施沿江发展战略、促进农业规模经营等31个主题作了协商发言，大部分建议进入了党政决策程序、落地生根。

致力民生改善协商议政。坚持把履职为民作为政协工作的出发点和落脚点，积极在民生改善上建言献策。四年来，先后围绕推进农村环境整治、加强善卷垸水利综合治理、加大社会救助保障力度、强化食品安全监管、加强水资源保护、落实涉农惠民政策等课题开展专题协商，促进了一批民生问题的解决和落实。针对社会救助保障工作中存在的问题，我们经过充分调研协商，提出了“提升思想认识、完善政策体系、健全工作网络、提高保障水平”等建议。区政府召开常务会议专题研究，将社会救助工作纳入全区目标考核内容，建立了社会救助工作联席会议制度，进一步规范了城乡低保管理，得到广大干部群众一致好评。

聚焦社会事业协商议政。始终高度关注社会公共事业发展，先后组织开展了促进农村卫生事业健康发展、优化城区义务教育布局、强化中介组织监管、推进完美社区建设、提升公共文化服务水平等专题协商活动，在促进相关事业发展上发挥了积极作用。区政协主席会议就江南城区义务教育发展问题开展协商议政、提出建议后，区委、区政府及时调整优化江南城区中小学校布局，加大财政投入力度，启动了江南小学、王家铺小学、斗姆湖中学等学校的新建与升级改造，为有效缓解江南城区“大额班”的问题起到了积极作用。

（二）推进改革创新，履职活力明显增强

四年来，区政协面对新形势新任务，秉持“在继承中发展，在创新中提高”的理念，以更好地服务于改革发展大局和推进政协事业发展为目标，在拓宽履职渠道、搭建履职平台、提升履职能力等方面做了一些有益探索和尝试。

探索了提案工作新举措。八届区政协期间，审查立案委员提案582件，经相关单位承办后，委员满意和基本满意率达99.8%。提案中建议的推进小型水利设施建设、加强畜禽养殖污染治理、大力宣传抗日烈士陈辉、切实做好控违拆违工作等一大批问题得到区委、区政府及相关部门重视和逐步解决。为增强提案工作实效，提请区委印发了《关于加强政协提案办理工作的实施意见》，将提案办理工作纳入了全区绩效考核。认真落实“把沟通协商作为提案办理的必经环节”工作要求，积极探索创新提案办理工作方式，建立和完善了党政领导领衔办理、主席会议成员领衔督办重点提案机制，通过协商督办、联合督办、分类督办，提案落实率逐年提升。

畅通了民意反映新渠道。建立完善了社情民意信息报送、签批、办理、反馈机制，充分发挥社情民意“直通车”作用。几年来，向省、市政协，及区委、区政府报送社情民意信息200多条，其中省、市政协采用25条，18条得到各级党政领导批示，促成了一批事关发展、事关民生问题的解决和落实。2013年，我们将南方水泥矿区过度抽排地下水诱发严重地质灾害风险的情况向区委、区政府反映后，有关领导和部门高度重视，采取有力措施进行了全面综合整治，及时消除了重大地质灾害隐患。《社会救助需严控“跑站族”》的社情民意被省政协采用后，得到省政府领导批示，省民政厅提出了加大县级救助机构建设、集中开展救助业务培训等五项改进措施，有力推动了全省社会救助工作的进一步规范。

建立了成果转化新机制。坚持把提升政协履职实效摆在重要位置，通过不断提升成果质量、建立健全工作机制、拓宽转化渠道，有力促进了政协履职成果转化。争取区委、区政府支持，出台了《区政协履职成果办理工作规则》，明确了政协履职成果办理的原则、程序和时限，为推进政协履职成果转化落实提供了制度保障；区委、区政府领导高度重视政协履职成果转化，对区政协报送的45份重点提案、建议案、协商意见、社情民意信息作出具体批示，转交相关部门办理落实；2016年，集中组织开展了“区政协重要履职成果监督回访年”活动，对八届区政协重要履职成果办理落实情况进行再跟踪、再监督，促进了更多现实问题的解决。

展示了政协队伍新作为。着力加强区政协专

委会建设,注重强化各政协联络处(组)负责人的工作职责,建立完善了各专委会分组联系政协联络处(组)、年度目标管理考核等工作机制,为政协工作顺利推进打牢了坚实的组织基础;坚持以制度规范委员行为,制定出台了《鼎城区政协委员管理办法》《鼎城区政协委员履职评价办法》,实现了委员常态化管理;四年来,共表彰优秀委员137人次,优秀提案46件,通过激励引导和制度约束,委员履职热情明显提升,主体作用得到充分发挥。2016年8月,300多名委员和社会各界人士积极参与区政协组织的"脱贫攻坚·金秋助学"活动,筹集助学金上百万元,帮助100名贫困大学新生圆了大学梦。

(三)广泛凝心聚力,政协优势充分体现

充分发挥大团结大联合的组织优势,坚持求同存异,着力加强与各民主党派、工商联、有关人民团体和社会各界人士的联系沟通,努力增进各方团结、汇聚各方力量,形成了团结合作、共谋发展的良好局面。

思想基础更加牢固。突出抓好委员学习教育,采取多种形式组织引导广大委员认真学习贯彻党的十八大,十八届三中、四中、五中、六中全会和习近平总书记系列重要讲话精神,不断增强委员的政治意识、大局意识、核心意识和看齐意识,树立了政协组织讲政治、守规矩、做表率的整体形象。四年来,举办了2期政协骨干、政协委员培训班,围绕贯彻习近平总书记在庆祝人民政协成立65周年大会上的讲话、《关于加强人民政协协商民主建设的实施意见》等重要精神开展了9次专题宣讲、座谈交流活动,为推进政协协商民主建设凝聚了广泛的思想共识。

合作共事更加密切。着力加强与各民主党派、工商联和人民团体的团结合作,坚持经常性走访,及时沟通情况、交换意见,营造了民主和谐、合作共事的良好氛围。制定了《区政协各专委会与参加区政协的各民主党派、工商联、人民团体建立对口联系的制度》,每年组织召开2次以上专题座谈会,各党派团体通过政协平台履行职能的积极性日益提高。四年来,各民主党派、工商联和无党派人士共提交大会参政议政发言材料15篇,提交提案近200件,反映社情民意信息51条,紧扣党政中心开展协商议政活动30余次,成为区政协履行职能的重要力量之一。

联络联谊更加活跃。扎实开展"走访服务委员月"活动,重点走访非公经济代表人士和旅外委员,鼓励他们发挥优势,为鼎城建设发展献计出力;认真贯彻党的民族宗教政策,主动关心、及时反映少数民族群众、信教群众的利益和诉求,促进了社会和谐稳定;加强了与上级政协和兄弟县(市)区政协的交流合作,配合省、市政协开展了异地视察以及城市饮用水源保护、农村集体资产管理等调研视察活动20余次;着力加强与全国各地政协的联系,先后接待了重庆、湖北、广西等地方政协考察团19批次,为促进地方经济文化的横向联系和区域交流合作做出了积极努力。

宣传推介更加有力。密切与省、市新闻媒体联系,先后在《湖南日报》《湘声报》《常德日报》等媒体发表各类文章70余篇,连续3年被省政协评为新闻宣传工作先进单位。2015年,省政协以"忠实履职、奉献湖南"为主题,组织新华社、人民政协报、湖南日报等中央、省级主流媒体采访团来我区采访报道,宣传我区政协工作,集中推介鼎城改革发展成果;以纪念抗日战争胜利70周年、农耕文化等主题,编辑出版了4辑《鼎城文史》,发挥了文史资料存史资政的作用;联合区文体广新局、区文联、湖湘文化研究会等单位,组织了4卷本约160万字的《鼎城文史大观》丛书编撰工作,力求为全面传承、宣传、推介鼎城厚重的历史文化做出贡献。

(四)强化责任担当,机关建设全面加强

着眼于人民政协事业的长远发展,坚持"内强素质、外树形象",以深入推进学习型、服务型、创新型、廉洁型机关建设为重点,全面加强区政协机关建设,充分发挥区政协机关在政协工作中的枢纽作用。

切实加强机关党的建设。按照中央,省、市、区委的统一部署和要求,坚持“规定动作不走样、自选动作出特色”,在区政协机关深入推进了党的群众路线教育实践活动、“三严三实”专题教育、“两学一做”学习教育等主题教育实践活动。通过学习教育,区政协机关党员干部理想信念更加坚定、群众观念得到增强、工作作风明显好转。

全面规范机关内部管理。坚持用制度管人管事,建立和完善了机关内部管理制度,促进了机关工作的制度化和规范化;组织开展了文明单位创建系列主题活动,形成了团结和谐、积极向上的机关文化,2016年成功创建市级文明单位。

主动参与全区中心工作。根据区委、区政府统一安排部署,区政协主席会议成员投身全区经济建设和社会发展第一线,积极参与西区开发、江南临江棚户区改造等项目建设以及城市管理创建、脱贫攻坚战等中心工作,认真履行抓协调、抓调度、抓落实的职责,为推进相关工作落实发挥了重要作用;区政协机关积极参加美丽乡村、完美社区、扶贫点村建设等工作,较好地完成了联点工作任务。

各位委员、同志们,区政协过去几年所取得的成绩,是中共鼎城区委坚强领导和区人大、区政府及全社会大力支持的结果,也是广大委员和区政协机关全体同志共同努力、创新工作的结果。在此,我代表区政协向一直以来关心支持区政协工作的各级领导同志、全体委员和社会各界人士表示衷心的感谢和崇高的敬意!

回顾总结八届区政协走过的历程,我们深深地体会到:

——只有始终坚持党对政协工作的领导,政协作用才能有效发挥。四年来,我们积极主动争取区委、区政府对政协工作的重视支持,确保了政协组织建言有机会、出力有舞台、工作有作为。在市委政协工作会议上,中共鼎城区委被评为重视和支持政协工作先进单位。实践证明,只有做到与党委政府心往一处想、劲往一处使,政协事业才能沿着正确的方向前进,政协作用才能得到有效发挥。

——只有把协商民主贯穿政协履职全过程,政协特色才能充分体现。四年来,我们充分发挥人民政协作为协商民主重要渠道和专门机构作用,使政协履职过程真正成为发扬民主、集思广益、凝聚共识的过程。实践证明,只有在政协履职全过程、各环节充分体现协商民主,不断提高政协协商民主的水平和实效,才能更好地彰显政协的独特优势和作用。

——只有将政协事业融入全区改革发展之中,政协工作才有广阔空间。四年来,我们牢固树立大局意识,把履职重点放在事关全面深化改革、事关经济社会长远发展问题的谋划与推进上,努力当好参谋助手,成为鼎城改革发展的“助推器”。实践证明,只有切实做到党政工作推进到哪里,政协工作就跟进到哪里,才能参政参到点子上,议政议到关键处,才能真正做到有为有位。

——只有注重顺应人民群众的新期盼,政协履职才能接地气有作为。四年来,我们秉持履职为民理念,紧紧围绕医疗教育、社会保障、环境保护等涉及群众切身利益的问题,建言献策、主动作为,竭诚为群众做好事、解难事、办实事。实践证明,只有不断增强宗旨意识,主动将政协工作触角向广大群众延伸,切实做到人民政协为人民,政协工作才能更加出彩、赢得群众更多的点赞。

——只有以改革创新精神推动工作实践,政协事业才能永葆生机活力。四年来,我们在履行职能方面开辟了新领域、在发挥委员作用方面推出了新举措、在加强“三化”建设方面作出了新尝试,得到省市政协的充分肯定和高度评价。实践证明,这些探索创新符合政协工作新要求,为全区政协工作承上启下、继往开来带来了新的启示、注入了新的动力。

回顾过去几年的履职实践,我们虽然取得了一些成绩,但也清醒地看到工作中也还有一些值得改进的地方。比如,政协委员的主体作用发挥不够充分,政协民主监督工作还比较薄弱,协商议政成果转化落实机制还不够完善，团结联谊活动还不够活跃丰富，界别作用发挥还不够充分，等等。这些都需要认真研究，并在今后的工作中切实加以解决。

二、今后五年工作思路

立足新起点，实现新作为，做出新贡献，是时代赋予新一届区政协的崇高使命、光荣职责。今后五年，是我区“抢抓新机遇、建设新江南”的关键时期和全面建成小康社会的决胜时期，也是全区政协事业承前启后、继往开来的重要阶段。九届区政协工作的指导思想是高举中国特色社会主义伟大旗帜，深入学习贯彻党的十八大，十八届三中、四中、五中、六中全会和习近平总书记系列重要讲话精神，全面贯彻落实省、市、区党代会精神，以服务“抢抓新机遇，建设新江南”为主线，以助推“三城四区五中心”建设为重点，认真履行政协职能，提升履职实效，努力开创政协工作新局面，为全面建成小康社会做出新贡献。

做好新一届区政协工作，我们要始终坚持一个原则、突出两个重点、发挥三个作用、推进四个建设。

坚持一个原则：

坚持党对政协工作的领导。坚持党的领导是做好政协工作的根本保障。新一届区政协要认真贯彻落实十八大以来中共中央对政协工作的一系列新要求新部署，牢牢把握正确的政治方向，保持坚定的政治定力，始终在思想上、行动上同以习近平同志为核心的党中央保持高度一致。始终坚持在区委的领导下开展工作、履行职责，发挥好政协党组在政协组织中的领导核心作用，自觉做到与区委、区政府同心同向、同频共振。

突出两个重点：

一是突出服务发展大局。紧紧围绕全区“抢抓新机遇、建设新江南”发展主题，把围绕中心、服务大局作为政协工作的主线，找准政协履职与党政中心工作的切入点和共振点。充分发挥政协优势和作用，深入调查研究，以协商建言、民主评议、提交提案、反映社情民意信息等履职形式广泛参政议政，在推动“三城四区五中心”建设的生动实践中，彰显政协价值、体现政协作为。

二是突出政协事业发展。不断深化对新形势下人民政协的性质、地位和作用的认识，深刻领会新时期政协工作的新要求，切实增强做好政协工作的责任感、使命感；适时提请召开区委政协工作会议，制定出台我区《关于加强人民政协协商民主建设的实施意见》，拓展政协协商渠道，为扩大公民有序政治参与提供载体、搭建平台，更好的发挥人民政协作为社会主义协商民主重要渠道和专门机构作用。

发挥三个作用：

一是发挥委员的主体作用。探索建立委员履职管理平台，建立健全委员履职评价制度、考评通报制度、优秀委员表彰制度，不断强化委员的经常性教育与管理。积极拓展委员履职的形式和内容，为委员履职搭建广阔平台。教育和引导广大委员自觉锤炼道德品行，改进工作作风，切实发挥在本职工作中的带头作用、界别群众中的代表作用。

二是发挥专委会基础作用。进一步加强专委会建设，完善专委会工作机制，充分发挥专委会在专题协商、调研视察、对口协商、提案办理等履职活动中的载体与平台作用。利用专委会的专业优势和与党政部门联系紧密的特点，扩大专委会工作的开放度，努力把各界专家、学者吸收到政协履职活动中来，增强专委会工作的专业性。

三是发挥界别的纽带作用。把加强界别联系、突出界别特点、发挥界别优势、活跃界别活动作为政协工作的重要着力点，积极探索建立界别工作规则和活动机制。通过界别座谈、界别协商、界别提案、界别社情民意信息等形式，更多更好地依托界别组织开展有内容、有特点、有实效的政协履职活动。

推进四个建设：

一是推进履职能力建设。坚持把提升素质能力作为政协履职重要根基，以改革思维、创新理念、务实举措，大力推进政协履职能力现代化建设，切实提高广大委员的政治把握能力、调查研究能力、联系群众能力和合作共事能力，打造一支懂政协、会协商、善议政的政协委员队伍。

二是推进履职机制建设。认真总结历届政协履职实践成功经验，努力推进以制度建设为核心的“三化”建设，不断丰富和发展政协履行职能和强化工作保障的制度体系，确保政协各项工作有章可循、有序推进。坚持改革创新，着力在发展政协协商民主、履行政协职能、推进联络联谊、促进成果转化、加强队伍建设等方面探索务实管用的机制和方法，不断增强政协工作活力。

三是推进履职平台建设。着力完善政协全体会议、常委会议、主席会议议事规则，鼓励和支持委员在各种会议上畅所欲言，搭建会议建言平台；主动适应时代发展要求，对接省、市政协云平台，通过“互联网 + 政协”，全面融合政协系统信息资源，逐步构建网络信息化履职平台；支持委员设立委员工作室、开设委员信箱，组建专业活动小组或服务队，创新联系服务、沟通交流平台。

四是推进队伍作风建设。着力在“实”字上下功夫，以实的标准谋划政协履职，以“实”的作风推进政协工作。按照“讲真话、献良策”的要求，把“精选课题、精心调研、精准建议”作为区政协议政建言的不懈追求，通过视察调研、协商议政、提案督办、民主评议等形式多献良策，善谋实招。

三、2017 年区政协工作安排

2017 年是新一届政协开局之年，也是深入贯彻落实区十二次党代会精神，推进“三城四区五中心”建设的攻坚之年。在新的一年里，我们要以习近平总书记系列重要讲话精神为统领，紧紧围绕区委经济工作会议安排部署，履职尽责，努力为“抢抓新机遇、建设新江南”贡献力量，谱写我区政协事业发展新篇章。主要抓好以下 5 个方面的工作：

1.精心组织协商议政活动。与区委、区政府共同协商确定重点协商课题，制订年度协商计划，丰富协商形式，提升协商成效。年内组织召开 2 次议政性常委会议，重点围绕推进产城融合和高新园区转型升级两个课题开展协商建言；围绕推进全区脱贫攻坚工作、提升高中教育发展水平等课题，组织开展 2 次议政性主席会议协商；围绕加强江南城区交通秩序管理和基层卫生医疗机构建设等课题，组织开展 4 次专委会对口协商；继续推进重点提案办理协商，选取部分重点提案组织召开协商座谈会，搭建承办单位、提案者、政协组织三方沟通交流平台，推进提案办理落实。

2.切实强化民主监督职能。贯彻落实上级有关文件精神，争取区委、区政府支持，制定出台我区《关于加强人民政协民主监督的实施意见》；把省政府部署的“洞庭湖水环境综合治理专项行动”工作责任落实情况作为民主监督主题，选派专门的民主监督小组，对在此项工作中担负主要职责的相关部门责任落实情况开展专项监督；进一步丰富视察形式，重点围绕全区农村道路建设、旅游产业发展、小城镇建设、重点项目建设开展 4 次视察活动，提升视察监督成效；鼓励和支持委员围绕优化项目建设环境、惠民政策落实、法治政府建设等情况，通过持证监督、担任特邀监督员等形式，积极履行监督职责，提出监督意见，促进相关工作。

3.组织委员广泛参政议政。以专委会、政协联络处(组)、界别为单位，发挥调查研究在政协履职中的基础性作用，各选择 1~2 个群众关心、社会关注的课题，组织开展调查研究，形成有价值的调研成果；组织开展“助推新发展、建设新江南”主题活动，引导全体委员发挥自身优势、立足岗位做贡献，积极投身到“三城四区五中心”建设的生动实践中去；按照省、市政协统一部署和安排，深入推进以资助贫困家庭在校学生完成学业、结对贫困家庭增加收入、帮助贫困家庭成员解决就业等为主要内容的“三个一”助力脱贫攻坚行动，展示政协组织良好形象。

4.着力汇聚社会各界力量。进一步加强与各民主党派、工商联、无党派人士和人民团体的联系，健全沟通交流机制，改进情况通报制度，加大联合调研视察力度,完善支持他们履行职责、发挥作用的工作机制;注重发挥好少数民族、宗教界委员的纽带与引领作用,努力促进民族团结、宗教和睦;争取省、市政协的指导和支持,加强与兄弟县(市)区政协的联系协作,大力配合各级政协在鼎城开展调研视察等活动;突出亲历、亲见、亲闻特色,广泛搜集整理各类文史资料,高标准完成《鼎城文史大观》丛书编撰。

5.全面加强政协自身建设。紧紧围绕深入贯彻党的十八届六中全会、中共十九大和省、市、区党代会精神,抓好委员学习培训,不断提高委员履职能力。落实从严治党主体责任和"四讲四比"要求,大力弘扬扛鼎精神,切实发挥区政协党组在政协组织中的核心领导作用,不断提高区政协常委会、主席会议的议事能力和组织协调能力;依托省、市政协云平台,推进政协工作信息化建设,升级改版区政协门户网站,开通区政协微信公众平台,使之成为委员履职的新载体、社会各界有序政治参与的新渠道、宣传政协工作的新窗口;扎实推进"五型机关"建设,巩固文明机关创建成果,不断增强政协机关的生机与活力。

各位委员、同志们,海阔潮涌正当时,踏浪扬帆启新程。让我们更加紧密地团结在以习近平同志为核心的党中央周围,在中共鼎城区委的坚强领导下,不忘初心、继续前行,不断开创政协工作新局面,为"抢抓新机遇、建设新江南",加快推进"三城四区五中心"建设做出新的更大贡献!

专辑

Special

沅江风光带景观

江南城区临江棚户区改造项目

沅江风光带项目

鼎城区第五届十佳善德公民

江南城区临江棚户区改造项目

临江棚户区改造项目是省、市确定的重点棚改项目和示范性工程，是落实市委、市政府沿江发展战略，推进一江两岸同步发展的重点项目，对促进经济发展、提升城市品位、改善民本民生都具有重大意义。

临江棚户区改造项目开工仪式

项目由常德市城投集团主导，以常德市江南城市发展有限公司为载体投资开发。项目改造范围为常德市江南城区临沅路以北、善卷路以西、善德路以南整体合围区域，改造用地总面积约66.67公顷，净用地面积约46.67公顷，以阳明路为界分A、B两区域，共有15个地块（A区7个地块、B区8个地块），项目区域内有房屋2521栋8612户，房屋总建筑面积约99万平方米，整个项目总投资约100亿元，其中房屋征收安置成本约40亿元。根据与市城投集团的投资合同，该项目房屋征收工作期限力争30个月，确保36个月内完成，即从2015年10月1日起至2018年9月30日止。

2016年1月6日项目正式动迁，全年完成A02、A06、A07以及B02、B05、B06、B087个地块1972户房屋征收工作，征收总建筑面积约34.4万平方米，投入征收资金18.48亿元。其中，A02地块1月6日动迁，共237户，已清零。B08地块1月15日动迁，共477户，已清零。B05、B06地块共有631户，6月21日动迁，年末仅剩1户未签。A06、A07地块共519户，其中过江隧道123户9月28日率先动迁，30日全部完成签约倒房，创造了鼎城征收新速度，为过江隧道建设的开工庆典打下了坚实的基础；A06地块10月22日动迁，共233户，年末剩1户未签；A07地块共163户，10月25日动迁，已清零。B02地块共110户，11月23日动迁，已清零。

2016年2月29日，全市重点项目建设开工仪式在江南城区临江棚改建设工地举行，市委、市政府领导以及全体区级领导参加了开工仪式。项目工程建设本着“交地一块，建设一块”的原则，A02、B08地块率开工建设，拉开了临江新城工程建设序幕。

区委、区政府提出临江棚改房屋征收工作“三年任务两年完成”的目标，在区委、区政府的坚强领导下，领导小组带领全体征收干部攻坚克难，创造了一个又一个征拆奇迹。

1.突出重点，破解瓶颈难题。一是狠抓项目融资。经反复研究论证，并与投资方达成一致意见，确定采用PPP模式，并遵循“政府主导、公司运作、群众参与、有序推进”的原则推动项目开发与建设。为确保项目融资顺利推进，征拆小组在项目的调查

区领导调研临江棚改项目

临江棚户区改造施工现场

统计、提供立项环评等资料上，全力为江南城发公司提供服务。全力争取国家开发银行的棚改专项贷款支持，其中31.8亿元的国家政策性融资贷款已经到位。二是完善奖补政策。本着尊重历史、面对现实的原则，协调领导小组多次深入三个分指挥部及被征收户，认真调研，以常德市政府2014年第10号令为基本依据，形成征收补偿方案的草案，提请区政府研究同意后，向市政府和市棚改办汇报，得到政策支持，对未按法律规定修建的建(构)筑物的征收补偿政策进行了适度调整，使得房屋征收补偿方案接地气，保证了群众的利益不受损。

2.强化举措，确保工作推进。一是强化组织领导。区委、区政府将棚户区改造作为全区重中之重工程，成立了由区政协主席韩才渊任组长、四位区级领导任副组长的临江棚改协调领导小组，领导小组下设综合办公室和信访维稳组、督查巡视组、违法建设拆除组、拆迁安置组、综合宣传组、社会房屋征收组、依法强制拆除组、矛盾协调组8个工作小组，成立玉霞、红云、机关事业单位3个分指挥部。各职能部门和各街道明确责任，分工协作，层层抓落实。二是加大宣传引导力度。层层召开动员会，制作大型的宣传栏、公示栏、横幅及宣传彩页，宣传棚改的重大意义、政策法规、发展前景等，让棚改政策走进每家每户。特别是动迁后，一周两期简报，鼎城手机报一天一则新闻，电视台记者全程跟踪报道，形成良好的舆论和宣传氛围。三是强力工作调度。区委书记、区长多次调度临江棚改工作，区“四大家”领导集中视察临江棚改，区委、区政府还发文通报表扬临江棚改工作。领导小组坚持周调度，对各分指及各工作组提出具体要求，解决重点难点问题。3个分指挥部坚持日调度，每天晚上12时碰头，早上7时汇报进度、部署工作。四是严格阳光操作。启动征收前，把各种可能发生的情况、可能出现的问题提出来，以政策的形式进行规范，细化工作措施和操作规程。棚改意愿征集、入户调查、征收补偿方案等，严格按照法律法规和工作流程规范操作。严格统一标准，做到奖偿政策、补偿方式、补偿金额上榜公示，一把尺子量到底，全方位接受群众监督，实现了征收补偿安置的公平、公正和透明。五是狠抓工作落实。3个分指负责

临江棚户区改造施工现场

人讲政治、讲大局、讲纪律，带头坚守岗位、临一线指挥、逐天调度，签约进度上墙，一天一结账，一天一评比，奖优评劣，把工作压力传导给每位征收干部。同时，每天调度会组织干部交流经验，相互学习，相互激励，形成你追我赶的浓厚氛围。在征收过程中，特别是签约攻坚阶段，征收干部以高度的责任感和使命感，放弃休假，夜以继日奋斗在征收一线，平均每天工作在15小时以上，涌现出了陈友志、周德新、杨翠文、潘柯柏、魏林、魏立新等一大批先进典型。

3.建立机制，化解信访矛盾。为确保棚改工作顺利推进，确保大局稳定，协调领导小组就信访工作做了周密的部署，落实了领导和部门责任，根据

征收工作任务按照“谁主管，谁负责”的原则和属地管理原则实行管理，建立协调领导小组、征收实施单位、社区分级管理体系：区信访局设立临江棚改信访专门接待室，领导小组设立信访维稳专门工作组，抽调了政法委、公安局、信访局等相关单位的专人专门从事临江棚改的信访维稳工作，征收实施单位（街道办事处）及社区细化责任，将信访对象及责任分解到每一个征收工作人员。针对棚户区改造范围内的低保户、老弱病残、零就业家庭、下岗失业人员等特殊困难群体，给予合理照顾，妥善安排好他们的生产生活。通过细致的思想工作，群众充分了解棚户区改造政策，由抵触变为支持，年内，临江棚改没有发生一起越级群体性上访事件，有效保证了临江棚改的顺利推进。

沅江风光带项目

沅江风光带西起桃花源大桥、东至花溪东路，全长4.35千米，总面积124.80公顷，总投资约2.40亿元，由上海市政工程设计研究总院设计。项目设计秉承了“海绵城市”建设理念，力求实现城水共生、人水和谐、人文与自然的完美结合。

风光带分为三个篇章：第一篇章为“生态律动”，西起桃花源大桥向东延伸约1.6千米。建有网球场、乒乓球场、篮球场、五人制足球场、游泳场、儿童游乐场、自行车道等各具特色的运动场所。第二篇章为“活力城市”，是整个风光带的中间一段，全长约1千米，建有阳光草坪、儿童戏水池、儿童活动沙坑等休闲憩息的场所。第三篇章为“原生大地”，全长约1.75千米，建有浪漫花堤、生态杨树林、亲水栈道等，既保护了原生态，又美化了外滩环境。

沅江风光带于2015年9月7日正式开工，2016年汛期前，所有的基础工程、绿化工程、栈道工程全部完工。2016年4月28日上午正式开园迎客。市委书记王群，市委副书记、市长周德睿为“沅江风光带“基石揭幕，市领导徐正宪、刘明、李爱国、黄清宇、鼎城区五大家班子成员出席仪式，鼎城区委副书记、区长杨易主持开园仪式。鼎城区相关单位负责人、居民代表、志愿者近千人见证了开园仪式。

鼎城区第五届十佳善德公民

为大力推动精神文明建设，培育和践行社会主义核心价值观，2016年5月30日，区文明委组织开展第五届十佳“善德公民”评选表彰活动。经过群众推荐、资格审核、组织考察、投票评选、综合评定、媒体公示等程序，区文明委决定，授予王仕平、王国顺等10人鼎城区第五届十佳“善德公民”称号，丁银芝等10名同志“善德公民提名奖”。他们关爱他人、助人为乐的道德情怀；敬业奉献、勤勉做事的职业操守；孝老爱亲、血脉相依的至美真情；以诚待人、守信践诺的为人品格；见义勇为、勇于担当的无畏精神，彰显人间大爱，展现人性大美，感动社会，温暖鼎城。

1.【初心不改　王仕平】

女，现年44岁，鼎城区长茅岭中学数学教师。

作为全市唯一一名在农村中学任教的特级教师、常德市第二届翦伯赞教育突出贡献奖获得者，王仕平用鼎城人特有的坚韧劲儿，登上了一阶又一阶的学术高梯，让农村学子也能享受到城里孩子一样的优质教学资源。

颁奖词：

不想让渴望知识的眼神，被贫穷和闭塞阻挡。跃出“农门”的女孩儿，坚持回到了长大的地方。躬耕三尺讲台，讲授几多学问，她用不改的初心，反哺着家乡，播种了希望。

2.【诚至金开　王国顺】

男，现年43岁，河洲水产有限公司董事长。

从一个小小的游商，到身家过亿的“农村致富能人”，王国顺靠的不是投机倒把的一锤子买卖，而是一步一个脚印，靠诚信闯出来的口碑。跟着他学习养殖技巧的村民，他都慷慨相授。功成名就的他，还想着帮更多村民走出贫困，走上小康之路。

颁奖词：

他的承诺，是可以随时提现的支票；来找他寻求帮助，却从来不需要借条。倾囊相授的，是脱贫致富的方法；一直在传递着的，还有诚信和担当。

3.【一往情深　冯红芬】

女，现年47岁，尧天坪镇田坪村村民。

一场突如其来的车祸，让丈夫从此瘫痪在床，15年来，冯红芬不仅要照顾生活不能自理的爱人，还要照料年过九旬患上老年痴呆的婆婆。常年的劳累压垮了她曾经挺拔的身躯，身体上的病痛也从不与家人述说。即便是这样，在见到比自己更困难的人时，她仍会伸出援助之手。

颁奖词：

正值青春年华，他却轰然倒下。你舍弃自己，成为了他的一部分，让他体会温暖，替他尝尽艰辛。命运如此奚落爱情，你却用行动，将爱情进行到底。

4.【家庭脊梁　张开秀】

女，现年66岁，中河口镇东北弯村10组村民。

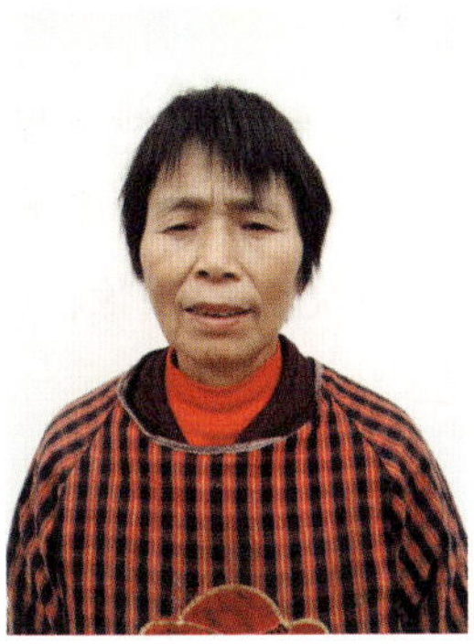

母亲、女儿先后离世，相偎相依的丈夫也于1998年做工时摔断脊椎骨，下半身瘫痪让丈夫痛不欲生，屡屡失去活下去的勇气，但她始终不离不弃，照顾无微不至，最终让丈夫重新找回了自信。

颁奖词：

噩运接踵而至，小屋在风雨中摇晃。茕茕孑立间，你悄然化作了家庭的脊梁，咬紧牙关，撑起生命难以承受的重量。哪怕家徒四壁，何惧风疾雨狂，无论何时，总有你守在身旁。

5.【赤诚之心　陈慧泉】

女，享年67岁，中共党员，花岩溪管理处栖凤山村监委会主任(退职老支部书记)。

栖凤山村的地势低，每到雨季汛期，坑坑洼洼的道路变得更加泥泞不堪。为此，她四方筹措，到处“化缘”，最终让水泥公路铺遍全村。退休后，她依然在为村里大大小小的事情奔走，她说，“共产党员永不退休”。

颁奖词：

一颗赤诚的心，装着群众期盼，也装着入党誓言。山路崎岖，是你用肩膀扛起了村民们的期望。村庄在一天天变得美丽富饶，你的生命却逐渐凋零。没有石头刻着你的功绩，但你的名字，会永远被颂扬。

6.【马路天使　邱奉建】

女，现年39岁，交警桥南中队民警。

从警多年，邱奉建已经记不清制止过多少交通违法行为，忍受过多少抱怨和辱骂；也不记得在十字街头淋过多少次雨，多少次被尾气模糊了双

眼。她是父亲患病时不在身边的“不孝女”，但她同样是守护鼎城交通安全的“女神”。

颁奖词：

来不及拭去身上的尘土，忙着用微笑驱散焦躁和阴霾。人生都会行至十字路口，你比我们更加清楚，哪里是正确的方向。烈日灼黑了你的皮肤，也照亮了你的警徽；车流中傲然而立的警花，依旧美丽动人。

7.【大义儒商　周泽新】

男，现年41岁，鑫鑫医药有限公司总经理。

他曾是下岗职工，通过打拼，完成了从失业者到创业者的华丽转身，解决了数十名“4050”就业困难人群的工作问题。他始终不忘初心，热心公益，汶川大地震的受灾群众，身患重症的中学老师，无力承担学费的贫寒学子，他都慷慨解囊。他坚信，日行一善，涓流成海。

颁奖词：

他总问别人，还需要什么；他总问自己，还能多给些什么。勿以善小而不为，且行且舍予，蓦然回首，善德的种子已播撒出一路芬芳。

8.【侠义教师　周秋宏】

男，现年46岁，花船庙小学副校长

寻常时刻，他只是一名看上去普普通通的人民教师；危机来临时，他却可以化身勇猛敢当的“侠客”。公交车上，面对3名正在行窃的歹徒，他一身怒吼、引来

全车同仇敌忾,行窃者抱头鼠窜;穿紫河边,面对落水的行人,他毫不犹豫跳入冰冷的水中,将落水者救起后悄然离去。

颁奖词:

侠之大者,常隐于市。你从人群中一跃而出,托起生命;又悄然回到人群中,不求闻达。你是人民教师,你教会的不仅有书本上的知识,还有良心和勇气。

9.【断臂汉子　娄元刚】

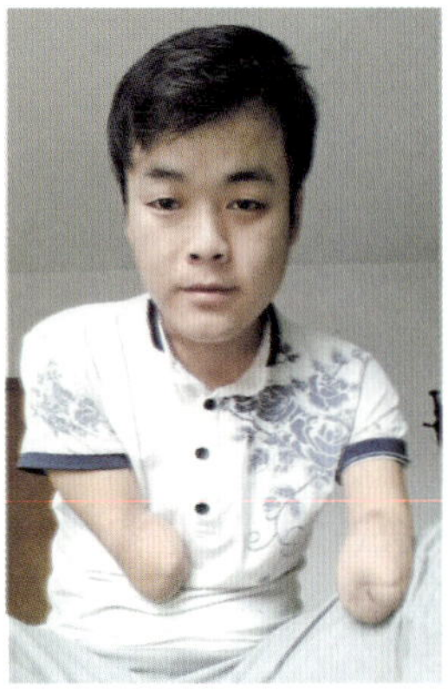

男,现年 29 岁,草坪镇伍家坪村人,双手高位截肢,辗转全国各地以脚绣十字绣为业。

五岁时一次意外,让年幼的他痛失双臂。家庭的贫困、身体的残缺、家人的病痛、外人的冷眼,都没有摧毁他积极向上的斗志。他学会了用脚写字、洗衣,为了自食其力,甚至学会了用脚穿针引线编织十字绣,辗转全国各地,挑起家庭重担。

颁奖词:

命运的不公让他的世界一片灰暗,他却昂起头,报以绚烂的色彩;他没有手,却用双脚绣出了美丽的风景;他没有办法给父母一个完整的拥抱,却顽强地为他们支起了一片天空。

10.【大爱无疆　彭富枝】

女,现年 74 岁,蒿子港镇锦阳街居委会居民。

出生于战争年代,成长于饥荒岁月。20 世纪 90 年代起,彭富枝开始义务照顾身边的孤寡老人,为他们端屎端尿、贴钱看病;一名精神疾病患者,自家人都不愿意容留,却被她悉心照顾了 12 年。

颁奖词:

平凡的老人,朴素的愿望,瘦弱的身躯掩不住高贵的心灵。虽已年逾古稀,仍在为鳏寡孤独者,筑起温暖的家。压弯她脊背的不是生活的重担,而是无怨无悔扛起的责任。

大事记

Chronicle of Events

常德沅江过江隧道建设工程开工仪式

1月

1日　深圳龙吉顺实业发展有限公司接管鼎城区城区生活垃圾清运工作，城区生活垃圾清运市场化改革步入正轨。7月15日，斗姆湖街道清扫保洁市场化改革完成前期准备工作，由中标公司深圳剑峰清洁服务有限公司正式接管斗姆湖街道清扫保洁作业，标志着鼎城区3个街道办事处清扫保洁工人全部纳入城区一体化管理范畴。

5日　常德市人民政府副市长沈习森到鼎城，调研沅澧快速干线鼎城段建设工作。鼎城区人民政府副区长雷建国及市、区交通局相关负责人陪同。

8日　鼎城区委经济工作会议召开，全面总结2015年经济工作，贯彻中央、省委、市委经济工作会议精神，安排部署2016年经济工作。全体区级领导参加会议。

11日　参加政协常德市第六届委员会第四次会议的全体政协委员，到江南城区视察江南沅江风光带建设项目。车世忠等领导陪同视察。

同日　国家发改委农经司司长吴晓到鼎城考察油茶基地建设。市区领导朱水平、邓碧波陪同。

15日　常德科技创新创业孵化产业园开园仪式暨首届创新创业论坛在常德高新区举行。市委书记王群，中联重科董事长詹纯新，市委副书记、市长周德睿，市区领导雷绍业、黄清宇、沈习森、杨易等出席开园仪式。

17日　中国人民政治协商会议鼎城区第八届委员会第五次会议在天利会堂开幕。鼎城区政协主席韩才渊作区政协常务委员会工作报告。

19日　鼎城区十六届人民代表大会第六次会议在鼎城文化中心开幕。鼎城区委副书记、区长杨易代表区人民政府向大会作政府工作报告。

同日　鼎城区防冻减灾应急暨水利冬修工作调度会在区会议中心召开，安排部署防冻减灾工作及春节前后农业工作。区委副书记、区长杨易，区委副书记车世忠，副区长王直华出席会议。

21日　区委、区政府主要领导到江南城区部分重点区域，检查消防安全工作；到桥南汽车总站，检查指导春运工作。

同日　市委常委、宣传部部长唐贵平，副市长陈华到鼎城区考察文化市场管理情况。区委常委、宣传部部长李芳，副区长熊辉陪同考察。

24日　鼎城区在常南汽车总站举行2016年春运启动仪式。鼎城区人民政府副区长、公安局局长洪振坤作动员讲话，号召全体人员以昂扬的斗志、热情的服务和必胜的信心，全力以赴迅速投入到2016年春运工作，确保完成全区春运工作的各项任务目标。

1月　鼎城区住房公积金管理部被团省委评为“湖南省青年文明号”称号。

2月

1日　鼎城区委副书记、区长杨易到“鼎城茶油”形象店及品鉴店，调研“鼎城茶油”品牌推广工作。

2日　鼎城区2016年迎新春精品文艺节目展演在区文化中心举行。区委、区政府主要领导到场观看。

5日　鼎城区第十届纪委第九次全会暨全区反腐败工作会议召开。全体在家区级领导出席会议。

同日　市委书记王群，市委常委、市委秘书长黄清宇到鼎城，检查指导城市重点工程建设工作。区领导杨易、车世忠、杨君、朱正权、王少贤等陪同视察。

7 日 18 时　鼎城区双桥坪镇李家铺村和白鹤垭村村民春节祭祖引发山林大火，区人武部组织区民兵应急连紧急出动 106 人，经过 7 个小时的连续战斗，成功扑灭大火，为群众挽回经济损失近 1000 万元。

19 日　鼎城区人社局就业处举办以“共谋就业创业，合力改善民生”为主题的 2016 年新春大型公共就业服务活动，3257 人办理求职登记，623 人办理技能培训报名，现场达成就业意向 1350 人。

新春公共就业服务活动现场

22 日　鼎城区扶贫工作调度会举行，专题研究部署 2016 年精准扶贫工作。区领导车世忠、邓碧波、李宏秋、唐少华、王直华、涂国祥出席会议。

23 日　鼎城区人民政府十六届四次全体会议在区会议中心召开，贯彻区委经济工作会议精神，部署细化全年政府工作任务。区委副书记、区长杨易，区领导邓碧波、朱正权、王直华、雷建国、熊辉、钟泽英、肖汉学、苗俊峰及区政府工作部门主要负责人出席会议。

29 日　沅水流域春季禁渔工作启动。

3 月

1 日　澧水流域春季禁渔工作启动。

同日　鼎城区启动森林禁伐减伐三年行动。

2 日　常德高新区获批科技部第二批科技服务业区域试点单位，全国共 40 家高新区获批科技部第二批科技服务业区域试点。

4 日　鼎城区举行“中华诗词之乡”授牌仪式。中央、省、市诗词学会、协会领导，分别授予鼎城区和区公安局“中华诗词之乡”和“全国诗教先进单位”称号。

8 日　广西壮族自治区桂林市叠彩区政协主席李曼华一行到鼎城区学习考察沿江经济发展，参观沅江风光带建设、临江棚户区改造。区政协主席韩才渊，副主席涂国祥、罗旺甫，秘书长戴芳陪同考察。

同日　常德花岩溪国家森林公园“中国白鹭之乡——花岩溪”宣传图片被《小康》杂志“两会专刊”采用，《小康》杂志是由求是杂志社于 2004 年创立的一本新闻性政经类刊物。

9 日　中国诗词学会顾问、湖南省诗词学会名誉主席赵焱森一行到花岩溪国家森林公园，实地考察花岩溪国家森林公园自然景观和风土人情。

10 日　鼎城区召开 2016 年城市工作会议，安排部署城市工作，区委、区政府主要领导出席会议。

同日　鼎城区委学习中心组(扩大)2016 年集中学习活动举行。邀请市委特聘党的报告员、市发改委主任汤祚国就常德市“十三五”规划等内容进行详细解读。全体在家区级领导及全区各乡、镇、场、街道办党政负责人，区直各单位一把手，相关部门负责人等参加学习活动。

11 日　在全国第 38 个植树节到来之际，区五大家领导到许家桥回维乡清凉村 1 组，与 200 余名机关干部一起参加义务植树活动。

12 日　2016 年湖南省常德市鼎城区十美堂镇第三届油菜花节暨河洲美食节开幕。市旅游局副局长王陵书，区委常委、区委宣传部部长李芳，副区长王直华、熊辉等特邀嘉宾出席开幕式。

14日　湖南省政协常委、人口资源环境委员会主任胡伟林带领省政协调研组到鼎城区，调研农村自来水工程建设。市区领导肖朝进、车世忠、韩才渊、王直华、涂国祥陪同调研或参加座谈会。

16日　湖南省林业厅副厅长李益荣到鼎城区，督导春季造林和森林防火工作。

17日　鼎城区召开农业农村、扶贫开发暨全面建成小康社会工作会议，要求全区全力打好扶贫开发攻坚战，抓好农业特色产业发展，以点带面推动小城镇建设工作。鼎城区委副书记、区长杨易，区领导车世忠、李宏秋、汪泽云、李芳、彭勇、王少贤、唐少华、王直华、熊辉、钟泽英、洪振坤、涂国祥出席会议。

18日　召开全区乡镇党委换届动员会，全区乡镇党委换届工作拉开帷幕。全区乡镇党委换届工作4月底结束。

20日　中央电视台《新闻联播》栏目以《春分沐春风，欣欣向荣好景象》为题，报道鼎城区发展美丽乡村经济经验。

22日　区政协组织召开《鼎城文史大观》编辑工作中期成果汇报会，通报《鼎城文史大观》编撰情况，并讨论和安排后阶段编辑工作。

24日　省侨联党组成员、副厅级纪检员章伯岗到鼎城区，调研侨联基层组织建设和精准扶贫工作。

29日　鼎城区召开全区民政工作暨合村工作会议。区委副书记、区长杨易出席会议并讲话。区委副书记车世忠主持会议，区委常委、副区长朱正权，区委常委、纪委书记汪泽云出席会议。

3月　全区选拔17名优秀“三类人员”（大学生村干部、村支书、事业站所负责人）充实到乡镇领导班子。

3月　桥南商圈美化提质工程竣工。

4月

6日　区委主要领导主持召开全区扶贫工作调度会，调度部署2015年度全区脱贫人口认定迎检工作。区领导车世忠、邓碧波、李宏秋、汪泽云、唐少华、王直华、涂国祥，各乡镇场党委书记、街道党工委书记及相关区直部门负责人参加会议。

11~14日　鼎城区委主要领导率队考察中国交通建设股份有限公司部分下属子公司及控股公司，考察和洽谈阳明湖片区开发项目。

15日　鼎城区首部村志《沧浪坪村志》首发式在黄土店镇沧浪坪村文化广场前坪举行。鼎城区人民政府副区长王直华、钟泽英出席仪式。

18日　广西壮族自治区人大农业委考察团到鼎城区考察农村饮水安全与建设管理工作。

19日　湖南省人大常委会副主任谢勇率省人大调研组到鼎城区调研残疾人保障工作，常德市人大常委会副主任谭弘发，区委主要领导陪同调研并参加座谈。

20日　省妇联副主席卢妹香一行到鼎城区，调研家庭建设工作开展情况。

20~21日　市政协主席李爱国、秘书长袁云波率市政协桃源活动组委员到鼎城区，视察鼎城区经济社会发展、城市规划建设等工作。区领导杨易、车世忠、韩才渊、邓碧波、朱正权、李芳、雷建国、涂国祥、罗旺甫陪同视察。

21日　鼎城区城乡规划委员会2016年度第一次会议召开，专题讨论江南临江棚户区改造项目修建性详细规划和空港新城控制性详细规划。鼎城区委副书记、区长、区规委会主任杨易主持会议。

23~24日　在鼎城区一中举行李镇西教育思想与班主任心理综合素质培养报告会。邀请全国著名教育家李镇西、肖盛怀、林幸谊做主题报告。来自全区各校的业务副校长、政教主任、教务主任、少先队辅导员、团委书记、班主任代表及其他县市区的同行450余人参加培训学习。

25日 湖南经视《新闻观察》栏目制作的系列报道“环行洞庭”播出第四集——《花落游不落》，以发展的眼光解析鼎城区乡村旅游，探索乡村旅游的新路。

27日 鼎城区政法系统“我骄傲我是政法人”为主题的演讲比赛在鼎城电视台演播大厅举行，区直政法各单位12位政法干警参加比赛。区委常委、政法委书记彭勇，区人民法院院长鲁祖方、区人民检察院检察长雷光宇等领导出席活动，为获奖选手颁奖并合影留念。

27~28日 市政协鼎城活动组在市政协机关党委书记刘珍带领下赴石门开展异地视察。视察组一行考察中国禅茶之都——夹山、壶瓶山镇小城镇建设及壶瓶山镇大岭村精准扶贫情况。鼎城区政协主席韩才渊、副区长钟泽英、区政协副主席周伟建以及鼎城活动组的全体市政协委员参加活动。

28日 沅江风光带开园迎客，市委书记王群，市委副书记、市长周德睿为“沅江风光带”基石揭幕。市委书记王群，市委副书记、市长周德睿，市区领导徐正宪、刘明、李爱国、黄清宇、杨易以及市直相关单位负责人、鼎城区五大家班子成员出席仪式，鼎城区相关单位负责人、居民代表、志愿者近千人见证了开园仪式。

29日 60余名市人大常委会老领导到鼎城区参观美丽乡村建设。鼎城区领导车世忠、杨君、王少贤、刘运华、李湘建等陪同参观。

5月

4日 草坪镇陡山村贺家冲水库发生管涌险情，区人武部组织区民兵应急连紧急出动120人抢险。

5日 鼎城区第三批185个远教站点设备更新，至此，全区597个远教站点设备更新圆满完成。

6日 市人大常委会副主任王孝山率队调研视察高新区科技企业孵化器发展情况。

同日 常德市政协副主席傅绍平一行到鼎城区视察卫生三年攻坚工作推进情况。

7日 “吴忠文主任医师从医六十周年暨中医肝病学术研讨会”在德华宾馆召开。

同日 省经信委副巡视员刘辉、省经信委节能处沈勇、罗华锋一行3人对常德云港生物科技有限公司开展清洁生产和资源综合利用工作专题调研，常德市经信委副主任王淑华、鼎城区工信局长马庆云陪同。

10日 鼎城区召开“两学一做”学习教育工作会议，学习贯彻中央和省委、市委“两学一做”学习教育有关会议精神，安排部署全区“两学一做”学习教育工作。

12~13日 区人武部民兵舟桥分队参加全市抗洪抢险战备拉动演练。

13日 湖南省外侨办党组成员、副主任黎里溪一行到鼎城区，考察调研外侨工作及玉霞街道“侨之家”建设。区委常委、区委办主任王少贤陪同调研。

15日 鼎城区苗圃被省林业厅定为全省油茶定点育苗单位。

16日 鼎城区第一期科干班开班，全区50名科级干部参加培训，为期1个月。

同日 市城区棚改攻坚流动现场会人员在常德市委副书记、市长周德睿，市领导胡丘陵的带领下，到江南城区视察临江棚改工作。鼎城区委主要领导陪同视察。

同日 省公安厅党委委员、副厅长汤向荣率省公安厅交管局有关负责人一行到鼎城区，调研指导农村道路交通安全管理工作。市公安局党委副书记、常务副局长胡文，市公安局交警支队政委刘元春，鼎城区委常委、政法委书记彭勇，副区长、区公安局长洪振坤等陪同调研。

18 日　全国人大常委会副委员长吉炳轩率全国人大水法执法检查组到江南沅江风光带检查调研相关工作。湖南省人大常委会副主任陈君文，市、区领导周德睿、刘明、黄清宇、杨易等陪同调研。

20 日　省地税局党组成员、总会计师龙晓清到鼎城区，调研办税大厅同城通办工作。

22 日　湖南省教育“两项督导评估”组组长杨国旗一行到鼎城区，考核第三轮县级政府教育工作“两项督导评估”。区委、区政府主要领导分别作教育工作述职报告。

25 日　常德阳明湖板块整体开发建设合作框架协议签约，该协议的签约，标志着常德阳明湖板块整体开发建设进入实质阶段。区领导杨易、韩才渊、邓碧波、朱正权、王少贤、李润初及中交上海航道局有限公司总经理霍胜勇，中交建融租赁有限公司总经理陈刚出席签约仪式。

27 日　湖南省婚姻家庭纠纷多元化解机制建设试点县市区工作研讨会在长沙举行，鼎城区作为 10 个试点县市区之一参会并作典型发言。

30 日　区妇幼保健院以 940.30 分的成绩通过“二甲”省级评审，成功创建“二级甲等妇幼保健院”。

5 月底　全区 22 个乡镇(街道)建立基层食品药品监管所，人员进驻开展工作。

6 月

1 日　市委常委、市纪委书记陈恢清在市纪委相关负责人的陪同下，到鼎城区调研，并就“两个责任”落实情况与区委、区纪委班子开展谈心谈话会。区委、区政府主要领导陪同调研或参加会议。

常德市委常委、纪委书记陈恢清(前排中)到鼎城区调研

同日　启动江南城区供水管网普查及用户信息普查工作，全面普查江南城区大街小巷主次干道供水管网及 5 万余户供水用户。

3 日　鼎城区“忆党史、感党恩”演讲赛决赛在区文化中心举行，区委主要领导观看演讲比赛，并为获奖选手颁发了荣誉证书。

同日　2016 年鼎城区委学习中心组(扩大)开展“讲政治、有信念”专题研讨，区委主要领导为全体与会人员上了一堂生动的专题党课。车世忠、杨君、邓碧波、李宏秋、汪泽云、朱正权、李芳、彭勇、王少贤、刘新远等全体在家区级领导参加学习。

4 日　第 11 届全国青少年教育机器人奥林匹克竞赛华中赛区选拔赛暨 2016 年 APRC 亚太青少年机器人竞赛在鼎城区一中开幕，国内众多机器人领域的专家、教授，来自北京、湖南等省市的 18 支参赛队伍进行为期三天的讲座和竞赛活动。常德市委副书记徐正宪，国际导航与运动控制科学院院士、湖南省政协第八届委员会副主席、中南大学信息科学与工程学院首席教授、博士生导师蔡自兴，区领导杨易、车世忠、邓碧波、唐少华、熊辉、罗旺甫出席开幕式。

7 日　市委副书记徐正宪到鼎城区，调研乡村旅游发展情况，并指出，要把发展乡村旅游和美丽乡村建设、脱贫攻坚结合起来,让群众真正得实惠。区领导车世忠、李芳、王少贤等陪同。

12 日　广东省佛山市委副书记、市长朱伟率市政府考察团一行到鼎城区，参观考察沅江风光带。市区领导王群、周德睿、黄清宇、胡丘陵、陈华、杨易、邓碧波、王少贤等陪同。

13 日　2016 年“欢乐潇湘”常德市鼎城区群众文艺演出百团大赛举行,全区 21 支队伍参加比赛,表演了舞蹈、独唱、歌伴舞、小品、杂技以及三棒鼓、常德丝弦等节目。

同日　副市长朱晓平到鼎城区调研供销系统综合改革试点工作开展情况。市供销社主任戴作凡、区领导车世忠、钟泽英陪同调研。

14 日　区卫生计生局、红十字会在桥南市场东大门爱心献血屋举办了“血液连接你我”主题宣传活动,庆祝 6 月 14 日第十三个“世界献血者日”。

16 日　省文化厅副厅长禹新荣调研鼎城区公共文化服务体系示范区建设工作。

17 日　2016 年鼎城区禁毒工作会议在区会议中心举行,区委副书记、区长、区禁毒委主任杨易出席会议并作重要讲话。

同日　常德市人大常委会调研全市社区矫正工作座谈会在鼎城区召开。市人大常委会副主任谭弘发参加调研,区领导杨君、彭勇、李湘建、洪振坤等陪同调研。

20~26 日　全区开展第 26 个“6·25”全国土地日宣传周活动,围绕“节约集约用地,切实保护耕地”的主题,采取街头、电视、网站、短信、“村村响”广播、座谈会、横幅、标语等多种方式,宣传耕地保护、土地违法行为、土地开发整治、节约集约用地、不动产统一登记、村民建房、地质灾害防治、征地拆迁、国有建设用地使用权出让等重点国土知识。

21 日　中联重科董事长、首席执行官詹纯新到鼎城区，考察中联重科起重机械产业基地建设项目,区领导杨易等陪同。

22 日　沅江过江隧道建设指挥部鼎城分指挥部挂牌成立，标志着沅江过江隧道建设江南段全面启动,鼎城区委常委、副区长朱正权为指挥部揭牌，并主持召开鼎城分指挥部第一次全会。

28 日　由鼎城区委宣传部主办的“纪念中国共产党成立 95 周年暨红军长征胜利会师 80 周年书法作品展”在沅江风光带举行。全市的书法名家和书法爱好者以诗词歌赋、连语警句为载体，用篆隶楷行草五体书法艺术形式，展示了百余幅以红军长征为题材的作品。

29 日　鼎城区“两学一做”知识竞赛决赛在区广播电视台演播厅举行,6 支队伍进行决赛。区委常委、组织部部长、统战部部长李宏秋,区委常委、宣传部长李芳到场观赛。最终区委组织部代表队获第一名,区司法局、镇德桥镇代表队获第二名,区委办、区文体广新局、区畜牧水产局代表队获第三名。

同日　国家一级编剧黄士元获“全省优秀共产党员”称号。

30 日　由鼎城区委宣传部主办的“纪念中国共产党成立 95 周年暨红军长征胜利 80 周年合唱比赛”在鼎城区文化中心举行,全区近千名干部职工参加比赛。

7 月

6 日　区政协副主席蒋利荣，区委统战部常务副部长董宏志、副部长黄少华到许家桥回维乡清真寺参加鼎城区伊斯兰教协会举行的“开斋节”庆祝活动。

9 日　副省长戴道晋在省水利厅等相关部门负责人的陪同下,到鼎城区检查指导防汛工作,市区领导王群、周德睿、黄清宇、杨易、王少贤等陪同检查。

10日　区卫生计生局、计生协会和妇幼保健院联合，在桥南市场东大门举行以“关心女性幸福、关爱妇幼健康”为主题的宣传服务活动，纪念“7·11世界人口日”。

13日　鼎城区委学习中心组（扩大）开展第三次集中学习暨“讲规矩，有纪律”集中研讨，并邀请市委讲师团讲师葛锐，市委党校教授陈小明宣讲授课。

19日　湖南省委书记、省人大常委会主任徐守盛到鼎城区，考察沅江右岸防洪堤。省委常委、省委秘书长许又声参加检查指导。市区领导王群、周德睿、黄清宇、杨易、王少贤等陪同检查。

同日　常德农商银行举行“进校园　访企业　送服务”银企签约仪式，鼎城支行现场与四大产业园区40家企业签订8.7亿元的意向、授信和用信协议。

22日　区委主要领导主持召开中共鼎城区委常委扩大会议，传达贯彻省委书记、省人大常委会主任徐守盛《在常德检查防汛抗灾工作时的讲话》精神，安排部署相关重点工作。

26日　鼎城区首届电商扶贫培训班在区委党校开班，各乡镇共选派学员92名参加培训。邀请高校专业讲师授课，采用一人一台电脑实操实训的模式，为学员量身定制教程，副区长王直华参加开班仪式。

同日　鼎城区蒿子港镇澧水河段发现3条中华鲟。

29日　在“八一”建军节来临之际，区委、区政府主要领导慰问驻区部队，为他们送去了党和政府的关怀以及节日的问候。

同日　广东省佛山市禅城区委书记刘东豪率党政考察团一行到鼎城区，考察学习江南城区城市治理、城市规划、海绵城市等城市管理先进经验，区委主要领导陪同考察。

30日　省农业综合开发办公室副主任彭学军带领省级验收组一行7人，检查验收鼎城区2015年农业综合开发工作。

省级验收情况通报会

同日　鼎城区召开领导干部大会，宣布区党政主要领导调整决定。经省委、市委研究决定，杨易同志任鼎城区委书记，提名免去其鼎城区人民政府区长职务；免去刘定青同志的鼎城区委书记职务，另有任用；朱金平同志任鼎城区委委员、常委、副书记，提名为鼎城区人民政府区长候选人，免去其市广播电视台台长、总编辑、党委副书记职务。市委常委、市委秘书长黄清宇出席会议并作重要讲话，就严肃换届纪律提出要求。

8月

1日　鼎城区红云街道花船社区党总支举行“两学一做”学习研讨会，市委书记王群从开展“两学一做”的目的、基层党员如何做“合格党员”、常德市及鼎城区发展蓝图等方面为社区党员上党课。市区领导黄清宇、杨易、李宏秋、王少贤分别参加以上活动。

同日　常德市委副书记、市长周德睿到鼎城区镇德桥镇，走访慰问军烈属毛元珍、复员军人张腊生。市军分区司令员李辉忠，市政府秘书长周代惠，区委副书记、区长候选人朱金平陪同走访。

3日　区委书记杨易主持召开临江棚改、沅江隧道建设工作调度会，研究讨论司法强拆、公职人员签约、机关搬迁、棚改考核等问题，部署安排后段工作。区委副书记、区长候选人朱金平,区领导韩才渊、朱正权、王少贤、唐少华、熊辉、孙权新等参加调度会。

同日　2016年常德市群众文艺演出百团大赛决赛第七场在沅江风光带举行。鼎城区委副书记、区长候选人朱金平,区委常委、宣传部部长李芳,区政府党组成员、区政府办主任、党组书记李三葆出席观看了比赛。

4日　鼎城区委书记杨易主持召开安全稳定工作调度会,要求各相关单位在后段工作中要严格落实责任,用"三铁"的精神推动工作,以"三严"的姿态落实省委、市委安全生产工作的精神。区领导邓碧波、朱正权、彭勇、王少贤、雷建国、洪振坤出席会议。

同日　全国中小企业股份转让系统同意鼎城区精为天生态农业股份有限公司在股转系统挂牌(公司股更,简称为"精为天",股票代码:838972)。精为天生态农业股份有限公司成为鼎城区首家在"新三板"挂牌的企业。

5日　"唱响丝弦·从田野走向联合国"常德丝弦专场演出在常德市文化馆举行。

8日　市人大常委会主任刘明、副主任王先蒙到鼎城区检查《中华人民共和国农产品质量安全法》贯彻执行情况。

11日　花岩溪景区和新桃花源漂流景区、城头山景区、枫林花海景区成功合作,签订旅游营销合作协议。

同日　鼎城区经济运行暨小康建设调度会召开,鼎城区委书记杨易,鼎城区委副书记、代区长朱金平分别做重要讲话,杨君、韩才渊、邓碧波、李宏秋、汪泽云、朱正权、李芳、彭勇、王少贤、刘新远、肖汉学等全体在家区领导出席会议。

同日　中共鼎城区委人大工作会议在鼎城区人民会堂举行,区委书记杨易出席会议并强调,要深入贯彻中央加强和改进人大工作有关要求,认真落实省委、市委人大工作会议精神,研究部署新形势下全区人大工作,推动全区人大工作不断迈上新台阶。区委副书记、区人民政府代区长朱金平主持会议。杨君、韩才渊、李宏秋、汪泽云、朱正权、李芳、彭勇、王少贤、刘新远、肖汉学等全体在家区级领导出席会议,区委、区政府相关工作部门主要负责人,区人大常委会相关机构负责人,各乡、镇、场、街道、党政及人大主要负责人等参加会议。

16日　鼎城区教育基金会奖励2016年度高考优秀学生座谈会在教育局会议室召开。基金会副理事长、秘书长朱方源主持会议,基金会理事长许中诚、区一中校长梁正凡、朗州高级中学副校长唐会卿、32名高考优秀学生以及部分教师和家长代表参加座谈会。

同日　2016年洞庭湖片区、湘南片区重点建设项目协调推进会在常德市召开。其间,省人民政府副秘书长陈仲伯带领与会人员到鼎城区,视察沅澧快速干线1号大道建设。市区领导王群、周德睿、朱水平、杨易、雷建国等陪同视察。

同日　2016年"沪洽周"市级活动之一,常德(上海)投资推介会暨重大项目签约仪式在上海华亭宾馆举行。仪式上,鼎城区委副书记、区人民政府代区长朱金平与中交建融、中交上海航道局负责人就常德阳明湖板块整体开发建设合作项目签约,签约总金额30亿元。

18日　常德高新区与著名民营企业、住宅产业化领军企业"远大住工"签署项目合作协议,投资7亿元的长沙远大住工建筑产业化项目落户鼎城区。鼎城区委书记杨易,区委副书记、代区长朱金平,区领导雷建国出席签约仪式。

19日　区政协举行"脱贫攻坚·金秋助学"活动捐助仪式,为全区100名贫困大学新生发放助学金100万元。区政协主席韩才渊,区领导熊辉、涂国祥、罗旺甫、周伟建、蒋利荣出席捐助仪式。

20日 鼎城区召开处级领导干部大会,宣布区委、区人大、区政府、区政协班子及区人民法院院长、区人民检察院检察长人事方案。杨易、朱金平等全体在家处级领导出席会议。

24日 常德市委书记王群,市委副书记、市长周德睿率市直相关部门负责人到鼎城区,调研阳明湖板块建设工作。市委副书记徐正宪、市政协主席李爱国,常务副市长朱水平,市委秘书长黄清宇,副市长胡丘陵,区委书记杨易,区委副书记,区政府代区长朱金平等参加调研。

同日 区总工会组织开展“金秋助学”活动,帮扶资助90名困难职工家庭子女14万元。

29日 在沅江风光带上演“琴动沅江,爱在江南”艺术快闪活动。就读于世界顶级音乐学校的常德才子朱维携手音乐小伙伴,先后演绎《美丽的罗斯玛琳》《梁祝》等曲目。

30日 中国共产党常德市鼎城区第十二次代表大会开幕。杨易、朱金平、王时雨、杨君、韩才渊、李卫民、王明东、瞿政前、朱正权、林红华、王少贤、刘新远、肖汉学、雷建国、孙华伟等同志在主席台前排就座。

31日 中国共产党常德市鼎城区第十二次代表大会举行第二次全体会议,选举中国共产党常德市鼎城区第十二届委员会委员和中国共产党常德市鼎城区纪律检查委员会委员。会议由杨易主持。

同日 中国共产党常德市鼎城区第十二次代表大会举行第三次全体会议,选举中国共产党常德市鼎城区第十二届委员会候补委员和出席常德市第七次党代会代表。会议由杨易主持。

同日 为期三天的中国共产党常德市鼎城区第十二次代表大会圆满完成各项预定议程,在鼎城人民会堂闭幕。杨易主持闭幕式并宣布大会闭幕,朱金平致闭幕词。杨易、朱金平、王时雨、杨君、韩才渊、李卫民、王明东、瞿政前、朱正权、林红华、王少贤、刘新远、肖汉学、雷建国、孙华伟等在主席台前排就座,其他主席团成员在主席台就座。

9月

1日 中国共产党常德市鼎城区第十二届委员会举行第一次全体会议,会议选举产生了中国共产党常德市鼎城区第十二届委员会书记、副书记:杨易当选为书记;朱金平、王时雨当选为副书记。新当选的区委委员、候补委员参加会议。新当选的区纪委委员列席会议。市委驻鼎城区换届风气督导巡查指导组组长、市纪委常委谢建平到会指导。

同日 中国共产党常德市鼎城区第十二届纪律检查委员会举行第一次全体会议。会议由王明东主持。王明东当选为区纪委书记,舒伟、陶新才、雷华平当选为区纪委副书记。

6日 临澧县委书记李正才,县委副书记、县长蒋颖群率临澧县党政代表团到鼎城区,就投融资平台建设、棚改工作等开展考察交流。鼎城区委书记杨易,区委副书记、代区长朱金平陪同。

8日 在第32个教师节来临之际,鼎城区委书记杨易到鼎城一中、善卷中学、江南小学,看望慰问优秀教师代表,并通过他们向全区广大教师和教育工作者致以节日问候和良好祝愿。

9日 鼎城区委副书记、区人民政府代区长朱金平到鼎城区第九中学,看望慰问优秀教师代表。

同日 鼎城区归侨侨眷、港澳同胞“亲情中华·月满鼎城”中秋文艺会演在区文化活动中心举行,常德市归国华侨联合会主席陈丽君,常德市旅游外事侨务局副局长王陵书,鼎城区委常委、统战部部长瞿政前,区人大常委会副主任唐少华，区人民政府副区长候选人杨凡现场观看演出。

同日　常德市举行庆祝第32个教师节暨第二届翦伯赞教育突出贡献奖表彰大会，表彰优秀教师和先进团队。鼎城区长茅岭中学教师王仕平获常德市第二届翦伯赞教育突出贡献奖，全市仅11名教师和4个团队获此殊荣。

10日　鼎城区残疾人运动员杨超参加巴西里约热内卢残奥会夺一金一银。实现鼎城区在残奥会历史上金牌零的突破。

13日　鼎城区乡村医生业务培训班在常德市第四人民医院南院举行开班仪式。全区各乡村卫生院、个体诊所医生700余人参加。

同日　鼎城区人武部党委第一书记任职大会召开，市委常委、常德军分区司令员李辉忠宣布任职决定，杨易任鼎城区人武部党委第一书记。区委书记杨易，区领导李卫民、刘新远、徐建新，以及各乡镇场、街道负责人参加会议。

19日　鼎城区第二届体育运动会开幕式在鼎城一中举行。区委书记杨易宣布运动会开幕，区委副书记、区人民政府代区长朱金平致辞，区委副书记王时雨主持开幕式，市文体广新局总工程师刘泉礼致辞，杨君、韩才渊、李卫民、瞿政前、朱正权、林红华、王少贤、雷建国等全体在家区级领导出席开幕式。

同日　常德市被授予“国家森林城市”称号，鼎城区为创建国家森林城市做出了重要贡献。

20日　湖南省安居投资公司党委书记、总经理陈耀年率考察组到鼎城区考察调研，商讨阳明湖板块开发相关合作事项。鼎城区委书记杨易，区委副书记、区人民政府代区长朱金平，区领导王时雨、李卫民、瞿政前、雷建国、蒋宏武出席洽谈会。

21日　市委副书记、市长周德睿带领全市交通建设大会战暨公路治超工作现场会参会人员到鼎城区，调研视察沅澧快速干线一号大道(鼎城段)建设工作。市区领导朱水平、沈习淼、杨易、朱金平、雷建国等参加调研。

22日　鼎城区委常委班子“两学一做”学习教育第三次专题学习研讨会召开。鼎城区委书记杨易主持会议并讲话强调：要有坚定的政治信仰，经常反躬自省，注重团结协作，全力以赴为鼎城区的发展做出贡献。区领导朱金平、杨君、韩才渊、李卫民、王明东、瞿政前、林红华、王少贤、刘新远、雷建国参加会议。

23日　召开全区重大建设项目调度会。鼎城区委书记杨易强调，要坚持“三个一切”的理念，采取“三制联动”工作措施，强力推动项目建设。王时雨、杨君、韩才渊、李卫民、王明东、瞿政前、朱正权、林红华、王少贤、雷建国、李润初、洪振坤、杨凡、王直华、蒋宏武、熊辉、钟科程等区领导一同调度。

同日　湖南卫视、湖南《新闻联播》头条播发《常德鼎城：脚上多沾泥，项目早“发芽”》。报道区委主要领导到项目建设现场，解决具体问题，获得企业点赞。

26日　陈辉烈士塑像安放仪式在鼎城迎宾社区陈辉公园举行。区委副书记王时雨，区委常委、宣传部部长林红华，区委常委、人武部部长刘新远，区政协副主席、区文联主席蒋利荣出席仪式。河北省涿州市有关代表向鼎城区党史部门、烈士亲属后人、烈士家乡小学分别赠送了烈士资料、慰问金和“陈辉国防教育基金”。

27日　参加常德市第七次党代会代表到沅江风光带，亲历江南城区城市建设新成果，共话美丽新常德，区领导杨君、雷建国陪同视察。

30日　鼎城区不动产登记中心揭牌暨首证颁发仪式举行，标志着鼎城区结束土地、房产、林地等不动产分散登记的历史，不动产统一登记工作迈入全面明晰产权、有效保护权益、维护交易安全、提高交易效率的新阶段。省国土资源规划院副院长彭朝冰，市国土资源局党组成员、副局长黄国安，区委常委、常务副区长候选人李卫民，区政府副区长候选人蒋宏武，市、区相关单位负责人75人参加仪式。

10月

9日　常德市委副书记徐正宪到常德高新区桥南工业园，就如何做大做强常德通信产业相关工作走访调研通信设备制造企业。鼎城区委书记杨易陪同走访。

同日　区非公经济和社会组织党工委成立，党工委成员单位由区委组织部、区工商联、区民政局、区工商局等部门单位组成。

10日　市委常委、组织部部长梁仲到鼎城区部分产业、城建等重大建设项目现场和区委工作部门，考察调研鼎城区经济社会发展情况及党建、组织工作。区领导杨易、朱金平、王时雨、杨君、韩才渊、王明东、瞿政前、朱正权、林红华、王少贤、肖汉学、雷建国分别参加活动。

常德市委常委、组织部部长梁仲(左三)到鼎城区视察组织工作

12日　2016年鼎城区委学习中心组(扩大)集中学习活动在区会议中心举行，学习贯彻常德市第七次党代会精神，宣讲贯彻中央、省委、市委统战工作会议精神。杨易、王时雨、杨君、韩才渊等全体在家区级领导，区委学习中心组(扩大)全体成员参加学习活动。

14日　鼎城区第一中学召开教职员工大会，聘任杨建宇为区政府教育顾问，宣布学校主要领导分工决定，区委书记杨易出席会议并作重要讲话。

16日　常德市重点建设项目集中开工暨常德沅江过江隧道建设工程开工仪式在鼎城区举行，市委书记王群在仪式上宣布常德沅江过江隧道工程开工建设。市区领导周德睿、刘明、李爱国、朱水平、李辉忠、胡丘陵、罗先东、杨易、朱金平等出席。

18日　区、乡人大代表选举投票日，全区(含祝丰镇、西洞庭管理区)71万余名选民到投票选区参加投票，选举产生了区、乡两级人大代表。

19日　2016年常德旅游节开幕式，花岩溪擂茶文化在常德河街的民俗特产展示区展演，花岩溪擂茶受到社会各界关注，德国汉诺威市市长及省、市领导在展示现场品尝了擂茶。

22日　鼎城区草坪镇第三届民间文化艺术节拉开帷幕。湖南省政府原副省长唐之享，常德市人大常委会原主任莫道宏，鼎城区委副书记、代区长朱金平出席开幕式。

25日　省委离退休干部党工委书记、省委组织部副部长、老干部局局长崔永平一行到鼎城区调研督查老干部工作。

28日　常德市“创新·创业·创青春”2016年度常德市创业大赛总决赛在常德市技师学院举行。鼎城区8个企业进入决赛，最终，常德怡美雅韵文化传播有限公司获二等奖；常德市农筹惠食品销售有限公司获三等奖；鼎城区就业处被评为优秀组织单位。

31日　中国交通建设集团常德阳明湖项目启动工程开工仪式暨“阳明湖杯”获奖楹联颁奖仪

式举行，鼎城区委书记杨易宣布工程开工，区委副书记、区人民政府代区长朱金平主持开工仪式。王时雨、杨君、韩才渊、林红华、刘新远、雷建国等全体在家区级领导出席开工仪式。

11 月

2 日　常德市委常委、副市长任晨一行到鼎城区，调研鼎城区公共资源交易中心工作。鼎城区委副书记、代区长朱金平陪同调研。

3 日　常德市人大常委会主任刘明率市人大常委会督导组到鼎城区，听取乡镇人大换届选举工作情况汇报，调研督导相关工作。鼎城区委书记杨易参加座谈会。

同日　鼎城区举行全区环保重点工作推进会，区委副书记、区政府代区长朱金平出席会议并讲话。

同日　鼎城区城乡居民医保 2017 年度筹资工作大会召开，标志着鼎城区新农合与城镇居民医保合二为一，并轨运行，城镇居民与农村居民执行统一的医保政策，城乡居民医保制度完成整合。

同日　省卫计委主任张健一行到常德市第四人民医院南区调研。

7 日　中国共产党常德市鼎城区高新技术产业园区企业委员会成立，72 名党员投票选举产生高新区第一届企业党委班子。

8 日　庆祝第 17 个中国记者节暨全区“十佳新闻工作者”表彰大会在区广播电视台举行。

同日　常德市委书记王群在鼎城区调研经济社会发展情况时强调，鼎城区要认真组织学习贯彻十八届六中全会精神，在新常德新创业的旗帜下，坚持一个定位、打起一面旗帜、弘扬一种精神、打造一批扛鼎之作。市委常委、市委秘书长罗先东一同调研并主持座谈会。鼎城区领导朱金平、王时雨、杨君等全体在家区领导分别参加调研或座谈。

11 日　鼎城区委书记杨易到区党史陈列馆和区综合档案馆、党史馆、图书馆拟规划建设地块实地调研，并举行工作调度会，就“三馆”筹建工作进行调度。

21 日　鼎城区委书记杨易主持召开传达贯彻湖南省第十一次党代会精神大会，并发表重要讲话。区委副书记、区人民政府代区长朱金平参加会议并讲话。

22 日　数字鼎城地理空间框架共建共享合作协议签约。湖南省国土资源厅党组成员、副厅长金勇章，鼎城区委副书记、区人民政府代区长朱金平，常德市国土资源局党组成员、总经济师杨文平出席签约仪式。

同日　省农业综合开发办公室副主任唐满平一行到鼎城区，调研鼎城区 2016 年产业化油茶特色产业园项目实施情况。

省农开办副主任唐满平检查指导特色产业园项目

25 日　鼎城区委副书记、区人民政府代区长朱金平主持召开鼎城区绩效评估调度会，全面部署全区绩效评估工作。

27 日　中国人民政治协商会议常德市鼎城区第九届委员会第一次会议在鼎城人民会堂开幕。杨易、朱金平、王时雨、韩才渊、瞿政前、王少贤、涂国祥、罗旺甫、周伟建、蒋利荣、胡小芳、戴芳在主席台前排就座。市委驻鼎城区换届风气督导巡察组组长、市纪委常委谢建平及市委驻鼎城区换届风气督导巡察组全体成员到会指导。全体在家的区级领导和政协鼎城区九届一次会议主席团成员在主席台就座。

28 日　鼎城区第十七届人民代表大会第一次会议在鼎城区人民会堂开幕，杨君致开幕词。大会执行主席杨易、朱金平、王时雨、杨君、王明东、王少贤、刘运华、钟泽英、李润初、李湘建、沈国华、余建明、徐政国、何福珍、孙启林在主席台前排就座，市委驻鼎城区换届风气督导巡察组组长、市纪委常委谢建平到会指导，区委、区政府、区政协、区人武部领导以及大会主席团其他成员在主席台就座。

29 日　中国人民政治协商会议常德市鼎城区第九届委员会第一次会议圆满完成各项议程，在鼎城人民会堂闭幕。鼎城区委书记杨易作重要讲话，区政协主席韩才渊致闭幕词。杨易、朱金平、韩才渊、瞿政前、王少贤、涂国祥、罗旺甫、周伟建、蒋利荣、胡小芳、戴芳在主席台前排就座。全体在家的区级领导，政协鼎城区第九届一次会议主席团成员在主席台就座。

30 日　鼎城区第十七届人民代表大会第一次会议，圆满完成各项议程闭幕。鼎城区委书记杨易作重要讲话，鼎城区人大常委会主任杨君致闭幕词。大会执行主席杨易、朱金平、王时雨、杨君、王明东、王少贤、刘运华、钟泽英、李润初、李湘建、沈国华、余建明、徐政国、何福珍、孙启林在主席台前排就座。区委、区人大、区政府、区政协、区人武部领导在主席台就座。

11 月　《中国人才》杂志社在江苏盐城举办“第二届全国基层人才工作创新案例”征集评选颁奖会议，组织部申报的人才工作案例《让基层人才职称评审在创新中更“接地气”》获最佳案例奖，是全国 30 家获奖案例之一，也是湖南省参评案例中唯一获奖单位。

12 月

1 日　湖南红星视频机构成立。

5 日　鼎城区脱贫攻坚调度会在鼎城区人民会堂召开。区委书记杨易，区委副书记、区人民政府区长朱金平，区领导杨君、韩才渊、李卫民、王明东、刘新远、雷建国等全体在家区级领导出席会议。

同日　全国先进个体工商户表彰大会暨纪念中国个体劳动者协会成立 30 周年座谈会在北京人民大会堂召开，“河洲甲鱼”创始人王国顺被评为全国先进个体工商户。

6 日　鼎城区委副书记、区人民政府区长朱金平到石板滩镇狮子山村赵必振广场，调研赵必振红色文化的传承和保护工作。

8 日　鼎城区委书记杨易主持召开区委常委议军（警）会议。区委副书记、区人民政府区长朱金平，区领导王时雨、杨君、韩才渊、李卫民、王明东、瞿政前、朱正权、王少贤、刘新远、肖汉学、雷建国出席会议。

9 日　常德市委书记王群到常德高新区，调研中联重科起重机械产业基地、远大住工等重点项目建设。市区领导罗先东、杨易、朱金平陪同调研。

12 日　鼎城区人民政府联合常德市质量技术监督局在常德市文化馆召开国家地理标志产品保护新闻发布会。常德市质监局副局长周轶通报了“鼎城茶油”荣获国家地理标志产品保护相关情况，并为鼎城区人民政府新获国家地理标志产品保护授牌。“鼎城茶油”是鼎城区第一个也是唯一一个地理标志保护产品。

同日　鼎城区开展人工增雨消霾试验。

13 日　鼎城区第五届“十佳善德公民”评选第二次组委会召开。经各单位广泛推荐、组织考察、部门审查、公众投票、组委会综合评定，王仕平、王国顺等 10 人被评为“十佳善德公民”，丁银芝等 10 人获提名奖。

同日　鼎城区供销合作社综合改革领导小组成立，区委副书记王时雨任组长。

16 日　鼎城区第二届体育运动会在区体育馆闭幕,鼎城区委书记杨易宣布运动会闭幕,区委副书记、区人民政府区长朱金平致闭幕词。区领导王明东、瞿政前、朱正权、林红华、刘新远、肖汉学、沈国华、杨凡、罗旺甫出席闭幕式。

19 日　模块化半导体照明产业园项目签约仪式在鼎城区政府会议中心举行。鼎城区委书记杨易,区委副书记、区人民政府区长朱金平,区领导杨君、李卫民、熊辉、罗旺甫,深圳粤港创投集团控股有限公司董事局主席温智平、安徽众和达光电有限公司董事长朱衡出席签约仪式。

22 日　全区党(工)委书记例会召开。鼎城区委书记杨易,区委副书记、区长朱金平,区领导王时雨、李卫民、王少贤、雷建国出席会议,部分区直单位负责人,乡镇场、街道党(工)委书记参加会议。

23 日　2016 年鼎城区委学习中心组(扩大)第 6 次集中学习活动在区会议中心举行,学习中共十八届六中全会、中共湖南省第十一次代表大会、中共常德市第七次代表大会会议精神。杨易、朱金平、王时雨、杨君、韩才渊等全体在家区级领导,区委学习中心组(扩大)全体成员参加学习活动。

同日　湖南省司法厅厅长谈敬纯到鼎城区,调研鼎城司法行政工作。常德市人民政府副市长提名人选、市公安局党委书记、局长提名人选唐恒忠,鼎城区委副书记、区长朱金平,区领导朱正权、洪振坤陪同调研。

同日　举行全区党的报告员微党课比赛决赛。区领导王时雨、林红华观看比赛。12 名参赛选手结合中共十八届六中全会精神、四讲四比等内容,用各自的工作和亲身经历,向大家讲述了如何做一名合格党员。

29 日　全区社会治安综合治理创新工作会召开。鼎城区委书记杨易及区领导王时雨、李卫民、朱正权、李湘建、洪振坤、胡小芳出席会议,区委常委、常务副区长李卫民主持会议。

同日　区委、区政府召开鼎城区社会治安综合治理创新工作会议,区委书记杨易,区领导李卫民、朱正权、李湘建、洪振坤、胡小芳出席会议。

同日　蒿子港千吨级码头开工建设。

30 日　召开市委经济工作会议精神专题学习讨论会,鼎城区委书记杨易要求,全区各级各部门要结合鼎城区实际,准确学习和领会市委经济工作会议精神,明确 2017 年工作任务和目标。王时雨、杨君、韩才渊、王明东、瞿政前、朱正权、林红华、王少贤、雷建国等全体在家区级领导,全区各乡镇(场)、街道党委(工委)书记参加会议。

12 月底　区疾控中心检验检测中心建设竣工并投入使用,投资 160 万元,使用面积 800 平方米,生物安全为二级。

区情概览

An overview of the situation

夜幕中的防洪堤

地理位置

【概况】 鼎城区位于湖南省北部，洞庭湖西滨，沅水尾闾。地处北纬28°35′—29°23′，东经111°27′—112°11′。东接汉寿县；南连益阳市桃江、安化县；西邻桃源县；北抵临澧县、津市市；东北隔澧水望安乡；常德市治及常德市武陵区与鼎城区治武陵镇毗连，将鼎城区境分为南北两块。

行政区划

【历史沿革】 鼎城区在历史上有过临沅县、监沅县、索县、汉寿县、吴寿县、沅南县、武陵县、常德县等名称，先后隶属于黔中郡、武陵郡、义陵郡、建平郡、武州、沅州、嵩州、朗州、武贞军、永顺军、武顺军、武平军、鼎州、常德军、常德路、常德府、武陵道、常德专署、常德市等县以上行政机构。

秦始皇年间(前221~210)，分天下为36郡，常德属黔中郡。在黔中郡内置临沅县，为置县之始。

汉高祖五年(前202)，在临沅县东分置索县。

新莽元年(9)，临沅县改称监沅县。

东汉建武六年(30)，监沅县复称临沅县。建武二十六年(50)，在临沅县南分置沅南县复称临沅县。阳嘉三年(134)，萦县改称汉寿县。

吴赤乌十一年(248)，改汉寿县为吴寿县。

晋武帝泰始元年(265)，吴寿县复称汉寿县。

隋开皇三年(583)，并临沅、沅南、汉寿三县为武陵县、此为武陵名县之始。

清宣统三年(1911)十月，裁县留府，县境由常德府直辖。

民国2年(1913)十月裁府复县，原武陵县改称常德县。常德县名自此而始。县境隶属湖南省武陵道管辖。

1988年4月18日，湖南省人民政府根据国务院〔1988〕18号函精神，颁发湘政函〔1988〕22号文件，将常德县改称常德市鼎城区。同年6月9日，常德县第十届人民代表大会第三次会议通过《关于常德县改为常德市鼎城区后国家机关更名的决议》。县改区至此完成。

【行政区划变更】 1988年县改区后，原区公所改为办事处。是年，全区有9个办事处，10个镇，35个乡，627个村，2个区属场。

1989年撤销谢家铺乡，设立谢家铺镇。

1991年撤销灌溪乡，设立灌溪镇。

1992年撤销蔡家岗乡，设立蔡家岗镇。

1993年撤销韩公渡乡，设立韩公渡镇。

1994年撤销洞庭乡、中河口乡，设立十美堂镇、中河口镇。

1995年11月，全区撤处并乡。撤销蒿子港、石公桥、大龙站、河洑、牛鼻滩、斗姆湖、石门桥、黄土店、港二口9个办事处。保留武陵镇、蒿子港、中河口、十美堂、镇德桥、牛鼻滩、灌溪、蔡家岗、斗姆湖、黄土店10个镇和黄珠洲、黑山嘴、大龙站、双桥坪、长岭岗、石板滩、雷公庙、丁家港、草坪、唐家铺、沧山、钱家坪、港二口、尧天坪、长茅岭及许家桥回族维吾尔族民族乡等17个乡。将冲天湖并入石公桥镇，瓦屋垱乡并入周家店镇，断港头乡并入韩公渡镇，康家吉乡并入石门桥镇，赵家桥乡、官桥坪乡并入谢家铺镇，肖伍铺乡并入白鹤山乡。撤处并乡后，全区原9个办事处及40个乡镇变更为33个乡镇。同年11月，撤销草坪乡、港二口乡，设立草坪镇、港二口镇。

1996年5月，将谢家铺的12个村划归石门桥镇；周家店的李家桥村和大龙站乡的富贵坡村一组划归区园艺场；韩公渡的3个村划归常德特种养殖总场。同时，撤销大龙站乡、尧天坪乡，设立大龙站镇、尧天坪镇。

1996年9月，撤销双桥坪乡，设立双桥坪镇。

1997年12月，撤销雷公庙乡，设立雷公庙镇。

1998年5月，撤销石板滩乡，设立石板滩镇。同年12月，逆江坪乡高岩塘村泉水洞划归花岩溪旅游度假区。

2003 年全区共 22 个镇,11 个乡,4 个农林场,74 个居委会,563 个村委会,6696 个村民小组。

2014 年 1 月,撤销鼎城区武陵镇,设立玉霞、红云、郭家铺 3 个街道。

撤销斗姆湖镇,设立斗姆湖街道。

2015 年 11 月,全区乡镇行政区划调整,十美堂镇、黄珠洲和黑山嘴 2 个乡成建制合并设立十美堂镇,长岭岗乡和蔡家岗、雷公庙 2 个镇成建制合并设立蔡家岗镇,双桥坪镇和大龙站镇成建制合并设立双桥坪镇,尧天坪镇和长茅岭乡成建制合并设立尧天坪镇,谢家铺镇和唐家铺乡成建制合并设立谢家铺镇,沧山、钱家坪 2 个乡和黄土店镇成建制合并设立黄土店镇,港二口镇和逆江坪乡成建制合并设立花岩溪镇,许家桥回族维吾尔族乡和丁家港乡成建制合并设立许家桥回族维吾尔族乡。蒿子港、中河口、牛鼻滩、灌溪、韩公渡、周家店、石公桥、镇德桥、石板滩、草坪 10 个镇不作调整。

2016 年 4 月,全区合乡并村后,共有 18 个乡镇,4 个农林场,4 个街道办事处,76 个居委会,226 个村委会,2898 个村民小组。

地理环境

【地貌】 全区地势自西南向东北倾斜,由山地、丘陵、岗地过渡到广阔的滨湖平原。南有雪峰山余脉的插角、九龙、沧山、古城、盘古诸山延伸,重峦叠嶂。西北有武陵山余脉的太阳、白云等山绵亘,山崖峻峭。西、南、北群山起伏,冈峦盘环;东北湖河网结,水陆间错。中部沅水曲形切割,将区境分为南北两部。南部俗称“前河”“前乡”,枉、沧二水蜿蜒而下,形成若干冲岔与沿河平地。北部俗称“后河”“后乡”,澧水绕区东北边境向东流入洞庭湖,中有渐水、冲柳、马家吉诸河流淌其间,牛屎、白芷、土硝等湖点缀其内。

全区最高点为插角山(又名插角殿),主峰插花岭海拔 716.2 米;沅水两岸、澧水之西地势低平,海拔 30 米左右。全区地势高差 686.2 米,比降率为 1.5%。

【动物资源】 区境有野生动物 365 种。属国家重点保护的野生动物有 24 种。其中,列入国家一级保护的野生动物有梅花鹿、白鹳、灰腹角雉、红腹角雉、白鹤、龟、鳖等 7 种;列入国家二级保护的野生动物有穿山甲、灰鹤、水獭、大灵猫、小灵猫、鸬鹚、鸳鸯、锦鸡、长脚秧鸡、小青脚鹬、鸦鹃、凤头雨燕、蓝耳翠鸟、啄木鸟、大鲵等 16 种。

属湖南省重点保护的野生动物有 75 种。其中,列入一级保护的野生动物有白鹳、白鹤、黄腹角雉、灰腹角雉等 4 种;列入二级保护的野生动物有穿山甲、水獭、大灵猫、小灵猫、果子狸(花面狸)、鸳鸯、鸬鹚、金鸡、灰鹤、小青脚鹬、平胸龟、(鹰嘴龟)、大鲵(娃娃鱼)等 12 种;列入三级保护的野生动物有池鹭、牛背鹭、白鹭、灰雁、野鸭、鸿雁、竹鸡、鹌鹑、环颈雉(野鸡)、苦恶鸟、小田鸡、黑水鸡、山斑鸠、华南兔、中华竹鼠、豪猪、豹猫、狐、黄鼬、鼬獾、红嘴相思鸟、刺猬、蛇、蟾、蛙等 25 种;属于重点保护的野生动物有大鼠耳蝠、山蝠、猪獾、狗獾、野猪、小麂、绿翅鸭、绿头鸭、中华鹧鸪、灰胸竹鸡、四声杜鹃、小杜鹃、普通翠鸟、家燕、八哥、喜鹊、画眉、乌龟、中华鳖、南草蜥、石龙子、赤链蛇、中国水蛇、银环蛇、眼镜王蛇、竹叶青蛇、中华蟾蜍、泽蛙、沼蛙、峨眉林蛙、湖南吻鮈、胡子鲶、中华田螺、中华小田螺等 34 种。

(一)哺乳类

哺乳类 26 种。主要有猪獾、狗獾、山兔、蝙蝠、水鼠、中华竹鼠、松鼠、狐狸、花面狸、刺猬、穿山甲、水獭、野猫、豪猪、豹猫、大灵猫、小灵猫、鹿、獐、华南兔、黄鼬、鼬獾、大鼠耳蝠、山蝠、小麂、野猪等。

(二)鸟类

鸟类 56 种。主要有红腹角雉、鸳鸯、白鹤、金鸡、小青脚鹬、野鸭、野鸡、灰鹤、白鹭、雁、鹰、鹞、锦鸡、竹鸡、禾鸡、鸬鹚、鸽、斑鸠、啄木鸟、苦恶鸟、八哥、燕子、麻雀、喜鹊、乌鸦、白头翁、黄鹂、百灵、画眉、普通翠鸟、鹦鹉、鹌鹑、猫头鹰、池鹭、牛背鹭、灰雁、鸿雁、小田鸡、山斑鸠、黑水鸡、中华鹧鸪、灰胸竹鸡、四声杜鹃、小杜鹃、绿翅鸭、绿头鸭等。

（三）鱼类

鱼类145种。主要有青鱼、草鱼、鲢鱼、鳊鱼、鲫鱼、鲤鱼、刁子、鳜鱼、鳑鲏、黑鱼、鳙鱼、银鱼、三角鲂、团头鲂、细鳞斜含鲴、黄尾鲴、翘嘴红鲌、绒鱼、营鱼、赤眼鳟、青俏红鲌、尖头红鲌、湖南吻鮈、蛇鮈、银色含须鮈、棒花鱼、胡子鲶、黄鳈、鲦鱼、义尾黄鳈、鳗鲡、黄鳝、泥鳅等。

（四）贝类

贝类10种。主要有大河蚌、小河蚌、蹄蚌、珍珠蚌、中华圆田螺、中华小田螺、钉螺、蜗牛等。

（五）两栖类

两栖类10种。主要有中华蟾蜍、雨蛙、青蛙、泥蛙、泽蛙、沼蛙、土蛙、树蛙、刺胸蛙、金线蛙等。

（六）爬行类

爬行类19种。主要有中华鳖（甲鱼）、乌龟、闭壳龟、壁虎、蜥蜴、南草蜥、中国石龙子、兰尾石龙子、蝮蛇、竹叶青、眼镜王蛇、银环蛇（百节蛇）、乌风蛇、锦蛇、赤链蛇、中国水蛇等。

（七）昆虫类

常见农业害虫有稻飞虱、浮尘子、稻纵卷叶螟、稻苍虫、稻螟蛉、稻蓟马、大螟、二化螟、三化螟、象鼻虫、黏虫、蜗牛、土蚕、棉蚜、棉蓟马、红蜘蛛、盲椿象、叶跳虫、红铃虫、金刚钻、棉铃虫、斜纹叶蛾、棉小造桥虫、棉卷叶虫、苎麻叶蛾、苎麻蛱蝶、苎麻天牛、菜青虫、猿叶虫、黄条跳钾、潜叶蝇、麦蚜、小麦线虫、玉米螟、高粱条螟、蚕豆象、豆荚螟、高粱穗螟、豆青虫、甘蔗螟虫、甜菜叶蛾、荣布袋虫、吹棉公壳虫、祸天牛、凤蝶等。

常见林木害虫有家白蚁、黄翅大白蚁、竹蝗、松毛虫、蠢斯、蝼蛄、蟒象、叶蝉、蚜虫、芥壳虫、吉丁虫、金龟子、天牛、蛀杆虫、刺蛾、蓑蛾、竹斑蛾、松梢小卷蛾、松梢螟、竹毒蛾、竹眼蝶、油菜叶蜂、柑橘潜叶蛾、柑橘花蕾蛆、柑橘锈壁虱、尺蛾、杉梢小卷叶蛾等。

常见害虫天敌昆虫有猎蝽、螳螂、蜻蜓、瓢虫、草蛉、姬蜂、步行虫、虎甲虫、小花蝽、黑食蚜、蝽、捕食螨、蜘蛛、赤眼蜂、食虫虻、金小蜂、食蚜蝇等。

经济价值较大的昆虫有蜜蜂、家蚕、蓖麻蚕、白腊虫、五倍子蚜、紫胶虫、天蚕等。

【植物资源】 区境查明的植物有740余种。其中木本植物396种，隶属82科205属；草本植物316种，隶属89科258属；菌类植物28种。

属国家重点保护的野生植物有20种。其中列入一级保护的野生植物有银杏、珙桐、柏乐树（钟萼木）、南方红豆杉、香果树等等5种；列入二级保护的野生植物有杜仲、厚朴、花榈木、红豆杉、水青树、鹅掌楸、刺楸、观光木等8种；属于重点保护的野生植物有樟树（香樟）、莲、野菱、喜树（旱莲木）、胡黄连、松口蘑（松茸）等7种。

属湖南省重点保护的野生植物有：南方铁杉、铁坚油杉、罗汉松、中华猕猴桃、毛花猕猴桃、八角莲、钩栲、方竹、罗汉竹、黄樟、七叶一枝花、红花木莲、芡实、银鹊树、青檀、水车前、紫薇等17种。重点保护的古树（指树龄100年或胸径100厘米以上的野生树木）有125株。逆江坪乡柏叶坪村杉树坳一株古杉胸围3米，高23米，树冠10多平方米，树龄千余年。这些重点保护的野生植物，大多生长在逆江坪、花岩溪、沧山、太阳山等地。

花岩溪国家森林公园和逆江坪乡境内有4000余亩原始次森林。

（一）木本植物

境内396种木本植物，按用途分为用材、药用、观赏、油脂、芳香、淀粉、纤维、果木、饲料、特用及竹11类。主要有马尾松、杉木、水杉、柏木、檫树、构树、柘树、椆树、榉树、连香树、樟树、杨树、柳树、枫树、余树、槐树、锥栗、苦木储、栎树、楝树、冬青、黄杨、梧桐、泡桐、臭椿、银杏、杜仲、厚朴、桑树、山茶、杜鹃、玉兰、木樨、蜡梅、桂树、女真、连翘、丁香、五味子、木姜子、山胡椒、棕树、青檀、油茶、油桐、漆树、乌桕、板栗、核桃、梨、桃、李、杏、柑、桔、柚、枣、枇杷、杨梅、猕猴桃、楠竹、水竹、青皮竹等。

(二)草本植物

全区有草本植物 316 种，隶属于 89 科 258 属。主要有石松、江南卷柏、木贼、紫萁、海金沙、瓶耳小草、铁芒萁、金毛狗、蕨、贯众、石韦、槐叶萍、满江红、三白草、糯米团、红辛、红廖、何首乌、土大黄、藜、鸡冠花、土牛藤、水花生、马齿苋、半支莲、石竹、莲、睡莲、芡实、萍蓬草、草芍药、威美仙、八角莲、淫羊霍、无根藤、虎耳草、地榆、蛇藤、五爪龙、酢浆草、远志、凤仙花、天竺葵、冬葵、元宝草、黎头草、紫花地丁、仙人掌、令箭花、细果野菱、水芹、华中前胡、龙胆草、马鞭草、山藿香、藿香、夏枯草、益母草、丹参、紫苏、穿心莲、车前、茜草、川党参、半边莲、泽兰、菊花、野菊花、艾蒿、大蓟、小蓟、蒲公英、泽泻、慈姑、茭笋、淡叶、芦苇、狗尾巴、五节芒、芒、白茅、黄背草、薏米、荆三棱、菖蒲、石草蒲、半夏、满天星、水浮莲、紫萍、鸭跖草、鸭舌草、凤眼莲、灯芯草、大百部、百合、七叶一枝花、天门冬、麦冬、蜘蛛抱蛋、石蒜、射干、蝴蝶花、芭蕉、山姜、美人蕉、水玉簪、白芨、春兰、虎尾兰、野薄荷等。

(三)菌类植物

全区有菌类植物 28 种,隶属 12 科。可食用的有松菇、绿豆曹十、火烧曹十、奶酱曹十、黑木耳、毛木耳、白木耳、鸡油菌、灵芝、雷丸、茯苓、松乳菇、绿头菌、香菇、草菇、竹荪、马勃、松茸、冬虫夏草等。主要毒菌有蛤蟆菌、毒红菇等。

【矿产资源】 区内发现的矿产有黄金、金刚石、锆英石、石煤、石灰岩等。黄金为湖南省重点生产县(区),金刚石闻名全国。

黄金 区境产脉金和沙金，脉金主要分布在黄土店镇的金霞山、沧山乡的沧浪坪、钱家坪乡的黄土坡、港二口镇的南宫坪、芭蕉冲、逆江坪乡的高峰。沙金主要分布在丁家港、许家桥、黄土店、沧山、港二口、长茅岭、逆江坪、草坪、唐家铺 9 个乡镇,已探明脉金藏量为 20 吨。

金刚石、锆英石 主要分布在丁家港、许家桥、草坪、斗姆湖等乡镇。以许家桥乡的岳王溪至丁家港乡的杨公庵为集中产区。国营六 0 一矿开采 24 年后闭坑。金刚石尚有藏量 42 万克拉,锆英石藏量 1835 千克。

石煤 又名碳质页岩，分布在长岭岗乡的坛坪、石板滩镇的拾柴坡、枫树桥、大溪冲,灌溪镇的白石、唐桥等地。探明储量为 3.4 亿吨。固定碳含量 12%~22%,最高可达 30%。发热量 1500~1800 大卡 / 千克,高的达 3487 大卡 / 千克。灰分一般在 60%~70%,个别地段 V205 的含量达 20%。

石灰岩 分布在雷公庙、长岭岗、双桥坪、石板滩、灌溪等乡镇。藏量 30 亿吨以上。水泥用石灰岩分布在雷公庙镇的花园、尹家坪两村。藏量 1.1 亿吨。

板页岩 有青石板岩和砂板岩两种。分布在钱家坪乡磨石山、双桥坪镇七姑山、雷公庙镇龙门洞等地。藏量丰富。

高岭土 分布在唐家铺乡的白泥塘和双桥坪镇的金鸡岩等地。藏量小。

铁矿 分布在灌溪镇的铁山和石板滩镇的莫家铺。藏量小,品位低。

铝土 又名陶土,分布在周家店镇八宝湖、石门桥镇观音庵、唐家铺乡白泥塘、蔡家岗镇芭蕉堰、雷公庙镇湖海坪等地。藏量为 700 万立方米。

砂石 分布于大部分山区的乡村及沅水河道。资源丰富。

黏土 资源丰富。可利用的有 1500 万立方米以上。

铜分布在周家店镇蜘蛛山一带。藏量小,品位低。

矿泉水 分布在黄土店镇金霞山,为偏硅酸矿泉水。

此外,在石板滩镇兴隆桥、田家坪发现重晶石,在蔡家岗镇小溪发现汞矿。

人　口

【概况】 2016年年末，全区户籍人口76.65万人，比上年增长0.24%，其中，非农业人口13.41万人，农业人口63.24万人。全区男性人口39.05万人，占总人口的51%，女性人口37.60万人，占总人口的49%。0~17岁人口10.54万人，增长1.62%；18~34岁人口17.25万人，下降1.3%；35~59岁人口31.15万人，下降0.98%；60岁以上人口17.71万人，增长3.21%。

2016年，全区出生人口6891人，人口出生率为9‰；死亡人口4377人，死亡率为5.71‰，全年人口自然增长率增长3.29‰。

气　候

【概况】 气候特征。2016年鼎城区年平均气温17.8℃，较常年偏高0.8℃。年平均降水量1688.0毫米，较常年偏多23.6%，但年内降水时空分布不均，全区先后遭遇16轮暴雨天气过程，而9月中旬至10月中旬降水偏少，出现了不同程度的气象干旱。年平均日照时数1327.4小时，较常年偏少17.6%，日照明显不足，为有历史记录（1960年）以来第6低值。总体而言，2016年度气候年景总体偏差。

2016年天气气候特点：全年气温偏高，7月下旬到8月初、8月中旬出现了两段高温期，9月末现轻度寒露风。年内旱涝并举，汛期（4～9月）降水整体偏多2成有余，期间出现了3段雨水相对集中期和不同程度洪涝，9月中旬至10月中旬出现了中到特旱。日照总体不足。入春入夏提前，入秋入冬偏晚，夏长特征明显。

年平均气温17.8℃，较历年平均偏高0.8℃，年极端最高气温38.4℃，出现在8月25日；年极端最低气温-3.6℃，出现在1月25日；平均高温日数26.9天。年总降水量为1688.0毫米，较历年平均值偏多23.6%，全年1～3月、9月降水偏少，其他时间偏多，7月降水量异常偏多，7月降水量419.9毫米，较常年同期偏多139.3%，一日最大实测降水量为218.3毫米（洞桃冲），出现在8月10日，日降水量≥0.1毫米的雨日数有165天；年日照总时数为1327.4小时，较历年平均偏少17.6%。

主要气候事件及其影响。2016年在全球变暖大背景下，鼎城区气温偏高，降水偏多但时空分布不均，日照明显不足。年内出现的低温雨雪冰冻、五月低温、暴雨洪涝、高温热浪、寒露风、大风等灾害性天气给工农业生产及人体健康等造成了一定的影响。

一、暖冬

2015至2016年冬季，全区平均气温7.1℃，较常年同期偏高0.9℃，其间2016年2月全区平均气温9.0℃，较常年同期偏高2.1℃，为1960年以来第6高值，2015年12月平均气温7.4℃，较常年同期偏高0.4℃，2016年1月平均气温4.9℃，较常年同期偏高0.2℃，达到暖冬标准。

二、低温雨雪冰冻

2015至2016年冬季出现了两次低温雨雪冰冻天气过程，分别在2016年1月20～25日及1月31日～2月1日。1月19日晚开始出现降雨，20日夜间雨雪转换，量级以小雪为主。21日夜～22日出现中到大雪，平原地区最大积雪深度达10厘米，并出现轻冰冻，23日雨雪逐渐停止，全区转为晴冷模式。25日清晨天气放晴，此次低温雨雪过程前期服务到位，交通、农业、林业、电力等部门均提前应对，全区未出现明显灾情。1月31日～2月1日全区普降大雪，部分暴雪，降雪主要集中在31日白天，此次降雪强度大、影响范围广但持续时间不长，最低气温较1月20～25日雨雪过程高。

三、寒潮

2016年，全区于2月12～14日、3月7～10日以及11月21～23日经历了3次寒潮过程。

2月12～14日，其中14日最低气温降至1.5℃，相比前48小时内日最低气温下降10℃，达到寒潮标准。此次寒潮发生于春运期间返程高峰时段,对交通安全造成了一定不利影响。

3 月 7 ~ 10 日,鼎城区出现了一次雨雪、降温和风力加大的天气过程, 8 ~ 10 日连续 3 天出现大风。48 小时最低气温降幅 14.9℃,72 小时最低气温降幅 15.8℃,10 日最低气温降至 0.3℃, 全区达到寒潮标准。寒潮带来的雨雪、大风天气对油菜生长造成了一定的不利影响, 部分已开花的油菜出现倒伏和花蕊脱落现象。同时气温剧降导致呼吸道、心脑血管等疾病患者猛增。

11 月 21 ~ 23 日, 全区 24 小时内日最低气温降幅度 10℃以上,最低气温降至 3℃以下,并伴有阵性雨夹雪,全区达到寒潮标准。

四、五月低温

5 月 19 ~ 23 日,鼎城区持续低温阴雨天气,鼎城区连续 5 天日平均气温≤20℃,达“五月低温”标准。“五月低温”对双季早稻分蘖生长和中稻播种育秧产生了一定的不利影响。

五、暴雨洪涝

2016 年全区经历了 16 轮强降水天气过程,分别出现在 4 月 2 ~ 3 日、5 ~ 6 日、15 ~ 17 日、20 日、5 月 6 ~ 7 日、25 ~ 26 日、6 月 19 ~ 20 日、27 ~ 29 日,7 月 1 ~ 4 日、14 ~ 16 日、18 ~ 20 日、8 月 2 ~ 3 日、9 ~ 11 日、14 日、9 月 9 ~ 10 日和 10 月 20 日。其中 4 月 2 ~ 3 日,全区普降大雨,部分暴雨,并伴有雷暴等强对流,全区面雨量最大(45.9 毫米),共计 16 个站点累计降雨量在 50 ~ 99.9 毫米之间,最大降雨量出现在老屋坪 (79.9 毫米);4 月 5 ~ 6 日全区出现暴雨天气过程,并伴有雷暴等强对流,共计 15 个站点累计降雨量在 50 ~ 99.9 毫米之间,最大降雨量出现在沙河口 (75.3 毫米);4 月 15 ~ 17 日全区强降雨,并伴有雷暴、短时雷雨大风等强对流,强降雨主要在南部地区,共计 12 个站点累计降雨量在 50 ~ 99.9 毫米之间, 最大降雨量出现在许家桥(71.9 毫米);4 月 20 日全区普降大到暴雨,并伴有雷暴、短时雷雨大风等强对流,共计 23 个站点累计降雨量在 50 ~ 99.9 毫米之间,2 个站点累计降雨量在 100 ~ 199.9 毫米, 最大降雨量出现在马头山(108.2 毫米);5 月 6 ~ 7 日共计 9 个站点累计降雨量在 50 ~ 99.9 毫米之间, 最大降雨量出现在高峰 (66.5 毫米);5 月 25 ~ 26 日全区经历强降水过程, 强降雨主要集中在南部地区, 共计 37 个站点累计降雨量在 50 ~ 99.9 毫米之间, 最大降雨量出现在蔡家岗 (99.2 毫米);6 月 19 ~ 20 日共计 9 个站点累计降雨量在 25 ~ 49.9 毫米之间,最大降雨量出现在泉当 (43.2 毫米);6 月 27 ~ 29 日全区遭遇强降水天气过程, 强降水主要集中在 28 日,共计 36 个站点累计降雨量在 50 ~ 99.9 毫米之间,最大降雨量出现在草坪(111.2 毫米);7 月 1 ~ 4 日,全区普降暴雨,过程累积面雨量 121.2 毫米,其中 1 ~ 2 日降水强度最强,暴雨范围最广,导致部分路段积水严重, 此次过程共计 5 个站点累计降雨量在 50 ~ 99.9 毫米之间,34 个站点累计降雨量在 100 ~ 199.9 毫米, 最大降雨量出现在镇德桥(190.0 毫米);7 月 14 ~ 16 日,全区普降大雨,部分暴雨,面雨量为 28.9 毫米,此次降水主要集中在鼎城区南部, 此次过程共计 5 个站点累计降雨量在 50 ~ 99.9 毫米之间, 最大降雨量出现在沧山水库(96.7 毫米);7 月 18 ~ 20 日,全区普降暴雨,共计 20 个站点累计降雨量在 50 ~ 99.9 毫米之间,11 个站点累计降雨量在 100 ~ 199.9 毫米, 最大降雨量出现在马头山(142.1 毫米);8 月 2 ~ 3 日的降雨过程共计 18 个站点累计降雨量在 50 ~ 99.9 毫米之间,最大降雨量出现在马头山(99.2 毫米);8 月 9 ~ 11 日,9 日出现强降水过程,南部处强降水中心,10 日降水强度增强,范围增大,强降水持续到 11 日凌晨, 此次过程共计 17 个站点累计降雨量在 50 ~ 99.9 毫米之间,8 个站点累计降雨量在 100 ~ 199.9 毫米,最大降雨量出现在洞桃冲(311.3 毫米);8 月 14 日,全区大部分地区普降大到暴雨,强降水中心主要位于区南部, 最强降水位于洞桃冲 (109.5 毫米), 此次过程共计 1 个站点累计降雨量在 50 ~ 99.9 毫米之间,1 个站点累计降雨量在 100 ~ 199.9 毫米,最大降雨量出现在洞桃冲(109.5 毫米);9 月 9 ~ 10 日,沅水流域出现一次暴雨、局地大暴雨的降水过程,面雨量49.9毫米,过程共计25个站点累计降雨量在50～99.9毫米之间,11个站点累计降雨量在100～199.9毫米,最大降雨量出现在钱家坪(211.5毫米);10月20日暴雨过程共计24个站点累计降雨量在50～99.9毫米之间,最大降雨量出现在钱家坪(98.3毫米)。

六、高温热浪

7月下旬至8月初全区持续35℃以上的晴热高温天气,大部分地区达中度高温热害标准,其中7月25日～31日全区大部分持续37℃以上的晴热高温。

七、秋旱

9月11～27日全区气温持续偏高,无有效降水,导致鼎城区大部分地区达到轻度干旱标准。截至10月18日,全区未出现有效降水过程,据统计9月11日～10月18日全区平均降水量仅3.3毫米,据10月18日气象干旱监测结果显示,鼎城区达重旱标准,土壤缺墒严重,对农作物的生长发育造成了一定的不利影响。

八、寒露风

9月28日开始受冷空气影响,全区气温下降明显,大部分地区出现了7级以上的瞬时大风。据统计,9月29日～10月1日连续3天日平均气温小于20℃,达到寒露风标准。寒露风天气对部分处于抽穗扬花期的晚稻造成了一定不利影响,同时强降温导致心脑血管疾病和呼吸道疾病患者增多,大风天气对江河湖面的一些水上作业也产生了不利影响。

九、10月连阴雨

10月全区平均降水日数15.0天,较常年同期偏多3.3天,全区平均日照时数71.7小时,较常年同期偏少54.2小时,创1960年以来历史同期新低。10月19日起受台风和冷空气共同影响,大部分地区持续阴雨寡照天气,达连阴雨标准。连阴雨对秋收秋种活动产生了不利影响,导致晚稻收割进度延长10天左右。

十、雾和霾

2016年影响鼎城区的冷空气势力总体偏弱,静稳天气形势较多,导致雾和霾多发。2016年全区平均雾日48.8天,较上年偏多17天。大雾对交通出行带来了一定不利影响。

2016年全区平均霾日51天,较上年偏多11.3天。2015年12月26日至2016年1月上旬出现了一次强度强、持续时间长、范围广的重度污染天气。持续霾日导致空气质量偏差,对人体健康造成了不利影响。

常德市鼎城区关于2016年国民经济和社会发展的统计公报

2016年,区委、区政府,坚决贯彻中央、省、市的各项决策部署,面对复杂的经济形势,科学谋划,坚强应对,围绕城市鼎城这一主线抓发展,着力推进经济结构调整和经济发展方式转变,保持了全区经济总体运行平稳,向上发展的态势。城乡面貌进一步改善,居民生活水平持续提高,实现了“十三五”良好开局。

一、综合

据初步测算,2016年实现地区生产总值279.92亿元,比上年增长8.2%,总量居全市第3位。其中第一产业增加值48.9亿元,降5.6%;第二产业增加值92.3亿元,增长9.1%,其中工业增加值77.7亿元,增长9.6%;第三产业增加值138.8亿元,增长13.8%。

三次产业结构比为17.47∶32.96∶49.57。

全年居民消费价格指数比去年同期上涨1.98%,商品零售价格指数上涨0.93%。

财政总收入54.11亿元,其中,一般公共预算地方收入11.82亿元,比上年增加0.68亿元,增长6.11%。一般公共预算地方收入中,税收收入6.44亿元,增加0.1亿元,增长1.58%。一般公共预算地方支出42.67亿,增长6.5%。一般公共预算支出总计51.05亿元。

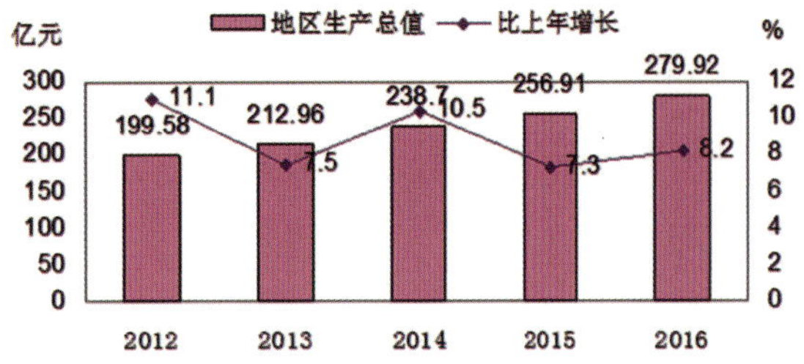

图1 2012-2016年地区生产总值及其增长速度

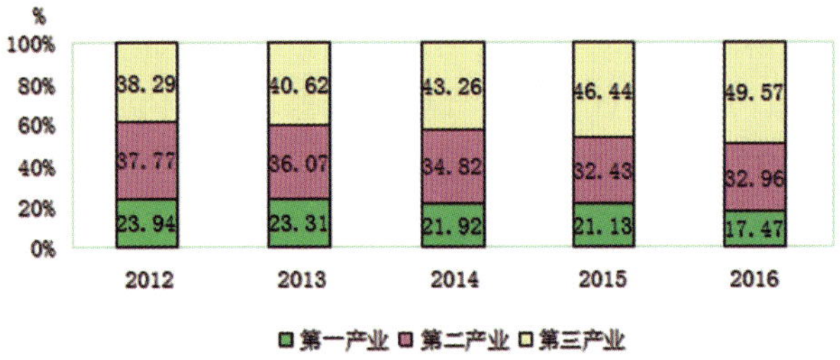

图2 2012-2016年三次产业增加值占地区生产总值比重

二、农业

2016年,全区实现农林牧渔业总产值80.26亿元,减少10.25%。全年粮食种植面积186.84万亩,比上年增加0.6万亩;棉花种植面积15.33万亩,比上年减少0.06万亩;油料种植面积61.5万亩,比上年减少0.08万亩,蔬菜种植面积30万亩,增加0.17万亩。

全年粮食总产量67.19万吨,比上年减产1.96%;棉花总产量1.44万吨,减产0.02%;油料总产量61.5万吨,减产0.12%,其中油菜籽6.8万吨,增长0.8%,油茶籽1.75万吨,增长5.1%。全年蔬菜产量44万吨,增长4%;柑橘产量3.35万吨,增长2.6%。

年末出栏生猪80.9万头,比上年减少0.5%;出栏肉牛2.6万头,增长0.15%;出栏肉羊11.34万头,增长0.16%;出笼家禽1284万羽,增长0.17%。全年肉类总产量8万吨,减少5.8%;禽蛋产量6.26万吨,增长0.03%。

全年水产品产量7.2万吨,比上年减少4.1%。

全区拥有农民专业合作社490家,新增79家。全区农业机械总动力为87.1万千瓦,增长6.7%,农村用电量1.44亿千瓦时,比上年增长5.5%,化肥施用量23万吨,比上年增长12.2%,农药使用量1631吨,增长10.5%。解决农村饮水不安全人数28.74万人。

三、工业和建筑业

2016年,全区完成工业增加值77.75亿元,比上年增长9.6%。规模以上工业净增8家,达96家,产值过亿元企业52家,同比增加21家。规模以上工业完成增加值41亿元,比上年增长8.1%。规模以上工业实现主营业务收入177.1亿元,比上年增长34.1%,实现利润8.4亿元,下降7.0%,实现利税12.7亿元,下降0.2%。规模以上工业中,有亏损企业11家,亏损面11.46%,比上年增加2.36个百分点,亏损企业亏损额为5000万元,为上年的2倍。工业产品销售率为97.94%,比上年减少0.6个百分点,出口交货值13843万元,比上年增长53.8%。

鼎城区全年全社会建筑业增加值14.83亿元,比上年增长6.86%。全区具有资质等级以上建筑企业有7家,完成建筑业总产值22.94亿元,增长4.51%,实现利税总额0.86亿元,与上年持平。

四、固定资产投资

2016年全区固定资产投资完成266.23亿元,比上年增长19.13%。全年完成房地产开发投资25.7亿元,比上年增长41.87%。商品房销售额23.6亿元,比上年增长84.3%,其中住宅销售额20.5亿元,比上年增长86.2%。2016年商品房施工面积208.9万平方米,增长61.1%,其中住宅146.2万平方米,比去年增长51.7%;商品房销售面积55.2万平方米,其中住宅销售面积51.3万平方米,分别增长83.2%和83.9%。商品房待售面积32.3万平方米,比上年减少6.55万平方米,减16.9%,住宅待售面积21.9万平方米,比上年减少9.17万平方米,减29.5%。住宅销售均价每平方米4005元,比上年每平方米增加48元。

五、交通运输与邮电业

2016年年末,全区社会车辆拥有量为105318台,增加5426台,其中汽车新增8417台,摩托车减少3001台。全年完成货运周转量1983万吨公里,增长4.5%,旅客周转量10013万人公里,减少1.6%。汽车总站每天发送旅客10035人次,减少10.7%。

全年完成邮电业务总量47839.28万元，比上年增加28.7%，其中，邮政业务总量5679.28万元，增长18.7%；电信业务总量9000万元，增长7.1%；移动业务总量33160万元，增长38.2%。年末固定电话用户5.7万户，减少0.6万户； 移动电话用户21万户，减少15.5万户，移动电话普及率为87%，比上年增加39.3个百分点；互联网宽带用户8.33万户，新增1.53万户。互联网宽带普及率为34.5%，比上年增加6.3个百分点。

六、贸易和旅游

消费品市场平稳发展。全年实现社会消费品零售总额171.1亿元，比上年增长12.1%。桥南市场成交额29.67亿元，比去年同期增长0.95%。

全年引进外资8887万美元，比上年增长21.47%；引进内资金70.86亿元，比上年增加4.4亿元，增长6.7%。

全区有旅行社1家，旅游门市部11家，湖南省5星级乡村旅游服务点6家，AAA景区1个，AAAA景区1个。全年各景区共接待游客713万人次，比上年增长230%，游客过夜167.5万人次，全年实现旅游总收入41.55亿元，其中一日游收入26.22亿元。花岩溪AAAA景区门票收入725万元。

七、金融和保险

年末金融机构各项存款余额262.32亿元，比上年增加49.32亿元，增长23.2%，其中，城乡居民储蓄存款余额186.55亿元，增加29.55亿元，增长18.8%。年末，金融机构各项贷款余额178.51亿元，增加30.51亿元，增长20.6%，其中农业贷款76.56亿元，增长19.8%。

全年各项保费收入3.06亿元，比上年增长13%，其中，财产保险收入1.126亿元，增长18%；人寿保险收入1.8亿元，增长10%。保险赔付额7306万元，同比减少18.5%，其中，财产保险支付赔款5327万元，减少37%；人寿保险支付赔款750万元，增长50.3%。

八、教育和科学技术

2016年全区拥有各级各类学校200所，教学点3个。其中，学前教育107所，比上年增加28所；义务教育87(小学54所，初中33所)。高中阶段教育6所。共有在校学生66148人，其中学前教育17500人，义务教育40133人(小学28919人，初中11214人)，高中阶段教育8515人(普通高中8515人)。共有在职教职工6041人，其中专任教师4927人。参加国家学生体质健康标准测试合格率99.8%，初中升学率为98.5%，高中升学率81.8%。普通中学师生比为1∶6.8；普通小学师生比为1∶18.4。

全年专利申请260项。专利授权164件，其中发明专利授权34件。

2016年实现高新技术产品增加值27.67亿元，比上年增加22.7%。高新技术产品增加值占GDP的比重为9.9%，比上年增加94.1%。

九、文化、卫生和体育

全区年末拥有各类艺术表演团体210个，演出场次63000场，观众3150万人次。全区有公共图书馆1个，总藏量108251册件，新增3000册件；书刊文献外借册次20000册次；发放有效借书证6870个，新增182个，图书流通20000人次。拥有国家级和省级非物质文化遗产保护单位3个。全年数字电视实际用户达5.95万户。全区广播和电视综合人口覆盖率100%。

全区共有卫生机构48个，拥有病床3194张，卫生技术人员2111人，执业医师和助理医师1037人，注册护士784人。每千人床位数、卫生技术人员数、执业医师和助理医师数、注册护士数分别为4.17张、2.75人、1.35人和1.02人。全区有乡镇卫生院36个，拥有床位1404张，卫生技术人员1067人。卫生监督检验机构1个，卫生技术人员19人。全年甲、乙、丙类法定报告传染病发病人数2508人，下降12.3%，报告死亡5人。

2016年度参加国际和国家级比赛，获金牌7枚、银牌2枚。参加省级比赛取得了3金2银2铜的佳绩。全区拥有各类体育场地1028个，场地面积248万平方米。全年销售体育彩票1750万元。

十、资源环境与安全生产

全年实有耕地78030公顷，其中旱地11800公顷，水田66350公顷，2016年完成造林面积2190公顷，森林资源蓄积量增长率4.93%。城市建成区绿化覆盖率45.1%。

全年能源消费总量为103.63万吨标准煤，比上年同期减少2.6%，单位GDP能耗下降10.65%，全区万元规模工业增加值能耗下降9.92%。全年全社会用电量7.55亿千瓦时，比上年增长9.25 %，其中工业用电2.21亿千瓦时，比上年减少3.02%，生活用电3.54亿千瓦时，增长12.83%。

城市污水处理率96.14%，空气质量达标率97%，地表水达标率100%，农村垃圾集中处理率98.3%。

全区各类生产安全事故死亡30人，亿元GDP安全事故死亡人数0.11人，同比下降15.4%。全年共发生道路交通事故30起，比上年下降19%，死亡30人，下降6%，直接财产损失11.94万元，减少90%。

全区食品卫生抽检合格率达到98%。

十一、人口、人民生活与社会保障

2016年年末，全区户籍人口76.65万人，比上年增长0.24%，其中，非农业人口13.41万人，农业人口63.24万人。全区男性人口39.05万人，占总人口的51%，女性人口37.60万人，占总人口的49%。0~17岁人口10.54万人，增长1.62%；18~34岁人口17.25万人，下降1.3%；35~59岁人口31.15万人，下降0.98%；60岁以上人口17.71万人，增长3.21%.

2016年，全区出生人口6891人，人口出生率为9‰；死亡人口4377人，死亡率为5.71‰，全年人口自然增长率增长3.29‰。

2016年城镇居民人均可支配收入28362元，增长8.8%；农民人均可支配收入13125元，增长9.3%。城镇居民人均消费支出24910元，增长11.32%，农村居民人均消费支出17052元，增长16.83%。城乡居民收入差距比由2015年的2.17：1缩小到2.16：1。

全区参加养老保险人数64702人，比上年增长1.38%；参加失业保险人数达27206人，与上年持平；参加医疗保险人数50213人，比上年减少0.3%；参加生育保险人数31037人，减少0.14%；参加工伤保险人数46786人，增长3.6%。领取失业保险金人数1840人，减少16.4%。新型农村合作医疗参保人数达62.96万人，参保率为99.5%。2016年新增就业6906人，城镇登记失业率控制在3.2%以下。

全区有养老机构31所，床位1475张，年末在院1281人。救助站1个，全年救助3835人次。有社会福利企业2家，安置就业职工76人，其中残疾职工25人。全年发放最低生活保障金8192.5万元，得到政府最低生活保障的城镇居民8731人，比上年末减少1230人；农村居民31349人，增加1015人。农村特困人员集中供养人数1643人，比上年末增加476人，农村特困人员分散供养人数4896人，减少1212人。城乡医疗救助人数69000人，直接医疗救助21380人次。民政部门直接接受社会捐款57万元，受益705人次。

注：1.本公报所列数据为初步统计数。

2.国内生产总值，各产业增加值绝对数均按现价计算，其增长速度按可比价计算。

中国共产党鼎城区委员会

Dingcheng District commiter of the Communist Party of China

中国共产党常德市鼎城区第十二届委员会第一次全体会议会场

鼎城年鉴（2016）

概　述

【概况】 中国共产党鼎城区委员会辖基层党委37个，基层党总支42个，党支部996个，党员40913名。2016年，十二届区委接过历史的接力棒，开启“抢抓新机遇，建设新江南”的新征程，全区经济社会发展稳中有进、稳中向好，实现“十三五”良好开局。全区实现地区生产总值279.92亿元，增长8.2%；一般公共预算收入16.69亿元，增长12.6%；固定资产投资266.23亿元，增长19.13%；城乡居民收入分别达到28362元、13125元，增长8.8%和9.3%。

党的建设。扎实开展“两学一做”学习教育，认真学习贯彻党的十八届六中全会精神，创新开展“周五党日”活动、千名党的报告员“微党课”大赛，党员干部“四个意识”明显增强。坚持挺纪在前，确保区、乡两级换届风清气正、圆满成功。深入开展“雁过拔毛”式腐败和“四风”问题整治，查处138人。全面开展“四讲四比”，形成创先争优的浓厚氛围。并村工作顺利完成。增加村级运转经费和惠民资金1000万元。选派520名党建指导员进驻基层支部，25个软弱涣散党组织全部整改到位。基层党建考核全市第二。

城市发展。以“抢”的思维、“抢”的姿态、“抢”的速度，全力抢抓市委市政府深入实施沿江发展战略的机遇，全力建设现代化的江南新城。阳明湖基础设施全面启动，阳明大道建成通车；临江新区拆迁3100余户，完成投资17亿元；沅江风光带成为常德城市新名片；新城西区骨干路网逐步拉通；空港新城规划设计全面铺开。

工业发展。增加规模工业企业23家、亿元企业20家，规模工业总产值增长37.2%。创建国家级高新区进入国务院候批程序；沅澧快速干线1号大道推进顺利；建成全市首批省级科技企业孵化器；高新区在全省134个重点产业园区综合指标排名第15位。中联重科起重机械生产基地、远大住工等项目有力推进；粤港光电产业园等项目前期工作全面启动。

商贸发展。引进亿元以上项目22个，广德医药等项目建成投产；销售商品房55.20万平方米，销售额23.60亿元，分别增长83.2%、84.3%；增加限额以上企业15家，完成个转企1007户；桥南地下商城、国龙大厦、南城天街建成开市；实现社会消费品零售总额172亿元，增长12.6%；第三产业增加值占GDP比重48.7%。

农业农村发展。现代农业示范区扎实推进。继续保持全国产粮大县、产油大县位置。增加农村新型经营主体318家。“鼎城茶油”获批国家地理标志保护产品。农村一、二、三产业融合等4个国家试点项目落户鼎城区。美丽乡村建设全面推进。完成所有行政村道路硬化，改造危桥39座。

脱贫攻坚。挂图作战、精准施策，35个工作队、138名工作队员驻村帮扶，1990名副科级以上干部结对帮扶贫困户，9602名贫困人口脱贫，2个贫困村整村退出，在全市脱贫人口认定核查中排名第一。全力强基础、补短板，在全市二类区县中率先实现全面小康。

社会事业。各类社会保障待遇按时足额发放。江南小学投入使用，农村义务教育薄弱学校改造获全省一等奖，在全省教育督导评估中获优秀等次，鼎城区被认定为“教育强区”。全面实施二孩生育政策，基本公共卫生服务实现全覆盖。省级公共文化服务体系示范区创建扎实推进，常德丝弦走进联合国。成功举办全区第二届体育运动会。加大矛盾化解力度，信访量下降24%。安全生产、综治、信访工作获全市先进。区司法局获评“全省六五普法先进单位”。婚姻家庭多元调解工作经验被中央综治办推介，鼎城区第六次获评“全国人民调解先进单位”。继续保持全省平安区县(市)称号。

(区委办综合组)

【中国共产党常德市鼎城区第十二次代表大会】 2016年8月30日，中国共产党常德市鼎城区第十二次代表大会在鼎城人民会堂举行。区委书记杨易代表中共常德市鼎城区第十一届委员会向大会作工作报告。会议选举产生了中国共产党常德市鼎城区第十二届委员会委员、中国共产党常德市鼎城区纪律检查委员会委员、中国共产党常德市鼎城区第十二届委员会候补委员和出席常德市第七次党代会代表,通过了关于《中国共产党常德市鼎城区第十一届委员会工作报告的决议》和关于《中国共产党常德市鼎城区纪律检查委员会工作报告的决议》。 (区委办综合组)

纪检监察工作

【概况】 2016年,全区各级纪检监察组织落实上级部署,聚焦工作主业,严格监督执纪问责,逐步增强全区上下纪律规矩意识。

党风廉政建设。坚持以上率下,层层传导管党治党的责任压力。以知责促担责。分层建立党委(党组)、主要负责人、班子成员、纪委(纪检组)、党委相关工作部门"五份责任清单",细化考评细则,责任体系和具体任务更加清晰。以督责促履责。围绕落实谈心谈话制度,出台具体规定,统一印制谈心谈话记录本和"两同时"提示牌,抽查各单位具体落实情况,约谈提醒工作和认识不到位的单位负责人。组织开展全区落实"两个责任"、精准扶贫、执行换届纪律和临江棚改、过江隧道建设等重点工作的监督检查,下发重点交办函22件,督促整改一批问题。以问责促负责落实"两个责任"不力的5个单位党委(党组)给予全区通报批评,9个单位"一把手"或纪委书记(纪检组长)诫勉谈话。

纪律审查。围绕违纪问题,全年立案查处各类违纪案件199件,同比增长8.7%,大要案件7件,涉及科级干部28人,纪律审查数量和质量较往年明显提升。持续深入开展国际追逃追赃工作,累计追回涉案潜逃人员5名,完成追逃追赃任务62.5%。为实践"四种形态",特别是第一种形态创造良好条件。2016年,全区约谈提醒251人次,谈话函询34人,组织处理44人,诫勉谈话13人,把"严管就是厚爱"的理念体现到监督执纪的具体实践之中。开展信访举报"基层基础建设年"活动,总结编印《信访工作操作手册》,推行信访处置双向"承诺"机制。

作风建设。全区发现"四风"问题线索185个,查处72人,组织处理49人,纪律处分59人,处理涉赌、涉毒党员21人。推进"雁过拔毛"式腐败问题专项整治,发现问题线索86个,涉及金额8000余万元,查处66人,组织处理72人,纪律处分41人,追缴违纪资金300余万元。重点查办区园艺场"雁过拔毛"式腐败问题窝案,涉及农村危房改造、高速公路建设等国家专项资金570余万元,涉及人数50余人,立案查处21人,开除党籍8人,留党察看4人,移送司法机关9人,追缴违纪资金150余万元。

全区"雁过拔毛"式腐败问题和"纠'四风'、治陋习"专项整治工作会议

惩防体系建设。廉政宣传教育。把中共十八大以来修订和出台的"两准则、四条例"学习教育作为各级党委(党组)中心组学习、党校教育培训的重要内容,组织开展学准则、条例演讲比赛和知识抢答赛,推进具有常德特色的"荷花品格、梅花精神"系列廉洁文化活动。权力制约监督。组织区直单位"三权制衡"、站所权力"五权制约"、村级权力"四步监督"措施进行修订完善,深入规模企业调研非公经济组织反腐倡廉建设。换届纪律监督。发现并整改各类问题275起,会同相关部门核销127名代表委员提名资格,调查核实177件案件线索,查

办牛鼻滩镇违规选举等违反换届纪律问题3起。

自身建设。以打造“五铁干部”为目标，配齐配强机关、区直单位纪检监察力量，对乡镇纪委机构进行“三定”。结合“两学一做”“四讲四比”学习教育，开展纪检系统“四比四看”活动。举办“纪检新人谈”征文活动和2期纪检监察干部培训班，选派10名干部到省市纪委跟班学习参与办案，先后抽调21名乡镇、科局纪委书记(纪检组长)到区纪委跟班办案，提升队伍素质。制定完善机关议事规则、财务管理等20项内部管理制度，强化制度管人管事。在纪检系统倡导“让优秀成为一种习惯、把较真作为一种担当、用责任书写一种情怀”，激励干部队伍创先争优、忠诚履责、为民担当。落实市纪委“十不准”要求，强化日常管理，坚决防止“灯下黑”。全年，全区纪检监察干部无一例违规违纪违法行为。（贵　瑛）

区委办公室工作

【概况】 2016年，鼎城区委办公室紧紧围绕区委中心工作，坚持“高水平谋事、高效率办事、高质量服务”，积极主动开展服务工作，不断强化管理，转变作风，锐意进取，较好地发挥了参谋助手和综合协调作用。通过开展“五比五看”，转变办公室干部作风；坚持“周五党日”集中学习，坚定办公室干部理想信念；定期举行演讲比赛、写作比赛和业务练兵，提升办公室干部业务水平；优先提拔重用争先创优的科室和个人，激发办公室干部工作活力。全年办公室有5名干部得到提拔重用，1名干部被选拔到市委办公室工作。综合调研、督促检查、党委信息、公文处理、保密等工作获得市级先进。

督查工作。区委督查室紧紧围绕区委、区政府重大决策和重大工作部署，凸显督查“新成效、新常态、新权威、新导向”，创新采取“会办督查、调研督查、拜访督查”等督查方式，实施“日督查、周打分、旬提醒、月考核、季通报、年奖惩”6大核心举措，有效推动市委、区委各项决策部署落实，确保政令畅通。全年召开专题督查会办会议8次，编发《鼎城督查》17期、《督查专报》4期、《情况反映》12期，办理市级交办事项2项，承办区级领导批示件24件，办理群众信访39件。

综调信息。区本级共向上报送信息685条，综合得分位居全省第四，全市第二。综合调研工作着眼“精细”提质量，在认真吃透中共十八届六中全会精神和省委、市委工作部署的基础上，紧密结合该地实际，发挥以文辅政作用；立足“特色”抓推介，及时提炼总结工作经验，积极向上推介全区亮点工作，《扛鼎精神催生城市蝶变》等一批精品文稿，一批优秀成果在市委《内参》刊发；狠抓“练笔”强素质，把文字练笔融入日常工作，办公室文字工作水平普遍提高。

办文办会。坚持学流程、用流程，日常运转工作做到优质、高效，保证领导集中精力谋大事、抓大事。办文办会严格按程序进行、按规范运作，协调、把关能力不断提高。全年共审核下发文件83个，编发会议纪要53期，确保严谨细致。筹备区十二次党代会、区委经济工作会议，人大、政协“两会”等重大会议，成功组织一系列重大活动，圆满完成全国人大常委会副委员长吉炳轩一行水法执法检查、省委书记徐守盛考察调研等重宾接待任务，经常性的综合协调工作做到圆满周到。

保密工作。进一步加大新保密法宣传力度，提高保密知识在全区的普及程度；加强经常性保密检查，发现问题及时整改，有效防止失泄密事件发生；不断提升技防水平，切实加强涉密信息系统分级保护、管理和审批工作，确保密码管理、公共流转安全高效。

改革小康工作。全面深化改革方面，区委改革办积极提炼总结深化改革的好经验、好做法，鼎城区公共文化服务供给侧结构性改革、规范土地流转等工作得到省、市推介。全面小康方面，区小康办根据省、市5大类、23大项、37小项指标监测体系，认真开展指标执行情况监测，围绕补齐短板指标，逐一分析原因，跟踪推进解决问题，实行月统计、季调度、半年考核，全面小康提升幅度在全省二类区县中位居第一，鼎城区获得“全面小康十快进县”称号。

（区委办综合组）

组织工作

【概况】 2016年，区委组织部围绕区委中心任务，坚持谋全局、抓大事、求创新、务实效，为“抢抓新机遇 建设新江南”提供组织保证。

基层党建。一是全面谋划部署，形成抓基层，抓党建的鲜明导向。加强党建工作责任。所有区级领导认领贫困村、软弱涣散基层党组织、美丽乡村、完美社区等联系点；基层党委书记每人每年抓基层党建联系点1~2个，以点带面，示范带动。加强督查力度，每季度进行一次乡镇、街道、村（社区）和区直单位基层党建工作全面督查，进行评比通报，分层约谈存在问题较多的单位党组织书记，限期整改。坚持把基层党建工作作为单位绩效评估考核的重要约束性指标，形成书记抓书记，层层抓落实的基层党建工作格局。加大党建经费投入，合村后，村级运转保障经费只增不减，在保证全年不低于4000万元的基础上，实现逐年递增；按村平3万元、每个城市社区配套7万元拨付惠民资金964万元；每年为村（社区）支部书记免费体检一次。调动党员干部热情。为全面贯彻落实鼎城区第十二次党代会精神，组织全区党组织和党员开展以“讲政治、比党性，讲责任、比担当，讲规矩、比作风，讲奉献、比作为”为主要内容的“四讲四比”活动，引导和激励全区各级党组织和共产党员坚定信念、开拓进取、创先争优，通过党建带动，提升基层党组织的整体功能，提振全区党员干部干事创业的激情。二是落实落细落小，高标准完成基层党建省市“7+2”重点任务。党员组织关系集中排查，全区共排查失联党员197名，其中169名已取得联系，28名仍未取得联系（均已给予组织处置）。全区40878名党员全部完善档案，建立电子台账，并纳入基层党建系统。党代表和党员违法违纪未给予相应处理情况排查清理工作，全区共清查出“违纪违法”党员202名，终止党代表资格、停止执行代表职务的28人，其中区党代表13名，乡镇党代表15名，未给予党纪处理的党员，已全部交由区纪委立案处理，信息化排查工作经验被市“两学一做”学习教育工作简报刊发推介。基层党组织按期换届工作。全面摸底统计全区党组织情况，建立《全区各基层党组织换届工作台账》，全区共906个支部，其中546个支部完成换届选举工作。非公有制经济组织和社会组织“两个覆盖”工作。10月，区委在全市率先批准成立非公和社会组织党工委，挂靠区委组织部，统筹协调全区“两新组织”（即新经济组织和新社会组织）的“两个覆盖”工作。在工业园成立园区企业党委，负责工业园区内非公企业的“两个覆盖”工作，按照属地管理原则，园区外的非公企业由各乡镇、街道负责。经过摸底，全区有427家非公企业，单独或者联合建立党组织48个，社会组织33个，已建党组织9个，全部非公有制经济组织和社会组织都下派党建工作指导员。抓党建促脱贫攻坚工作。做到“经费、人员、政策”保障到位，打好精准扶贫的主动仗，按精准扶贫任务要求，让党建工作融入和服务扶贫攻坚大局。选派具有农村工作经验，热爱农村工作的同志担任工作队员，第一书记由组织部把关，抓好驻村帮扶工作。组织开展脱贫攻坚骨干力量培训和各类技能培训，开展贫困村党组织书记履职评估，调整不胜任岗位的党组织书记，建强贫困村党组织堡垒，脱贫攻坚工作得到省、市高度评价。抓严抓实领导机关党员干部学习教育工作。区委专题研究并制定下发常鼎办〔2016〕33号《关于在全区基层党支部中开展“主题党日”活动的通知》文件，把抓严抓实领导机关党员干部学习教育延伸到全区每一个党支部和每一个党员，从9月份开始，“主题党日”活动次数由原来的每月一次增加到每周一次，规定每周五下午为党员干部的学习时间。活动形式丰富多样，除每月初报送活动方案、支部讲评党员工作学习情况等“规定动作”外，各支部可以结合党的报告员制度讲党课,也可召开讨论交流会、组织开展“四讲四比”、走进区内红色教育基地缅怀革命先烈的英雄事迹、开展党员义务劳动、机关党员进社区开展志愿服务、看望慰问老党员或困难群众等有益身心的文化体育集体活动,区委督察室每月进行一次督察并下发通报。党费收缴专项检查工作。按照应缴必缴、不漏一人的工作要求,2016年,核查清算全区40878名党员从2008年4月以来交纳党费的情况,并分批上缴应缴未缴的党费,补缴到账的167万元党费,已按比例上解市委组织部50万元。“荷花品格、梅花精神”为主题的系列廉洁文化活动。通过“忆党史感党恩”演讲赛、“红歌赛”“优秀民情日记”评选等活动,使每名党员干部理解“荷花品格、梅花精神”的实质内涵、内在要求。全区共有6篇民情日记入选全市前40名,2篇被《湖南日报》登载,2篇被评为全市十佳,一篇被拍成电视专题片全市展播。“党的报告员”宣讲活动。明确全区所有党组织书记、党委班子成员和党建指导员都是党的报告员,全部深入所属支部和联系支部讲党课。全区组织开展千名“党的报告员”党课大比选活动,传达市区党代会、党的十八届六中全会精神。三是加强信息化、规范化建设,推动基层党建工作创新发展。创建基层党建办公系统,构建多元化党建工作平台。2016年,鼎城率先开发基层党建办公系统,实现基础性党务工作可以通过网络借助电脑、手机操作完成,根据工作要求,还可适时扩展系统功能,促进党务工作规范高效运行,精准管理和考核各类党务信息的基层党建大数据。8月26日,《常德新闻联播》头条播出鼎城区《信息化手段推动智慧办公》节目。创新利用新媒体,加强党员教育管理、互动交流,开展系列党建活动,建立流动党员微信群微支部开展交流。蒿子港镇、黄土店镇、蔡家岗镇等党委,通过微信群发布国内国际舆情、党委政府重要事项、定期编辑党建工作专报、发送党课视频等资料,开展多种形式网络党建活动,受到党员的普遍欢迎;长安村、彭家桥村、坛坪村等村,通过组建流动党员微支部加强彼此联系,增强党组织吸引力,让2719名在外流动的党员找到归属感,增强党支部的凝聚力。区新媒体助力党员教育管理的经验做法,5月在湖南卫视《新闻联播》专题播出。深入推进基层党组织规范化建设,制定下发常鼎组通〔2016〕7号《关于进一步加强基层党组织规范化建设的意见》文件,结合市委基层党建“八大建设”和精准扶贫工作要求,从基层党组织党内生活、活动场所、工作制度、档案资料等方面进行规范,提出具体标准,方便各基层党组织参照建设。以市委交办问题为导向,突出问题整改,全面建立各级党组织书记基层党建工作问题清单、任务清单、责任清单3个清单,要求各级党组织认真抓好问题整改。制定下发党建工作考核细则,将职责细化到人、量化到岗。开展下派党建工作指导员、党建资料集中评审活动,2016年,鼎城区从机关干部中选派520名指导员深入基层开展以“巩固基层组织、健全党建制度、完善党建资料、丰富党员活动、提升党建水平”为目标的党建活动,要求每个月至少抽出3天时间到联系支部进行督促指导。基层支部凝聚力和战斗力不断增强。10月,组织专门的评审小组,采取面对面的方式集中评审全区900余个支部党建工作资料,指出资料问题,教授工作方法,对存在的问题逐一列出清单返回各支部,限期整改,提升基层党建工作水平。抓好农村综合服务平台建设,推动农村基层党建阵地提质升级。2016年,结合省委农村综合服务平台建设的契机,区委、区政府第一时间进行安排部署,一是全面摸底合村后农村

基层党组织书记履行基层党建工作责任述职评议会

基层阵地,确定276个乡村综合服务平台新建、改建、扩建方案;二是召开相关职能部门联席会议,制定《鼎城区统筹推进全区农村综合服务平台建设实施方案(草案)》,拟在5年时间内,通过政府筹措、开发贷款、投融公司(城投)承建的方式进行农村综合服务平台建设,具体方案已由区政府研究审定;三是规划、国土、环保、发改等部门项目审批已完成,已向国开行湖南分行申报项目资金贷款。截至2016年年底,全区已完成基础数据摸排、拟定实施方案等前期工作。

干部管理。创新选人用人机制,优化领导班子结构。完成合乡并村工作,全区33个乡镇、街道合并为22个,495个建制村合并为226个,没有出现一起上访闹事和违纪违法事件,实现平稳过渡。在全区乡党委、人大、政府、政协换届工作过程中,组织部门全程参与并牵头把关,选拔17名优秀"三类人员"充实到乡镇领导班子。加强思想政治建设,提升干部队伍能力素质。落实省、市调训任务。2016年,省、市调训鼎城领导干部45人次,其中处级干部6人、科级干部38人。扎实办好干部教育培训。举办2期科级干部培训班,13期短训班以及3期专题班,共培训基层党员干部2332人次。开展副科级以上干部网络学习。组织开展"十八届五中全会专题培训班""学习贯彻《干部教育培训工作条例》专题培训班""领导干部从政心态教育专题培训班""学习贯彻五大发展理念专题培训班"四期网络培训班。通过多形式、多渠道教育培训,干部队伍能力素质得到全面提升。加强干部队伍监管,转变工作作风。在全区范围内共开展34家单位的领导干部任期经济责任审计。完成《领导干部个人有关事项报告》,干部违纪违规问题进行把关,坚持每月向干部监督联席会议成员单位收集有关情况,建立台账。做好干部出国境管理,全年共审批把关科级干部因私出境近200人次。完成干部档案复审和档案审核综合汇总、组织初步认定工作。切实加强消超治理,全年全区领导职数消超任务完成93.59%,完成进度居全市前列。全面培养管理公选生、选调生等年轻干部。推进公务员管理和职务职级并行工作,按晋升程序要求办理200余名副科级及以上人员的职级晋升审批手续。加强人才队伍建设,激发人才创新创业活力。全区16名高层次人才医疗保健卡进行续费,全年引进硕士研究生等高级人才共20人;2016年,与区科技局一道下派5名农业科技特派员到乡镇工作;在"第二届全国基层人才工作创新案例"征集评选中,鼎城区参评的《让基层人才职称评审在创新中更"接地气"》获得最佳案例奖,是湖南省唯一一家获奖单位。

自身建设。开展"四讲四比"活动,加强组织部门自身建设。调整部领导分工、组室设置及干部分配,修订《区委组织部机关内部管理制度》等规章制度,实现内部管理的制度化、科学化、规范化,提高办事效率和水平。坚持服务和参与区委、区政府中心工作,在征地拆迁、维稳处突、抢险救灾、扶贫攻坚、项目建设等急难险重任务中,体现新作为。加强部机关干部能力锻炼和政治教育,丰富业务文化生活,打造讲政治、重公道、业务精、作风好的一流组工干部队伍,树立组织部门良好形象。

(邹　威)

宣传工作

【概况】 2016年,区委宣传部围绕区委、区政府工作中心,突出"抢抓新机遇,建设新江南"发展主题,全年推进重点工作40件,《人民日报》、中央电视台、湖南卫视、《湖南日报》等中央、省级主流媒体上稿位居全市前列。党报党刊发行工作在全市率先完成。文化产业不断发展,生产总值由2015年的7000万元上升到4.2亿元。

意识形态。区委常委会先后3次研究意识形态工作,把意识形态工作纳入常委会向全委会报告工作的重要内容,纳入党委班子成员民主生活会、述职报告、履行党建责任制的重要内容,纳入干部考察考核、纳入中心组学习内容,纳入党的纪律监督检查范围；成立宣传文化工作、意识形态工作、精神文明建设、网络安全和信息化4个领导小组，区委书记任组长，形成党委统一领导、党政齐抓共管、宣传部门组织协调、相关部门分工负责的工作格局；按照《鼎城区党委（党组）意识形态工作责任制实施细则》要求，在抓好本级本部门主体责任落实的同时，采取有效措施，与各单位签订意识形态工作责任状，层层传导责任压力。

舆论引导。学习贯彻习近平总书记在新闻舆论工作座谈会上的讲话精神，贯彻落实中共十八届六中全会、鼎城区十二次党代会精神，策划临江棚户区改造、沅江风光带、国家级高新区创建、脱贫攻坚、乡村旅游等一系列主题宣传活动。3月20日，十美堂镇举办油菜花节，拉动乡村旅游，带动农村经济发展，提高农民收入，在中央电视台《新闻联播》播出。湖南卫视《新闻联播》头条报道区委换届后的新班子改进作风抓项目。配合湖南经视《新闻观察》栏目的制作系列报道“环行洞庭”——《花落游不落》，宣传十美堂油菜花暨河洲美食节、花岩溪紫云英风筝节、黄土店竹文化节、古索县城址荷花节，展示鼎城乡村旅游繁荣景象。联合开展“网上生态专项整治”“跟帖评论专项整治”等各项网上治理专项行动，区属网站备案管理进一步加强。加强舆情监控，定期编发舆情信息，全年受理回复网上市民留言415件，回应网络问政38件，编发报送涉鼎舆情23期。

群众文化。为纪念中国共产党成立95周年、红军长征胜利80周年，举办“永远跟党走　唱响中国梦”合唱比赛、“忆党史　感党恩”演讲比赛、全区群众文化才艺大赛以及书法、美术、摄影展等系列活动。组织参加全市“欢乐潇湘　亲亲常德”群众文化演艺百团大赛，获得一等奖2个、二等奖2个、三等奖3个。举办“琴动沅江·爱在江南”艺术快闪活动。举办全区小戏小品创作培训班，作品《村长家的尿不湿》作为唯一小戏小品类节目代表全省参加全国艺术节。常德丝弦应邀参加“锦绣潇湘——湖南文化走进联合国”“感知中国——湖南文化走进法国”宣传展演活动，向全世界人民展示常德丝弦独特的艺术魅力。海燕歌舞团团长李海华作为常德市唯一代表参加全国文代会。鼎城籍运动员杨超在里约残奥会男子10米气枪射击比赛中斩获金牌，实现常德残奥会金牌“零”的突破。举办第二届体育运动会。公共文化。按照“江南城区不丢一分”的目标，文明城市建设工作通过验收。组织第五届十佳“善德公民”评选表彰活动，近20万人参与投票，“永不退休的共产党员”陈慧泉、扎根乡村的特级教师王仕平、“无臂铁汉”娄元刚、“贤妻孝女”冯红芬等一大批善德公民的事迹在全城引起反响。研究制定《鼎城区文明单位评选和管理办法》，文明单位创建扎实有效。成立“我爱沅江风光带”志愿服务队，市长周德睿在沅江风光带开园仪式上为志愿服务队授旗。“蓝飘带”志愿服务组织被评为“全省学雷锋志愿服务百强社团”。有多名志愿者被评为省、市优秀志愿者。省级公共文化服务体系示范区创建工作扎实推进，建成21个示范（重点）村。农村广播“村村响”通过省市验收。启动郭家铺社区、福广社区的书香社区建设。

（皮洪波）

【抗战英雄诗人陈辉塑像回故乡】 2016年9月26日，区委、区政府与河北省涿州市委、市政府联合举办“勿忘先烈，感恩时代，烈士英灵回故乡”活动，该塑像由河北省涿州市人民共同捐资修建，安放在鼎城区迎宾社区陈辉公园。涿州市有关代表向鼎城区党史部门、烈士亲属后人、烈士家乡小学分别赠送了烈士资料、慰问金和“陈辉国防教育基金”。中央电视台、中央人民广播电台、《人民日报》《解放日报》等中央媒体进行了报道。“英雄诗人，抗日烈士”陈辉系鼎城区双桥坪镇人。1937年加入中国共产党，先后任河北涿州县青救会宣传委员、县青救会主任、县武工队政委、区委书记等职，1945年壮烈牺牲，年仅25岁。陈辉其诗坛地位与闻一多、郭沫若、艾青、舒婷等并称。1958年作家出版社出版了他的遗作《十月的歌》，2006年、2007年中央

电视台《新年新诗会》上朗诵了他的革命诗歌《为祖国而歌》和《姑娘》。（皮洪波）

【中国共产党成立 95 周年　纪念红军长征胜利 80 周年系列主题活动】 为庆祝中国共产党成立 95 周年　纪念红军长征胜利 80 周年，全区上下组织开展一系列庆祝活动。6 月 3 日，在文化中心举办“忆党史　感党恩”演讲赛；6 月 28 日，在沅江风光带举行“缅怀红军先烈　续写长征精神”书画摄影展，来自全市的书法名家和摄影爱好者展示了以红军长征为题材的近百余幅作品；6 月 30 日，在区文化中心举行“永远跟党走　唱响中国梦”红歌赛，全区近千名干部职工唱响经典歌曲，为党的生日献上诚挚的祝福；“新时代　新长征”环城健步行等系列主题庆祝活动。这一系列活动，回顾了党的光辉历程，讴歌党的丰功伟绩，重温红军长征光荣历史，缅怀革命先烈光辉足迹，引导干部群众继承和发扬艰苦奋斗的优良传统，进一步激发广大人民的社会主义爱国热情。（皮洪波）

鼎城区“忆党史　感党恩”演讲比赛决赛现场

统战工作

【概况】 2016 年，鼎城区委统战部全面贯彻省委、市委统战部关于开展“同心工程”活动的相关要求，组织引导统一战线代表人士围绕党委政府中心工作开展专题调研、建言献策、民主监督活动，完成调研材料 20 余篇，为区委、区政府的科学决策提供参考。2016 年度被评为全市统战宣传工作先进单位、鼎城区党风廉政建设先进单位、鼎城区计划生育综合治理先进单位。

鼎城区统战工作情况汇报会（摄影：彭维）

“同心工程”创建。2016 年重点在玉霞街道鼎城社区开展“同心社区”创建活动，配合致公党鼎城支部在社区开展文明礼仪培训、捐助贫困学生、义诊送医送药及送文艺进社区等活动。继续在湖江坪村、天骄农林等地开展“同心乡村”及“同心项目”创建活动。鼎城社区及天骄农林被评为市级同心示范点。九三学社鼎城支社在“同心乡村”创建中争取九三省委、市委的支持，开展一系列活动，上报省委统战部参评湖江坪村省级“同心乡村”示范点。2016 年选定社会组织统战工作试点单位——常德市骨伤科医院，开展夏日优惠送“三伏贴”及下乡义诊等活动。组织引导 105 家非公企业及党派、团体组织与全区 35 个贫困村联系对接，精准帮扶一批贫困群众脱贫，各民主党派开展扶贫助学等活动，累积捐款近 10 万元。如鼎城区知识分子联谊会 16 名成员与贫困户联系对接帮扶，捐助款物价值 2 万余元；与市“大爱微行”公益联盟联系，摸底走访鼎城事实孤儿，共捐助事实孤儿 29 人 5.8 万元；区侨联成功争取到马来西亚华文媒体集团助学资金 5.5 万元、香港轩辕教育基金会捐建韩公渡镇断港头中学 35 万元、法国服装协会捐建沧山小学 40 万元，澳大利亚华人捐赠助听器 300 套、轮椅 40 把等。

党外干部队伍建设。配合各民主党派市委指导区内各民主党派基层组织的换届及后续培训等工作，组织民主党派支部委员以上人员参加联谊交流、拓展活动。指导区工商联、侨联的换届工作。完成乡镇、街道党外干部调训任务，完善党外代表人士队伍数据库建设，联系掌握一批“新三类人”（留学人士、新媒体代表人士、非公经济中的富二代）中的重点工作对象。2016年，全区乡镇合并调整，2名党外乡镇长继续留任，另有2名乡镇党外干部得到提拔重用；科局机构改革中，各民主党派的正副主委可不受任职年龄规定限制，共有3人继续担任单位副科以上领导职务；2名民主党派基层组织负责人得到提拔重用，选拔一批优秀的党外后备干部充实基层，提拔2人到乡镇任职。

民族宗教工作。在少数民族乡村广泛宣传党的民族政策、法律法规，宣传“民族团结进步行”创建活动的重大意义，维护民族宗教领域和谐稳定。落实全区145名“两种考生”的高考优惠政策。继续推进“教风年”创建活动，进一步规范宗教活动的财务管理。组织区直三大宗教团体成员及全区60处宗教活动场所负责人和教职人员开展4次集中学习，进行政治思想教育和反邪教反渗透培训，引导他们爱国爱教，服从和服务于党委政府中心工作大局。

涉台涉侨统战工作。随着涉台涉侨海外统战工作不断发展，完善涉台涉侨对象底子，重点完善“陆配”对象和海外留学生群体资料。重大节日期间，重点走访慰问30余名涉台涉侨困难对象，解决部分涉台涉侨对象的生活困难问题，努力为他们做好服务工作。积极开展对台交流，接待“青春两岸行·牵手桃花源”台湾师生50余人的交流访问团。建立侨联组织，组织召开鼎城区归侨侨眷新春工作联席会。9月9日举办侨联“情系中华·月满鼎城”中秋文艺会演活动。制定侨联帮困工作方案，建立工作台账。2016年，引进3个涉侨公益项目，折合款物近200万元。鼎城区侨联打造的玉霞街道“侨之家”被评为省级“侨之家”明星示范点和国家级示范点。

经济领域统战工作。结合区工商联及人大、政协换届，组织开展“访民企、办实事、强信心”行动，重点围绕企业融资、用工、发展环境优化、惠企政策落地等方面，实施“一企一策、精准帮扶”。鼓励支持党外知识分子、非公有制经济人士、归国留学人员等实施“科技创新·贡献鼎城”活动，推荐胡伟军等同志参加常德市第二届党外知识分子“科技创新·贡献常德”活动成果展，促进大众创业万众创新。2016年，鼎城区工商联被评为全国五好县级工商联。

开展“两学一助”学习教育。根据省、市统战部要求，组织引导区内统战系统各单位、各民主党派基层组织、有关统战团体等开展“学系列讲话、学优良传统、助力新常德新创业”学习教育。区委统战部出台《全区党外代表人士“两学一助”学习教育工作方案》，并结合鼎城实际和精准扶贫工作，注重在“助”字上下功夫，重点开展“扶贫助学、下乡义诊”等活动，组织金秋助学活动，广大党外代表人士及统战团体组织共捐资76万余元，为“抢抓新机遇　建设新江南”贡献一分力量。

党外人士参政议政情况。切实贯彻落实中央和省委、市委关于党外代表人士选拔配备的各项规定，严格党外代表人士的综合评价，在人大、政协换届中重点做好党外代表人士的选配工作，确保党外人大代表、政协委员及常委的安排达到规定比例。在区人大代表中，党外代表112人，占代表总数35.3%；人大常委总数29人，其中党外常委10人，占常委总数的34.5%。在区政协委员中，党外委员185人，占委员总数61.7%；政协常委60人，其中党外常委39人，占常委总数65%。市、区两级人大代表、政协委员中民主党派成员分别达到10人、59人。

【湖江坪村被评为市级“同心乡村”】 2016年3月26日，鼎城区委统战部常务副部长董宏志一行5人到花岩溪镇，为获得市级“同心乡村”称号的湖江坪村授牌。常德市政协副主席、九三学社市委主委朱传宏、九三学社鼎城支社主委张全丰出席授牌仪式。

朱传宏要求村支两委进一步巩固和扩大市级“同心乡村”创建成果,争取创建省级“同心乡村”,为全面建成小康社会做出积极贡献。（于　璇）

【鲁晓凤等到鼎城区调研】 2016年4月21日,市委统战部常务副部长、市工商联党组书记、市非公党工委书记鲁晓凤一行专题调研鼎城区党外干部队伍建设情况,并与党外县处级干部及党外后备干部开展座谈。鼎城区委常委、组织部部长、统战部长李宏秋陪同参加调研。区人大常委会副主任唐少华、区政府副区长钟泽英,区政协副主席周伟健、蒋利荣、孙权新及3名科级党外领导干部参加座谈。

鼎城区党外干部队伍建设专题调研座谈会(摄影:于璇)

鲁晓凤听取鼎城区党外干部队伍建设、省市党外人大代表和政协委员有关情况、区工商联换届以及换届纪律执行落实和风气监督等有关情况的汇报。并与参会党外干部个别座谈,了解他们的思想动态、工作状态,并就党外干部队伍建设以及换届工作听取他们的意见和建议。

鲁晓凤充分肯定鼎城区党外干部的工作,指出鼎城区统战工作氛围浓,区委重视程度高,党外干部精神面貌振奋,并强调换届工作任务重、责任大,希望通过调研活动进一步建立完善党外干部人才库,发现、储备、培养一批党外干部,建立完善党外干部的选人用人机制,为市委、市政府决策提供科学依据。（于　璇）

【庆“六一”统战知识进校园活动】 2016年5月31日,鼎城区委统战部到鼎城区花船庙小学开展庆六一统战知识进校园活动,向学生赠送《童童的同心之旅——我们的统战故事》绘本。

鼎城区花船庙小学开展庆“六一”统战知识进校园活动
（摄影:于璇）

书中,9岁的童童,跟着爸爸去了11座城市,完成19站旅程,以孩子的视角,关注中国共产党成立后、统一战线领域的大事件。旅程结束,爸爸给童童讲述了“一根头发和一把头发”的观点:民主党派不是一根头发,它的背后是整个民族资产阶级,是一把头发。统战工作的秘籍是团结,就像画一个大大的同心圆,要为社会、国家凝聚起一股不可战胜的中国力量。（于　璇）

对台工作

【概况】 2016年,区台办加强涉台资源的信息档案整理,参与“两学一做”活动,配合相关部门做好换届选举的考察、督查工作,重点宣传报到鼎城涉台新事物、先进典型,全年共撰写涉台信息30余篇。

涉台服务。结合“精准扶贫”政策,帮扶特困台属,10人次1万余元。救助涉台特困,对象近30人金额3万余元。其中为许家桥一马姓陆配家庭解决困难资金2000元;为黄土店一肖姓陆配子女解决学费2000元;为十美堂一曹姓台属解决困难经费2000元。元旦、春节、清明、中秋等传统节日期间,上门慰问及探视重点台胞台属12人次,为他们解决实际困难。接待涉台对象的来信来访23人次,妥善处理涉台对象反映的问题5起。

交流交往。台办利用网络宣传两岸形势发展新动态以及中央对台方针政策，坚持把“做台湾人民工作，争取台湾民心”作为交流交往的出发点和落脚点，争取两岸民间交流不脱节，两岸亲友联系不断绝。清明期间，邀请5名台胞返乡祭祖，台办工作人员全程陪同，并与相关乡镇衔接，一并做好服务。6月，区台办委托台属邓声斌邀请原台湾省教育厅专门委员陈俊才（韩公渡台胞）一行4人，到鼎城参加善卷文化学术交流，增进鼎台之间的文化认同；8月，配合市台办举办常德台湾两地“青春两岸行·牵手桃花源”的交流活动，区台办制定细致的接待方案，深入活动点——张家山庄检查活动项目、饮食卫生，协调沿途交通安全事宜，确保活动顺利开展；斗姆湖马桥村台胞、台北市常德同乡会会长郭中一先生率家人返乡探亲期间，区台办负责人陪同其一道到老家探亲访友，并介绍街道负责人与其见面座谈，让其倍感家乡亲人的温暖。11月，区台办负责人与蔡大俊弟弟蔡大云、侄子双豹粮机董事长蔡胜黎一起陪同斗姆湖花园村台胞蔡大俊父女，考察蔡家老屋，蔡氏父女深深感受家乡变化之大。除了与台湾民众的交流交往外，区台办还加强与省内相关区县台办的横向联系，在区台办的联络与安排下，区政协“充分利用陆配资源、服务地方经济发展”课题组一行7名政协委员，在副主席罗旺甫的带领下，到郴州市桂阳县、永州市江永县、怀化市芷江县参观了解三地陆配回乡创办台资企业情况，学习他们的先进经验。

对台经贸。区台办坚持中央“以经济促政治”“先经后政”的方针政策，围绕区委“工业兴区、商贸强区”战略，利用一切机会，全力以赴开展对台招商引资。全年参与市、区两级组织的招商会、洽谈会3次，与台湾菁逸国际生物礼仪公司负责人就仙女湖步行街兴办台湾小吃一条街项目进行磋商。督导台商黄先生追加投资花岩溪吉祥寺宗教旅游项目资金3000余万元。（鲁　镖）

【第十六届湖湘文化之旅活动】 2016年8月23日，参加第十六届湖湘文化之旅“青春两岸行·牵手桃花源”两岸青年大学生在鼎城区周家店镇张家山庄参加拓展营训练。此次活动由湖南省台办、常德市人民政府主办，常德市台办和湖南文理学院共同承办。此次活动邀请了台湾台中教育大学、台北市立大学、景文大学等15所高校的50余名大学生和老师代表参加，与湖南文理学院50余名大学生结对开展交流活动。“湖湘文化之旅”活动是国台办批准立项的两岸青少年交流重点项目，也是湘台交流的大型品牌活动。此次活动，旨在为湘台两地的青年大学生搭建一个直接交流互动的平台，共同感受中华民族历史文化的独特魅力，增进彼此之间的了解和友谊。

拓展营训练合影

机构编制工作

【概况】 2016年，机构编制工作围绕“深化行政体制改革、事业单位分类改革、严格控制机构编制”等有关机构编制工作主题，推进各项改革，取得阶段性成效。

各项改革。新一轮政府机构改革工作。结合实际，将政府工作部门由改革前27个（含农委和城管）精简成22个，另设5个分局（国土、公安、环保、质监、工商）和人防办。同时撤销社会救助管理局、财政监督检查局、领导干部经济责任审计局、县乡公路管理处等7个事业单位，全区包括非税局等14个副科级以上有行政职能的事业单位，逐步将其行政职能划归局机关。乡镇机构改革和区划调整工作。按照区划调整的要求，鼎城区由原来31个乡镇减少到18个,全区减少乡级建制11个。改革后,全区辖乡级建制1个、镇级建制17个、街道办事处4个;乡镇、街道各设置内设机构4个,所属事业站所6个。乡镇区划调整改革后乡镇、街道，共核定下达行政编制674名，事业编制966名,后勤编制62名,相比改革前共核减行政编制10名,事业编制73名;改革后领导职数为230名,核减27名；挂牌机构由乡镇区划改革前的95个精简到61个。行政审批改革。2016年继续在区政府31个部门和有关单位推行权力清单制度,经梳理,全区共有行政权力2758项,其中行政许可145项,行政处罚2008项,行政强制120项,行政征收25项,行政给付13项,行政确认41项,行政奖励27项,行政检查148项,行政裁决6项,其他行政权力225项,下发《关于公布鼎城区政府工作部门及有关机构权力清单的通知》，调整16项权力事项,取消9项权力事项。按照国务院《关于整合调整餐饮服务场所的公共服务场所卫生许可证和食品经营许可证的决定》(国发〔2016〕12号),四大公共场卫生许可证核发等4项行政审批事项进行取消,根据湘政发〔2016〕8号文件的要求,将涉及区级的14项审批事项,再次明确予以取消。其他改革工作。一是不动产统一登记工作基本完成。成立区不动产登记中心，为市国土资源局鼎城区分局管理的副科级事业单位,将房屋登记、林地登记和土地登记的职责整合由一个部门承担,9月，发出鼎城区第一本证。二是城乡居民基本医疗保险制度整合到位。原城镇居民医保中心和农村医疗管理办公室承担的相关经办职责整合，设立区城乡居民医疗保险服务中心，为区人社局管理的副科级事业单位。三是公共资源交易管理体制改革有序推进,建立健全统一规范、上下衔接的公共资源交易平台。

机构编制管理。合理消化超编人员。2016年全区办理下编手续801人，新补充各类人员604人(含工商质监下放),净减197人,截至2016年年底,全区行政、政法、事业总数均已不超编。强化机构编制管理意识。2016年第二次区委编委全会再次修订《中共常德市鼎城区委机构编制委员会工作规则》和《常德市鼎城区机构编制管理工作规程》,要求各单位严格按照机构编制管理规则规程办事,强化全区各单位的机构编制工作意识,把机构编制管理列入乡镇和区直机关领导班子政绩考核之中，不得提拔使用有严重违反机构编制纪律的领导干部,并按有关规定追究领导干部责任。重新核定副科级以上领导职数。为规范行政事业单位领导职数设置,严格遵守湘办〔2012〕23号文件精神,结合区政府职能转变和机构改革工作,向市编办重新申报全区所有副科级以上行政事业单位领导职数,市编办已批复。全区148家副科级以上行政事业单位，共核定副科级以上领导职数625名，核心减少81名。推进机构编制实名制数据库系统建设,审核各单位报送机构、编制、人员信息,明确专人专机管理,全面实现机构编制实名制,确保系统信息准确、更新及时。

中文域名登记管理。2016年年底,全区所有网站都申请并加挂党政机关或事业单位网站标识,共申请81个标识；所有机构都申请中文域名,共申请确认了569个；实行动态管理网站标识和中文域名，对在政府机构改革中新设立的单位及时申请网上域名登记,撤销的单位及时申请注销。

(谢沛玲)

老干部工作

【概况】 2016年,全区有离休干部84人,副处级及以上退休干部80人。全年老干部工作围绕“传承善德风、点赞新鼎城”主题,稳步推进离退休干部工作转型发展,区委老干部局被评为“全市老干部工作先进单位”,区关工委被评为“湖南省关心下一代工作先进集体”。鼎城区被中华诗词学会评为国家级“诗词之乡”。

领导重视。2016年,老干部局局长正式进入组织部部务会；区委、区政府先后拨款 200 余万元，升级改造老干部活动中心，扩增学习活动场所 1500 平方米；拨付各种活动专项经费 70 余万元；春节前，全体区委常委参加老干部新春团拜会，主要领导带头上门走访慰问老干部；4 月 26 日，区级主要领导集体参加市厅级老领导视察江南城区建设工作汇报会；老干部局为老干部建言献策搭建平台。 2016 年，区委、区政府在换届选举、临江棚户区改造、人大、政协两会、经济工作会等全区重大项目、重大问题决策、重大会议召开之前，主动征求老干部意见。5 月 31 日，组织离退休老干部前往阳明湖板块、桃花源机场、人防工程、沅江风光带等地实地参观考察，感受鼎城发展变化，全力支持区委、区政府的科学决策。

组织关怀。区委、区政府全力保障离退休干部的各项政策性待遇，实行财政打卡逐月发放。2016 年，为老干部生日祝寿 164 次、生病探望 120 人次、去世吊唁 12 人次，年节慰问 170 人次；向区政府争取特困帮扶资金 2 万元，为 10 名有特殊困难的老干部送去组织的温暖；向残联申请坐便器、拐杖、轮椅等残障器材 30 余件，免费派送给有需要的老干部，解决老干部出行和日常生活难题。

节日活动。端午节前夕，在沅江风光带举办文艺表演、诗词书画展览和包粽子比赛为主的“千诗万粽颂中华、一老一少话传承”活动，湖南电视台《新闻联播》和《常德日报》等媒体均作报道；重阳节前夕，在区文化中心举办以孝文化为题材的大型亲情互动——“暖暖重阳 孝满沅江”主题活动；发动全区老干部开展以“梅花精神 荷花品格”为主题的演讲比赛，以讲自己的故事、讲身边老干部的事迹，来感染和带动广大党员干部争做甘于奉献、淡泊名利、刚正不阿的时代新人。在全区老干部中开展“阳光之星”“时代之星”“奉献之星”“孝老之星”“长寿之星”评选活动，在重阳节庆祝活动上予以表彰。宣传推介老干部典型事迹，莫纯清、吴建军、李华湘、吴忠文等一批优秀老干部代表的事迹被制作成专题片，在鼎城电视台展播。

协会活动。老干部活动中心引导各社团协会组织契合中心、服务大局、各显其能，为推动鼎城经济社会发展精准发力，截至 2016 年年底，全区 12 个涉老团体组织，归口老干部局管理。老年大学优化专业结构，改善教学环境，2016 年下半年入学人次突破千人大关，创历史新高；关工委继续在全区推广“道德银行”储蓄活动，为青少年健康成长营造良好氛围；区诗词书画协会继续在全区开展诗词“六进”活动，巩固创建成果，2016 年发动会员创作诗词 350 余首，书法作品 68 幅，绘画作品 59 幅，为鼎城区建设书香社会，促进精神文明和物质文明建设贡献力量；老摄影协会紧扣时代主题，用手中的相机记录鼎城新变化，并通过展览等形式聚集真善美，点赞新鼎城；湖湘文化助力乡村旅游，参与韩公渡城址村古索县遗址文化的保护与开发建设，参与十美堂油菜花节、黄土店竹文化节、园艺场西瓜节等活动的宣传策划；老年保健协举办保健知识讲座，接请专家授课，免费印发保健资料 300 余份，为老年人身体健康保驾护航；老体协引领全民健身，成功举办首届“四大家”老领导钓鱼比赛；夕阳红艺术团参加鼎城区“百团大赛”获二等奖，编排的节目“乡里大妈舞起来”登上鼎城区春晚的舞台；老科协组建 6 个“专家服务团队”，参与精准扶贫工作，开展调研，撰写报告 30 余份，为党政领导决策建言献策；门球协会在沅江风光带建设规划中积极向区委、区政府建言献策，建成高标准的门球场，为沅江风光带增添老年人

摄影展览

活动的元素;京剧协会2016年纳入老干部归口管理,协会常年组织会员在沅江风光带练习、交流,成为沅江风光带一道靓丽的风景;2016年网宣协会批准成立,为老干部发出好声音、传播正能量搭建又一重要平台。

党校工作

【概况】 2016年,中共鼎城区委党校行政学校贯彻落实《党校工作条例》,坚持党校姓党,率先开展“两学一做”的教育实践,致力提高全区党员干部的素质和能力,发挥鼎城干部教育主阵地的作用。

干部培训。教育培训有新意。主体班教学课程设置灵活多样,教学内容力求贴近工作,每期学习开班前先明确几个调研课题,带着问题教带着问题学,让学员们在党校学习能启迪思维增强本领。2016年,共主办科干班2期,党员发展培训班3期,协办和承办纪检干部培训班、优化项目一站式审批培训班、农村实用技术培训班、农村电子商务培训班等各类培训班20期,累计2000余人次。

科研咨询。科研工作有成果。结合鼎城区情,围绕“常德高新城区产城融合问题研究”“鼎城城郊农业发展问题”“江南城区发展的思路和出路”“鼎城工业发展形势与对策”“江南城区商贸服务业发展的出路”“优化项目服务环境”“提升基层党组织的战斗力”等内容,组织全体教师和学员群策群力开展课题调研,并将调研成果汇编成册,递交区委主要领导和相关职能部门参阅,作为区委区政府的决策依据。安排2名教师参与区政协《江南城区发展问题研究》。全年7个课题结项,其中1个被省立项,1个被市立项;省级理论研讨获二等奖1篇、三等奖2篇,市级社科征文获三等奖1篇。

自身建设。坚持抓“两学一做”学习教育,在完成每个阶段规定的学习、讨论任务的基础上,开展演讲比赛、读书交流、微信征稿、问题研讨等活动。2016年,先后在林伯渠故居和帅孟奇故居建立教学点,组织党员教职员工赴韶山和井冈山干部学院锻炼和学习,提升自身素质。并充分运用学习的成果推出《社会主义五百历史及其重要启示》《中国共产党的辉煌历程和宝贵经验》《中国传统文化与习近平用典》《“讲规矩　守纪律”做合格共产党员》等精品党性教育精品课。

中心工作。2016年,主动担责,带头组织扶贫攻坚工作,争取2个项目约110万元,脱贫30余户70余人;为联系村稻罗岭村直接投资9万元(其中本校筹资7万元)。代表鼎城接受省扶贫办的脱贫人口抽查,得到省扶贫办的肯定。 (李祉嶙)

【科级干部教育培训班】 按照《2013至2017年全国干部教育培训规划》,结合鼎城区干部培训教育工作实际情况,鼎城区委党校在2016年5月和10月主办科级干部培训班2期,每期培训一个月,培训干部97人。

培训内容分为4个部分:中国特色社会主义理论体系、党性党风党纪和党史国史、社会主义核心价值体系、区情介绍与科学发展能力培养。

培训班按照中共中央下发的《关于在干部教育培训中进一步加强学员管理的规定》对学员进行管理,实行打卡签到。在课程设置上增强党性教育的课程比例,开展“四讲四比”演讲比赛。在教学方式上进行拓展和创新,开设访谈式教学课和情景模拟式教学课,组织学员赴浏阳、津市党校等合作教学基地学习,组织学员赴昆山和苏州等发达地区进行现场教学。教学过程中穿插学习讨论、参观调研、现场教学、外请报告与论文(调查报告)撰写。

(李祉嶙)

【黄艳被推选为中国共产党湖南省第十一次党代会代表】 2016年9月,经中共常德市第七次代表大会投票选举,鼎城区委党校教师黄艳被推选中国共产党湖南省第十一次党代会代表。

黄艳,女,汉族,中共党员,经济学硕士,2013年9月起担任湖南省常德市鼎城区委党校教师,2015年12月获得中级职称。在教学课题上,先后开设《金融知识与金融热点分析》《激活民间资本投资县域基础设施建设的活力》《我国农村土地流转政策和现状解读》《讲奉献有作为做合格党员》《鼎城区第十二次党代会精神解读》《常德市第七次党代会精神解读》《湖南省第十一次党代会精神解读》《十八届六中全会精神解读》等专题，2014年12月获常德市党校系统教学比赛三等奖；积极参与课题研究，深入思考，理论联系实际发现问题解决问题，先后参与《做大做强鼎城油茶产业问题研究》《抢抓斗姆湖交通枢纽建设机遇加快斗姆湖片区发展》《打造江南城区升级版》《江南城区发展的思路和出路》《优化公共服务完善城市功能》等课题研究与论文写作。（李祉嶙）

黄艳与基层代表在省第十一次党代会会场内合影

【王艳被推选为常德市第七届人民代表大会代表】王艳，女，1988年7月出生，汉族，湖南常德人，中共党员，2009年12月加入中国共产党，2013年6月毕业于湖南师范大学，经济法学，硕士研究生，2013年9月在鼎城区委党校参加工作，任教师一职。2016年11月30日在鼎城区十七届人大一次会议第三次全体会议上，作为专业技术人员代表被推选为常德市第七届人大代表。2014年参与课题调研《市场化背景下的农村征地拆迁问题研究——以鼎城区农村征地拆迁为例》，2016年参与课题调研《打造江南新城升级版》，并都已顺利结项。所写论文有《走出农村治理法治化困境》《以法治思维和法治方式推进法治政府建设》等。（李祉嶙）

接待工作

【概况】 2016年，全区接待工作按《鼎城区公务接待管理办法（试行）》的通知，创新接待方式，服务鼎城经济。主要接待了海南省委原副书记蔡长松，省人大常委会副主任谢勇，农业部经管司、省政协、省委党史委、省侨联、省工商联、省经信委、省委改革办、省妇联及市委、市人大、市政府、市政协主要领导及市副厅级以上离退休老领导到鼎城区调研；接待长沙开福区、广西叠彩、临澧县等一批党政考察团到鼎城区参观学习；接待上海中交建融、中鼎镁业、湖湘商贸、复星集团、同方集团、省安居投、鼎城籍在外企业家等，到鼎城投资、考察、洽谈；参与省基层党建工作检查组、市委鼎城换届考察组、第11届全国青少年教育机器人奥林匹克竞赛华中区选拔赛、区第十二次党代会等大型检查、考察、竞赛活动的接待安排；组织协助河北省涿州市陈辉烈士塑像故里安放仪式接待活动。指导区直单位规范公务接待工作30余次，公务接待安全行车4万余千米。（周　洪）

档案工作

【概况】 鼎城区综合档案馆成立于1964年，其主要职责是开展档案资料征集、接收工作。截至2016年年底，馆内共存放234个全宗、158268卷（册）档案（1993年至1999年末进馆档案为24976卷）。2016年，区档案局馆藏纸质档案数字化完成洞庭湖档案专项数据，目录0.8万条，全文5万页。全年接待档案查阅761人次，查阅档案903卷，查准率98%。档案管理员定期开展隐患排查，对馆藏档案进行消毒、杀菌、灭虫、除湿等工作，确保馆库档案安全。2016年，鼎城区档案局获全省档案宣传工作先进单位。

业务指导。2016年，对各乡镇、科局单位指导档案业务上百次。对区交警大队、区政府办等15家单们采取上门辅导方式进行档案指导和整理，共计整理文书档案 3939 件、业务档案 245 卷。村级建档。2016 年，多次到“市级美丽乡村”建设试点村——鼎城区灌溪镇白马岗村，帮助整理档案、指导村级档案室建设，共整理文书档案 18 盒 /244 件、会计档案 128 卷、土地档案 10 卷、林地档案 80 卷、税费档案 6 卷、户籍档案 2 卷、新农保档案 1 卷、新农合档案 1 卷、照片档案 2 册 /81 张、实物档案 12 件、电子档案 4 张。精准扶贫资料建档。9 月 ~10 月，按照《村级精准扶贫档案资料清单》和《乡级精准扶贫档案资料清单》，为谢家铺镇古龙山村、许家桥乡五宝山村、牛鼻滩镇谈家河村等 8 个乡镇的 9 个村整理扶贫资料 429 件，农户档案 763 卷，共计 71 盒。

区档案局在灌溪镇白马岗村整理档案场景（摄影：邹敏）

业务培训。3 月 15~17 日，区经管局举办“农村土地承包经营权确权登记颁证业务培训班”，区档案局业务骨干对各乡镇、街道（场）技术骨干进行业务培训，对土地确权档案整理各业务环节作详细讲解，确保土地确权登记颁证工作的全面整体推进。

档案资源建设。2016 年，接收 40 个科局单位档案 26024 件，接收 2000 年以前档案 69 卷，接收寄存族谱 8 册，接收图书资料（包括名人著作、乡土文艺唱本、统计年鉴）63 卷（册），接收 4 个单位的现行文件 2627 件。

档案宣传。组织开展“6·9”国际档案日宣传活动。6 月 7~8 日，在武陵镇临沅路一带开展以“档案与民生”为主题的“6·9 国际档案日”宣传一条街活动，陈列宣传展板 29 块。展出区档案馆的珍贵历史档案、民生档案和各单位服务民生宣传海报等。接待前来参观咨询的群众 260 余人。

执法检查。根据《常德市 2016 年党委办公室系统“五比五做”主题活动考核办法》文件精神，制定《鼎城区 2016 年档案工作考核办法》。10 月，对全区 27 个乡镇（场）、街道办事处和 86 个科局单位进行执法检查。凡年审年检时不符合要求者，一律下发整改通知，限期 1 个月整改。全年共发出整改通知书 9 份。

学会工作。4 月 15 日，召开鼎城区档案学会第六届一次会员代表大会，各乡镇（农林场）、街道办事处、区直各单位档案员共 130 余人参加会议，会议通报表彰 2015 年度档案工作先进单位和个人，选举产生第六届理事会，安排部署 2016 年度档案工作任务，对下阶段工作提出具体要求。

（邹　敏）

鼎城区档案学会六届一次会议（摄影：邹敏）

【筹建综合档案馆】 鼎城区综合档案馆建设项目是 2010 年立项（湘发改投资〔2010〕1439 号），列入国家中西部地区综合档案馆建设的项目，根据省发改委核定县级综合档案馆投资建设标准，因多种原因未动工建设，经国家、省市发改和档案部门多次督导交办，区委、区政府已将该项目纳入“十三五规划”重大建设项目。2015 年 8 月，经区政府第 26 次常务会议研究，选址、规划 6666.67 平方米用于综合档案馆建设。2016 年 9 月经市发改委重新批复立项，并到省发改委投资处进行项目对接，纳入 2017 年全省投资项目在线审批监管平台申报项目。

2016年11月11日，区委书记杨易主持召开“三馆”(档案馆、党史馆、图书馆)合一建设项目调度会,原则同意“三馆”建设项目的选址方案和档案馆数字化工程建设方案。11月21日,区政府第38次常务会议研究,原则同意重新选址,同意启动“三馆”合一建设,数字档案馆建设与档案馆建设同步规划,做提前考虑。 (邹　敏)

史志工作

【概况】 2016年,区史志办围绕中心,服务大局,深入开展“学党章党规、学习近平总书记重要讲话,做合格党员”学习教育实践活动,开展史志编研和学习宣传。重点实施“135”工作计划,即:制定一个规划——《鼎城区2016~2020年党史方志工作规划》(征求意见稿);编纂3本书籍:《鼎城年鉴(2015)》《乡镇简志》《鼎城水利纪实》;推进5项工作:加强历史人物研究,开展《地方志工作条例》颁布实施十周年纪念活动,立项《鼎城三十年》图志编修,丰富史志宣传平台,积极参加上级主管部门组织的“学党史党章,做合格党员”演讲比赛。年末,《鼎城年鉴》获湖南省第四届年鉴奖二等奖,业务工作获市级先进,绩效综合考评获全区先进。主任曾世平被区政府授予“三等功”,被区纪委评为“党风廉政建设”先进个人。

党史工作。开展党史联络,调整充实联络组成员,动员老同志撰写回忆文章。进行党史专题编研,与区水利局合作,6月启动《鼎城水利纪实》编修工作,至年末,全书初稿已整理完结。开展史志人物研究。深入发掘整理赵必振相关资料,启动“赵必振研究会”成立筹备工作,11月3日,召开“赵必振精神”研讨会,市政协原主席韩林安主持,市区部分老领导及市党史办、常德日报社、鼎城湖湘文化交流协会、鼎城区民政局、鼎城区党史办等单位代表参加。12月1日,省、市党史研究室相关领导再次到鼎城指导筹备工作。

地方志工作。推进乡镇简志的编纂。召开工作推进会1次,业务辅导片会5次,至年末,各乡镇(场)市卷版本资料全部完成,并已上交,区卷版本初稿完成,增加各村简介和重要人物内容。《鼎城年鉴(2015)》创新提质,实现五大飞跃:一是成书周期大大缩短,出书时间比上年提前百余天;二是编辑质量明显提高,严格按照年鉴编纂相关规定改稿与校对,差错率控制在万分之三以内;三是首次采用公开出版发行;四是首次实行全彩版印刷,美观度大幅提升;五是赞助彩页减少4/5,年鉴质量进一步提高。年末举行公开发行会,向各大型酒店、宾馆赠送457本,向各科局、乡镇(场、街道)赠送800余本。

史志宣传。订阅省级党史刊物《湘潮》800份,其中向乡镇基层赠阅200份。全年,在鼎城史志网发布动态信息400余条,省市级网站采用信息20余条,鼎城手机报、鼎城区政府网、鼎城电视台等媒体发送图文信息30余条。5月17日举行《地方志工作条例》颁布实施10周年庆祝活动,展示近10年来,全区方志编修成果。9月26日,参加陈辉烈士雕像安放仪式,促成常德市首个以烈士命名的公园——“陈辉公园”建成。

队伍建设。加强机关规范化建设,建立健全各项管理制度,提高工作效能,编制工作手册人手一册,干部整体素质明显提高,政治意识、大局意识、核心意识、看齐意识增强。抓学习强素质,抓好自学和参训参学,每周五组织干部进行集中业务学习,派人参加全省、全国业务培训,9月初,主任曾世平参加全省党史干部培训,11月参加全国县级党史部门负责人培训;9月下旬,官姿伶、陈欣参加全省地方志业务知识培训。 (官姿伶)

【《鼎城年鉴(2015)》编纂完成】 2016年,区史志办不断创新年鉴编修,适时调整框架结构,增加类目图片,丰富年鉴内容,减少赞助彩版4/5,加强样书校核,全面提升志书质量。6月初开始编修,9月底定稿送厂印刷,12月1日《鼎城年鉴(2015)》公开发行,编印周期比上年缩短4个月。全书共设类目27个，下设分目216个，条目311个。为纪念抗日战争胜利70周年，增设“特载”篇：《一寸山河一寸血——常德会战》《抗日烈士——陈辉》《鼎城籍抗战幸存老兵名录》；为突出2015年全区重点工作，将《江南临江棚改项目建设》《沅澧快速干线一号大道鼎城段工程建设》《阳明湖板块开发项目》3项重点工程收录至“专题”篇。（官姿伶）

【《地方志工作条例》颁布实施10周年纪念活动】2016年5月17日，在临沅路区委大门举行10周年宣传活动。展出宣传板10块，横幅4条，展示近10年来鼎城区各类志书若干，全面展示《地方志工作条例》颁布实施10年，全区地方志工作的发展历程及工作成果。区委常委、宣传部部长李芳，区委常委、区委办主任王少贤，区人民政府副区长钟泽英参观了展览。5月20日，湖南省地方志编纂委员会党组书记、副主任易介南到鼎城区调研地方志工作，观看了展览。（官姿伶）

湖南省方志委党组书记、副主任易介南（右二）观看区方志办作品

【童冠群烈士后代参观党史陈列馆】2016年10月28日下午，革命烈士童冠群儿子童明井（湖北省委宣传部副厅级退休干部）受邀参观区党史陈列馆，区史志办全体干职与烈士后代共同缅怀先烈事迹，增进革命友谊，受到党性教育。童冠群系原常德县早期土地革命运动与抗日救亡运动先驱。1938年2月由帅孟奇发展为“中共常德特别支部”党员，5月任周士镇（今鼎城区周家店镇）党支部书记，1940年因叛徒出卖，不幸牺牲，年仅30岁。童明井先生一行参观了各个展室，重点了解革命战争时期全区党团组织活动情况，并在老父亲展出相片前留影，童老及家人十分感谢区委党史办以高度负责的态度收集整理完善党史资料，表示要为全区重要历史人物研究捐献相关的历史资料。（官姿伶）

【曾世平参加全区党的报告员微党课比赛获奖】2016年12月23日，由鼎城区委组织部、区委宣传部联合主办的鼎城区党的报告员微党课比赛活动，在区电视台演播大厅举行决赛。区领导王时雨、林红华到场观看。进入决赛的12名选手，结合党的十八届六中全会精神、“四讲四比”内容、联系各自的工作和生活经历，向大家讲述如何做一名合格共产党员。区委党史办主任曾世平经过区委办系统“微党课”预赛、全区“微党课”复赛后进入决赛。他以《从历史视角看“四讲四比”》为题，从历史的长河和中国共产党90多年的光辉历程中撷取四朵绚丽的浪花，即：信念——讲政治，比党性；使命——讲责任，比担当；忠诚——讲规矩，比作风；奋斗——讲奉献，比作为，解读了全区开展“四讲四比”活动的现实意义。强调史志部门要从成立“赵必振研究会”入手，厚植鼎城史志功底；从多出史志精品书籍入手，彰显鼎城史志作为；从开展“党史人讲党史”入手，弘扬鼎城史志文化；从倡行“业务立室”入手，锤炼鼎城史志队伍。总之，就是要用党史人的担当和作为，为履行史志职责鞠躬尽瘁，为建设文化强区奉献精彩，为实现“新江南”宏伟蓝图引吭高歌。（官姿伶）

曾世平参加鼎城区党的报告员微党课比赛现场

鼎城区人民代表大会常务委员会

Dingcheng District People's Congress Standing Committee

中共鼎城区委人大工作会议现场

概　述

概　述

【概况】 鼎城区人大常委会有1个综合性办事机构（办公室），5个工作机构，2个专门委员会，4个街道人大工委。全区有区人大代表318人，其中非中共党员代表112人，妇女代表100人，少数民族代表13人。有市人大代表64人，其中妇女代表16人，少数民族代表3人。有省人大代表7人，其中妇女代表1人。2016年，区人大常委会召开人民代表大会会议2次、常委会会议8次、主任会议10次，听取和审议"一府两院"工作报告93个，作出决议决定15件，形成审议意见3件。

决议决定。2016年顺利推进各项改革和建设，先后对西洞庭管理区祝丰镇兴建金凤街道、龙泉街道、区政府增加区级储备粮、重新确定区划调整后乡镇人大代表名额、区本级2015年度财政决算、成立花岩溪镇第一届人大第一次会议筹备组、区本级2016年财政预算调整等重大事项作出决议决定。

监督工作。开展50万元以上财政专项资金绩效评价监督、"两官"履职评议、案件评析等特色监督。听取全区贯彻实施《中华人民共和国森林法》《互联网上网服务营业场所管理条例》的情况汇报，协助市人大常委会开展《中华人民共和国农产品质量安全法》、食品安全"一法一条例"、河流湖泊保护和管理立法等执法检查工作。参加市人大制定《常德市饮用水源保护条例》的立法调研工作。

审议与任免。全年依法任免国家机关工作人员53名，组织3次共16名"一府两院"拟任人员进行任前法律知识考试。审议财政专项资金绩效评价监督、2015年区本级城建项目和城建资金计划执行情况及2016年区本级城建项目计划安排、贯彻实施《中华人民共和国森林法》等情况，提出建议意见。

依法监督。区十六届人民代表大会第六次会议将葛辉琳等12名代表联名提出的《关于加速推进花岩溪国家生态旅游示范区建设的议案》列为1号议案，将刘永红等10名代表联名提出的《关于加强农村师资力量建设，推动城乡教育均衡发展的议案》列为2号议案，区人民政府对两个《议案》的办理高度重视，举措有力。2016年10月31日，区十六届人民代表大会常务委员会第34次会议听取区人民政府2个《议案》的办理情况汇报，对1号议案提出3点审议意见，尽快实施规划修编；强化创建工作措施；加强部门协调配合。对2号议案提出3点审议意见，合理统筹教师资源，优化城乡师资配置；逐步完善增补机制，优化教师队伍结构；建立长效激励机制，优化教师从教条件。

"五行"活动。开展环保世纪行、农产品质量安全行、农民健康行、民族团结进步行、司法公正常德行活动。评议3名法官和3名检察官履职的情况；组织开展脱贫攻坚工作集中视察等活动，市人大常委会调研全市社区矫正工作座谈会在鼎城召开。

区人大常委会集中视察草坪镇教门冲脱贫攻坚工作

"两学一做"专题教育。深入开展"两学一做"学习教育，确定每周五为政治学习日和主题党日，系统学习《党章》《关于新形势下党内政治生活的若干准则》《中国共产党党内监督条例》、省市区党代会精神、区委经济工作会议精神、习近平总书记"七一"重要讲话及党的十八届六中全会精神等；组织召开"两学一做"学习教育动员会、学习教育讨论会、机关演讲比赛，选派优秀年轻干部积极参加全区微党课比赛等。2016年《常德论坛》第2期专版刊发区人大常委会党组成员、机关党支部书记龚天宝党课报告会全文《积极投身“两学一做”争当“四讲四有”合格党员》;邀请区委党校副校长谌玲琳宣讲中共十八届六中全会精神。

联系交流。全国人大常委会副委员长吉炳轩率全国人大水执法检查组到鼎城区调研;省人大常委会副主任谢勇到鼎城区调研残疾人保障工作;广西壮族自治区人大农业委考察团到鼎城区考察农村饮水安全与建设管理工作;怀化市麻阳苗族自治县人大、桃源县人大先后到鼎城区考察学习;配合市人大常委会开展文体广新出版工作、宗教事务管理工作、优质服务竞赛活动、政府法制工作等调研活动;鼎城区人大常委会组织人员到浙江省温岭市、山东省曲阜市、湖北省公安县、常德市武陵区穿紫河街道、丹阳街道考察学习。

宣传工作。全年在国家、省、市媒体发表各类文章100余篇。编辑出版《法治足音》。全市人大理论研讨会上,有6篇文章获奖,在全市排名第一。

(王湘庭　赵海斌)

【人大专门委员会成立】 根据中发〔2015〕18号文件《中共全国人大常委会党组关于加强县乡人大工作和建设的若干意见》,2016年11月27日,召开鼎城区第十七届人民代表大会第一次会议,会议决定设立区第十七届人民代表大会法制委员会和财政经济委员会2个专门委员会,进一步完善和规范常委会机关的机构设置。(王湘庭)

【区乡人大换届选举】 2016年,区人大常委会依法组织指导区乡人大换届选举工作。经过依法组织,全区选举产生区代表318人,乡镇代表1290人,参选率94.6%。11月27～30日,区第十七届人民代表大会第一次会议在江南城区召开,会议选举产生新一届区人大常委会、区政府领导班子、法检“两长”以及出席常德市第七届人民代表大会的代表,创造了鼎城人代会历史上的“12个第一次”:第一次签订了严肃换届纪律个人承诺书和观看警示教育片;第一次在区级人代会成立专门委员会;第一次组织全体当选人员集中宣誓等。(王湘庭)

【宪法宣誓制度落实】 自2016年1月1日起,全区落实凡经区人大及其常委会选举和任命的国家机关工作人员必须向宪法宣誓制度,彰显宪法权威,激励和教育国家工作人员忠于宪法、遵守宪法、维护宪法,增强履职的责任感和使命感。

(王湘庭)

新当选的国家机关工作人员集中向宪法宣誓

【《法治足音》编撰出版】 2016年,鼎城区人大常委会办公室主编《法治足音》,该书全面展示区十六届人大及其常委会任期内,区委依法执政、区政府依法行政、“两院”公正司法、区、乡(镇)人大和街道人大工委依法作为、区内各级人大代表依法履职的成果,由香港天马出版有限公司出版发行,并在区十七届人大一次会议上赠送全体与会人员。全书收录文章161篇,图片103幅,分领导讲话篇、工作报告篇、调研论文篇、经验交流篇、代表风采篇、通讯消息篇、乡镇人大篇、随笔杂谈篇、图片篇9个部分,共50万字。(龚天宝)

鼎城区人民政府

Dingcheng District People's Congress Standing Committee

鼎城区人民政府十六届四次全体会议会场

鼎城年鉴（2016）

概　述

【概况】 2016 年全区实现地区生产总值 279.92 亿元，增长 8.2%；一般公共预算收入 16.69 亿元，增长 12.6%；固定资产投资 266.23 亿元，增长 19.13%；城乡居民收入分别为 28362 元、13125 元，增长 8.8% 和 9.3%。

项目建设。“十三五”规划开发重大项目 222 个，总投资 2113 亿元；争取上级投资 10 亿元；融资平台落实融资 47.50 亿元；争取用地指标 193.33 公顷，储备土地 33.33 公顷；临江棚改征拆经验全市推广。

城市发展。阳明湖、临江新区、新城西区开发顺利推进；城市管理获全市最佳；沅江风光带开园迎客；江南画壁启动建设；桥南人防商城投入营运；过江隧道建设开工；商品房销售 55.20 万平方米。

工业经济。建成标准化厂房 26 万平方米，建成 1.50 万平方米的全市首批省级科技企业孵化大楼；10 余家中小企业成功转型升级，科箭机械 2 项专利填补国内空白；实现工业总产值 225.80 亿元，增长 10.1%；推新工作全市排名第一。

农业经济。农业农村工作排名全市第一；森林城市创建评为全省先进；粮油、蔬菜生产分别保持全国大县、重点县位置，生猪、水产养殖位列全省前十、全国百强；“鼎城茶油”获国家地理标志保护产品；“精为天”在新三板成功上市；新建省级美丽乡村 1 个、市级 5 个。

三产经济。规模以上服务企业营业收入 18.70 亿元，增速全市第一；开发五金机电城、健康医药产业园等一批重大功能性项目；国龙大厦、南城天街等城市综合体建成开市。

社会事业。社会保障全面覆盖。全年有 2 个村和 9602 人脱贫；7300 名五保户统一购买意外伤害险；增加城镇就业 6900 人、农村劳动力转移就业 4900 人；增加社会保险 1.2 万人。社会管理不断创新。信访总量下降 24%；安全生产、综治工作获“全市先进”；区司法局获全省“六五”普法、司法行政工作“先进单位”，鼎城区第 6 次获得“全国人民调解先进单位”。社会事业持续发展。完成所有行政村道路硬化，改造危桥 39 座；完成 2.3 千米的善卷垸东线治理，安全饮水实现全覆盖；教育荣获全省“教育强区”称号，江南小学建成使用；市第二工人文化宫、市四医院南院二期、卫星“户户通”工程等民生项目推进顺利；第二届全运会成功举办；常德丝弦赴联合国巡演；计生、国土、环保工作推进有力；武装、广电、科技、工商、信息、民宗、气象等工作均有新进步。 （肖　潜）

【常德首条过江隧道开工建设】 2016 年 10 月 16 日，常德市重点建设项目开工暨常德沅江过江隧道建设工程开工仪式在鼎城举行，市委书记王群在仪式上宣布常德沅江过江隧道工程开工建设。市区领导周德睿、刘明、李爱国、朱水平、李辉忠、胡丘陵、罗先东、杨易、朱金平等出席。市委副书记、市长周德睿主持开工仪式。

过江隧道开工仪式

仪式上，中铁十四局负责人介绍了工程项目情况，武陵区、鼎城区主要负责人进行表态发言。鼎城区委书记杨易表示，过江隧道的建设是常德市城市建设史上具有里程碑意义的建设工程，更是民心工程，鼎城区委、区政府支持拥护市委市政府的重大决定，落实市委市政府的相关要求，全力维护项目建设环境。

常德沅江过江隧道全长2240米，斜穿沅江江底，工程采用双洞单层双向四车道的形式，设计标准为城市主干道，设计车速每小时60千米，主体结构设计使用年限为100年。工程概算总投资25.50亿元，建设期预计36个月。隧道建设位置位于常德市中心城区的中轴线上，是常德市规划的“八纵八横”十六条骨架性主干路之一。（肖　潜）

市委书记王群宣布常德沅江过江隧道工程开工

2016年鼎城区人民政府常务会议议题

表1

会议届次时间	议　题　内　容
鼎府16届32次（2月3日）	区长杨易在区政府常务会议室主持召开区政府常务会议，听取了区编办关于区工商、质监、食药监行政管理体制改革有关机构编制事项的情况汇报；区人社局关于《区食品药品监督管理局人员划转选聘实施方案》的情况汇报；区林业局关于森林禁伐减伐三年行动工作有关情况的汇报；区文体广新局关于文体工作有关情况的汇报；区商粮局关于鼎盛粮食集团出资参股湖南精为天生态农业股份有限公司上市有关情况的汇报；区国资中心关于区国有投资平台公司经营管理有关情况的汇报
鼎府16届34次（5月17日）	区长杨易在区政府常务会议室主持召开区政府常务会议，听取了区发改局关于高标准农田建设、洞庭湖生态经济区水环境综合治理五大专项行动、社会信用体系建设工作的情况汇报；区城投公司关于区城投公司有关工作的情况汇报；区政府办关于沅江过江隧道建设工作的情况汇报；区环保局关于环保工作的情况汇报
鼎府16届35次（6月16日）	区长杨易在区政府常务会议室主持召开区政府常务会议，听取了区统计局、区发改局、区财政局、区农业局、区工信局、区商粮局关于上半年经济形势有关情况汇报；区沅澧办关于沅澧快速干线建设有关情况的汇报；区公路局关于2016年治超工作有关情况的汇报；区鼎力公司关于鼎力公司有关情况的汇报；区交通局关于开通江南城区公交环线有关情况汇报；区科技局关于科技工作有关情况的汇报；区花岩溪管委会关于组建花岩溪旅游投资公司有关情况的汇报；区卫计局关于处置社区卫生服务中心资产有关情况的汇报；区安监局关于安全生产工作有关情况的汇报
鼎府16届37次（10月18日）	代区长朱金平在区政府常务会议室主持召开区政府常务会议，听取了区委组织部关于村级综合服务平台建设有关情况的汇报；高新区关于园区体制改革有关情况的汇报；区财政局关于2016年财政预算调整有关情况的汇报；区人社局关于机关事业单位工作人员养老保险制度改革有关情况的汇报；区消防大队关于消防工作有关情况的汇报；区房产局关于成立问题楼盘协调处理工作领导小组和建立江南城区房地产开发管理联席会议制度有关情况的汇报；区工信局关于贯彻落实常德市帮扶工业企业十条有关情况的汇报；区交通局关于双蔡线建设有关情况的汇报

续表 1

会议届次时间	议　　题　　内　　容
鼎府 16 届 38 次（11 月 21 日）	代区长朱金平在区政府常务会议室主持召开区政府常务会议，听取了区征拆指挥部关于加强征拆征收安置管理工作的情况汇报；区财政局关于融资平台管理的情况汇报；区安监局关于落后烟花爆竹生产企业有序退出工作的情况汇报；区房管局关于规范房地产市场监管促进房地产业健康发展实施意见的情况汇报；区经管局关于新型农业经营主体和服务主体发展的情况汇报；区商粮局关于江南汇项目的情况汇报；区城投公司关于成立鼎城区朗宇建设投资开发有限公司的情况汇报；区环卫处关于家宝公司和剑峰清扫公司环卫工人工资待遇及机械化作业费用的情况汇报；区民政局关于 2016 年春季转业士官安置工作的情况汇报；区高新区关于中联重科灌溪工业园东片区土地及地上资产收购税费返还问题的情况汇报；区档案局关于区综合档案馆建设及“三馆”合一筹建工作的情况汇报；区广电台关于区广电台选址新建工作的情况汇报；区农业局关于国家农产品质量安全县创建工作的情况汇报；区阳明湖公司关于阳明湖市政道路及管网建设工程 PPP 项目相关事项的情况汇报；区征拆指挥部关于启动红云安置小区二期建设的情况汇报；区监察局关于严重违纪案处理意见的情况汇报

2016 年鼎城区人民政府区长办公会议议题

表 2

会议时间	议　　题　　内　　容
1 月 26 日	区长杨易在区政府常务会议室主持召开区长办公会议，听取了区财政局关于 2015 年相关群体解困问题的情况汇报
2 月 26 日	区长杨易在区会议中心主持召开区长办公会议，听取了区交通局关于蒿子港码头建设有关情况的汇报；区财政局关于《常德市鼎城区关于鼓励在江南城区购买商品住房若干优惠政策（草案）》有关情况的汇报；区环保局关于环保工作有关情况的汇报；区住建局关于城建工作有关情况的汇报
3 月 3 日	区长杨易在区政府会议室主持召开区长办公会议，听取了鼎盛商业广场建设工作组关于鼎盛商业广场建设过程中存在问题的情况汇报
4 月 6 日	区长杨易在区政府常务会议室主持召开区长办公会议，听取了区扶贫办关于扶贫工作的情况汇报；区金融办关于金融工作的情况汇报；区棚改办关于政府购买棚改服务的情况汇报；区民政局关于民政工作的情况汇报；区人武部关于区人武部营院整体搬迁的情况汇报；区教育局关于永安小学建设工作的情况汇报
4 月 7 日	区长杨易在区政府常务会议室主持召开区长办公会议，听取了区安置办关于江南城区公寓楼安置的情况汇报；区供电公司关于斗姆湖供电所建设的情况汇报；区物流办关于原联托运公司遗留问题处理的情况汇报；区卫计局关于卫计局院落维修改造的情况汇报；区妇幼保健院关于区妇幼保健院建设的情况汇报；区文体广新局关于文体广新工作的情况汇报；区公安局关于禁毒工作的情况汇报

续表2

会议时间	议题内容
4月22日	区长杨易在区政府大会议室主持召开区长办公会议，专题调度一季度财税工作
5月6日	区长杨易在区政府常务会议室主持召开区长办公会议，听取了区临江棚改协调领导小组关于临江棚改有关工作情况的汇报；区征收办关于审议《临江棚户区改造项目B05、B06地块房屋征收补偿方案》（征求意见稿）；常德市江南城发公司关于临江棚改土地挂牌及建设审批工作有关情况的汇报；区临江棚改机关事业单位征收指挥部关于《机关事业单位棚改安置建议方案》的汇报
5月30日	区长杨易在区政府二楼会议室主持召开区长办公会议，听取了区政府办关于区政府过渡性办公用房维修的情况汇报
6月24日	区长杨易在区政府常务会议室主持召开推进新型工业化工作会议，听取了区工信局关于落实《常德市帮扶工业企业十条》以及广德医药项目建设有关情况的汇报；鼎城高新区关于高新区工作有关情况的汇报
7月6日	区长杨易在区政府常务会议室主持召开区长办公会议，听取了区临江棚改协调领导小组关于临江棚改相关工作的情况汇报
7月11日	区长杨易在区政府常务会议室主持召开区长办公会议，听取了区国土局关于鼎城区土地利用总体规划调整完善有关工作的情况汇报
7月14日	区长杨易在区政府常务会议室主持召开区长办公会议，专题调度德江南项目相关工作
7月20日	区长杨易在区政府常务会议室主持召开区长办公会议，听取了区公安局关于公安工作相关情况的汇报
9月26日	代区长朱金平在区政府常务会议室召开区长办公会议，听取了区财政局关于“营改增”后建筑安装及房地产企业税收有关问题的情况汇报；区人社局关于整合城乡居民医疗保险工作的情况汇报；区发改局关于区公务用车制度改革实施方案的情况汇报；区统计局关于区第三次全国农业普查工作的情况汇报；区完美社区办关于完美社区建设有关情况的汇报；区民政局关于殡葬和养老事业发展有关问题的情况汇报；区扶贫办关于全区脱贫攻坚工作的情况汇报；区畜牧局关于洞庭湖区养殖环境整治专项行动的情况汇报；区农业局关于“四冬生产”工作的情况汇报；区国土局关于加快推进不动产统一登记工作的情况汇报；区卫计局关于城市公立医院综合改革试点工作的情况汇报；区总工会关于常德市第二工人文化宫（一期）项目建设筹建工作的情况汇报
10月13日	代区长朱金平主持召开区长办公会议，听取了区教育基金会关于区教育基金会工作的情况汇报，研究了建立乡镇教育基金相关工作
10月20日	代区长朱金平在区政府常务会议室召开区长办公会议，听取了空港新城项目建设指挥部关于空港新城项目建设的情况汇报；市规划局鼎城分局关于空港新城建设规划的情况汇报

续表 2

会议时间	议　题　内　容
10 月 26 日	代区长朱金平在鼎城高新区三楼会议室主持召开区长办公会议，专题调度中联重科起重机机械产业基地项目建设相关工作
10 月 27 日	代区长朱金平在区教育局三楼会议室主持召开区长办公会议，专题调度全区教育工作
11 月 2 日	代区长朱金平在区政府常务会议室主持召开区长办公会议，专题调度临江棚改项目相关工作

政府办公室工作

【概况】 2016 年，区政府办公室起草会议报告和讲话稿 100 余篇，在市级以上刊物发表署名文章 3 篇；编发《鼎城政报》6 期；向市办报送信息 550 余条。全年承办区政府全会 1 次、区政府常务会议 8 次、区长办公会 21 次、专题调度会议 109 次、整理常务会议纪要 8 期、区长办公会议纪要 21 期、工作调度会议纪要 109 期、服务会议 1500 余场次、审核文件 300 余份、处理明传电报 100 余份，传递领导批示件、机要件 300 余份。

调查研究。实地调研中，强化超前性调研、策略性调研、问题性调研，以全区工作重点定方向，抓住影响改革、发展、稳定的热点、难点以及领导的关注点，主动开展调研，推出一批有质量、有价值的调研文稿，组织编写的《三城四区五中心十三五暨 2017 年发展目标和重点任务资料汇编》一书，为区委区政府领导决策提供有价值的参考。

督查工作。区政府督查室建立重点事项、议定事项区长、常务副区长月调度，副区长月调度，牵头单位半月调度，具体责任单位周调度的四级调度工作机制，规范领导批示件及上级交办件的办理程序，提高督查工作的执行力，推动各项工作的有序开展。同时，加强区政府主要领导批示件办理工作，办理领导批示件 100 余件，均已按期回复。

热线办理。全年办理市区两级人大代表建议 128 件、政协委员提案 111 件，满意率 99%。受理群众来电 1860 余个，及时答复；受理市民留言 737 条，回复 690 余条；办理市长热线电话交办件 320 余个、文字交办件 72 件，全部办结或回复。

值班应急。实行 24 小时专人值班制度，工作日实行办公室领导轮流值班、挂牌上岗制度，每天明确 1 名副主任带班值班。全年接待来访群众 660 余批 2780 余人次，为群众宣传解释相关政策，重大和难点的问题以书面形式呈报给区政府领导批示，或转交有关单位办理，把问题解决在基层。

政务公开。制定《鼎城区 2016 年重点领域信息公开工作方案》，全面公开重大建设项目、公共服务信息、公共监管信息、社会组织和中介机构信息等内容，方便群众、企业办事。开展阳光政务活动，在区电视台、区政府网站，每周确定一名区直单位负责人现场接受群众政策咨询，解答疑惑，全年共举办 20 余期，收到较好的社会反响。

创先争优。坚持班子成员带头，强化廉政教育，推行“集体汇报、集智研究、集中解决”的决策模式。落实各级关于作风建设的相关规定，全体干部讲政治、讲大局、讲奉献，真抓实干、奋勇争先，在为民办实事、政府热线、优化环境、依法行政、金融、旅游、侨务、民宗、政务公开、政府网站等工作获得省、市多项荣誉。（肖　潜）

项目建设

【概况】 2016 年，全区固定资产投资 266.23 亿元，年增长 19.13%。争取上级政策性投资近 10 亿元，排名居全市第一方阵。实施重点工程33个，投资78亿元。49个重大前期项目按照序时进度稳步推进，盛祥混凝土等25个项目提前开工，其他项目全部完成前期工作任务目标。

项目推进。全区确定重大重点项目50个，新开工项目20个，续建项目8个，待建项目14个，待批项目8个。新开工项目方面，第二文化宫建设于11月28日启动；华邦国际建设项目高层住宅、新桥南副食城主体工程已封顶；临江棚户区改造8大地块征拆工作展开；城区杨家港路、大湖南路、西站路、阳明南路建设；中联重起达到正负零（主体工程中的地下工程部分完成）；新湘达建材项目用地土地平整；龙铖钢构厂房建设；园区五岗路建成，五铁路、纬四路、渐安路建设启动。续建项目方面，江南沅江风光带画廊提质改造工程建设10月8日开工；福捷华中城酒店地块建至10层，商居楼6栋封顶3栋，在建2栋；南城天街区进行内装修；广德医药2、3号厂房投入运营；五金机电A地块主体工程正进行配套设施建设；B地块报建手续正办理中；沅澧干线（鼎城段）建设进入水稳层实验段；蔚蓝航校、蒿子港码头开工建设。待建项目方面，江南汇一期3.67公顷（原六医院）正办理立项、规划选址等前期工作；鼎城看守所等待土地划拨；郭家铺安置小区附属工程进入招标前准备工作，西站公寓楼完成主体装饰工程；佳达电缆、常德水表厂（一期）征拆工作已结束；园区高新大道、岗中西路、樟窑路、塔铁路、飞龙路、富强路6条道路完成规划方案设计，等待专家评审。

项目预审。区项目办组织相关职能部门为格拉斯葡萄种植加工示范园、协鑫渔光互补光伏发电、桥南工业园热电联供能源站等8个项目现场选址、勘探、召开预审会议，出具预审报告7份。到北京、武汉、东莞等地考察镁合金板带材深加工项目、桃源工·红荣居家居文化发展中心项目、废旧轮胎冷冻破碎加工制备精细胶粉项目、电子元件生产项目等，了解掌握企业实力、行业发展前景、经济社会效益等情况。（张煜彬）

重点工程

【概况】 2016年，全区实施重点工程建设项目33个，投资86.2亿元。涉及工业、农业、水利、交通、电力、基础设施建设、民生工程7个方面。其中市级百大工程7个，分别为江南城区阳明大道建设工程、沅澧快速干线一号大道建设工程、鼎城广德医药产业园建设工程、鼎城区善卷垸防洪大堤水利综合治理工程、江南沅江风光带建设工程、鼎城德江南国际商贸城建设工程、湘西北五金机电交易中心建设工程。

重点工程实施。江南新城基础设施建设项目主要包括：阳明湖公园及商业广场建设工程、江南城区亮化升级改造工程、江南城区“三改四化”建设工程、鼎城永丰路建设工程。农业、水利、交通、民生工程项目主要包括：鼎城洁怡农业开发建设工程、鼎城天富生态农业建设工程、鼎城润田耕田机系列产品生产线建设工程、鼎城蔡双公路改扩建工程、鼎城斗姆湖中学建设工程、鼎城公寓楼安置小区建设工程、鼎城仁祥养老公寓建设工程、鼎城公检法业务用房建设工程、鼎城德江南小学建设工程、鼎城蒿子港综合大市场建设工程、鼎城康福莱养老院建设工程。工业项目主要包括：鼎城欣欣外墙保温材料生产线建设工程、鼎城中联重科起重机械生产基地建设工程、鼎城铭城钢构生产线建设工程、鼎城新湘达节能建材生产线建设工程、鼎城盛祥混凝土生产线建设工程、鼎城大洋包装制造生产线建设工程等。

重点项目稽查。健全组织，依法稽查；创新稽查方式，采取联合稽查，促进项目管理；配合上级稽查部门当好参谋助手。稽查重点建设工程安全生产情况，督促项目建设单位的自查自纠和相关资料的准备工作。逐一核实稽查中发现的问题，并勒令限期整改，督促没有及时开工和进度较慢的工程项目尽快开工和加快建设进度，规范和落实项目前期审批和招标管理。全年配合市稽查6次，

主要是以工代赈、农村饮水安全、中央投资保障性安居工程配套基础设施项目、退耕还林、农村沼气池建设等领域。（袁国庆）

民政工程

【概况】 2016年，民政工作以“五化”发展为目标，抓工作责任落实。老年人意外伤害保险工作名列全省第二、全市第一，并在全市老龄工作会议上发言；《给“民生升温”添柴加火——鼎城区民政2016年亮点工作》在《常德日报》12月20日专版报道；退役士兵量化安置工作得到省民政厅认可，11月在张家界召开的全省安置业务培训班作书面发言；完美社区建设获评全市先进；乡镇区划调整改革工作被评为全市优秀区县；姚群获评湖南省优秀军嫂；黄文新获评全市乡镇区划调整改革工作优秀个人。

社会救助。开展社会救助对象家庭经济状况信息比对工作，与人社、财政、工商部门比对信息，全区清理享受财政供养待遇却已开办企业或参与公司入股等不符合低保条件的对象830人。发放城乡低保资金11549万元，月人均补差标准分别是286元和126元。区财政出资130.77万元，为全区7265名五保户统一购买2016年度老年人意外伤害保险。农村五保年人均供养标准分别为5700元(集中)和3200元(分散)，发放农村五保供养资金3502.52万元。全区清退不符合五保条件对象943名，占五保总人数的14%，被清理对象80%为有女儿人员。医疗救助2万余人次，资助参保参合和发放医疗救助资金1152万元。下拨各类救灾救济款352万元，发放救济棉被612床。“8·10”黄土店镇特大山洪灾害发生后，向灾区发放救灾款100万元，发放救灾帐篷10顶，争取中国新型城镇化基金会援助救灾大米150吨，全部发放到灾区。为1239名城乡困难群众发放临时生活救助100余万元。部署社会保障兜底脱贫对象认定工作，25个街道、乡镇(场)完成入户调查、民主评议、公示和上报工作，审定精准扶贫兜底保障对象970户2772人。

中国新型城镇化建设基金会捐赠仪式

优待抚恤。发放城乡义务兵家属优待金634.82万元，退伍士兵自谋职业技术培训186人，清理并取消优抚对象146名，其中清理自然减员优抚对象126人，为特困优抚对象解决帮困资金40万元。在前期量化评分的基础上，45名2015年退役的士兵实行自主选择安置，区公证处和电视台全程监督和现场录像整个自主选择过程，选择过程全程透明化，退役士兵安置去向自主选择开创全市先例。

社会福利。开展60岁以上老年人意外伤害保险保费收缴工作，全年收取保费330万元，位居全省第二、全市第一。留守儿童摸底和残疾人两项补贴工作有序推进，下发《鼎城区困难残疾人生活补贴和重度残疾人护理补贴发放实施办法（试行）》文件，残疾人两项补贴资金全面发放，全年发放残疾人两补资金13244人次780余万元。全区发放211名孤儿162万元生活费，孤儿农村合作医疗保险全部纳入财政预算。开展慈善救助，发放312户困难家庭救济金60.15万元，发放180名儿童慰问金6.2万元。发放金叶医疗卡150张。资助特困寒门学子210名，发放救助资金140万元。改扩建农村敬老院1个，建设4个养老服务示范点、2个社区小型养老机构等重点民生实事民政项目，增加养老床位176张。

基层自治。以民为本，科学制定工作方案，完成合村工作，全区495个建制村减少至226个。推进完美社区建设，完工主体工程14个，建设质量和标准在全市处于领先地位。5月组织开展城市社区优秀《居民公约》评选活动，居民参与微信投票15万人次。

城市社区优秀《居民公约》评选会

社会事务。出台《鼎城区关于加快发展养老服务业的实施意见》，明确扶持措施和优惠政策。出台《鼎城区关于推进殡葬改革促进殡葬事业健康发展的实施意见》，落实惠民殡葬政策，规范殡葬收费标准，为弱势群体减免基本殡葬服务费2万余元。开展救助流浪乞讨人员150余人次，发放救助资金10万元。争取老区扶贫项目19个，资金67万元，着力于改善老区路况和发展养殖业、提升老区人民生活质量等民生问题。销售福利彩票7000余万元，开展福彩慰问活动，发放慰问金15万元。启动第二次全国地名普查工作，婚姻登记、老龄工作进一步规范。

养老服务。建立多层次养老服务体系，以公办养老服务机构为依托，以民办养老院为补充，以社区小型养老示范点为辅助，为老人营造温馨家园。投资9700万元，建设区社会福利服务中心，占地3公顷，总建筑面积40573平方米，建设床位1080张。社会福利中心老年养护楼11月底封顶，引导社会资本参与养老服务体系建设，康福莱、仁祥等10家民营企业获批筹建养老服务机构。康福莱养老院投资1.20亿元，占地1.33公顷，建筑面积12804平方米，建设床位800余个，是集养老、休闲、康复、保健、娱乐于一体的高标准场所，已投入运营。探索开展城市社区小型养老机构建设，发展日间照料中心，全区有社区日间照料中心和小型养老机构10家。（黄胜波）

【“点燃希望金秋慈善”助学发放仪式】 2016年8月19日上午，区政协、区民政局、区教育局、区慈善总会联合在区政府会议中心举行鼎城区“点燃希望金秋慈善”助学发放仪式，为100名优异的寒门学子发放助学金100万元。自2009年到2016年，“点燃希望金秋慈善”助学活动资助寒门学子近千名。（高正平）

“点燃希望金秋慈善”助学活动现场

【行业协会商会与行政机关脱钩试点工作】 2016年，根据市委、市政府统一部署，为促进行业协会商会规范发展，加快转移适合由行业协会商会承担的职能，更好地承接政府购买服务，鼎城区严格按照规定时间节点和工作步骤完成行业协会商会与行政机关脱钩工作。在全区拟脱钩的15家行业协会商会中选取区建筑业协会和区粮食协会作为第一批试点单位，10月底两个试点单位均实现人员、机构、经费、场地等分离。3个单位提出注销申请。（肖　霞）

政务服务工作

【概况】 2016年，全区政务服务工作以打造人民满意政务服务为中心，落实“两学一做”学习教育工作，强化党建，增加窗口单位2个，服务项目6项，清理规范中介机构，增设服务大厅独立可控中央空调系统；履行精准扶贫工作黄花堰村后盾单位职责。

党建工作。政务中心党组多次召开党建工作专题研究会议，确保党建工作落实。组织党员学习党的十八届三中、四中、五中、六中全会精神和习近平总书记系列讲话精神。落实党组书记"第一责任"、分管领导"具体责任"的工作责任，建立党组定期研究组织建设工作和班子成员党建联系点工作制度。成立政务中心"两学一做"学习教育工作领导小组，制定"两学一做"实施方案。给党员配发《中国共产党党章》《中国共产党廉洁自律准则》《中国共产党纪律处分条例》《习近平总书记系列讲话读本(2016年版)》学习资料。进行"讲政治、有信念，讲规矩、有纪律，讲道德、有品行，讲奉献、有作为"的专题研讨。政务中心所属党支部坚持"三会一课"制度、党员干部谈心制度、警示制度、廉洁自律制度、学习制度、考核评议等制度。吸收预备党员1名，按期转正预备党员2名。

"两学一做"学习活动

行政审批。政务中心制定"两集中三到位"工作方案，与各单位对接，定提速方案、定审批办人员、定入驻具体日期。开展"两集中三到位"专项督查，形成督查通报。清理全区行政审批项目，再造办事流程，30个行政审批项目按"一事一单"的原则增印服务指南2万册。

硬件建设。调整桥南市场六区五楼的中央空调小型机组(模块机)至七区五楼，供服务大厅独立使用。制定政务中心工作人员统一着装方案，报区政府审批，工作人员实现统一着装。

特色服务。强化"延时服务""预约服务""上门服务"措施。房产、公安、国土、工商等窗口开展预约、上门服务50余人次，延时服务1500余人次。

乡镇政务中心建设。5月初，区政府办、区政务中心组织督导调研18个乡镇、4个街道、3个农林场、1个管理处的乡镇政务公开工作和政务中心场地建设，提出整改要求。

婚调工作。中心服务大厅由区妇联、民政、司法组成的鼎城区婚姻家庭纠纷调解窗口全年受理调解对象226对，成功调解185对，成功率81.8%。其工作经验由全国妇联进行推广。

全省相关单位到鼎城区政务中心调解室调研参观

规范中介机构。清理区直单位所属行业的中介机构脱钩、资质、执业等，规范中介机构执业条件，关涉行政审批中介服务纳入政府采购范畴。

驻村帮扶工作。履行精准扶贫工作黄花堰村后盾单位职责，帮扶直接经费8万元。帮助村级基础建设、春耕生产，慰问特困户，硬化村道3.5千米，修整山塘1口。开展党员联户工作，每名党员联1～2户农户，实现群众有困难就能找到党员帮助和解决。

（李国伟）

民族宗教事务工作

【概况】 2016年，全区有少数民族乡1个：许家桥回族维吾尔族乡（由原许家桥回族维吾尔族乡和原丁家港乡合并），少数民族村7个：尧天坪镇花莲冲村（原长茅岭乡花莲冲村、古城村、七里村合并）、朱家冲村（原长茅岭乡朱家冲村、枫梓洞村合并）、草坪镇夹溪岭村（原草坪镇夹溪岭村、白云村合并）、教门冲村、斗姆湖街道红星社区（原斗姆湖街道红星村、杨南桥村合并）、牛鼻滩镇百家湖村、谢家铺镇边山铺村。少数民族人口约4万人，占全区总人口的5%以上。有区佛教协会、区基督教“三自”爱委会、区伊斯兰教协会三大宗教团体，登记批准在册的宗教活动场所60处，民间信仰活动场所3处。备案的宗教教职人员26人，信教群众近5万人，占全区人口的6%。许家桥回维乡中堰村被国家计划生育协会评为“全国计划生育协会工作先进单位”，草坪镇教门冲村被湖南省扶贫开发领导小组评为“脱贫攻坚示范村”，灌溪镇教堂、十美堂镇观音寺获“第二届常德市创建和谐寺观教堂先进集体”称号，黄德俊、商洛获“第二届常德市创建和谐寺观教堂先进个人”称号。

民族工作。玉霞街道永安社区是民族团结进步创建活动进社区的示范社区，2016年，创建工作取得明显成效。争取资金50万元用于少数民族乡村的山塘护砌、道路硬化、清真寺维修、民族团结示范创建等项目。会同公安、工商、税务、城管、卫生、执法等部门，协调涉及外来少数民族人员的矛盾纠纷3起，区财政投入资金40余万元，为外来少数民族人员制作亭棚3个；投入24万元帮助少数民族村发展经济，解决实际困难，维护社会稳定。贯彻落实少数民族高考优惠政策，针对并乡后的实际情况，让合条件的考生都享受到优惠政策，全区审核“两种考生”资格203名，合格率100%。《湖南省公民民族成分登记管理实施细则》规定，更改审批符合民族成分条件的居民3名。

宗教工作。2016年4月，开展以“规范”为主题的和谐寺观教堂创建活动。4月19日，召开动员部署会议；4月25日，区民宗局组织区直三大宗教团体成员、宗教活动场所负责人、宗教教职人员和骨干信徒代表100余人培训。6月，协同区房产局和常德市博联司法鉴定所调查鉴定全区宗教活动场所危房56处。12月，协同区政府督查室、区消防大队、区公安局检查全区宗教活动场所60处与民间信仰活动场所3处的安全工作，副区长杨凡到许家桥回维乡清真寺和中堰清真寺检查安全工作。引导宗教界开展“慈爱人间，五教同行”公益慈善活动，宗教界用于公益慈善活动的资金12万余元。（祝邦民）

副区长杨凡在许家桥回维乡中堰清真寺检查安全工作

信访工作

【概况】 2016年，区信访局开展“基层基础建设”“千案攻坚”活动、创建“三无”区县，把县区打造成信访问题的终点站，确保全区社会大局稳定。确保临江棚改征拆、过江隧道开工、江南沅江风光带开园，中央信访联席办督查组、省巡视组、市委书记及各级部门领导检查工作等60余次重大活动信访稳定。全年未发生一起群体性事件和极端个人事件，未发生一起因信访稳定问题产生的网络舆情事件。1~11月，群众到区以上各级上访2412批7414人次，比上年同期下降24%、20%；集访153批2187人次，同比下降25%、33%。进京非访登记5批8人次，同比下降87%、89%；到省上访59批135人次，其中非访7批68人次，同比下降30%；到市535批1359人次，集访48批628人次，同比下降18%、39%。

源头防范。进行重大决策信访稳定风险评估，坚持阳光拆迁、友情拆迁、依法拆迁，在“江南棚改A02、B08地块”征地征拆中，2个月时间拆迁713户。信息摸排，派专人随时跟进重点不稳定信访群体和重点对象。在每个村、社区及相关单位选择1名以上素质好、威望高、能力强的党员或基层干部作为群众信访代理员。83%的信访问题“不出村”。

积案化解。2016年，区委书记批转信访局群众来信14件、区长23件、其他分管区领导17件。区级领导带头包案，牵头负责，逐案督查。对36个单位79件信访突出问题对象逐一明确责任主体，由“分片连线包乡镇”的区级领导负责，推动信访积案化解。按“五个一”（一个案子、一名领导、一个专班、一套方案、一办到底）要求和“三个重新走访”（重新走访信访当事人及直系亲属，重新走访当地村居、社区干部群众，重新走访责任部门）的要求，实行包案化解，还原真相，查明实情。区委书记杨易3次到包案对象廖某家中了解情况，协调矛盾，签订息访协议。全年湖南省信访局交办突出事项2件，均化解办结；常德市交办事项17件，化解4件、办结13件；区内自行排查事项44件，办结27件、化解11件、正在办理6件。

网上信访办理。利用电子政务外网，实现信访事项的受理、督办、回复等业务网上流转，过程公开。依法分类处理信访诉求，保证群众来信有人接、有人管、有人办理。1~10月，收到群众来信151件，办结140件。回访115件、走访6件，回访率85%；受理来访475件、办结428件；受理群众投诉513件（网信475件、国家局43件、省长信箱13件），100%办结。

逐级走访宣传。加强初信初访和属地负责制，落实首办责任和属地责任。在全区开展法治信访、网上信访、逐级走访宣传工作。开展“四个二”工程：即抓住事要处理、宣传引导“二个关键”；深化信访与发展、信访与花钱“二个认识”；突出源头防范、渠道畅通“二个重点”；规范干部依法行政、信访人依法走访“二个行为”。开展依法逐级走访工作。各乡镇（场）将逐级走访与经济奖罚、目标考核挂钩，制作逐级走访登记表，压实村组责任。

工作网络覆盖。配齐配强工作力量，按照上级“七有”标准和“三有”要求，实现乡镇场、街道办事处、村（社区）群众工作站（室）全覆盖，实现“纵到底、横到边”的信访网络。依托各级党组织建立“横向到边”的工作网。成立包案工作组，各组明确1名区级领导牵头，相关单位党政“一把手”负责，镇、村、组层层将工作责任分解到每1名党员干部身上，实行每周调度，半月碰头。依托基层党员建立“纵向到底”的信息网。每个村民小组明确1名以上党员担任信访信息员，建立区、乡、村、组四级信访信息员队伍，实现“小事不出村，大事不出乡，矛盾不上交”目标。

责任追究。区委、区政府将重大疑难信访问题，列入党委政府督查工作范围，强化通报和约谈制度。5月，分2组由区级领导带队全面督查依法逐级走访工作。约谈赴省进京非访量排名前三的单位主要负责人。实行信访总量、越级非访、接访调度等与工作绩效、目标管理、年终考核挂钩制度。信访工作中因工作不到位导致越级上访或者造成不良影响的，实行责任倒查。全年因工作滞后、接访不力处分干部7人、约谈乡镇党委书记、科局“一把手”7人。（朱茂盛）

法治政府建设

【概况】 2016年，区法制办被市政府办评为全市行政复议先进单位。

依法行政制度体系。2016年，政府常务会议专题研究法治政府建设，调研出台《鼎城区法治政府建设实施意见》，加强法治政府建设的组织领导，区委书记为第一责任人、常务副区长负责落实。推进执法责任制，严格责任追究。实施行政执法主体和行政执法人员资格管理制度。建立行政执法评议考核制度和行政执法案卷评查等制度，组织或参与市政府法制办组织的执法案卷评议和评查活动。推行责任清单和权力清单制度，实行动态管理，并向社会公布。实施行政审批事项的定期清理制度，清理非行政许可审批事项20项，取消非行政许可类别，推行行政许可裁量权基准试点工作。完善信息公开制度，加强电子政务、政府网站建设，建成政务信息公开平台，升级改版政府门户网站。建立违法行政行为投诉举报制度，畅通电子信箱、热线电话等监督渠道。自觉接受人大监督、司法监督。

行政决策制度健全。完善《鼎城区重大行政决策程序实施办法》《鼎城区重大行政决策事项社会公示和听证制度》《鼎城区重大行政决策责任追究制度》等制度。在行政决策时注重广泛听取民意，坚持重大行政决策听证制度。2016年举办了鼎城区基准地价、临江棚改项目改造、江南城区燃放烟花爆竹管理、湖南茂丰教育科技有限公司未经许可擅自从事出版物发行业务行政处罚等听证会。需列入区长办公会、区政府常务会会议的议题以及政府规范性文件的出台，由法制部门先期审查后，方可列入议题或进入办文程序，实现政府重大行政决策行为合法性审查全覆盖。完善修订《鼎城区政府合同管理办法(试行)》，规范政府参与重大经济活动的法律审查工作。完善政府法律顾问在丰富参与方式、拓展参与渠道、提升服务水平等方面的沟通联系制度。区政府法律顾问团向区政府出具法律建议、意见30余次，参与重大涉法事件处置10件次。

规范性文件管理。加强规范性文件登记审查。2016年，审查区本级文件108件，其中审查政府文件87件(包括规范性文件21件)，审查区直部门文件19件，统一登记、编号、公布21件。区政府和政府办制定的规范性文件由《鼎城政报》、鼎城政府网统一公布，并在政务中心、图书馆、电信、移动服务大厅放置《鼎城政报》，供公众免费查阅。加强规范性文件备案审查管理。严格按照《湖南省规范性文件备案审查规定》和《常德市鼎城区人大常委会规范性文件备案审查办法》的要求，注重从源头上备案规范性文件，保证抽象行政行为的监督制度化、规范化。2016年，区政府报市政府及区人大常委会备案规范性文件21件，实现了“有件必备”。加强规范性文件清理工作。根据《湖南省规范性文件管理办法》的要求，开展土地出让优惠政策、涉及行政许可增设、行政强制统一等规范性文件专项清理工作，建立落实规范性文件有效期台账。

规范执法行为。加强行政执法人员资格管理，开展执法培训发证工作。建立行政执法人员数据库，完善行政执法人员信息管理，与省系统联网，公布行政执法人员信息。2016年下半年，组织全省第五轮行政执法人员执法资格考试工作，完成全区报考人员的资格审查与系统录入工作。执行重大执法决定的法制审核制度。行政执法机关作出的重大行政许可、行政处罚、行政强制、行政征收等行政执法决定，尤其是房屋征收补偿决定等涉及财物的查封、扣押或强制拆除等事项，必须经法制机构审核后才能作出决定，保障和促进行政执法机关有效实施行政管理，保护公民、法人和其他组织的合法权益。

复议应诉和纠纷调处。规范案件受理工作，畅通行政复议渠道。完善信函、电传、口述等申请方式，遵循行政复议范围尽可能从宽的受理原则，引导当事人通过行政复议解决矛盾纠纷。2016年，办理行政复议案件15件，办结8件。全年，区政府作为被申请人参与市政府行政复议案件25件，无一件被确认违法或撤销。处理行政诉讼和民事诉讼，维护政府合法权益。处理区政府为被告的行政诉讼案件，坚持以事实为依据、以法律为准绳，维护各方当事人的合法权益，依法依规，引导当事人诉讼维权，2016年以区政府为被告的案件28件，无一件被确认违法或撤销。调查和处理土地、林地等自然资源权属争议，发挥法制部门的作用，寻找解决问题的法律法规依据，提供法律意见，有效化解了一批矛盾纠纷，维护了社会稳定。 (伍斌勇)

【依法行政指导中心成立】 2016年，政府常务会议专题研究法治政府建设的相关问题，调研出台

《鼎城区法治政府建设实施意见》,12 月 12 日,经区编办同意成立依法行政指导中心,定编 7 人,属区政府办管理的公益一类事业单位,其主要工作职责为服务法治政府建设,指导全区依法行政工作;为区政府及其工作部门、企事业单位等提供法律咨询服务;为依法行政执法人员、行政执法监督人员及其他法律相关人员法律知识培训;受区政府委托,组织重大行政决策合法性论证,组织开展有关法制课题调研;定期清理依法行政指导依据,梳理行政执法流程,编辑行政执法人员手册,指导行政执法行为。 (伍斌勇)

法律知识培训

电子政务工作

【概况】 2016 年,鼎城区推进网站普查,实行各部门网站常态化迎检,顺利通过国家、省、市网站普查。鼎城政府网主站改版、子站集约化。配合市智慧办开展智慧鼎城建设,架设乡镇电子政务外网。区政府网站被省政府评为优秀政府网站;电子政务工作获市智慧办、市政府网站先进;罗漾被评为全省政府网站工作先进个人。

信息公开。加强政务公开栏目建设。在政府网络显要位置添加"央网推荐""省网推荐"栏目;设计制作鼎城区重点领域信息公开专栏;调整政务公开信息目录展现形式,细化栏目设置,增加近一倍的子栏目,更新政务公开类信息 1800 条;制作两会、经济会、党代会、党代会解读、"两学一做"等专题专栏,展示鼎城区政治经济方面的大事要事。抓政务公开信息保障。全年召开专题调度会 2 次,明确各职能部门政务公开信息保障责任制,落实更新政务公开相关栏目的责任到单位到责任人,分管副区长钟科程到会指导并提出具体要求。为落实会议精神,区政府网站联合区政府督查室开展专项督查,督查责任单位 20 家,下发督查通报 2 期。

网站普查。为迎接国家、省、市各级网站普查,区电子政务办年初成立专门班子,全员上阵,实行网站联系责任制,每人负责联系若干个子网站,清查网站群,消除"四不"(网站内容更新不及时、信息发布不准确、交流互动不回应、服务信息不实用)问题,全区全年电话联系 4000 余次。根据普查、政务公开和绩效考核要求,每天巡查所联系的网站,10 名工作人员合计帮助指导修正网站 3000 余次;每周召开专题例会,总结网站工作,列出问题清单 100 余组,及时交办相关单位处理;每月清查子网站 1 次,查找问题、限时整改;联合区政府督查室不定时督查网站存在严重问题的单位 30 余个次,责令整改到位。至 2016 年年末,在国家、省、市网站普查中,未有一家网站被通报。

政府网站改版。2015 年启动主站改版升级,改版建设方案经过 5 次修正,耗时 4 个月,于 2016 年上半年结束改版。数据无损迁移 6 万余条,实现新旧网站平稳过渡;召开听证会 4 场,整理有效建议书 70 余篇;打破传统页面设置,采用扁平化设计和亲民化网站结构,让访问者获取内容便捷化。新版网站设置新闻动态、魅力鼎城、政务公开、网上服务、政民互动等五大核心板块,设置了重点领域信息公开、重点服务事项和信息公开目录等民生

改版的《中国·鼎城》

专题栏目，发布群众关注的重要信息1000余条。在改版中，完善和充实网站栏目内容，提升网站的可读性、服务性、实用性，打造“不下班的政府”，发挥政务公开第一平台的作用。

网站集约化。2016年9月，为落实省、市精神，鼎城区政府网站启动子网站二次集约化建设，规范60家网站栏目，栏目设置分规定栏目和特色栏目，在保留各单位自身特色信息更新阵地的同时，指定各单位必须设置的信息公开栏目。栏目设置后，统一向省、市申请永久关停，并注销其域名、备案号和机构设置标识。全区仅保留区国土局、区教育局2个政府子站，其他部门网站以栏目形式在政府门户网站上展现。在全市鼎城区率先完成二次集约化建设。

智慧城市建设。通过统筹整合各方资源，建设覆盖面广、渠道畅通、服务完善的电子政务外网平台。区电子政务外网接入行政事业单位70余家，乡镇(街道)、场25个，社区30余个；实现行政审批职能部门的政务外网接入全覆盖，全区统一的网上政务服务网络平台基本形成。

桥南商圈O2O移动电子商务平台：该平台依托桥南商圈，拥有完善电子商务功能后台、电子银行交易系统，是同城需求者和经营者进行个性化对接与匹配的交易平台，是融商品和服务线上线下展示、在线交易、支付结算、物流配送、信息咨询等多种服务为一体，为个人和各类经营者提供全方位生活化电子商务服务的现代化服务体系。项目总投资290万元，相关建设已启动。

社会治理网格化建设：网格化系统采集人口信息77万余条、房屋信息28万条、法人信息1000余条，新建城市社区11个，新增网格35个，全区网格99个。建立健全部门联动机制，出台绩效考核细则，明确街道和社区的网格员管理责任，用大数据为老百姓服务。

教育信息化：区教育信息化建设工作启动，投入资金1201万元。全区86所学校分3年建设教育信息化硬件，拟投入资金3443万元，按照“3年建设，5年还款”的付款模式，2016年和2017年建设“班班通”，2018年建设电脑教室。2018年年底鼎城教育信息化“三通两平台”建设完工。

公路治超：公路超限运输非现场检测系统利用信息化技术，实现不停车动态称重，所有工作信息并入区信息化调度指挥中心储存管理。拟投入800万元建设四套系统，已进入财政采购程序。

平安城市：第一批架设高清探头490个，架设范围包括江南城区、斗姆湖街道和灌溪镇，已投入使用。第二批架设高清探头55个。

智慧城管：智慧城管系统运行平稳，截至11月，区智慧城管指挥中心受理案件62260宗，立案55870宗，结案55233宗，案件结案率98.86%。

(罗　磊)

中国人民政治协商会议鼎城区委员会

Dingcheng Committee of the CPPCC

鼎城区政协八届十七次常委会议会场

概　　述

概　　述

【概况】 2016年，鼎城区政协以落实年度协商工作计划和常委会工作要点为抓手，区政协常委会议、主席会议和各专委会围绕完善乡镇政府管理服务职能、打造江南新城发展“升级版”、村级财务管理、文化创作人才培养等课题开展7次协商议政活动，提出意见建议40余条；围绕江南城区重点项目建设、油茶产业发展、高新区改革发展等主题开展主席会议视察5次，协商议政各种相关工作。

协商议政。5月5日，区政协召开八届三十一次主席会议，围绕完善乡镇政府管理服务职能，建设基层服务型政府课题进行专题协商，提出“逐步理顺乡镇管理体制机制，着力加大对乡镇的支持力度，尽快完善区划调整后续政策，全面加强乡镇干部队伍建设”等建议，区委副书记车世忠，区委常委、区政府副区长邓碧波到会听取意见建议。10月26日，区政协召开八届十八次常委会，专题协商“推进改革创新，打造江南新城发展‘升级版’”课题，区委副书记、区政府代区长朱金平，区委常委、统战部部长瞿政前，区政府副区长候选人蒋宏武应邀出席会议。会议就加快推进江南新城发展转型升级提出要进一步“深化思想认识，突出规划引领，推进项目建设，促进产城融合，提升城市管理水平，完善工作举措”等建议。

区政协2016年提案办理工作协商座谈会

民主监督。建立区政协履职成果跟踪回访机制。把2016年定为“政协重要履职成果跟踪回访年”，围绕社区矫正工作、油茶产业发展、水资源保护等课题，对八届区政协提出的建议案、协商意见、重点提案、社情民意信息领导签批件办理落实情况进行跟踪回访。推进重点提案协商督办。选取6份重点提案由区政协主席、副主席领衔协商督办，提升提案办理实效。开展专题视察活动。围绕江南城区重点项目建设、高新区改革发展等课题开展5次专题视察。

委员专题视察江南城区重点项目建设

联络联谊。开展“走访服务委员月”活动。由主席会议成员带队集中走访委员2次，与民族宗教界代表人士沟通，贯彻党的民族宗教政策，主动关心少数民族同胞、信教群众的利益和诉求，促进社会和谐稳定；加强与上级政协和兄弟县（市）区政协的联络联系，主动配合省、市政协开展异地视察以及城市饮用水源保护、农村集体资产管理等课题的调研视察活动；利用政协平台，促进地方经济文化横向联系和区域性交流合作，先后接待重庆、湖北、广西等地方政协考察团。

机关建设。按照中央、省、市、区委统一部署和要求，坚持“规定动作不走样、自选动作出特色”，结合区政协工作实际，推进“两学一做”学习教育、“四讲四比”等主题教育实践活动。坚持用制度管人管事，建立和完善机关公务接待、财务管理、岗责考核、请销假等15项机关内部管理制度，促进机关工作制度化和规范化。坚持双周星期五集中学习制度，组织开展文明单位创建系列主题活动，2016

年成功创建市级文明单位。

中心工作。根据区委、区政府统一安排部署，区政协主席会议成员积极参与西区板块开发、江南临江棚户区改造、兴隆现代商贸城建设、城市管理创建、脱贫攻坚等中心工作，认真履行抓协调、抓调度、抓落实的职责，为推进相关工作发挥重要作用。区政协机关参加美丽乡村、完美社区、扶贫点村建设等工作，完成联点工作任务。（聂德其）

【区政协换届】 2016年8月25日，区政协召开党组会议、主席会议审议通过《鼎城区政协换届工作方案》，安排部署新一届委员数、基本结构、界别设置、委员基本条件、委员产生程序、换届时间。10月26日，区政协召开八届十八次常委会议，协商通过政协鼎城区第九届委员会委员名单，选定区政协委员300人，并于当晚在鼎城电视台公告。新一届政协委员中，中共委员115人，占38.3%；非中共委员185人，占61.7%；男性委员206人，占68.7%；女性委员94人，占31.3%；汉族委员279人，占93%；少数民族委员21人，占7%；具有大专以上学历的委员171人，占57%；大专以下学历的委员129人，占43%；35岁以下的委员43人，占14%，委员结构得到进一步优化。新一届政协委员来自26个界别，其中，中共界别委员37人、中共党外知名民主人士49人、工商联界委员15人、工会界委员3人、共青团界委员4人、妇联界委员6人、文艺体育新闻界委员8人、农业界委员28人、教育界委员21人、医卫界委员15人、宗教界委员2人、社会福利慈善团体界委员1人、经济界委员32人、特邀界委员44人、科技界委员2人、社科界委员1人、科协界委员1人、侨联界委员2人、无党派28人、少数民族界委员1人。（聂德其）

【"脱贫攻坚·金秋助学"活动】 2016年6月下旬，区政协贯彻落实省、市政协助力脱贫攻坚有关精神，启动"脱贫攻坚·金秋助学"活动。活动成立了由区政协主席韩才渊任组长，其他主席会议成员任副组长的领导小组，并制定活动方案，明确活动目的、参加范围、资助对象条件、捐助方式、申报审定程序等具体工作要求。通过一个多月时间筹备，募集助学金百万余元。8月19日，区政协举行捐助仪式，部分捐资代表现场为100名贫困大学新生各发放10000元助学金。（聂德其）

金秋助学活动捐助现场

区政协八届五次会议重要提案

表3

序号	提案人	提案名称
1	中国民主促进会鼎城支部	关于加强对学生校外托管机构管理的提案
2	桥南政协联络组	关于解决江南城区公共交通问题的提案
3	区政协文史委	关于加快我区公共文化服务体系建设的提案
4	区政协提案委、中国民主建国会鼎城工委	关于培育壮大农业品牌　促进现代农业发展的提案
5	九三学社常德市鼎城支社	关于治理畜禽养殖污染的提案
6	区政协法制群团委	关于做强婚姻家庭纠纷调解工作　打造鼎城品牌的提案

（聂德其）

民主党派·工商联·群众团体

Democratic Parties & Association of Industry and Commerce & People´s Groups

民革省委鼎城区调研会议现场

中国国民党革命委员会鼎城总支委员会
中国民主同盟鼎城区基层委员会
中国民主建国会鼎城区工委
中国民主促进会鼎城区支部委员会
中国农工民主党鼎城区总支委员会
中国致公党常德市委员会鼎城支部
九三学社常德市鼎城支社
鼎城区党外知识分子联谊会
鼎城区工商业联合会
鼎城区总工会
共青团鼎城区委员会
鼎城区妇女联合会
鼎城区文学艺术界联合会
鼎城区科学技术协会
鼎城区残疾人联合会
鼎城区归国华侨联合会

中国国民党革命委员会鼎城总支委员会

【概况】 2016年，中国国民党革命委员会鼎城总支委员会有党员50人，主要分布在行政、司法、教育、民企等行业，他们在维稳协调、矛盾调处、教育教学、自主创业、经济社会发展等方面获佳绩。委员杜华被信访局聘为兼职人员；王勇负责的矛盾调处工作，获省级表彰；胡力华创办的半导电子有限公司，为经济社会发展做出了贡献；孙金蓉参加教育战线教学比武获佳绩；张惟鹏创业事迹在7月7日的《常德晚报》得以整版报道。

参政议政。中国国民党革命委员会鼎城总支委员会委员中有6名是区政协委员，1名是市政协委员。1月，中国人民政治协商会议鼎城区委员会第八届委员会第五次全体会议期间，中国国民党革命委员会鼎城总支委员会单独或合作提交提案10篇。委员唐松山、彭力、姚伟胜等，提交《关于重视乡镇教师队伍建设的问题》提案，建议按上级要求的比例加大教师补充力度、适当调整学校布局。委员姚伟胜、铁红旗分别提交了关于农村小水利工程的改造加固、城镇管理机制建设的提案。上交了《居民盼望德安路北延线公园进出口成平安通道》《社情民意》提案。

"两学一助"。3月上旬，组织全体党员学习中共中央统战工作条例；开展了"两学一助"学习教育活动，落实民革中央宣传部《关于继续组织好"观故居，走多党合作"之路的通知》要求，党员利用周末双休时间，自费组织到重庆冯玉祥旧居、张治中旧居参观学习。8月9日，总支副主委韩亚琦在党员骨干会上领学习近平系列重要讲话。

"同心工程"。"同心工程"以全方位关爱抗战老兵幸存者为主要内容，被评为省统战系列特色项目。年初，老兵宁建秋家修建新房，中国国民党革命委员会鼎城总支委员会为他在住所随近租用临时住房；9月10日，慰问9位老兵，送给每人现金2000元、月饼一盒、长寿面2公斤；为石公桥镇向家财、双桥坪镇涂绍美、黑山咀镇吴和坤、田学顺等老兵送高清彩电各一台；上门祝贺老兵向家财90岁生日；10月4日，吊唁老兵宁建秋离世。

（唐松山）

中国民主同盟鼎城区基层委员会

【概况】 中国民主同盟鼎城区基层委员会设主委1名，副主委2名，组织委员1名，宣传委员1名，参政议政委员1名。委员会下设机关一支部、机关二支部、一中支部、九中支部、文化支部、江南支部、淮阳支部7个支部，全区在册盟员83名。

参政议政。配合市人大开展《农产品质量安全法》执法检查，主委唐少华带领盟员深入一线基层，督导农产品质量安全法的落实，区农产品质量安全行经验在全省推广。联合区教育局负责人，专题调研乡镇撤并后农村中小学布局调整的问题，形成《合理调整农村中小学布局 优化我区教育资源配置》调研文章，供领导决策参考。副主委刘优群的《关于城乡接合部环境卫生应纳入城乡一体化综合治理》的提案得到区政协领导的重视，政协副主席罗旺甫带领农办、环卫、郭家铺街道的主要领导到郭家铺街道调研，并向分管的副区长专题汇报，城乡接合部环境卫生治理问题得到根本解决。副主委刘优群的《融入本土民营企业，助推海绵城市建设》得到区政协领导的重视，帮助民营企业"天和管桩"申报海绵城市建设项目行政许可。唐丁尖的《关于完善城市公交线路》的建议，得到市政府的采纳。

"同心助学工程"。2016年，资助贫困学生300余人，减免学杂费用80余万元。区委班子成员及各支部主委，分别结对1~5名特困学龄儿童，给每名特困儿童慰问金500元。盟员王兆基一次捐款5000元。

人才强盟工作。2016年，有14位盟员当选为区政协九届委员（其中尤先哲当选为市委委员，肖佳英、唐诗球、熊经久当选为区政协常委），有3位盟员当选为区十七届人大代表(其中王红玲当选为市人大代表）。盟员中副处级干部1名，副科级实职11名，盟员教师大多是所在学校的骨干教师。

（肖佳英）

主委唐少华等调研在蔡家岗中学迁建工程

中国民主建国会鼎城区工委

【概况】 中国民主建国会鼎城区工委成立于2000年12月10日。2016年年末，有民建会员42名，其中市政协委员和政协常委3名，区政协委员和政协常委7名，区人大代表和常委3名。2016年，学习贯彻中共十八大和十八届五中全会精神，落实民建中央十大、民建全国基层组织经验交流会议精神和民建省委八大提出的各项工作部署，围绕中共鼎城区委、区政府的中心工作，加强自身建设，履行参政党职能，开展社会服务。中国民主建国会获 “民建市委2016年度先进基层组织”荣誉称号。

主委杨善军、副主委高伟杰、会员刘阿林当选市政协委员

组织建设。发展会员，坚持注重质量、注意数量、保持特色、优化结构的组织发展原则，严握会员入会关，规范组织发展程序，优化会员队伍结构。2月1日，工委举行了以“同心工程”为主题的新春团拜会，参加会员40余名；11月初，工委与津市市委开展调研交流活动，参观考察岳山寺和毛里湖；《同心企业》活动继续推进，3次到晟源禽业实地考察，送技术、送政策、送建议，为该企业销售有机肥500余吨。

思想教育。开展学习实践活动。出台《民建鼎城区委开展坚持和发展中国特色社会主义学习实践活动工作方案》，成立学习实践活动骨干小组，召开小组专题学习会2次，在学习实践活动中重点突出“三个实字”。一是结合实际带头学，结合鼎城经济社会发展情况和单位工作实际，学习民建中央、省市委关于学习实践活动相关文件精神，学习中国特色社会主义理论体系和社会主义核心价值体系，进一步坚定信心、凝聚共识；二是深入实地反复讲，工委领导走入基层，及时传达文件精神，讲解活动的要求、内容和目的；三是讲求实效积极推，工委以开展学习实践活动和人大、政协换届为契机，通过组织学习，培养、教育、帮助、引导会员爱岗敬业、服务社会、参政议政，积极反映社情民意，一批优秀会员当选人大代表和政协委员，切实履行民主党派组织的参政议政职能。组织会员培训。开展一系列的学习教育活动，组织会员学习理论、政策、重要会议精神和参政议政方面的知识，5月，工委选派会员5名参加民建省委、市委的学习培训工作；11月，选派副主

会员视察调研

委1名和会员1名参加民建省委在江西井冈山举办的骨干培训班。

参政议政。开展调查研究,民建鼎城工委赴会员企业和相关单位开展调研工作,为参政议政提供第一手资料。完善调研架构,成立调研工作小组,选取骨干会员任调研工作人员,形成“工委—骨干—支部”的调研架构。开展课题调研,向市委统战部上报调研报告《当前民主党派基层组织履行民主监督职能的思考》。

6月,完成调研课题《关于助推城市扩容提质发展》; 11月,调研城市建设,主委杨善军在区政协常委扩大会上作《城市扩容提质 助推“产城融合”》的专题发言,得到区长和与会人员肯定和赞同。选定研究课题,组织撰写论文,形成理论文章2篇。提高提案质量,在2016年市区“两会”上,鼎城民建为市、区政协提出提案8件,其中,《关于促进我市家庭农场的提案》和《关于加强农业品牌化建设的提案》被列为市区政协重要提案。内容涉及市、区的经济发展、人文关怀、文化繁荣等各方面。工委班子带头搞调研、写信息,在《三湘统战》《常德统战》《鼎城政协》《鼎城统战》发表文章30篇。

社会服务。开展新春送“福”和慰问困难会员活动,开展扶贫慰问、捐资助学、社区服务、解决就业等公益活动,组织会员帮助暂时困难的企业。企业会员刘明高心系贫困失学儿童,自2009年起,到2016年年末倡导助学160人。 (莫政芳)

中国民主促进会 鼎城区支部委员会

【概况】 中国民主促进会鼎城区支部委员会成立于2009年,2016年有会员17人,其中任区政协委员7名,任区政协常委2名,支部主委蒋利荣。2016年,中国民主促进会鼎城区支部委员会被民进市委评为“先进基层组织”。

参政议政。参加区委统战部组织的各种协商会、征求意见会、座谈会,提出意见和建议多条。2016年年初,召开调研工作会,精选课题,拟“中小学学生托管机构管理”开展调研。会员走访学校周边托管学校、社区、教育局、物价局、工商局、食品监管局等部门调研,写出调研报告《关于加强对中小学学生托管机构管理的建议》,并在第八届区政协大会上发言,获好评。

社会服务。6月,与区文联联合主办“纪念建党95周年、长征胜利80周年”大型书画展,为期7天。8月,协同区知识分子联谊会为许家桥乡中堰村蒴聪、罗丝等4名学生每人捐助2000元。中秋慰问,为双桥坪镇兴国寺村的高应泉、唐万华、杨仲秋等11名五保户和因病致贫户,送慰问金6000元、每人一盒中秋月饼。

主委蒋利荣慰问贫困户

“两学一助”。按照常德市委会部署的“两学一助”教育活动的步骤开展“两学一助”。学习会章会史,学习中国特色社会主义理论体系、学习贯彻十八大精神的内在要求,学习习近平系列重要讲话,定期开展组织生活,参加常德市委会组织的报告会、座谈会、研讨会、培训班等。

信息宣传。在市统战网和区统战网、民进市委网发表信息多篇,如《民进鼎城支部开展“三学一讲”户外拓展训练》《民进鼎城支部举行“两学一助”实践活动》《民进鼎城支部开展“同心乡村 金秋助学”活动》《鼎城区民进精准扶贫情意浓、中秋慰问暖人心》,沈亚力撰写了《反映当前征地拆迁

中存在的问题及建议》，主委蒋利荣和会员刘艳银撰写了诗歌散文《向往诗歌中的田园生活》《走过那条小河》。（沈俊帆）

“两学一助”学习

中国农工民主党鼎城区总支委员会

【概况】 中国农工民主党（简称农工党）党员以医药卫生界高中级知识分子、环境保护和人口资源领域的代表性人士为主，是具有政治联盟特点，致力于建设中国特色社会主义事业的政党，是同中国共产党通力合作的参政党。2002年成立农工党鼎城区总支委员会，有党员56名。2016年，农工党学习中共十八大三中、四中、五中全会精神，推进“两学一助”活动，坚持走群众路线，把发展作为参政议政的第一要务，履行参政党职能，开展定点帮扶乡镇卫生院、培训乡村医生等社会服务活动。制定农工党鼎城总支参政议政工作奖励办法，调动党积极性，以政协大会发言、政协提案、社情民意信息专报等方式提出意见和建议。在2016年度“两会”上，以集体或委员个人名义提交提案和建议5件。（蒋　斌）

中国致公党常德市委员会鼎城支部

【概况】 组织建设。中国致公党常德市委员会鼎城支部利用致公党市委、中共鼎城区委、区政府以及统战部组织的座谈会、研讨会、培训班等各项学习活动，组织党员学习了中国特色社会主义理论体系、中共“十八大”和十八届六中全会精神；开展“两学一助”活动，组织党员学习党章党史、习近平讲话精神和优良传统。2016年，党员参加的活动如：8月9日~12日支部部分党员参加了致公党市委开展的传承红色基因，致力“两学一助”井冈山革命传统教育活动、8月31日全体党员集中学习致公党章程和习近平讲话精神、9月18日~24日支部主委蒯建英参加了致公党省委组织的基层组织及参政议政骨干培训班，10月13日~11月11日支部主委蒯建英参加鼎城区委组织部组织的科级干部培训班。10月24日~28日党员李其臻参加市委统战部组织的全市新的社会阶层人士培训班。

参政议政。建言献策方面，支部主委蒯建英撰写的提案《关于做好入托入学儿童〈预防接种证〉查验工作的建议》《关于原英德纸厂生活区居民用水的问题》、党员胡春花撰写的《关于加强中小学生传统书法教育的提案》提案得到有关部门的高度重视和好评。入托入学儿童〈预防接种证〉查验工作得以落实。原英德纸厂生活区居民用水的问题得以解决。10月17日，鼎城社区原英德纸厂生活区居民罗大姐一行人送匾牌“心系百姓，为民解忧”到致公党鼎城支部。课题调研方面，2016年，支部以“我区村居合并后问题的思考”为题开展社会调研活动。10月致公党鼎城支部组织调研村居合并后问题，形成调研报告。社情民意信息，发动全体党员和相关人士调查走访群众，及时捕捉广大群众关心的社会热点焦点问题，全年撰写各类社情民意和宣传信息15条。

群众送牌匾

社会服务。1月27日,支部主委蒯建英、副主委胡春花到鼎城社区看望困难群众刘进华、邓冬云、杨曙光等,为他们每人送慰问金500元,并致以节日祝福;支部开展“文明礼仪知识进社区”活动,5月25日邀请全国高级礼仪培训师、常德市礼仪文化协会会长、中国致公党党员孙一容老师到鼎城社区讲解文明礼仪知识;6月19日,支部联合医卫支部邀请市第一人民医院的专家,为鼎城社区老百姓免费送医药,接待群众300余人次,发放药品价值11000元,致公党常德市委专职副主委胡碧波、副主委尹明祥,中共鼎城区委统战部常务副部长董宏志、副部长黄少华到现场指导;6月27日晚,支部邀请常德市歌舞剧院40余名演职人员,在鼎城区文化中心文艺演出。 (胡春花)

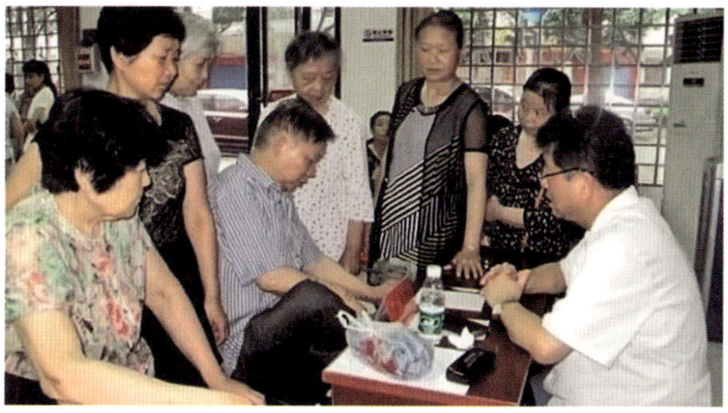

社区义诊

【支部换届】 按照致公党市委的部署,2016年1月5日下午,支部召开换届选举大会,全体支部党员参加会议。经投票,选举产生主委1名、副主委2名、委员1名。由主委蒯建英,副主委周汉高、胡春花,委员赵建忠组成支部第二届领导班子。4月5日召开第一次全体党员会议,讨论并通过了关于推选蒯建英为致公党第二届市委委员候选人等决定,学习致公党常德市委2016年工作要点,传达了鼎城区委统战部2016年工作要求。 (胡春花)

九三学社常德市鼎城支社

【概况】 九三学社常德市鼎城支社成立于2005年9月,有社员19名,其中区政协委员7名,区政协常委2名;区人大代表1名,区人大常委1名。杨胜、陈伟、许光被九三学社常德市委评为“优秀社员”,曾潜获常德市第二届党外知识分子科技成果展金奖。

参政议政。全年区委统战部采用支社报送信息15条,市委统战部采用信息15条。在区政协八届五次全会期间,支社向大会提交集体提案1件,委员个人提案3件,其中《关于畜禽养殖污染的提案》被评为优秀提案。

学习教育。开展“两学一助”主题教育活动。7月22日,召开“两学一助”动员会。组织社员学习九三学社常德市鼎城支社“两学一助”工作方案、习近平总书记的系列讲话精神,邀请社市委主委涡宾辰解读“两学一助”,谈如何学、如何助。8月24日,组织支社部分骨干成员参加社市委在井冈山举办的“学习优良传统,传承红色基因”的活动。

组织建设。开展走访社员活动,支社联合九三常德市委、鼎城区委统战部走访社员所在单位如区农业局、区卫生计生执法局、区文广新体局执法大队等,并与相关领导领导、同事沟通交流,了解社员各方面的情况,反馈社员在支社的情况,为社员成长搭建好的平台。推荐优秀社员2名到九三学社湖南省委、中共常德市委统战部举办的中青年骨干培训班学习。推荐7名社员为区政协第九届委员会委员,其中2名政协常委。推荐1名社员为区第十七届人大代表、人大常委。 (张全丰)

【“同心乡村”创建】 鼎城区花岩溪镇湖江坪村是支社联系的市级“同心乡村”示范点。支持该村特色旅游活动。协助该村成功主办了第二届紫云英花节，紫云英花节创旅游收入100万元以上。开展科技助村活动。湖江坪村是区集中育秧示范点村，支社组织部分农业技术专家开展农业技术服务活动，为60余名村民讲解怎样预防烂种烂秧、如何加强育秧及秧田管理，发放技术资料100余份。开展扶贫帮村活动。10月29日，组织市一中医院医疗专家、教授7名到该村讲述健康知识、送医送药、义诊村民近100余名，筹措资金为村民免费发放药品价值10000余元，并资助10名贫困学生每人500元。 （张全丰）

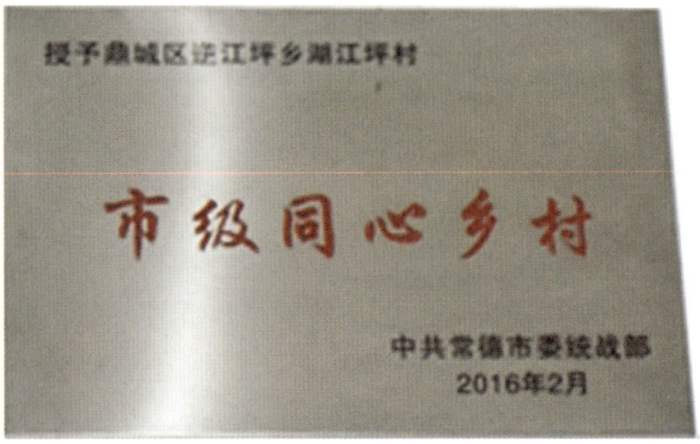

花岩溪镇湖江坪村被授予“市级同心乡村”

市一中医院医疗专家、教授义诊村民

鼎城区党外知识分子联谊会

【概况】 鼎城区党外知识分子联谊会成立于2008年6月，原名无党派人士联谊会，2013年更名为鼎城区党外知识分子联谊会，是培养党外人士的群团组织，2016年，有会员36名。全年，联谊会围绕全区经济社会发展和关系联谊会的重大问题开展调查研究，提出《关于加强我区农村摆酒食品安全管理的建议与思考》等调研报告，向常德统一战线、三湘统战网投稿46篇。被区委统战部授予“优秀党外组织”称号。 （肖桂华）

鼎城区工商业联合会

【概况】 2016年，区工商业联合会抓组织建设、非公党建、宣传教育等工作，取得成效。区工商业联合会顺利换届。8月，区工商业联合会被全国工商联确定为“全国五好县级工商联”；周伟建被评为市优秀政协委员，其先进事迹在《常德日报》、常德电视台予以报道。

思想政治。注重把握会员的思想政治素质关，在政治安排和评先评优上执行“凡进必评”的评价标准，保证非公经济代表人士的政治参与有序。配合市工商联、区委、人大、政协及工商联换届，在全区范围内开展非公经济代表人士综合评价工作。按照《中国共产党统一战线工作条例》和新的综合评价标准，坚持“凡进必评”，按照程序要求，到非公经济人士所在企业考察座谈，部门评价全区217名非公经济代表人士，向区委反映其思想政治表现及社会公益事业情况，其中，推选市工商联第六届执委会执委8人、推选市党代表1人，推选市、区人大代表、政协委员67人。

党建工作。成立以党组书记朱首舵为组长的党风廉政建设责任制领导小组，约谈每一名班子成员，签订《工商联党风廉政建设目标责任书》。加强换届风气监督，换届工作未出纰漏。工商联机关党支部按照区委统一部署，在机关全体党员干部中开展“两学一做”教育工作。组织全体党员学习习近平总书记系列讲话和党章，争做合格共产党员，查摆问题并整改落实到位。完成机关党支部换届，执行“三会一课”制度，定期召开组织生活会和民主生活会，机关党支部书记参加全区机关党支部书记培训班学习。指导全区非公企业党建工作，非公经济组织建立党组织77家，党员1217名。在非公经济人士中开展“两学一做”和“两学一助”教育工作。组织非公企业党支部书记和党建指导员35名参加党建工作培训班，组织非公企业党支部书记专题培训2次，派出1名党建指导员整顿玉龙房产、久光国际2个软弱涣散党组织。培育了联嘉机械等党建示范点6个。区非公党工委召开非公党建工作推进会4次，组织非公企业党支部书记和党建指导员观摩学习2次，深入非公企业26户次。获市非公党工委表彰“优秀非公企业党支部”1名、“优秀党务工作者”1名、优秀党员2名。

社会事业。引导非公企业承担社会责任，组织全区规模工业企业和商贸企业105家对接帮扶贫困村35个，每个企业对接3个贫困户，开展基础设施建设、就业、助学慰问等社会帮扶活动。近一半企业投入扶贫资金100余万元。力升消防为中河口镇灯油村的残疾特困户罗乐春修建新房资助6万元；年丰粮油为双桥坪镇农夫堰村基础建设投入资金5万元，出资扶贫帮困、助学7000元；8月中下旬，开展金秋助学活动，教育奖励基金4万元资助贫困大学生4名；蒿子港镇分会组织会员筹集资金13000元，资助贫困学生13名；金桥糖酒公司设立了“一品学子”助学基金、力升消防公司在石公桥镇设立“焕然基金”，每年资助贫困学生，圆其求学梦；按照区委统一部署，2016年与区工信局、邮政局在双桥坪镇官堰坪（原农夫堰）村开展精准扶贫工作，主要领导与工作队员多次到点村开展“一进二访”调研，详细了解贫困村建设现状及困难，帮助制定脱贫措施，筹集资金3.7万元用于点村建设和慰问贫困户；参与“美丽乡村”建设，投入资金1万元。

综治工作。开展非公企业计划生育综合治理，引导企业加强计生家庭和农村两女家庭就业安置和优先帮扶，非公经济人士的政治安排和评先评优实行“一票否决”制度。开展社会管理综合治理，构建和谐劳动关系，参加协调劳动关系三方会议，引导企业创建“平安企业”、“和谐企业”。

参政调研。多次配合省、市工商联开展问卷调查及调研活动。7月份，开展了“访民企、办实事、强信心”调研活动，调研非公企业80余家，从企业生产经营状况、发展环境及意见建议等方面开展问卷调查。7月21日，市委统战部常务副部长、市工商联党组书记鲁晓凤一行到鼎城开展“访民企、办实事、强信心”实地走访座谈，召开座谈会，10余位企业家围绕中小微企业发展中存在的融资困难、成本上升、压力增大等实际问题发言。8月下旬，问卷调查8名年轻非公经济人士的思想政治状况。开展“全省规模民营企业”“制造业民营企业发展现状”“全省民营企业参与一带一路建设和国际产能合作情况”等问卷调查。“两会”期间，会员中的人大代表、政协委员撰写提议案50余份，意见建议93条。工商联主持的《鼎城区中小微企业发展现状及对策建议》调研课题，在区政协大会上发言。

市委统战部副部长、工商联党组书记鲁晓凤调研科箭机械公司

宣传教育。为大力弘扬非公有制经济优秀代表人士艰苦创业、奋发图强、敢为人先、回馈社会的精神，与鼎城电视台联合推出了大型宣传节目《奋进——鼎城工商界人物风采》，讲述20位鼎城工商界优秀代表创业的故事。在《鼎城新闻》栏目黄金时间段播出。向省、市、区统战部、工商联网站及时报送相关信息40余条。组织10名新生代企业家参加市社会主义学院培训。在会员代表大会上，组织大家学习习近平总书记重要讲话精神，学

习理解和认识“两个毫不动摇”“三个没有变”以及“亲”“清”新型政商关系等。7月8~10日，与常德爆品创客信息技术咨询服务公司联合，举办“中小微企业转型峰会暨常德市创客空间孵化器基地启动仪式高峰论坛”，邀请中国领袖型企业家创业导师邵雷先生主讲，50名会员参加学习培训，从全新的视角和独特的思维模式诠释新的经营理念。10月，推荐非公经济人士2名参加全市新的社会阶层人士培训班。加大“十百千工程”企业培育力度，动态管理2013年度确定的13家重点培育企业，重点调整发展势头强劲、符合国家产业政策、一、二、三产业融合发展的农业产业化企业。向区委宣传部推荐了常德玖和广告传媒公司董事长聂泽桂参加鼎城区第五届“十佳善德公民”评选活动，获提名奖。年丰粮油公司作为全市“同心工程”示范项目，带动当地农民以山林入股分红共同致富的模式，受到省、市领导的充分肯定，被推荐为全省“同心工程”示范项目。

对外交流与服务。与经济发达地区的工商联缔结友好商会，加强与异地常德商会的联系联络，增强商贸合作、经验交流。6月21日~22日，主席周伟建带队，组织工商联兼职副主席、副会长和机关干部共12人，赴邵东县工商联开展友好学习交流。双方交流和探讨办会经验、非公党建、综合评价、组织建设、精准扶贫等方面工作。利用网络优势，引导企业“引进来”“走出去”。引进哈尔滨工业大学深圳研究院翁履谦教授为湖南柯宇海绵城市建设科技有限公司股东，并作为公司的技术支撑，

区工商联赴邵东县工商联学习考察

投入资金2000万元，已动工建设。

自身建设。着力建设一支高效、团结、务实的领导班子，班子成员为会员排忧解难，全年为会员开展信息咨询、维权服务、沟通协调等50余次(条)。执行中央八项规定，加强干部作风建设，建立和完善各项规章制度，严控“三公”经费支出，推行公车改革，1辆小车上缴财政。向区委争取了1名行政编制。坚持民主集中制，每周一召开例会，安排部署下周工作。全年召开主席(会长)会议2次，全体专兼职正副主席(会长)参加，讨论会内重大事项。（张建平）

【工商联换届】 按照省市有关精神，工商联于2016年换届。从1月份开始筹备，成立以区工商联党组为核心的换届领导小组，区委原常委、组织部部长、统战部部长李宏秋任组长。换届程序包括召开换届工作动员会、出台换届文件、乡镇(街道、园区)党(工)委推荐代表、非公经济代表人士综合评价、组织统战工商联部门联合考察、区委常委会议研究审定、公示公告等环节。3月3日，召开工商联换届工作会议，安排部署换届工作。3月25日，省工商联党组成员、副主席吴曙光到鼎城专题调研换届筹备工作及组织建设情况，指导换届工作。4月26日和5月10日，区委两次召开常委会，专门听取区工商联换届筹备工作与第八届执委会执委建议名单等情况汇报，审议并通过有关事项。5月25日~26日，在鼎城人民会堂召开鼎城区工商联第八次会员代表大会。26日上午，大会开幕，市政协副主席、市工商联主席陈伟俊，鼎城区委副书记车世忠，区委常委、组织部部长、统战部部长李宏秋，区人大常委会副主任李润初，区政府副区长熊辉、钟泽英，区政协副主席罗旺甫、周伟建等出席大会，全区各乡镇(街道)统战工作负责人、各人民团体、各民主党派和相关单位负责人及会员代表280人参加会议。大会由区委常委、组织部长、统战部长李宏秋主持。大会学习了习近平总书记在政协民建、工商联界联组会上的重要讲话精神，报告

了换届筹备工作情况，听取和审议了周伟建主席代表第七届执委会所作的工作报告。会议选举产生了125名执委、55名常委和第八届主席、副主席、会长、副会长，周伟建继任区工商联第八届主席、总商会会长。 （张建平）

区工商联、总商会第八次会员代表大会现场

省工商联副主席吴曙光到鼎城调研换届工作

鼎城区总工会

【概况】 2016年，全区有工会组织483家，工会会员42361人。区总工会组织开展各种形式的群众性劳动竞赛，技能比武，创建“工人先锋号”“功帼建功”“芙蓉标兵岗”等活动，鼓励职工“建功立业”。区非公企业开展“安康杯”劳动安全竞赛活动，全区187家企业、1441个班组、30603名职工参加，235名职工向企业提合理化建议251条。区工会组织开展的各类竞赛活动中，职工技术创新60项，小发明102项，职工提合理化建议132000余条，开展技术攻关活动1300余次。2016年，区环卫处获常德市“五一劳动奖状”称号，兴隆公司现场二部制丝班班长刘斌、斗姆湖社区陈舒斌、信用联社杜华英获常德市“五一劳动奖章”称号，供水公司管网工程安装一班获常德市“工人先锋号”称号。

劳模管理。劳模慰问。春节期间走访慰问了何学高、杨桂元等全国、省部级劳模32名，送慰问金和困难帮扶金费137000元、低收入补助138280元，共计275280元，省级以上劳模工资补差和特困资金全部位发放到劳模账户上。市劳模低收入补助。按照市人力资源和社会保障局、市财政局联合下发文《关于进一步提高市级职工劳动模范生活困难补助标准的通知》（常工发〔2015〕19号）文件精神，给予65名符合文件规定补助的市级劳模（其中丧失或部分丧失劳动能力的17人）低收入补助，发放资金354431.17元。组织开展劳模活动。4月29日上午，在区总工会召开全区国家、省、市、区四级劳模代表座谈会，区委组织部部长李宏秋和区人大常委会副主任、总工会主席沈国华等区级领导参加了会议，劳模代表参观了阳明湖公园建设项目、外滩公园。在区电视台开辟“劳模风采”宣传专栏，拍摄优秀劳动模范和先进工作者蒋彬彬、赵安林、曾山、赵建湘、熊艾兰的优秀事迹成电视专题片，并在“五一”期间播放。组织各级劳模15名，参加由市总工会、常德市京剧协会、常德市德诚京剧艺术团联合举办的“中国梦·劳动美‘红五月’”京剧专场演唱会。

劳模稳定。抓劳模的信息反馈和稳定预警工作，接待劳模来访，倾听他们的诉求，加强走访联络，为他们解决实际困难，让劳模们感受到组织的温暖。根据《全国总工会劳模休养五年计划（2014—2018年）》（总工发〔2014〕18号）及中共常德市委、常德市人民政府《关于激励先进模范人物的意见》（常发〔2009〕8号）文件精神，10月份，安排全国劳模王信初到杭州疗休养。

创建职工（劳模）创新工作室。按《关于开展2016年职工（劳模）示范创新工作室创建活动的通知》（常工发〔2016〕11号）文件精神，发动推荐和创建职工(劳模)创新工作室工作,推荐区教育局武陵镇小学劳模李小霞的创新工作室、常德市第四人民医院职工创新工作室为市职工(劳模)创新工作室。

职工(劳模)创新工作室

“双联”帮扶。2016年年初,区“双联”工作领导小组发放“双联”帮扶结对单位和企业名单到基层,部署“双联”帮扶工作的考核和督查,明确把“双联”帮扶工作纳入目标管理考核,每季度由“双联”办督查区直单位开展“双联”帮扶工作的情况1次,每半年由区委督查室和“双联”办共同督查。2016年,为被联企业募集资金87余万元,慰问困难职工950人,帮助困难职工子女就学473人,帮助困难职工再就业189人,为企业引入发展资金210万余元,培训职工1572人次,开展各种技能比武32次,督促企业与职工签订劳动合同1819份,协助企业解决各种矛盾纷纷138次。开展以职工生活救助、金秋助学、就业培训、低保政策等为主要帮扶项目的帮助救助活动。全年帮扶大病职工1227人、发放帮扶资金34.7万元,帮扶困难职工2162人、发放助学金22.4万元,培训职工1577人,开展就业招聘活动2次,帮助712人就业。号召各基层工会开展困难帮扶和金秋助学活动,基层工会组织等集慰问资金210余万元,帮助困难职工近万人次。开展职工医疗互助互济和女会员特殊疾病保障活动,参加活动职工近8000名,全年为职工补贴医药费近30万元,缓解了职工就医压力。开展“送清凉”活动,各基层工会筹集活动资金30余万元,慰问高温气候条件下工作的环卫、建筑、交警等行业的职工。发挥律师志愿者服务团的作用,围绕职工维权,企业维权开展活动。在灌溪工业园和桥南工业园区各开展志愿者服务团法律服务活动1次,现场为近300名职工解答各种法律咨询,发放各种资料近2000份。受2015年环境经济下行的影响,区部分企业,尤其是灌溪工业园区、桥南工业园区的部分企业员工放假、裁员,为维护职工的合法权益,区总工会根据《中华人民共和国劳动法》《中华人民共和国劳动合同法》等相关法律的规定出台了《关于在企业结构性调整和经济性裁员中的具体规定》,组织基层工会组织集中学习相关法律、法规,明确在裁员过程中需注意的工作程序、经济补偿办法和标准,督促企业严格按照相关法律法规裁员。2016年两大园区裁员2100余人,无一例因违反相关法律法规而引起职工纠纷案件的发生,整个裁员工作稳定顺利进行。针对企业大量裁员、职工失业,区总工会与区人社局联系,开办了技能培训班11个,培训职工2631名。推动政策帮扶,出台下岗企业职工创业优惠政

鼎城区总工会、常德市第四人民医院第一期免费月嫂培训班

策，为下岗失业职工创业争取财政贴息贷款，并列入区创业孵化基地指导对象。把企业职工社会保险列为行政许可和审批的前置条件，如区安监局把企业职工养老、工伤保险列为行政审批的前置条件，区商务局把企业养老保险列为行政审批的前置条件。

基层工会建设。2016年，区总工会组织各级工会组织开展了职工书屋、创建乡镇职工文化广场、创建“六好”乡镇（街道）活动，开展读书、书画、摄影、视频等评选活动（2013~2015），收到征文作品156篇、书画作品72幅、视频作品15个，区兴隆公司选送的“芙蓉标兵岗”班组照点击量获评全省二等奖。开展“名师带高徒”活动，发挥“能工巧匠”的核心作用，全区签订“师徒合同”130余份。

企业民主管理。2016年，区总工会推动非公企业建立以职代会为基本形式的民主管理、厂务公开制度。完善企业职工代表大会，维护职工的知情权、参与权、表达权和监督权。区国有、控股企业厂务公开率100%，其他企事业单位厂务公开率80%，国有企业建职代会率100%，非公企业建职代会率88%。组织基层工会学习贯彻《湖南省企业工资集体协商条例》和《湖南省职工代表大会条例》，发放宣传资料12000余份，与人社局一道走访全区企业80余家，督导检查企业落实条例情况，全区企业工资集体协商签订率90%。（丁明辉）

【常德市第二工人文化宫项目开工】 为改变江南城区职工文化活动阵地不足、功能不全的现状，加强区职工公共文化服务平台建设，丰富职工群众的精神文化生活，按照市委、市政府的江南和江北城市建设一体化的总思路，经常德市总工会、鼎城区人民政府联席会议纪要决定：常德市总工会作为项目建设单位，负责监管项目建设，项目具体建设工作由鼎城区人民政府为主推进筹建。项目选址在江南城区西站路与金霞大道交汇处西南角，占地面积3.33公顷，总建筑面积41969.35平方米，总投资约1.5亿元，建成后拥有职工教育培训中心、职工帮扶中心、职工文化娱乐中心、职工体育活动中心等多功能活动场所。于2016年12月底开工，拟于2018年3月竣工。（丁明辉）

共青团鼎城区委员会

【概况】 预防青少年违法犯罪工作。共青团鼎城区委员会联合区人民法院、区公安局、区司法局、区教育局等单位，结合“6·26”国际禁毒日、“12·4”国家宪法日等，在全区青少年中开展“法治进校园”主题宣传教育活动，邀请法官、干警进校进社区宣讲200余场次，通过宣讲青少年犯罪典型案例，为青少年进行普法宣传，引导青少年遵纪守法。爱心助学活动。整合社会各界资源，联合部分党政机关、企事业单位、私营企业等团体及部分爱心人士，开展爱心助学活动。8月份，“芙蓉学子”“国酒茅台”项目资助10余名困难大学生，共青团鼎城区委员会联系社会爱心人士，资助贫寒学子20余名圆了大学梦。微益项目帮助贫困学生近30名解决学习用品、衣物等方面的困难。12月份，为9名贫困初高中生申请助学金每人1000元。

中国共产主义青年团鼎城区蒿子港镇第十八次代表大会

青年就业创业。和多家银行机构协调，推进青年创业信贷扶持计划的实施。申报湖南省大学生创业基金项目，为同德学院大学生创业项目争取资金8万元。推荐草坪镇残疾青年娄元刚成功入选第五届“善德公民”。

组织建设。针对团干流动性较快的现实情况,及时与乡镇(科局)党组织联系接触,调整补充团干队伍,向组织部门推荐优秀团委书记。18个乡镇团委书记全部由年轻的乡镇领导班子成员兼任。7月,全区18个乡镇团委换届选举,配齐配强了乡镇团委班子。

团员日常管理。严把入口关,注重挖掘、培养、吸收品行端正、思想积极、表现突出的青年入团。严格程序,在“五四”青年节集中宣誓入团。组织团员开展经常性学习教育活动,确保团员的先进性。

(张煜彬)

鼎城区妇女联合会

【概况】 关爱妇女儿童。区妇联、区慈善总会、区民政局、区工商联等多家成员单位参与,在牛鼻滩镇中心小学举行“为了明天,关爱儿童”慈善爱心助学活动启动仪式,现场受捐困难学生160人,小朋友们获赠图书1200余册,活动在全区18个乡镇开展,现场捐赠款项62000元。春节期间整合各方资源,走访慰问15户贫困妇女及儿童,送去慰问金及物资价值18000元。3月8日,联合区妇幼、十美堂镇政府等单位及爱心企业老板到十美堂镇,开展为农村妇女“送法律、送健康、送关爱”行动,解读“反家庭暴力法”热点要点;区妇幼保健院9人组成健康服务团队,开展以两癌检查为主体的免费健康服务活动,4位爱心企业老板与当地特困妇女儿童20名现场结对子并给予救助金2万元。6月1日,组织市级“巾帼文明岗”及巾帼志愿者到扶贫点村,为10名留守孩子送新书包、台灯、衣物、资金等礼物。2016年,湖南省委、省政府把农村适龄妇女“两癌”(宫颈癌和乳腺癌)免费检查纳入重点民生实事项目,全区8个乡镇(街道)10029名妇女接受了免费检查(超额完成任务),在全国妇联“两癌”数据统计系统中,填报209名患者信息(其中乳腺癌患者119例,宫颈癌患者90例),建档立卡贫困户20例,低保户54例,全部通过系统审核,有2位患者得到全国妇联救助金各1万元。3月19日,与区电视台、周家店政府联合举办“桃花之约”大型交友会,当地20对单身青年到周家店桃花林参加交友会。组织开展寻找“最美家庭、最美创业、最美湘女、最美少年”活动(“最美家庭”的核心理念是传承家庭美德,“最美创业” 重点关注在湖南经济建设中拼搏进取、创新创优、成绩突出的女企业家和中、小、微企业的女性创业者,“最美湘女”聚焦各行各业或在助人为乐、孝老爱亲等思想道德实践领域做出突出贡献的优秀女性,“最美少年”通过感人的故事带动其他的未成年人,为“中国梦”添砖加瓦),采取由下而上申报形式,由各乡镇(场)妇联、各区直战线妇委会向区妇联推荐,推选人(户)130余个(户)。10月份,“新江南·新女性” 诗歌朗诵比赛决赛在区电视台演播厅举行。34支代表队经过初赛、复赛,最终花岩溪镇毛长华、谭敏组合获一等奖,红云街道办事处李雅妮、丁丽群、朱小丫组合及区教育局成静获二等奖,区政府办谌思如、区委办郭玟彤、蔡家岗镇麻小娟获三等奖,区政法委、区住建局、双桥坪镇和周家店镇4个单位获优秀组织奖,花岩溪镇毛长华和谭敏组合、区教育局成静、灌溪镇廖柯洁获网络人气奖,各代表队紧扣“建设新江南、争当新女性”主题,创建作品20余篇。

维权。2016年3月1日《中华人民共和国反家庭暴力法》正式实施,区妇联在“三八”维权周等重要时间节点通过鼎城电视台“民生直通车”栏目反

做客鼎广电台“阳光政务”节目,解读《反家庭暴力法》

复宣传。8 月，区妇联邀请法院、公安局、律师事务所相关人士做客鼎广电台“阳光政务”节目，现场解答反家暴相关法律，为听众全方位解读《反家庭暴力法》。武陵镇法庭为当事人申请到常德市首个“人身安全保护令”。

婚调工作。全年区婚调室接待调解对象 208 对，调解成功 168 对，成功率 80.77%。5 月份，省婚姻家庭纠纷多元化解机制建设试点县市区工作研讨会在长沙举行，鼎城区作为 10 个试点县市区之一参会，区综治办、区妇联负责人出席会议并作典型发言；省专家调研组成员到鼎城区开展为期一周的调研；12 月 14 日由省综治办和省妇联等多家单位在常德召开全省婚姻家庭纠纷多元化解机制建设推进会，区婚调室和法院为全省 150 名与会人员提供经验推荐、观摩现场。（刘俊妤）

【宣传《中华人民共和国反家庭暴力法》】 《中华人民共和国反家庭暴力法》于 2016 年 3 月 1 日起颁布实施。2 月 29 日上午，鼎城区妇联开展宣传一条街活动。活动以宣传条幅、宣传单、法律咨询、赠送书籍等形式，向妇女群众宣传《反家庭暴力法》颁布的重要意义、重点法律条文及基本内容。区直各战线单位以宣传盾牌、电子显示屏形式宣传《反家庭暴力法》的颁布实施。（刘俊妤）

【“鼎城姐妹”微信公众号上线】 “鼎城姐妹”微信公众号于 2016 年 5 月 1 日上线。借助该平台，发布“两学一做”鼎城巾帼进行时女性典型 20 期，发表“巾帼心向党，扬帆新征程”党代会专题，举办“新江南·新女性”诗歌朗诵比赛网络投票活动等，公众号关注人数近万人。（刘俊妤）

【区首个“知心屋”项目授牌】 2016 年 10 月 25 日，鼎城区首个“知心屋”项目在谢家铺中学建成并接受市区妇联授牌，市妇联、区妇联、谢家铺镇等相关单位负责人及全体师生参加授牌仪式。“知心屋”项目是湖南省妇联、省妇女儿童发展基金会联合启动的一个公益项目，旨在关爱农村留守儿童，构建政府引导、学校配合、社会参与的服务工作格局。拟在 2014 年至 2020 年期间，分三期在全省农村留守儿童集中的学校、社区或村级妇女之家建立 100 个“知心屋”示范点。（刘俊妤）

湖南省农村留守儿童心理健康教育第二批知心屋示范点（谢家铺中学）授牌仪式

鼎城区文学艺术界联合会

【概况】 2016 年，鼎城区文学艺术界联合会举办了“第六届小戏小品曲艺创作培训班”。组织作家协会、书画协会、美术协会、摄影协会等参与沅江风光带景区文化建设，参与周家店镇桃花节、黄土店镇竹文化节的文学采风及书法美术摄影活动。举办纪念建党 95 周年、红军长征胜利 80 周年书法展。区作家协会邀请《常德日报》主编陈集亮，湖南文理学院文艺评论家、教授郭虹，《桃花源》杂志社主编周友恩，国家一级编剧黄士元及作协 30 余位骨干会员在区国土局会议室举办贺用茂长篇小说《杏林浮沉》研讨会；组织 20 余位骨干作家在花岩溪国家森林公园举办年会。书画协会主席胡志勇、副主席李其臻举办个人书法作品展；张蕾编剧的小戏《村长家的尿不湿》晋京参与文化部举办的全国艺术节曲艺大赛，并成功进入决赛；帅泽鹏在柳叶湖国际马拉松大赛文学征文活动中荣获诗歌一等奖；朗州诗词学会在同德职业应用技术学院举行《鼎城诗艺》发行会。（田力军）

鼎城区科学技术协会

【概况】 2016年，鼎城区科协贯彻党的十八大及全会精神，开展“两学一做”学习教育，创建“科普示范社区”工作，创建“星级学会”，推进青少年科普、“送科技下乡”“全国科普日”宣传等工作，2014、2015、2016年，连续3年被市科协评为先进集体及信息工作先进单位，“油茶协会”被中国科协、中国财政部授予“科普惠农”先进集体称号，花船社区获常德市“科普示范社区”。

青少年科普。一是青少年科技创新，邀请“常德市科普讲师团”专家到各学校举办全区青少年科技创新知识讲座，组织全区科技辅导老师开展青少年科技创新培训、全区部分科技辅导老师赴石门等地参观学习等活动。组织参加国家、省、市级青少年科技创新大赛，在第15届常德市科技创新大赛中，鼎城区教育局获“优秀组织奖”，花船庙小学蔡三平被评为“常德市十佳科技教师”，参赛项目获金奖6项、银奖28项、铜奖80项；在第37届湖南省青少年科技创新大赛中，又斩获1金2银1铜；第31届全国青少年科技创新大赛中获银牌1枚。二是机器人大赛。6月4日至5日，第11届全国青少年教育机器人奥林匹克竞赛华中区选拔赛暨2016年APRC亚太青少年机器人竞赛在常德市鼎城区第一中学举行。区一中获金奖2项、银奖3项、铜奖1项，武陵小学获金奖1项。三是“科普进校园”。在区直中、小学校举办科普讲座、科普宣传展览，更新科普画廊、校园专栏、板报内容；在中小学开展以全国科普日为主题的手抄报比赛；结合有关部门，开展中小学生健康教育和防范各种事故的安全教育活动，强化青少年安全防范意识，提高应对地震、火灾、洪水等各种突发事故和灾害的技能，建设节约、环保、安全健康的校园文化。

科技辅导员培训现场

社区科普。创新和探索科普活动的形式和内容，推进科普工作常态化进程。围绕“食品安全”“防灾减灾”“低碳环保”“反对邪教”等主题，通过挂图、展板、画廊、图书、宣传册、科普讲座、网站、短信、专刊等方式，开展宣传活动。强化力度，创建一批科普示范社区。全程指导街道和社区的创建工作，在经费上给予支持，在宣传材料上给予保证，在活动安排上优先考虑。2016年，花船社区被确定为“常德市科普示范社区”。宣传崇尚科学、保障安全的理念，普及疾病防治、健康卫生知识。“全国科普日活动”期间，邀请常德市科普讲师团特聘专家到社区举办“中老年人健康教育知识讲座”“养生知识讲座”“计生知识讲座”等，发放科普宣传小册子5000册。

花船社区老年人健康知识讲座

基层科普。阵地建设，至年末建有13个区级科技学(协)会、65个农村专业技术协会，51个农村科普示范基地，在普及科学技术、推动农业结构调整、推动农业产业化经营、促进农民增收等方面发挥积极作用。强化科普志愿者队伍建设，壮大科协组织的科普力量，调动科普志愿者积极性，组织科普志愿者投身各项科普活动。成立科普志愿者工作领导小组，负责全区科普志愿者招募、登记和管理工作。加快科普活动场地建设，油茶协会、硒产品学会、昌明生猪养殖示范基地等创建的科普惠农服务站，分别建起了科普信息室、科普培训室、科普图书室、科普宣传栏等科普设施，配备了电脑、音响、光碟、图书等，还有科普活动、科普服务等工作台账。“送科技下乡”活动。5月20日，区科协组织农学会、林学会、教育学会、医学会等学会在鼎城区沧山乡沧浪坪村举行“送科技下乡”活动，开展科技咨询服务，发放科普丛书千余册，展出有机农业和转基因科普知识科普宣传展板。举办特色农产品种植、养殖实用技术培训，提高农民群众科学素质和科学种养技术水平。

区政协领导指导科普示范社区创建

扶贫点村工作。开展访贫问苦工作，慰问特困户8户，慰问资金1万元；向特困户送肥料24包，用于春耕生产；为贫困户寻求政策扶贫，为残疾人申请残疾证，为因病致贫农户寻求大病救助；开展富硒菌实用技术培训，为贫困户送菌包折合资金5000元，“全国科普带头人”高德典及食用菌协会技术员多次到农户作技术指导。

（杨建新　高冠军　廖长清）

鼎城区残疾人联合会

【概况】 2016年，鼎城区残疾人联合会获“全市残疾人工作红旗单位”“驻村帮扶工作红旗单位”荣誉称号。

民生保障。按时定额发放7499名重度残疾人护理补贴和5693名困难残疾人生活补贴；财政全额代缴14545名残疾（农村1~4级和城镇1~2级）城乡居民基本医疗保险个人缴费218.2万元；为225名精神病患者免费送药，为18名精神病患者提供免费住院治疗；落实各项教育资助政策，减免义务教育阶段的残疾学生或残疾家庭子女学杂费，全年减免85人次；为特困残疾家庭、残疾高中学生、残疾大学生、省特教中专学生（3名）资助学费13万余元；联络社会各界爱心人士参与扶残助学活动，联系扶残助残志愿者56名，募集资金5万余元，结对帮扶特困残疾学生和残疾家庭在校子女49名。

项目扶持。协同民政、国税、地税等部门核实残疾人就业情况，促进残疾人就业105人；投入资金8万元，新建区级残疾人培训、就业、扶贫基地4个；投入资金10万元，落实就业扶持和奖励政策，扶持和奖励单位4家；建立就业、失业及求职援助台账，走访残疾失业人员家庭60户，登记失业残疾人130名；开展“关爱残疾人，走进千万家”调研活动，制定点村残疾人贫困户“一对一”帮扶措施，给予30余名残疾人创业、居家托养、助学扶持和辅助器具赠送；落实残疾人扶贫贴息贷款政策，为2名残疾人落实扶贫贴息贷款；挖掘残疾人文化艺术体育人才，输送参加集训残疾人运动员7名，其中肢残运动员杨超在里约残奥会上获1金1银成绩，实现了常德市残奥会金牌零的突破；投入资金32万元，扶持有场地经营、有市场前景、有扶持需求的残疾人61名；免费培训残疾人232名，其中职业技能培训60名，实用技术培训160名，省市创业提升培训12名；创新乡镇残疾人实用技术培训，采取政府购买服务方式，在韩公渡镇、牛鼻滩镇、尧天坪镇、蔡家岗镇举办农村高效种植、养殖技术培训班4期，传授农村丘岗林渠、苗木花卉、优质蔬菜、食用菌等基本栽培技术；扶持区残疾人托养服务中心，加强南城“阳光家园”规范化管理，在蒿子港镇、蔡家岗镇、花岩溪镇、黄土店镇和镇德桥镇5个乡镇建立残疾人托养服务中心5家，实现乡镇残疾人托养服务全覆盖；投入12万元，用于200名精神、智障和重度肢体残疾人居家安养补贴。

残疾人职业技能培训班

残疾人服务。完善和配置合并乡镇残疾人工作队伍，以奖代投，奖励按规范达标的乡镇；培训村(社区)专职委员80名，举办乡镇残联理事长培训班2期，以会代训2次；开展下乡上门办证活动，认真办理每一本残疾人证，全年办理残疾人证15558本；发挥区残联网站作用，及时更新门户网站数据，全年在省、市残联网站，区政府网站，湖南日报及常德日报等媒体上稿128篇；全国助残日期间为残疾人免费发放各类辅具1856件，在黄土店镇新建社区康复站1家，全年培训康复人才和协调员80名，为476名肢体残疾人进行康复训练，为150名低视力患者配备助视器，536名白内障患者免费实施白内障复明手术；开展残疾儿童筛查及早期抢救性康复工作，登记造册残疾儿童93名，及时安排相应的康复项目，完成七彩梦儿童辅助器具项目13例、0至6岁贫困残疾儿童抢救性康复51名，全年培训各类残疾儿童家长94人次；利用流动服务车到各乡镇开展假肢维修与装配、助视器验配与维修、矫形器取型等服务，全年安装矫型器2例，为50名肢残人免费装配假肢；常年聘请律师为残疾人维护合法权益，提供法律咨询22人次，落实法律援助5次；设立维权热线，全年接待各类残疾人来信、来访75例，临时救助残疾人20人；为1641名残疾人打卡发放机动轮椅车燃油补贴，专款专用，补贴到人；投入资金36万元，用于灌溪镇、蔡家岗镇60户残疾人家庭的无障碍改造。 （梁明珠）

乡镇残联理事长培训班

【杨超巴西里约残奥会获金牌】 2016年9月10日在巴西里约残奥会上，首次参加残奥会的鼎城籍运动员杨超（1979年出生于鼎城区蔡家岗镇，4岁时因车祸失去左腿），获男子10米气手枪金牌，是湖南省运动员在里约运动会上的首枚金牌，是常德市史上首枚残奥会金牌；9月14日获50米混合手枪慢射银牌。 （梁明珠）

杨超在里约运动会上获金牌

鼎城区归国华侨联合会

【概况】 全区有海外侨胞、港澳同胞、归侨及其眷属15000余人，海外华人华侨主要分布在澳大利亚、美国、英国、西班牙、日本、马来西亚等18个国家和地区，规模侨(港澳)资企业9家。2016年，“侨之家”建设被评为全国示范点、首批湖南外事侨务港澳工作服务县域经济发展试点区。

引资助学。主动与热心公益事业的华商侨领联系，做好捐资建校项目，中法服装协会为沧山小学捐赠40万元、香港轩辕教育基金会为断港头中学捐赠35万元，用于修建新教学楼，改善学生的学习环境。开展资助优秀贫困学生活动，马来西亚星洲媒体集团第三次为55位优秀贫困学生捐助5.5万元。争取涉侨公益项目，澳大利亚华人魏基成夫妇为听障人士捐赠了1000台助听器、香港吴星可教育基金会为残障人士捐赠轮椅40把，开展“天籁列车”“将耳朵叫醒”“送温暖、暖侨心”等活动。

为侨服务。开展节日慰问活动，凝聚侨心，在春节、中秋、重阳节等重大传统节日期间，走访慰问困难侨眷50余户，发放慰问金和物资近5万元；召开工作联系会，认真倾听他们的诉求，帮助他们解决生产和生活中的问题和矛盾，营造知侨、爱侨、护侨社会氛围。强化维护侨益意识，抓涉侨信访维稳工作。每一个涉侨信访案件，都与有关单位、当事人反复联系和沟通，宣传涉侨法律政策，采取劝导、和解、协调、督办等方式，维护侨界群众的合法权益。

精准扶贫。走访调查贫困归侨侨眷，摸清掌握区内贫困归侨侨眷情况，建立工作台账，发放2016年度扶侨帮困省级专项资金；组织多名归侨侨眷参加市外侨办举办的劳动技能培训，加强农业生产引导，加强种植、养殖业等方面的发展，帮助侨界群众发挥“输血”帮扶的“造血”致富的功能。

“侨之家”品牌建设。加大“侨之家”建设力度，为侨界群众开展活动搭建平台。区侨联探索侨务工作的新途径，在传统服务的基础上，利用社区资源，开展“侨之家”创建工作。在原有的玉霞街道“侨之家”基础上，筹备新增社区“侨之家”，开展文化、体育、医疗、心理服务等各项活动，为社区与归侨侨眷之间搭建互动式服务平台，协助社区围绕“侨”的特色承接相关活动，落实为侨公共服务的职能。

弘扬中华文化。开展归侨侨眷书画作品比赛、举办了饮食营养学及健康保健知识讲座、举办“全区归侨侨眷、港澳同胞‘亲情中华·月满鼎城’中秋文艺会演”，制作了《鼎城侨史与侨情》专题纪录片，用艺术的形式展示鼎城经济社会发展的新成绩、新形势、新蓝图，激发海外华人华侨的家国情怀。组织中小学生参加第十七届“世界华人学生作文大赛”，全区80篇作品参赛，其中12篇获奖，一等奖2名，二等奖4名，三等奖6名。 (白　星)

【章伯岗到鼎城区调研】 2016年3月24日，省侨联党组成员、副厅级纪检员章伯岗在市侨联主席陈丽君等陪同下，到鼎城调研侨联基层组织建设和精准扶贫工作。鼎城区委常委、组织部部长、统战部长李宏秋，区委统战部副部长董宏志，区侨联主席周茜等陪同调研。章伯岗一行详细了解鼎城的侨务资源状况、基层组织建设情况。到玉霞街道办事处参观了侨之家、侨法宣传角、健身活动中心，观看了归侨侨眷书法展示和侨商风采宣传栏，检查、体验健身活动中心设施状况。章伯岗强调，侨联工作是民间性、群众性工作，同时也是涉外性、政治性、统战性很强的工作，要把侨联人员配齐，班子配强、配好，为地方经济社会发展和社会和谐稳定提供强大助力，并肯定了鼎城侨联基层组织建设和精准扶贫工作。 (白　星)

【区侨联第四次归侨侨眷代表大会】 2016年6月17日，鼎城区第四次归侨侨眷代表大会召开。市侨联主席陈丽君，鼎城区领导车世忠、李宏秋、唐少华、钟泽英、罗旺甫出席会议，全区统一战线单位、人民团体、乡镇街道相关负责人参加会议。区侨联负责人在会上做工作报告。报告中指出：区侨联发挥自身优势，在凝聚侨心、维护侨益、发挥侨力等方面，做了大量工作。引进香港轩辕教育基金会、美国欣欣教育基金会、法国服装协会等多家慈善团体，捐建学校16所，卫生院2所；开展“健康光明行”“将耳朵叫醒”“星洲之星”等大型涉侨公益活动，捐赠钱物800余万元，受益侨界群众和学生3万余人，为全区经济发展、社会进步做出了重要贡献。会议通过第四届侨联委员会委员候选人名单，选举产生了新一届侨联委领导班子，周茜任区侨联主席，张惟鹏、胡仕刚、曾义、蒯建英任副主席，姚高峰任秘书长。会议表彰了一批明星侨资企业和归侨侨眷先进个人。（白　星）

第四次归侨侨眷代表大会

【“亲情中华·月满鼎城”中秋文艺会演】 2016年9月9日下午，鼎城区归侨侨眷、港澳同胞“亲情中华·月满鼎城”中秋文艺会演在区文化活动中心举行，常德市归国华侨联合会主席陈丽君，常德市旅游外事侨务局副局长王陵书，鼎城区委常委、统战部部长瞿政前，区人大常委会副主任唐少华，区人民政府副区长候选人杨凡观看演出。演出前，瞿政前致辞，向全区归侨侨眷、港澳同胞和海外侨胞致以节日祝福，肯定了归侨侨眷在鼎城区经济社会发展中所取得的骄人成绩。瞿政前指出：“全区侨务工作者和广大归侨侨眷要不断发挥自身优势，进一步加强与海外亲友的联系；要积极宣传鼎城的资源优势和投资环境优势，为引进资金、技术、人才牵线搭桥；要不断为鼎城经济和各项社会事业的持续快速发展献计出力，争取在鼎城新一轮发展大潮中再立新功。”（白　星）

归侨侨眷、港澳同胞“亲情中华·月满鼎城”中秋文艺汇演

法治

Nomocracy

区交警大队做客《阳光政务》录制现场

概　　述

公　　安

交　　警

检 察 院

法　　院

司法行政

概 述

【概况】 2016年,全区第六次获评“全国人民调解先进单位”,继续保持“全省平安区县(市)”殊荣,维护稳定工作全市排名第一,综治工作获全市先进。区司法局获“全省六五普法先进单位。”

维护社会稳定。全年实现“全国两会”“G20峰会”“中共十八届六中全会”特护期进京非访登记零指标。到区以上信访批次、人次同比分别下降15%、6%;到省上访批次、人次同比下降27%、17%;进京非访批次、人次同比下降62%、64%。落实重大事项维稳风险评估。重大社会稳定事项风险评估做到应评尽评。区维稳办全程指导、督导临江棚改A02、B08、B05、B06地块,常德林产品生产基地、特养场光伏发电项目等13起重大事项的稳定风险评估工作,全面分析研判工程建设实施过程中可能产生的涉稳问题,研究化解措施,从源头上预防矛盾。强化情报信息预警。整合公安国保等专业部门,信访、民政、人社、教育、移民等职能部门和各级维稳信息员的力量,健全高效灵敏的情报信息网络。每周召开一次维稳形势研判会,甄别整理涉稳信息。特护期、敏感期,24小时跟踪掌控重点问题、重点群体、重点对象信息动态。共收集整理各类情报信息350余条,有效预防化解越级集访隐患71起。强化应急处突。发生突发性事件和访情,落实属地管理和谁主管谁负责责任,单位一把手第一时间赶到现场处置,维稳办滚动调度,相关部门紧密配合,确保处早处小。共依法稳妥处置突发性事件84起,无一升级、演变。完善依法维稳机制。继续推进依法逐级走访,畅通信访渠道,及时解决涉及群众切身利益的信访问题。严厉打击进京恶意非访行为,严厉打击因非正常死亡而引发的抬尸闹事、堵门堵路等扰乱公共秩序的违法犯罪行为。

社会治安综合治理。全年实现较大以上交通事故、火灾事故和安全生产事故零指标。完善矛盾化解体系。全区已建立婚姻家庭、交通事故、医疗纠纷、城市管理、农村土地纠纷等专业性调解室25个,形成以三调联动为依托的矛盾化解体系。全区各级、各类调解组织调处各类纠纷2139件。健全治安防控体系。突出城区防控重点,在城区学校、医院、市场、汽车总站等公共复杂场所设立警务室、充实治安巡逻力量。推行城区常态化武装巡逻,建立屯警街面、动中备勤、公安武警联勤巡逻机制。推进卡口视频联网建设,建成治安卡口10个,视频监控点549个,已完成互通互联,2016年运用图侦手段破获各类犯罪案件80余起。加强重点人员服务管理。成立社区矫正工作局,完善工作机制。矫正人员实行手机定位监管和定期指纹打卡签到,新入矫正人员实行周三集中宣誓,严防脱管漏管。强化精神病人管控,开展重性精神病人危险性评估,实行重点管控。加强危爆物品和寄递物流运输安全管理。全区物流企业纳入物流园,实行集约化管理,园区从业人员进行信息采集、建档管理。开展经常性拉网式安全隐患排查,发现问题,一律停业整改,开展违禁品突击检查,发现问题依法查处。加强网格化服务管理。压实街道社区管理责任,把问题通报到街道社区、责任落实到社区网格员。全年,网格员入户走访,累计发放平安建设宣传单18万份,收集上报群众反映意见171件次,调处矛盾纠纷39起。发挥社会治理指挥中心指挥、调度、交办、督办职能。全年,各职能部门处置各类上报事件456件次。健全平安创建体系。平安创建覆盖率95%以上,80%以上的家庭评选为村级“平

鼎城区社会治安综合治理创新工作会议

安家庭”,并张榜公示,达标率90%以上。保持对违法犯罪的高压态势。全年刑事立案同比下降6.2%,破案率同比上升21.6%,其中,群众反响强烈的盗窃、诈骗和经济犯罪刑事案件侦破率同比上升22.4%、142.3%和22.5%。

法治鼎城建设。区法院法庭改革试点经验在全省推广,区公安局探索建立实施民警办案积分制的作法在全市推介。加快推进依法治理机制建设。健全权力公开机制,建立权力清单、责任清单和负面清单制度,各项业务办理程序均通过办证窗口、微信平台、门户网站等渠道,予以全面公开。健全公众自治机制,组织开展城市社区优秀居民公约评选活动,激发了社区居民参与自治的热情。健全法治宣传教育机制,成立“法润三湘”公共法律服务志愿者大队,深入推动“法律六进”和“法律服务一条街”活动。抓实公职人员学法考法成果运用,2016年,鼎城区普法考试参考率99.6%、合格率99.3%。加快推进执法监督机制建设。继续深化执法突出问题专项治理,评查案件1900件,评查中发现的程序性问题,集中讲评、交办,限期整改。加快推进涉法涉诉信访改革。按照“谁主管谁负责”落实主体责任,按照“合理诉求解决到位、无理诉求解释到位、违法犯罪打击到位”的原则,在法治化轨道内,推动涉法涉诉信访案结事了。2016年,依规发放国家司法救助资金77万元,切实解决当事人的实际困难,化解一批涉法涉诉信访问题。

政法队伍建设。开展“两学一做”学习教育,强化党性修养,提升工作实效,在政法系统便民服务窗口,设立党员示范岗,开展党员亮牌服务。开展作风建设,教育全体干警廉洁自律,惩治违纪党员3名。组织干警参加上级机关举办的培训20余次,培训人员近500人,占全区干警总数60%左右;组织一线干警开展岗位培训率100%。2016年,政法基层单位获评市级以上荣誉28项。全年政法局院班子成员零违纪。在全省检察长会议上,区检察院党组就队伍建设工作经验作典型发言;区车管所获“省级文明窗口单位”;区法院获评全市文明单位;区司法局胡忠富获全国司法行政系统先进个人。　　(王　飞)

【鼎城婚姻家庭纠纷多元化解作法全国推介】 2016年,鼎城区作为湖南省婚姻家庭纠纷多元调解机制试点区县,成立由区委、区政府领导任主任,综治、妇联、法院等部门参与的婚姻家庭纠纷调解委员会,在区政务中心婚姻登记服务窗口设立办公室,全天候受理纠纷调解。通过每季度召开联席会议,把婚姻家庭纠纷调解工作纳入综治考评等方式,有力推动了此项工作的规范化、制度化。工作经验作为矛盾纠纷多元化创新项目被中央综治办推介,并在中央政法委机关刊物《长安》(2016年第9期)刊登。　　(王　飞)

全省婚调推进会在鼎城区召开

【“我骄傲我是政法人”主题演讲比赛】 2016年4月27日,区政法委在鼎城电视台演播大厅,举办“我骄傲我是政法人”主题演讲比赛。经过近1个月的酝酿和初选,有12位政法干警进入决赛,区司法局彭龄熠更胜一筹,摘取桂冠。

参赛选手以亲身经历讲述身边感人至深的典型事迹,宣扬榜样的力量。他们或娓娓直叙平凡的工作,从小处着眼,传递默默坚守的力量;或从宏观大局着手,高屋建瓴,歌颂政法精神,整场比赛展示了“政治过硬、业务过硬、责任过硬、纪律过硬、作风过硬”的鼎城政法队伍风貌。　　(王　飞)

鼎城区政法系统“我骄傲我是政法人”演讲比赛现场

【全市维稳工作经验交流会在鼎城召开】 2016年5月10日，常德市委政法委组织全市维稳办系统分管领导和维稳办负责人到鼎城学习“网格化管理、信息化维稳”工作经验。自2015年以来，鼎城在维稳工作中，坚持抓顶层设计、夯实基层基础、落实责任机制，做到城乡统筹管理、资源整合共享、部门整体联动，维稳成效明显，2015年进京非访同比下降84%，2016年进京非访同比下降64%。

（王 飞）

公 安

【概况】 2016年，市公安局鼎城分局被评为2016年度全市公安机关绩效评估先进单位，全市公安机关“警务实战化”“基础信息化”“执法规范化”三个单项示范单位和“四项建设”综合类示范单位。

维护稳定。2016年，市公安局鼎城分局关注征地拆迁、楼盘开发、小额贷款等新的不稳定因素，全面落实国保重点人员教育稳控工作，全年未发生影响国家安全稳定的重大案事件和重点人员失控现象；加强依法维稳和打邪工作，共办理涉稳案件27起，行政拘留53人，办理邪教案件5起，行政拘留15人，收缴反宣资料1300余份。完善扁平化指挥调度机制，优化重大突发案事件联勤指挥、合成作战和现场处置机制，坚持重大紧急信息报送工作规范和指挥调度工作规范，打造一支集处警服务、巡逻防控、反恐维稳“三位一体”的巡特警队伍；严格落实反恐基础管控和重点关注人员“五见”措施，严密防范各类暴恐事件的发生；履行网络监管职责，发现不稳定信息31条并及时处置。严格落实重要时期的网络监控和巡查工作，共上报互联网信息45条，上报境内、外网站有害信息125条，处置本地网站有害信息21条；受理群众网上诉求，及时公开回复，回复率100%。

破案打击。开展“打击盗抢骗、全力保民安”“两个攻坚战役”“雷霆60”等专项行动，共破获各类刑事案件1069起，刑事拘留793人，抓获网上逃犯93人。成功破获谢家铺镇“10·1”无名女尸案、牛鼻滩镇“10·20”张某玲被杀案等一批重特大恶性案件，全局八类恶性案件破案率75.8%，6起命案全破；打掉流窜盗窃耕牛团伙、冒充医疗工作人员诈骗团伙、电信诈骗团伙等盗抢骗团伙8个，抓获盗抢骗嫌疑人156人，打掉涉黑涉恶团伙3个31人，打击侵财工作在全市名列前茅。

治安管理。2016年6月，分局部署开展全区“强买强卖”专项整治行动，破获各类经济犯罪案件32起，刑事拘留86人，为企业或个人挽回经济损失1000余万元；破获“砂霸”强迫交易案4起，刑事拘留3人、行政拘留8人，有力维护市场经济秩序和重点工程建设。整治群众反响强烈的“黄赌毒”问题，破获刑事案件203起，刑事拘留涉犯罪嫌疑人248人，行政拘留1245人，强制戒毒359人，收戒涉毒特殊人员20人，缴获各类毒品173.3千克；成功破获“2016-455”号公安部督办毒品目标案件；“2016-707”号省厅督办毒品目标案件等一批毒品大要案。出台“扫黄禁赌九条规定”，规范异地查处黄赌案件流程，杜绝违纪违规办案空间。先后两次举行集中销毁赌博工具若干，其中赌博机238台、自动麻将机56台。狠抓旅馆业管理，城区198家旅馆均已安装治安管理信息系统，查处未落实实名制登记管理的旅馆12家，处罚违法违规从业人员12人，通过旅馆业治安管理信息系统抓获网上逃犯8名。开展治爆缉枪、烟花爆竹运输安全、危化物品道路运输安全等专项行动，共收缴各类非法枪支209支，破获涉枪刑事案件28起、行政

案件 38 起。结合机关民警参与江南城区常态化武装巡逻模式，完善江南城区"立体化"治安防控机制，自 9 月正式运行以来，共抓获各类现行犯罪嫌疑人 30 余名，江南城区刑事发案持续控制在 20 起以下，较往年同期下降 30%。

鼎城区整治"强买强卖"等突出治安问题专项行动动员大会

为民服务。继续落实"便民利民服务 35 项举措"，推出简化户口迁移手续、居民身份证异地办理和网上挂失、增设 4 个身份证办证点等多项便民服务举措；推动落实社区警务"一警两员"及社区民警"专职化"的措施，优化社区警务工作考评方案，确保社区民警扎根社区，常态化开展基础信息采集、治安要素管理等工作；制定"110 社会联动处警工作规范"，分流各类非警务类警情，减轻公安"110"的工作压力，确保公安机关充分利用有限的警务资源，及时处置影响大局稳定、社会安定和群众安全的突发案事件；开展"驻社联村""三联四大"活动，结合预防和打击网络电信诈骗犯罪、"三实"信息采集等重点工作，增进群众对公安工作的支持、理解；严格按程序办理涉法涉诉信访件，共受理上级交办、来信、来访 56 起，并已全部办结，办结率 100%，工作经验被省厅专栏简报推介。

队伍建设。以规范执法为重点，加强干警队伍建设，设立案卷管理中心，制定案卷管理、接处警管理、立案审核、案件指派、取证管理、案件审核、办案区监控、公检联动等工作规范，实现执法办案"三统一"；新设民警执法档案管理中心，制定并实施办案积分制度和民警办案积分考评办法，全面提升办案民警的执法能力和水平，在 2016 年全市公安机关绩效考评中，分局获执法质量全市第一。抓铸魂育警。坚持集中学习和党内生活制度，深入开展"两学一做"学习教育，落实各项规定动作及创新自选动作，通过座谈会等形式帮助新进民警做好职业规划。抓协辅警管理。坚持落实协辅警管理制度和考核办法，表彰和奖励成绩突出的协辅警，培训巡防队员 60 余名，全面提升辅警人员素质。从优待警。制定出台《鼎城区公安局从优待警八项举措》，落实从优待警形成制度化；不断完善因公负伤、大病民警的医疗费保障制度并按照申报程序积极申报，为全局民警购买意外伤害保险。抓文化育警。成立羽毛球、书法、篮球等兴趣小组，组织参加篮球比赛、登山比赛、羽毛球比赛、演讲比赛、诗词朗诵会、志愿服务活动等多项赛事活动，金盾羽毛球队在全区第二届体育运动会上夺得男女混合团体第三名的好成绩。2016 年，分局被授予"全省诗教先进单位""中华诗教先进单位"荣誉称号。

公安宣传。建立"鼎城公安"微信、微博为主的新媒体宣传阵地，展示公安工作成果，全年在各级新闻媒体上稿 400 余篇，"鼎城公安"微信公众号关注人数 1.2 万人。公安内网报送工作动态、工作经验等信息 254 条，采用 242 条；年内，树立郭作全、钟定安、成绪晶、丁敬君、张健等多名先进典型，起到良好的典型示范引领作用。政委刘凡之牵头项目"微改革微创新"，获全市"创新物流业集成化管理模式"项目二等奖。

警务保障。投入 210 余万元淘汰超出使用年限的警车 25 台，新购 16 台，投入 80 余万元购买活体指纹采集仪、手机信息采集仪及信息采集专用电脑等设备，投入 450 万元维修改造灌溪、石板滩、丁家港、草坪、镇德桥、尧天坪、双桥坪、石公桥 8 个派出所。

（周　捷）

【"三实"信息采集】 2016 年 4 月，省市公安机关相继部署"三实"（实有人口、实有房屋、实有单位）

信息采集专项行动，鼎城分局迅速响应，至年末，全区“三实”信息采集分别完成任务总量93.71%、98.04%、122%，信息采集总量150余万条。“三实”信息采集，提升了社会管理效能，推进了公安信息化建设。分局人口与出入境管理大队被省厅评为“三实”信息采集工作先进单位。（周　捷）

全区“三实”信息集中专项行动动员部署会

【合成作战中心成立】 为厘清警种职责、理顺工作关系，优化工作流程，2016年4月，成立合成作战中心。合成作战中心整合侦查、情报、技术、网监、视频等资源，建立以“所队联动、责任捆绑”“刑侦主侦、派出所主办”为核心的侦查破案新机制，实现破案打击总量、均量、质量的整体提升。2016年刑事案件破案数、破案率、移送起诉数同比分别上升14%、5%、4%，其中运用图侦手段破案率34%，现行命案侦破，缉毒破案、打击侵财、打黑除恶、打击“黄赌毒”、打击“食药环”犯罪、打邪等工作在全市名列前茅。（周　捷）

【沅江风光带警务执勤室成立】 为加强沅江风光带日常治安管理，密切与群众的沟通交流，8月3日，鼎城分局沅江风光带警务执勤室正式成立，区人大常委会主任杨君，区人民政府副区长洪振坤为警务室揭牌。警务室配备警力5人（民警2人、协警3人）和单警装备，主要职责是规范沅江风光带日常管理、防范打击违法犯罪、联系服务群众。

（周　捷）

沅江风光带警务执勤室

交　警

【概况】 2016年，区公安局交警大队有民警93人，协警、协勤人员90人。下设9个机关股室、2个城区中队和7个农村中队共18个二层单位，担负全区道路交通秩序管理、交通事故预防、交通事故处理、交通违法查处、交通安全宣传以及车辆和驾驶人管理等工作职能。全区国省主干道及县乡村公路通车里程近5000千米，机动车拥有量11万余台，机动车驾驶员14万余人。2016年，区公安局交警大队被评为全省公安交警系统国庆交通安保工作成绩突出集体，“全市公安交管工作绩效评估先进单位”“全市春运道路交通管理工作先进单位”。

交通事故预防。在道路通车里程、机动车及驾驶人迅猛增长，交通安全形势日益复杂的局面下，区公安局交警大队主动作为，把交通事故防控放在工作首位，全年没有发生一起一次死亡3人以上或造成恶劣影响的严重交通事故，保持死亡交通事故和一般交通事故呈稳中有降趋势，确保全区道路交通安全大局稳定。各类交通事故处理有力，成功侦破交通肇事逃逸案件80余起，没有发生因事故引发的严重交通堵塞、堵路以及上访等群体性事件。推进“五项机制”建设，在全区26个乡镇（街道、农林场）设立交通安全服务站，配备交通安全专干，普遍实行乡镇村干部包保制度，落实道路交通安全社会化管理工作责任。强化五类重点车辆动态风险管理，督促车主及时违法清零、年检续保、自动报废。排查整治交通安全隐患，累计投入资金200余万元，整改隐患路段86处，消除各类交通安全隐患120余起。2016年5月16日，省公安厅副厅长汤向荣到灌溪镇调研，高度肯定全区道路交通事故预防和社会化管理工作。

省公安厅副厅长汤向荣到灌溪镇调研农村交通安全管理工作

交通秩序整治。开展“保秩序　压事故”专项行动、“春雷”行动、酒驾醉驾专项整治、治理货车超限超载、重点车辆专项整治、交通安全大排查大整治大管控、无牌载人电动三轮(四轮)车专项整治、交通秩序整治“秋风行动”等集中整治行动，严查严重交通违法行为，累计现场查处酒后驾驶、涉牌涉证、客车超员、货车超载等各类交通违法行为1万余起，其中一般程序交通违法处罚3041起、查扣违法车辆600余台(次)、暂扣驾驶证120余本、依法吊销50余本、拘留违法驾驶人70余人。强化国省主干道、江南城区等重点区域和重要节点交通秩序管理，疏导城区早晚高峰期交通堵点，保证319国道谢家铺镇路段春节返程高峰、沅澧快速干线第一大道鼎城段建设、沅江风光带开园、过江隧道建设、市区人大代表政协委员视察和乡村旅游节等一系列重大活动及重要节日交通运行畅通。

基层基础建设。全年江南城区智能交通系统电子警察累计完成非现场执法10万余起，协助查询涉车涉案监控视频500余次，为成功侦破100余起飞车抢夺、盗窃、交通肇事逃逸等案件提供重要线索；帮助群众查找丢失在的士车上的财物30余起。全区公路交通安全防控体系一期工程建设完工，增设建国省道卡口系统、视频监控系统7个，建设二中队、四中队交通执法服务站2个，在省道306周家店镇周西公路十字路口、省道240蔡家岗十字路口和省道205韩公渡镇罗家桥路口设立红绿灯设备3处，在省道231东方桥和县道044六总宫路段设立公路卡口2处，在桃花源机场快速路设置雷达测速设备2套。配合支队启动公安交通集成指挥平台建设，执法服务站查缉布控系统已进入数据采集和试点应用阶段，累计查获逾期未年检、脱保等违法车辆30余台。

智能交通系统指挥中心

便民利民服务。依托车管所、事故处理、违法处理等服务窗口，开展便民利民服务。全面推行交通违法手机短信告知、异地处理等便民服务，全年处理异地违法业务近5万起；在车管所、灌溪镇工业园区设置交通违法处理窗口，方便群众就近办理业务。投入资金20余万元在车管所修建能同时容纳40人考试的科目一考场，考试学员1.1万人(次)。全年办理车辆上户5315台，办证15981本，年检9156台。推进驾驶人考场建设，征地、立项等前期筹备工作已完成。车管所被省文明委评为“省级文明窗口单位”，并成功通过一等县级车管所复评。推行交通事故人民调解制度，全年受理各类交通事故民事赔偿纠纷500余起，调处成功率97%以上，为50余名困难对象解决交通事故救助基金近100万元。

车管所窗口推行“一站式”便民服务

交通安全宣传。正面宣传引导，倡导“文明交通　守法出行”社会理念。组织开展“拒绝危险驾驶，安全文明出行”“红灯停绿灯行，交通信号记我心”“酒驾醉驾，会害全家”“122全国交通安全日”等系列主题宣传活动。组织编印《安全乘车手册》1万本，配发到全区所有客运车辆。联合区文艺部门制作以交通安全宣传为主题的常德丝弦文艺作品，开展送戏下乡活动10余场(次)。利用各类媒介正面宣传公安交警工作，全年累计在市级以上各类报刊、电视台、电台等传统媒体发布新闻稿件110余篇，在各级新闻网站、公安内网、微信平台发布信息500余条。车管所爱民服务工作经验被公安部《道路交通安全管理》杂志刊载推介；刘玉武优秀事迹被《人民公安报》交通安全周刊专题报道。开通鼎城交警微信公众号，借助本地电台、电视台与本土微信平台联动宣传，发布路况提升、交通管制、征集肇事逃逸线索等信息200余条，形成反应快速、传播广泛、影响深远的警媒联动宣传机制。

开展夜间查处酒驾行动

活动开展。部署开展“两学一做”学习教育，完成“四个专题”学习教育规定动作；组织开展“雁过拔毛”式腐败问题和“纠四风　治陋习”两项专项整治行动，排查吃拿卡要问题5起、徇私枉法问题1起，并已整改到位。优化协警队伍结构，对40余名协警实行双向选择竞争上岗。推进执法规范化建设，组织开展事故处理、接处警、路面执勤执法和执法风险及安全防范等培训班、讲座10余期。开展省级文明单位创建，全年组织开展“道德讲堂”活动3次，“我们的节日”活动4次，义务植树、环保等志愿服务活动10余次。开展警营文化活动，组建登山、游泳等5个兴趣小组，累计开展活动80余次，并获得市区组织的各项比赛奖项近20个。交警大队民警邱奉建被评为鼎城区第五届“十佳善德公民”，有41人次分别受到省厅、市区政府、市局、市支队等各级奖励或表彰。开展精准扶贫、结对帮扶、“三联四大”等工作，为点村解决道路硬化、沟渠清淤、机埠整修等具体问题10余个，帮助70余户115人脱贫；为结对帮扶对象解决救助金5万余元；民警走访联系3个乡镇(场)群众1.2万余户。（成　浩）

【区交警大队获评2016届省级文明单位】 2016年，区公安局交警大队以创建省级文明单位为契机，深入推进各项工作全面发展。坚持政治引领建警队，强化文明创建组织保障，提升队伍内部管理。先后筹资80余万元，配套建设高标准的道德讲堂、图书馆、健身房、娱乐室、档案室等活动场所，设置文明创建宣传栏，添置一批文化书籍、体育健身器材等。依托活动树形象，营造文明创建氛围。开展各类活动，创新活动内容和形式，让广大民警通过参加活动提高文明创建知晓率，促进文明习惯养成，树立鼎城交警“文明之师”的良好形象。优化服务惠民生，拓展文明创建活动内涵。围绕服务全区经济社会发展大局、服务民生，解决群众办牌办证、违法处理、事故调解、安全出行等方面的困难和问题，提升人民群众满意度。恪尽职守抓主业,助推文明创建提质增效。立足全区道路交通安全管理工作,以“压事故、保安全”为目标,抓道路交通事故防控不放松,开展交通秩序整治,实现辖区道路交通安全形势好转。通过开展创省级文明单位活动,鼎城区公安局交警大队被评为省市先进,并有1人荣立一等功,14人(次)荣立三等功,30余人(次)获省市级表彰。 (成 浩)

检 察

【概况】 2016年,区检察院围绕全区改革大局,着力推进平安鼎城、法治鼎城建设,推进司法体制改革,开展“两学一做”学习,各项检察工作稳步推进。先后荣获全省检察机关“检察文化活动先进单位”、全省“读书风气最盛检察院”等荣誉,在全市业务考评中,反贪、反渎、预防、政工、林检、公诉、法警、监所、行装、侦监、案管中心及纪检工作均获得先进。

获全省检察机关“检察文化先进单位”

打击刑事犯罪与维护社会稳定。履行批捕、起诉职能。全年,共受理提请批捕案件322件426人,批准逮捕173件230人,共受理审查起诉案件538件800人,提起公诉426件602人。全年共办理149件192人群众关注的“黄赌毒”犯罪案件,维护了社会治安环境。依法打击“两抢一盗”、诈骗、寻衅滋事等多发性扰乱社会秩序犯罪,如办理两起涉案金额高达6亿元、涉案人员多达40余人的组织领导传销案;办理陈某、邓某芳等15人冒充医学专家等专业人员,在省内多地向老人兜售三无产品的销售假药案;办理李某才、谌某化等10人在长沙、常德、株洲等地盗窃移动通信基站案等一批有重大影响的案件。参与整顿和规范市场经济秩序活动,如办理涉及区中联重科有限公司的文某军拒不执行判决、裁定案,促成双方达成执行和解协议,为中联重科有限公司挽回损失100余万元。化解社会矛盾。对于轻微刑事案件、过失犯罪案件以及犯罪情节较轻主观恶性不深的初犯、偶犯,依法从宽处理,依法不批准逮捕139件185人,不起诉98件181人。首信首访接待处理工作。共受理群众来信来访42件(次),其中来信13件,来访32件(次),电话来访12次。参与社会综合治理。综合运用附条件不起诉、社会调查等措施,加大未成年人的司法保护力度,积极教育、感化、挽救涉罪未成年人,附条件不起诉6人,均向法院发出从轻处罚的量刑建议。

查办和预防职务犯罪。全年共查办各类职务犯罪案件12件12人。加强与区纪委联系和协作,开展集中整治和预防涉农扶贫领域职务犯罪专项活动,及时初查和立案国家机关工作人员滥用职权,套取国家淘汰落后产能专项资金的案件。如4月,立案查处鼎城区园艺示范场党委书记、场长陈小军、副场长黄春华等人涉嫌滥用职权、受贿系列案,受到省检察院检察长游劝荣的充分肯定。结合全国“天网行动”,推进追逃追赃专项工作,成功抓获2名潜逃多年的逃犯,追逃工作位居全市前列。推进侦防一体化建设。全年共开展警示教育12场次,发出个案预防检察建议7份,受理行贿犯罪档案查询233次,开展预防调查并形成专题报告2件,撰写的《鼎城区检察院2011年以来查办扶贫领域职务犯罪案件的犯罪分析报告》被省院评为优秀专题报告。

刑事诉讼监督与民事行政监督。刑事诉讼监督。加强立案监督和侦查监督,保障规范化执法,共向公安机关发出纠正违法建议书12份,监督公安机关立案8件23人,追捕6件11人,追诉漏罪3条、漏犯10人,与公安机关召开案件协调会、情况通报会 13 次。刑事审判和民事行政诉讼监督。不断更新执法理念，对于不按法律规定时限送达出庭通知书、一审刑事判决书庭审秩序不规范等违反程序的情况，向区法院发检察建议书、纠正违法通知书 9 份，列席审委会 2 次，发表量刑建议书 211 份，采纳率 95.6%。抗诉工作继续在全市领先，提请抗诉 2 件，已被市法院受理。加强民事行政生效裁决、调解及执行活动的监督，共受理各类申诉案件线索 15 件，审查终结 12 件，发出督促履职检察建议 8 份，向区法院发再审检察建议 6 份，并均以被采纳。刑罚执行活动监督。共开展收押检察 478 人次，出所检察 508 人次，受理在押人员申诉 15 件，受理后均给予答复；审查羁押必要性案件 14 人，建议改变强制措施 14 人，均被办案部门采纳；因错误羁押向区公安局发纠正违法通知书 1 份，区公安局已纠正。

队伍建设。思想作风建设。结合规范司法行为专项整治活动要求，开展“两学一做”专题教育活动，抓好“两个责任”落实，提高政治素质。检察文化建设。围绕创建省级文明单位目标，以系列活动为载体，组织开展道德讲堂、诗文朗诵、检警联欢、体育竞赛、登山踏青等各类文体活动，并携手区供电公司举办“七夕”联谊会，促进检察文化和企业文化交流；开展“关爱留守儿童”“金秋助学”等活动，为 36 名留守儿童和 9 名贫困学生献爱心、送温暖，并建立“一对一”帮教计划，为孩子们健康快乐成长提供支持和帮助。专业素能建设。开展争创“读书风气最盛检察院”、争当“学习型检察官”为载体，组织干警开展业务学习培训，加强一线执法办案人员专业素能建设和新进人员岗位技能培训，并制订《教育培训和岗位练兵计划》《中心组理论和业务学习计划》等，采取交流培训、岗位练兵等形式，先后组织 90 余人次参加省市院和区级培训，全面提升检察队伍专业水平。2016 年，鼎城检察院作为基层检察院代表专门就队伍建设在全省检察长会议上作经验介绍。（沈绍刚）

【检察官员额制改革】 为推动司法体制改革，2016 年 8 月上旬，开展检察机关人员基本信息摸底，初步了解全院检察干警的岗位申报意向，同时，各办案部门测算从 2013 年 1 月至 2016 年 6 月的办案工作量。9 月 19 ~ 23 日，首次员额检察官遴选报名工作正式启动，通过本人申请、本级审核、上级复核、省院审定、公布结果和资格复议，区检察院共有 37 人符合报名条件。10 月 8 ~ 14 日，按照湖南省检察机关员额检察官首次遴选考核工作实施方案的要求，检察院成立遴选入额考试考核领导小组，由本院考核本级的 26 名报考人员，11 名班子成员及考核组成员的考核交由上级检察院负责。考核过程中，通过个人申报、申报公示、实施考核（考核组书面审查申报材料，并依照案卷对遴选人员提供的为主、独立承办的典型案件相关内容进行统一评查、评分）、考核公示、成绩复查、党组审定、核查纠错，所有参与考核的人员考核成绩均在内网和院内公示，并将成绩上报上级检察院。考核成绩是综合从事法律工作年限、从事司法办案工作年限、担任司法办案机关领导、司法办案部门负责人年限、办理各类案件数量、一件为主、独立承办的典型案例、市级以上业务竞赛获奖情况、年度绩效考核 7 项指标得出。12 月 30 日，通过遴选考试，层层考核，区检察院 30 名干警被省院任命为全省首批员额检察官。（沈绍刚）

鼎城区检察院员额检察官遴选公开考核大会

法　院

【概况】 2016年,区法院坚持“公信立院、和谐兴院,改革创新、管理严格,文化引领、科技优化”为法院治理理念,用党建带队建统揽工作全局,实现案结事了,为辖区经济社会发展提供有力的司法服务和保障。全年结案5085件,其中诉讼案件结案3463件,结案率92.99%,执结各类案件1622件,执结标的1.34亿元,结案数同比增长14.68%。年末,被评为全市法院司法网络宣传工作先进集体、全区社会管理综合治理先进单位、城市工作先进单位、驻村帮扶工作红旗单位。

刑事审判。共审结案件405件。审结故意伤害等暴力犯罪案件59件65人,审结盗窃等多发性侵财案件123件179人,审结涉毒、赌案件96件149人。审理全市首例未经检疫即对感染动物疫病的“黑山羊”进行养殖、销售的妨害动植物检疫刑事案件,两名被告人判处刑罚。督促刑事被告人到案,35名刑事被告人依法采取逮捕措施,确保刑事诉讼活动的有序进行。加大刑事附带民事诉讼调解力度,保障被害人权利,调解率85%以上,如在被告人余某某故意伤害案中,与基层组织联调联动,向被害人一次性兑现27万元赔偿款,取得良好的办案效果。推进“以案释法”,在逆江坪镇大会堂巡回审理罗某失火罪一案,现场释法,起到很好的警示教育。

民商事审判。共审结民商事案件3011件。适应经济“新常态”与“供给侧改革”,妥善处理劳资纠纷案件73件,为企业生产构建和谐有序的劳资关系;集中开展涉中联重科债权清欠专项行动,审结相关案件705件,诉讼结案标的额2.87亿元;保障金融安全,审结涉鼎城农商行、鼎城农行金融借款纠纷案件166件,涉案标的额1.78亿余元。更新民商事案件办案理念,提升办案水平,在婚姻家庭案件中发出全市首份“人身安全保护令”,制裁实施家庭暴力者,保障妇女权益;在浙江杭州“支付宝”总部对当事人在互联网平台的账户存款采取诉讼保全,促使案件高效调解;在民事诉讼中首次适用《当事人据实陈述保证书》,打击和预防虚假诉讼,强化诚信诉讼。

行政审执。办结行政诉讼案件47件,通过协调化解纠纷,当事人申请撤诉15件;非诉执行案件20件。推进行政机关负责人出庭应诉,深入有关行政部门宣传法律要求,出庭率77.78%。向有关行政机关发出司法建议书4份,促进行政机关依法行政。依法处理征地拆迁纠纷,大力服务临江棚户区改造、沅江过江隧道、杨家港路、常德(灌溪)高新区等重大项目的征地拆迁,促成协商签约146户,强制拆除3户,促进相关重点工程的顺利进行。

执行工作。共执结各类民商事案件1602件。进一步创新执行工作机制,甄别分类各类案件,因案制定方案,穷尽执行手段,灵活运用强制措施,大力破解执行难题。继续深入开展涉信用联社及中联重科系列案件的清欠专项执行,充分运用执行强制措施,帮助信用联社清收贷款到位3547.42万元,到全国多省开展跨区域执行,克服被执行人难找、执行财产难查等障碍,帮助中联重科收回设备210台,收回执行款2090万元。继续开展集中打击拒不执行判决、裁定等犯罪行为专项行动,司法拘留62人次,移送公安机关立案侦查6人,实施信用惩戒被执行人,纳入“黑名单”463人,分5批次公开曝光226名失信被执行人,在社会上形成强大震慑。

失信曝光台

司法为民。实施立案登记制。进一步适应立案登记制,加强法院机关诉讼服务中心配套建设,完善乡镇审判执行工作联络机制，构建立体联动司法服务网络，切实做到有案必立，有诉必理，当场立案登记率98%。落实司法救助。加强弱势群体司法保护力度，进一步提高司法救助水平，发放司法救助金81万元。处理涉诉信访。规范管理涉诉信访工作，稳妥处理上级交办涉诉信访案件22件次，按期回复率、接访处访率100%。推进司法公开。在互联网公开生效裁判文书2610份，邀请代表、委员及学生、群众参与全市首例妨害动植物检疫案、宋某运输毒品案等典型刑事案件的庭审观摩。6月，利用黄土店竹文化节开展送法下乡活动，印发宣传资料1200余份。拍摄首部法院微电影《和为贵》，开通法院官方微信。通过各类媒体发布稿件200余篇，各级媒体采访报道10次，法院官网年度点击率、发稿量均居全国基层法院前50名，为司法工作营造良好的舆论。

拍摄法院微电影《和为贵》现场

队伍建设。开展“两学一做”学习教育。坚持政治建警，严格队伍管理。结合区委“四讲四比”活动，加强全体党员党性教育，为全院工作的开展提供有力的政治保障和思想支撑。抓实内部廉政监督。3月中旬，院党组召开专题会议，明确各庭室廉政监督员的名单和岗位职责，发挥庭室廉政监督员的作用，提升内部监督水平。通过组织全院干警参观武陵监狱警示教育基地、开展道德讲堂等多种活动，不断推进内部廉政教育和监督的常态化。组织业务培训。以适应司法改革提升司法能力为导向，推送16人参加最高院、省高院相关专题培训12场次，集中组织开展全院性业务培训4场次，督导庭室组织开展业务自学。推进文化建设。坚持文化引领，以文育警，凝聚干警正能量，丰富法院文化，组织开展“存善念、行善举”道德讲堂、瞻仰翦伯赞故居、青年干警体能拓展训练、新任职法官向宪法宣誓等活动，推介干警参加全区政法系统登山比赛、演讲比赛及红歌比赛，获得好评。

（艾泽栋）

【法官员额制改革】 2016年8月，省委政法委、省高院先后召开全省司法体制改革会议，全面部署司法责任制、法官员额等改革。9月，鼎城区法院出台《首批员额制法官遴选方案》，有序推进法官员额制改革工作。10月18日，鼎城区委召开区委常委会议，专题研究“两院”在司法改革中提请解决的事项，为改革提供坚定支持和保障。区法院坚持落实院党组在司法改革中的主体责任，领会改革精神，通过党组会、院务会、个别座谈等形式，顺利完成54名入额法官的遴选工作，确保队伍整体思想稳定。为配合司法改革，区法院同时推进民商事审判大格局改革、执行工作大格局改革、人民法庭改革等工作，确保司法为民水平在改革中得到有力提升，改革实效在群众满意中得到真实检验。

（艾泽栋）

区委书记杨易调度法院司法改革工作现场

司法行政

【概况】 2016年，全区各级调解组织共化解各类矛盾纠纷 2139 件，其中区矛盾纠纷调处指挥中心调解重大、疑难矛盾纠纷和突发群体性事件 47 起，成功率 100%；办理法律援助 115 件、公证 1792 件、司法鉴定 903 例。2016 年，鼎城区司法局人民调解宣传工作连续第六年被中华全国人民调解员协会评为“全国先进单位”；该局被省司法厅授予“全省司法行政工作先进集体”荣誉称号；被评为“全省‘六五’普法先进单位”；鼎城区被评为“全市‘六五’普法先进区县（市）”；司法局被评为全区社会管理综合治理红旗单位。黄土店司法所被评为省级模范化司法所；蔡家岗司法所被评为省级规范化司法所。蔡家岗司法所所长周明君被评为“全省‘六五’普法先进个人”；矛调中心主任胡中福被常德市委评为“全市优秀共产党员”。

普法依法治理。启动“七五”普法。2016 年 12 月，组织召开全区第八次法治宣传教育工作会议，总结“六五”普法工作，安排部署“七五”普法工作。制定《鼎城区关于落实“谁执法谁普法”责任制的实施意见》（讨论稿）和《责任清单》（讨论稿），提高行政执法人员的法治观念和在工作中的普法教育意识。开展“法律六进”。成立鼎城区“法润三湘”公共法律服务志愿者大队，组织司法行政干警、律师、公证员、法律工作者参与农村法治宣传教育月活动。开展“法律服务一条街”活动共 25 次，展示横幅 50 条，盾牌近千余块，法律咨询 600 余次。统筹规划户外阵地建设。在全区城乡主要路段设置宣传栏 356 个，广告牌 35 个，大型户外公益广告 6 个，户外法治广场 2 个。在各级领导干部和国家公职人员学法用法考试中不合格人员不予评先评优、晋岗晋级，保证普法考试的严肃性。2016 年，全区参考率 99.6%，合格率 99.3%。组织法治文艺演出。结合鼎城实际，编排一部法治文艺小品《偶遇》，小品讲述了基层司法所在调解矛盾纠纷时发生的故事，并在沅江风光带进行公开演出。

法治文艺小品《偶遇》在沅江风光带进行公演

人民调解。落实人民调解“以奖代补”制度。为调动广大基层人民调解员工作积极性，制定《鼎城区人民调解案件“以奖代补”管理办法（试行）》，并把人民调解“以奖代补”经费纳入区本级财政预算予以保障。开展矛盾纠纷排查化解。围绕“三调联动解纠纷，防控风险促发展”专项调解活动，开展矛盾纠纷排查调处。2016 年，全区各级调委会调处各类民间纠纷 2139 件，防止民间纠纷引起自杀 1 件 3 人，防止民间纠纷转化为刑事案件 22 件 90 人，防止群体性上访 45 件 502 人，防止群体性械斗 11 件 192 人。继续加强专业调委会建设。婚姻家庭纠纷调解室有效运行，2016 年共调解涉及婚姻家庭的矛盾纠纷 103 起。4 月，省妇联到鼎城区调研婚姻家庭纠纷调解工作并给予充分肯定。矛调中心主任胡中福被推选为全国司法行政“先进工作者”候选人。

法律服务与管理。公共法律服务中心投入运行。经过前期筹备，区公共法律服务中心于 4 月 11 日投入运行。2016 年，中心共现场解答法律咨询 176 人次，交办矛盾纠纷 17 起，“7376148”法律服务热线和“7512348”法律援助热线为群众提供电话咨询 186 人次。加强法律服务监管，开展全区法律服务市场专项整顿工作。4 月 27 日组织辖区内 2 个律师事务所、6 个法律服务所、1 个司法鉴定所和公证处、法援中心的负责人召开全区法律服务市场专项整治会议，传达上级精神，当场签订责任状。拓展援助渠道，打造司法行政窗口形象，开展未成年人、残疾人、妇女、老年人及农民工的特色法律援助。按照省厅要求，建成黄土店镇级公共法律服务站和沧浪坪村级公共法律服务点，为群众就近提供优质法律服务。组织辖区内的律师开展

"服务'一带一路'""万名律师乡村(社区)行""万家中小微企业法律体检"等活动。5月,牵头组织辖区内律师事务所与全区110个村(社区)签订"一村一社区一法律顾问"协议,并健全制度,明确责任,为律师参与基层组织的依法治理打下坚实的基础。2016年,全区律师代理各类案件334件,签订法律顾问单位59家。

司法所建设。结合政府购买社区矫正服务,对基层司法所人员进行"大换防",改变鼎城区基层司法所多为"一人所"的局面,形成机关和基层人员能上能下的机制,全面激发队伍活力。以乡镇合并为契机,加强基层司法所阵地建设。通过积极争取,为黄土店司法所增加40平方米的镇矛盾纠纷调处中心,尧天坪司法所办公用房条件得到改善。争创第六批省级模范司法所和规范化司法所。通过前期遴选,黄土店司法所和蔡家岗司法所分别获评省级模范化司法所和省级规范化司法所。截至2016年底,全区已有1个国家级模范化司法所——牛鼻滩司法所,2个省级模范化司法所,以及10个省级规范化司法所。

文化建设。开展主题活动增强凝聚力。组织党员开展敬老助弱"学雷锋献爱心"、党员进社区、"清明祭英烈,共筑中国魂"爱国主义教育活动;组织志愿者队伍参加沅江风光带开园仪式和"我爱沅江风光带"系列志愿服务活动。积极参加各项比赛提升荣誉感。区司法局代表队在区委宣传部组织的"鼎城区'两学一做'知识抢答赛"中斩获第二名;在市纪委组织的"荷花品格,梅花精神"演讲比赛中,彭龄熠荣获二等奖;在政法系统组织的"我骄傲,我是政法人"演讲比赛获得全区第一名、全市三等奖;在区委宣传部组织的"忆党史　感党恩"演讲比赛中取得第二名。　(严　柳　张　章　郑菊仙　胡中福　王延芳　侯么瑜)

【社区矫正工作局成立】 2016年4月,经市编办批复同意成立鼎城区社区矫正工作局(为区司法局直属副科级机构),是全市首批设立的2个县级副科级社区矫正工作局之一。其主要职责是:制定和实施社区矫正工作计划;检查、监督社区矫正工作落实情况,了解掌握和做好全区的社区矫正工作,指导各司法所的社区工作等。社区矫正工作局的成立,标志着鼎城区社区矫正工作力量得到实质性加强,社区矫正改革迈出重要步伐。2016年,完成政府购买社区矫正服务工作的试点,招聘的10名人员全部充实到社区矫正工作局和乡镇(街道)司法所从事社区矫正工作。把社区矫正人员纳入全方位监管,分级处置社区矫正人员,并实行手机定位监管和定期指纹打卡签到,严防脱管、漏管现象发生。2016年,发现6名违反监管规定的社区矫正人员,该局向法院申请撤缓收监,法院对其中3名对象作出撤缓收监裁定。截至2016年底,全区近500名社区矫正对象无重新违法犯罪发生,近1000名刑释解教人员重新违法犯罪率控制在2%以内。　(刘又源)

区委书记杨易视察社区矫正工作局

【区公共法律服务中心投入运行】 2016年4月11日,鼎城区司法局公共法律服务中心投入运行。中心建筑面积320平方米,设有法律咨询、法律援助、人民调解、公证、司法鉴定以及投诉受理6个办事窗口,实现窗口化、综合性、一站式服务。按照"素质高、业务精、能力强、服务优、形象佳"的要求,区司法局从内部选派10余名司法行政工作人员,组成专业法律服务团队,每天安排一名专职律师坐班,在服务窗口为群众提供优质、高效的法律服务。

鼎城区司法局公共法律服务中心外景

完善公共法律服务中心工作流程，制定岗位责任制、中心坐班管理、计算机使用管理、网络安全管理、卫生管理、安全保卫及中心工作人员服务规范等内部管理制度，确保中心有序运行。建立中心窗口值班人员岗前培训和定期集中学习机制，组织中心工作人员开展工作讨论，搭建交流共进平台，提升中心服务能力。制定中心目标管理考核办法和中心工作人员考核办法，确保中心服务质量。在服务大厅设置便民书架，编印各类便民宣传册，方便群众取阅，营造良好的法治氛围。

（严　柳）

【谈敬纯调研鼎城区司法行政工作】 2016年12月23日，湖南省司法厅厅长谈敬纯一行到鼎城调研司法行政工作。市区领导唐恒忠、曾勇、朱金平、朱正权、洪振坤陪同调研。在区司法局，谈敬纯一行参观了机关文化建设、公共法律服务中心、矛盾调处指挥中心、社区矫正工作局和荣誉室等，认真了解区司法局人民调解、社区矫正等各项工作开展情况，就队伍建设、法律援助、法治宣传等工作进行详细调研，仔细询问工作中存在的困难和问题。调研中，谈敬纯肯定鼎城司法行政工作取得的成绩，认为区司法局在机关建设、两个中心建设、法律援助、法治宣传教育等方面敢于创新，亮点突出，经验值得推广。

（严　柳）

省司法厅厅长谈敬纯调研鼎城区司法行政工作

军事

Military Affairs

军分区与市政府督查室联合检查组检查民兵点验工作

人民武装

武警内卫

公安消防

人民防空

人民武装

【概况】 2016年，鼎城区人武部围绕国防和军队建设，扎实抓基层打基础，人武部各项建设顺利推进。

政治理论学习。抓学习辅导。参加团以上党委机关中心组理论学习，坚持每周一、周三2个晚上理论学习的常态制度，组织学习习近平系列重要讲话“治国理政篇”“改革强军篇”“国防动员篇”等，提升做新国动人的理论内涵。专题学习郭伯雄案件通报等文件精神，进一步根除其毒瘤影响。抓思想教育。开展两项重大教育，按照学习教育、组织讨论，查摆问题、整改落实，开展评议、整顿组织等方式进行思想教育；抓国防教育。国防教育教材经费纳入区财政专项预算，并形成长效机制，年内投入20余万元在朗州中学开展新的示范点建设，确保中小学生国防教育落到实处。

业务训练。干部军事训练。制定人武部机关体能训练计划，落实早操制度，加强队列训练和体能训练，规范军人形象，提高体能素质，全年共完成4期51天机关干部在职训练。队伍应急能力训练。推进战备工作落实，抓民兵骨干业务技能训练，全年共完成5期40天411人的民兵训练，遂行应急能力明显提升。

征兵工作。全年完成征集任务，无一例退兵。

鼎城区征兵工作会议

民兵工作。市区两级3个应急连编组重点向行业系统延伸拓展，确保战时快速有效遂行任务的需求；编组布局向城区集中，向区直机关和城区街道办共编基干民兵，确保“编能用、编为战”。

地方武装力量。抓住乡镇区划调整时机，调整专武干部。乡换届后专武干部兼职现象大幅减少，全区乡镇、街道专武干部兼职仅有4名；选用一批年轻、有能力的人员充实到专武干部队伍中去，及时调整分流4名年龄偏大的人员；推荐提拔使用3名责任心强、履行职责好、武装工作出色的专武干部。

基础设施建设。装备建设。组织装备维修分队维休维护民兵武器装备，点验枪支、弹药、器材、物资；投入14万元配备完善应急连装备，随时全员全装遂行任务。营院换建。武装部营院存在军地混居、人员繁杂、功能不全等制约因素，历时2年时间，完成新营院建设立项、土地报批等手续，年前已完成桩基础工程。停止有偿服务。人武部原有租赁门面2400平方米，年底前停止租赁（除洞仙酒店1700平方米因合同因素外）。

安全工作。坚持每月安全形势分析，落实武器弹药库管理制度，加强干部值班，严控营院人员出入，加强出租门面、营区安全设施、涉密载体、车辆使用等排查。定期与地方维稳部门情况互通，及时掌握重点人员的思想动态，全年处理涉军维稳和涉军维权事件15起。（徐建新）

【营救被洪水围困老人】 2016年8月10日凌晨，黄土店镇突降暴雨，4小时降雨量达255毫米，强降雨引起山洪暴发，导致该镇多处被淹。上午7时30分，鼎城区人武部接到区防指通知，黄土店镇八角楼村10组有2位独居老人被山洪围困，要求区民兵应急连迅速前去救援。接到通知后，区人武部立即启动应急预案，鼎城区人武部副部长兼军事科长徐建新带领民兵应急分队20人，乘坐3台车辆、携带3艘冲锋舟赶往现场。9时20分，救援官兵到达现场并迅速展开救援行动。由于山洪湍急，加上水中断木杂草漂浮物很多，并且老人居住的房子是跨小河而建的老房子，现场没有可以停靠冲锋舟的地方，徐建新带领抢险人员驾驶冲锋舟穿过重重障碍才得以靠近被困老人的房屋，徐建新指挥民兵用撑钩钩住房子才能勉强稳住冲锋舟，因房子大门已被大水淹没，无法进入，且房子随时有被洪水冲垮的危险，徐建新果断用船桨砸开房屋侧面窗户，不顾自身生命安危翻入老人家中，安抚稳定老人后，依次抱起两位老人传递给在舟上接应的民兵和消防人员，在民兵与消防人员的配合下两位老人被转移至冲锋舟上，最后被安全送到岸上。营救事迹先后在中央13频道、湖南新闻联播、常德新闻联播、鼎城新闻和常德红网与省国防教育周刊报道。（徐建新）

区民兵应急分队解救被洪水围困群众

武警内卫

【概况】 2016年，鼎城区武警中队按照“建安全、强素质、形特色、夺先进”的工作思路，提高支部能力和官兵整体素质，抓中队正规化建设，确保以执勤为中心的各项任务完成圆满，中队全面建设稳步推进。2016年中队被支队评为“军事训练”“安全工作”“执勤工作”先进单位。1人荣立三等功，1人被评为“优秀基层干部”，4人被评为“优秀士官”，4人被评为“优秀义务兵”，5人被区公安局评为“武警工作先进个人”。

军事训练。按照“军事训练八落实”和《大纲》要求，开展专勤专训、擒敌术、防爆器材使用、班（组）战术射击、灭火器材使用、防汛抗洪演练等科目的训练。运用郭兴福教学法，提高骨干组训能力，抓反恐应急班实战训练，提升军事训练水平，年底，有2人被评为“军事训练标兵”。

军事训练

服务地方工作。中队配合鼎城区看守所，担负押解勤务，做好执勤处突工作，全年共担负押解勤务30余次，出动兵力120人次，押解犯人409人。中队配合区公安局武装巡逻江南城区10余次，出动兵力50人次，保证全区人民生命和财产安全。出动兵力12人次负责鼎城区2016年元旦文艺晚会安全保卫；出动兵力12人次扑救鼎城区双桥坪镇山火；出动兵力6人次保卫区“两会”安全工作；出动兵力8人次参加益阳防汛抗洪抢险；出动兵力12人次负责“常德市旅游节”安全保卫工作；出动兵力9人次担负区委党校升旗任务3次；出动兵力10人次担负“陈辉烈士公园塑像安放仪式”安全保卫。确保全区中心工作的安全稳定和各类临时勤务工作的圆满完成。

“两会”安保

双拥共建。树立全心全意为人民服务的宗旨，巩固和发展与驻地“同呼吸共命运心连心”的新型军政军民关系，多次配合地方部门做好演练、汇报表演工作。利用节假日参加“送温暖献爱心”、义务献血、植树造林、看望慰问孤寡老人、为驻地打扫公共卫生等活动；与区图书馆签订流动图书馆协议，定期为中队更换书籍；与区检察院开展共庆“八一”联谊活动；与常德市第四人民医院（南区）签订定点医疗协议，定期到中队巡诊；聘请常德财经学校、淮阳中学的老师指导战士学习，聘请消防专家到中队上课讲解消防常识。（唐　振）

与区检察院共庆“八一”

公安消防

【概况】 2016年，鼎城消防大队以“防得住、打得赢”为总体目标，以“正规化、抓经常”推进班子和队伍建设，以“法治、廉洁、效能”三项满意加强火灾防控工作，提高全民消防安全素质。消防大队被市公安消防支队评为2016年度“消防安全工作先进大队”“防火监督先进单位”“全面建设先进大队”“消防监督执法先进单位”“先进基层党组织”。单侃、尹帮健、何平、蒋东正、杨飞5人荣立三等功，肖文、王才友、丁伟等10余名官兵受到嘉奖。

火灾防救。消防大队专项整治火灾隐患场所、消防产品、劳动密集型企业、仓储物流、商场市场、易燃易爆场所、居住小区和物业服务企业等行动，大队共检查1778家单位，发现火灾隐患2466处，督促整改火灾隐患2433处，下发责令改正通知书1536份，行政处罚68家，临时查封26家，责令“三停”18家，拘留22人。全年，区消防大队共接警出动148次，其中火灾扑救117起，参加应急救援29起，出动警力1402人次，出动车辆210台次，从火灾现场解救被困群众36名，疏散和转移群众196名，挽回财产损失133.30万元。连续8年无亡人火灾事故，灭火救援零伤亡、零事故、零投诉，灭火救援成功率100%。（王　晟）

【“8·10”特大抗洪抢险】 2016年8月10日凌晨3时，鼎城区黄土店镇遭受强降雨袭击，原钱家坪乡区域平均降雨125毫米，其中有6个监测站点雨量超过100毫米，雨量最大的洞桃冲站218.3毫米。暴雨导致黄土店镇大部分山塘、河流、水库水位迅速上涨，袁家冲水库溢洪，14个村庄受灾。5时30分，大队接到报警称，鼎城区黄土店镇原钱家坪乡区域发生洪灾，有群众被困，情况十分危急。大队立即出动一台抢险救援车、一台行政车，7名指战员赶赴现场进行救援。

上午9时20分，区民兵舟桥分队也赶到现场，投入救援，大家分头搜救被困人员，副中队长肖文率先带领2名救援官兵登上冲锋舟驶向水域深处。在一栋摇摇欲坠的房屋前，发现两名被困人员，肖文直接用双手把住窗沿，为两位被困人员搭起了人梯，顺利将被困人员救出，将其送往安全地带。

经过近10个小时的奋战，大队官兵与当地政府人员、派出所干警、武装部等联动力量紧密配合，疏散群众约8000余人，圆满完成营救任务。（王　晟）

人民防空

【概况】 2016年，鼎城区人防办围绕全市人民防空工作要点和鼎城区工作重点，贯彻“长期准备、重点建设、平战结合”的人防建设方针，人防工作稳步推进。区人防办获2016年度“全市先进单位”，主任雷克敏获“全国人防工作先进个人”和“全省人防工作先进个人”。

宣传教育。全年开展大型人防宣传教育活动3次，为城区中、小学校免费提供人防教材1万余册。第七次全国人民防空会议召开前，在各个社区、街头派发宣传资料开展宣传活动，并投入20万元在捌海公馆、枫丹丽舍等小区建立社区人防宣传阵地；每所学校聘请人防宣传专干，落实人防宣传工作职责和工作要点；投入40万元建成江南小学、武陵小学人防宣传阵地，并将江南小学打造成全省第一流的人防宣传教育基地，一区建设已完工；鼎城区第二届体育运动会以“人防杯”冠名象棋、羽毛球等多项体育赛事；开展“5·12”应急演练和“11·1”防空警报试鸣活动。

湖南省人防办主任卜功富(左四)视察区人防宣教基地

指挥通信。明确专人负责防空警报器的日常维护和管理，定期检查防空袭警报器，使所有的警报器处于良好状态；完善全区人防警报器建设规划，确定未来全区警报器的主要建设方向及任务；加大警报器维护人员及操作手培训力度，全年多次组织各警报器网点维护员集中培训，“11·1”全省防空警报试鸣日前，人防办派专业技术人员到各个网点模拟授教网点操作手，确保防空警报准确无误鸣响。

工程建设与管理。2016年，完成人防应急指挥中心选址和报批工作。加大人防工程建设法律法规的宣传，确保城区人防工程总量和质量整体提升。至年末，共审批“结建”项目3个，面积约20000平方米，竣工验收“结建”人防项目2个，面积10200平方米。征收人防易地建设费800余万元，并及时上缴、专户管理。

精准扶贫。2016年，区人防办按区委、区政府精神和区扶贫办的安排，派驻专人开展精准扶贫工作。工作人员抓村埠基础建设，引导村民修道路、改水渠、发展特色农作物种植，帮助村民脱贫致富，改善乡村面貌。全年为扶贫点村——周家店镇太平寺村投入扶贫资金16万元，为美丽乡村——周家店镇恒丰村、尧天平村投入建设资金12万元。（宋　洋）

鼎城区人防办点村“送温暖”

【机构改革】 2016年3月，人防办向区编办递交《关于申请新增二级事业单位和重新核定单位编制的报告》。11月，区编制全会研究同意，增设1个二级事业机构(即人防工程和信息保障站)为全额拨款事业单位，核定编制4名。（宋　洋）

经济监督管理

The Economic Supervision Management

区质检所计量检定人员对步步高超市计量器具进行检定

发展改革与物价管理

【概况】 2016年,全区地区生产总值279.92亿元,增长8.2%。其中,三次产业增加值分别为48.9亿元、92.3亿元、138.8亿元,分别下降5.6%、增长9.1%、增长13.8%;一般公共预算收入16.7亿元,增长8.93%;城镇居民人均可支配收入28362元,增长8.8%;农村居民人均纯收入13125元,增长9.3%。农业方面:实现农业总产值81.4亿元,粮食总产量67.19万吨,较上年减产1.96%。油菜种植面积39533.33公顷,总产6.8万吨,比上年增产0.05万吨。新建油茶丰产基地733.33公顷,"鼎城茶油"获批国家地理标志保护产品。全区增加省级农业产业化龙头企业2家、市级龙头企业4家、五星级休闲农庄1家、"百企"现代扶持企业1家,增加"三品一标"产品认证8件。工业方面:实现规模工业总产值192.9亿元,增长37.2%,规模工业增加值41亿元,增长8.1%。灌溪工业园渐河以西"四路一渠"等基础设施建设竣工;建成26万平方米标准化厂房;建成全市首批省级科技孵化器大楼,签约入孵企业25家。科箭机械、联嘉机械、佳诚机械成功转型。精为天成功在新三版挂牌,润田机械、飞象豆业分别在天津股交所Q版、上海股交所E版挂牌上市。现代服务业方面:第三产业增加值138.8亿元,增长13.8%。增加限额以上商贸企业8家,社会消费品零售总额171.1亿元,增长12.1%。城市建设方面:开展阳明湖规划研究设计,完成空港新城控制性详细规划和给水排水专项规划、高新区基础设施专项规划;沅江风光带、桥南商圈美化提质工程完工;临江棚户区改造、过江隧道工程正式开工建设;城市道路、路灯、排水等基础设施更加完善,环境绿化进一步加强,杨家港路、永丰路和西站路均已完成工程量90%;土地储备通过挂牌、拍卖实现收益3亿余元;城市管理荣获全市最佳。社会事业方面:提质改造6所农村薄弱学校和16所农村寄宿制学校"三有配套"工程,教育工作获全省"教育强区"称号;城镇增加就业6900人,城镇登记失业率控制在4.5%以内;征缴各类社会保险基金突破10亿元,农村五保分散和集中供养标准分别达到3200元/年、5700元/年。建设公租房426套,发放租赁补贴2285户,改造农村危房1250户;市四医院、市二中医院、区妇幼保健院通过"二甲"评审;此外,人防、档案、地震、妇女、儿童等各项社会事业全面协调发展。

经济体制改革。全区财税综合信息平台初步建成;城区公立医院医疗服务价格改革基本完成,公共资源交易平台整合顺利推进;行业协会商会与行政机关成功脱钩;全区党政机关公务用车制度改革进展顺利,筹建区公务用车服务平台;"五证合一""一照一码""先照后证"和工商登记前置审批制度改革稳步推进。

重大项目投资。全社会固定资产投资266.23亿元,增长19.13%。全年在保障性住房及配套设施、增加粮食产能、专项建设基金等方面争取上级投资10亿元,连续几年保持全市前列。

重点项目建设。全年共实施重点工程33个,投资86.2亿元,占年度计划的110.7%。江南城区阳明大道、鼎城公寓楼安置小区、阳明湖、新湘达节能建材等一批重点建设工程超额完成年度投资计划。

招投标管理。全年共核准招标项目55个,其中公开招标项目53个、邀请招标项目2个,核准国有投资项目资金19.03亿元,应招标率、应公开招标率100%。开展6次招投标专项稽查,立案查处规避招投标违法案件2起,实施行政处罚22.80万元。

价格监督检查。稳定春运价格,督促落实车站保险窗口和咨询窗口的设置,严格执行T型价格表上车。全年共受理群众咨询18次,举报5次,举报案件结案率100%。开展涉企收费专项检查及检查14家区直部门单位的收费情况,共查处价格违法案件10起,收缴违法所得12.89万元,罚款6.05万元。

规范价费行为。监审全区省级幼儿园及区级幼儿园成本，为全市制定公共幼儿园收费政策提供决策依据。全年上报价格监测报表180次，发布价格数据3156条，撰写各类监测分析报告10篇。下发《关于2016年春季中小学收费事项的通知》《关于2016年秋季中小学收费事项的通知》《关于调整公办幼儿园收费标准有关事项的通知》，核发城区中小学生校服标准，核定全区城市基础设施配套费征收标准，完成全区4家公立医院医疗服务价格改革工作。

价格认证。全年共完成各类刑事、民事案件的价格鉴定500余件，标的额200余万元，无一例提起复议，鉴证质量和水平显著提高。（彭礼成）

国土资源管理

【概况】 2016年，鼎城区国土资源管理局被评为全市国土资源管理先进单位、全区红旗单位、信访工作先进单位。

用地保障。刚性用地。预(初)审增加建设用地49宗392.24公顷，其中农用地274.18公顷(其中耕地174.24公顷)；审查农用地养殖备案用地规划5宗2.34公顷；协助出具违法用地规划审查意见65份；完成2014年度增减挂钩项目省市验收，确认增加农用地指标8.87公顷，耕地指标6.67公顷；批回增加建设用地项目27个106.94公顷，其中农用地81.78公顷(其中耕地51.62公顷)。土地收益。全年储备土地7宗12.95公顷，储备总库存15宗46.18公顷；挂牌出让成交土地17宗37.46公顷，总价款4.12亿元；拍卖出让成交土地4宗1.99公顷，总价款3590万元；催缴往年欠缴价款及补缴出让金1.32亿元；完成土地纯收益3亿元。建设资金。为政府融资提供有效的土地抵押，先后为鼎力、城投、阳明湖三个公司提供土地抵押，筹集城市建设资金近30亿元。

资源保护。永久基本农田划定和土地开发整治。开展60810公顷永久基本农田划定数据建库及上报审批工作；划定中心城区外扩2千米范围内永久基本农田，增加基本农田面积273.33公顷；完成土地开发项目5个，总投资1024.74万元，增加耕地78.15公顷；完成整治项目31个，总投资6055.13万元，建设高标准基本农田1646.67公顷。矿山整顿。落实国家产业政策、安全生产要求和黏土砖厂整治关停任务，下达年检整改通知书10份，整改9家矿山；依法受理9家矿山采矿权转让、顺延、扩界、延续；开展安全检查12次，下达矿山巡查整改通知书22份、责令停止违法行为通知书2份，排除安全隐患8起；关闭黏土砖厂11家，实施奖励219万元。国土执法。开展执法动态巡查，加大违法违规案件查处力度，出台巡查车辆200余台次，下达制止违法行为通知书120余份；处理12336违法线索举报18次；立案查处土地矿产违法案件63起，收缴罚款63.14万元，其中移送公安机关侦办3起、法院强制执行22起、财政没收2起。抓好年度卫片执法检查和省域土地例行督察，核实卫片图斑581个、督察图斑461个，整改问题21个，实现“零问责、零约谈”。

土地平整施工现场(图片提供:郭晓兰)

地灾防治。完善地灾防治制度和群测群防网络，抓好地灾预防、应急、治理和处置，开展全区突发性地质灾害应急预案修正完善工作；投入140余万元开展1:50000地灾详查工作；开展宣传活动3次，发放宣传资料1000余份；开展应急演练1次，参演300人；主汛期间发布预警短信7次1600条；

处置大小地灾53起，安全避险3例8户、1家厂房共42人;2015年度综防体系建设项目完成80%。

地灾防治工作人员勘察山洪引发的滑坡泥石流
（图片提供:朱飞）

建房审批。理顺建房审批流程,国土所全部实现内网报批,缩短审批时限,审批村民建房997宗13.51公顷;牵头制定印发《常德市鼎城区镇(集镇)区居民住宅登记发证实施办法》。

来信来访。妥善处理“区长热线、领导批示件、网上留言、来电来访”等各渠道的涉土信访,重点解决涉及群众切身利益的问题，接待各种来信来访233件次,调查处理回复85件次,网上回复网民问题14次。

基础业务。规范信息化建设、地籍、地产、测绘、档案等基础业务,办理土地登记2818宗、发放不动产权证书、证明2993本;开展基准地价更新工作,召开听证会,形成技术报告成果;提供项目测绘服务186宗,涉及范围3.19万公顷,私房测绘服务980宗,市场委托测绘服务67宗,涉及范围113.33公顷,测绘收入410万元;提供档案查询服务1500余次。

征地拆迁。2016年,实施征拆项目42个,完成征地88.14公顷、拆迁416户、拆除建筑面积18.68万平方米、确定450个安置资格、支付征拆安置资金4.44亿元。强化工作机制。把“依法行政、严格程序、阳光操作、公平公正、保障权益”作为征拆补偿安置工作的核心内容和基础,设立4个业务小组、1个内务小组、1个内审小组，实行项目负责制和宗地负责制。加大公开力度。落实征拆信息公开要求,公开征地补偿方案、补偿标准、补偿结果和安置保障措施等信息。实施“六公开一监督”工作机制,即公开征地拆迁政策标准、征地补偿费、住房安置资格、住宅房屋拆迁补偿费、非住宅房屋拆迁补偿费、迁坟补偿费,公布纪检监察部门及征地拆迁管理机构的监督电话,接受被征地农民监督。健全工作程序。倡导“三讲、四保、五关”。“三讲”即“讲标准”即完善征拆补偿安置工作标准,制定从征地到腾地的十道工作程序108条工作细化标准;“讲规程”即制定八道工作程序确保征拆补偿安置公开、公平、公正;“讲责任”即工作人员出现工作责任和廉政风险问题，同时问责责任人和项目负责人,项目组出问题,同时问责项目组负责人和片区负责人,片区出问题,同时问责片区负责人和征拆处负责人。“四保”即保证执行征拆安置补偿标准不走样，保障群众合法权益，保证遗漏增补合格,保证交地早、群众评价好、工作人员不放倒。“五关”即严把标准执行关、实物量调查关、安置资格确定关、预算评审编制关、廉政风险防控关。

自身建设。贯彻党风廉政建设责任制,制定年度工作规划、责任分解和检查考评方案,层层签订党风廉政建设责任状,落实党组书记讲党课、民主生活会等制度;开展“两学一做”学习教育,突出重点,区分层次,把学习教育与日常工作相结合,解决“有所为、有所不为”等各种问题。开展“雁过拔毛”式腐败问题和“纠四风、治陋习”专项整治行动、开展“四比四看”主题活动,转变部门作风;开展“进村入户,访困问需,访贫问计”活动,连续5年走访慰问黄土店镇贫困孤儿陈思伟，为花船庙小学10名贫困优秀学子送去助学金,为点村镇德桥镇文化村7名贫困户送去慰问金，帮扶退休老干和困难干职。开展中介服务、工程建设、办事服务环境整治行动和项目违规招投标问题集中整治行动,优化服务环境、规范国土项目招投标管理;梳理各项业务,精简流程,压缩时限,实现“一站式服务”,并实行服务承诺、首问负责、一次性告知和限时办结等制度,提高服务水平、提升行政效能。

（李　明）

捐赠助学活动现场(图片提供:鄢海兰)

【常德市鼎城区国土资源分局高新园区支局成立】 2016年5月31日,常德市鼎城区国土资源分局高新园区支局成立仪式在鼎城高新园区举行。区委副书记车世忠、高新园区党委书记杨学平、区国土资源局副局长唐启星等领导参加揭牌仪式。支局由5人组成,主要负责高新园区、灌溪镇、石板滩镇范围内的用地预审、土地报批、土地储备、权属和地类调查、征地拆迁(市级项目除外)、土地巡查等国土管理工作。 (李 明)

【不动产登记中心成立】 2016年9月30日,鼎城区不动产登记中心揭牌暨首证颁发仪式在区国土资源局举行,标志着鼎城区结束土地、房产、林地等不动产分散登记的历史,不动产统一登记工作迈入全面明晰产权、有效保护权益、维护交易安全、提高交易效率的新阶段。省国土资源规划院副院长彭朝冰,市国土资源局党组成员、副局长黄国安,区级领导李卫民、蒋宏武等出席仪式。截至年底,发放不动产权证书、证明2993本。 (李 明)

鼎城区不动产登记中心工作现场(图片提供:李明)

【鼎城区人民政府与市国土资源局签署"数字鼎城"地理空间框架共建共享合作协议】 2016年11月22日,鼎城区人民政府与市国土资源局正式签署"数字鼎城"地理空间框架共建共享合作协议。省国土资源厅副厅长金勇章、市国土资源局总经济师杨文平,区长朱金平、副区长蒋宏武等出席签约仪式。"数字鼎城"地理空间框架建设主要包括鼎城区基础地理信息数据库、天地图门户网站、典型示范应用系统、支撑环境、数据更新与维护机制5个部分。地理信息公共服务平台是整个鼎城各类自然资源和经济社会人文信息的平台,可满足全区各部门信息化建设对地理空间位置的需要,为鼎城区委和区政府领导决策、应急抢险、重大建设、公共管理、社会民生等领域提供多种应用支撑。"数字鼎城"地理信息基础工程建设项目于2015年6月获湖南省国土资源厅批准,经过项目调研、技术方案及资金预算编制等前期工作,2016年11月通过专家评审、签订合作协议,12月实施政府采购招标,确定常德市国土资源规划测绘院为技术单位,启动共建共享工作。 (李 明)

质量技术监督

【概况】 2016年,是质监部门垂管下放体制改革第一年。全区质量管理工作在全市名列前茅,"鼎城茶油"获国家地理标志产品保护。

质量管理。推进"质量兴区"发展战略。在全区开展"质量监管、质量提升"示范试点活动,监督检查全区20家工业产品及食品相关产品企业;协助先玉网具、正隆气体充装2家企业申报生产许可证;组织开展辖区内生产企业质量状况调查摸底分析,区内13家企业获生产许可证及3C认证,企业实行分级动态管理。年末,全区工业产品质量合格率93.38%,食品相关产品抽查合格率96%。开展名牌创建工作。指导湖南佳达电线电缆、湖南湘北水泥有限公司2家企业争创湖南名牌。年末,全区共有11家企业获名牌称号,"鼎城茶油"获国家地理标志产品保护。服务标准化工作。检查辖区内85家企业标准化管理和强制性标准实施情况，指导15家企业产品制修订标准，在地方标准网上成功申报“鼎城茶油”，引导6家企业创建标准化良好行为，指导2家完美社区开展标准化试点工作。

计量检定检测。全年共检验428个批次，其中省、市、区抽查任务184个批次，合格170个批次，合格率94%。食品委托检验222个批次，合格207个批次，合格率93%，并处理29家食品企业的不合格产品。全年检定各类计量器具2462台(件)。其中，衡器950台(件)、加油机412台、压力表850块、天平120台、电表130块。2016年，重点检查群众关注的定量包装生产企业、超市(商店)、加油站、液化气体充装站、集贸市场，共检查85家，查处6起计量违法违规企业。监督区住建局质检站、区自来水公司授权站、区电力局实验室认证机构，保证量值传递的准确可靠，提高技术保障力。免费检定全区35家乡镇卫生院、计划生育站和社区服务站医疗在用的B超、X光机、心电监护仪、血压计、氧压表、人体秤等医用计量器具1470台(件)。引导企业开展节能降耗。指导3家重点耗能企业开展节能降耗，建立健全计量检测体系，提升成本控制能力。

计量检定人员检测中石化加油机

产品质量安全监管。全面落实企业产品质量安全主体责任，把握重点，实施分类监管。以许可证管理产品、强制性认证产品和锅、容、管、特为监管重点，从源头抓质量，实施分类监管，监管重点企业、产品，搞好巡查督查。加大监督抽查力度。全年定期监督检验产品质量157个批次，其中，检验食品21个批次，合格率98%；建材产品111批次，合格率96%；危险化学品25个批次，合格率99%。加大监督执法力度。全年共出动车辆186台次，人员558人次，重点监督检查农资、建材、低压电器、3C产品等产品，共检查138家。

特种设备安全监管。抓日常监管，消除事故隐患。全年共出动车辆210台次，人员430人次，共检查特种设备使用单位358家，消除安全隐患70处，下达监察指令书61份，签订责任状105份，处理、转办群众投诉3起，办结率100%。抓专项整治，保证安全平稳。全年组织开展“两节两会”、特种设备监管执法年活动，“鼎城区安全生产大排查、大整治、大督查”、危险化学品运输、电梯维修安装、气体充装等专项整治行动，共出动行政执法人员、安全监察人员56人次，检查电梯使用及维保、气体充装等42家单位，共立案查处5起有超期未检、未贴警示标志、未监督检验等违规违法行为的单位。抓检验检测，保证设备安全运行。全年共检定各类特种设备598台(件)，其中，锅炉46台、压力容器48台、电梯339台、起重机械156台，定检率98%。

监察人员检查住宅小区电梯

烟花爆竹质量监管。宣传贯彻烟花爆竹生产新标准，落实企业主体责任，与全区9家烟花爆竹生产企业签订责任状，开展4次定期巡查和抽样检验，排查安全隐患7起，查出假冒浏阳生产鞭炮事件1起。

行政执法。组织开展“质监利剑”系列整治行动,打击质量、计量违法行为。全年共出动执法人员156人次,开展7次专项整治,处理各类执法案件26起,立案11起,涉案货物价值50余万元。专项整治辖区内建筑施工工地使用的建材,重点抽样检测密目式安全网,查处不合格企业3家;查处6家3C产品、危化品不合格企业;捣毁石板滩、尧天平非法水泥改包装生产窝点2个;受理各类举报投诉9件。（房正成）

【“鼎城茶油”获国家地理标志保护产品】 2016年11月10日,“鼎城茶油”被国家质检总局批准为国家地理标志保护产品,这是常德市第14张特产名片,是鼎城区首个国家地理标志保护产品。

“鼎城茶油”从2015年6月开始申报,历时近1年半,经过申报、初审、现场评审等阶段,专家评审团对资料的审查、茶油生产工艺、生产基地、产品检验等各个环节核查,了解鼎城茶油的史志、获奖情况、生产销售情况,最终获得国家质检总局批准。鼎城区种植油茶历史悠久,自古就盛产野山茶树,鼎城茶油品质纯净,富含油酸、亚油酸等有益于人体健康的营养成分,以及硒、铁、钙等12种微量元素,其中不饱和脂肪酸含量高达90.1%以上,在本地历来有“长寿油”之称。鼎城区是国家油茶示范基地县(区),湖南省重点油茶县(区)之一,“中国油茶”之乡,有油茶种植面积3000公顷,年均产油茶籽1万余吨,茶油4000余吨,茶油成为全区的主导产业之一,鼎城茶油销售范围覆盖全国20余个省市,并通过邮购、网购等形式出口到东南亚以及欧美市场。（房正成）

副区长王直华等出席湖南省地理标志产品保护工作新闻发布会

工商行政管理

【概况】 2016年,鼎城区增加市场主体4948户,其中,增加个体工商户3387户、增加企业1561户,市场主体增加数比上年同期增长27%。市工商局鼎城分局注册分局被中共湖南省委法治湖南建设领导小组办公室评为“2016～2018年全省依法办事示范窗口单位”,被区委区政府评为2016年度优化经济发展环境工作先进单位、现代服务业发展先进单位。被国家工商总局评为“企业登记工作成绩突出窗口单位”。注册分局分局长刘志新同志被省工商局评为“企业登记工作成绩突出窗口工作人员”。

依法行政。2016年,共办理一般程序处罚案件91件,罚没入库56.3万元,全年未发生一起行政复议或行政诉讼案件。“红盾护农”专项整治。全面推行“经济户口”管理制度,全区建立445户农资经营户台账,规范管理农资市场,抽取18批次农资商品统一送检,查出3个样本的不合格化肥,立案3起。产品质量监管。采取日常巡查和抽样检测相结合的方式,严格监管产品质量。重点检测辖区内细木工板、陶瓷、建材涂料、灯具4个类别的产品,计38件商品,其中,11个商品质量不符合标准要求,已经立案调查。全年共查处销售假冒伪劣产品案件12件,罚款15万元,其中,移送人民法院强制执行案件3件。查处虚假违法广告。开展房地产市场、小额贷款公司、药品医疗器械等行业的虚假违法广告专项整治行动,联合区公安局、区金融办专项检查区内14家投资公司和2家小额贷款公司,全年查处广告类案件7起,罚没入库7.8万元。合同监管。开展供水、银行、汽车市场等行业格式合同条款的检查和监管,指导企业完善合同条款,明确合同责任，防止不平等条款、“霸王条款”的出现，共检查30家企业合同，受理合同投诉1起。开展各类市场检查。拉网式清理整治辖区内车辆销售、维修经营户、废旧金属收购站点，审核其主体经营资格，立案查处无照经营、违法从事车辆改装的企业。联合公安、文化、广电等部门，开展音像制品、书刊、网吧、卫星天线专项检查，收缴涉黄影碟和书刊30张、10余本。联合社区及公安部门摸底排查传销活动，全区未发现一起传销活动。开展烟草市场专项整治行动，查处无证无照非法经营卷烟案5起，罚没入库1.79万元。开展“三大行业”无证无照经营专项整治行动。2016年8月19日～11月19日，在全区范围内开展为期3个月的无照经营专项整治，查出无证无照经营户1331户，其中查处取缔98户、引导办照698户、立案查处31户，罚没入库14.14万元，9月10～29日，区政府联合区工商局、区教育局、区食药监局、区质监局、区商务粮食局集中排查整顿无证从事涉及安全生产经营、成品油行业隐患、轻纺城市场隐患等隐患问题，查处取缔成品油经营户2户，下达限期责令整改通知书12份。开展危险化学品专项整治，配合公安、工信、安监等部门，开展危险化学品生产经营主体（包括各类涉油企业）特别是硝酸铵、硝化棉、氰化钠生产经营主体的安全整治，进行地毯式排查，及时发现和打击非法行为。重点检查危化品生产、经营企业的主体资格，依法查处危险化学品经营企业向未经许可从事危险化学品生产、经营活动的企业采购危险化学品等违法行为。继续

产品质量检查和抽检现场

开展“打非治违”专项行动，强化流通领域烟花爆竹市场监管工作，消除市场安全隐患，查获无证经营户85户、超经营范围经营户13户，发出限期改正责任书105份。

局领导走访企业

服务地方经济。规范办理企业动产抵押登记，通过牵线搭桥为小微型企业融资提供服务，全年共办理动产抵押登记34起，为企业融资14332.24万元。指导全区11家企业成功申报省、市“守合同、重信用”单位。坚持注册商标培育、品牌争创、商标保护3步走战略，指导企业不断做大做强。召集全区公司企业代表80余人参加商标品牌工作培训会，提高企业品牌意识。指导常德市勇福农业发展有限公司“勇福”商标等成功争创省著名商标2件。查处商标侵权行为，查处侵犯“LYC”牌轴承、“德高”牌涂料、“九牧”牌洁具等商标专用权案件6件，罚没入库1.35万元。

“4·26”知识产权保护与发展商标品牌培训会

消费维权。推进“12315”体系建设，加强培训，

提高调处消费纠纷能力。全年共受理消费者投诉举报 166 件，为消费者挽回经济损失 35 万元；“12315”平台查处侵害消费者合法权益案件 11 件，处罚款 6 万元；回应区长热线投诉 27 件。

“个转企”工作。印发《常德市鼎城区关于支持个体工商户转型升级为大企业的鼓励政策》和《常德市鼎城区 2016 年度个体工商户升级为企业工作考核办法》，鼓励和支持具有一定规模的个体工商户转型升级为企业，各工商所收集符合“个转企”条件的个体工商户名录，与辖区乡镇做好政策和鼓励政策宣传，全年完成“个转企”1579 户。

扶贫攻坚。将脱贫摘帽、扶贫搬迁、小额贷款、雨露计划作为“1+3”扶贫工作重点，帮助双桥坪镇白鹤垭村筹措资金 50 余万元，硬化村级公路 2.4 千米；实行异地搬迁解决 4 户特困户住房问题；联系发放小额贷款 15 万元，组织 52 户农民开展雨露技能培训，使贫困户掌握基本致富技能。

（许　菲）

【商事制度改革】 2016 年，持续推进商事制度改革，工商登记进一步便利化。改革企业住所登记，实现企业名称核准全程电子化，全面放宽名称、经营范围登记。实行“一口清”，办证时间普遍缩短到 1～5 个工作日。在 2015 年“三证合一”的基础上，2016 年 9 月 20 日起，推行“五证合一、一照一码”改革，12 月 1 日开始整合个体工商户“两证”。前置审批项目从 226 项减少到 34 项，降低市场准入门槛，并强化市场主体信用信息监管，指导年报信息公示工作。全年，全区各类市场主体通过湖南省市场主体信用信息公示系统公示 2015 年年报信息 29936 户，年报率 98.8%。采取“双随机、一公开”的抽查方式抽查经营户 846 户，列入异常 16 户。全年累计公开行政处罚案件信息 260 条，为构建“一处违法，处处受限”的联合惩戒机制奠定基础。通过鼎广电台、鼎城工商红盾网、鼎城手机报等传播媒体，宣传商事制度改革，做好政策解读，让群众知晓改革、参与改革。12 月 2 日，市工商局鼎城分局局长胡新军带队做客鼎广电台，参加阳光政务节目录制，就商事制度改革、消费维权等内容与听众互动。

（许　菲）

【企业事中事后监管平台上线】 根据省政府《关于“先照后证”改革后加强事中事后监管的实施意见》(湘政发〔2016〕7 号)，按照全省信用信息共享交换平台建设的总体要求，常德市政府研发常德市企业事中事后监管平台。平台自 2016 年 10 月 1 日起正式上线，平台功能涵盖全市各级监管部门的行政许可、行政执法、市场监管等所有业务职能机构。工商部门核发营业执照后，于 3 个工作日内把有关市场主体名称、类型、住所等信息上传至平台，并通过系统提醒、直接推送等方式通知许可审批部门及时接收办理相关审批，实现相关信息在平台和各部门业务审批系统之间的信息双向实时传递。10 月底，鼎城区 42 个商事制度改革成员单位全部完成与平台对接，在平台上集中处理涉企信息，事中事后监管得到强化。（许　菲）

全区“先照后证”改革后加强事中事后监管暨常德市企业事中事后监管平台运行工作会议

安全生产监督管理

【概况】 2016 年，全区安全生产工作实现烟花爆竹、危险化学品、非煤矿山、工贸、水上交通、消防、食品、电力、特种行业等安全生产无事故零死亡目标，各项指标均控制在市下达的 4 项指标之内，全区安全生产形势持续稳定。2016 年全区安全生产工作被常德市人民政府评为年度先进。

基础建设。开展安全生产“示范乡镇”创建工作。指导谢家铺镇安全生产工作,争创“省级示范乡镇”。组织全区、镇两级安监员业务培训,并邀请省专家授课。开展网络执法办案,全年上网办案143起。加强应急救援建设,成立应急救援中心,完善安全生产机构设置。

隐患整治。2016年,区财政投入安全生产专项资金115万元、安全隐患整治以奖代投资金40万元、落后烟花爆竹生产企业退出奖补资金650万元、采购执法设备37万元,确保安全工作有效开展。开展重点领域、重点行业、重点地段隐患排查整治,重点检查全区烟花爆竹、危化、非煤矿山、工贸等行业领域安全生产,排查整治安全隐患近2000处。市、区两级主要领导带队检查安全生产工作形成常态,实行安全生产专职人员日志制,责任到镇、村(居),每村明确一名专职安全信息员,乡镇主要领导每月带队排查整治辖区重点企业、部位的安全隐患。推进烟花爆竹生产企业退出工作,截至年底全区9家烟花爆竹生产企业已有4家退出。

区委书记杨易检查安全生产工作

打非治违。组建区打非治违办公室,由区安监局、区公安局、区质监局、区工商局、区交通局联合组成打非治违工作小组,清剿非法违法安全行为。全年共打掉15个非法加油点、5个烟花爆竹非法生产窝点、2个烟花爆竹非法储存窝点,集中销毁烟花爆竹非法产品价值约30万元,依法行政拘留13人,刑事拘留3人。设立打非治违有奖举报,经查属实奖励1000~10000元。

宣传教育。组织部署“监管执法年”活动。区安委召开安委成员单位安全生产季度例会,督促各单位开展好安全生产“监管执法年”活动。组织“6·16”安全生产宣传咨询日活动、组织安全教育培训1000人次,省级网络执法培训60人次。在国家、省、市、区等刊物上发表文章报道37篇,其中国家级2篇。 (林 云)

【“6·16”安全生产日宣传活动】 2016年6月16日,区安委组织38个成员单位和各乡镇、街道、农林场安监工作人员以及部分企业代表近300人,在沅江风光带开展安全生产宣传咨询一条街活动。市安委办主任、市安监局党组书记局长郑家火、副区长洪振坤参加活动。

活动利用宣传展板、宣传单等各类宣传载体和现场解答方式,向社会公众宣传安全生产红线意识、法律法规知识和安全常识,提供政策法规、职业卫生、应急救援、逃生自救等方面的咨询与服务。活动现场悬挂安全生产宣传条幅80余幅、摆放宣传盾牌200块、发放各类宣传资料20000余份,近万名群众到场参加活动。 (林 云)

安全生产宣传一条街活动现场

【矿山坍塌事故应急救援演练】 2016年7月8日,鼎城区政府办、市区两级安监局等单位在湖南常德南方水泥有限公司雷公庙石灰石矿山,开展矿山坍塌事故应急救援联合演练。此次演练模拟常德南方水泥石灰石矿山地采场正9米平台突遇顶部15米处风化石塌方,约200吨土石急速滚落,造成现场人员被困。事故发生后,常德南方水泥有限公司立即启动企业应急预案,并逐级上报,请求支援,相关部门立即赶赴现场,进行有序救援。演练过程中,各救援小组各司其职,相互配合对目标实施救援,最后顺利完成科目演练。整个过程历时约30分钟,检验企业应对事故发生后的物资、装备、技术等的准备情况。（林 云）

食品药品监督管理

【概况】 2016年,食品药品监督管理局共查处一般程序案件292件,其中移送涉嫌犯罪案件2起。全区没有发生一起食品药品安全事故。

日常监管。全年,抽检蔬菜、水果样品21115个,合格率99.92%;“瘦肉精”抽检58677头,尿样591份,合格率100%;抽检饲料样12个、禽肉样4个、猪肉样7个、水产品样22个、生鲜乳样4个、禽蛋样2个,合格率100%。流通环节抽检258批次,合格率100%;餐饮环节抽验68批次、快检78批次,合格率95%。重大活动餐饮安全监管。组织落实2016年第11届全国青少年教育机器人奥林匹克竞赛华中区选拔赛、乡镇美食节和高考、学考、中考等重大活动期间餐饮服务食品安全保障工作,确保零事故。

专项整治。开展“一法一条例”、网络订餐食品、桶装水、湿米粉、保健食品化妆品、酒类、学校(托幼机构)食堂及周边食品安全等一系列专项整治行动,查缴各类白酒1824件、啤酒1540件,整改、关停区内6家不合格米粉厂,取缔1家无证经营药店。

排查湿米粉生产安全隐患

农村集体聚餐食品安全监管。2016年11月,转发《常德市农村集体聚餐食品安全监督管理暂行办法》,推进全区农村集体聚餐食品安全监管。召开全区302名乡村义务协管员培训会议,明确责任,并通过专门软件,指导村级协管员登陆平台学习,使其掌握管理平台的运用,鼎城区农村集体聚餐进入信息化监管轨道。

中小学食品安全监管。全区260余所中小学、幼儿园的食品安全监管,大幅提升学生群体食品安全水平。开展春秋两季学校及周边食品安全专项整治,集中整治与日常监管结合,增强学校及周边食品经营单位责任意识和法制意识,确保食品安全事故无发生。

应急管理。2016年,下发《常德市鼎城区Ⅳ级食品安全事故应急预案》,完善4级食品安全事故和突发事件的报告机制和部门协作的快速反应联动机制,健全食品安全新闻发言人制度和舆论处置机制,明确信息发布的主体、信息口径审核程序,做到及时回应、实事求是。组织“全省食品安全示范性事故演练”,省市食安委领导,区内各乡镇(街道)、相关单位负责人及302名村级协管员共1000余人到场观摩。加强群众举报工作的应对处置,全年共受理和处置食品举报投诉事件31起,回复满意率100%。全区没有发生群体性食物中毒事件。

宣传教育。通过鼎城电视台、鼎城手机报、局网站、微信群等媒体宣传《食品安全法》等法律法规和食品药品安全知识,开展“12331”主题日、“食品安全宣传周”“安全用药月”等宣传活动,采取条幅、展板、现场咨询、发放资料等多种方式,发布食品药品消费警示信息132条。在餐饮行业张贴警示标语1850条,悬挂宣传条幅13幅,展示展板30块,现场咨询800余人次,发放食品安全宣传资料3000余份。通过办培训班、开道德大讲堂的形式,开展食品安全进农村、进市场、进社区、进学校、进机关、进企业的活动，提升生产经营者法律意识、质量安全意识和生产管理水平，提高消费者对食品药品安全的识别能力和维权意识。

现场咨询食品安全知识

队伍建设。完成职能整合。4月底，整合区食安办、食药监局、质监、工商、商务相关职能。5月底，区食药监局在全区22个乡镇（街道）建立基层监管所。建立三级食品安全监管网络。7月，区食安委下发《关于印发〈鼎城区完善乡村食品药品监管网络实施方案〉的通知》，在全区22个乡镇（街道）组建新的食品安全领导小组，聘请302个村居社区义务协管员。

基础设施建设。2016年，通过争取项目投入，整合资源筹建鼎城区食品药品检验检测中心，检测场所近500平方米，配备2名工作人员，配置气象色谱仪、高效液像色谱仪、原子吸收分光光度计、原子荧光分光光度计等检测设备。（王观音）

【食品安全事故示范性应急演练】 2016年11月23日，在鼎城区许家桥乡开展食品安全事故示范性应急演练。此次演练模拟乡镇一村民家里举办娶亲喜宴，因食用含亚硝酸盐的南瓜造成32人群体中毒事件。各职能部门接到事故报告后快速反应，鼎城区政府按照Ⅳ级食品安全事故应急预案的规定，启动应急响应，有效地开展应急处置和医疗救援工作。演练分为6个科目，分别是事故报告、应急响应、应急处置、舆情处置、响应终止、善后工作。活动有来自省、市、区、乡镇近千人观摩学习。（王观音）

【机构改革】 2016年，根据国家机构改革要求，鼎城区委、区政府整合药监、质监、工商、商务等部门的食品监管职能，组建新的食品药品监督管理局，并加挂区食品安全委员会办公室牌子。至此，除源于农业的初级食用农产品的质量安全监管由农业部门承担外，食品生产、流通、消费的监管职能全部整合到区食品药品监督管理局。依据《药品管理法》《食品安全法》等法律法规，新的食品药品监督管理局负责对全区的食品、药品、医疗器械和化妆品进行全方位监管。（王观音）

环境保护

【概况】 2016年，区政府投入500万元，开展燃煤锅炉淘汰、规模餐饮企业油烟污染治理、黏土砖瓦厂关停、重点饮用水源保护区退养等环保专项整治。其中，燃煤锅炉淘汰工作位居全市第一。

污染减排。全年申请审核工业污染源建设项目总量指标10家，核发排污许可证17家，核实有初始排污权的企业118家，收取排污权有偿使用费53.2万元，4项污染减排指标任务（化学需氧量削减1.7%、氮氧化物削减2.4%、二氧化硫削减1.0%、氮氧化物削减4.0%）已全面完成。

环保机制。健全环保责任体系。出台《鼎城区环境保护工作责任规定（试行）》《鼎城区环境问题（事件）责任追究办法（试行）》及《鼎城区环境问题（事件）问责调查工作方案》，强化各级政府和相关部门的环保职责。建立环保联动机制。联合区住建局、区城管执法局、区农业局等部门，加大环保联动执法力度。实现环保督政问责。按照党政同责、一岗双责的要求，先后给15个乡镇、街道、相关单位主要负责人下发环保工作督办函，首次约谈环保责任履行不到位的创兴混凝土有限公司主要负责人。

大气污染防治。出台《鼎城区大气污染防治专项行动实施方案》，关闭黏土砖瓦厂12家、藕煤加工场2家,整治48台10蒸吨以下燃煤锅炉,58家加油站安装油气回收装置,25家规模餐饮企业完成油烟治理任务,29处在建工地和5处在建道路扬尘管理步入规范化轨道, 网上注销1346辆“黄标车”。通过印发《关于禁止焚烧垃圾的通告》《关于禁止焚烧秸秆的通告》,发放《致农民朋友的一封信》《致居民朋友的一封信》,组织城管、农业部门逐日巡查、劝阻,垃圾禁烧和秸秆禁烧工作进展顺利。

水污染治理。市人大执法检查交办的5个水污染整治。金健阳光乳业第五牧场建成一套粪水处理设施,经环保部和省厅验收通过;污水处理厂经处罚、整改,运行恢复正常,经市环保局验收通过; 许家桥乡马江嘴水库周边的2个养殖场于7月底关闭,栏舍全部拆除,经市环保局验收认可;谢家铺镇九岗冲水库投肥养殖户拆除投肥设施,并向镇政府递交禁投承诺。牛鼻滩镇珍珠养殖退养266.67公顷。“电捕鱼”专项整治。全年共组织打非行动330次(包括乡镇),查获违法捕捞渔船9艘,电力捕鱼案件4起, 收缴违法电捕工具270套,没收非法捕捞的渔获物121千克, 行政处罚3人,罚款3000元,刑事拘留12人。黑臭水体治理。区国土局院内池塘、燕子湖、枫丹丽舍小区池塘3个黑臭水体治理已完成。饮用水源保护。制定《常德市鼎城区饮用水水源保护区环境整治工作方案》, 每个季度常规监测28处饮用水水源保护区水源地, 水质现状均为三类以上,水质达标率100%。

土壤污染治理。制定《鼎城区土壤污染防治行动计划实施方案》,初步调查全区土壤质量国控基础点位、背景点位、风险点位,风险点位土壤进行采样监测。4个土壤污染防治项目:石公桥镇联伍堰村、韩公渡镇镇龙庵村农田土壤污染修复、黄土店镇土法选金遗留废渣污染治理、斗姆湖街道办(原常德县农药厂) 遗留有机氯污染土壤治理修复,已进入国家环保项目库。

农村环境综合整治和生态保护。制定《鼎城区农村环境综合整治整区推进项目实施方案》,6月15日,召开全区农村环境整治项目动员会,年底整治项目的基建工程已完成50%。经过省、市、区、乡镇多次对接并现场勘查, 鼎城区生态保护红线的已划定。

农村环境综合整治工作会议

环境监察。开展环保专项行动,2016年环保违法立案14起,结案7起,罚款19.22万元,立案数量和罚款金额分别是上年的3.5倍和6.4倍。区环保局查处桥南工业园内一家企业非法排污、乡镇一家加油站伪造环保公文,分别给予严厉处罚,并移送公安机关, 相关负责人分别被公安机关实施行政拘留和刑事拘留,这是实施新《环保法》以来,环保违法案件实施行政、刑事拘留零的突破。环保部华南督查中心综合督查交办鼎城区13项整改任务,已全部责成企业按时按要求整改到位。建设环境安全防控体系,把16家企业纳入环境安全清单,初步建成全区乡镇(街道)、村、组环境监管网格化体系,组织2次网格员环保工作业务培训,有效提升网格员环保业务水平。

环境监测。全年共完成监督性监测和委托性监测任务95个,获有效监测数据2079个,为环保决策提供有力依据。

环境管理。规范建设项目评价、审批环节管理,开展违规建设项目清查。全面清查区内公立学校、医院、公共基础设施建设项目的环评审批情况,共清查496家企业,查出82个违规建设项目,制定鼎城区违规建设项目整治方案,严格督促整改,年末整改到位80家(其中关停2家企业, 备案管理50家,清理整顿28家),另2家企业实施立案查处。

信息公开。制定《鼎城区环境监管信息公开工作实施方案》《网上信息发布审批制度》，规范和完善信息公开的内容、形式。全年公开环保信息 331 条，在省、市、区等新闻媒体发布环境信息 55 条。

环境宣传。借助环保世纪行活动的契机，以“守护生命之源，亲亲美丽鼎城”为主题，开展新闻采访、专题片制作、公众环保行、户外广告宣传、领导电视讲话、网上《环保法》知识竞赛、宣传一条街、环保走进直播间、印制宣传图册 9 大主题，全方位、多途径宣传环保法律法规。“6·5”环境日，组织小学生代表和部分人大代表、政协委员开展“小天使环保行”“公众看环保”等活动，感受治理后的环保企业达标生产情况，增强参与感。开通 2 条环保投诉热线、搭建门户网站污染投诉平台，全天 24 小时受理环境污染投诉。全年共接受各类环境污染投诉 212 件，已全部处理到位，满意率 95%以上。（高小英）

“6·5”环保知识宣传

审　计

【概况】 2016 年，区审计局审计项目 181 个，查出各类违纪违规金额 106804 万元，其中，违规金额 37127 万元、管理不规范金额 69677 万元。审计政府投资项目 122 个，审减工程造价 25264 万元。提出审计建议 178 条，发表审计论文 8 篇、审计信息 40 篇、提交审计要情 2 篇。区审计局获“市级文明标兵单位”荣誉称号，被评为区绩效评估先进单位、社会管理综合治理先进单位、驻村帮扶工作先进单位、信访工作先进单位。

财政审计。开展 2015 年度区本级财政预算执行情况审计；在审计区地方税务局组织的地方税费征收情况中，重点抽查 4 家公司税费数据，延伸审计其中两家上市公司税费的缴纳情况。在审计区发改局的过程中，发现严重问题，通过《审计要情》向区政府主要领导汇报。

民生资金审计。加强医保、社会保障、扶贫、涉农等民生资金的审计。配合市审计局查处区园艺场和黑山嘴乡“雁过拔毛”严重腐败窝案；在收到审计署交办的环洞庭湖专项资金实名举报材料后，由局领导牵头，相关股室长带队组成调查组，并请有资质的中介机构参与概算，做到事实清楚、证据确凿，得到举报人的充分认可和上级领导的高度肯定。根据省审计厅统一安排，配合市局抽调 1 名审计人员参加农垦区资金运行管理情况专项审计调查；5 月份抽派 2 名审计人员配合市审计局在津市开展保障性住房审计；6 月份和 11 月份抽派 4 名审计人员配合市局在汉寿开展医保资金审计和保障性住房审计。

政府投资审计。按照《鼎城区政府投资建设项目审计监督办法》规范审计程序，保障全区政府投资项目工程建设的安全运行。全年共组织中介机构实施工程造价审计项目 122 个，送审金额 11.29 亿元，审定金额 8.76 亿元，核减工程造价 2.53 亿元，审减率 22.4%。

审计现场

经济责任审计。2016年,共审计全区36家单位的59名领导干部,其中,离任审计53名、在任审计6名,共查出违规金额6122万元、管理不规范金额4694万元,其中个别违纪严重的单位,送区纪委调查处理,相关责任人由组织部门警示谈话。

(蔡中原)

统 计

【概况】 城乡住户调查。2016年城乡住户调查,涉及郭家铺、玉霞街道,灌溪、周家店、石公桥、石板滩、谢家铺等乡镇,国家调查队随机抽取农村住户68户,城镇居民户49户,采取住户记账方式获取基础数据,以此来观察、推算城乡居民生活状况与收入水平,并为小康监测提供参考依据。2016年国家调查队测算鼎城城镇居民人均生活消费支出24910元,农村居民人居生活消费支出17052元;城镇居民可支配收入28362元,农民年人均纯收入13125元。鼎城区统计局被评为省级先进单位。

畜禽监测。2016年畜禽监测,涉及黄土店、花岩溪、草坪、十美堂、中河口、蔡家岗、周家店、牛鼻滩等乡镇。国家调查队抽取了7个养猪大户、25个中型户和239个散户进行常年监测,以此推算鼎城区生猪生产总量。2016年国家调查队反馈鼎城生猪生产数据:生猪存栏41.1万头,出栏59.69万头。

人口抽样调查。2016年,鼎城区人口抽样调查工作重点:调查花岩溪镇(原港二口镇)吴家坝社区64户,摸清小区人数为177人,2015年11月1日至2016年10月31日出生人口3人,死亡人口1人;完成人口底册汇总、人口变动户主人口底册摸底和PDA的按时上报。全区321个调查村、居委会(社区)基本情况表的填报任务,主要搜集最新所辖村地址码、公安到户村户籍人口、村流动人口(外来人口和外出人口)等情况。

编纂2016年度统计年鉴。按照区里统一部署,统计局安排专人负责编写2016年度统计年报、统计年鉴。统计年报和统计年鉴记录了鼎城区2015年度统计的概况、工作总结、领导班子、大事记、统计报表、统计数据、统计专题等方面情况。9月上旬,按时报送全市关于《统计志》修志的资料。

扶贫工作。2016年,局领导安排政治素质高、业务能力强并擅于与群众交流的干部长期驻村,形成常态化到村指导开展具体工作,出谋划策助力扶贫。全年共向双桥坪镇白鹤垭村投入6万余元用于村组道路硬化和贫困户慰问。 (陈 璠)

【对地调查及"三农"普遥感测量】 2016年,粮食产量抽样调查工作改革为对地调查与遥感测量。国家调查队随机抽取100个200×200平方米的样方遍布全区13个乡镇20个村。对地调查及"三农"普遥感测量运用卫星遥感,使用PAD直接到样方,进行现场采集相关数据。其中有6个村为国家"三农"普遥感测量事后质量抽查点。国家调查队测算认定鼎城区2016年粮食播种面积为74666.67公顷,位列全省第三,粮食总产66万余吨,位列第四。鼎城对地调查及"三农"普遥感测量工作荣获省级先进。

(陈 璠)

【鼎城区第三次全国农业普查启动】 2016年,鼎城区第三次全国农业普查工作。2016年3月成立鼎城区人民政府第三次全国农业普查工作领导小组与办公室,区人民政府副区长王直华任组长,办公室设在区统计局,统计局局长熊晓勇兼办公室主任,随后各乡镇街道办成立相应机构。普查业务工作由区统计局牵头组织实施,全区划分289个普查区与1740普查小区;选聘普查指导员289人、普查员2000余人;入户登记方式采用PAD入户现场登记与上报。 (陈 璠)

财政·税务

Public Finance & Taxation

全区财税、审计和人社工作会议现场

财　政

住房公积金管理

国　税

地　税

鼎城年鉴（2016）

财　政

【概况】 鼎城区2016年财政总收入541149万元，其中包括一般公共预算地方收入118152万元、上级补助收入284702万元、地方政府一般债券转贷收入79786万元、上年结转收入36056万元、调入预算稳定调节基金20630万元、调入资金1823万元。财政总支出510502万元，其中包括一般公共预算地方支出426650万元、地方政府一般债券及其他一般债务还本支出66086万元、上解支出8181万元、调出资金3万元、安排预算稳定调节基金9582万元。收支相抵，年终滚存结余30647万元。

2016年，鼎城区政府性基金预算收入31801万元，上级补助收入5197万元、地方政府专项债券转贷收入27944万元、上年结转收入2578万元、调入资金3万元，政府性基金预算收入总计67523万元。政府性基金预算支出34991万元，上解支出188万元、地方政府专项债务还本支出27944万元、调出资金1823万元，政府性基金预算支出总计64946万元。收支相抵，年终滚存结余2577万元。

财政管理。加强财税征管，保收入稳定增长。2016年，抓财税法制和预算管理制度改革，深化部门预算改革，加快政府采购改革，稳步推进国库集中支付改革。区政府继续完善财税工作联席会议制度，推进“营改增”等各项税收体制改革，解决收入征管难题，推进办税合作，规范税款代征代缴工作制度，建立税收信息共享平台。财政部门落实“电子票据管收、依法征收、以查促管”的非税收入征管机制，增加非税收入。规范财政评审行为，依法依规进行预决算评审10万元以上的项目，落实“三审”制度，实行“阳光”评审“公开”对审。规范国有资产处置，盘活国有资产，累计实现国有资产处置和经营收益1.08亿元。

多方筹集资金，服务社会发展。“三农”投入。全年安排支农项目资金19860万元，比上年增加5075万元，增长34%；整合资金3800万元推进精准扶贫工作，确保全区9602人贫困人口脱贫；投入1500万元实施民生攻坚，确保全区72.49万人饮水保障；争取资金1000万元，实施一二三产业融合发展；加大惠农补贴力度，“一卡通”发放补贴4.17亿元；提高乡镇行政运转经费标准，村级组织运转经费提高到村平15万元。实体经济发展。筹资2.2亿元改善园区基础设施，建设标准化厂房26万平方米；科学安排科技三项费用，支持企业升级改造，设立工业发展引导资金，采取贴息、补助、奖励等方式支持中小型企业发展。重点项目建设。完善江南城区基础设施、推进江南沅江风光带、临江棚户区改造、桥南商圈美化提质等城市项目建设，优化城市生态环境。重点推进善卷垸防洪大堤水利综合治理、阳明湖板块开发、沅澧快速干线建设、农村土地治理等重点项目建设。

优化支出结构，保障改善民生。区财政部门继续加大教育、医疗卫生、社会保障和就业等民生方面的投入，全年9项民生支出占一般公共预算支出的76.8%，同比增长6.58%。全年配套资金7800万元落实省重点民生实事项目任务。人员待遇。提高行政事业单位在职人员基本工资和离退休人员的离退休经费；落实乡镇工作补贴，提高行政事业单位工作人员绩效奖励标准，将津补贴（绩效工资）全额纳入住房公积金计提范围。教育文化。全年安排公用经费3205万元，保证全区中小学校教学正常运转；安排各类学生资助资金933万元，确保贫困家庭学生读书和生活；安排校车运行经费、教育优先发展资金、教育三年攻坚建设资金等专项经费1.1亿元，改善学校办学条件；投入“户户通”工程资金269万元、“村村响”工程资金293万元，基本解决农村群众收看电视、收听广播等难题；安排资金创建省级现代公共文化服务体系示范区建设，逐步建设乡镇村文化广场、“四室”等文化基础设施，举办“欢乐潇湘”“百团大赛”等群众文化活动。社会保障。全年拨付社会保险基金15亿元，保证全区5种类型社保对象待遇按时足额发放;拨付资金 38 万元,开展“一元民生保险”业务;拨付社保资金 13.46 亿元,提高社会保障和社会救助水平;足额配套城市低保、农村低保、农村五保供养资金,保障弱势群体生活补助按月打卡发放,城市低保月人均补差 286 元、农村低保月人均补差 126 元,农村五保分散供养年人均标准达到 3200 元、集中供养年人均标准 5700 元。计育和医疗。全年拨付医疗卫生资金 5.84 亿元,主要用于城乡居民基本医疗、基本公共卫生服务、血吸虫疫区病人救治等保障;投入资金 2400 万元用于卫生三年攻坚,新建 4 个街道社区卫生服务中心和区疾控中心、区卫生监督所业务综合楼、改造 3 所乡镇卫生院和 23 个村级卫生室。

强化财政监管,提高资金使用。财政部门抓财政职能监督管理。推进全口径预算改革,做到 4 大预算同步管理,互相衔接。严审预算项目,细化预算编制,将支出全部细化到具体项目、使用管理、功能科目和经济科目,严格预算约束,强化预算执行。推进预决算公开,利用政府网站和财政网站公开部门预决算、“三公” 经费预决算和重大专项资金使用,增强透明度。专项资金统筹。按照专项资金整合使用实施办法,部分专项资金实行整合,全年共整合资金 7600 万元支持重点产业与项目发展。建立结转结余全清理机制,加大统筹使用力度,2016 年收回超年度结转资金 2800 万元。控制“三公”经费支出。从指标上控制超进度、额度的使用单位停止办理报账手续。从支出上管理公务接待标准,落实公务接待公函制度,审核原始报账单据,杜绝烟酒接待。强化财政资金监管。加大区直

局机关召开“雁过拔毛”专项整治工作动员会

行政事业单位、乡镇财务收支检查力度,开展专项资金检查和“雁过拔毛”式腐败问题的整治工作。

财政监督管理。2016 年,区财政部门抓监督常规检查。全年重点检查 16 家单位,收缴违规资金 23 万元,移送涉税案件 5 起,涉及税款 18 万余元。开展财政监督专项检查。针对区直行政机关运行经费使用情况进行专项检查,重点检查 40 家单位,检查发现有些单位“三公经费”使用未按“三单一票”相关规定执行,涉及金额 1011 万元;培训、会议费使用未按要求,涉及金额 130 万元;违规滥发津、补贴和各种奖金福利,涉及金额 590 万元;其他方面违规使用涉及金额 200 万元。整治“雁过拔毛”式腐败问题。在财政系统内先自清自查,至 11 月底,共确定 14 个项目进行重点检查,主要清理排查 2013 ~ 2015 年资金的来源、拨付与使用情况,清理资金的来源共计 197422.7 万元、清理分配和使用资金 198059.71 万元,均未发现违规违纪问题。督导检查政府和部门的预、决算公开。落实新《预算法》和深化财税体制改革,实施透明预算,在区财政局网站、各单位公示栏、LED 屏、区政府网站等开辟专栏公开预决算。截至 9 月 10 日,先后公开 2015 年度区本级决算和 146 家部门决算、2016 年区本级预算和 192 家部门预算、“三公经费”预决算、专项转移支付资金等。全程公开重大民生专项资金、农林水专项资金的管理办法、申报流程、资金分配、补贴标准、政府依据、绩效评价等,公开面 100%。财政专项资金支出进度检查。全面检查区财政局相关业务股室管理的财政专项资金。截至 10 月 31 日,共清理结余 54693.241 万元(其中各业务股室建议财政平衡资金 2889.934 万元),其中清理 2016 年上级专项结余指标 32765.115 万元、上年结转结余指标 5038.046 万元、2016 年区本级专项资金结余 16890.08 万元。通过专项检查摸清财政专项资金存量的底子,有效推进财政专项资金支出进度的加快。

行政政法资金管理。2016 年,行政政法口单位各项经费总计 40927 万元。其中“五大家”各项经

费总计 9082.7 万元，确保政权机关正常运转，为区委、区政府决策，人大代表参政议政，政协委员政治协商，人民武装工作提供财力保障；信访部门相关经费 1162.9 万元，落实涉军群体公益性岗位津贴及解困资金，做好上访人员的接访劝返工作，安排信访帮扶资金，在政策范围内最大限度做好息访工作；安排纪检监察经费 766.2 万元，保障纪检办案、“四风”突出问题专项整治、廉政宣传等支出需求；工商、质监部门经费 3082.3 万元，加强生产、流通环节商品质量监管，保障各类经营主体依法诚信经营，全面推进商事制度改革，充分调动市场主体的经营自主性和积极性。加强消费者权益保护，大力打击制假售假、虚假宣传等违法行为，打造良好的社会经营环境；统筹安排政法单位经费 21615.3 万元，确保治安巡逻防控、特殊涉毒人员收治、网络诈骗案件打击、公共突出事件应急处置等工作。加大“三公”经费管控力度。“三公”经费实行“支出原始凭证审核”和“预算控制数额度控制”双管。全年“三公”经费支出共计 5790.82 万元，比上年减少 443.34 万元，压减 7.11%。

政法单位基础设施建设。区公安局技术用房及派出所建设。区公安局技术用房（含红云派出所用房）及地下车库新建，总建筑面积 22187 平方米，主体工程 2016 年已完工；新建谢家铺派出所和改建灌溪派出所。2016 年技术用房及派出所建设共支出 2127.6 万元。区检察院“两房”建设。区检察院“两房”建设总建筑面积 7000 平方米（含地下室建筑面积 1547 平方米），主楼为六层，2016 年主体工程已完工，共支出 318.8 万元。区法院审判大楼建设。区法院审判大楼建筑面积 16490.79 平方米（其中：地下室建筑面积 2612.72 平方米，地上建筑面积 13878.07 平方米），地上 11 层，地下一层，2016 年土建主体已基本完成，共支出 1300 万元。

教科文资金管理。教育。2016 年，加大教育基础建设，兴建一所城区江南小学，整体搬迁斗姆湖中学、蔡家岗中学 2 所乡镇中学；投入 6000 万元启动永安小学建设。全年共安排教育公用经费 3205 万元，其中上级资金 2820 万元、区级资金 385 万元，保证全区中小学校教育教学工作正常运转。全年共安排各类学生资助资金 933.13 万元，其中上级资金 781.73 万元、区级资金 151.4 万元，确保每一名贫困家庭的学生及时得到救助。安排教育专项经费 2996.2 万元，其中保安工资 206 万元、校车运行经费 500 万元、教育优先发展资金 1000 万元、教育三年攻坚建设经费 600 万元、教育奖励基金 220 万元、体育艺术经费 30 万元、教师进修培训经费 28 万元、工会经费 65 万元、民办教育发展基金 20 万元、学前教育发展基金 12 万元、组考经费 43.6 万元、其他经费 271.6 万元。文化。2016 年，创建省级现代公共文化服务体系示范区，上级财政下达创建经费 100 万元，本级财政配套 110 万元。镇（场）、街道、村（居）建设文化广场、“四室”等公共文化基础设施，其中“户户通”工程投入 269.3 万元、“村村响”工程投入 293 万元，覆盖全区各行政村。

支农资金管理。2016 年，全区共安排支农项目资金 19860.77 万元，较上年增加 5075.85 万元，增长 34%。区财政部门配合农口单位对接上级政策，及时掌握信息，筹措资金，做实资金项目库。其中争取省、市财政水利资金 5403 万元，全年累计投入资金 17862 万元，保障全区 52 处安全饮水工程正常运营，解决 381578 人饮水不安全问题；投入支农资金 8000 余万元，实施农业综合开发、中小河流治理、小Ⅱ型水库除险加固、现代农业生产发展、美丽乡村建设、农村环境综合整治等农业基础设施建设项目。

区政府制定《鼎城区农业支持保护补贴实施方案》，实行户申报、村公示、乡汇总、区审核发放程序，发放耕地地力保护补贴资金 1.27 亿元。投入资金 1700 万元，采取规模种植户培育、合作组织扶持、社会化服务补贴、粮食生产基地建设、贷款贴息及现金补助等方式，实行适度规模经营补贴，建立“谁多种粮食，就优先支持谁”的良性财政扶持机制，调动农民种粮积极性。

社会保障资金管理。2016 年，预算单位资金按国库集中支付项目预算指标管理，实行网上与实拨相结合，按进度审核拨付。共拨付社会保障资金13.45亿元(其中上级专项资金7.54亿元)。落实省市政府为民办实事项目资金和民生支出资金，本级财政拨付就业补助267万元，促进增加城镇就业6900人。按每人每月60元、90元、120元的标准，落实626名退职老年乡村医生生活困难补助。按每年每人45元的标准落实城乡75.1万人的基本公共卫生服务经费。按政策标准落实30044名计生对象扶助资金(含社保补助)、独生子女保健费、节育手术并发症对象扶助资金3275万元。落实759350名（含贺家山8674人、西洞庭31158人）参加城乡居民基本医疗保险对象各级财政补助31699万元。按每所6万元的标准落实29所乡镇敬老院管理工作经费174万元。落实城市低保资金3224万元，9395名城市低保对象月人均补差标准达到286元。落实农村低保资金4793万元，31700名农村低保对象月人均补差标准达到126元。落实7300名集中供养和分散供养农村特困人员供养救助资金(农村五保)2646万元。按每人每月600元的标准落实217名孤残儿童生活费。落实区内80～89岁（低保对象)2672人、90～99岁1665人的高龄老人生活补贴，分别按每人每月50元、100元的标准给予资金保障。开展重度残疾人护理补贴和困难残疾人生活补贴（简称“两项补贴”)的社会化打卡发放工作，分别按每人每月50元的标准，发放到10186名重度残疾人和困难残疾人手中。落实城乡医疗救助资金988万元。落实资金1255万元用于食品药品监督管理工作人员经费和监督管理专项经费，确保广大老百姓的食品药品安全等等。

社会保险基金。实行财政专户收支两条线管理，社保财政专户国库集中支付，确保全区干部职工、城镇居民、农民等享受对象的基本养老保险、基本医疗保险等5大社会保险待遇按时足额发放。收入上，继续执行《基金征缴管理考核办法》，实行机构经费与基金征缴收入挂钩，以奖代拨。全年共收入基金165516万元（其中征缴收入86166万元），其中企业职工基本养老保险73030万元、机关事业单位基本养老保险17604万元、城乡居民基本养老保险17943万元；城镇职工基本医疗保险及大病互助金10897万元、特殊人群医药费798万元、城乡居民基本医疗保险40945万元，工伤保险2453万元，失业保险1155万元，生育保险691万元。支出上，执行《举报死亡、虚报、冒领社会保障资金的奖励制度》，在公共网络平台上常年公示打卡资金情况，接受全社会举报、监督。全年拨付基金支出153272万元，其中企业职工基本养老保险68101万元、机关事业单位基本养老保险16045万元、城乡居民基本养老保险13761万元；城镇职工基本医疗保险及大病互助金10637万元、特殊人群医药费798万元、城乡居民基本医疗保险40347万元、工伤保险1687万元，失业保险1507万元，生育保险389万元。（钟儒勇　陈　英　胡光明　蒋宏斌　孙建国　胡爱娥）

【非税收入管理】 2016年，全区非税收入38765.48万元，占年计划的135.86%。非税收入政府统筹资金7523.77万元，占年计划的138.01%。强化征管，确保非税收入应收尽收，结合“金财工程”系统抓财政票据电子化管理，实现“电子开票、自动核销、全程跟踪、信息共享、高效便民”的目标，达到票据与收入收缴、银行、国库等系统的互联互通。推进POS机刷卡缴费扩面工作，扩大非税收入一般缴款书的使用范围，使各项非税收入资金直达财政国库，杜绝截留、挪用和坐支。非税收入票据购领必须有省级以上财政、物价部门的收费许可和完善的财务制度，并取消了民办学校和民营医院的票据供应。加大非税收入检查力度，受理并及时查处群众来信来访和举报案件，区非税收入征收管理部门会同监察、审计、物价等部门，重点稽查群众关心的热点部门、热点项目。（鲍　利）

【财政国库集中支付】 2016年，实行集中支付的预算单位194家。集中支付766201万元,其中直接支付78608笔,金额763274万元,占支出总额的99.6%;授权支付6849笔,金额2927万元,占支出总额的0.4%。

支付审核。根据《现金管理暂行条例》和《直接支付与授权支付划分细则》,审理“三公”经费,动态监控全年下达的“三公”经费额度,超过全年“三公”经费控制额度的业务实行停报。规范各单位补贴发放标准,严禁超范围、超标准发放津补贴,强化各单位津补贴发放监管。严把支出审核关,集中支付审核拒付380笔,金额2180万元,督促950余万元资金纳入政府采购。

公务卡改革。规范公务支出管理、执行公务卡强制结算目录,督促单位加快公务卡改革实施进程。协商银行扩点扩面,加大POS机的覆盖力度,优化刷卡环境。全区零余额用款单位全部纳入公务卡结算改革,累计发行公务卡1484张,公务卡累计结算金额2163万元。

专项资金集中支付。区财政局相关业务股室(局)的专项转移资金、粮食风险基金、农村安全饮水资金等13项财政管理专项转移资金,以及国土局土地储备资金专户、公安局基建户等30项其他专项资金,以及机关社保基金专户等15个社保专户纳入国库集中支付管理,全年累计支付523931万元。 (雷 斌)

【乡镇财政管理】 乡财区管乡用。2016年,通过乡镇信息化业务平台,共审核乡镇财政资金9387笔8.31亿元。其中:实现直接支付141笔1089万元,授权支付9246笔8.2亿元。审核记账凭证12144张、原始凭证15万张,制止不合理开支23笔5.4万元,制止新增债务53笔110万元。全面清理全区乡村的资产资源、债权债务,在乡镇财政账务系统中核销债权1235万元、核减债务6713万元。清理增加固定资产1356万元、增加土地资源53.81万平方米、水面45.2公顷。通过设置财政指标、票据购领、债权债务、惠农资金、专项资金、农村三资6类台账,健全和优化“乡财区管乡用”工作流程。全年区级共安排乡镇人员经费8464.4万元，其中基本工资4520.58万元,乡镇平205.45万元;津补贴3332.63万元,乡镇平151.48万元。公用经费保障情况。乡镇实际公用经费支出3523万元,其中区级安排2068万元,乡镇平94万元。预算共安排村级组织运转经费3615.64万元,村平15.99万元;农村社区预算安排资金636万元,社平12万元;城市社区预算安排506.72万元,社平23.72万元。

村账乡代理。推进村级村务公开,全面审计并公开公示全区25个村账乡代理中心、302个村(居)委会的财务。抓制度落实。制定《鼎城区村集体经济组织财务管理办法》《村账乡代理中心岗位责任制》《村账乡代理工作考核办法》等13个制度,村集体经济组织资金5.3亿元全部纳入乡镇财政代理中心管理，至年末村账乡代理专户管理的资金达到1.7亿元。村级支出全面实行转账支付,规范村级收支行为。

惠农补贴发放。全年发放补贴项目42个,服务农户280万户/次,补贴资金4.18亿元。

(贺吉瑞)

住房公积金管理

【概况】 2016年，鼎城区住房公积金管理部归集资金2.69亿元,完成年度任务121.9%;增加缴存人数1423人,占年度任务177.90%;发放贷款3.25亿元,完成年初计划270%,贷款逾期率0.01‰,贷存比110.9%;退休、购房等提取1.43亿元,占当年归集额53.2%。2016年,管理部被团省委授予“湖南省青年文明号”荣誉称号,被评为区驻村帮扶工作先进单位和绩效评估先进单位。

归集扩面。部门联动促缴。2016年,管理部与区教育局联合发文《关于民办幼儿园建立住房公积金制度的通知》常房金鼎字〔2016〕1号,全面启动全区民办幼师系统住房公积金建制工作；依法维权促缴。管理部向拒不为职工缴存住房公积金的企业下达《关于依法缴存住房公积金通知书》，启动行政执法有关程序，限期企业开户缴存，佳达电线电缆、天美乐冷冻食品有限公司等13家非公企业接到通知书后并立即开户缴存，受惠人数1200人；规范缴存行为。为规避资金风险，防止骗提骗贷等情况出现，管理部全面清理和甄别房地产开发公司及个体工商户和自由职业者开户情况，取消名不副实单位和个人开户缴存资格，至年末，共有3000余名个体工商户和自由职业者开户缴存，管理部累计为730人发放住房公积金贷款2.23亿元。

贷款发放。2016年，管理部开展全区楼盘销售情况的调查，分析全区商品房销售形势，安排和调度资金，确定全年贷款发放额度，确保"应贷尽贷"。贷款发放坚持预约登记，先申报、先办理、先发放，并合并部分业务环节，限时办结，坚持一次告知制，将申请贷款所需资料和申报程序等印成宣传小册子，发给每位申请者，提高办事效率。全年鼎城区职工购房面积12.05万平方米，申报个人贷款全部发放到位。

资金提取。管理部坚持"应提尽提"，提出"热情受理、耐心解释、流程简捷、办结高效"的"四型服务理念"。针对鼎城商品房销售旺盛，提取住房公积金职工较多，特别是很多职工从偏远乡镇赶来办理提取等情况，管理部采取延时服务、预约服务和节假日不休息等办法。同时，严防骗套取行为，对每笔提取资料严格审核、把关。

政策宣传。管理部开展"制度进楼盘、进社区、进商企"宣传活动，通过设立楼盘咨询台、宣传橱窗，开展"归集扩面宣传周"、召开企业主座谈会等形式宣传政策，提高住房公积金制度知晓率，扩大受益面。利用网站、报刊等新闻媒体开展宣传，并在全区建立各单位公积金服务QQ群，安排专人负责管理。全年累计张贴宣传海报100份、发送宣传资料2000份，在省公积金研究会、《常德日报》《常德晚报》等省市级媒体上发表信息报道及调研文章10余篇。

鼎城区住房公积金管理部工作人员到楼盘宣传政策并发放资料

扶贫工作。2016年，管理部协同其他单位先后向扶贫点蔡家岗镇花园村特困户赠送猪羊鸡鸭等60余头(只)，改造油茶林3300余平方米；向村级捐赠扶贫资金2万元。为2户结对特困户开挖鱼塘400平方米，扶持资金3000元，帮助其中一户介绍打工单位，年底实现脱贫。（肖　彪）

【获"省级青年文明号"称号】 2016年1月，鼎城公积金管理部被团省委评为"省级青年文明号"单位。管理部坚持"服务缴存职工，造福千家万户"的服务宗旨，把创建活动作为凝聚青年职工、团结青年职工、带领青年职工奋斗向上的有效形式，组织开展献爱心、扶贫助学等一系列活动，组织青年干部职工进社区、进企业为缴存职工服务，培养一批业绩突出、能力精湛、作风过硬的岗位能手。

（肖　彪）

国　　税

【概况】 2016年，区国税局负责全区18个乡镇、4个区属农林场和西洞庭管理区的国税征管工作。区国税局被评为全区"绩效管理工作红旗单位""社会管理综合治理红旗单位""党风廉政建设红旗单位""优秀经济发展环境工作红旗单位"。

组织收入。2016年，区国税局共组织入库税收53152万元(含车购税2106万元)，完成全年任务105.1%。科学调度与组织收入考核工作。科学分解税收计划,从年初开始按月分解收入指标,逐月抓冲刺、抓进度、抓考核,并通报组织收入工作情况;落实工作联系机制与重点税源监控机制。局领导带队联系企业督导调研,直接监控年入库税收50万元以上的重点税源户;风险管理与专业市场整顿。开展风险应对、风险检查,共核查423户,其中142户,查补入库税收363万元。开展专业市场整顿,桥南商业圈新调增起征点以上户322户,增加“淡旺季”动态管理户537户,商圈2016年入库税收入5405万元,同比增加1246万元,增长近30%;强化第三方涉税信息采集与税务稽查。全年采集第三方涉税信息1779条,应用第三方涉税信息增加税收329万元。以稽查促自查,以自查促收入,全年稽查67户,查补入库税款、罚款、滞纳金814.67万元。

“营改增”。2016年,组织开展4大行业“营改增”管户移交、调查确认、税种认定、定额核定、委托地税代征税款代开发票等相关工作。经采集确认录入纳税人2878户,采集录入率89%,5月1日零点启动运行,运行阶段平稳有序,申报阶段圆满成功,入库营改增4大行业(建筑业、房地产业、金融业、生活服务业)税收收入14295万元,地税代征税款1435万元,税制改革的各项任务全面结束。

国地税合作。2016年,国地税携手成立合作机构,共确定51个合作项目及具体的工作方案。联合举办纳税人培训、税收宣传,走进鼎广电台开展“阳光政务”活动;联控征管风险,定期交换信息,开展风险识别,降低税收风险,协同开展定期定额户的定额核定工作,共核定调整703户的定税;建立15个国地税联合办税窗口,解决办税拥堵问题,开通“鼎城纳税服务”微信公众号,拓展信息化办税新途径;联合开展满意度调查,对568户纳税人联合开展信用评价;联合开展打击发票违法犯罪活动,落实税收“黑名单”制度,加大联合协税护税力度;完善营改增纳税人后续管理。全面开展营改增调研与政策效应分析,实时跟进税负分析,推广1342户使用增值税发票管理新系统,利用增值税发票管理新系统分析85户次,挽回税款损失2115万元。

(贺国荣 严淞俞)

区国税局、区地税局正式启用国地联合办税

【周国忠】 2016年1月10日,国家税务总局下发《关于表彰各省(区、市)税务局先进集体、先进工作者的决定》,区国税局干部周国忠因其“22年抗争病魔依然坚守一线组织国税收入过亿元”的感人事迹,被评为“全国税务系统先进工作者”。从事税务工作22年来,周国忠一边与病魔抗争,一边坚守岗位为国聚财,先后7次嘉奖、2次立功,3次被评为“优秀共产党员”,2次提名为鼎城区“十佳善德公民”,2016年入选中央文明办举办的“中国好人榜”,被树为全市“国税之星”。

(贺国荣 严淞俞)

区国税局干部周国忠被评为“全国税务系统先进工作者”

【“鼎城税务”微信办税服务平台开通】 2016年12月20日,由区国税局、区地税局联合创办“鼎城税务”微信办税服务平台开通,正式面向全区纳税人开放使用。“鼎城税务”微信办税平台,是一个集国地税涉税业务查询、发票代开“二维码”办税、涉税问题和征管建议收集反馈等功能为一体的综合网络服务平台,也是国地税联合为全区纳税人打造的便捷服务的新平台，平台共有机器人税官、办税服务、互动社区3个主菜单，有智能咨询、微税宝办税、电子税局、预约办税、学习培训等12个功能模块，能够满足纳税人的部分涉税业务需求。“鼎城税务”微信办税平台的投入使用，方便全区纳税人办理国地税业务，开启纳税人微信办税的新体验。（贺国荣　严淞俞）

办税服务厅窗口人员指导纳税人关注“鼎城税务”微信公众号

地　税

【概况】 鼎城区地方税务局成立于1994年9月，有在职干部职工117人，局机关内设7个机构，直属2个行政机构即稽查局和办税服务中心，直属1个事业机构即信息中心，派出5个机构（税务分局），负责全区11060户纳税人地方税费征缴。2016年，区地税局被评为全市地税系统“三强班子”绩效考核先进单位、全区“党风廉政建设红旗单位”“全区优化经济发展环境工作红旗单位”“社会管理综合治理先进单位”。全年累计组织收入7.68亿元，占任务的106%，同比增收3369万元，增幅4.59%，实现税费收入总量、增量、质量“三量齐升”。

征管提质。开展“113”专项清理行动，以纳税评估为手段，抓征管“九率”考核，抓欠税清理的核实入库。全年清理市场经营、市场出租以及行政事业单位纳税人11996户，补办税务登记639户，查补入库税款242.36万元，加收滞纳金、罚款78994.6元。组织高收入个人所得税申报和全员全额个人所得税扣缴申报，全年申报404户，申报面100%，申报补税95.1万元。落实各项税收优惠政策，全年为9户残疾人个人劳务等个人所得税减免、研发费用加计扣除和残疾人工资加计扣除等企业所得税优惠287.63万元，让税收优惠真正惠及需要支持的纳税人。

税务稽查。全年查结案15起，查补入库税款778.68万元，其中查补税款100万元以上的案件2起。落实“一案双查”制度，全年向区局征管、税政部门反馈征管建议10条。

“营改增”工作。落实税政改革，推进“营改增”工作。区地税局成立领导小组，向区委、区政府领导汇报“营改增”工作具体情况，先后通过政府常务会议、政府“营改增”专题会议、全局专项推进会议进行工作安排布置，形成“党政领导、财政牵头、税务实施、各部门配合”的工作格局。对照总局、省局、市局规定，全面开展“三清”行动（税源清理、欠税清缴税、户籍清交），共清理“营改增”纳税人2386户，累计征收入库营业税1.83亿元，向国税、财政部门移交“营改增”户籍信息资料3540户。区局在“营改增”过程中未出现一例违规征收税收款行为，政策执行准确率100%。

纳税服务。依托金税三期系统，落实全局通办、同城通办、省内通办、无纸化免填单制度。区局在税收优惠备案、税务登记事项、证明开具、部分税种申报等业务全面实现免填单，减轻纳税人的负担。依托“税收宣传月”活动，与桃花源机场联合开展“税收宣传进机场”活动，提升税收宣传站位；以“纳税服务日”为契机，开展“万名税干进企业”活动，共走访50家重点企业，发放调查问卷200余份。依托“纳税人学堂”平台，帮助纳税人掌握新政策、新动态。全年举办纳税人学堂4期，针对“营改增”后跨区建筑安装企业如何预缴地方各税、纳税信用宣传以及网厅疑难业务进行培训。依托网上办税服务厅、自助办税终端，提供便捷的办税服务。区局宣传、推介网上国办税服务厅，引导纳税人借助网络，实现“足不出户、网上办税”。同时加大自助办税终端推广应用，引导个体户定期定额税款征收集中在自助终端办理。（贵仁波　罗旭）

金融

Finance

桥南商圈夜景

概　述

【概况】 2016年，全区金融机构17家，从业人员1317人，营业网点88个。自2012年全区共引进股份制商业银行6家，分别是长沙银行鼎城支行、兴业银行鼎城支行、交通银行鼎城支行、广发银行鼎城支行、华融湘江银行鼎城支行、民生银行鼎城支行。保险方面，人民财产保险、人寿保险、中华联合保险共3家，营销服务部18家，营业网点47个。

金融规模。2016年全面小康2项金融经济指标超额完成任务，金融机构各项贷款增长率达到138.95%，人均储蓄存款36367元。截至2016年12月31日，全区银行机构存款262.32亿元，贷款余额178.51亿元，同比分别增长22.49%、19.83%。保险业实现保费收入3.06亿元，同比增长13%，赔付支出0.83亿元。债券融资23.8亿元，银行信贷表外业务超过10亿元。

资本市场。润田农机装备科技股份有限公司成为湖南省重点上市后备企业，已在天津新三板上市。科箭机械、升湘机械、飞象豆业、万家炊工贸4家企业成为市重点后备企业。2016年9月13日精为天公司在北交所新三板挂牌上市。

金融创新。加快农村信用社改革，在鼎城农村信用联社的基础上成功组建常德农村商业银行鼎城支行，2016年3月31日正式挂牌，成为常德市第一家农村商业银行。筹划村镇银行，提升农村金融服务水平。

全区金融工作座谈会会场

金融环境。全区各类投融资中介结构25家，针对个别机构存在超范围经营等行为，区金融办联合工商、公安等职能部门采取打防并举、防治结合的工作方针，保证全区金融环境延续平稳，2016年，鼎城区打非工作获得全市第一名。（陈　丽）

中国银行股份有限公司常德市桥南支行

【概况】 2016年，中国银行桥南支行推行网点扁平化管理，支行人员和部门相应做精简整合，至年末有员工15人，离行自助银行一家。

资产业务。各项存款57812万元，较年初增长6751万元。其中对公存款增长51932万元，对私存款增长1558万元；外币存款日均余额108万美元，同比增加31万美元。各项贷款余额20659万元，较年初减少1773万元。其中公司贷款减少1425万元，贴现减少553万元，零售贷款减少49万元，个贷累计投放2159万元；银行卡应收账款增加254万元。

资产质量。全年贷款未出现不良。个贷不良余额为216万元，较年初减少32万元；关注额91万元，较年初增加36万元；银行卡不良余额70万元，较年初减少53万元。

中间业务。截至12月末，支行全年实现中间业务净收入374.22万元，各项业务净收入1539万元，实现拨备前利润1118万元。

信贷投放。支行结合桥南市场商圈客户实际需求，发展低风险的个贷业务和信用卡分期业务，全年个贷投放2159万元，信用卡累计分期5054万元。

产品创新。针对企业客户群分布特征不同，支行有序做好“出口企业无抵押融资”“税融贷”“爱家分期”“沃金融”和“金融租赁”等创新产品的市场推广，拓展优质中小微客户，扩大商圈客户，同时优化金融服务方案，根据客户授信金额、担保方式、还款方式、还款渠道等多个维度进行产品创新，形成不同客户的差异化服务，增强市场竞争力。

企业服务。2016年，支行重点向中小企业倾斜，帮助中小企业“走出去”，提高地方企业的知名度，为客户提供包括融资、结算等在内的全方位金融服务。支行推荐常德市农筹惠等四家企业参与“2016湖南·非洲国际产能合作暨工商企业跨境撮合对接会”，并成功签约3家公司，为地方企业与世界交流交往架起一座桥梁。

金融扶持。支行关注鼎城扶贫、救灾、教育等公益事业和社会综合治理工作。一是在抗洪救灾捐款项目中，中国银行桥南支行组织全行员工参与防汛抗旱、抗震的救灾捐款活动。二是支持“三农”发展，开展农村金融知识普及，通过“支农金融知识宣讲”“走进村镇”“下乡发放社保卡”等活动，发放宣传折页、宣传金融产品，发挥金融助力农民增收致富中的作用。三是支持地方高校的建设和发展，支行出资100余万元免费为湖南应用技术学院安装离行式自助银行，方便高校师生学习和生活。（马　健）

中国工商银行股份有限公司常德鼎城支行

【概况】 工行鼎城支行有营业网点3个，在职员工50人。2016年年末累计实现营业收入7281万元，其中利息净收入5439万元，手续费及佣金净收入1841万元，实现拨备前利润6334万元，人均创利127万元。

业务发展。2016年，各项存款余额178108万元，比上年增长34100万元，其中储蓄存款增长7138万元，对公存款增长26962万元。转型业务和电子银行业务得到有效发展，全年共发放信用卡1411张，信用卡分期付款8864万元，营销POS机70台，全年增加特约商户存款超过1800余万元。累计实现中间业务收入3020万元，超额完成全年任务。

资产业务。2016年，各项贷款余额193400万元，其中，公司贷款155218万元，增加亿元贷款户2户；个人贷款总额38182万元，较上年减少2348万元，个人贷款全年累发4719万元。

内部管理。创建两个机制——考核机制和内控机制，一个促发展，一个保合规。考核机制推行以价值创造为导向的绩效理念，实施业务绩效考核，同时兼顾公平，使绩效考核直观透明，具有操作性；内控机制建设体现主动风险防范意识，以制度管人，公平公正管理，增强管理的刚性和约束力。（欧阳波）

中国农业银行股份有限公司常德鼎城支行

【概况】 中国农业银行股份有限公司常德鼎城支公司，简称中国农业银行常德鼎城支行，有营业网点10个，分别为蒿子港分理处、石公桥分理处、灌溪分理处、石门桥分理处、玉霞路分理处、善卷分理处、武陵分理处、南门分理处、桥南支行、支行营业部，自助网点4个。有在职员工140人，离退休老干(含内退)103人。本支行内设立综合管理部、财会营运部、风险管理部、公司业务部、个人金融部。

业务发展。2016年年末各项存款37.82亿元，其中储蓄存款余额30.8亿元，单位存款余额7.02亿元，各项贷款余额22.7亿元。个人网银客户增加9125户，个人消息服务客户增加27427户，个人掌上银行客户增加10640户，E商管家营销163户，信用卡有效客户净增2557户，个人贵宾客户产品交叉率提升40.57%，个人自主理财日平净增5261万元，代理新保单费14752万元，三方存管有效净增1577户，实现中间收入2137.44万元，实现拨备前利润完成9646.4万元，拨备后利润完成9123.4万元。

资产业务。2016年年末各项贷款余额227349万元，其中，法人贷款余额143205万元，个人消费贷款(含按揭)57143万元，个人助业贷款余额8705万元，个人农村生产经营贷款3177万元，三农贷款

2210 万元，2016 年末卡透支余额 8362 万元，贴现 4548 万元。

“三农”业务。2016 年成功签订德山开发区管委会涉农直补一卡通代理协议，发行惠农直补卡 2.2 万张，已代发涉农直补 400 万元。优化布局惠农通工程，有效代理点由年初的 63 个上升至年末 124 个，惠农通台均交易笔数全省排名由年初的 66 名上升至 22 名。涉农贷款结构进一步优化，退出小额农户贷款 487 万元，新发放专业大户贷款 420 万元，成为鼎城区唯一参与财政贴息涉农贷款行。

内控与基础管理。2016 全年保持零发案，“三化三铁”“三化三达标”建设稳步推进，所辖 10 个对外营业单位中“三铁”网点 3 个，“良好”网点 7 个。

（卓传辉）

中国建设银行股份有限公司常德鼎城支行

【概况】 中国建设银行股份有限公司常德鼎城支行，其前身是中国人民建设银行常德鼎城支行，是中国建设银行股份有限公司的县级经营管理机构。支行共有员工 19 人，下辖 1 个营业部、1 个离行式自助区和 1 个自助银行。

中国建设银行营业大厅

资产业务。支行立足鼎城区，为客户提供全面的商业银行产品和服务，其业务范围包括公司银行业务：向公司客户、政府机构客户和金融机构客户提供公司类贷款、贸易融资、存款、代理服务，以及顾问与咨询、现金管理、汇款、结算、托管、担保服务等。个人银行业务：向个人客户提供包括个人贷款、存款、银行卡、个人理财，以及汇款和证券代理服务等。金融市场业务：包括投资组合管理及自营交易，代客结、售汇、外汇买卖及衍生金融工具交易，本外币理财产品业务等。

截至 2016 年年底，支行信贷投放余额 15.58 亿元，比上年增加 1.49 亿元，各项存款余额比上年增加 9.36 亿元。2016 年，支行被常德市分行案件防控等级行考评为 A 类，实现全年安全营运。郭辉、许海燕、官建华 3 人，获建行常德市分行表彰。

（张　秦）

中国农业发展银行常德市鼎城区支行

【概况】 2016 年，中国农业发展银行鼎城区支行各项贷款余额 31.14 亿元，较年初增加 11.19 亿元；各项存款余额 17.56 亿元，较年初增加 10.42 亿元；日均存款余额 14.18 亿元，较年初增加 8.63 亿元；实现中间业务收入 44.17 万元，做到应收尽收；实现利润 6473 万元，人均利润 270 万元。不良贷款继续保持零余额，全年未发生任何案件和责任事故，保证国家强农惠农政策的有效落实。

信贷支农。全年累计发放中央及地方粮食储备贷款 1798 万元，支持储备粮食 1100 万千克，累放粮食收购贷款 4040 万元，支持企业收购粮食 2928 万千克，实现农户、收储企业、农发行、政府“四满意”的目标。

营销项目。至年末，共计营销项目 6 个，金额 36.5 亿元。其中已审批项目 3 个，金额 17.3 亿元，分别是德源棚改项目 8 亿元、西洞庭棚改项目 4.1 亿元和阳明湖棚改项目 5.2 亿元。德源棚改项目资金年底已全部投放到位，其余2个项目贷前条件核实完结。储备项目3个，分别是江南新城片区棚改项目9亿元，江南新城农村路网改造4.8亿和德山经开区农村路网改造5.4亿元，共计金额19.2亿元。开展重点建设投资基金业务。2016年成功营销2个基金项目，金额1.61亿元，分别是阳明湖棚改基金项目10500万元、西洞庭沙河治理基金项目5600万元。年末，支行基金余额56120万元，全年基金取得投资收益564万元。（伍　义）

常德农村商业银行鼎城支行

【概况】 2016年3月31日，原鼎城区农村信用合作联社与原武陵农村商业银行合并，改组为常德农村商业银行，自此，原鼎城区农村信用合作联社改称常德农村商业银行鼎城支行（以下简称支行）。支行有42个营业网点，1个支行直营业务部，33个二级支行，8个分理处，在编员工419人。2016年，鼎城支行草坪支行行长被省联社评为“湖南省农村信用社优秀党务工作者”；鼎城支行白鹤山支行王虹当选为湖南省银行金融服务竞赛“百佳优秀个人”；杜华英被常德市总工会授予“常德市五一劳动奖章”；有7人被湖南省联社常德办事处评选为“十佳”先进个人；有1个网点被评为“先进基层网点”；龚永忠被评为谢家铺镇扶贫先进个人。常德农村商业银行鼎城支行被鼎城区政府评为2016年度“脱贫攻坚先进单位”。

资产业务。支行各项存款89.17亿元，较年初增加12.23亿元，增长15.90%；各项贷款50.37亿元，较年初增加8.04亿元；其中，涉农贷款余额43.86亿元，占各项贷款的87.09%，增加农贷4.56亿元，占增加贷款56.72%，小微企业贷款余额11.80亿元，较年初增加3.55亿元，增长43.03%，申贷获得率95%，实现“三个不低于”的目标。存、贷款总量以及贷款增量均位于全区金融机构首位。

服务“三农”。支农支小宗旨不变。鼎城支行始终坚持“服务三农、服务小微、服务地方”的定位，推动金融产业扶贫，推动中小微企业的发展。重点扶持种养大户、农业产业化龙头企业、农民专业合作社等300余户。如牛鼻滩镇华贸诚信蔬菜专业合作社已初具规模并建成华茂蔬菜直营店、鼎城区河州龟鳖专业合作社入围国家农民专业合作示范社。加大中小微企业的支持力度，开展“进园区、访企业、送服务”专项活动。深入德山、灌溪、桥南三大工业园，主动接洽企业资金需求，组织政银企融资洽谈会，与40家中小企业法人签订融资项目协议，达成贷款协议8.7亿元。支持城区基础建设以及重点项目建设。重点支持“御景江南”“祥瑞新世界小区”“南城天街商住小区”以及桥南地下商城的“金旺地”等江南城区有影响的人居及商业新地标，改善江南城区的住房环境，提升城市品质。开展农村自助设备布放和助农服务网点建设，送金融服务下乡，将金融服务的触角延伸到各个村组。至年末，支行已在全区布放CRS存取款一体机39台，ATM自助取款机25台，存折补登机6台，网银体验机3台，离行式自助设备7台。开展“村村通”工程，在辖内布放助农服务终端28处。

常德农商行行长万助鸿考察桥南园区企业

金融扶贫。一是建成扶贫工作站6个，分别是麻河、教育、立新、稻罗岭、教门冲、五保山，选派熟悉情况的员工，驻村帮扶，确保扶贫贷款落实到位。12月15日，支行行长梁钲东一行到谢家铺古农山村调研扶贫点村工作，指出要严格按照上级要求做好帮扶工作，确保任务全面完成。二是开展符合条件农户的评级授信和扶贫贷款的发放。根据湖南省扶贫办《关于开展金融产业扶贫工作的指导意见》和总行关于金融产业扶贫工作的通知要求，召开行务会、行长会以及专题扶贫调研会，与区扶贫办、乡政府等共同开展金融扶贫工作。至年末，全区19538户贫困户已全部建档，评级面100%，授信面90.6%，以自助贷款和分贷统还的模式共发放金融扶贫贷款1469户，金额7163万元，完成鼎城区政府目标任务的114%；12月16日，由省扶贫办等单位组成的验收考核组，抽查了鼎城区谢家铺镇古龙山村脱贫攻坚工作，给予高度肯定。

企业建设。统一全区42个网点的标识，全面提升农商行快捷高效的现代化金融企业的形象。重建黑山嘴、六总宫、瓦屋垱、韩公渡、蔡家岗和赵家桥六处网点营业用房，统一视觉识别系统。支行开展“两学一做”等学习教育活动，结合思想作风建设与业务发展，形成风清气正的工作氛围。支行先后开展一系列公益活动。支行419名员工筹集善款22000元，捐助给区残联、区慈善办和区困难职工帮助中心用于扶贫帮困；在“爱心送考”活动中，支行组建送考车队帮助多名高考学子准时入考；在“无偿献血”活动中，支行组织和发动25人次献血8600毫升，其中王文杰、彭述国两名同志，无偿献血总量超过2000毫升，被湖南省卫计委、湖南省红十字会评“2014-2015年度湖南省无偿献血奉献奖铜奖”。

（刘　锐）

中国邮政储蓄股份有限公司鼎城区支行

【概况】 2016年，支行实现经营管理六个全市第一，被省分行评为“管理标准化示范行”，鼎城区支行党支部荣获全省2015-2016年度“十佳先进基层党支部”。2016年，支行分别荣获“办公室、安保条线考核评价先进单位”“人力资源工作考核评价先进单位”“纪检监察工作考核评价先进单位”“工会工作先进单位”“法律合规条线考核评价先进单位”“授信管理工作先进单位”等殊荣。

业务发展。2016年，支行各项业务发展快速，信贷规模达到90396万元，全年累计净增28948万元；各类存款规模达到340233万元，全年累计净增60826万元，其中自营网点各类存款规模80568万元，全年净增18165万元。

风险管理内控。全年累计清收不良贷款金额22.96万元。年末，支行不良贷款金额为18.17万元，整体不良率为0.02%，资产质量全市最优。

（李双双）

长沙银行股份有限公司鼎城支行

【概况】 长沙银行鼎城支行成立于2012年4月，下辖一个社区支行，全行有员工24人。2016年，支行围绕“战略转型年”发展主题，努力打造成“最可靠”的地方政务银行。

业务发展。2016年，支行一般性存款余额13.9亿元，较上年增长4.63亿元，增幅50%，其中对公存款余额11.25亿元，较上年增长3.31亿元，增幅42%；储蓄存款余额2.65亿元，较上年增长1.32亿元，增幅98%。支行表内外贷款余额12.32亿元，其中表内贷款10.59亿元、银票1.73亿元。增加中小微贷款余额8943万元，增加零售贷款余额8903万元。个人理财销售额3.11亿元，较上年增长2.3亿元，其中线上销售额1.88亿元。公司理财销售额2.8亿元，较上年增长2亿元。增加零售价值客户370户，增加信用卡有效标卡444张，增加有效客户803户、增加网络有效客户458户。2016年成功签约5家助农取款服务点，其中石板滩镇助农取款服务点在12月30日开业。助农服务点不仅可以办理小额现金支取、转账汇款、活期定期互转、余额查询等常规服务，还提供交电话费、手机费、代订火车票、飞机票等其他方便快捷安全的现代金融服务。

特色业务。长湘贷。长湘贷是长沙银行为小微企业、个体工商户量身定制的微小贷款专属产品，重点解决小微企业、个体工商户客户群体融资难、担保难、融资贵的现实问题。长湘贷具有无抵押、手续简便、2–5 个工作快速放款、除利息外无其他任何手续费等独特优势，是小微企业和个体工商户的融资好帮手。对象：广大个体工商户、小微企业业主。产品特点：无任何手续费、担保灵活无须抵押、手续更简便、快速高效放款、每月等额分期还款、专门上门星级服务。

"心意通"贷。"心意通"贷是我行向符合条件的自然人发放的无抵押、无担保的个人消费信用贷款，用于满足客户在购车、家装等方面的消费需求。

融意通卡。对象：中小企业业主、个体经营业主、企业股东。申请条件：凡年龄在 20~60 周岁，可以提供我行要求的个人资产及其他财务证明文件，且满足以下条件的(能提供抵押、质押品担保，能提供保证担保的）即可在长沙银行各营业网点办理。产品特点：自主请款网银、短信自主请款 3 分钟到账；额度高最高额度可达 300 万元；可循环卡片最长期限三年，在卡片授信额度有效期内可循环办理；成本低手续费按日计算，不用不收手续费，随借随还，成功办理请款后第 2 天起即可申请提前还款，不收提前还款手续费。

e 钱庄。功能：e 钱庄涵盖了柜台的大部分功能，客户体验度高、功能更丰富、系统更安全，让您轻轻一点，随时随地享受网络金融带来的便捷生活。畅快用：任意银行卡轻松注册，充值转账实时到账，零手续费更畅快。轻松赚 24 小时随身理财，灵活添现宝，高收益金芙蓉理财，稳健投资赚钱。快乐活：社保服务、交警罚款、全国水电煤、信用卡还款样样都行，解放自己、快乐生活。智能联手机、PC 交叉鉴权，预填单多屏互通，穿戴设备蓝牙 key 贴身守护。酷炫玩玩积分、码上有礼，与小伙伴们一起，领"跑"健康金融生活。

长沙银行营业大厅

（长沙银行鼎城支行办公室）

兴业银行股份有限公司常德鼎城支行

【概况】 2016 年，兴业银行股份有限公司常德鼎城支行主抓风险控制和客户建设两项工作，实现存款规模、风险管控、队伍建设三大突破，年度业务综合考评均在系统内排名第一。至年末，支行各项存款余额 4.9 亿元，较年初增长 1.08 亿元，其中公司存款 2.1 亿元，储蓄存款 2.8 亿元。全年实现贷款投放 5.1 亿元，其中公司贷款投放 3.5 亿元，个人贷款投放 1.6 亿元，不良贷款率 0.06%，较年初无增长。通过开展全行性客户建设竞赛、搭建客户建设批量营销平台等一系列建设性举措，增加通商户数 156 户，完成全年任务的 130%，综合金融资产余额 7.8 亿元，较年初增加 1.7 亿元。

业务发展。2016 年，支行整合资源，实现零售业务快速批量增长，搭建拆迁和按揭两大业务平台。支行与鼎城区征拆办、鼎城区集中支付局合作，全年落地拆迁代发项目 2 个，金额 2.1 亿元。通过对常德地区优质楼盘的营销推进，落地 5 个楼盘的按揭项目，共计发放按揭贷款 342 笔，金额 1.2 亿元。

风险管控。2016 年，支行按照"审贷分离"制度，坚持审查审批过程中的独立性，按照总行授信管理相关规定审查合规合法性，分析企业风险，提出风险防范措施，对不符合国家产业政策和信贷政策的授信业务，严格按规定退回，防范信贷风险。内控检查。2016 年，支行开展内控合规系列检查、"啄木鸟"突击检查、兴业银行员工行为十三条禁令宣贯及检查、"两个加强、两个遏制"回头看专项自查，并接受常德银监分局为期一个月的外部监管检查。

内部管理。按照《兴业银行常德分行日常工作管理办法》，把员工日常行为管理贯穿到全行各项工作中，全面提升员工的纪律意识、职业意识和服务意识。通过拓宽渠道引进人才，利用微信社招、校招、同业引进等方式，转正 2 人，新签合同 1 人，推荐到上级部门 5 人。根据年初制定的培训计划，分条线、分部门开展各类业务产品知识培训 85 次；另一方面由管理部门针对内控、合规、风险、安防、财务等方面开展专题培训 15 次；此外还根据业务发展需要，自行组织各类行内测试 5 次。（王　鑫）

华融湘江银行股份有限公司常德鼎城支行

【概况】 华融湘江银行股份有限公司常德鼎城支行，简称华融湘江银行常德鼎城支行，有营业网点 1 个，自助网点 2 个。在职员工 13 人，支行内设立运营部、零售部、公司部 3 个部分。

华融湘江银行

业务发展。全年支行各项存款 8.33 亿元，其中储蓄存款余额 1.65 亿元，财政存款 0.95 亿元，各项贷款余额 2.99 亿元。

资产业务。全年支行各项贷款余额 29939 万元，其中工业贷款 23460 万元，其他贷款 6479 万元。支行配合鼎城区政府棚户区改造工作，发放临沅路 B02、B08 地块 700 余户居民征拆资金。

金融宣传。持续推进金融知识普及和金融风险教育，为客户提供安全优质的金融服务，支行在城区农贸市场周边组织开展以"权利　责任　风险"为主题的宣传活动，增强群众的金融风险防范意识。（唐　汪）

广发银行常德鼎城支行

【概况】 广发银行股份有限公司常德鼎城支公司于 2015 年 2 月 28 日成立。2016 年，该支行支持鼎城区基础设施和重大项目建设，参与城区棚户区拆迁改造，为拆迁客户代发打款业务及后期资金理财服务。推出"自信卡""生意人卡""生意通""智能通"等优势产品，发展中小企业以及零售银行业务，打造中小企业融资银行和群众最信赖的财富管理银行。（郑清云）

中国民生银行常德桥南支行

【概况】 2016 年，常德桥南支行秉承"持续创新的银行、追求卓越的银行、聪惠共赢的银行"三大发展理念，打造数字化、智能化新版民生银行，调整和优化小微贷款产品结构，推进交叉销售，加大存款的组织力度，多方筹措资金保障信贷投放。

桥南支行柜台运用自动化机软硬件集成，成为自动化、自助式银行网点柜台。2016 年，桥南支行成为长沙分行第一家出纳机、循环出纳机的试点支行。

业务发展。全年，桥南支行共发放小微企业贷款 1.12 亿元。与紫裕豪庭一手楼盘按揭合作，共投放一手楼盘按揭贷款 1.47 亿元。解决了小微企业贷款难题，实现"政府搭台、银企合作、抱团取暖、创造多赢"的局面。

内控管理。全年，开展客户服务星级评选活动，内塑队伍素质，外树窗口形象。根据“星级营业网点”“星级管理人员”“星级柜员、服务主任、理财经理”“星级安保人员”，在上半年长沙分行网点服务质量总行监测结果评比中，桥南支行被评为A级，获得满分。在《2016年湖南岳阳益阳常德三市银行网点服务质量测评》中，桥南支行在150家银行网点中，以总分997分排名第一。

金融宣传。2016年，桥南支行共开展5次“金融知识进万家”专项宣传活动，4次《中华人民共和国反洗钱法》颁布实施十周年的主题宣传等活动，引导消费者正确运用金融知识，强化风险意识和责任意识，提高金融消费者维护资金安全和信息安全的能力，共创和谐金融环境。（乔　京）

向群众宣传金融知识

交通银行股份有限公司常德桥南支行

【概况】 交通银行常德桥南支行2015年5月28日正式对外营业，是转型发展中新增差异化普惠型网点银行，2016年末，网点储蓄存款1.2亿元。

业务发展。支行针对个人金融服务，立足桥南市场，辐射鼎城，向私客户提供得利宝理财产品及质押、券商理财、大额存单、POS贷、E贷通、三管、基金定投等多种产品。2016年，支行扩大桥南金邻惠商圈，在原有特约合作商户基础上继续增加部分优质商户开展合作，通过优惠折扣、手机银行优惠活动、常规卡消费活动的形式让客户享受专属于桥南支行客户的优惠。支行与政府进行金融领域合作，为临江棚户区改造项目服务，为A06地块216户拆迁户发放征拆资金1.9亿元。

资金投放。2016年，支行利用理财和质押贷款双管齐下的方式力促存款和高端客户增长，将稳添利保本型理财产品和得利宝质押贷款相结合，实现资金沉淀时进入理财享受高额收益，有资金需求时进行理财质押发放贷款。与此同时，针对交易结算型客户推出POS贷业务。通过全面覆盖营销，既保证客户高效的资金效益，又保证客户日常资金流动的需求，支行存款也得到提升。2016年全年支行未出现信用风险，各类业务稳步迈进。

内部管理。2016年，桥南支行调整绩效考核体系，构建目标明确、业绩链接奖酬、考评挂钩职位、激励约束有效的新型考核分配机制，调整薪酬结构，使薪酬绩效考核的结果与员工贡献紧密联系，向业绩优秀、表现良好和具备艰苦奋斗精神的员工倾斜。全年将考核方式分为工作目标考核、产品计价、服务、目标考核、团队考核相结合的方式，制定客户经理、柜员条线的考核管理办法，并每月打分，透明绩效分配机制。（何　滢）

中国人民财产保险股份有限公司鼎城区支公司

【概况】 人保财险鼎城支公司有员工30人，共设有综合科、财产险科、车险科、农险科、责任意外险科、电网销科和中介业务科7个科室，设有7个三农营销服务部和经理室。2016年，完成保费收入1.12亿元，其中，车辆险5300余万元；非车险（含财产险、责意险）保费收入1120余万元。政策性农业保险业务共实现签单保费4600万元，全年支付各险种理赔款4500余万元，利润1700余万元，上缴税金850余万元被。

2016年公司整体业务发展较快，依法合规经营状况良好，内控管理及全面建设成绩突出，被省、市公司评为“经营管理先进单位”，获人保财险总公司全国“农业保险明星县区支公司”称号，并到北京与外省公司交流经验，公司经理陈洁被评为湖南省公司先进个人，副经理黑建国被评为全国劳模。 （杨薇薇）

【政策性农业保险工作】 2016，鼎城区政策性农业保险工作，以《中共中央、国务院关于2016年促进农业稳定发展农民增收的若干意见》精神为指导，以省财政厅等部门联合下发的《关于印发湖南省2015年农业保险实施方案的通知》（湘财金〔2015〕8号）文件为依据，按照“政府引导、市场运作、自主自愿、协同推进”的原则组织实施。

全年在全区范围内开展水稻、棉花、油菜、玉米、森林等种植业保险和能繁母猪及育肥猪等养殖业保险。水稻（含早、晚稻）保险费率为5%，保费16元/亩·季；棉花保险费率为8%，保费24元/亩；油菜保险费率为6%，保费9元/亩；能繁母猪保险费率为6%，保费60元/头。 （杨薇薇）

中国人寿保险股份有限公司常德市鼎城支公司

【概况】 中国人寿鼎城支公司是中国人寿保险股份有限公司的县级分支机构，固定资产总额约3亿元。公司架构是扁平式管理架构，分经理室、综合管理部、个体保险业务部（简称个险部）、团险保险业务部（简称团险部）、银行保险业务部（简称银保部）、客户服务中心（简称客服部），有员工27人，另有劳务派遣人员4人（其中小车司机3人，门卫1人）。3条业务渠道的代理人员（业务代理人签的代理合同，非劳动合同）规模达到1020人，其中个险部880人，团险部60人，银保部80人，公司开展业务险种100余个，主要有：寿险、健康险、意外险、分红险等。

2016年，中国人寿保险股份有限公司常德市鼎城支公司全年实现保费总收入1.79亿元，其中新单保费6265.1万元，新单期交保费3707万元（十年期及以上保费2467.4万元），续期保费10434.2万元，短期险保费1405.8万元，与上年相比，分别增长5.90%、6.6%、33.5%、5.3%与21.1%。全年赔付支出7947.51万元，其中赔款支出716.85万元，为当地税务部门上缴各项税费232.7万元。安置下岗员工与院校毕业生270人，促进社会稳定，取得较好的社会效益与经济效益。公司综合考核位居全省系统（128个区、县市）第25位，年度支公司被评为全市系统先进单位。

（郑圣轩　高以革）

创新经营。鼎城支公司结合实际，与市场对接，创新经营模式，拓宽销售渠道，销售优质险种，保证各项经济考核指标的达成。壮大队伍。个险销售部改变过去一对一增员模式，通过支公司搭建平台，开展创说会、户外活动、网上发布信息以及社保局招聘等形式增员，销售队伍不断壮大，由年初的660人增至880人，增长33%。2016年实现保费总收入12937.27万元，其中寿险新单2828.3万元，十年期交及以上保费1976.52万元，短险保费397.86万元，比上年分别增长15.43%、66.25%与8.8%，位居全市系统前三名。团险业务部通过一镇一专职、一村一兼职机制扩充队伍，由35人增至60人，增长71%，保证短期险保费的突破，全年实现短期险保费969.4万元，与上年相比增长149.4万元，增长率18.2%，位居全市前三。银行保险部通过1+1及网上发布招聘信息等形式扩大队伍，由2015年的55人增至到80人，增长45.4%，2016年实现新单保费2730.68万元，其中期交保费456万元，与上年相比增长12.70%。调整结构。公司银行保险部出台一系列调整险种结构的举措。主要有：由向渠道要业务变为向队伍要业务；由向银行要趸交业务转向向业务员要期缴业务，并开展与银行的“鑫项目”，2016年1～12月达成趸交保费收入1207.91万元，与上年相比减少1065.79万元，期交保费514.79万元，其中，3～4年期交312.7万元,5～9 年期交 21.5 万元,10 年及以上期交 180.59 万元,短期险 41.05 万元,与上年相比分别增长 12.70%、62.90%、131.80%与 107.30%。提升业务品质。2016 年主要是通过调整结构、优化险种销售等手段提升业务品质,发展期缴业务与意外险,压缩趸缴业务,扩大十年期业务占比,提升公司的抗风险能力与创费能力,保证公司正常运转。

(郑圣轩　谭艳平)

理赔现场

【保险扶贫】 公司参与地方民生保障体系建设,加强与政府相关部门的沟通,助推“精准扶贫、精准脱贫”。公司健康保险与大病保险的重点向贫困人口倾斜,民生保险重点放在开发意外伤害、疾病和医疗保险产品上，有针对性的支援精准扶贫。2016 年实现短险保费收入 961.38 万元,赔款支出 587.77 万元,赔付率 61.1%,其中意外险保费收入 439.54 万元，赔款支出 291.96 万元，赔付率为 66.40%;健康险(医疗保险)保费收入 521.84 万元,赔款支出 295.81 万元,赔付率 56.70%,有效解决了城镇居民与农村人口因病、意外伤害造成的返贫问题。公司抽调专人、专项资金 2 万余元进村入户结对帮扶。

(郑圣轩)

【办公楼提质改造】 鼎城支公司是 1988 年初投资 26 万元修建的砖混结构房屋,占地面积 987.92 平方米。因年代久远,出现了屋顶渗水,墙体脱落,水管不畅,室内及厕所设施老化落后等情况。2016 年 10 月,由市分公司牵头,支公司配合,常德市老木匠装饰有限公司承揽,对办公楼进行全面维修。工程项目包括:办公楼外墙面涂真石漆、铝合金封阳台、走廊地板铺瓷砖、室内及走廊墙体做墙漆、办公室门、窗包框套以及厕所改造等。总投资 33.98 万元,年底完工。

(郑圣轩)

农业·林业

Agriculture & Forestry

十美堂油菜花基地

农业农村工作
养 殖 业
林　　业
农业综合开发
农业机械化管理
移民管理与扶贫
农村经营管理
农民教育培训
农村能源服务
气　　象

农业农村工作

【概况】 2016年,全区粮食作物播种面积124563公顷,比上年增加300公顷,增0.24%;总产671887吨,比上年减少13402吨,减1.96%。油菜种植面积39534.7公顷,总产68017吨,比上年增加542吨,增0.80%,在全省2017~2018年产油大县项目申报评审中,成功卫冕全省产油大县。蔬菜种植面积19962.7公顷,比上年增加113.9公顷,增0.57%;总产438972吨,比上年增加15970吨,增3.78%,稳保全国蔬菜生产重点县。2016年,区农业局被省农委评为全省农业政府网站工作先进单位、全省农药监管工作先进单位,鼎城区获评全省粮食生产标兵县;鼎城区标准化区域服务站服务模式创新示范项目在全省考核中排名第一,获省植保植检站通报表扬,区农业局获市农业农村工作综合考核第一名、获评市农委系统信息工作先进单位、种子管理工作先进单位、农业科技教育工作先进单位、常德市第九届农博会最佳组织奖,鼎城区获评全市粮食生产先进单位;区农业局获评区绩效考核红旗单位、党风廉政建设红旗单位、社会管理综合治理先进单位、维护社会稳定工作红旗单位、安全生产先进单位、信访工作先进单位、优化经济发展环境先进单位、驻村帮扶工作红旗单位。

农业农村重点工作推进会会场

科技推广。建立水稻绿色高产高效创建示范片10个、超级稻"种三产四"示范片2个、湘米工程示范基地3个、油菜高产创建万亩示范片8个、绿肥高产示范片38个、蔬菜高产示范片3个、病虫专业化统防统治与绿色防控融合推进示范片1个(4200公顷),农村清洁工程示范村1个,建立新品种展示和新产品、新模式、新技术试验示范片22个。通过高产创建和试验示范,带动全区推广优质稻70000公顷、超级稻28333.3公顷、"双低"油菜39333.3公顷,推广早稻专业化集中育秧示范面积5040公顷、测土配方施肥148000公顷、病虫专业化统防统治38946.7公顷。

黄土店镇水稻高产创建万亩示范片

园区建设。巩固以石板滩镇为中心的现代农业园区建设成果,新创建全省特色农业产业园2个(园艺场常红脐橙产业园、牛鼻滩镇华茂诚信蔬菜产业园)、现代农业示范园区1个(石板滩镇红烨山庄);实施农村一二三产业融合试点项目,在十美堂镇打造现代农业示范园;常德天富生态农业有限公司协议引进台资1.5亿元,在中河口镇打造6666.7公顷生态农业产业园;推进许家桥乡炎农寿光蔬菜产业园;十美堂镇打造"一村一品"特色产业。实施农业信息化试点项目,加强农业信息平台建设,探索发展互联网+现代农业,推进农村一二三产业融合发展。

新型经营主体培育。培育新型职业农民520人、科技示范户900个;从粮食生产适度规模经营补贴拿出240万元,扶持奖励种粮大户1103个。2016年,全区水稻种植面积2公顷以上的大户4937个,比上年增加919个,流转耕地面积23511.6

公顷，其中，种粮面积6.7公顷以上的大户795个，比上年增加311个，流转耕地面积12178公顷。谢家铺镇李建国被推荐为全省大规模种粮大户专项扶持对象。

农产品质量安全。制定《鼎城区创建国家农产品质量安全县实施方案》，加强创建工作的组织领导、工作保障，按方案要求推进各项工作落实。结合乡镇拆并，规范乡镇农产品质量安全监管站队伍建设、设施设备和条件建设、制度建设。建立农业标准化示范园区10个8733.3公顷，完成绿色食品续展农产品5个，申报无公害农产品认证7个（审核中）。开展基地巡查、专项检查、宣传培训、抽样检测，严把农产品质量安全关口，确保“舌尖上的安全”。开展专项巡查检查4次、专题宣传5次，农产品质量抽样检测2.8万个，合格率99.8%，全年未发生重大农产品质量安全事故。8月上旬，区人大常委会专题调研全区《中华人民共和国农产品质量安全法》贯彻落实情况、市人大常委会检查区《农产品质量安全法》贯彻落实情况；9月12日，在全省三湘农产品质量安全行活动现场会上，区长朱金平作了典型发言；10月12日，在全市农产品质量安全工作会议上，副区长王直华作了典型发言。组织开展春季、夏季、冬季农资打假集中整治行动，如百草枯专项整治、肥料市场专项检查等，坚持集中整治与日常监管相结合，全年立案查处农业投入品案件14起，处理农业投入品事故和纠纷46起。加强耕地质量监管，依法依规完成耕地质量评定5宗；依法开展植物检疫、有害生物普查与防控，严把农业生产安全关口；加强外来物种监测与综合治理，10月27日，省农委和市农委组织的环洞庭湖区外来入侵物种防治工作常德市片区现场会在鼎城区召开。

救灾补损。2016年农业气象灾害偏重发生，发生3次相对较重的灾害。其中，6月底至7月上旬，全区遭遇连续几轮暴雨和大暴雨天气；7月18日晚，全区普降大雨，个别乡镇遭遇暴雨，谢家铺、斗姆湖、许家桥、草坪、黄土店、尧天坪等乡镇不同程度受灾；8月10日凌晨1时至3时，黄土店镇遭遇了历史罕见的特大暴雨。全年因气象灾害造成全区粮食作物受灾面积15666.7公顷，成灾面积2666.7公顷，绝收面积946.7公顷；因灾造成粮食损失0.93万吨，直接经济损失2430万元。灾害发生后，全区投入劳动力8万人次，启动排灌机具3000台套，投入救灾资金1200万元，用于抢排渍水8000公顷，清洗和护理大田作物1733.3公顷，改种补种水稻、玉米、红薯、秋大豆等粮食作物2133.3公顷，挽回灾害损失3000余万元。

扶贫工作。按照农业部等9个部委的统一部署，牵头编制了《鼎城区产业精准扶贫规划（2016~2020年）》。负责黄土店镇黄花堰村扶贫点村建设，安排3名干部蹲点指导，投入资金110余万元。负责斗姆湖街道机场社区的完美社区建设，明确专人联系指导。参与许家桥乡五保山村扶贫点村建设，筹措资金10万元，建设沟渠576米。整合项目资金668万元，支持9个扶贫点村的基础设施建设。

全区全面建成小康工作会议现场

争资引项。发放2016年耕地地力保护补贴12656万元、2015年粮食适度规模经营补贴240万元、2015年度棉花目标价格补贴1876.8万元。争取国家农产品质量安全县创建、全国农村一、二、三产业融合试点、全国农业废弃物资源化利用试点、全国农业面源污染治理试点4个国家试点项目。全年，争取上级项目资金6864.32万元；签约农业招商引资20.5亿元。完成高标准农田建设项目可研和初步设计，按照项目建设“五项制度”要求，组织项目实施，加强项目监管，固定资产投资30875万元。

自身建设。完成区农业局和区委农村部的机构整合、财务合账、职能重组，调整配备了二层机构和各股室站人员。制定干部职工上下班和绩效考核、请销假、财务管理公务接待、公务用车、专项资金管理等10项制度，组织开展“纠四风、除陋习”专项整治行动和“雁过拔毛”式腐败问题专项整治行动。推进政务公开，加强各项制度落实情况督导检查，定期结账、公开通报。落实班子成员党风廉政建设“一岗双责”、重大共性权力监督与制约等制度，把权力关进制度的笼子。

美丽乡村建设。加强美丽乡村示范村建设。区美丽乡村建设指挥部出台了《关于调整2016年美丽乡村建设办点工作布点的通知》（常鼎美指〔2016〕1号），建立美丽乡村示范村37个，投入资金28324万元，硬化道路108千米，新修机耕道69千米，整修沟渠69千米，整修堰塘74座，电力改造480户，危房改造588栋，新植园林树木18万株，安装光伏太阳能路灯1000余盏，开展文明评选活动106次、宣讲活动31场，全区新增市级美丽乡村示范村5个、省级美丽乡村示范村1个。实施重点民生实事项目美丽乡村示范村建设。区农业局制定了《2016年省重点民生实事项目美丽乡村示范村建设工作方案》，在灌溪镇白马岗村（原常桃村）投入662万元，建成项目14个，超额计划建设任务，并通过省级验收。加强“五化”重点工作建设。区美丽乡村建设指挥部出台了《鼎城区2016年推进美丽乡村建设重点工作实施方案》（常鼎美指〔2016〕5号），7月22日，区委、区政府召开“五化”重点工作推进会，全面部署“五化”重点工作。新建“三格式”厕所1020座，小型污水处理设施105座；建成石板滩镇狮子山村村民集中建房示范点1处、花岩溪管理处花岩溪村特色民居示范点1处，每个乡镇均建立了集中建房示范点；建立美丽庭院示范户380户，每个乡镇均建立了1个美丽庭院示范点；综合整治蒿子港镇、草坪镇、黄土店镇、尧天坪镇、谢家铺镇等镇集镇墟场；推行生活垃圾处理市场化运作，全区11个乡镇集镇墟场生活垃圾清扫实行了社会化服务承包。抓农村环境综合整治，区农村环境综合整治行动领导小组办公室出台了《鼎城区2016年农村环境综合整治工作案》（常鼎农整〔2016〕1号），建立了“户分类、村收集、镇集中、区统一清运和集中处理”生活垃圾处理模式，配备垃圾清运车辆11台，设立垃圾清运回收点（垃圾板桶）346处，全年清运并无害化处理生活垃圾7万余吨，垃圾集中处理率100%，全区农村环境持续好转。（刘建军 杨胜 孙传华）

省级美丽乡村示范村石板滩镇毛粟岗村村部

副区长王直华指导黄土店镇沧浪坪村建设美丽乡村

【“雁过拔毛”式腐败问题专项整治】 2016年，成立由局长任组长、局党委副书记任副组长的“雁过拔毛”式腐败问题专项整治领导小组，负责“雁过拔毛”式腐败问题专项整治行动。制定《鼎城区“雁过拔毛”式腐败问题专项整治行动方案》，重点清理、核查和处理农村集体“三资”管理、惠农补贴发放和项目资金申报、审批、分配、拨付、使用过程中以权谋私、优亲厚友、盘剥克扣、虚报冒领、强占掠夺、贪污挪用、收受贿赂等问题。通过宣传发动、自清自查、收集线索、问题查处，清查涉农项目87个，发现违纪问题村31个、问题线索90条，区财政收缴涉农违纪违规金额282万元，各部门和镇村返还群众资金166万余元。全区立案23起，处理46人。10月14日，鼎城区在湖南省农委召开的全省农委系统“雁过拔毛”式腐败问题专项整治工作推进会做了典型发言。（刘建军　杨胜）

【蔬菜生产】 2016年，全区蔬菜生产面积19962.67公顷，比上年增加113.93公顷；总产量438972吨，比上年增加15970吨。壮大经营主体。全区蔬菜专业合作社46家，比上年增加4家；蔬菜家庭农场7家，比上年增加2家；以蔬菜为主的农业发展公司7家，比上年增加1家；蔬菜配送企业2家，蔬菜加工企业4家。牛鼻滩镇华茂诚信蔬菜产业园获评“全省现代农业特色产业园”。许家桥乡炎农寿光现代农业科技产业园流转土地55公顷，投资4000万元，种植有机藕6.67公顷、种植反季节茄子、辣椒3.33公顷、香椿26.67公顷，完成建成物联网体系、监控系统和15个高温蔬菜大棚建设及配套基础设施建设。炎农e家蔬菜配送中心向全区的中小学校配送蔬菜。增加设施蔬菜。牛鼻滩镇华茂诚信蔬菜专业合作社建立集约化蔬菜育苗中心0.67公顷，全年育苗700万株，为当地菜农节约育苗成本30余万元。十美堂镇新易轮蔬菜专业合作社流转土地23.33公顷，投入资金260万元，其中建立蔬菜大棚55个(面积3公顷)，年创产值300余万元；牛鼻滩镇同春垸村谈俊蔬菜合作社集中连片流转土地25.07公顷，投入资金100余万元，建立钢架大棚25个(面积1.33公顷)，年创产值260余万元；中河口镇中河村蔬菜种植大户江正武，流转土地18.67公顷，投入资金60余万元种植蔬菜，建立简易大棚100个（面积3.20公顷)，年创产值180余万元。丰富品种结构。周家店镇闵家桥村叮叮家庭农场，建立3.33公顷野生蔬菜生产基地，示范种植红秋葵、菊花脑、人生菜、富贵菜、苦麻、海口马齿苋、枸杞叶、地衣菜、紫山药、一包针、血通菜、五指山菜、紫背菜、番杏、雷公笋、穿心莲、田七、枸杞、人参菜、长命菜、救心菜、珍珠菜、观音菜等，受市区高档酒店、休闲农庄、土菜馆等青睐。花岩溪林场森源野生蔬菜农民专业合作社新引进种植马尾松下生产的红汁乳菇13.33公顷。创新经营方式。十美堂镇虾子湖村沅澧蔬菜合作社采取“公司+合作社+基地+农户”模式，订单种植菜薹200公顷；常德天富生物科技有限公司等年加工榨菜、辣椒、豇豆、藠头等蔬菜5万吨。湘北小蜜蜂农业开发有限公司通过微信平台在常德市范围内配送上门，公司的有机蔬菜生产基地由3.33公顷扩大到10.67公顷，种植品种80余个，会员600余人，销售收入达200余万元，纯收入20余万元。提升质量安全。全区蔬菜无公害产地认定面积536公顷、绿色产品产地认定面积4460公顷，有7家生产企业、25个蔬菜产品获无公害产品认证，有8个蔬菜产品获绿色食品认证。全年抽样检测蔬菜样品30783批次，合格率为99.86%，未没有发生因蔬菜农药残留超标引发的农产品质量安全事故。（杨胜　雷慧兰）

【农业产业化】 2016年，全区农产品加工业总产值81.2亿元，同比增长20%；实现利润5.38亿元，同比增长14%；上缴税金0.79亿元，同比增长12%；实现劳动者报酬1.31亿元，同比增长12%；休闲农业营业收入2.16亿元，同比增长27%。全区规模以上农业企业27家，比上年增加3家(常德市黑山牧业有限公司、常德天明农林开发有限公司、常德天富生态农业发展有限公司)；增加市级龙头企业4家(湖南申友农林投资有限公司、常德市鼎城区天野竹业有限公司、湖南惠源农牧发展有限公司、湖南华梦园生态农业发展有限公司)，增加省级龙头企业2家(常德市敬佩粮油有限公司、常德市鼎城年丰粮油饲料有限公司)；鼎城区红烨山庄获省五星级休闲农庄、省休闲农业创建示范园；

精为天生态农业股份有限公司获省“百企”现代农业扶持项目、省级“企业工程技术中心”农产品加工企业，并于2016年7月在新三版上市。

（汪建国）

【耕地质量管理】 2016年开展耕地质量监测。建立17个耕地质量监测点，定期采样检测，通过对比分析，出具耕地地力监测报告。开展耕地质量评定。组织相关专家开展5个补充耕地建设项目质量评定，评定面积65.3公顷。实施耕地地力提升行动。建立各级绿肥（紫云英）示范片38个，示范面积2506.7公顷，全区推广绿肥种植面积9000公顷；在周家店镇、谢家铺镇等乡镇示范推广撒施生石灰改良酸性土壤，推广面积600公顷。实施化肥零增长行动，出台《鼎城区到2020年农作物化肥使用量零增长行动实施方案》，推广测土配方施肥147000公顷，2016年全区减少化肥施用纯量约400吨。

（左光华）

周家店镇绿肥生产示范片

养 殖 业

【概况】 2016年，全区养殖生猪147.28万头，出栏101.01万头，分别同比增长1.03%和1.52%；肉牛发展7.84万头，出栏2.54万头，分别同比增长2.75%和3.67%；山羊发展23.5万只，出栏15.31万只，分别同比增长1.25%和1.12%；家禽发展2240.72万羽，出笼家禽1384.52万羽，分别同比增长0.25%和0.32%；肉类总产量10.2万吨，同比增长1.3%；蛋品总产量6.99万吨，同比增长1.69%；水产品起水总量7.08万吨，同比增长0.06%。2016年区畜牧兽医水产局动物防疫、信息报送工作被评为省级先进单位；目标管理、动物防疫、渔政、水产工作被评为市级先进单位；党风廉政建设、维护社会稳定工作被评为区级先进单位。

动物疫病防控。按照政府保密度、部门保质量的原则落实春秋两季动物免疫工作。强制免疫。年初储备20余万元防疫物资，为全年的重大动物疫病防控工作开展打下基础。召开全区春、秋季防疫工作会议各1次，举办乡镇防疫站负责人业务培训。制定下发《重大动物疫病集中免疫实施方案》，下达《重大动物疫病强制免疫告知书》到621个大中型畜禽规模养殖场（户）。联合区委督查室、区政府督查室督查各乡镇（场）重大动物疫病集中免疫实施情况。强制免疫病种畜禽群体免疫密度90％以上，应免畜禽免疫密度100％，均达到省市各级的业务要求。疫情监测。监测畜禽规模养殖场173个、活禽交易市场5个，采集畜禽血清样8209份、猪组织样410份、牛羊OP液250份、喉和泄殖腔拭纸样450份、环境拭纸样60份。血清学监测6468份，高致病性禽流感、牲畜口蹄疫、猪蓝耳病等强制免疫病种免疫抗体合格率均85％以上；病原学监测1200份，布鲁氏杆菌病、H7N9流感等阳性率均为0。无害化处理。实行养殖、屠宰等场所病死动物及产品无害化处理严格“一对一”监管、散养户分片包干监管，明确责任主体，落实监管人员，完善监管记录。与养殖场（户）、屠宰场签订《病死动物及产品无害化处理责任书》，督促养殖场、屠宰场加强病死动物无害化处理设施建设，指导并监督养殖场、屠宰场、活畜禽经营市场按照规定抓病死畜禽无害化处理工作，杜绝病害动物及产品流入市场，确保病死动物及产品无害化处理率100％。检疫。全区18个乡镇（街道办）和城区生猪定点屠宰场实行新的电子出证常态化，电子出证

11278 份，检疫生猪 32548 头、猪肉 2441 吨、牛肉 511 吨。全年开展检疫执法行动 12 次，出动检疫执法人员 50 人次，检查养殖场(户)150 个、肉品冷库 20 家次、农贸市场(活禽经营门店)40 家次，立案查处违法案件 3 起。全区动物产地检疫和屠宰检疫行为到位率、重点场所动物卫生监督检查率、发现违法行为处理率、养殖场产地检疫申报受理率均 100％。

安全生产。畜禽水产品质量安全监管。组建乡镇畜禽水产品质量监督管理站，在全区各村以协防员与各合作社为力量，建立畜禽水产品质量监督管理信息员队伍，形成区、镇、村 3 级监管体系；区政府与各乡镇签订《农产品质量安全责任状》，区畜牧局与各乡镇动物防疫站签订《畜禽水产品质量安全责任书》，并与各规模养殖场、养殖大户签订《畜禽水产品质量安全承诺书》。落实监管责任。发放各种宣传资料 12000 余份，培训养殖户近 3500 人次。检测中心专门负责市场、农贸集市、养殖场(户)的抽检工作，制定详细的畜禽水产品抽样检测计划，规定每个月抽样检测任务，每月进行产品抽样。全年抽样检测 156 批次，其中生猪尿样 36 批次、生鲜乳 12 批次、禽蛋 12 批次、水产品 31 批次、饲料 12 批次、猪肉(肝)29 批次、禽肉 12 批次、草食畜肉 12 批次、抽检"瘦肉精"4000 余批次，检测结果全部合格。投入品监管。全区养殖投入品经营门店由兽(鱼)药、饲料管理站实施 GSP 管理，实行执法常态化监督。拉网式清查兽(鱼)药及饲料经营门店 116 家， GSP 达标且颁发经营许可证的兽(鱼)药经营门店 56 家，查获假冒伪劣兽药产品 32 包，三无兽药产品 25 千克，过期产品 13 盒。下达给不符合经营条件的经营户整改通知书 4 份，取缔无证经营门店 3 家，立案查处违规经营案件 3 起，罚款 1.1 万元。渔业安全监管。通过渔业安全生产培训、渔业船员培训、渔业船舶检验、打击渔船载客载物、全体渔民参与船东互保等工作确保渔民生命、财产安全。仓库消防安全监管。下发安全生产告知单至仓库租户，及时更换灭火器干粉、安装防爆灯具，进行消防演练，确保消防安全。

渔业资源养护。春季禁渔。3 月 1 日开始在沅、澧两水开展为期 4 个月的春季禁渔工作。禁渔期间，巡查出动渔政快艇 33 艘次、执法车 16 台次，出动执法人员 245 人次，发放宣传资料 900 余份。在重点水域沅水鼎城段褶纹冠蚌国家级水产种质资源保护区，实行特别看护，派人 24 小时蹲守，并安排信息员 2 名，实时监测。打击非法捕捞。区畜牧局联合区环保、公安、工商、质监等部门及各乡镇政府，开展为期 3 个月(4 月 1 日至 6 月 30 日)的集中打击非法捕捞行动，组织行动 330 次(包括乡镇)，其中组织统一行动 20 次，参加市渔政站的交叉检查行动 2 次，出动执法车 238 台次，执法快艇 25 艘次，出动执法人员 1300 人次，收缴电鱼机 270 台套，没收非法捕捞的渔获物 121 千克，处罚、教育违规人员 68 人，行政处罚杨友荣、陈勇、陈么破等 7 人，罚款 8500 元，刑事拘留 12 人。人工增殖放流。争取人工增殖放流资金 50 余万元，分别在 5 月 13 日、6 月 6 日 2 天，向沅水流域投放各种大规格鱼种近 1500 万尾，同比增长 25%。

技术人员发放资料

养殖污染治理。成立由分管农业副区长王直华为组长、区政府办牵头的高规格养殖环境治理领导小组，制定退养方案，摸底 2 个 1000 米(洞庭湖区内湖堤岸陆域水平纵深 1000 米、农村集中式饮用水地下水源取水点周边陆域水平纵深 1000

米）范围禁养区内养殖户，建立养殖户信息台账，下发退养通知书，下达硬性退出养殖指标134户（栏舍面积84199平方米）。截至12月30日，全区退养签订协议84户，退养面积56841.22平方米，奖补资金额1427.5207万元。其中，300头以上的养殖户47户，40142.22平方米；300头以下的养殖户37户，16699平方米。 （杨国武 陈 平）

【"河洲"品牌亮相油菜花节】 "河洲"品牌2007年注册，获"湖南省著名商标""湖南省畜牧渔业博览会金奖""无公害农产品""国家级农民合作社示范社""省级龙头企业""有机认证证书" 等称号和资质，带动全区及周边县市1373户农户养殖生态中华鳖，产值3亿余元。2016年，公司加大资金投入，用于产品形象优化设计与各类媒体宣传，投入20余万元，在十美堂油菜花节景观园区设立"十美花海，浪漫河洲"主题宣传标语及30余块甲鱼文化展示牌。 （陈 平）

【机构改革】 2016年8月，根据《常德市人民政府办公室关于印发〈常德市事业单位设置管理实施意见（试行）〉的通知》（常政办发〔2011〕32号）文件精神，区畜牧兽医水产局完成下属6个二级事业单位岗位设置，核定人员编制84名。 （陈 平）

林 业

【概况】 2016年，区林业部门争取中央财政投资2539万元投入林业发展。全区造林2440公顷，森林抚育2333公顷，油茶造林740公顷，油茶带状更新33公顷，油茶垦复1333公顷，义务植树180万株。培育珍贵树种苗木55万株、油茶苗380万株、杉松杨等其它苗木3390万株。核发采伐许可证1201份，采伐面积911.2公顷，设计采伐量68451.91立方米。受理木竹运输许可883起，核发出省木材运输许可证407份，省内运输许可证476份，涉及到商品木材22226.42立方米，活立木蓄积量31760立方米。全区木竹经营单位241家，加工单位59家，注销木材经营许可证10家、木材加工许可证8家，变更经营许可证8家、加工许可证2家。湿地保护面积22153公顷，湿地保护率85.4%。森林病虫害发生面积1640公顷，实施无公害防治1113公顷。办理永久使用林地审批19.48公顷，收取植被恢复费223.336万元；办理临时使用林地审批9.49公顷，收取植被恢复费61.0195万元。全区林地面积70040公顷，森林覆盖率32.97%，森林蓄积量245.6万立方米。建成区绿化覆盖率41.88%，人均公园绿地面积12.7平方米，乔木树冠覆盖率33.37%。区内有省级林业龙头企业10家、市级林业龙头企业7家。林业总产值23.6亿元，年增长率16%。2016年，区林业局被省绿化委员会、人社厅、林业厅评为全省绿化先进集体，顺利通过国家核查并获"国家森林城市"的荣誉称号，被省林业厅评为全省林业宣传和生态文化建设先进单位，被市林业局评为全市林业系统考核红旗单位，成功创建市级文明标兵单位。

时任区长杨易（右）与林业局局长雷绘玻（左）为"鼎城茶油"文化体验馆揭牌

绿化。项目造林。荒山造林项目133公顷、新一轮退耕还林项目73.3公顷、林业血防造林项目866.7公顷、省级毛竹产业发展专项资金毛竹丰产林基地建设项目60公顷、区级油茶产业发展资金项目743.9公顷、法国开发署贷款项目164.4公顷、世界银行贷款项目403.2公顷。义务植树。区绿化委员会办公室牵头，围绕"城边、村边、路边、水边、房边”实施义务植树，上半年义务植树近150万株。创森增绿。按创建国家森林城市要求，推进公共、休闲绿地建设。

限额采伐。2016年，鼎城区“十三五”年森林采伐限额为162205立方米，实际采伐量67889立方米(2015年11月至2016年10月资源年报期)，其中主伐62056.12立方米，抚育采伐260.11立方米，其他采伐4514.37立方米，低产林改造1058.4立方米。在确保采伐量对比上年度下降21.12%的基础上，杜绝生态公益林、天然林和禁伐区商品林的采伐。2月26日，组织全区采伐证、运输证办证人员集体学习；6月27日至6月29日组织各林业站站长和资源管理技术人员开展资源管理、伐区调查等技术培训，重点强化外业作业调查设计工作。资源林政股人员从8月16日至9月14日检查摸底全区的资源管理情况，检查伐区作业小班61个、面积17.08公顷、蓄积量2292.8立方米。

森林禁伐减伐。区森林禁伐减伐总面积21833.6公顷，其中公益林面积19991.9公顷，商品林面积1841.7公顷。涉及15个乡镇(场)，其中商品林禁伐减伐面积涉及13个乡镇(场)，61个村，近5000名农户。广泛宣传。各乡镇按时完成了禁伐减伐到乡镇公示牌和到村标志牌选址和树立工作；制作横幅30条，张贴标语近300条；通过会议、行政许可和技术服务等各种环节加大政策宣传力度，使基层组织和林农了解、配合森林禁伐减伐行动。严格督查通报。发《常德市鼎城区林业局森林资源管理情况通报》2期，上报区委副书记和分管林业工作的副区长。落实要求。2016年，林业资源消耗67889立方米，减少幅度为21.12%。

野生动植物保护及林业有害生物防治。“湿地保护日”宣传。2月1至2日，区林业局与鸟儿洲国家湿地公园管理处联合行动，在鼎城区临沅路和十美堂镇采用设咨询台、树宣传盾牌、挂横幅标语等方式开展宣传，悬挂横幅10条，展示盾牌50块，发放手册1000份，接受群众咨询50余人次。“爱鸟周”活动宣传。4月第一周，区林业局联合鸟儿洲国家湿地公园管理处，在江南城区和鸟儿洲国家湿地公园通过设立咨询台、树立宣传盾牌、悬挂横幅标语、发倡议书和通告等形式，宣传依法保护鸟类、保护野生动物的常识。发放《“爱鸟周”倡议书》和《鼎城林业局关于加强野生动物保护管理的通告》各1000份，悬挂横幅10条，展示盾牌30块，接受群众咨询200余人次。8月24至26日，承办了湖南省(湘西北片区)林业有害生物普查测报信息软件操作培训班，通过林业有害生物普查补充调查，发现林业有害生物149种，其中历史上有明确危害或分布的有46种。

森林保险工作。该区近2万公顷公益林、43333.3公顷商品林被纳入公共财政支撑保障体系，开展133.3公顷油茶特色农业保险试点，实现核定的公益林、商品林保险全覆盖。

林业行政执法。查处擅自改变林地用途案件12起，移交森林公安1起，为国家挽回直接经济损失30余万元。

林业新业态。2016年，森林康养新业态小有成果，花岩溪国有林场的森林康养资源与基础性工作得到省、市林业部门认可，拟打造省级森林康养示范基地和碳汇交易试点基地。林下经济新业态形成了以山稻、黄栀子、吴茱萸为主的林下种植，以黑山羊、绿壳蛋鸡、乌鸡为主的林下养殖，以花溪榨笋、竹荪为主的林下采集加工，以黄土店竹文化节为代表的森林景观利用等4种林下经济发展模式，发展面积近13333.3公顷，年产值7000万元以上。油茶套种黄栀子林下经济发展试点成功。围绕油茶产业发展，鼓励油茶公司与大户试点、寻求适宜油茶林下发展的林下经济新品种。引导同飞农林科技开发有限公司探索“油茶+黄栀子”林下经济发展模式，取得效益。该公司在油茶新造林中试点套种太空育种的“天顺4号”黄栀子，效益最好的范围每亩林下效益1380元。2016年，申报省级林下经济示范基地1个，争取上级扶持资金10万元。

乡镇林业站日常监管。6月27日，举办区林业站业务知识培训班，37名林业站工作人员培训3

天。培训内容包括业务技能、林业相关法律法规，培训班评选出优秀学员 10 名。按照省林业厅要求，推荐花岩溪镇林业站为“一站式全程代理服务”省级示范林业站。林业站能直接办理的事项当即办理，林业站不能直接办理的事项则为林农全程代理。

科技推广。科技推广站协助常德长岭农业科技发展有限公司申报 2016 年《油茶幼林高效生态经营技术示范推广》中央财政林业科技推广示范资金项目通过省级评审；在黄土店镇沧浪坪村组织送科技下乡活动，发放宣传资料 200 余份，展示宣传盾牌 11 块，内容包括竹蝗防治技术、楠竹低改技术以及林木测土配方信息系统的使用说明等。

收费政策调整。根据《关于取消、停征和整合部分政府性基金项目等有关问题的通知》（财税〔2016〕11 号）规定，从 2016 年 2 月 1 日起，育林基金征收标准降为零。根据《关于取消、降标和放开一批涉企经营服务性收费的通知》（湘发改价服〔2016〕144 号）规定，从 2016 年 3 月 20 日起，林业技术鉴定服务费、营林规划设计或验收服务费、森林资源调查服务费下调 30%，放开征占用林地可行性论证报告收费。根据《关于扩大 18 项行政事业性收费免征范围的通知》（财税〔2016〕42 号）规定，从 2016 年 5 月 1 日起，免征林权勘测费。（牟吉奎）

【森林公安工作】 2016 年，森林公安在编民警 10 人，全年侦办涉林刑事犯罪案件 14 起，办理林业行政违法案件 16 起，刑事拘留 11 人，移送检察机关审查起诉 16 人，法院有罪判决 5 人，办理的案件数和打击处理人数在全市森林公安机关位居前列。联合乡镇开展护鸟爱鸟“清网”行动，销毁捕鸟网 30 余张；组织重点林区乡镇开展森林防火安全“清坟”大行动，清理集中墓葬区 100 余处，开辟防火隔离带 40000 余米；指导重点林区乡镇开展森林防火扑救应急演练 10 余次，印发森林防火宣传年历 30000 余份，发放森林防火安全知识宣传单 50000 余份，向中、小学生家长发放《森林防火工作致学生家长的一封信》30000 余份；完成全区森林防火地理信息系统的收集录入，此系统包含乡村地标、固定宣传牌、扑火队伍及器材库等数据；森林防火工作被纳入乡镇绩效考核，提请安全生产委员会挂牌整治森林防火重点乡镇 6 个，完善森林防火应急队伍建设。（何　娟）

【林权管理服务】 2016 年，林权初始登记 26 起，面积 123.2 公顷；流转登记 21 起，面积 507.3 公顷，流转金额 3000 余万元。抵押登记 3 起，面积 757.8 公顷，抵押金额 3959 万元。山林纠纷调解工作。受理山林纠纷调解案件 10 起，其中村内纠纷 6 起，跨村纠纷 1 起，农户与公司大户 2 起，原湖南农学院常德分院国有征收土地纠纷 1 起，涉及面积 130 余公顷；已调处 9 起 100 公顷，受理率 100%，结案率 90%；受理涉林信访件 13 起，接待来访群众 500 余人次。区林权管理服务中心强化林权流转交易平台建设，为林农和各种林业经营主体免费提供交易信息 200 余条，其中成交 21 起；在交易平台发布林业惠农政策、林业新技术推广信息。林业专业合作组织建设。成功申报常德市鼎城区桂台枣园农民林业专业合作社为省级农民林业专业合作社示范社。（姜大清）

【鼎城茶油】 2016 年鼎城区油茶产业发展专项信息普查，油茶种植面积 27666.7 公顷、育苗圃 4 个、采穗园 2 个，从事油茶发展的公司 9 家、油茶协会与合作社 8 个，其中省级林业产业龙头企业 2 家、市级农业产业龙头企业 1 家。油茶鲜果产量 51652 吨、油茶籽产量 9403 吨、毛茶油产量 2820.9 吨。油茶新造 740 公顷，湖南申友农林投资有限公司投资 3000 万元，在高新产业园区新建年产茶油 2000 吨纯茶油冷榨生产线 1 条，已投产。11 月，“鼎城茶油”获批国家地理标志保护产品，成为该区第一个、也是唯一一个地理标志保护产品。在品牌推广模式上，打造了江南城区的“鼎城茶油”形象店与江北城区的“鼎城茶油”茶油文化体验馆，新建鼎

城茶油官方平台，设计制作“鼎城茶油”瓷韵系列包装。（牟吉奎）

【“清网行动”】 2016年，根据国家林业局和省林业厅“清网行动”的要求，从10月至11月底开展“清网行动”。重点是强化候鸟等野生动物集群分布区、繁殖地、越冬地、迁飞停歇地及迁飞通道等重点区域和线路的野外巡护看守，严防使用网捕、毒药等工具乱捕滥猎候鸟等野生动物的活动。12月31日，区森林公安局民警在牛鼻滩镇陈家铺村拆除捕鸟网。（牟吉奎）

民警拆除捕鸟网

【区政协专题视察油茶产业发展】 2016年4月29日，区政协主席韩才渊，副主席涂国祥、罗旺甫、周伟建、蒋利荣、孙权新及部分区政协委员，在区林业局局长雷绘玻陪同下，到湖南申友农林投资有限公司谢家铺镇仙人塘村油茶带状更新基地，专题视察该区油茶产业发展情况。（牟吉奎）

区政协主席韩才渊(左三)实地了解油茶带状更新模式

【“世界野生动植物保护日”宣传】 2016年3月3日是第3个“世界野生动植物保护日”。3月2日，鼎城区林业局组织局机关干部职工开展户外骑行宣传，骑行人员肩披绶带、车插彩旗，拉横幅开展宣传。（牟吉奎）

“世界野生动植物保护日”宣传

农业综合开发

【概况】 2016年，鼎城区农业综合开发有土地治理项目和产业化经营项目2类。土地治理项目主要是建设高标准农田，涉及蔡家岗、周家店2个乡镇14个行政村，产业化经营项目由6个一般财政补助项目和1个特色产业园项目组成。全年项目总投资6983.60万元，其中，中央财政资金3410万元，省财政资金1225万元，市财政资金287万元，群众自筹2061.6万元。

土地治理项目。2016年，区土地治理项目投资3362万元，其中，中央财政投入资金2310万元，省财政投入配套资金858万元，市财政投入配套资金194万元。投工13.32万个，开挖回填土石方10.62万立方米，现浇混凝土和钢筋混凝土3.29万立方米，浆砌石1.75万立方米。主要更新改造排灌站5处149.5千瓦，修建拦河坝2座，衬砌渠道42条44.56千米，加固山塘49座，修建田间道路39条42.33千米，配套码头、交通桥、节制闸等附属设施1213处，营造防护林100公顷。配套农业和其他工作措施，建设高标准农田1546.67公顷。

常德市农业综合开发办公室主任郝介球（右一）一行指导检查工程

产业化经营项目。投入资金3621.6万元用于产业化经营项目。其中投入财政资金1560万元,自筹资金2061.6万元。一般财政补助项目中,3000吨油茶籽储藏保鲜新建项目由牛牛米业有限公司组织实施,2.67公顷鳜鱼种苗繁育基地改建项目由丽君鳜鱼养殖专业合作社组织实施,6.67公顷甲鱼养殖基地改建项目由同心甲鱼生态养殖专业合作社组织实施,1万吨粮食储藏保鲜扩建项目由敬佩粮油有限公司组织实施,6.67公顷甲鱼生态养殖基地改建项目由河洲龟鳖专业合作社组织实施,670万尾鱼苗产地批发市场新建项目由江南鳡鱼养殖专业合作社组织实施。特色产业园项目中,86.67公顷油茶种植基地新建项目由分别由天骄农林发展有限公司组织实施,66.67公顷油茶基地新建项目由仙人塘油茶专业合作社组织实施,3000吨茶油加工新建项目由申友农林投资有限公司组织实施,300吨油茶籽储藏保鲜新建项目由天鹏油茶专业合作社组织实施。

开发效益。改善农业生产条件和生态环境。通过农业综合开发,项目区改善灌溉面积1546.67公顷,增加节水面积400公顷,年节约水量52万立方米,增加林网防护面积100公顷。提高农业综合生产能力。项目区农业生产条件改善后,农业综合生产能力提高。增加粮食生产能力174.4万千克,增加棉花生产能力14.54万千克,增加油料生产能力8.1万千克。增加农民收入。随着生产条件的改善,农业生产成本下降;优质农产品种植面积1333.33公顷，农产品优质率90%；年增种植业总产值590.5万元,农民纯收入年增加338.4元。产业化项目增加总产值58898.00万元，增加净利润613.77万元,固定资产总额3049.63万元,直接带动农户2268户,增加就业人数131人。

（李独明）

【省农业综合开发办到鼎城区检查验收】 2016年7月30日至8月2日，省农业综合开发办一行7人,到鼎城区检查和评定2015年农业综合开发工作。检查组认为:鼎城区土地治理项目规划设计合理,综合措施到位,工程质量较好;产业化项目争资力度大,项目实施效益好;资金拨付及时;内务管理比较规范,资料齐全,宣传调研较好,群众满意度高。（李独明）

【特色产业园项目成功申报】 特色产业园项目由全省开发县通过竞争立项产生。鼎城区因油茶资源优势明显,申报资料规范、齐全,获省级评审专家组一致好评并成功申报。该项目于2016年10月21日经常德市农业综合开发办批复建设(常农综〔2016〕51号)，由4个单位组织实施，总投资2291.53万元,其中财政补助资金1000万元,自筹资金1291.53万元。（李独明）

【机构改革】 2016年，根据《中共常德市鼎城区委、常德市鼎城区人民政府关于印发〈常德市鼎城区人民政府职能转变和机构改革方案的实施意见〉的通知》(常鼎发〔2015〕4号)和《中共常德市鼎城区委、常德市鼎城区人民政府机构设置的通知》(常鼎通〔2015〕7号),设立常德市鼎城区农业综合开发办公室(简称区农开办),将区农业综合开发办公室承担的行政职能划入区财政局，为区财政局所属事业单位、暂保留正科级。（李独明）

农业机械化管理

【概况】 农机装备水平。2016年，全区农机总动力87.1万千瓦，比上年增长3.5万千瓦，拥有各种农业机械12.5万台（套），增加8000台（套），全年农田机耕机耙面积116000公顷，机耕机耙率99%，机插面积26666.67公顷，机插率22%，机收面积121000公顷，机收率99.5%，水稻生产三项主要环节机械化作业综合水平76.3%，全区农机化运输8.15亿吨千米，实现农业机械生产总利润2.48亿元。

农机购置补贴。全年农机购置补贴资金1500万元，推广先进适用的补贴农机具1071台套，其中耕整机械536台，种植施肥机械11台，收获机械243台，收获后处理机械56台；农产品初加工机械35台；畜牧水产养殖机械13台；动力机械117台；拉动农机消费资金近5200万元，全区直接享受中央财政农机购置补贴资金的农户近1000户。

农机“三个市场”的监管。全区农机维修网点19家，农机销售点31个，组建农机作业服务队35个，核发跨区作业证25份，联合农业、畜牧、工商、质监、发改、公安等相关部门检查涉农销售单位及农机“三个市场”，出动车辆12台次，查处假冒伪劣农机产品及配件50台件，货值55万元。出台农机作业市场指导价格，设立投诉举报电话，强化行业自律。

农机专业合作社。发展农机合作社12家，全区农机专业合作社计70家，其中13家农机合作社达到全省现代合作社建设标准，得到省“千社工程”的扶持；评选出星级农机合作社5家，创建成市级示范社4家；在十美堂、蒿子港、周家店等8个乡镇投入210万元实施土地深松整理项目2666.67公顷；实行农机项目与合作社的对接，全年机插秧落实到合作社的作业补贴46万元，水稻秸秆还田作业补贴10万元，水稻生产全程机械化作业补贴20万元，粮食规模经营及高速乘坐式插秧机累加补贴150万元。

安全监管。全年新上牌拖拉机276台，新考驾驶员295人，收割机新上户251台，新考收割机驾驶员185人，工程机械入户432台；年检拖拉机1485台，年检率88%，复训驾驶员1853人，复训率93.5%。全区参加农机互助保险2020余人，参保金额近52万元，位居全省前五。在全区乡镇开展农机安全隐患联合整治行动，与交警、安监、交通、乡镇等单位联合执法40余次，出动执勤车辆120台次，查处违章950起，纠正违章780起，排查安全隐患1395个，整改1287个，整改率92%。按创建“平安农机”示范区要求，建立“五动”工作机制和“六级”管理体系。“五动”即：政府驱动、协会推动、大户带动、部门联动、农户行动；“六级”即“区—农机监理大队—中队—乡镇—村（协会）—农机专业合作社”长效监管体系。创建“平安农机”示范乡镇4个、示范村15个、示范合作社60个、示范户520个，全部通过省安委和省农机局验收合格。鼎城区获农业部全国“平安农机”示范区称号。（黄光伟）

农机化作业

移民管理与扶贫

【概况】 扶贫开发。2016年，脱贫建档立卡贫困户3491户9602人，脱贫贫困村2个。脱贫攻坚年终督查考核获全市第三名。开展精准识贫“回头看”，清理“四类”（有车、有商品房、有门店、有吃财政饭）

对象1600户3500人。实施“两个”帮扶全覆盖。派出工作队35个(含1个300人以上非贫困村),每个工作队由1名区级领导牵头,明确区直后盾单位102个和工作队员138名,包制定规划、包对接政策、包如期脱贫,实现驻村帮扶全覆盖(2016年有6个贫困村通过市级考核验收,由乡镇派出工作队)。全区所有副科级以上干部都结对1个以上贫困户,1990名副科以上干部结对3213户8288人,发动党员、创富带头人和社会各界结对帮扶,实现结对帮扶全覆盖。实施高标准档案管理。由分管副区长带队,组织各乡镇分管副书记、扶贫专干、驻村工作队长近100人到石门县扶贫办、皂市镇十坪村参观学习挂图作战和档案管理工作,按照湘扶办发〔2016〕42号《关于认真做好挂图作战和精准扶贫档案管理工作的通知》要求,集中1个月攻坚,完成区、乡、村三级挂图作战和一户一档档案管理工作。抓易地扶贫搬迁。全区符合易地扶贫搬迁安置条件的有84户308人,涉及14个乡镇49个村,均为分散安置,其中5户为购房安置,其余为群众自建,完善了水、电、路配套设施建设,补助资金按时拨付到位,12月底搬迁户搬进新居。落实金融扶贫。完成风险补偿金开户和评级授信,有效授信额度5.1亿元,推进“分贷统还”模式,打包小额贷款给合作社等农民合作组织,分3年每年按6%至8%给贷款贫困户分红(每年3000至4000元),全年小额信贷6488万元,3918个贫困户享受分红。推进“六件实事”。区财政投入1000余万元、整合各类项目资金6800万元,确保每个贫困村年投入不少于100万元;推进电力建设、交通设施、农田水利、信息网络、村级活动场所、村级集体经济“六件实事”。建档立卡贫困人口饮水安全、农村4G覆盖率和光纤通达率、“村村响”、“户户通”均100%;投资4800万元,用于32个贫困村电力改造。落实5个精准到户。社会保障到户,按要求制定社会保障兜底脱贫认定工作方案,逐户开展核查,兜底扶贫低保对象970户2772人,全部纳入扶贫信息系统;制定医疗救助扶贫工作方案,给予建档立卡贫困人口个人缴费50元补助,建档立卡贫困户参合率100%;符合报销比例提高10%的贫困人口1534人、发放补助资金33.0531万元,符合大病保险补偿起付线降低50%的贫困人口12人、发放补助资金3万元。生产发展到户。采取直接帮扶、委托帮扶、股份合作制帮扶等帮扶模式,结合乡村旅游、合作经济组织、家庭农场、发展油茶产业等特色产业。举办十美堂镇油菜花节、周家店镇桃花节、花岩溪镇紫云英节、黄土店镇竹文化节,客流量20余万人,受益贫困人口近2万人;建成4个光伏发电项目、建起18.67公顷30万株香椿基地,油茶新造或低改近66.67公顷(受益贫困人口近5000人)。技能培训到户。通过网上申报,系统审核,资助符合条件职业学历教育贫困家庭学生126名,发放补助12.6万元;培训贫困村创业致富带头人41人;贫困家庭“两后生”技能培训589人,超额完成省下达的120人的任务;实用技术培训5000人,每人培训3天,每天补助100元。教育助学到户。审核建档立卡贫困户中的特困生263人,由教育局发放补助。危房改造到户。确定全区符合危房改造条件贫困户4388户,分3年改造到位。2016年,危房改造757户,区扶贫办在住建部门补助的基础上叠加补助每户2000元。

副区长王直华(右二)一行指导易地扶贫搬迁工作

移民管理。2016年,发放移民直补资金749.46万元,投入项目资金2329.48万元,实施移民后扶项目448个。全年培训移民370人次,形成油茶、

水果、楠竹、花木、水产养殖等移民产业。2016 年移民工作获评市先进单位。（蔡　明）

【首届电商培训班】 2016 年 7 月 26 日，鼎城区首届电商扶贫培训班在区人社局产业园开班，2 个班次 75 名学员参与培训，以“电商”为主题，以“精准扶贫”为核心，在课程设置、师资配备、资料编印等方面周密安排，实现培训一人、就业一人、脱贫一户的目标任务。有 10 余人开起了微店、网店，在网上卖自产的剁辣椒、土鸡等土特产，湖南卫视予以报道。（蔡　明）

首届电商培训班

【医疗扶贫全面启动】 2016 年 1 月，鼎城区启动建档立卡贫困人口医疗扶贫。建档立卡贫困人口个人缴费部分每人补助 50 元，确保建档立卡贫困户参合率 100%；提高贫困人口就医费用报销比例 10%，低保困难群众大病保险补偿起付线降低 50%。全年经人社局、扶贫办系统比对，符合报销比例提高 10%的贫困人口 1534 人，发放补助资金 330531 元；符合大病保险补偿起付线降低 50%的贫困人口 12 人，发放补助资金 3 万元。（蔡　明）

农村经营管理

【概况】 2016 年，农村土地仲裁和土地流转、农经统计、农村集体经济发展被评为全省先进，新型经营主体发展、农民负担监管等工作考评位居全市前列。

农村土地承包管理。抓农村土地承包经营权确权登记颁证工作。全区合并以后总村数 263 个，至年末外业调查指界 230 个村，占 87.5%；第一、二轮公示 68 个村、占 22.8%。3 月 3 日召开全区动员会议，各乡镇、街道、场及时传达精神；召开干部大会宣传、培训。全区印发《宣传手册》和《致农民朋友公开信》近 20 万份；“村村响”录制专题节目，每天早晚播放；在《阳光政务》开展现场直播政策解答；各乡镇悬挂宣传横幅、设置长期标语。下发入户调查摸底表 18.2 万份，从 3 月 20 日开始，一个月清理户主身份证复印件、户籍信息复印件、入户调查的收集和二轮承包资料；专业技术测绘公司与乡镇、街道、场衔接，配备技术队伍；各村明确专门的村干部带队，村民小组动员老党员、老组长参与丘块指界，减少重复施工和差错率。抓农村土地承包经营权纠纷调处仲裁工作。3 月 15 日，全区农村土地承包经营纠纷调整仲裁培训班在区委党校开班。培训班为期 2 天，各乡镇、街道、场分管负责人，从事经管工作全体成员、林业站站长近 150 人参加培训。区、乡、村调处纠纷 835 件，仲裁 2 件。11 月，鼎城区在全省农村土地仲裁纠纷仲裁工作考评中获满分。抓农村土地承包经营权流转工作。全区农村家庭承包经营农户 18.2 万户，承包耕地 63680 公顷。至年末耕地流转面积 30000 公顷，涉及农户 8.26 万户，分别占耕地承包面积 47.4%和承包户数 45.3%。其中签订流转合同的农户 3.67 万户。全区规模经营面积 7226.67 公顷（10.84 万亩，其中流转规模在 100~500 亩的有 7.53 万亩，500 亩以上达 3.31 万亩）。全区各乡镇均成立土地流转服务站。

新型农村经营主体发展。抓发展速度。截至 12 月底，全区工商注册农民合作社 492 家，同 2013 年相比新增加 265 家。入社成员户数 41088 户，带动农户 4.5 万户，分别占全区总农户数的 24.16%和 26.47%。创建省级示范社 11 家，2 家国家级示范社（穗丰优质稻、长岭油茶）处于创建监管阶段，1 家合作社（河洲龟鳖专业合作社）申报国家级示范社成功并纳入监测范围。全区经工商部门登记注册的种植、养殖、种养结合型家庭农场148家。2014年至2016年,获省“百千万工程”补贴扶持种粮家庭农场273家。农民合作社和家庭农场工作获评市2016年度指导工作先进单位。抓调研力度。上半年,区经管局、农机局、农教办、产业化办等单位专题调研区新型农业经营主体发展情况,形成调研报告,起草了区《关于促进新型农业经营主体和服务主体健康发展的意见(草案)》。抓宣传推介。联合区电视台,拍摄农民合作社、市农业龙头企业、家庭农场等具有代表性的典型现场视频,制作宣传短片,在3月份农业农村工作会议上播放。开展农民合作社法律宣传月活动,在周家店镇、蒿子港镇、谢家铺镇、黄土店镇等乡镇的显要交通路口悬挂横幅100余条,张贴标语近200条。抓资金扶持。从区粮食适度规模经营补贴资金中切块200万元用于支持区种粮农民合作社规范发展。资金扶持采取项目补贴方式,全年支持合作社21家,每家合作社根据规模大小和项目具体实施情况,补贴资金额度在7万元至12万元之间。截至12月底,各项目施工主体按照各自项目文本申报要求全部施工完毕。全年向省、市申报种粮家庭农场88家,申报补贴面积1032.89公顷,资金154.9331万元;协助牛鼻滩华茂诚信蔬菜、十美堂美润果品、尧天坪长兴油茶、河洲龟鳖4家农民合作社成功申报中央财政项目扶持资金90万元。

农民负担监管。2016年,农民负担监管工作开展了多项活动,浓厚区减负氛围;提升区减负领导小组层次,由区长任组长,工作格局由部门层次提升到区级层次;下发限期整改通知,上缴区财政65.3万元,其中清退违规资金36.5万元,清退给乡财政21.46万元,清退给村集体6.7万元,清退给合作社0.64万元,立案查处3起;建立和完善了负担监管系列制度。借助省市检查宣传减负政策精神。全年省减负办到鼎城区检查1次,市减负办到鼎城区开展减负专项督查和检查2次,模拟检查1次,被检查单位15个,发现问题90个。区减负办在省市检查前到乡镇宣传中央减负政策,指导责任单位认真整改。联合区纪委推进“雁过拔毛”式腐败问题专项整治发动乡镇自清自查。2016年,区减负办联合区纪委召开“雁过拔毛”式腐败问题专项整治推进会议2次,就惠农补贴资金发放和减负惠农政策落实情况安排乡镇清查整改;许家桥乡清退建管站收取的危房改造工作经费3.67万元。依靠检查帮助乡镇整改纠偏。10月下旬,区减负办组织检查减负工作;11月上旬召开减负问题交办会议部署整改,促进全区惠农减负政策的落实。

“雁过拔毛”式腐败问题专项整治工作推进会议会场

村级财务管理。指导各乡镇开展村级财务收支和“三资”管理清理审计,审计清理的村次1060个,审计清理金额139368万元,发现有违纪问题的村31个,牵涉金额137.59万元,发现线索7起,移送纪检司法6起,处分8人。 (卢凡冰)

农民教育培训

【概况】 2016年,区农民教育培训工作完善“一体系,两平台”,即“一主多元”培训体系。吸纳区农机校、区农技推广中心、乡镇农校及其它社会力量参与,以农业园区、农业企业和农民专业合作社作为基地,组织新型职业农民参与多层次、多形式、广覆盖、经常性、制度化的教育培训;构建以农教办(农科教中心)为支撑的专业化、多元化新型职业农民培训平台;构建新型职业农民培育“1+N+X”的基础平台;建立“空中课堂”“固定课堂”“流动课堂”“田间课堂”4个课堂。全年,培训以农民为主的农业经营主体1.9万人,培训务农农民7000人,职业技能培训1500人。以专业大户、家庭农场、农民专业合作社、龙头企业等新型经营主体带头人为培训对象,分产业、分类型培训新型职业农民,培训新型经营主体4500人、新型职业农民900人。实施现代青年农场主培养计划,培训青年农民200名。开展"雨露"计划,培训建档立卡贫困人口31期5000人,每期培训3天,通过农村实用技术培训,每个贫困人口掌握2–3门实用生产技术和经营管理知识,达到培训1人,脱贫一户的目标。开展示范性培训9期520人,培养观念新、有文化、懂技术、会经营、讲文明的新时代农民。

(莫桂华 杨志刚)

农村能源服务

【概况】 2016年1月8日,区农村能源服务中心为配合区临江棚户区改造,办公地点由临沅路120号独立院落搬迁到区财政局办公大楼5楼(阳明路390号)。机构改革后,班子成员由7名调整为1名。

项目建设与维修。完成中央预算内投资项目建设任务。全区新建户用沼气池153口、养殖小区及联户工程18处;10月,谢家铺镇施家陂村王家湾养殖场业主陈虎军自费新建1座沼气工程,规模100立方米;5月,区园艺场李家桥村返乡创业青年刘安星自费建设1座中型沼气工程,规模300立方米,实行集中供沼气,并为周边20个农户免费供气,解决生活用能;9月8日,蔡家岗镇岩芭垱村福旺养猪场1座大型沼气综合利用工程开工建设,规模600立方米。引导社会力量投资新能源建设,实行多能互补,促进农村能源事业多元发展。全年区农村能源服务中心引导配合社会资金投入安装太阳能热水器1497台、太阳能路灯280盏、省柴灶节煤炉1859台;花岩溪镇逆江坪村汤瑞怀等3位村民自筹资金120万元,新建1座生态环保炭厂,利用秸秆与当地竹、木器加工厂等废弃物,生产生态环保炭。开展废旧病池维修,巩固农村沼气建设成果。全年维修户用沼气池396口,维修养殖小区联户沼气工程62处,维修大型沼气综合利用工程(1200立方米)1处(许家桥回维乡阳光乳业自投资金2万元维修五牧场大型沼气综合利用工程)。

沼气池普查。区农村能源服务中心从5月中旬开始,利用半年时间,部署摸底全区范围内所有户用沼气池、养殖小区联户工程、大中型沼气综合利用工程情况,按建设年限、分乡(镇)村(居)分类造册;按病池类型、故障大小、分期分批安排维修。

项目争取。区能源服务中心走访调查近百家规模养殖企业,帮助业主提高认识、提高建设大型沼气综合利用工程的积极性。引导培植常德惠生肉业有限公司边山铺牲猪养殖场,常德天富生态农业发展有限公司、常德炎农寿光等20余家基本符合条件的规模种养企业,最终确定常德惠生肉业有限公司边山铺牲猪养殖场,常德天富生态农业发展有限公司、牛鼻滩镇腾达牲猪养殖场、草坪镇永康牲猪养殖场4家种养企业申报国家投资的大型沼气综合利用工程项目。11月,由市发改委和市农委上报到省发改委和省农委。

2016年,鼎城区农村能源服务中心被授予"全市农村能源建设红旗单位"的称号。

(丁胜伟 郭知鑫)

【刘安星建设300立方米沼气工程】 鼎城区园艺场李家桥村青年,2016年3月,从广东打工返乡创业,在没有国家沼气综合利用工程项目规划、没有资金补贴的情况下,以"建场先建池、养猪先治污"为理念,投资50余万元新建猪场、购进良种母猪等。为了解决养殖污染问题,刘安星请到常德鑫富源环保能源有限责任公司的技术员,设计建设了300立方米沼气工程。10月,区农村能源服务中心为此处工程投资安装管道沼气设备等,其周边20个农户免费用上了清洁能源沼气。 (丁胜伟)

【福旺养殖场沼气综合利用工程动工建设】 鼎城

区蔡家岗镇福旺养殖场大型沼气综合利用工程项目，由贺家山原种场一处2014年放弃建设后调整而投资建设，池容600立方米，中央投资110万元。该项目由于各方面原因没有动工建设，2016年，区农村能源服务中心反复做工作，多方协调，10月上旬工程动工建设，该工程由常德鑫富源环保能源有限责任公司承建，区能源服务中心负责监管，严禁偷工减料，确保工程质量，力争建成亮点工程。 （郭知鑫　丁胜伟）

10月16日蔡家岗镇岩芭垱福旺养殖场动工建设

【机构改革】 根据《中共常德市鼎城区委、常德市鼎城区人民政府关于印发〈常德市鼎城区人民政府职能转变和机构改革方案的实施意见〉的通知》（常鼎发〔2015〕4号）文件精神，将常德市鼎城区农村能源领导小组办公室更名为常德市鼎城区农村能源服务中心（简称区能源服务中心），副科级，为区农业局管理的公益一类事业单位。

（郭知鑫　丁胜伟）

气　象

【概况】 2016年，区气象局报送决策参考消息33篇，发送农业气象服务信息77期、雨情服务信息48期、气象短信服务3万余次、提前预警信息45次、节假日气象专题服务7次、重要天气过程服务10次。2016年，鼎城区气象局获评市级文明单位，被市气象局评为年度优胜单位；被市防指授予“防汛抢险先进个人”1名。

基础气象业务及服务工作。2016年，鼎城区气象局开展的气象基础业务工作有早稻、晚稻、油菜、柑橘、自然物候和土壤水分6种农气观测项目，全年业务工作无错情。全年定时向区政府及全区涉农部门编发农业气象旬（月）情报36期，农业气象灾害监测预警8期，农业气象灾害监测预警评估2期，产量预报12期，春耕春播专报5期，夏收夏种专报2期，秋收秋种专报8期，关键农事季节气象服务3期。及时向区政府、涉农部门发送天气预报服务和农业生产指导，多次与常德市气象台、区农业局会商，为全区的农业生产做出关键性指导，为促进全区粮食增产起到建设性作用。制作的产品除为上级主管部门、区委、区政府提供决策服务外，向鼎城区580余家新型农业经营主体通过“直通式”服务方式传送到用户手中。

试验与研究。2016年，区气象工作开展了两项课题研究：一是开展湖南省气科所《超级稻（双季）高产稳产气象保障技术推广应用》的研究任务，该试验通过早、晚稻的试种，产量明显提高。二是承担省气候中心的油茶课题项目，年初完成了项目的基础建设，在省气候中心专家的指导下课题观测与实验顺利进行。两项课题研究均圆满完成任务。

早稻试验移栽工作

汛期气象及设备保障服务工作。在汛期，提前向区委、区政府及有关领导、有关部门作灾害性天气过程专题汇报，通过电视、手机报、手机短信等方式如实发布预警信息。在重大天气过程，气象局局长邓德佳24小时值班在区防指,圆满的完成防汛抗灾气象保障服务工作,获政府领导的充分肯定。全天候监控各区域自动站点的运行情况,发现问题及时处理,确保各站点的正常运行,为汛期服务提供实时数据,保障了汛期的服务质量;检修人工影响天气的作业设备,自动化升级改造双管高炮,组织人影工作人员到江西参加作业培训。

依法行政。全年多次组织行政许可执法巡查,联合安监部门执法巡查多次,落实安委交办执法任务1次。落实国务院、国家局、省局关于优化防雷许可的有关文件精神,落实简政放权工作。

气象宣传。在2016年的"3·23"世界气象日、"5·12"防灾减灾日,组织工作人员开展相关主题的宣传活动,发放农业气象知识、防雷知识、气象灾害防御等手册20000余份。联合市气象局气象学会及鼎城区各部门,在鼎城区黄土店镇开展送科技下乡活动;2次联合区级各应急预案单位组织应急避险宣传(1次在政府大院,1次在社区)。

(张昭懿)

【"5·12"应急知识科普宣传】 2016年5月12日,鼎城区气象局联合区国土局、区水利局、区畜牧水产局、区林业局、区民防、区环保局等10多家单位在鼎城区政府前进行"普及应急知识,提高应急避险能力"为主题的应急知识宣传活动。区气象局制作了防雷知识的宣传展板,悬挂宣传标语,设置咨询台,发放《乡村雷电灾害防御手册》《应急避险指南》《农村气象灾害避险指南》等600余份。

(张昭懿)

应急知识宣传活动现场

【人工增雨消霾试验】 2016年入冬,常德市范围空气质量一直较差,12月12日雾霾更加严重。由于大气层结构稳定,空气污染物不易扩散,空气质量徘徊在"轻微污染""轻度污染"之间。为提升空气质量,降低重污染时期空气污染负荷,鼎城区气象局配合市气象局治理雾霾,组织实施人工增雨消减雾霾试验作业。根据市气象台预报,12日~14日受冷空气影响,有1次降温降水天气过程。区气象局在有关部门的配合下,在鼎城区王家桥炮点设置作业点,于12日下午3时开展人工增雨消减雾霾试验作业。

(张昭懿)

水利

Hydraulic Engineering

苏家吉水利枢纽工程

鼎城年鉴（2016）

概　　述

【概况】 2016年，区水利局立足于“防大汛、抢大险、抗大灾”，抓防汛抗灾各项工作。徐守盛、戴道晋、王群等省市领导督查区防汛备汛工作6次。汛前检查方面，组织开展多层次、全方位的汛前安全大检查，各分管负责人和业务股室在工程单位和乡镇(场)、街道办自查的基础上，分线排查穿堤建筑物、水库、泵站、堤防、防汛物资、山洪灾害监测预警设施、水电站、水毁工程及水利设施等方面存在的隐患，鉴定、处理并逐处登记造册，建立台账。汛前准备方面，按照行政首长负责制的要求，强化、细化防汛抗旱岗位责任，使之纵到底、横到边，不留死角、不留空挡；对接财政，投入160万元，增储防汛物资器材；修订应急预案，提高预案编制质量，提升应急预案的可操作性，主要做好沅澧两水的特征水位劳力上堤方案，冲柳高低水、内湖、中小型水库的度汛方案，大中型电排的起排、止排方案，紧急情况下的疏散转移应急预案，区、乡、村3级和沧水河、枉水河流域的山洪灾害防御预案，冲柳地区“三闸一站”调度方案和全区抗旱预案；培训、演练水库管护人员、山洪灾害易发区乡村指挥员、水利工程技术人员、巡堤查险队伍和防汛抢险大队队员等。区防汛指挥部联合区委办和区政府办督查室、区纪委组成联合督查组，督查7个分指及所属乡镇(场、街道办)的防汛工作情况，保证责任落实、落细。汛期调度方面，汛期坚持24小时领导带班制度，实时监测雨情、水情、汛情，抓监测预警、指挥调度、人员转移和抢险救灾等关键环节，抗御洪涝灾害。6月27日至7月5日，全区普降大到暴雨，平均降雨233.2毫米，镇德桥站301.6毫米。区防指于7月2日启动防汛应急三级响应，3日17时30分启动防汛应急二级响应。7月2日至3日，冲柳高水株木大昏堤段、冲柳高水夹堤口堤段发生2处滑坡险情。险情发生后，区水利局派出技术组赶赴险点指导抢险，险情均得以处置。8月10日凌晨3时，鼎城区南部遭遇暴雨袭击，降雨历时短、强度大，黄土店镇有8站降雨超50毫米，6站超100毫米，最大降雨为洞桃冲站218.3毫米，最大1小时降雨超过60毫米。暴雨导致黄土店镇、尧天坪镇、许家桥乡等乡镇2.44万人受灾，农作物受灾1917公顷，倒塌房屋14户28间，冲毁山塘52口，发生山体滑坡19处，水毁道路28千米，渠道损坏295处，桥梁冲毁46座，直接经济损失4199万元，紧急转移安置8011人，没有发生人员伤亡。

工程管理。完善工程管护考评制度和考核细则，考核结果与管护资金挂钩。投入80万元，建立水利工程管理平台，为每位管理人员配置管理设备，定期上传管理图片及情况。抓一、二线堤防及穿堤设施、在建涉水项目及城区房产开发、河道划界及河道保洁的管理，探索河道维护管理新模式。抓水库管理，落实水库管护人员，明确岗责，每季度组织1次检查，强化监督、考核、兑现。

水政执法。规费征收方面，规范规费收取的自由裁量权，杜绝区直水利工程单位擅自征收、不按标准征收、干预征收等现象，实现规费应收尽收。全年征收水资源、水土保持费150万元。水源保护方面，3月份结合“世界水日”“中国水周”开展普法宣传。加强禁投管理，实施33.33公顷以上湖泊及哑河水面禁投；禁止库湖周边新建养殖场，禁止向水域倾倒生活垃圾。查处冲柳高水河围垦河道和枉水河道填堵等水事违法案件。砂石监管方面，结

区政协视察水资源保护工作

合上年度综合整治情况,“抓重点、破难点、带全面”,开展综合执法检查,打击非法采砂、乱采乱挖,规范砂石场经营管理秩序。 (张家玮)

善 卷 垸

【概况】 善卷垸位于沅水南岸,北临沅水,东抵枉水,有临洪大堤33.5千米,沿大堤穿堤建筑物27处,总集雨面积91平方千米,保护斗姆湖办事处、红云办事处、玉霞办事处、郭家铺办事处、德山镇、许家桥乡等及省市区属450余个党政机关、企事业单位近16万人口的生命财产安全,桃花源机场、桥南大市场、319及国道207、常张及常吉高速公路及11、22、50万伏高压输电线路等基础设施坐落在垸内,保护固定资产总值100余亿元。

防汛抗灾。善卷垸汛前组织专业人员排查险工险段,发现的问题登记造册,提出病险涵闸具体处理方案和措施,合理编制建设硚排水闸备险、福广堤段管涌备险等多处防汛预案,要求所有城区基础开挖工程都编制防洪应急预案,细化防汛岗位责任制,组建专业巡堤查险队及防汛抢险突击队,增储黄沙2000立方米,卵石2000立方米,木材50立方米,楠竹1000根,编织袋50000条等,坚持汛期24小时领导带班值班制。分解沅水一线大堤清基扫障任务到干部职工(每人500米)。坚持不间断巡查,处理各种乱搭乱建、乱堆乱倒等违法违章事件20余起。 (谢华胜)

八官崇孝垸

【概况】 八官崇孝垸属于沅澧垸,处于沅澧水尾闾的冲积平原之上,是洞庭湖水系的西洞庭湖部分。该垸四面环水,垸内地势平坦,地面高程一般在28.00至30.00米,地势西北略高于东南,防汛堤段总长99.639千米,其中沅水大堤17.329千米(沅澧大圈桩号46+552至63+881),高水间堤45.76千米(八官垸29.66千米,乌黄垸14.1千米,乐兴垸2千米),低水间堤25.55千米,栏小河11千米。穿堤建筑53处,其中沅水大堤8处,高水间堤25处,低水间堤20处。有电排机埠12处,计44台机组,总装机容量13595千瓦。该垸面积约21333公顷,辖牛鼻滩镇、韩公渡镇、区特养场、贺家山原种场,计58个行政村,总人口10.26万人,其中城镇人口1.54万人,农村人口8.72万人,耕地13166.67公顷,地区生产总值12.8亿元,固定资产总值15.5亿元。是洞庭湖畔粮、棉、渔、油及珍珠生产的重要基地之一,是湖南省确保垸之一。

防汛抗灾。落实防汛抗旱岗位责任制,组建防汛抢险队伍,处理存在隐患的穿堤设施、险工险段等,确保防汛安全。加强堤防管理及水事执法,采取组长负责制、副主任负责制,制定奖惩办法,管理大堤、沙卵池44处、栏卡33处,各种标牌、公里桩和大型防汛物资储备仓库4座,特别是沅水大堤大型标牌(5处)、特大型标牌(1处)的管理,采取宣传车不定期流动宣传、大型横幅标语方式,宣传水法律法规知识。查处打击违法行为,及时处置乱挖乱建等违法行为。工程除险方面,筹措资金整修险工险段、病险涵闸及启闭设施。汛期株木山发生严重垮坡,通过抢护,安全除险。 (葛慧峰)

民主阳城垸

【概况】 民主阳城垸位于洞庭湖滨,澧水尾闾,属澧水水系。东隔澧水尾闾洪道与安乡相望。南临汉寿西湖管理区,西南接八官崇孝垸,西连冲柳垸,北临津市西毛里湖垸。全垸集雨面积343.29平方千米,占沅澧大圈集雨面积的24.7%。垸内防洪保护鼎城区中河口镇、蒿子港镇、十美堂镇、黄珠洲乡、黑山咀乡、石公桥镇杨腊溪村和高堰岗村、韩公渡镇建丰村及罗家铺村及崇河村、西洞庭管理区、西湖管理区西湖镇(小部分)等9个乡级以上行政区划单位,计92个村33293户,总人口17.3万人,保护耕地面积19210公顷,是鼎城区粮、棉、油、渔主产区。各类堤防总长98千米,其中澧水一线大堤长 33.12 千米,澧水大堤达到五十年一遇的防洪标准。大堤 16 处穿堤建筑物，其中进水闸 4 处,交通闸 1 处,排污管 1 处,电排出水管 6 处,电排总装机容量 8245 千瓦。

防汛备汛。完善修订上堤劳动力方案、大中型电排起止排水位方案、重点险工险段的抢险避险预案,病险工程的抢险、避险预案,块石增储 1000 立方米,砂、卵增储 1000 立方米。封堵大堤禁脚 50 米范围内 47 口压把井;整修加固汪家洲电排出水管、麻河护坡段垮塌区域;修复常岳高速公路蒿子港大桥桥基下因雨水长期形成的滴水坑。

水利工程监管与督查。制定管理责任制度、管理实施细则和管理人的具体职责，每处穿堤建筑物、涵闸都安排专人负责管理,安排专人联络监管十美堂镇、蒿子港镇境内 2 个水厂。

综治维稳。落实有关政策、精神,采取“预防为主”的方针,成立一把手为组长、分管领导为副组长、人事负责人为成员的维稳领导小组,加强转保群体、内退人员涉乡补群体的包保工作,杜绝上访事件的发生。 （雷光华）

冲　柳　垸

【概况】 冲柳垸位于沅澧大圈内、常德市鼎城区中部,距常德市城区 12 千米,东与民主阳城垸交界,南与八官崇孝垸隔河相望,西南与护城丹洲垸接壤,北抵津市八宝湖,省道 306 线贯通全垸。垸内辖镇德桥镇、石公桥镇、周家店镇、区园艺场、区特养场 3 个乡镇 2 个农渔场，计 64 个行政村,总人口 9.6 万人。垸内总集雨面积 366 平方千米,耕地面积 1.77 万公顷，垸内经济以农业为主工业为辅,是鼎城区粮、棉、油及鲜鱼生产的主要基地之一。垸内防洪大堤长 109 千米，其中高水堤长 81.12 千米、低水堤长 27.88 千米。沿堤穿堤建筑物 76 处,其中外排装机 23 处 /43 台 /5055 千瓦,外排主干渠 387 千米。垸内有小(Ⅰ)、(Ⅱ)型水库 29 座,撇流渠道 25 条 65 千米。

水利建设管理。完成彭家坪、孙家冲、清水堰、阳陂庵、俢陂堰、文化 6 座水库的除险加固、西洋陂水库 500 米水毁干渠的恢复、周家店三渡水水厂的新建、城湖口水厂管网铺设以及杨家洲机埠出水管的整修工程。自筹资金完成西洋陂水厂跨同心河主管的拆除新建工程。

防汛抗旱。开展汛前检查,整治险工隐患。检查垸内堤防、水库、机电排涝设施和穿堤建筑物多次,确保“六个百分之百”,登记检查内容,分类造册,建档备查。制定和完善防汛预案。调度方案,修订、完善高低水、小型水库、穿堤建筑的度汛方案。制定应急预案,包括抢险队伍和抢险方案,非常情况下的疏散转移应急预案，山洪灾害易发区紧急避险预案。抓防汛物资的清理和储备。分类登记造册砂石、块石、编织袋等物资,根据要求及时补充所缺数量。落实防汛岗责。在区防汛抗旱动员大会结束后,召开防汛动员大会,成立防汛抗旱分指挥部,按照区防指要求落实防汛抗旱岗位责任制。开展清基扫障。汛前清扫高低水间堤违章栽树和作物,清基除杂水库大坝、险工险段和重点堤段。水源保护。全垸 24 座水库、天然湖泊一律实行人放天养,禁止投入饲料、肥料、激素,禁止直排生活污水、人畜粪便,禁止倾倒垃圾、土石和其它废料,杜绝劣五类水质,力争全部达到三类水源标准。实行分人、分段、分责管理,采取与个人绩效挂钩的形式开展堤防养护和管理工作。 （刘择友）

冲柳排水工程管理处

【概况】 鼎城区冲柳排水工程管理处是在原有苏家吉大型水闸、冲柳新(老)五甲拐水闸、南碚水文站的基础上于 2000 年 10 月经区编委（常鼎编〔2000〕14 号）批准成立的正科级区直水利事业单位,辖苏家吉大型排洪站、苏家吉大型水闸、冲柳中型水闸、老五甲拐中型水闸、南碚水位站,是鼎城区冲柳撇洪工程，主要职能是负责沅澧大圈冲柳地区 1164 平方千米的防洪、排涝、抗旱和沅水防汛水位观测任务。受益范围包括鼎城区、武陵区、津市、汉寿县和柳叶湖度假区、西洞庭管理区、贺家山农场,受益面积45000公顷,人口50万人。该工程其主要作用是将上游丘岗入湖的山水和湖区垸内渍水按照“先自排,后提排”的原则从苏家吉水闸和泵站注入沅水。苏家吉排洪站与苏家吉水闸,冲柳新(老)五甲拐水闸联合统一协调运行,解决冲柳地区排渍机埠被迫停排的威胁,从根本上减轻冲柳地区渍涝抢排的防汛压力。

水利设施日常管护。调试和试运行苏家吉排洪站主辅机设备、苏家吉水闸、新老五甲拐水闸电气与启闭机设施。完成苏家吉排洪站技术供水泵、技术供水阀门、电机机组等设备的检修、保养和设备更换。

队伍建设。加强党务工作的管理,按照上级安排布置和部署,完成支部党员管理、党费收缴、党员捐款等工作。坚持“三会一课”制度,确保“四个到位”:时间到位、人员到位、内容到位、效果到位。在年初制定、细化和完善岗位责任制度、学习制度和“三闸一站”的防汛抢险应急预案等。(何　敏)

杄水灌区管理局

【概况】 杄水灌区管理局成立于2008年,根据常鼎编发〔2015〕8号文件精神,设置为区政府直属副处级事业单位,下辖沧山、跃进2个管理处。杄水灌区位于常德市鼎城区南部,设计受益面积为鼎城区的7个(乡)镇、3个街道办事处,总土地面积68066.67公顷,总耕地面积23733.33公顷。设计灌溉面积20626.67公顷,实际有效灌溉面积15513.33公顷。杄水灌区工程于1958年动工兴建,1966年建成受益。灌区骨干水源工程主要有超美水库、五溪水库、跃进水库、沧山水库和金陵水库5处中型水库,小(Ⅰ)型水库14座,小(Ⅱ)型水库72座,山塘4667处。干渠10条,总长171.675千米,支渠59条,总长321.424千米。灌区以灌溉为主,兼有防洪、发电、养鱼、旅游及水运等综合效益,年产粮食约2.37亿千克,年提供商品粮约1.67亿千克,是鼎城区最大的商品粮生产基地。

工程建设。2016年,省财政投资147.56万元,用于灌区危旧房改造项目,其中18.55万元用于金陵管理处食堂及办公楼改造;29.05万元用于管理局信息化中心食堂、仓库配套工程;59.85万元用于管理局信息化中心配套设施中心工程;40万元用于沧山管理处公租房配套建设。省财政追补资金170万元用于杄水灌区续建配套与节水改造项目、跃进干渠防渗衬砌2137米。

防汛抗旱。3月底前制定完善超美、五溪、跃进、沧山和金陵五座水库的度汛方案和防、抢、撤应急预案。成立以区级领导为防汛包干行政责任人的水库防汛责任制,实行统一领导,分级负责。健全并落实汛期值班制度和管理制度,实行领导带班,充实加强了防汛力量,制定值班制度,确保汛情及时准确传递。开展汛前检查,消除度汛隐患。

(陈立霞)

工业

Industry

常德高新区企业掠影

鼎城年鉴（2016）

概　述

【概况】 2016年,鼎城区工业经济下行持续加剧,工信系统相关部门全力协作,加速项目建设进程,推动全区工业发展。鼎城区工信局被评为省级“卫生单位”、省经信系统“规范行政执法示范单位”;推新工作、园区攻坚在全市考核中荣获“优秀单位”称号;非公经济、战略性新兴产业发展、企业家协会工作荣获全市“红旗单位”称号;党风廉政建设、安全生产荣获全区“红旗单位”称号;社会管理综合治理、维护社会稳定、信访、招商引资、驻村帮扶荣获全区“先进单位”称号。2016年,鼎城区人民政府根据实际情况,将区散墙办工作职能归口区工信局管理。

经济指标。2016年,增加规模工业企业23家,总数97家,新入规户数居全市第一。规模工业企业总产值192.8亿元,同比增长37.2%,增速位居全市第一,入库税金2.2亿元,同比下降13%。规模工业增加值41.2亿元,同比增长9%。工业固定资产投资90亿元,同比增长34%。

项目建设。全年落实2000万元以上项目20个。广德医药等3个项目建成投产;中联起重机械产业基地等8个亿元项目在建;启动常德水表等10个项目前期工程;中广核、湖南湘安已签约;景晟混凝土、鑫鹏建材正在选址。

工业扶持。2016年,区财政筹措引导资金,扶持中小微企业发展。两次提请区政府专题研究,出台落实市政府“帮扶十条”具体意见,为28家企业兑现优惠补贴100.425万元。通过财鑫担保、贷款贴息等手段,帮助23家企业融资2.1亿元,缓解企业困境。创新融资方式,推进鼎力实业直接为中小企业担保,促请区委、区政府出台《鼎城区中小企业融资担保实施方案》,引导专项资金促进企业做大做强。为15家企业申报省级战略性新兴产业与新型工业化、中小企业发展、技术改造节能创新、重点新材料产品首批次应用示范项目,投入资金近450万元。

信息化工作。引导金佰特、响箭重工等企业利用“互联网+”电子商务等信息应用平台技术创新企业管理模式、提升企业经济效益,推动工业领域信息技术的普及和应用;全面落实《住宅区和住宅建筑内光纤到户通信设施工程施工及验收规范》国家标准,检查宝泰花园等7个房产项目光纤到户情况;开展“无线电管理宣传月”活动,落实《湖南省信息化管前列理条例》,信息化招投标、“企企通”信息化建设工作名列全市前茅。2016年电子信息规模企业完成产值10.5亿元,增长9.1%。

行政执法。抓企业安全生产督导检查,加大隐患排查力度,检查35家企业,下发整改通知17份,排查隐患60余起;加强用电安全监管宣传,整治农忙季节性挂钩搭火,下发10份重特大用电事故整改通知书,电力行政执法工作走在全市前列;抓新型墙体材料革新行政执法,成立专项整治小组,检查31个建筑工地、23家企业,下达整改通知17份。

产业结构调整。全力打造工业“五五”工程,优化产业布局,形成装备制造、新型建材、健康医药、食品加工、电子信息为主的产业布局。响箭重工、立欣电子、升湘机械等13家企业成功转型,增加立欣电子、响箭重工、瑭桥科技3家高新技术企业。引导企业上市融资,飞象豆业、金佰特分别在Q版、E版挂牌;精为天成功在新三版挂牌。

机关建设。信息宣传。强化文字宣传,全年上报市经信委网站、区政府网站、手机报等宣传媒体信息67条,采用43条,其中4篇在《常德日报》上刊登,信息宣传工作位列全市前列。作风建设。规范落实“三会一课”制度,主题党日活动形成常态;开展“四讲四有”专题学习研讨会;开展工信系统“党的报告员”讲课比赛,打造“团结务实、廉洁创新”型干部队伍;完善绩效考评、财务管理制度,建立健全行政执法等管理制度,编发工信局《依法行政权力清单和责任清单》;院落建设。投入48万元,修缮机关大门、大楼屋面、停车棚,安装监控设施、办公电脑、空调，改善机关工作环境；二轻局门面拆迁全面完成。工会活动。每季度开展一次工会活动、开展节日慰问患病家属及离退休老干，组织参与区内各项体育活动等。（梁志凌）

【散装水泥和墙体材料革新管理】 2016年，推广新型墙体材料、散装水泥、预拌混凝土和开展资源综合利用工作，开展“禁实”和“推新”两项工作。全区有3家规模水泥生产企业，年产散水泥180万吨，散装水泥使用率95%。区内到市散墙办报备登记的预拌砂浆生产企业有2家，有3家页岩砖生产企业执行了《烧结多孔砖和多孔砌块》(GBI3544—2011)新标准。9月30日印发《常德市鼎城区室内装饰行业管理试行办法》，督促管理区内装饰工程招投标工作，协调各相关部门开展室内装饰工作执法检查，成立专项整治小组，共检查31个建筑工地、23家企业，下达整改通知17份。（李 祥）

【省经信委调研鼎城区工业清洁生产和资源综合利用工作】 2016年5月7日，省经信委副巡视员刘辉，省经信委节能处沈勇、罗华锋一行3人到区常德云港生物科技有限公司开展清洁生产和资源综合利用工作专题调研，常德市经信委副主任王淑华、鼎城区工信局长马庆云陪同。调研组实地查看生产现场，了解公司的生产规模、原料工艺，听取公司负责人汇报生产厂区清洁生产情况，并详细介绍了风机电机系统变频节能改造、锅炉节煤改造、有机废水处理达标排放、生产熔媒新技术回收等节能降耗及资源综合利用工作的主要做法、成效及存在的困难和问题。刘辉充分肯定公司清洁生产和资源综合利用工作所取得的成绩，强调公司要严格按照清洁生产审核方案要求，采用先进工艺技术，加强生产现场管理，从源头削减污染，提高资源利用率。（梁志凌）

【鼎城首家企业成功挂牌“新三板”】 2016年8月4日，全国中小企业股份转让系统正式同意鼎城区精为天生态农业股份有限公司在股转系统挂牌(股票代码：838972)。精为天生态农业股份有限公司成为鼎城区首家在“新三板”挂牌的企业。（梁志凌）

【光伏发电项目签约落户鼎城区】 2016年10月13日，中广核新能源投资(深圳)有限公司、湖南湘安新能源科技有限公司2大光伏发电企业与区政府正式签约，标志着鼎城将实现光伏发电。该项目集中选址在鼎城区特养场土硝垸，其中中广核新能源投资(深圳)有限公司计划利用233.33公顷土硝湖水面，投资10亿元建设120MW渔光互补发电电站及配套设施；湖南湘安新能源科技有限公司计划利用200公顷土硝湖水面，投资8亿元建设100MW渔光互补发电电站及配套设施。两个项目预计2017年6月并网发电。（梁志凌）

鼎城区(特养场)渔光互补发电项目签约仪式

2016年鼎城区规模工业企业基本信息

表4

序号	企　业　名　称	法人代表	所　在　地
1	湖南特力液压有限公司	芦晓岚、刘松清	经济开发区灌溪片
2	中联重科常德汽车起重机分公司	苏　敏、熊文明	经济开发区灌溪片
3	中联重科建筑起重机械分公司	腾明友、陈　颖	经济开发区灌溪片
4	常德长岭烟机配件有限公司	袁付华	经济开发区灌溪片
5	常德佳鸿机械有限责任公司	铁美珍	经济开发区灌溪片
6	常德市迪格机械制造有限公司	张春华	经济开发区灌溪片
7	湖南武陵机械制造有限公司	陈颂东	经济开发区灌溪片
8	湖南天泽建材有限公司	黄政国、汪　珉	经济开发区灌溪片
9	湖南常德南方水泥有限公司	全必刚、李会宽	经济开发区灌溪片
10	常德市荣程机械有限公司	朱四文	经济开发区灌溪片
11	常德响箭机械制造有限公司	阎　军	经济开发区灌溪片
12	常德市格佳机械有限公司	毛国英	经济开发区灌溪片
13	常德市振东机械有限公司	江　帆	经济开发区灌溪片
14	常德市三金结构件制造有限公司	周　亮	经济开发区灌溪片
15	常德鹏达机械加工有限公司	彭世金	经济开发区灌溪片
16	常德市中凯机械工业有限公司	陈跃明	经济开发区灌溪片
17	常德市鼎城合力机械有限公司	唐丁尖	经济开发区灌溪片
18	常德科锐新材料科技有限公司	肖志才	经济开发区灌溪片
19	常德湘沅多田野汽车起重机维修有限公司	聂顺初、易建平	经济开发区灌溪片
20	常德市鼎城区奥兴机械有限公司	李必顺	经济开发区灌溪片
21	常德市鑫文天工贸有限责任公司	邓小兵	经济开发区灌溪片
22	常德市广汇气体有限公司	沈正湘	经济开发区灌溪片
23	常德市鼎城区正荣机械制造有限公司	代正荣	经济开发区灌溪片
24	常德立欣电子科技股份有限公司	邬书郎	经济开发区灌溪片
25	常德市鼎城区升湘机械有限责任公司	郑　斌	经济开发区灌溪片
26	常德芙蓉烟叶复烤有限责任公司	候　军	经济开发区灌溪片
27	湖南瑭桥科技发展有限公司	官昌友	经济开发区灌溪片
28	湖南和畅(常德)食品科技有限公司	唐明湘	经济开发区灌溪片
29	常德市鼎城金标粮油工业有限公司	彭长秀	经济开发区桥南片
30	常德市格莱水产食品有限公司	徐建明	经济开发区桥南片
31	常德天美乐冷冻食品有限公司	温慕水	经济开发区桥南片

续表4

序号	企业名称	法人代表	所在地
32	湖南宏旺石油有限公司	刘　震	经济开发区桥南片
33	常德市佳达电线电缆有限公司	林义祥、吕文奎	经济开发区桥南片
34	常德市联嘉机械有限公司	王建忠	经济开发区桥南片
35	常德市佳诚机械有限公司	罗　益	经济开发区桥南片
36	常德质中电通讯设备制造有限公司	王剑锋	经济开发区桥南片
37	常德南方混凝土有限公司	张正理、鄢跃飞	经济开发区桥南片
38	湖南省天和建材有限公司	胡仕刚、沈　辉	经济开发区桥南片
39	常德一开正泰成套电器有限公司	李忠数	经济开发区桥南片
40	湖南福祥天茶业有限公司	曾　义	经济开发区桥南片
41	常德云港生物科技有限公司	邓家国、戴主任	经济开发区桥南片
42	湖南省双豹粮食机械有限公司	蔡胜黎	经济开发区桥南片
43	湖南常德德山表业有限公司	陈　勇	经济开发区桥南片
44	常德市景云塑业有限公司	刘景云	经济开发区桥南片
45	常德湘大环保科技有限公司	徐联菊	经济开发区桥南片
46	常德市鼎城文福纸业有限公司	黄献文	经济开发区桥南片
47	常德市金佰特节能环保科技有限公司	赵克军	经济开发区桥南片
48	常德顶兴混凝土制品有限公司	胡长跃	经济开发区桥南片
49	常德市鼎城区万家炊工贸有限公司	刘兴成	经济开发区桥南片
50	湖南林宇科技发展有限公司	郑发元	经济开发区桥南片
51	常德飞象豆业有限公司	肖荃友	经济开发区桥南片
52	常德汇泉食品有限公司	何永德	经济开发区桥南片
53	常德同达机械制造有限公司	封洪流	经济开发区桥南片
54	常德顺心食品有限公司	白建政	经济开发区桥南片
55	常德市鼎城区新顺杰包装有限公司	周菊霞	经济开发区桥南片
56	常德八百里酒业有限公司	贺胜忠	经济开发区桥南片
57	常德中和峰海金属结构制造有限公司	王剑锋	经济开发区桥南片
58	常德市北方饲料有限公司	程祥福	经济开发区桥南片
59	常德金果园科技食品有限公司	罗方浩	经济开发区桥南片
60	湖南常德航力服饰有限公司	李　敏	经济开发区桥南片
61	常德金利源包装有限公司	任建平	经济开发区桥南片
62	常德宜利管道制造有限公司	杨朝晖	经济开发区桥南片
63	常德杰红织布厂	戴　觉	灌溪镇

续表 4

序号	企 业 名 称	法人代表	所 在 地
64	常德市鼎城区武陵水泥有限公司	杨启贵	灌溪镇
65	常德市湘陵米业有限公司	舒仁德	灌溪镇
66	常德富贵铸造有限公司	唐必来	灌溪镇
67	常德环宇纺织有限公司	梅仲国	斗姆湖街道
68	常德华粮粮油机械科技有限公司	黄双祥	斗姆湖街道
69	常德市金潮粮油有限公司	王建辉	斗姆湖街道
70	湖南善德堂中药饮片有限公司	熊中平	郭家铺街道
71	常德辰州锑品有限责任公司	彭德森、王跃华	郭家铺街道
72	常德市先玉网具有限责任公司	陈先玉	郭家铺街道
73	常德创兴混凝土有限公司	王焕青	郭家铺街道
74	常德市鼎城区自来水公司	李新国	玉霞街道
75	常德鹤王蚊香有限公司	伍可夫	玉霞街道
76	常德牛牛米业有限公司	姜大新	许家桥回维乡
77	湖南湘北水泥有限公司	赵金秋	蔡家岗镇
78	常德隆程建材科技有限公司	胡叔南	蔡家岗镇
79	常德华利烟机配件有限公司	宁艳华	石板滩镇
80	常德市鼎城永欣机械制造有限公司	刘孝华	石板滩镇
81	常德金煜机械有限公司	宁自珍	石板滩镇
82	常德鼎城荣泰机械制造有限公司	周小军	石板滩镇
83	常德市天磊建材有限公司	吴春林	蒿子港镇
84	常德润田机械制造有限公司	贺胜浩	蒿子港镇
85	湖南常德市鼎城常欣纺织有限公司	邬书郎	镇德桥镇
86	常德市鼎城年丰粮油饲料有限公司	胡春喜	双桥坪镇
87	常德天厦建材有限公司	姚　飞	双桥坪镇
88	精为天生态农业股份有限公司	肖群英	石公桥镇
89	常德市鼎城区裕佳食品有限公司	廖进夫	中河口镇
90	常德东鼎动力机械有限公司	高克松	河洑镇
91	常德市鼎城洞庭纸业有限公司	杨　勇	牛鼻滩镇
92	常德市鼎城区天野竹业有限公司	唐应龙	港二口镇
93	常德市鼎城区众鑫棉业有限公司	余　红	谢家铺镇
94	常德七一水泵制造有限公司	谢　芳	草坪镇
95	常德市敬佩粮油有限公司	丁时来	周家店镇
96	湖南省希母生物科技有限公司	邓　飞	周家店镇
97	常德市鼎城区花溪米业有限公司	刘建平	尧天坪镇

湖南常德高新技术产业园区

【概况】 湖南常德高新技术产业园区有工业企业153家，规模以上企业77家，年产值过亿元的22家。2016年，完成工业总产值194.8亿元，入库税收2.8亿元，其中规模工业总产值150亿元，入库税收2.2亿元，在全省134家重点产业园区综合指标排名中位列第15名，继续保持第一方阵。3月2日，成功获批科技部“科技服务业区域试点园区”。荣获2016年度“优化经济发展环境工作红旗单位”，招商引资工作、党风廉政建设、维护社会稳定工作、安全生产工作先进单位荣誉称号。

项目建设。2016年，完成25个招商引资项目，投资76.91亿元，亿元以上项目6个，其中10亿元以上项目2个。启动工业项目26个，其中和畅食品、盛祥混凝土、欣欣外墙、飞泓光电、铭饰家木制品等11个项目建成投产；中联起重机械产业基地、远大住工、常德水表、新湘达建材等9个项目在建；荣星家居、佳达电缆等6个项目启动前期工程。

常德高新区与民营企业远大住工签署项目合作协议

基础配套建设。以鼎力公司为平台，突破园区建设资金投入瓶颈，实现园区建设投入从政府主导向市场化运作转变。2016年，融资到位资金12亿元，完成基础设施投入10.2亿元。完成园区基础设施及管网专项规划，实现园区道路管网规划与市城区对接；完成调区扩区，核定规划面积由4.31平方千米，扩区至9.1平方千米；启动沅澧快速干线(鼎城段)、高新大道、渐安南路、五铁南路等11条主次干道建设，其中纬四路建成通车；沅澧快速干线完成所有桥涵构造物工程；五铁路南延、渐安路南延2条道路完成土石方工程，基本全线贯通；高新大道、飞龙西路等7条道路完成规划设计。

企业转型升级。新获批响箭科技、立欣电子、瑭桥科技3家高新技术企业，园区高新技术企业11家，高新技术产业产值80亿元；国家级和省级研发平台各1个；支持引导响箭、升湘、林宇等10家企业实现由配套型向自主研发型转变，形成一批具有自主知识产权的核心技术和产品，其中响箭应急排水抢修智能指挥系统有2项专利填补国内空白。

科技创新。申请专利123件，授权专利158件，其中发明专利55件。引导企业与北京航空航天大学宇航学院、广东工业大学、长沙工程机械研究院等多家高校院所建立产学研合作关系。5月与北京航空航天大学宇航学院在北京开展项目对接和合作研讨会，4家企业负责人与北航近20余名专家、学者围绕高新技术产业项目进行深入对接，就高压脉冲污水处理、自动导航等多个项目初步达成意向。

(罗　伟)

【创新创业园建设】 2016年1月15日，常德科技创新创业孵化产业园开园仪式暨首届创新创业论坛举行。常德科技创新创业孵化产业园是常德市重点打造的创新创业园区，总投资5.5亿元，孵化面积1.3万平方米，加速器及瞪羚企业面积21万平方米，重点推进电子信息及新能源、新材料等新兴产业的研发与孵化。创新研发综合服务区、企业孵化中试区、企业加速发展区和生活配套服务区4大功能区域全面配备，让入孵企业全心全意创新创业。7月21日，出台《常德高新区科技企业孵化器招商引资暂行办法》，免收入孵企业在孵期间办公用房租金，给予创新创业资金支持、税收优惠，设有1000万种子资金，为入孵企业进行投融资服务，至年末签约入孵企业26家，标准化厂房签约21家企业，租赁面积19.3万平方米，使用率85%。

(罗　伟)

常德市鼎力实业有限公司

【概况】 常德市鼎力实业有限公司2010年3月成立，系国有独资公司，注册资金1亿元。2015年5月升级为市级投融资平台，信用等级为AA。经营范围涉及融资、城建项目和城乡路网投资开发、棚户区改造、土地开发整理、工业及水务投资、国有资产经营等领域。下设5个子公司：常德市兴隆劳务有限公司、常德市鼎宏资产管理有限公司、湖南万胜建筑有限公司、常德市鼎城区海达港口物流有限公司、常德市科技企业孵化器有限公司。

企业融资。2016年，落实融资38.4亿元，其中企业专项债募集10.8亿元，公司债募集13亿元，政策性银行贷款14.6亿元。

项目建设。投资5.5亿元建设的标准化厂房一、二期建成并投入使用；在建项目有沅澧快速干线一号大道、鼎城高新区三纵六横道路基础设施建设、标准化厂房三期及蒿子港千吨级码头建设。

资本运作。投入4.1亿元成功收储中联东区位于灌溪镇宗地资产；投资126万元成功受让湖南万胜建设有限公司70%股权；投资1000万元入股精为天生态农业股份有限公司。 （张　燕）

【双创孵化专项债券发行】 2016年3月10日，常德市鼎力实业有限公司双创孵化专项债券在北京成功发行，证券简称16鼎力专项债，信用评级：AA+，主体评级：AA，评级机构：大公国际资信评估有限公司，证券代码1680073，发行总额10.8亿元，证券期限7年，票面年利率4.3%，计息方式为附息式固定利率，付息频率为12月/次，发行面值100元。 （张　燕）

鼎力公司董事长（中）、总经理（右）、融资部部长（左）在北京发行双创孵化专项债券

【成功受让湖南万胜建设有限公司70%股权】 为顺应发展混合所有制经济新形势，探索混合所有制改革新路子，增强该公司的偿债能力，经反复考察调研，2016年8月3日，鼎力公司成功受让湖南万胜建设有限公司70%股权，并举行股权转让签约仪式。湖南万胜建设有限公司成立于2013年11月22日，属有限责任公司，注册资本3000万元，拥有市政公用工程总承包3级、建筑工程施工总承包3级、环保工程专用承包3级、城市及道路照明工程专业承包3级、钢结构工程专用承包3级资质。 （张　燕）

受让湖南万胜建设有限公司股权签约仪式

电　力

【概况】 鼎城区供电公司1978年成立，在职职工168人，离退休人员143人，农电员366人。辖区内有7座110千伏变电站，10座35千伏变电站，10千伏~35千伏线路2890千米，城农网配电台区3359个。2016年，售电量7.551亿千瓦时，同比增长9.25%；电费回收54289万元，回收率100%；综合线损率9.78%，同比下降0.65%，超额完成“三年

降损”目标;反窃查违追补电费 78.45 万元。公司同业对标综合评价排名全省 B 段第 57 名。截至年末,公司创连续人身安全生产 10368 天、设备安全 8326 天的历史最长纪录。2016 年公司获省公司文化建设示范点、市公司班组建设竞赛优胜单位,灌溪供电所被评为全国“安康杯”竞赛优秀班组并创建 4 星级供电所。

电网建设。完成“十三五”配网规划滚动修编,城配网规划纳入江南城区总体规划,科学编制灌溪工业园区电力专项规划。全年完成主网建设投资 1420.42 万服务部、配电网建设投资 6319.61 万元、农配网维护投资 586 万元。增容改造 35 千伏许家桥变电站原址新建输变电工程、35 千伏白周线、白大线输电工程及 35 千伏大龙站变。配网改造美丽乡村、点村、扶贫村、中心村等 195 个村(含集抄村 125 个)。率先完成特高压酒湖线的拆迁工作,配合祁韶(酒湖)特高压项目直流线路全线架通。

优质服务。推行台区客户经理制,实现城乡客户服务全覆盖。创新 4S 服务(即卡片式管理、名片式推介、快捷式服务、阳光式操作),通过卡片式管理,为老弱病残孕特殊群体及微小企业提供特殊服务;通过服务承诺印制名片推介,送服务进千家万户、进厂矿企业;成产快装队提供一站式、一条龙服务,缩短散户和大客户装表接电时间,实现快捷式服务;在小区、乡镇张贴公布客户电费收缴及电费电价政策,实现阳光式操作。开展供电服务突出问题综合治理,推行“党员十项承诺”“专家咨询室”(老弱病残特殊通道)“优质服务黄牌警告”机制,开展进“千家万户”进“百家企业”及“电力开放日”等活动,提高服务管理水平。

电力宣传

安全生产。开展风险预警和隐患排查治理,发布和管控电网风险预警 28 次,整治各类隐患问题 139 项;开展安全生产稽查,稽查作业现场 265 个次,其中 1 个获省公司示范现场、3 个获市公司标准场、9 个合格现场,查处违章现场 62 个;投入资金 124 万元完成设备检修、技改任务 6 项。实现电网设备的安全运行,最大限度减少停电时间,保证“两节”“两会”“两考”以及重要时期供电需求。

内部管理。落实“八项规定”,建立规范“三公”经费长效机制。规范集体企业用工、薪酬管理,促进集体企业持续规范稳健发展。抓风险管控,健全内部控制体系,加强内控和协同监督,全年避免经济损失 548.37 万元。 (曾祥华)

电力抢修

商务·旅游

Business·Tourism

五溪湖风光

商务粮食

供销合作社

桥南市场

桥南商贸城

桥南副食城

市场服务中心

物流产业

旅　　游

花岩溪国家森林公园

湖南鼎城鸟儿洲国家湿地公园

鼎城年鉴（2016）

商务粮食

【概况】 鼎城区商务粮食局是由原鼎城区商务(招商)局和原鼎城区粮食局合并组建的正科级政府工作部门。该局内设股室9个:管理和指导区投资促进事务局、区商务综合行政执法支队、区市场服务中心、区粮校、区粮食行政执法大队、区粮油食品质量监督管理办公室、区鼎盛粮食发展(集团)有限公司(企业)、区现代服务业管理办公室。

2016年,全区实际利用外资约11387万美元,同比增长55.6%;内联引资约82.15亿元,占年度计划的120%,同比增长23.6%;境外投资500万美元,是年度目标任务140%;全年进出口总额约2600万美元,占全年计划100.6%,同比增长1.8%;社会消费品零售总额约172亿元,同比增长12.6%;现代服务业营业收入15.3亿元,同比增长16.4%。新增区级储备粮2000吨,粮食收购约18万吨。

年末,鼎城区商务粮食局获湖南省级商务综合行政执法先进单位、市场秩序工作先进单位;获常德市招商引资工作先进单位;获全区维护社会稳定工作红旗单位、安全生产工作先进单位、信访工作先进单位、招商引资工作先进单位、现代服务业发展红旗单位、政协工作先进单位。 (肖友华)

【招商引资】 完善考核机制,制定下发《2016年度全区招商引资任务和考核办法》。创新工作方式,印发《鼎城2016招商推介书》图册。实行招商引资“一二三四五”招商模式:“一把手工程”,成立上海、东莞2个招商联络处,集中招商3个月,组建4支招商小分队,“五大家”领导带头招商。参加德商恳谈会、“沪洽周”等招商推介活动。全年引进亿元以上项目22个,占年计划122%,同比增长31%。其中工业项目17个,包括投资16亿元的中联重科起重机机械产业基地建设项目、投资7亿元的远大住宅工业项目、投资1.03亿元的叼嘴巴槟榔项目、投资1.2亿元的常德市东佑鞋业制造项目等。外资项目1个,为投资1.5亿元的常德生态农业产业园建设项目。全年,新增备案外贸企业5家:常德林宇科技、常德百特机械、鼎盛粮食、科朗贸易、常德淘发源科技公司。破零企业1家:常德大湘制刷有限公司。倍增企业2家:常德捷昇打火机制造有限公司、常德大恒机械有限公司。引进启源和浩通外贸服务平台,其中启源外贸服务平台区灌溪高新园区设立了常驻工作站。云港生物的胆汁酸产品开辟了韩国市场,捷胜打火机销往拉美委内瑞拉、阿根廷等国。各种工业机械如塔吊、发动机钢盖、特种起重机、砻谷胶辊等产品保持稳定增长,化工产品、矿产品出口恢复较快,农产品、蔬菜进出口成为亮点。制定了筹建鼎城保税仓库的初步方案。 (肖友华)

【商贸工作】 组织“湘品入沪”“湘品出湘”等活动。2016年8月中国食品餐饮博览会,区精为天农业、八百里酒业、云港生物科技、敬佩粮油等12家企业参展,其中八百里酒业、精为天胚芽糙米现场与国外经销商签订了贸易合同。与统计局、与入统企业联系,掌握社零指标动态情况、督促报表填报工作。2016年新增限上企业8家,另有7家待批,全年社零总额172亿元,同比增长12.6%。服务业办历时3个月,走访规上企业36家、近规企业30家,对照入规标准,上报了21家企业,获批20家。直报系统开网,全年电话近1000次,上门督促30次。 (肖友华)

【粮食流通】 改造仓储设施。维修改造危仓老库18栋,民营企业托市收购点投入2000余万元新建仓容约3.5万吨,改善储备粮仓储设施条件,启动14个早籼稻收购点,启动11个中、晚稻收购点。强化储备粮管理。5月,开展为期1周的储备粮库安全检查,全面整改安全隐患;7月,检查粮食仓储安全防汛设备设施,消除储粮安全隐患。全年未发生1起粮食储存安全责任事故。运作新增区级储备粮

2000 吨,确保"数量真实、质量良好、储存安全",确保政府需要时"调的动、用得上"。推进粮食产业转型升级。鼎盛粮食发展集团有限公司参股"精为天",2016 年 7 月在新三板挂牌上市。牛牛米业、年丰粮油等民营企业发展壮大,鼎城金鹤农民水稻合作社等粮食产、购、销联合体渐成规模。已申报在斗姆湖镇、牛鼻滩镇建设智能化粮库,在线监控企业人、财、物和粮食购、销、存情况。构建"放心粮油"供应网络。以示范企业为依托,加强供应网络建设;以市场运作为手段,推广供应网络建设,引导企业发挥自身优势,建立连锁经营店、加盟经销店、委托经销店、电商经销店;加强全面跟踪监管,确保居民消费安全。（肖友华）

【商务粮食执法】 抓成品油监管。开展成品油资格的年检换证;整治加油站点 60 个;打击非法加油站点和流动加油车,开展专项行动 2 个月,取缔非法加油点 7 个、非法流动加油车 5 辆。抓粮食执法。集中一个月,清查全区 14 家粮食企业的储备粮,整改并提出建议;开展早中稻托市收购专项检查,各托市收购点按照要求设置了服务台、完善"五有一好"服务、悬挂人性化标语等;开展粮食流通统计专项检查,核销未年检的个体商户 20 家、保留因"稻强米弱"暂停经营粮食的企业 28 家、纳入在营企业 39 家进直报系统。（肖友华）

【富硒水稻种植与销售】 常德勇福农业发展有限公司,属非国有规模粮食加工经营企业,公司采取"公司 + 合作社 + 基地 + 农户 + 互联网"的经营模式,推广富硒水稻,公司由手工作坊式企业发展成为市级龙头企业,销售收入由 30 余万元增至 3000 余万元。常德勇福农业发展有限公司曾获"全国富硒产业开发十佳明星企业""全国富硒明星企业""湖南省放心粮油示范加工企业"等称号。公司开发的"勇福"牌富硒系列大米获"全国富硒农产品展示展销会金奖""中国中部(湖南)农业博览会金奖""常德市第九届农业博览会优质农产品金奖"公司注册的"勇福牌系列富硒大米"商标又被省著名商标审核委员会认定为湖南省著名商标。

2016 年,公司推广富硒水稻 190 公顷,并与农户或贫困户签订了收购合同。实施过程中,公司采取选择优良品种,实施稻鸭共生,推广无公害生产技术,采取统一种子、播期、密度、灌溉、肥料、富硒及统一技术培训、统一病虫害防治等措施。富硒水稻亩平产量 550 余千克,比大面积增产 100 至 150 千克,计增产 28.50 至 42.80 万千克.富硒稻谷通过检测,硒含量达到国家标准,农药残留无一超标。公司按每 50 千克同比高 20 元的价格收购富硒稻谷,促农民亩平增收 200 至 300 元,累计增收 57.00 至 85.50 万元。富硒水稻销往北京、上海、广州、深圳等地。公司投入 3.5 万元印制宣传画册近万份,免费发放给营销单位和消费者。投入 20 万元参加全国各地举办的农产品展示展销会 10 余次,8 个产品获展销会金奖,并签订了一批合作意向;在油菜花节期间,公司设置摆放,销售优质富硒系列大米产品;开辟网上销售平台,通过互联网促销。

（肖友华）

富硒系列大米产品

供销合作社

【概况】 2016 年,鼎城区供销合作社入选常德市茶叶协会第二届理事会副会长单位。

供销综合改革。年内鼎城区被确为全市供销系统综合改革惠农综合服务平台建设试点区。副市长朱晓平于 4 月和 6 月 2 次带领市供销社领导和相关部门负责人到鼎城就综合改革情况进行了现场调研。区供销合作社加大综合改革宣传力度,制定宣传方案，开辟宣传专栏、开办专题讲座、发布媒体报道、做好专题汇报。加快推进遗留问题的落实处理工作，针对4个改制企业（大龙站供销社、装饰公司、钱家坪供销社和桥南蔬菜批发市场）遗留问题，成立了由4名骨干任组长的处置工作领导小组，专人负责协调。桥南蔬菜批发市场的“两改”工作已经落实，临时市场建成营业，市场原场址的房屋已经拆迁，新市场已动工兴建。

业务工作。组建鼎城区黄花惠农综合服务社有限公司和鼎城区黄花农机专业合作社2家社有企业，另有1家农机专业合作社处于考察阶段。建立鼎城区农产品流通协会，协会会员86人，培育农产品营销大户百余人。组织相关企业参加了市茶叶协会组织的中国常德首届红茶文化节暨武陵红茶品牌推介会、市茶叶产业“五个一工程”建设经验交流会暨茶业协会年会、常德市蜂产业发展座谈会和市农产品流通协会换届筹备会。举办“新型农民”培训班2次，培训农民185人。

农村电商培训

项目申报。提高社有企业质量。组织单位骨干力量，排查社有企业， 2家经营理念陈旧，带动农民能力较弱，服务“三农”意识不强，加入社企动机不纯的企业，主动撤资，规避了投资风险。规范较成熟的社有企业行为，树立正确经营理念，建设其争取项目资金支持的条件，建立起争取项目资金的信心。2016年区供销社争取到中华供销总社的土地托管项目1个，另有处于申报中的项目1个。申报网络平台项目建设资金，获得市级投入25万元，改善机关办公电脑配备和网络通畅。

安全维稳。抓出租仓库、门面安全隐患的排查和整改，与仓库、门面承租户签订安全责任状。抓信访维稳各环节工作，排查处理重点信访对象、重点时期不稳定因素，把不稳定因素消除在萌芽状态，确保供销系统和谐稳定。全年，化解进京上访3批5人次。 （吴亿远）

【鼎城区供销合作社综合改革正式启动】 继2015年3月23日《中共中央国务院关于深化供销合作社综合改革的决定》（中发〔2015〕11号）出台后，《中共湖南省委湖南省人民政府关于深化供销合作社综合改革的实施意见》（湘发〔2016〕3号）、《中共常德市委常德市人民政府关于深化供销合作社综合改革的实施意见》（常发〔2016〕8号）分别于2016年4月5日、2016年11月1日出台，鼎城区委区政府于12月13日，成立由区委副书记王时雨任组长的鼎城区供销合作社综合改革领导小组，鼎城区供销合作社综合改革正式启动。

（吴亿远）

【天富农业被评为农业产业化龙头企业】 常德市天富生态农业发展有限公司位于中河口镇同德村，该企业注册资金1500万元，区供销社于2015年6月入股该企业，占股份35%，经过1年规范整治，该企业于2016年初被中华全国供销合作总社评为农业产业化龙头企业。 （吴亿远）

桥南市场

【概况】 桥南市场地处玉霞路、车站路、鼎城路交汇处，占地面积约6.67公顷，建筑面积11.6万平方米。2016年，共有经营门面4351个，拥有服装、鞋帽、百货、日化、文化用品、床上用品、小家电、电子通讯等十大强势专业，从业者3万余人，固定资产值10亿元以上，商品年成交额30亿元以上，辐射湘、鄂、川、黔、渝等90余个县市,是湘西北地区重要的物流、信息集散中心。

安全稳定。抓消防设施的安全检查、维护力度,及时更新配备消防器材。每日巡查,每月由分管领导负责带队检查,每个季度实施消防设施整体联动测试。检测市场灭火器4100余具,及时更新到期内容物。桥南市场每天早上6∶30开门、送电(冬季6∶50),此时,市场安全隐患突出(“12·21”火灾就是在该时间段发生的),管委会严格落实工作人员按时到岗查巡制。成立了由6名班子成员和监察部长组成的纪律督导组,每天1人,轮流督导干部职工的劳动纪律特别是早上交接班情况,实行日督查、周通报,对不按时到岗、不认真履职查巡市场的早班人员,予以周一通报和经济重罚;市场每天安排11人值夜班,负责防火、防盗、防破坏; 保卫部夜勤分上下2班,上半夜主要是防火,下半夜主要是防盗,每班各巡查4次以上,带班副部长督查4次以上,严肃处理脱岗人员。制定《扑救疏散预案》;接请消防部门专家主讲,为全体工作人员及业主代表授课,普及消防知识,学习《消防法》,组织员工及业主进行消防演练。

“12·21”警示日,副市长唐恒忠到桥南市场检查消防安全工作

经济发展。全年,国有资产占用费收入450万元,同比增长30万元。启动销售欠款清收工作,收取门面销售欠款70万元。物业管理费、边角余料租金收入840万元,与2015年基本持平。5月实行财税制度改革,物业公司所属行业服务纳入营改增的范涛,原桥南市场开发总公司销售门面的遗留问题(不动产发票换据问题)已妥善处理。全年区政府下达个改企任务90个,完成91个。

抓配套设施建设。以桥南工贸市场为主体,实施工贸市场的升级改造和扩容提质,形成大超市概念,鼓励电子商务、信息化管理,连锁经营等新型管理方式引入工贸市场,建立桥南电子商务平台,实行“厂家+店面+互联网+”经营模式,工贸市场从“小而全”向“大而专”市场转型。(胡立项)

【消防二期工程整改】 2016年3月18日,桥南市场启动消防二期工程整改。工程由鼎城区政府、桥南市场管委会共同出资,常德市建筑设计院有限公司设计,湖南力升消防有限公司施工,湖南德望项目管理有限公司监理。消防二期工程整改方案按照二级防火要求设计,整改火灾自动报警、自动灭火、消防电气、防排烟系统、安全疏散设施、防火分隔设施、消火栓系统、消防给水设施和消防通信系统等,整改面积11.6万平方米,总投资1400万元。

(胡立项)

【桥南商圈江南汇项目投资合同签订】 2016年3月9日,鼎城区人民政府与湖南金土地房地产置业有限公司正式签署“桥南商圈江南汇”项目投资合同。该项目总投资15.38亿元人民币,计划分2期完成。第一期改造原六医院地块,建设“桥南现代商贸物流信息中心”,总投资6.55亿元人民币,总建筑规模约12万平方米,规划设计结合用地特点及周边交通、商业现状,主要建设集电子商务、停车卸货、商业办公、布匹市场相关业态为一体的多功能商业中心;第二期轻纺城改造总投资8.83亿元人民币,总建筑规模约12.1万平方米,主要建设集商务、休闲、娱乐、购物、特色餐饮于一体的高端商业综合体,引进大润发、中影城、高档酒店、KTV娱乐等项目,建成江南城区新地标。年内环境评估已完成,项目用地调规已进入审批程序,可研报告基本完成。(胡立项)

桥南商贸城

【概况】 常德桥南商贸城总公司于1994年兴建，占地总面积16公顷，投资9800万元，总建筑面积20万平方米，地处金霞大道与玉霞大道交汇处，历经农贸批发市场、药材市场、水产市场、旧货批发等大型集贸市场，其中水产市场于2011年在政府主导下整体迁出。公司仅存中心场坪、临时农贸市场及道路占地。

常德桥南商贸城总公司农贸市场现有外围门面10间，主要经营水果、早点、副食加工。有水产门面3个、家禽门面6个、干货门面8个、卤制品门面3个、农副特产门面1个、肉食加工门面1个、肉摊位8个、蔬菜摊位8个。全年租金及管理费收入40余万元。12月20日，农贸市场启动经营户2017年经营合同续签工作，于2016年12月30日结束。签订水产经营户3户、肉食类8户、家禽类6户、蔬菜类6户、卤菜类3户、干货类5户、外围门面7户，共38户，剩余门面及摊位实行公开对外招租。

桥南商贸城总公司农贸市场

农贸市场建设工程评审结算。商贸城农贸市场建设经区财政投资评审中心初审和定审，送审金额为1465674.00元（其中合同金额982459.00元，合同外签证增加483215.00元），最综审定金额为1136160.42元（其中合同金额825517.00元，合同外签证增加310643.42元），审减金额为329513.58元，审减率为22.48%。

公司运转。2011年，水产市场整体迁出，总公司基本运转和人员基本待遇暂由区财政低线保障。总公司最大限度利用资源，开源节流，中心场坪收入和农贸市场收入及时上缴财政；缴清了干部职工2016年“五险一金”单位部分550310.26元。

创建工作。成立创建工作领导小组，建立长效管理机制，投入人力物力，实行分段、分区、分组责任制，定期开展自查自纠与评比，集中整治农贸市场占道经营、乱摆乱放和停车场车辆停放秩序，发动经营户参与，保持创建工作常态化；筹措资金，实施从金霞大道进入商贸城的通道、从中大门进入商贸城办公区域的道路、中心场坪、南大门场坪和北大门场坪碎石填铺平整。

稳定与消防工作。商贸城总公司包保桥南经营户涉诉对象20余名、涉军群体20余人、分流待岗人员80余人；负责摊位楼集资户未兑付群体的稳定；负责农贸市场、停车场、办公楼、职工宿舍楼的消防工作。公司成立了维稳消防工作领导小组，落实维稳消防工作责任制，明确各级工作职责，重点维稳对象采取“一包一”的稳控方式，分工协作，责任到人，强化纪律与责任追究，建立维稳工作台账。配备消防专职人员，构筑消防安全“防火墙”工程，不定期检查农贸市场、停车场、办公楼、职工宿舍楼等所辖区域消防栓、消防器材、消防通道，建立消防工作台账，完善消防隐患排查整治机制。在老办公楼瓷砖租赁户退租过程中，因租赁合同未到期，租赁者以时间未到期和货物损坏为由，向总公司提出近20万元的赔偿要求，最终总公司退还一年租金、赔偿货物损坏补偿和搬迁费1万元。全年没有发生一次越级上访事件、没有发生一起火灾事故。 （诸光辉）

桥南副食城

【概况】 桥南副食城地处桥南市场群，占地面积2公顷，建筑面积2万平方米，有门面300余间，是湘西北最大的副食品批发专业市场。经营副食、预包装食品、小百货、日化、办公用品等相关品牌1000余种,从业人员5000余人。市场经营户从简单的个人工商户升级为企业公司,有企业公司56家,含联网直报企业6家,个体户140余家。2016年新增个转企33户,成交额3亿元,上缴税收1200余万元。2016年,桥南副食城管委会获"内保先进单位"称号。全年主持召开会议10余次,发放文件、宣传资料1600余份,运用微信、短信、公告栏等多种宣传方式无缝覆盖宣传各种政策、法规。全年接待经营户来访34人次,无一起上访、群访事件发生。抓市场安全,建立责任追踪机制,签订责任状;一把手和分管领导负责抓落实,并带班不定期进行市场消防检查和消防演练;迎接上级领导消防督导与检查12次;建立消防管理台账,逐一排查问题隐患,逐一解决;全年无一场火灾和治安事件发生。

慈善事业。副食城管委会和副食城行业自律与关心下一代协会宣传引导副食城的企业家奉献爱心,回报社会。制作宣传盾牌,发放募捐倡议书,组织会员商户举行寒门学子募捐活动。2016年8月,举行了第四届寒门学子募捐活动。募捐资金3万余元,资助李欢、黄芳等23名寒门学子入大学深造。(娄　伟)

市场服务中心

【概况】 鼎城区市场服务中心是工商体制改革的产物,成立于2000年7月,差额拨款的正科级事业单位。负责管理桥南轻纺市场和朝阳路农贸市场。轻纺市场地处江南城区常德一桥旁,1997年修建,占地面积7463平方米,轻纺城内6691平方米,门面316间,商户63家。市场内主要经营各种布匹、窗帘及配饰、床上用品等。朝阳路农贸市场始建于1985年,2008年提质改造,2009年市场评估价值2700余万元。农贸市场占地面积8016平方米,建筑面积10860平方米。其中门面80间,小菜摊、猪肉摊、牛肉摊、鱼摊、南杂摊计66个;经营户100户,经营品种有肉食、水产、蔬菜、南杂、鸡鸭、海鲜、冷冻食品等。年销售额近亿元,商品销往广州、上海、湖北、贵州、四川、云南等地。

朝阳路农贸市场

财务管理。加强财务工作的指导和检查,强化收费监管,严肃财经纪律。加强经营租赁管理,强化合同、台账、发票、收费"四合一"管理措施。2016年被评为"票证管理"先进单位。

人事拓展。2016年2月,10名工作人员调转入区国土局征拆管理处;7月,连人带编划转入区食品监督管理局94人;调整到市工商局鼎城分局信息中心人员6名。借调到区其他单位工作人员15名。

消防安全。轻纺市场建设时间早,营运时间长,线路老化严重,是湖南省挂牌的重大消防隐患单位,区委区政府投入专项资金安装摄像头,两处大显示屏清晰显示轻纺市场各个角落;开展消防宣传,组织消防培训和演练,建立班子成员带头负责,管理人员轮流值班,保安24小时值班巡查的人防措施,排查和整治消防安全隐患,做到隐患及时排除,消防事故零发生。(林长芬)

市场长效管理。贯彻落实《常德市鼎城区农贸市场管理暂行办法》《常德市鼎城区农贸市场长效管理考核办法》,农贸市场创建城市"61条标准",市场服务中心分派22名工作人员,在朝阳、维畅、善卷、善池、佳泰、迎宾、常沅、桥头、蔬菜、商贸城、灌溪11家农贸市场实行长效常态化管理。

综治维稳。班子带头对接维稳包保对象,加强联系,搞好宣传引导,解决实际问题。2016年,未发生一起违规越级上访或恶性群访事件,被评为区"维护社会稳定工作"先进单位。

工会活动。开展全民义务植树活动,义务植树681株。根据2016年工作安排,选派7名运动员参加常德市市场服务行业联合会举办的第八届职工体育竞技活动"柳叶之秋"中长跑赛(10月27日至28日举行),唐令芳、鲍雪娟分别获"女子十公里"个人迷你马拉松赛第4、5名的成绩。 (林长芬)

【94名原市场服务中心人员划转区食品药品监督管理局】 根据区委2016年第七号常委会议纪要和区政府十六届三十二次常务会议精神,区食品药品监督管理局按照《选聘市场服务中心工作人员具体操作办法》,从区市场服务中心选聘了94名工作人员到区食品药品稽查大队,从7月起其人员经费按照全额标准由区财政予以保障。其人员的组织、编制人事关系由区食品药品监督管理局管理。 (林长芬)

物流产业

【概况】 鼎城区物流办发展领导小组办公室简称物流办,由原鼎城大桥南联托运有限公司精简、根据鼎城区人民政府2014年第17次常务会议纪要精神,于2014年9月正式成立的。其人员组成为桥南管委会7人,区交通运输局货运所全体13人。主要职责是:制定、修改、完善全区物流发展规划,对物流业进行行业管理及行政许可,打击非法、保护合法,调解物流纠纷、处理各类物流投诉及建议和意见。协调各职能部门对物流业的管理以及上级机关交给的各项工作任务。物流办管理的物流企业主要集中在桥南隆腾物流园、桥南市场周边、桥南市场和五运停车场的零担班车,物流企业计125家,零担班车90辆,辐射泸、江、浙、鄂、赣、渝、川、豫等省以及湖南省各市、县、区。2016年,协助、扶持开通1条至河北的省级线路。

消防安全。自天津"8·12"特大爆炸事故发生后,物流办就隆腾物流园安全隐患问题向区委、区政府、区交通局和桥南管委会汇报,区委区政府成立了鼎城区隆腾物流园安全隐患综合整治领导小组,成员单位有公安、安监、消防、工商、税务、交通、商务、郭家铺街道等。不定期开展消防、安全大检查,查出的隐患按职责,各单位限期整改到位。组织全体物流企业负责人进行了为期3天的安全教育和培训,组织消防演练和培训5次。

行业管理。区物流办依托鼎城区交通局货运所的交通行政执法职能,每年定期审验和行政许可桥南的各物流企业,2016年审验率和行政许可率99%。检查进入隆腾物流园的车辆和货物,禁止易燃、易爆、危险有毒化学物品入园,全年检查100余次,扣缴易燃、易爆、危险及有毒化学物品180余件。专项整治园区内的明火,私拉乱接,私改房屋结构和用途。查处车辆超限运输行为,根据交通部站所管理规定和交通部有关道路运输的法律法规精神,从严查处,超限车辆不准许出园,全年查车1000余次,强制卸货53次。查处无证经营的企业2处,并勒令停止经营。协助公安机关追回货物2次。 (陈 斌)

旅 游

【概况】 2016年,全区接待游客713.84万人次,同比增长20.61%,实现旅游综合收入41.55亿元,同比增长30.74%,实现"十三五"的良好开局。

项目建设。编制规划。编制《大唐花岩溪旅游总体规划》《十美堂镇旅游发展总体规划》和《周家店镇旅游发展总体规划》。引进项目。引进市文化旅游投资公司合作开发花岩溪旅游,拟投资30亿元;引进善卷古风公司,开发花岩溪镇善卷古祠,项目金额3000万元。推进建设。花岩溪投资1200万元,建成景区第一条沥青游道(中心区至麻家溪码头1.7千米),拓宽中心区至五溪湖码头3.2千米游道,建设麻家溪至仙池山1.2千米道路路基,景区整体循环线路基本形成;启动游客中心、旅游公厕建设,麻家溪码头建设的前期工作就绪。沅江风光带累计投资2.4亿元,于4月28日开园迎客;红烨旅游度假区、水木佳园度假村、花溪湾度假村、银杏山庄等项目累计投资9000余万元;吉祥寺项目投入7500万元,建成吉祥大殿建设和8米宽旅游道路3000米。

宣传促销。全年举办了十美堂油菜花节、周家店桃花赏花会、花岩溪镇紫云英风筝节暨常德乡村旅游年启动仪式、黄土店竹文化节、园艺场西瓜节、韩公渡荷花节6大节庆活动。聘请湖南福波斯文化、湖南灵智彩视策划有限公司、常德传之道文化等策划公司参与节庆设计策划,提高办节水平,引入河洲甲鱼、香港纳芙内衣、湘越农机、金丹酱板鸭等企业合作办节,提高节庆市场化水平。媒体宣传推介。全年编印《鼎城旅游》报4期8万份,召开新媒体推介会4次,组织旅行社和媒体节庆采风7次,在《常德日报》《常德晚报》开展集中宣传5次,与常德电视台、鼎城电视台合作,举办节庆促销3次。3月20日,中央电视台《新闻联播》栏目以“春分沐春风 欣欣向荣好景象”为题,报道十美堂镇油菜花节盛况;4月20日“环行洞庭——聚焦洞庭湖生态文化旅游”大型主题采访活动到鼎城,来自《人民日报》《新华社》、中央人民广播电台、湖南卫视等20余家中央、省级、市级媒体的60余名记者到花岩溪进行深入采访,4月25日,湖南经视《新闻观察》栏目制作的系列报道“环行洞庭”播出第四集——《花落游不落》,以发展的眼光解析鼎城区乡村旅游,探索乡村旅游新路。

行业管理。规范行业管理,提高旅游服务水平。彻底清查所属范围内的15家旅行社和门市部,完善备案登记手续,并录入监管平台。组织旅行社负责人参加全市旅游质监执法培训2次,开展集中整治活动1次。旅游安全。按照省市旅游部门的要求,对景区、乡村旅游区点开展集中旅游安全检查3次;在旅游节庆前,开展农家食品安全培训3次。行业培训。全年举办乡村旅游培训班5次,累计培训500余人次。组织参加全市导游和讲解员技能大赛,1人获得三等奖;开展旅游志愿者服务活动,在节庆活动期间开展旅游志愿者服务6次,受到游客的好评。

此外,加大品牌建设力度,启动了黄土店云峰山AAA景区创建,推荐石板滩水木佳园和红烨旅游度假区开展省级五星乡村旅游服务点,顺利通过省级评选。 (曾 令)

【中央电视台报道十美堂镇油菜花节】 3月12日上午,2016年湖南常德鼎城十美堂第三届油菜花节暨河洲美食节开幕,活动以“十美花海 浪漫河洲”为主题,举办河洲美食节、纳芙内衣秀、纳芙摄影展、河洲骑行赛等一系列活动。3月20日,中央电视台《新闻联播》栏目以“‘春分’沐春风 欣欣向荣好景象”为题,报道十美堂镇油菜花节盛况。

(曾 令)

【首届乡村文化旅游节暨金丹桃花赏花会】 2016年3月13日,周家店镇首届乡村文化旅游节暨金丹桃花赏花节开幕。活动以“天下桃花何处艳,醉美常德周家店”为主题,为各地游客提供了一场“赏千亩桃花、游乡村美景、看民俗节目、尝农家美食”的春季旅游盛宴。19日,区妇联、区广电台联合举办桃花之约——大型交友会,并邀请古筝演奏

周家店镇桃花

者胡溆夕现场演奏。20日，举办唱响桃花山——著名民谣歌手唐唯先生演唱会。21日，举办周家店籍知名岭南派画家、国家一级工艺美术设计师——丁为美八秩回乡画展，中国华夏万里行书画家协会副会长、天门书协主席郭爱林个人书画展，诗词、书画、摄影展览交流。通过乡村文化旅游节，弘扬民间文化、带动乡村旅游消费、搞活农产品流通，扩大周家店的知名度和美誉度。 （曾 令）

【紫云英风筝节暨常德乡村旅游年启动仪式】 2016年3月26日，常德乡村旅游年启动仪式暨鼎城区花岩溪镇紫云英风筝节浓情开启，市领导肖燕芳、朱传宏，鼎城区领导李芳、唐少华、熊辉、蒋利荣出席开幕仪式。开幕式上发布了常德市首个乡镇形象标识——花岩溪镇形象标识，该标识由花、岩、溪、白鹭四大元素构成，合在一起就是一幅山水画，象征着花岩溪镇山清水秀、鸟语花香，同时还举行了桃花源、花岩溪、乌云界旅游结盟仪式，3个乡镇镇长在旅游结盟书上盖上了象征意义的大印。湖南幼儿示范高等专科学校授予花岩溪写生创作基地牌匾。 （曾 令）

花岩溪镇紫云英

【第三届竹文化节】 2016年6月8日，鼎城区黄土店镇第三届竹文化节盛大开幕。第三届竹文化节以“游云峰竹海、探百年老寨”为主题，推出了竹林七仙、情定姻缘、竹林水仗、竹海太极、竹林逍遥、竹林露营、捉泥鳅、农特产及竹制品展销、黄土店正宗擂茶展示一条街等旅游产品，受到游客一致好评。 （曾 令）

【城址荷花节】 2016年7月8日，主题为“梦回两千年，荷处是故乡”的“中国·常德古索县城址荷花节”在鼎城区韩公渡镇城址村开幕。活动推出了荷田花海、一堂一屋三馆、一宫一城四亭、汉学堂、渔家民俗文化屋、索县城址文化陈列馆等景点。以荷花为媒，围绕古索县城址特色文化，实现农业产业和历史文化互动，促进农民增收，推动韩公渡镇的历史文化、旅游、美食、休闲、第三产业全面发展。 （曾 令）

韩公渡城址荷花节

【花岩溪国家森林公园开发战略合作框架协议签订】 2016年12月23日，鼎城区人民政府与常德市文化旅游投资开发集团有限公司签订花岩溪国家森林公园开发战略合作框架协议。常德市委副书记徐正宪，鼎城区委书记杨易，区委副书记、区人民政府区长朱金平，区领导杨君、韩才渊、林红华、杨凡，常德市文化旅游投资开发集团有限公司董事长刘腾波出席签约仪式。

区人民政府副区长杨凡主持签约仪式。根据协议，市文化旅游投资开发集团有限公司拟投资30亿元，打造花岩溪，创建国家生态旅游示范区、国家AAAAA级景区、国家级旅游度假区。 （曾 令）

花岩溪国家森林公园

【概况】 2016年花岩溪管理处围绕基础设施、景点建设加大投入，景区游道、农电网改、机关院落、校园建设全面提质升级，经济和社会各项事业稳步前进。

2016年，花岩溪管理处实现社会固定资产投入5000万元；落实世行和其他项目造林45.4公顷，争取世行贷款投入225万元，国内项目资金投

2016年鼎城区乡村旅游节庆情况

表5

序号	时间	举办地	节 庆 名 称	节 庆 主 题
1	3月12日	十美堂镇	十美堂第三届油菜花节暨河洲美食节	十美花海　浪漫河洲
2	3月13日	周家店镇	周家店镇首届乡村文化旅游节暨金丹桃花赏花节	天下桃花何处艳 醉美常德周家店
3	3月26日	花岩溪镇	2016常德乡村旅游年启动仪式暨鼎城区花岩溪镇紫云英风筝节	生态逆江　幸福花田
4	6月8日	黄土店镇	鼎城区黄土店镇第三届竹文化节	游云峰竹海　探百年老寨
5	7月8日	韩公渡镇	中国·常德古索县城址荷花节	梦回两千年　荷处是故乡
6	7月9日	园艺场	园艺场“常红果业”首届趣味西瓜游园节	疯狂的西瓜

鼎城区五星级乡村旅游服务点

表6

序号	单　位	主 要 服 务 项 目	地　　址
1	荷花山庄	餐饮住宿、垂钓、擂茶、篝火晚会、杀年猪、打糍粑	鼎城区石板滩镇荷花堰加油站旁
2	张家山庄	餐饮住宿、户外拓展、春秋游、夏令营、冬令营活动和亲子活动	常德市鼎城区周家店镇大砖桥村
3	龙弟源农庄	餐饮住宿	鼎城区蔡家岗镇长岭岗村
4	云华山庄	餐饮住宿	鼎城区黄土店镇云峰山村
5	白云山庄	餐饮住宿、垂钓	鼎城区牛鼻滩镇白洋湖村
6	吉祥山庄	餐饮住宿、擂茶38式、一宴九鼎	鼎城区花岩溪镇高峰村

入136万元；实现旅游入园59080人次，门票现金收入118.16万元，旅游综合产值4321万元，旅游3项指标较上年分别增长11.3%、13.8%、12%。景区居民（含村民、职工）人均纯收入11770元，增长10.1%。人口出生率9.21‰，符合政策生育率92.6%。

基础设施。全年投入各类建设资金3000余万元，加快景区基础设施、服务设施、村庄建设提质升级。建成花岩溪中心区至麻家溪码头1.7千米旅游公路；拓宽中心区至三样树码头道路3.2千米；龙凤湖、五溪湖客渡船及货运码头改造建设项目开工；启动林科站至栖凤山5.2千米农村公路拓宽工程，支持村组公路、林道、水利等建设。服务设施建设。改造仙池山龙凤湖游廊；机关二院、卫生院宿舍区公租房项目主体建筑已完工；游客接待服务中心及公厕建设项目开工；麻家溪游船码头及停车坪建设项目进入招标程序。村庄环境整治工程。建成中心区垃圾转运站一座，增设环保垃圾桶100余个，添置环卫车辆及清扫工具，组建环卫保洁员、卫生监督员两支固定的人员队伍，定期打捞和清扫湖面和死角垃圾，实行包干责任制，环境整治工作机制逐步完善。拆除中心区违建停车棚12间、临时建筑10余栋，维护村庄建设秩序。

民生保障。2月，管理处组织50人参加区人才交流中心举办的春季大型招聘会，城镇增加就业人数30人，增加农村劳动力转移就业50人，失业再就业10人，公益性岗位申报4人，建立e就业平台，完善录入系统。机关事业单位社保、工伤保险参保率100%。全年花岩溪城乡居民医保参保3626

人，参保缴费金额54.3万元，政府为90名残疾人购买居民医保参保费；城乡居民养老保险参保1519人。办理失业证12本。增加劳动保障协会会员14名。给268名职工办理医保社保。关注特困群体，给予60名特困城镇居民、175名特困农村居民最低生活保障；给予60名优抚对象抚恤补助，给予15名五保户基本生活保障；大病医疗救助21人次；22名80岁以上的老人享受老年高龄补贴，460名60岁以上的老年人参加老年意外伤害保险；给予18名残疾人重度残疾护理补贴，4名重度残疾人给予居家托养补贴；20名肢体残疾人给予机动车燃油补贴；给予14名残疾人困难残疾人生活补贴；给予126名农村计划生育对象奖励扶助。关爱老人儿童，管理处机关干职广泛开展结对帮扶活动，对留守儿童、失独家庭等特殊人群实行“一对一”结对帮扶，给予力所能及的帮助与关心。管理处发动全体机关干职对花岩溪重病、重灾的困难户发动捐助，捐款金额10余万元。投入20.9万元改造农村危房33户；投入142万元实施易地搬迁17户71人；金融扶贫18户，投入资金78万元用于发展生产；项目支持15万元改善交通条件；全处贫困户104户350人，已脱贫63户211人。

旅游宣传。与常德电视台合作举办“美丽花岩溪快乐女人节”活动。参加市旅游局组织的大型旅游推介活动，省内7个地州市巡回推介花岩溪的旅游资源。2次参加市政府热线12345在线访谈直播节目，向全市人民介绍花岩溪生态之美、饔饮文化、民俗风情以及花岩溪的旅游发展前景，并与热心听众进行互动。花岩溪景区和新桃花源漂流景区、城头山景区、枫林花海景区成功合作，签订旅游营销合作协议。9月，参加长白山国际森林旅游节，宣传推介花岩溪。10月，参加2016常德旅游节开幕式，在常德河街的民俗特产展示区展演花岩溪擂茶文化，德国汉诺威市市长及省、市领导现场品尝了擂茶。11月，参加市旅游局组织的“好客农家”“好吃湘菜”“好听山歌”评选活动，花岩溪榨笋、腊肉及“情醉花岩溪”歌曲受到各界人士的喜爱。11月，在市旅游集散地制作大型宣传栏及印制宣传资料宣传花岩溪。2016年，《人民日报》、新华社、《光明日报》《湖南日报》《三湘都市报》湖南卫视、《常德日报》《常德晚报》常德电视台、鼎城电视台、鼎级传媒等中央、省、市、区各级电视、网络媒体平面和《求是》《小康》《中国诗歌》《北部湾文学》《散文诗》《名家》等10多种刊物对花岩溪宣传报道130余次，其中“花岩溪就是陶渊明笔下的桃花源”1.4亿次专辑播放，《有空常来花岩溪》仅腾讯视频13.3万次播放，极大提升了花岩溪的知名度和美誉度。

资源保护。结合实施世行贷款造林项目，实施森林禁伐减伐三年行动，禁伐总面积3058.8公顷，其中国家级公益林2346.8公顷，省级公益林188公顷，保护区393公顷，景边、路边、水边131公顷，真正做到林业可持续发展；继续巩固两湖禁投成果，坚持定期巡湖监测水质，两湖水体污染问题得到遏止，水质明显好转；加强景区环境卫生整治和环卫工作人员的管理，在中心区及几条主干道上安装一批垃圾箱，配备垃圾专用板车，景区内垃圾运至德山垃圾焚烧发电厂，率先在全区实行城乡一体化处理。

（邓开应）

花岩溪国家森林公园各村基本情况

表7

序号	村名	人口(人)	面积(平方千米)	合并村	村情特色
1	花岩溪村	1078	17.90	花岩溪村(原)和仙池山村	美丽乡村创建示范村；全国青少年户外体育活动营地；省级自然保护区，有丰富的野生动植物资源
2	栖风山村	1656	11.90	三样树村和栖凤山村(原)	乡村旅游，2014年确定为省级重点扶贫村

湖南鼎城
鸟儿洲国家湿地公园

【概况】 湖南鼎城鸟儿洲国家湿地公园是经常德市人民政府批准成立的正科级全额拨款事业单位，2015年3月成立，核定编制12名。鸟儿洲湿地公园地处湖南省常德市鼎城区东北部，范围包括澧古洪道沙潮河、牛耳湖、水产养殖场、稻田和周边河堤。总面积1641.0公顷，其中湿地面积1634.5公顷，湿地率99.6%；交通运输用地1.0公顷，占0.07%；水利设施用地0.5公顷，占0.03%；其它用地5.0公顷，占0.3%，北纬29°6′39″～29°14′34″，经度111°59′5″～112°5′25″，南北长15.3千米，东西宽1118千米。

湿地公园牌坊

重点规划。2016年，湿地公园为实现2018年国家验收合格这个核心目标，筹措资金260万元聘请湖南省农林工业勘察设计研究总院撰写《湖南鼎城鸟儿洲国家湿地公园总体规划》《湖南鼎城区鸟儿洲的湿地公园建设详细规划》和野生植物的保护与监测设计，规划出鸟儿洲湿地公园红线图，耗资26万元制作界碑6块，界桩125块，各类标志牌22块以及两个大型宣传警示牌。

基础建设。公园管理处在危险地段利用打桩护堤700余米，耗资近60万元建立苗圃基地2公顷，培植樟树、垂柳、紫薇等苗木7000余株，与农户对接流转，旱地23.33公顷，流转鱼池13.33余公顷。近年来，各农户在上面耕种油菜、棉花、吊瓜等农作物，由于过度分散，经济效益甚微，加上其临近公园保育区沙潮河，堤岸水土流失与生产农药化肥污染严重，公园管理处通过实地考察与研究，决定纳入公园的建设规划，实施整体流转对其进行保护。

工作人员入户签订土地流转合同

湿地保护。“湿地保护日”宣传。2月2日在第20届“世界湿地日”，围绕“湿地——我们的未来”主题开展宣传活动，5月的第一周在鸟儿洲湿地公园广场开展“爱鸟周”活动，先后发放宣传单1500份，树立盾牌23块。11月17日，公园管理处、十美堂镇政府、同富村、紫流村组成联合执法征拆小组，通过上门走访、沟通，结合不同形式的宣传教育，对7处违章建筑进行拆除，还湿地公园生态原貌，为湿地公园的规划建设奠定良好的基础。

争项项目。2016年公园管理处，争取林业血防项目20余公顷，畜牧血防建设项目18.67公顷，获取农业部门新农村建设“一、二、三产业融合”项目的投入300万元。 （熊国祥）

【鸟儿洲国家湿地公园管理处成立】 2016年元月，根据《关于设立湖南鼎城鸟儿洲国家湿地公园管理处的批复》（常编办复〔2015〕53号）文件精神，经研究，同意设立湖南省鼎城鸟儿洲国家湿地公园管理处（简称鸟儿洲管理处），为区政府直属全额拨付事业单位，机构级别为正科级，核编职数12名，委托区林业局管理。

公园以沙潮河、牛耳湖湿地生态系统为中心，以保障越冬候鸟栖息地安全为重点，以澧水洞庭湖之间河湖水系廊道生态系统保护保育建设为核心，建设成集湿地保护保育，湿地功能和湿地处展示、湿地观光休闲、湿地科研、监测和宣教于一体的国家级湿地公园。 （熊国祥）

城市建设与管理

Urban Construction Administration

阳明湖项目启动工程开工仪式暨"阳明湖杯"获奖楹联颁奖仪式

住房和城乡建设

【概况】 2016年,区住建局围绕“抢抓新机遇,建设新江南”的工作思路和《鼎城区国民经济和社会发展第十三个五年规划纲要》决策部署,发展城市经济。年末,区住建局被评为管理考核优秀单位、全区城市建设管理先进单位、全区综治工作红旗单位、普法工作先进单位。

市政建设。全年,维修阳明大道、桥南商圈、江南小学等13个市政项目,维修道路(含人行道)580处约6000平方米、疏通排水设施850余处。

园林绿化建设。全年,投入3835万元(财政投资1933万元,社会投入1902万元),增加绿地面积6759平方米(公共绿地面积29561平方米,社会绿地面积38032平方米)。陈辉公园占地面积约2.93公顷、投资1470万元于12月上旬顺利开园;王家铺公园一期工程施工设计图和报建已完成。成立质量监督小组,全面提质升级绿化建设,全年共发现并处置养护问题600余起,改造劳动巷绿地1500平方米,金江南外侧绿地铺装行道板1000平方米,工业园路栽植麦冬1500平方米。在全市“一城四区”城市管理考核中取得5个第一、3个第二、2个第三。

管道燃气建设。住建局管理城区管道燃气用户1500户同时提出在全区乡镇逐步开通管道燃气。通过招商引资依法引进九申燃气、海维燃气两家天然气企业,两家公司分别建设西湖—十美堂—蒿子港—西洞庭段和西洞庭段—周家店—镇德桥—白鹤山2条主管线,并实现主管通气验收,建设里程40余千米,投资约3000余万元。

公租房建设。2016年,全区公租房新建269套、改建117套,涉及全区13个单位14个建设点。所有项目在6月前开工,年底项目竣工验收,实现分配入住。市场租赁补贴,申报1505户,按程序依次进行资料审核、入户调查、公示公告,补贴资金于6月、11月分两次打卡发放到户。廉租房租赁补贴,全年任务852户,所有保障对象年度审查工作和网上公示于10月底完结,并将补贴资金打卡发放到位。

孔家溶廉租房小区

农村危房改造。2016年,改造农村危房1753户(省市任务为250户),其中建档立卡危房户757户。住建局始终严把对象审批关,实施差异化补助、补助资金直接打卡发放到户、优先解决建档立卡贫困户、开展农村危房改造与传统村落保护相结合的办法。12月21日,省住建厅检查组到鼎城区实地查看农村危房改造现场,充分肯定鼎城区的一系列做法。

慰问农村危房改造贫困户

城市建设监察执法。全年共巡查在建工地38个130次,出动执法队员480人次,下发各类执法文书75份,做询问笔录58份,立案7起,结案7起,受理举报6起,移交违法案件2起,工地扬尘防治专项行动10起。

招投标监管。落实招投标公告备案、招标结果公示、合同备案、招标投标违法行为公告等制度。全年公开招标项目 43 个，中标额 47567.95 万元，应招标工程招标率 100%，应公开招标工程公开招标率 100%。

建筑工程质量监管。全年共受理工程质量监督项目 19 个，建筑面积 348725 平方米，总造价 38833 万元。工程竣工项目 7 个，建筑面积 108829 平方米，总造价 12618 万元，工程竣工验收合格率 100%，未发生任何质量安全事故。制定并下发《常德市鼎城区建筑施工安全生产"监管执法年"活动实施方案》60 份，每月开展建筑工地专项检查 3 次以上，共发现施工中安全隐患 22 处，下达整改通知 19 份，下发不良行为告知书 7 份，上报不良行为记录 3 起。扬尘治理。全年共出动 47 人次，约谈企业负责人 3 人，下发责令整改告知函 16 份，下发不良行为告知书 1 份。

区住建局党委书记、局长李南孝(右四)在施工现场指导安全生产

建筑行业监管。全年共发放建筑工程施工许可证 92 本。其中，房屋建筑工程发放施工许可证 81 本，市政工程发放施工许可证 11 本，施工总建筑面积 1654214 平方米，工程造价 282463 万元。协助区内 18 家建筑业企业新资质换证、新注册 1 家 3 级建筑施工企业和 2 家预拌商品混凝土企业，指导 4 家建筑企业专业承包资质升级。协助做好农民工工资清欠，分别向常德水产大市场、捌海常德公馆、宏泽佳园、浙风名邸等建筑工地为农民工讨回拖欠工资 220 余万元。开展建筑节能验收，共 9 处工地验收，总建筑面积 147197 平方米。

(周　磊)

【黑臭水体治理】 2016 年，经排查，江南城区黑臭水体共有 6 处，其中河流、沟渠 2 处，总长 5.3 千米；湖、塘 4 处，总面积 48.95 万平方米。区住建局以建设海绵城市为契机，全面了解黑臭水体的形成原因，有针对性地提出解决方案，确定整治任务、整改时间、相关责任单位和责任人，下发 5 份整改任务交办函，并同时协同环保部门加强执法监察。截至年底，燕子湖水面(陈辉公园)、枫丹丽舍池塘、国土局院内臭水塘的综合整治全面完成。红星渠、永兴河、阳明湖三大水系的黑臭水体治理已于年底启动。

(胡明锋)

【乡镇燃气管道开通】 为落实省委、省政府"气化湖南"和"两供两治"的战略目标，2016 年 6 月，由鼎城海维燃气有限公司投资 1500 万元的蒿子港—黑山嘴—西湖燃气管道全线贯通。8 月初点火试运行，至此全区首条乡镇燃气管道开通运行，沿线居民日常生活更加便捷。

(周　磊)

乡镇管道燃气开通仪式

房地产业

【概况】 2016 年，鼎城区房地产业加大商品房开发及监管力度、加快城市棚户区改造步伐、配合不动产登记调整平稳推进，各项工作位居全市前列。

商品房建设。2016年,固定资产投资25.7亿元,房地产新开工面积113.29万平方米,新供应商品房88.67万平方米。全年销售商品房55.2万平方米,销售金额23.6亿元(其中住宅销售4443套51.3万平方米),同比分别增长123%、145%,创历史新高。

物业管理和房产市场监管。推行物业企业月考评制度。制定《关于进一步加强物业管理工作的实施办法》,实行末位退出机制,加强小区日常管理、规范物业服务行为,提升江南城区物业服务水平。成立问题楼盘协调处理工作领导小组,建立房地产市场管理联席会议制度。把全区7个问题楼盘、8个有稳控风险的楼盘实行责任分工:每个问题楼盘明确一位区级领导、一个责任单位,并组建工作小组,制定一套具体可行的解决方案,及时处理业主投诉,协调业主与开发商、物业公司之间的矛盾,负责做好相关稳定工作,确保不发生群访事件,化解问题和矛盾。尤其在处理宏泽佳园问题楼盘的过程中,业主的权益得到较好的保障,被市房管局在全市范围内推介。

棚户区改造。2016年,争取上级专项资金7677万元,超额完成任务380%,完成情况全区排名第一。全区13个棚改项目2976户,开工率100%,年度考核推优全市排名第一。全年国有土地上征收房屋2188户,征收工作全市第一,征收办被评为全市征收工作红旗单位。2015年度结转项目临江棚改的征拆工作得到市委、市政府主要领导的高度肯定。

不动产统一登记调整。2016年,区编办下发常鼎编〔2016〕3号《关于整合鼎城区不动产登记职责有关事项的通知》,明确不动产统一登记后房管局的职能职责。调整后房管局剩下的人员实行全额预算保障体制,工资由财政打卡发放,公用经费和年度绩效奖励的拨付与非税收入完成情况挂钩。划转前的9个月时间,共完成房产各项登记6000宗180万平方米,且没有发生一例违规违法行为。

(熊先道)

城乡规划管理

【概况】 常德市规划局鼎城分局系常德市规划局派出的正科级事业单位机构,受常德市规划局委托,负责鼎城区辖区内城乡规划管理工作。分局有在编干部职工28人,内设办公室、法制办、规划管理一室、规划管理二室、高新区规划管理办、规划监察大队6个股室。

规划编制。2016年,继续开展城乡建设空间的规划研究,完善各项规划体系,提高控规覆盖率,先后完成阳明湖公园板块规划研究和城市设计、空港新城控制性详细规划。编制全区村镇体系规划和石公桥、周家店、花岩溪、十美堂4个镇总体规划修编。

规划管理。以"审批提速"为动力,按照"同步收件、同步审批、限时办结"的运作模式,采取"容缺受理、容缺审查、特事特办"等多项举措,实现审批效率高效化。全年共依法核发"一书三证"364份,其中选址意见书32份,用地规划许可证23份,建筑工程规划许可证275份,乡村建设规划许可证34份,按时办结率100%,行政审批提速55%,核发准确率100%。

执法监察。全面推行规划批后监管服务制度,即对批后的建设项目实行专人负责,从建设项目开工到竣工验收阶段,实行一个项目一个统一式样的档案,全面跟踪记录规划实施情况,做到材料齐全、准确、一致。全年执法监察覆盖面100%,依法查处违法违规建设项目12起,查处率100%,结案率95.8%。

(邱宪宏 张丽娟 郑华 祝智 陶军)

城市管理和行政执法

【概况】 鼎城区城市管理行政执法局2008年3月成立,负责鼎城区城市规划区内开展相对集中行政处罚权工作。2015年9月,按照机构改革的要求,更名为鼎城区城市管理和行政执法局,统筹全区城市管理工作。2016年,在“一城四区”城市管理考核排名中,鼎城区取得3个第一,3个第二的好成绩,总成绩排名全市第一,被评为“2016年度城市管理最佳城区”;控违拆违工作在全市季度考核中排名第二。

城市管理。完善《江南城区城市管理考核评比暂行办法》,15个社区全部纳入城市管理考核体系,把城市管理考核工作纳入长效化和常态化。建立玉霞、红云和郭家铺3个街道城管中队,充实基层力量,发挥基层城管作用,加强街道、社区的指导、配合和协调。每个月的前3周暗检街道、社区和职能部门的工作,检查中发现的问题及时交办到相关责任单位,并督导其整改落实。第4周重点督导明检问题的整改落实和其他交(督)办问题的验收过关,迎接全市的检查。每月召开一次城市管理考评工作例会,通报上月考评结果,点评全区城市管理工作中好的典型和存在的问题,落实重点问题的整改,安排和部署下月的工作重点,并指导和考核集镇美化工作。

市容秩序管理。全年共开展集中整治行动48次,下达限期整改通知书295份,规劝出店占道经营3050处,取缔清理游商小贩1310人次,清理乱堆码265处,规范人行道非机动车辆乱停乱放3452次,整治占道修车洗车397次,立案处罚102宗。

市容整治

渣土管理。渣土运输实行严管重罚。全年共组织整治行动12次,对建筑工地、渣土运输公司、建设方共下达限期整改通知书102份,查扣违规渣土车辆75台次,立案处罚16宗。

控违拆违。全年城市规划区共发生违法建设案件50起,违建面积12369平方米,其中拆除26起,8740平方米、存量违建1360平方米。至年末,已办证6起,面积1159平方米;部门协调解决10起,面积1120平方米;建设正负零控制8起,面积1350平方米。加大重灾区农区的违法建设整治力度。3月29日,灌溪镇兴发垸村19栋占用农村耕地进行宅基地建设的建筑依法进行强制拆,拆除违建设面积5337平方米。控违拆违工作在全市季度考核总成绩排名第一,持续保持江南主城区违建乱搭零增长。

拆除违法建筑

户外广告管理。规范广告管理,完善行政许可审批制度,实行“两集中三到位”,加速审批流程,加大户外广告的整治。全年共处理终端案件2000余例,制止无行政许可审批手续行为180起,拆除破损、残旧广告招牌380起,拆除擅自设置条幅广告和墙体喷绘广告4760余平方米,督促施工围挡作业130处。

数字城管。根据《常德市智慧城管系统考核评分细则》,进一步修订终端考评标准,完善考核体系。管理和培训座席员和采集员,提高信息采集质量和信息处置效能,进一步提高案件处置率。完善智慧城管监督指挥中心系统平台建设,全方位监控城市区域内的情况，为城市管理工作提供数据、信息，全年共上报案件60151宗，立案53988宗，处置53929宗，结案53183宗，案件结案率99.92%。

城市管理宣传。制作城管工作宣传片，利用执法宣传车、广告牌、宣传栏、电子屏、传单等开展城市管理工作宣传。加强与政府网站、《常德日报》《常德晚报》、鼎城电视台、手机报、《法制周报》等媒体的沟通和联系，宣传鼎城城市管理的经验、成效。全年在市、区两级媒体上刊登信息稿件70余篇，《常德日报》头版头条刊登《鼎城“一改四化”提升居民幸福感》《常德晚报》大篇幅刊登《江南城区城市管理“三化”打开新格局》，全面展示江南城区城市管理工作取得的成绩。推出“鼎城城管”微信公众号，扩大社会影响力，为城市管理工作营造良好舆论氛围，相关精彩信息被市城管局多次采用转载。通过预防、提前介入等有效措施，化解和疏导各种矛盾，全年无一例赴省、市上访和集访行为。全年受理各类信访共489件，其中城管投诉热线受理286件，网站举报92件，群众来访案件18件，转办区政府投诉电话93件，办结率100%。圆满完成文明城市迎检、精准扶贫、新农村建设、美丽乡村环境整治、征地拆迁、临江棚改、过江隧道等各项工作。

队伍建设和管理。完善规章制度。修订《重大权利（事项）监督与制约办法》，完善《区城管局绩效考核督查办法》《财务管理办法》，以制度管人管事成为新常态。集中学习培训。全年开展集中学习12次，法律基础知识培训28课时，协管和转业士官岗前培训12课时。建立廉政约谈室。教育和管理重点岗位的廉政风险，整治违纪违规现象。局督察室每月编发通报考核情况，全年查处违纪违规153人次，因违反工作纪律辞退1人。

建议、提案办理。全年共承办人大建议、政协提案5件，见面率、受理率和群众满意率100%。区城管局起草小产权房开发的违法建筑分类处置的调研报告《关于消除江南城区小产权房烂尾楼存在严重安全隐患的建议》，被列为区人大第37号重点建议，并提请区人大常委会讨论解决。

（胡嫣　张炎）

【桥南商圈美化提质工程】 为打造现代商业文化气息的商圈新景观，提升江南城区的品质和品位，2015年9月，启动桥南商圈美化提质工程，主体工程要求在6个月内完成。工程主要对商圈周边门店进行立面重塑、统一门店招牌和户外广告、更换旧式门窗、调整空调位置、增设风雨骑廊和新型景观灯、打造标志性建筑。该工程时间紧、任务重，城管局组织精干力量，全面督导工程质量和进度，化解处理矛盾纠纷800余起，在2016年3月，投资近1个亿的桥南商圈美化提质工程全面竣工。

（胡嫣　张炎）

【街道城管中队成立】 2016年3月，成立玉霞、红云和郭家铺3个街道城管中队。各街道办事处城管中队属区城管局的派出机构，城管局统一管理人、财、物，对其考核、业务指导、执法监管和检查等；街道办事处负责调度和管理日常工作，监管队伍建设。街道城管中队的成立，有利于调动街道办事处、社区居委会共同参与城市管理工作的积极性，教育、劝导居民遵守城市管理。（胡嫣　张炎）

【桃源县城管局一行到鼎城区交流学习】 2016年5月12日，桃源县城管局局长姚方平一行8人到鼎城区交流控违拆违工作。区政府办副主任彭龙，区城管局党组书记、局长王磊，区城管局规划执法大队相关骨干成员参加座谈。会上，王磊详细介绍鼎城控违拆违工作，成绩取得主要得益于区委、区政府高度重视，财政保障到位、体制机制到位、考核巡查到位、纪委追责到位，队伍建设、制度落实到位。

双方就控违拆违的工作模式、管理模式、队伍建设、人员管理及工作中存在的问题等进行交流。会后，考察组还实地考察江南城区的主次干道和

重点部位。（胡嫣　张炎）

桃源县城管局到鼎城交流学习

城市环境卫生

【概况】 2016年，城区清扫保洁面积271万平方米，比上年增长8万平方米。公厕19座（原为20座，棚户区改造拆迁1座），全部为水冲式公厕。垃圾中转站12座，日平均生活垃圾清运量180吨。城区各主次干道共设置分类式垃圾果皮箱1300余个，社区放置240升塑料垃圾桶1200余个。全年共完成有偿服务收费380万元，其中居民卫生费44万元，门面卫生费33万元，车辆卫生费35万元，市场、单位卫生费100万元，渣土卫生费120万元，其他卫生费48万元，为环卫工作提供经费保障。2016年被评为区"创建先进单位"，顺利通过全国卫生城市和全国文明城市复评。

清扫保洁。城区清扫保洁以大湖路为界，分2片区域，分别由广东家宝园林绿化有限公司（东片区）和深圳剑峰清洁服务有限公司（西片区）负责。2家公司有清扫人员500余人，清扫车辆4台，冲洒水车辆4台，电动垃圾收集车60多辆，主要负责城区各主次干道及社区街巷的清扫保洁、道路及人行道板的洒水、冲洗作业。清扫保洁全天候覆盖。人工清扫从早上5时至晚上11时，机械化作业从晚上11时至凌晨5时，24小时清扫保洁不断档。严格督导考核。区环卫处成立2个考核中队和1个夜间中队，督导考核2家公司的环境卫生作业，各中队建立考核台账，每月进行1次统计与总结。同时将考核结果与市、区两级每月考评成绩挂钩，根据考核结果拨付承包经费，有效促进2家公司的良性竞争，更好地改善城区环境卫生状况。利用智慧城管系统和微信平台督促公司的作业情况，通过网络反馈工作中存在的问题，全年通过网络处理智慧城管环卫案件6000余件，处理网上和电话投诉38次，处理人大代表、政协委员提案建议1份，回复率、处理率100%。

洒水车进行道路冲洒水作业

渣土管理。全年印刷宣传资料近3000份，张贴在城区各建筑工地、社区居委会前，宣传市容环境卫生管理和常德市城区建筑垃圾管理办法及规费征收标准。规范工地施工现场管理，与城区各施工单位签订环境卫生责任书，要求工地开工前先办证后施工，施工现场必须围挡封闭作业，工地进出口道路必须硬化并修建洗车平台，严禁车辆带泥上路。规范渣土运输车辆管理，渣土运输车全部使用新型环保运输车，运输过程封闭，车辆清洗干净，运输无抛洒、无滴露现象，同时加大对专业运输公司的考核与管理，实行连续考核末位淘汰制，规范城区渣土运输市场。与城管局联合办公，加大管理力度和建筑垃圾清理力度，办理18个在建工地许可证，收取污染保洁费20万元、渣土处置费10万元，批评教育违规工地和非法运输车辆500

余次。2016年，配合治超办、城管局执法大队处理违规运输车辆130余台次，清理乱扔乱倒建筑垃圾及城区积存建筑垃圾共500余吨，保证城区环境卫生的整洁。

垃圾清运。2016年1月1日，实施城区生活垃圾清运市场化运作。3月，同深圳龙吉顺实业发展有限公司签订城区生活垃圾清运合同，合同规定垃圾清运单价为1.41元/公里·吨，运输距离约为31千米。2016年，公司共清运生活垃圾6.57万吨，清运费用230万元。

镇村同治。全区镇村同治清扫保洁面积共60万平方米，大型洒水车1台，聘用清扫人员63名，主要负责灌溪镇区、临镇两村及石板滩镇毛栗岗居委会的清扫保洁和洒水作业。在实现镇村同治区域清扫保洁工作常态化的同时加强安全教育，掌握清扫人员思想动态，保证镇村同治区域清扫队伍稳定。全年安全事故发生率为零。

扶贫工作。2016年，环卫处共向点村谢家铺镇楠竹山村给予扶贫资金10余万元，结对帮扶2户贫困户，入住对象家里，开展访贫问苦、慰问解困，通过资金扶持、介绍务工等方式帮助解决一些实际困难，使其如期脱贫。年末，区环卫处慰问匡家桥村24户贫困户和五保户，并为村里购置3个多功能垃圾桶，1个分类式果皮箱，1台电动垃圾收集车，1辆人力垃圾收集车，改善点村环境卫生状况。

主任周和生慰问谢家铺镇楠竹山村结对帮扶对象

【斗姆湖街道清扫保洁纳入城区一体化管理】 根据区政府统一部署，2016年7月5日，斗姆湖街道清扫保洁服务项目通过政府采购招标，正式纳入城区一体化管理范畴进行市场化运营。中标公司为深圳剑峰清洁服务有限公司，清扫面积132244平方米，中标总价735300元。根据约定，清扫保洁作业从7月15日起正式交接，标志着鼎城区城区3个街道办事处清扫保洁作业全部纳入城区一体化管理范畴。 （刘　军　李备军）

朗州城市建设投资开发有限公司

【概况】 鼎城区朗州城市建设投资开发有限公司2005年成立，是区委、区政府为适应新的发展形势、加快推进鼎城城市建设和经济发展而组建的经济实体。公司内设综合办公室、项目管理部、财务审计部和投融资管理部，下设朗泰住房建设开发公司、江南新城建设投资开发公司、朗峰经营管理有限公司、朗宇建设开发有限公司四家全资子公司以及与民企合作控股的朗鑫实业有限公司，主营江南城区保障性住房、城市基础设施建设、高端医养以及城市市政经营。公司现有总资产37.2亿元，其中负债总额17.8亿元，所有者权益总额19.4亿元，信用等级为AA。

融资筹资。全年融资23.45亿元。其中，银行贷款11.3亿元，企业债券12亿元，争取中央预算投资1500万元。此外，江南新城公司成功升级市级平台，公司债券顺利上报，公司融资渠道进一步拓宽，融资能力进一步增强，融资成本进一步降低。

项目建设。全年，启动18个项目，其中，市政道路13条、房建项目4个及沅江风光带提质项目。沅江风光带已投资2.4亿元，4月28日正式开园，成为常德市又一张闪亮的名片。 （邹　师）

城市供水

【概况】 2016年，鼎城区自来水公司全年供水917

万吨，增加用户8420户。实施供水管网安装、改造工程等41项，全年管网水质合格率98.5%，管网抢修及时率100%。各类供水设施、设备运行良好，无一安全生产事故发生，实现江南城区5万余用户全天候安全、正常供水。

优质服务。全年，公司提倡“水保姆”的服务理念，推行“一站式”服务模式，简化工作流程，最大限度地为广大用户提供方便。全年短信服务5万余条，开通微信缴费平台，为江南城区残疾人办理优惠立户157户，低保户用水优惠676户，让更多居民享受用水优惠政策。梳理长期欠费用户，建立客户信息动态管理机制。加强水表在线运行管理，扩大智能水表的投入使用。“一站式”服务中心服务热线“7389110”全天24小时服务，全年受理各类服务3214次，加大了对江南城区“智慧城市”的管理。（李国琪）

鼎城九申管道燃气有限公司

【概况】 常德市鼎城九申管道燃气有限公司有6个特许经营区域，4座加气站（王家铺加气站、桃源宝源加气站、瑞兴加气站、恒源加气站），总投资约4亿元。2016年，公司供气范围东至滨江路，西至斗姆湖机场，南至三滴水，北至沅江，增加主管网约65千米，增加燃气用户约4500户，增加调压设备约180台。公司分别于6月份和7月份启动灌溪工业园和桥南工业园煤改气工程供气。完成白鹤山与龙港路加气站前期筹备工作。申鑫公司为煤改气工程管道建设长度约2100米。

锅炉建设。2016年主要是针对桥南工业园区，共有7家企业安装了8台锅炉。（谢明烨）

2016年桥南工业园锅炉安装情况

表8

序号	单　　位	锅炉厂家	吨位	台数
1	云港生物科技有限公司	斯大	4	2
2	金果园科技食品有限公司	斯大	4	1
3	汇泉饮料食品厂	金沅	2	1
4	顺心饮料食品厂	斯大	1	1
5	天美乐冷冻食品有限公司	斯大	2	1
6	源宏食品有限公司	金沅	3	1
7	金利源包装有限公司	福士德	1	1

桥南工业园云港生物锅炉房

交通·邮政·通信

Traffic & Postal services & Communication

常南汽车总站外观

交通运输管理

公路管理

邮　　政

中国电信股份有限公司常德鼎城区局

中国移动通信鼎城区分公司

中国联通鼎城分公司

鼎城年鉴（2016）

交通运输管理

【概况】 县乡公路管理。公路管养方面,2016年,投入道路养护资金1170万元,按照《鼎城区农村公路养护资金管理办法》,规范使用各项资金。开展路域环境整治,如“道路清洁治理”“公路治超治理”“道路环境美化治理”等。全年查处路政案件70件,其中损坏公路设施4件,结案66件,结案率94%。清理占用公路及留地36处,建成超限治理点2个。开展安全、法制宣传活动12次,参加宣传人员98人次,接受群众咨询5500余人次,发放宣传资料12000份,悬挂横(条)幅38幅,张贴标语500条、警示语880条,座谈56次。清理整治脏乱差、车辆乱停乱放、占道堆放物品、广告标牌随意摆放等行为,联合交警、运管、城管等部门人员开展专项治超工作,使农村公路行驶质量指数及路域环境得以提升。全年农村公路提质改造98千米, 建设断头路41.5千米。争取区财政全额投资,重点解决了牛鼻滩镇、十美堂镇、尧天坪镇等乡镇断头路11千米。危桥改造方面,2016年全区危桥改造10座,其中花叶港桥、一港南桥提前实施。截至12月,献忠桥、长征桥、邓家湾桥、英湖桥、一港七组桥、将军桥、汤家咀桥、双剅桥项目均已完工,累计投资774万元。安保工程方面,全年投入资金1608万元,实施县道095等27条96.207千米农村公路安保工程建设。主要建设内容包括安装钢护栏、标志牌、标线、示警桩、道口标柱、附着式轮廓标等。截至12月,已全部完工。农村公路提质工程建设98千米,截至12月完工,累计投资2445.65万元。交通重点工程建设方面,沅澧快速干线1号大道鼎城段工程建设总投资约8.5亿元,已完成水稳层建设,路面沥青摊铺完成总量70%,省、市领导多次调研该项工作。4号大道、5号大道、6号大道前期工程启动。双蔡干线公路、蒿子港千吨级码头开工建设,陬鄂线、谢杨线、双桥坪至津市岳山、刘家桥至镇德桥等干线公路启动前期工作。

春运启动仪式

交通运政。春运工作。2016年春运,全区投入客车637台次,客船49艘,发送旅客83.9万人次,累计发送班次45570次,发放包车客运包车牌120块,春运高峰期,日发送旅客2.1万人次,道路客运明显减少,主要原因是群众选择出行方式多样化,私家车、高铁、民航出行人数呈现明显上升趋势。水上客运呈现明显下降趋势,隧道建设较大影响了码头客运;出站车辆安检率100%,无一辆超载和人货混装车辆出站,无一起交通事故发生。道路运输专项治理。根据江南城区交通秩序及市容环境卫生综合整治工作的统一部署,区交通局每季度开展城区客运市场打非治违行动,组织交通、公路、公安、交警、城管等部门联合执法,共计查扣非法营运商务车、两轮摩托、电动车860台次,查处违规客货运车辆450台次、教练车5台、不按规定规范作业的修理厂3家。重点整治隆腾物流园等重点运输企业。安全生产管理。联合安监、交警、交通3个部门,检查车辆安全性能、安全器材,检查率100%。查处隐患10起,整改合格率100%。开展道路货运源头治理超限超载工作。整治处理擅自改变车辆外廓尺寸、加高栏板、加厚钢板、加轴以及擅自改变装载质量等重要技术参数的营运货车82辆。开展交通运输安全隐患大排查、大整治、大管控行动和道路运输应急安全演练;道路、水上交通运输未出现1例安全责任事故,水上交通实现连续33年无安全事故;把握建设工程质量关,开展工地安全、质量安全大整治,全区在建交通工程没有出现1例安全事故，工程质量合格率100%。“最美交通行业”创建。开展“六大专项整治”“六大建设”“六大典型”培树活动，解决当前运输市场管理混乱、交通安全矛盾突出、城乡客运服务水平不优、机关办事效率不高、交通行政执法队伍形象不佳、干部职工精神不振和为民服务意识不强等突出问题，打造人民满意窗口，最美基层站所、最美客运班线、最美交通工程，提升交通运输行业整体形象。工班养护工刘玉田被评为最美养护工，获鼎城区“十佳善德”公民提名。

江南城区交通秩序专项整治动员大会

路政管理。抓公路超限运输的现场、源头管理和路产路权的维护，建立、完善各项管理职责与规章制度，制定《重、特大事故，冰冻雨雪天气应急预案》及相关工作的应急与处置方案。治理超限超载。在农村公路重点路口、桥梁、险段设置限载标志5块，警示标志35块，印发宣传册3000本。全年投入执法力量700余人次，投入执法车辆1540余台次，治超检测车辆6500余台次，查处超限超载车辆1500台次，卸载货物800余吨，劝返车辆700台次，配合交警割高栏板37台次，全年路政执法零投诉，零复议。规范赔、补偿类标准，统一执法文书、格式，与案卷归档管理，实现一案一档的电子化、规范化管理。维护路产路权。为镇德桥镇、石公桥镇北极村、石公桥镇马鞍山村、特养场、韩公渡镇及周家店镇瓦屋垱村等地段与范围内因自来水工程挖掘的公路路肩埋设水管；监管刘钟线九申燃气天然气主管铺设、穿越等工程，签订安全协议和缴纳工程质量保证金，监管白沙线1.5千米，陬鄂线1千米的农业综合开发工程；清障和维护白沙线、康兰线，在迎接省公路治超暗访检查中获市领导与有关部门的好评。（丁敬刚）

工程质量监管。抓农村公路建设现场监督检查，检查9座桥梁项目工程的质量安全30次、人员80余人次。实施安全管理安全责任制度，实行人员点对点项目监督管理。把存在的安全隐患扼杀在苗头中，抓关键工序和重点部位的安全监督检查和人员安全意识的培训教育，全年无1起责任事故发生。为民办实事计划项目乡村道98千米提质改造工程实行点对点人员蹲守，严把项目安全关、质量关、施工过程监督关和工程交竣工验收关。

港政航政、水上安全管理。全区有25处渡口55艘客渡船，省际营运船舶25艘，年审办证率100%，落实旧船拆解及更新改造、客渡船油补和保险工作，客渡船燃油补贴准确率100%，配合开展挖砂船清理整治，促进水运市场健康、有序发展。常德港蒿子港港区千吨级码头一期工程建设，于2016年12月动工兴建。完善水上安全监管的措施，建立健全安全管理责任制和安全管理网络，抓全区各渡口码头的安全检查，开展水上交通安全专项整治活动，取缔非法的渡口和无证的渡船，杜绝安全隐患，乡镇渡口渡船办证率首次实现100%，水上交通安全无事故。全年水路规费征收30万元，占年计划的100%，无任何形式的水上“三乱”行为。

人大建议、政协提案办理。2016年，收到区政府批办的人大代表建议和政协委员提案43件，明确每一件建议、提案的责任，落实具体经办人员，在办理议案过程中做到“坚持一个原则、履行两次审核、做好三方把关”，确保见面率100%、满意率100%、回复率100%、解决率80%以上，全部建议提案于8月办结。（张力　陈波　丁敬刚　蒋治　李明晖　唐红霞）

公路管理

【概况】 鼎城区公路管理局位于湖南省常德市鼎城区武陵镇龙阳路126号。有干部职工270人(其中离、退休人员164人),局机关设办公室、政工股、养护股、工程股、机务股、财务股、路政大队、工会8个股室;下辖雷公庙、石板滩、陡山、黄土店、沧山、仓武、蒋家山、斗姆湖、丁家港、周家店、王家桥、大龙站、黄珠、牛鼻滩、甘长、花莲冲、钱家坪、谢家铺、逆江坪、双桥坪、肖伍铺、蒿子港、洞庭、韩公渡、飞机场、港二口26个道班,代管临岗超限治理卸货场。鼎城区公路管理局主要负责管理和养护2条国道(G207线64.14千米、G319线34.2千米)计98.34千米; 2条省道(S205线11.67千米、S306线26.09千米)计37.76千米; 13条县道(X027、X028、X038、X042、X044、X049、X050、X051、X052、X053、X054、X060、X069)计176.8千米;总里程312.89千米。管理公路按公路技术等级分:二级公路109.96千米、三级公路29.87千米、四级公路140.21千米;按公路路面类型分:水泥路298.36千米,沥青混凝土14.53千米。管理、养护公路桥梁42座,计1065.04延米(按桥梁类型分:大型桥梁2座124米,中型桥梁10座436.74米、小型桥梁30座504.3米。按线路分:国道10座,省道4座,县道28座)。

养护管理。加大日常巡查力度,从最基本、最细微处着手,抓清扫路面、雨天排水、路肩回填等工作,控制路面病害的产生;抓雨季公路巡查,及时抢通水毁路段,重点监测国道319路段、省道306线路段、县道049线、县道044线、县道053全线,发现险情及时报告、及时处置,确保雨季公路安全通行。投资250万元用于由省、市公路局批复的国道207、县道028线生命安全防护工程项目。全年,清灌缝62千米,局部破损板修复3000平方米,断角处治1000平方米,裂缝处治1600米,装运废土、垃圾3740立方米,铲挖路肩7130平方米,清挖边沟86000米,铲挖砂石、反坡2180平方米,培填路肩1560平方米,路基回填120立方米,实施桥梁经常性检查、定期检查和特殊检查,清理堆积物720余处,清除非公路标牌67个,恢复桥梁限速标志牌9块。

工程建设。投入180.7万元,用于县道028线新东线双桥坪至大龙站(K40+00–K41+000和K43+715–K43+900)大修工程,路面宽度5米,共1.19千米,年末通车运行。筹集资金拆除重建王家桥、唐家铺道班房,整修蒋家山、黄橘洲、蒿子港、钱家坪道班房。

路政管理。加强路政宣传力度,在国道319线沿线集镇悬挂横幅,散发张贴宣传单300余份,刷写2处墙体标语,重点宣传以爱护桥梁、保障安全等为主要内容的公路法律法规。“安全宣传月”期间,在沅江风光带搭建宣传台发放《行政许可服务指南》《公路路政宣传手册》资料500余份。

全年,开展路域环境整治行动2次,出动人员110余人次,车辆20余台次,拆除非公路标志牌20余块,制止违法建筑1处、清除路障200余处,取缔占道经营30余处,拆除乱搭乱建厂棚20余间,办理行政审批案件10件,收取公路赔补偿费13余万元。

6月6日,局路政大队在省道306线王家桥战斗桥至西洋陂路段开展“集中整治公路用地范围内摆摊设点”行动

超限治理。优化领导小组方面,成立以乡镇场街道为成员单位的公路治超工作领导小组,成立

督导组2个,实施分片督导,实行一周一结账。明确乡镇场街道相关主体责任,层层签订责任状;区境内国省干道每2千米设置1块固定宣传牌,计设置45块;每个乡镇场街道悬挂横幅5条以上,固定宣传牌2块以上;区广电台、政府网站设立治超专栏,创建鼎城区治超微信公众平台,集中宣传报道治超政策与动态。联合执法方面,成立由4名交警、4名公安、10名协警、路政执法人员计66人参加的联合执法大队,实行常态化治超管理。由区交警1名副大队长牵头,抽调4个交警中队干警,成立冲关闯关事后打击专案组,排查所有冲关闯关车辆,比对,锁定相关证据。全年,实行事后打击行动4期,降驾处罚7起。重点监管"五场"、涉超源头企业,由所属乡镇政府安排监管员,建立进出场车辆台账,确保超限车辆不出厂;路面流动治超稽查组24小时不间断管控"五场"、涉超企业厂区周边路段,检测车辆2056台,卸载货物850吨;安装电子监控系统,实行计重远程监控;由乡镇负责,摸清全区在册运输车辆底子,建立非法改拼装车辆档案,乡镇监管员会同交警中队上门调查取证非法改拼装车辆,争取车主主动"割厢板";由区交警、交通、工商等部门组成"割厢板"专项行动小组,依法暂扣路面查处的非法改拼装车辆相关证件,限期"割厢板"。全年,临岗超限站检测车辆122545台,处罚车辆395台、卸载货物3382吨,7台超限货车因逆向行驶纳入交警违法处理系统,临岗超限站超限率控制在0%以下。

(徐　捷　洪济民　熊永利　徐卉军　张力倍)

5月31日,治超督查小组拉网式稽查非法改拼装车辆(摄影:张力倍)

邮　政

【概况】 中国邮政集团公司湖南省鼎城区分公司设3个部室:综合办公室、经营财务部、网运安保部,6个生产单位:代理金融中心、代理保险中心、渠道平台中心、发投中心、信函中心、快包分局,20个农村支局所:城区中心支局、许家桥支局、谢家铺支局、黄土店支局、韩公渡支局、斗姆湖所、蔡家岗所、蒿子港所、港二口所、桥南所、牛鼻滩所、西洞庭所、石门桥所、大龙站所、石公桥所、东北湾所、周家店所、浦沅所、中河口、贺家山。另有代办点16个。分公司职工总数338人,其中在职职工152人(内部退养职工4人,分流人员5人),劳务派遣工67人,离退休干部职工119人。2016年,分公司负责的邮路总长度3321千米(单程),城市投递段道18条,农村投递邮路81条,有邮政报箱2组,邮政信箱信筒72个,信报箱格口1000个;直接投递的妥投点8500个。拥有邮政车辆7台,邮运投递汽车1台,行政用车1台,其他生产用车5台。拥有ATM自动柜员机31台(其中,存取款一体机29台),邮资机1台。计算机总数126台,其中内部生产用微机44台,营业窗口微机74台,综合管理微机8台。

2016年,邮政业务收入计划数5403万元,实际收入5679.28万元,占计划109.09%。较上年同期增长11.56%。收入资金到位率100%。邮储余额25.96亿元,净增4.12亿元;储蓄收入3996.05万元,占计划109.87%。 (丁凌　李纯)

邮政储蓄服务大厅

中国电信股份有限公司常德鼎城区局

【概况】 2016年，中国电信股份有限公司常德鼎城区局落实国家“宽带中国”战略，科学编制建设发展总体规划，实施城市光纤到户、农村光纤进村到户工作。全年，工程项目立项277个，投资总额1486余万元，新建移动基站121个，新建农村区域LET800M4G基站98个，年末共有基站402个；新建光网小区25个，新开通光纤行政村205个，覆盖率97%；移动用户7.3万户，宽带用户6.0万户。

2016年，开展包村蹲点扶贫工作，支持双桥坪镇兴国寺村扶贫资金25000元，结对帮扶6户贫困户。建立健全客户服务检查督导制度，落实营业服务规范，在营业厅显著位置设置了服务意见箱和便民服务站点；组织开展营业厅内部服务竞赛评比和营业窗口服务人员的服务技能培训活动；加强营业厅现场管理，优化服务环境。拓宽社会渠道网点建设覆盖，增强渠道网点服务环境及服务能力。举办营业员、渠道经理及装维人员技能培训和比武大赛，组织全体渠道经理开展了“流程穿越”培训、装维人员开展了光纤热熔技能及ITV业务演示比武大赛。 （雷 斌）

鼎城兴业公司装修技能 ITV演示大比武

助推全区政企单位信息化建设和应用。2016年，中国电信股份有限公司常德鼎城区局加大全区政企部门信息化建设和应用力度，签约信息化防汛抗旱指挥调度系统建设、任子行网络科技股份有限公司物联网卡合作项目、鼎城区政府网格化管理合作项目、鼎城区教育城域网项目、鼎城区法院审务通和公安局警务通等，服务和提升政企单位的信息化应用水平和办公效能。

鼎城区信息化防汛抗旱指挥调度系统建设签约仪式

【鼎城区局获评“中国电信湖南公司战略单元”及“天翼先锋双提升”奖】 鼎城区局党总支落实党风廉政建设责任制，发挥党组织战斗堡垒作用，开展党员创先争优活动，提高服务质量和企业竞争力，在企业改革、业务发展、文明单位创建等方面取得成绩。2016年7月，鼎城电信局党总支被湖南省电信公司和常德市电信分公司评为2015至2016年度“先进基层党组织”，获评湖南省电信公司强县工程之“中国电信湖南公司战略单元”及“天翼先锋双提升”奖。 （雷 斌）

奖牌

中国移动通信鼎城区分公司

【概况】 2016年，中国移动通信鼎城区分公司通信服务收入2.4亿元，期末4G客户数19.7万户、通话客户份额66.99%。全年新建开通4G基站153个。

革新机制。合并成立城区网格营销中心。从2

月份开始，合并原来的政企客中心和城区营业部，设立3个区域班组，每个班组设组长1名，区域经理2至3名，综合管理区域内的所有集团单位和代理商。设立宽带运营中心。成立单独的宽带运营中心，专项组织城区网点、SA的管理和支撑工作，不定期派专人到乡镇营业部一对一集中培训指导。综合考虑地理位置、区域优势、人力资源等因素，原有9个乡镇营业部合并为4个。

发展4G网络。非4G目标客户通过短信群发、电话外呼、进厅转化、上门营销等方式开展精准营销，开展换卡、换机、换套餐一条龙服务。抓终端定货，制定个性化订货激励政策，鼓励网点多定多销；组建“4G终端营销小分队”，提升集团单位及成员4G终端覆盖率。推广4G流量套餐包，落实套餐迁转和升档工作。客户更换4G卡和终端时，现场教玩热门应用软件，并关注后续持续激活，提升4G流量。

业务发展。制定首席客户单位拜访制度，结合优惠政策，签订综合行业解决方案。开展“金税通”行业应用；组织开展移动惠学送卡、校园营销等活动，极力提升校园三方市场占有率；启动“大干60天，增收160万”以及“精三扫”营销专项行动。召开满意度调查工作专题会，分析短板，发力解决突出焦点问题；进厅常客关怀，扩大宣传，树立正面形象；上门驻店指导，凡营业厅短信测评不理想的网点，由客服人员进行业务辅导。重视家宽业务发展，抓宣传补强，实施员工体验，乡镇网点与SA队伍深度合作，精准营销“和家庭”融合套餐，开展第四季度全员、渠道和SA家宽业务发展竞赛，联合中国邮政集团公司湖南省鼎城区分公司开展兄弟杯宽带短期发展竞赛。深化转型，推动渠道建设与管理，充实营业厅手机终端销售柜台，为客户提供一站式购物与服务体验，推进营业厅由销售厅向销售体验厅转型。

3月5日，在鼎城区南城阳光家园开展“学雷锋”社会公益活动

“5·17”电信日促销活动

中国联通鼎城分公司

【概况】 中国联通鼎城分公司辖综合电信服务代理营业厅138家，自有营业厅5家。正式员工17人，派遣员工6人，物理基站369座，传输线路860千米，宽带单口23998口。出账用户14万户，其中移网用户13.5万户，宽带用户5318户。全年营业开账收入7800万元，新增用户2.5万户，环比2015年收入增长15%。

网络建设。投入网络建设资金近3000万元，用于辖区内4G网络升级，鼎城区在全市范围内率先完成100兆移动互联网升级使用。申请专项资金800余万元用于支持配合江南城区过江隧道项目。年末，鼎城区所有重点乡镇和骨干交通网FDD_LTE4G网络100%覆盖，大型乡镇的光纤到户工程竣工，城镇90%区域完成了光进铜退提速项目。

便民服务。2016年，投入资金1120万元用于辖区内4G专营店和乡镇村组网点建设，服务网点延伸到乡镇及村组，为满足客户个性化和差异化服务需求，提升网上营业厅受理速度和语音10010客户专席拨通率，客户通过网络和拨打免费电话即可实现业务受理。在各项通信保障任务中，圆满完成通信保障任务。（周宜静）

教育·科技

Education & Science and Technology

第二届体育运动会开幕式现场

概　　述

鼎城区第一中学

湖南应用技术学院

常德财经中等专业学校

科　　技

防震减灾

鼎城年鉴(2016)

概　　述

【概况】 2016年,鼎城区有各级各类学校203所,其中教师进修学校1所,普通高中6所,义务教育阶段学校98所，幼儿园98所。在校学生66148人，其中幼儿园17500人、小学28919人、初中11214人、普高8515人。有在职教职工6041人,其中专任教师4927人。教育投入不断加大,新建城区学校,解决学生入学难的问题。投入近3700万元置换学校大部分债务。补充教师队伍,创历史新高。创建乡镇教育基金,发展乡村教育事业,鼎城教育基金会获“全省教育基金会先进集体”。区政协开展“扶贫攻坚,金秋助学”活动,募集资金100万元,资助100名贫困学生。城区开通10路公交环线,方便学生上下学。2016年,区教育局教育攻坚工作和重点民生工程被评为“全市先进单位”,计划生育综合治理、社会管理综合治理、脱贫攻坚工作被评为全区先进。

区政协“脱贫攻坚·金秋助学”活动捐助仪式现场

质量建设。区一中改革。区教育局组成调研组进驻区一中,召开校班子成员、二层骨干、普通教师座谈会,摸清情况,提出改革方案,聘请临澧一中原校长杨建宇担任教育顾问，主持区一中日常工作。普通高中与名校联合办学。2016年,长沙市一中在教育、教学管理指导、教育教学资源共享、教师跟班学习培训等多个领域全方位支援鼎城区普通高中。强化教学管理。召开全区初中小学教学工作专题会议,下发《初中毕业学业考试结果使用进行调整的通知》,以等级呈现的科目调整为以分数呈现。开展全区4大赛事交流活动。组织全区首届班主任技能大赛,评选出单项奖24人,全能一等奖4人,200余名班主任现场观摩学习；开展全区中小学名优教师课堂教学展示交流，上示范课35堂，专题讲座24次,600余名教师参加观摩学习;组织全区中小学课堂教学大比武,102名教师进入决赛，评选出17个一等奖、38个二等奖,《常德晚报》、尚一网等多家媒体跟踪报道,在武陵小学、善卷中学、花船庙小学、区一中分别开展教学周展评活动；参加全市幼儿园艺术领域教育教学活动研讨,鼎城3人获得市级一等奖,推荐的自制玩教具《创意水管》获市级一等奖。2016年“一师一优课”评选,鼎城区有13堂市优、9堂省优、4堂部优,实现历史性跨越。淮阳中学、朗州高级中学被评为省级骨干民办学校。

鼎城区首届中小学班主任技能大赛

素质教育。2016年,学校社团建设和“一校一品牌,一生双爱好”活动全面铺开,组织全区中小学生田径运动会、排球赛、足球赛、乒乓球赛。承办全市中学生田径运动会,竞赛成绩获全市第3名。培育区九中、善卷中学、淮阳中学、武陵小学4所足球特色学校。2016年全市首届青少年校园足球赛中,区九中荣获高中组冠军,该校有高三15名足球队员全部考上大学，足球专业成为该校高考升学新的增长点;淮阳中学、善卷中学分获初中组第2名、第4名;淮阳小学、武陵小学分获小学组第4名、第7名。组织学生参加全市书法绘画摄影作品大赛,多篇作品获全市一等奖,区教育局获优秀组织奖。第37届全省青少年科技创新大赛中，鼎城区取得1金2银1铜，其中黑山嘴中学学生杨祉茜的作品代表全省参加全国青少年科技创新大赛获银奖。

教育三年攻坚。城区学校扩容。兴建江南小学2016年秋季投入使用。学校总投资1亿元，占地3.74公顷，建校舍19744平方米，设置48个教学班，增加小学学位2160个；斗姆湖中学顺利搬入新校区；占地3公顷、规划48个教学班、投入1.3亿元的永安小学已完成土地清表、工程设计等前期工作；2016年10月区长办公会决定，投入资金3000万元，回购征收常沅小学对面1.28公顷、严家岗小学东侧0.12公顷土地，新建教学楼，增加小学学位1200个。农村学校提质。蔡家岗中学迁建工程稳步推进；完成16所农村寄宿制学校"三有"(有1人1铺睡觉、有热水洗澡、有餐桌椅吃饭)配套，提质改造6所农村薄弱学校，教育4个省市为民办实事项目获市优。教育信息化提速。投入1200余万元，建成教育城域网、中心机房、录播教室和313套"班班通"，全区所有学校全面实现"宽带网络校校通"，所有师生网上平台实名注册，100%教师建有个人空间，实现"网络空间学习人人通"。落实普惠性幼儿园建设工程。实现"一乡镇一公办园、一社区一普惠园"全覆盖建设目标。湖南教育、湖南红网、《常德日报》、常德市教育三年攻坚专网、常德民生报等宣传平台先后报道鼎城区教育三年攻坚动态和成果。

队伍建设。干部培养。暑期组织50名中小学校长到北师大封闭培训1周，集中接受管理业务教育，拓宽校长队伍建设渠道；调整乡镇学校班子，让一批教学扎实、工作突出、师生认可的教师进入校级班子，为学校管理队伍注入新鲜血液。结构优化。加大教师补充力度，改善教师年龄和学科结构，全年补充教师140人，并在全市率先推行按性别比例公开招聘和定向培养教师，2016年公开招聘男教师26名，培养免费师范生47名，其中单列了8个小学男教师计划。教师培训。邀请著名教育专家李镇西授课；邀请省市专家为全体高中教师进行业务培训；邀请省督导专家，为全区中小学校长、骨干教师、学科带头人进行业务辅导，全年共培训教师3300多人次。实施名师培养工程。全年共评选或推荐区级学科带头人49人、片级37人、市级骨干教师53人、市级学科带头人12人、省特级教师5人。王仕平老师获全市蒯伯赞教育突出贡献奖。区实验幼儿园副园长闵捷获全省首届"幼儿园园长专业能力大赛"一等奖。（樊洲　杨妮）

【鼎城区被评为"教育强区"】 2016年5月，在全省第三轮县级人民政府教育工作督导评估中，鼎城区政府教育工作和区党政主职教育工作实绩两项均获省优。4项评估指标中的综合指标评估、学前教育评估、高中教育评估，单项得分都在95分以上，进入全省优秀行列，鼎城区被省委、省政府确认为教育强区。（樊洲　杨妮）

【农村薄弱学校改造获全省绩效考核一等奖】 2016年，全区农村学校累计投入资金7337万元，涉及建设项目44个，完成16所寄宿制学校的"三有"配套、6所薄弱学校的提质改造、1所点校的创合工作和313套"班班通"设备的采购安装。全区农村义务教育薄弱学校改造获全省绩效考核一等奖，教育攻坚工作和重点民生工程被评为全市先进单位，受到《湖南教育》采访推介。（樊洲　杨妮）

【普职分流工作获全市第一】 2016年，落实省教育厅6:4的普职招生计划，成立6个招生工作组，到6所高中学校督导招生工作，坚持不破计划、不降标准的招生底线，核计划、核分数、核录取通知书。全区初中毕业生在职业院校报名就读42%以上，获全市第一。（樊洲　杨妮）

鼎城区第一中学

【概况】 鼎城一中创建于1922年，有近百年办学历史。学校占地面积12万余平方米，校园绿化面积6万多平方米。学校有教师330人，其中特级教师3人，市、区骨干教师及学科带头人53人，有10余人次被评为国家、省级优秀教师和省级劳模。2016年，学校有56个教学班级、学生2913人。学校先后被授予省级现代教育技术实验学校、省体育传统项目学校、省绿色学校、省安全文明学校、省园林式单位、省文明单位、常德市名优学校。2016年学校被评为全国青少年毒品预防教育“6·27”工程先进学校。

教学研究。全年教师发表或获得各级奖励论文130余篇。语文组课题《高中写作评改模式的探究与创新研究》2016年1月结题；数学省级课题顺利进入研究阶段；成美园、葛妍2位老师的课在“一师一优课，一课一名师”的赛课活动中被推荐为国家级优课；地理教师林艳峰、物理教师杨海、心理教师向姣参加省级相关学科教学竞赛中均获得省级二等奖，生物教师黎芳获省级三等奖；胡科、伍湘婧、邓旭立在市级赛课中获一等奖，文健老师获二等奖；粟志芳、李全兵老师在2016年全省第二届高中数学教师解题大赛中均获全省一等奖；第37届湖南省青少年科技创新大赛优秀创新项目评比中，黄梅老师指导的陈子涵学生获省级二等奖，涂建峰、梁佩之指导的1410班科技实践活动小组获省级三等奖；第十五届常德市科技创新大赛中，周子春、王建国等老师辅导的学生作品有5项获得市级奖励。

教师培训。2016年，学校组织匡美娥、李海军、邵译萱3位教师参加国家级的“名师工作坊”培训；组织尹华华、粟志芳、卢伟、张春秀、邓婷、周晖、葛妍等8名教师参加省级的培训；田芳等多名教师参加市级骨干教师短期培训；肖铮、龙辉辉参加暑期中美英语培训班；组织86名教师参加“十三五”远程培训并结业；有121位教师参加新一轮的信息技术提升工程培训并考试合格；暑期学校派178名中青年教师参加区教育局组织的业务培训；学校参与教育部开展的“一课一名师”活动，200余名教师注册并参加培训。

德育活动。组织高三成人礼及高考誓师大会、学雷锋月活动和隽新奖励助学基金募捐活动，组织学生参加社会实践活动，组织学生到花岩溪开展户外减压活动。学生参与设计第二十九届学生艺术节和高三成人礼，特别是学生吴昊录制的短片《陪你走过漫长的岁月》，在网上点击量过万，省、市媒体纷纷给予报道。心理健康教育发扬品牌优势，开展有针对性的心理健康教育活动。

校园建设。学校公租房建设完工，解决部分青年教师住房难的问题；三个年级教学楼进行全面升级改造，更换课桌椅，每个教室安装液晶触摸多媒体设备；拓新楼五楼教工会议室改造完成，2016年交付使用；完成体育场馆的提质升级。

信息化建设。完善省级示范性高中网上督导评估平台建设机制，全年上传资料信息3000余条，顺利通过上一学年省政府督导评估，网上督导评估工作进入常态化。成立专门的信息化管理和通讯员队伍，通过校园网、督导评估平台、校园电视台、校园广播等校内平台及时通报宣传学校工作，通过红网，省、市、区教育信息网，市、区电视台，《常德日报》等各种新闻媒体发表宣传、报道稿件60余件次。 （王建国）

【第11届全国青少年教育机器人大赛华中选拔赛举行】 2016年6月3~5日，第11届全国青少年教育机器人奥林匹克竞赛华中区选拔赛暨2016

全国青少年机器人大赛开幕式（图片提供：王建国）

年 APRC 亚太青少年机器人竞赛在鼎城一中举行。共有来自北京、上海、四川、黑龙江等 18 个省市的代表队参加比赛。武陵区北正街小学、长沙雅礼中学、哈尔滨大同小学、北京世纪新恩力等代表队摘得 38 个项目的桂冠。鼎城一中代表队获得 2 个金奖、3 个银奖、1 个铜奖。 （王建国）

【核工程专家王勤发回母校】 2016 年 3 月 21 日，核工程专家王勤发老先生，借回乡祭祖的机会重访母校鼎城一中。

王勤发，1929 年出生于原常德县芦山乡台家铺村，曾任核工业部第二研究设计院高级工程师。早年就读于常德县隽新中学（今鼎城区一中），后考入华中工学院（今华中科技大学）学习，1956 年毕业后分配到天津大学任教。1959 年留学苏联，在莫斯科工程物理学院研究生部攻读副博士研究生学位，1936 年回国后在国防科工委所属 194 所任工程师，后调核工业部第二研究设计院先后任工程师、高级工程师。从事国防科技工作中，曾推导出核动力反应堆微积方程，参加过国防工业一些重大项目的设计研究，特别是为两弹核爆炸燃料生产堆的研究设计作出重要贡献。

王老先生在学校领导的陪同下参观了母校，与学生代表座谈，勉励学生们刻苦求学，学有所长，学好本领，报效祖国。 （王建国）

核工程专家王勤发与学生代表合影

【常德市第 11 届中学生田径运动会】 2016 年 10 月 18～20 日，常德市第 11 届中学生田径运动会在鼎城一中举行。运动会为期三天，来自全市 23 所中学 441 名运动员参加了 33 个项目的比赛。鼎城一中获得团体总分第三名，创造了办学史上该项活动最好成绩，学校获得体育道德风尚奖。

（王建国）

湖南应用技术学院

【概况】 湖南应用技术学院创办于 1994 年 5 月，原名为常德电脑技术学校，1998 年成为国家高等教育学历文凭试点院校；2004 年 5 月经湖南省人民政府批准成立湖南同德职业学院；2014 年 5 月 16 日经教育部批准，升格为本科院校，更名为湖南应用技术学院。

学院东、西校区均坐落在常德市江南城区，校园总规划面积 143 公顷，已建成生态绿化校园 70.4 公顷，建筑面积 30 余万平方米，固定资产总值 6.9 亿元。学校设有农林科技学院等 6 个二级学院和继续教育学院，开办艺术设计、机械电子、汽车修理、农林渔等 20 余个专业，已有水产养殖、园林设计、机械制造与设计、汽车服务工程、行政管理、物流管理、环境设等 10 个本科专业。学校有教职员工 500 余人，其中专职教师 445 人，正副教授 148 人，博士 18 人，硕士 173 人，“双师型”教师占 52.7%。26 个省（直辖市、自治区）15 个民族本、专科专学生 9000 余人在校就读，有 125 个校内实验实训室，75 个校内外固定实习实训基地，拥有图书 89 万余册，配套电脑 3000 余台，宽带网络闭路电视覆盖全校。学校共培养、培训大、中专毕业生 3 万余人，短期培训技术人员 3 万余人，学生就业率 96%以上。学院先后获得“全国民办教育先进集体”“全国民办高校内涵建设优秀院校”“湖南省职业教育先进单位”“常德市十佳民办学校”等荣誉称号 160 余项，被誉为“潇湘明珠”“明珠民校”。

教育教学。教务处组织课堂教学竞赛，20 名教师参加竞赛，推荐 10 名教师参加省课堂教学竞赛。组织全校学生开展评教活动，对全校?195 名教师课堂教学进行评教打分，督促教师倾心课堂教学，努力提高教学水平，58 名教师获教学质量奖。继教专业实行全覆盖。继教学院销售管理等 6 个专业调整为金融、人力资源管理、销售管理 3 个自考本科专业；成教部按高教处的要求调整和申报成招专、本科专业，成招专科专业达到 14 个、成招本科专业达到 7 个，基本上实行成招专业全覆盖。

培训工作。完成会计报考 496 人；2108 名考生分别参加办公软件中高级、Photoshop 中高级、CAD 高级 3 个模块的全国计算机信息高新技术鉴定考试；工具钳工中级、数控车工中级、汽车修理工中级、室内装饰设计员中级等职业技能鉴定 648 人次；105 人参加特种作业操作证考试；252 人参加企业人力资源管理师三级、95 人参加营销师三级考试培训；2104 人参加英语三、四、六级考试；1762 人参加国家普通话水平测试；2016 年 3 月 26 日，学院举行全国计算机等级考试，这是学院成为全国计算机等级考试考点以后的首次组考，共有 173 位专本科学生参加全国计算机等级 C++ 二级、MS office 二级考试；组织 1657 人报考全国计算机等级 MS office 一、二级考试。同德驾校成为国家一级驾校，培训驾驶员 1802 人。

就业工作。2016 年，学院毕业 2252 人，学校举办招聘见面会、在沿海城市设立推荐就业办公室、组织学生到全国各地开展顶岗实习和勤工俭学，截止到 7 月 9 日，就业率 79.5%，办理报到证 1868 人。年内接受湖南省就业创业一把手工程评估督查，就业创业工作获得好评。

发展新党员和党员表彰。2016 年，学校发展新党员 145 人，其中教职工 6 人、学生 139 人。黄文、杨治华获省教育工委优秀党员，学校在“七一”期间表彰了 25 名优秀共产党员，5 名优秀党务工作者和 4 个先进基层党组织。

科研工作。组织全校教职员工积极准备申报湖南省教育厅、科技厅、湖南省自科基金项目、常德市科技局科技计划，全年共申报省教育厅科研项目 40 项（重点 2 项，青年 2 项、一般 36 项）、思政课题 2 项，科技计划项目 1 项，省自科基金项目 2 项、常德市科技重大专项 1 项，均获立项，获准率 100%。拓展科研项目申报途径，与常德市社会科学联合会合作，申报常德市社会科学研究项目，已有 2 项立项。加强产学研和科技成果转化，促进专利申报和科技转化工作。

实训和设备建设。2016 年，学院投资 100 余万元建成互换性与测量技术、机械工程材料等多个实训室；投资 20 余万元建成与省教育厅互联的视屏会议室；投资 30 余万元建成装饰施工实训室及相关耗材的购买；投资 70 余万元购买 200 套高配置电脑组建 4 个网络机房；投资 4000 余万元装修综合大楼，集科研、实习实训、健身娱乐、餐饮等到于一体化教育教学管理。

师资队伍建设。组织教职工参加各类进修。全年共有 11 人取得硕士学位，2 人考取定向或委培硕士；组织 96 人参加继续教育培训和考核；组织 40 余人参加 2016 年全国职称外语考试；组织 40 余人报考计算机职称考试。

对口支援。青海省海北州职业技术学校是湖南应用技术学院升本后教育部派对的对口援藏学校。2016 年初，该校因校区教学楼维修改造校舍紧缺，影响到 2015 级平面设计专业学生学习，其中 21 名学生被接到湖南应用技术学院负责学习 4 个月，其间，学生吃住费用全免，学院共花费 10 余万元。

（王富松）

【设计艺术学院作品竞赛获奖】 2016 年，设计艺术学院参加全省大学生广告设计大赛，报送参赛作品 80 件；第六届 Hiiibrand 国际品牌标志设计大赛中，该院学生组 LOGO 设计《坚果铺子》获奖；7 月，文化厅《2015 大学生走进通道》写生大赛，设计艺术学院获唯一单位奖、2 个辅导奖、12 个学生奖（二等奖 1 个，三等奖 3 个）；第 25 届金犊奖作品竞赛中设计艺术学院获金犊奖 45 项，亚太地区第 4 名，获学院奖金奖 1 项，获学院奖银、铜奖 6 项；举办首届“互联网＋”大学生创新创业大赛，19 个项目参赛,8个项目获奖;11月27日,参加全国第八届大学生学科竞赛,摘得全国一等奖和全国优秀奖等多项奖励,学校为该院奖励近4万元。

(王富松)

常德财经中等专业学校

【概况】 常德财经中等专业学校是常德市人民政府主办、市财政局主管的公办学校,始建于1980年。学校被教育部评为“全国职业教育先进单位”“国家级重点中职学校”“全国创意设计指导中心”,被财政部聘为“全国财政职业教育教学指导委员会委员”,被湖南省教育厅评为“全省示范性中职学校”“湖南省黄炎培优秀职业学校”,省级文明单位,2013年1月,被鼎城区人民政府确定为“鼎城区职教中心”。

德育工作。建立2支德育队伍。一支是以领导小组为核心,以班主任为骨干的德育队伍,另一支是由团委会、学生会为主力军的学生自我管理、自我教育的队伍;建立常德诗墙、常德博物馆、常德抗日阵亡烈士公墓等德育教育基地;开展法律知识、消防知识和卫生知识讲座,组织学生干部入职培训、优秀毕业生系列报告会、30余次以感恩、诚信、法纪等为主题的班会活动。全年无一例违法犯罪行为。

教学改革。专业整合。2016年,建成以会计、模具、计算机、旅游为主体的4大专业群。促进传统制造转为智能制造,与企业合作,成功开办工业机器人应用、3D打印技术2个专业;课堂“活与动”改革。修改《实施性教学计划》,制定新开工业机器人应用、3D打印技术专业的人才培养方案,构建以能力培养为本位的课程体系,促进课堂教学系列改革。在实训中实施“项目教学法”,在课堂教学中推行“自主学习法”,突出“手脑并用”,做到让课堂活起来,让学生动起来。同时,开展微课设计比赛与翻转课堂教学改革尝试,加快学校信息化建设与课程改革工作相结合的进程。初步实现课堂教学改革与信息化建设共赢的目标,课程设置改革。在坚持校企合作、工学结合、强化教学、学习与实训相结合的基础上,建立行业指导、企业参与、学校主动的校企合作运行机制,构建校企共育、工学结合的人才培养模式。推进行业企业全过程参与职业能力的教育与培养。以教学方式方法改革为突破口,全面推行“做中学、做中教”的教学模式;学生成绩评价合理。通过操作性强,且翔实合理的学生成绩评价体系的制定与实施,全面带动教学内容、教学方法、教学手段等一系列教学改革,培养高技能高素质人才。

专业抽考、技能大赛创新。推行技能训练制度化、经常化,以及月考制,技能水平稳步上升,市技能抽考合格率100%,会计从业资格证考试合格率69.49%,高于全省平均水平30余个百分点,学生技能竞赛连续8年名列全市团体总分第一名,共获得市级一等奖8项(其中3个项目包揽前2名,1个项目包揽前3名,1个项目包揽前4名),获省级一等奖4项、二等奖5项、三等奖1项,获国家二等奖1项、三等奖2项。在“中望杯”全国机械职业院院校技能大赛中,获二等奖1项。

对口升学。2016年,学校2013级对口升学班共有111人,单招进入高职院校35人;参加对口招生高考66人,其中有13人考试分数超过600分,有1人考取到一本院校,10人被录取到二本院校。

师资队伍。提高“双师型”教师,建立专业(学科)带头人。2016年,有3名教师被常德市教育局认定为“双师型”教师,“双师型”教师队伍扩大到17人。提升教师综合素质开展教师培训成为常态。选派6人参加省级培训,市级培训21人,外出参加各种专业研讨30余人次。暑假安排20余名专业教师到企业跟班实践,每学期安排3天时间校内培训全校教师;开展读书活动,为教师推荐书目30余本,赠送教育专著3本,征集读书心得94篇,推出11名教师介绍教育教学经验与学习心得感悟,促进教师交流与成果共享。开展“一帮一”教师帮扶活动,结对教师15对,促进教学新手与熟手之间的交流合作。公开招考引进14名本科以上学历青年专业教师,至年末,全校教师队伍中有硕士学位35人,学历年龄专业结构进一步合理。

教科研究。组织教师与行业、企业、社会经济团体等合作开展教育科研工作，学校教师参加各级课题研究超过70余人。2016年,在研课题7项,其中2项省级教学改革与发展课题已结题,1项市级课题结题,3项省级规划课题已通过中期检查。全年教师在省级以上刊物发表及市级以上奖励的论文100余篇,4名教师参与全国财经类专业教材编写工作，主编出版规划专业教材2本，参编3本。李英、罗荣参加"创新杯"说课大赛获省级一、二等奖;学校代表湖南省参加全国比赛,分别获得国家级一等奖和二等奖;陶莉、王婷婷等4名教师参加信息化大赛获省级一等奖3项（全市共5项),二等奖1项,陶莉代表湖南省参加全国比赛获二等奖，取得历史以来信息化教学比赛最好成绩。张幸荣获湖南省 "五一劳动奖章""省技术能手"和全省"百优工匠"称号,并在全国数控技能大赛中取得第10名。2016年7月,学校被评为湖南省黄炎培优秀职业学校(全省7所)。

招生就业。2016年,共招收新生1076人,比上年提高41.6%。2016年，全校20个毕业班级631人,根据毕业生专业、学历层次,分6批进行安排顶岗实习,其中申请学校推荐的有450人,对口升学103人，自主择业67人，参军11人，就业率100%,对口就业率95%,顶岗实习稳定率90%,学校连续8年被评为"就业先进单位"。（郭忠福）

【常德市首个中职"湖南省黄炎培创业大赛"奖】 2016年11月,常德财经中等专业学校教师黄娜娜等5人参加"湖南省黄炎培创业大赛",以第2名的成绩获得一等奖，该校是常德市唯一进入决赛与获奖学校,实现该项目比赛成绩的重大突破。学校被聘为湖南省财经商贸教学研究会会长单位，被评为"常德市教研工作先进单位"。（郭忠福）

【新校园建设开工】 2016年12月9日,新校园基础建设奠基动工。新校园位于武陵区丹洲乡泽远、高泗两村交界处,占地38.4公顷,投资约11亿元,是"常德财经中等专业学校"与"常德汽车机电学校"合并升专的新校园。（郭忠福）

科　技

【概况】 2016年，鼎城区高新技术产业增加值全年完成33.68亿元,增速25.5%,位居全市前三;企业研究与开发经费(R&D经费)完成5.3亿元,名列全市前三;发明专利拥有量270件,每万人发明专利拥有量3.25件,位居全市前三。完成市下达的2项科技创新考核指标，一是高新技术产业增加值增速比重,二是RQD经费占GDP比重、发明专利每万人拥有量。

高新技术产业园区升级。通过联系高校、科研院所为企业牵线搭桥，引导企业开展产学研结合创新。引导园区内鼎城升湘机械有限责任公司与常德文理学院、常德应用技术学院合作开发新产品,拥有发明专利1件,实用新型专利6件;引导常德瑭桥科技发展有限公司与北京航空航天大学共同开发"智能控制系统"、与中南林业科技大学合作开发"移动垃圾站项目"。以项目为抓手,助推企业创新发展。全年安排区本级工业类研发项目6项,主要针对高新技术产业、以及转型升级的科技型企业,并提供扶持资金23万元。为企业申报高新技术企业。通过宣传、培养、挖掘、引导企业开展科技创新、产学研结合、专利申报、使企业提升科技品质，全年共申报9家企业为国家高新技术企业。向园区企业宣传知识产权相关知识,鼓励企业申报专利特别是发明专利，增强企业知识产权的自我保护，全年为园区企业举办2期知识产权培训班,各企业负责人参加培训100余人次,同时还邀请市知识产权专家与企业老板进行一对一的对接,现场答疑解惑。推荐企业申报科技进步奖,促进科技成果转化。共推荐百特随车起重机有限公司的“起重机吊臂装调系统”、特力液压的“智能液压元件”等成果申报科技进步奖。鼎城区政府拿出首批资金200万元加入常德科技银行风险补偿基金池，解决园区企业融资难、融资贵的问题。

农村科技工作。开展送科技下乡活动。2016年5月20日，常德科技活动周送科技下乡活动在鼎城区黄土店镇沧浪坪村举行，市直、区直机关部门共18家单位参加，现场发放宣传资料5000余份，展示宣传盾牌100余块，接待群众咨询500余人次，为农民送化肥10吨。选派农村科技特派员。申报3名市级科技特派员，分别是水产类的王国顺和油茶类的郭兴权、曾山；聘请5名区级科技特派员，并颁发聘书，向老百姓宣传科学知识，带动老百姓共同发展。

知识产权保护。加大知识产权宣传与培训。4月26日联合区工商局主办以知识产权保护与发展商标品牌为主题的培训会；6月22日在区高新园区主办以知识产权助推园区升级为主题的专利讲座；11月10日在湖南应用技术学院主办以新形势下高校的专利申请为主题的培训讲座。同时还利用“4·26”世界知识产权宣传日发放宣传资料500余份，宣传盾牌50块。

专利执法。检查全区5个乡镇，30余家经营场所，商品2000余件，查获假冒专利案件20件，已全部结案。9月，区科技局接到一起未经合法授权，严重侵犯他人知识产权的案件，后经法定程序，在口审过程中达成协议，已结案。（石新明）

防震减灾

【概况】 2016年全年审批拟建工程项目35个，参加全省防震减灾法律、法规培训1人次；举办大型集中宣传活动2次，组织、参与地震应急演练1次；拟定地震烈度速报站点1处，及时处置地震宏观异常现象1例。（汪成　雷兴国）

【鼎城应对地震宏观异常现象】 2016年1月21日，鼎城区蔡家岗镇出现地震宏观异常现象。据反映，当时部分村民住宅附近出现数以千计的千足虫，它们沿林边、房前屋后、道路等处聚集、迁徙，夜间活动频繁，白天较少。接到电话后，区地震局迅速启动应急响应机制，组织技术人员赶赴现场，开展走访与勘查工作，并最终于当日下午成功找到千足虫成群迁徙的原因，排除地震前兆异常的可能，及时消除群众的恐慌心理。（汪成　雷兴国）

【“防灾减灾日”宣传】 2016年5月9～16日，鼎城区地震局在全区开展为期一周的应急知识宣传活动。重点宣传常见突发事件的种类、特点和危害，普及预防、避险的基本技能和自救互救的应急常识。采用展板宣传、发放资料、现场咨询、举办知识讲座等形式，开展宣传活动。此次活动共发放各类宣传资料800余份，接受现场群众咨询200人次，增强广大居民防灾减灾意识，提升公众应对地震灾害的能力。（汪成　雷兴国）

“科技活动周”活动现场

文化·卫生

Culture & Health

常德丝弦法国演出

文　化

广播电视

卫　生

疾病预防控制

妇幼保健

常德市第四人民医院

常德市第二中医医院

文　化

【概况】 2016年，鼎城区被湖南省政府确定为公共文化示范区建设创建单位，示范区建设工作经验向全省推介。实行图书馆、文化馆和乡镇文化站免费开放，全年区图书馆接待读者2万余人，外借图书、文献2万册。整合农家书屋302家，补充更新出版物，健全管理制度。农村数字电影全年放映，严格执行2016年鼎城区农村公益数字电影放映管理办法及实施方案，26支放映队通过数字监控平台管理，全年放映数字电影6774场，观众100万人，位居全市先列。建设卫星电视“户户通”11285套。开展农村广播村村响建设“回头看”检查工作，检查和调研已建平台、乡镇村的前端机房设施、广播喇叭覆盖方式，整改存在的问题和不足，提高“村村响”系统使用与应用能力。2016年，区文体广新局获评2016年湖南省“村村响”工作先进单位、常德市文体工作目标管理先进单位。

群众文化活动。2月，区图书馆举办元宵灯谜活动，制作谜语1000条，以有奖猜谜的方式，吸引群众参与活动，活跃群众文化生活；4月，为庆祝第21个“世界读书日”活动，送300册新书到花岩溪镇港二口中心小学，并当场捐赠助学款1000元；开展送戏下乡活动，配合区委、区政府打造乡村旅游品牌的战略构思，参加“十美堂油菜花暨河洲美食节”“花岩溪紫云英风筝节”“黄土店竹文化节”以及“沅江风光带”开园等文艺表演活动，全年惠民演出100余场，观众5万余人；承办鼎城区庆祝中国共产党成立95周年“红旗颂”大型群众合唱比赛，配合常德市群众文艺演出百团大赛活动，组织初赛、复赛，从全区37个团队中选出16支队伍参加常德市决赛；组织参加常德市“闹新春”民间文艺专场演出、常德市“百姓大剧场”、常德市书画摄影大赛、湖南省三湘群星奖节目录制等文化活动。举办区第五届小戏、小品、曲艺培训班，接请市区两级专家授课，学员40人左右，推出作品20余个。开展音乐、舞蹈、美术、书法、文学、摄影等中小学生的辅导培训工作，培训各类学员1000余人。

送文化下乡惠民演出（摄影：郑志康）

文艺精品演出。2016年，区花鼓剧团创作常德丝弦《新江南》《老西门》《我们怎么称呼你》《消防铁军铸军魂》、花鼓小戏《五朵村花》、舞蹈《鼓舞飞扬》《花开盛世》《武陵红》《武陵秀峰最醉游人》等文艺节目；与行业合作，创作了《最美的人》《湖南法制气象新》等丝弦作品。1月4日至8日和8月26日至31日区花鼓剧团2次应湖南省人民政府新闻办公室邀请，到联合国总部（美国纽约）和法国巴黎，参加由湖南省人民政府主办的“锦绣潇湘”——湖南文化走进联合国和“感知中国”——湖南文化走进法国文化交流活动；《书记抬轿》剧组代表常德市纪委参加“湖南省廉政文化建设”文艺调演，参加由省文化厅、省文联、省曲协联合举办的“笑满三湘”送戏下基层活动，应湖南知青网的邀请参加香港知青十周年庆典活动；区文化馆创作的花鼓小

花鼓小戏《村长家的尿不湿》参加中国第十一届艺术节（摄影：陈敏杰）

戏《村长家的尿不湿》代表湖南省入围第十一届中国艺术节总决赛，10月中旬，《村长家的尿不湿》剧组在西安参加第十一届中国艺术节总决赛现场演出。

非物质文化遗产保护。“尧天坪龙灯”通过省级项目公示；抓省级非物质文化遗产“善卷传说”申报国家级文化遗产相关准备工作。（严　波）

【文化市场综合执法】 2016年，建立网吧最低检查频率制度、城区网吧包保巡查制度、网吧“黑名单”重点监管制度、网吧举报受理应急查勤制度，区政府投入约30万元用于升级、延伸城区网吧视频监控指挥中心。依法监管出版物零售经营单位28家、音像制品经营店5家、印刷厂7家、歌舞游艺娱乐场所11家等。成立法制机构和行政执法案件审查小组，实行常管常罚和严管严罚，全年出动执法车1500余台次、检查市场1800余次、收缴非法物品2200余张(册)。（严　波）

文化市场综合执法(摄影:朱先明)

【文物管理】 2016年，抓“5·18”国际博物馆日和文化遗产日宣传活动。制作宣传盾牌15块、横幅2条，宣传展示历史及文物保护成果，提高公民文化遗产保护意识；立项国保单位——索县汉代城址的保护规划项目，并上报湖南省文物管理局，报国家文物局审批；抓省保单位“荣庄王墓”人防、技防的力度，按照省文物局的保护规划立项标准，组织相关业务人员，完成“荣庄王墓”的保护规划立项报告，已上报湖南省文物管理局；按照市文物局工作部署，审核上报第一次全国可移动文物普查登录文物数据信息，编写工作报告。（严　波）

【新闻出版】 2016年，市场监管。抓全区180余家网吧、歌舞娱乐、电子游艺、印刷(三印)、书报刊(音像制品)零售等经营单位的年审、现场查验工作；摸底全区文化经营单位，下发责令整改通知书3家，吊销经营许可证3家；7月份，联合消防、公安、安监等部门检查网吧、娱乐场所、游泳馆等人员密集场所安全生产，排查治理辖区文化经营场所各类安全隐患，杜绝各类事故的发生；根据法律法规与上级行政主管部门的要求，开展全区文化经营单位法人法规与业务知识培训班，培训经营单位法定代表人184人(次)。

行政许可与审批。按照国家相关的法律法规开展行政许可和审批工作，完成新增文化新闻出版经营项目行政许可的审核和变更事项23个，完成新证换发工作。加强执法监督，创建平安和谐文化市场。各项行政审批事项受理率、按期办结率、办件准确率、服务对象满意率100%。（严　波）

【体育】 2016年，群众体育。以“团结、奋进、健身、小康”为主题，举办鼎城区第二届体育运动会。运动会设成年、青少年2个组别，成年组设置了男子篮球、乒乓球、羽毛球、健身操(舞)、齐步奔小康、游泳、门球、第九套广播体操、男女混合拔河、中国象棋、自行车、男女混合气排球、太极拳13个项目，青少年组设置了田径、足球、排球、乒乓球4个项目，历时5个月。全区63个代表团6000余名运动员参加比赛。9月19日，在鼎城区第一中学举行开幕式。区委副书记王时雨主持开幕式，区委副书记、区人民政府代区长朱金平致开幕词，区委书记杨易宣布开幕。市教育局副局长施爱国、市文体广新局总工程师刘泉礼以及全体在家区级领导出席开幕式。协助区政法委组织全区政法干警在太阳山举行登山比赛；4月28日，江南外滩公园开园，协助开展气排球、篮球、门球、足球、乒乓球、自行车、太极拳、太极剑、健身操(舞)、舞龙舞狮等群众体育活动;配合区委机关联合工会举办庆"五一"健步行活动;协助区门球协会举办门球冠军赛(老干活动中心门球场);配合十美堂镇举办"十美堂镇庆端午节拔河比赛";7月9日，协助园艺场举行首届西瓜节拔河比赛。抓协会管理和健身指导培训。全年开展太极拳、气排球、第九套广播体操等项目健身指导培训1000余人次。4月15日,鼎城区篮球协会成立;10月，鼎城区户外运动协会成立。

鼎城区第二届体育运动会乒乓球比赛(摄影:金明娟)

竞技体育。抓体育后备人才选拔输送工作,配合常德市体育运动学校教练在鼎城区选拔体育后备人才69人,其中:田径11人,皮划艇、赛艇20人,举重12人,摔跤22人,柔道41人。7月21日至26日,区跆拳道基地组队代表常德市参加在娄底市新化县体育中心举行的"湖南省青少年跆拳道锦标赛",获得2金2铜;9月,区残疾人选手杨超巴西里约热内卢残奥会射击比赛中获1金1银,实现了鼎城区在残奥会历史上金牌零的突破。

体育彩票。2016年,体彩工作围绕"强化精细管理,提升运行质量"主线,采取海报、广播电台、宣传条幅、老年腰鼓队等方式宣传,印发各种资料5万余份。到各网点进行业务指导和巡查,全年销量折合人民币1600万元。 (严 波)

【"常德丝弦"在联合国总部演出】 "常德丝弦"是流行于常德沅江、澧水一带的汉族地方曲种。演唱时用扬琴、琵琶、三弦、胡琴等丝弦乐器伴奏而称之为丝弦,因用常德方言演唱,有鲜明的地方特色和乡土气息,故称"常德丝弦"。2006年5月20日,"常德丝弦"经国务院批准列入第一批国家级非物质文化遗产名录。

2016年1月4日,"常德丝弦"艺术剧院有限公司受邀参加"锦绣潇湘——湖南文化走进联合国"开幕式。演员们表演了《湖南是个好地方》《生在潇湘多自豪》《说唱丝弦》3个曲目。联合国相关部门、中国驻联合国代表团、联合国中国书会、联合国汉语兴趣小组、中国驻纽约领事馆、美国湖南同乡会及商会的嘉宾出席并观看了"常德丝弦"演出。

(严 波)

常德丝弦参加"锦绣潇湘——湖南文化走进联合国"开幕式(摄影:朱晓玲)

【黄士元当选2016"感动常德"十大人物】 2016年11月,由市文明委主办,市委宣传部、市文明办、常德日报传媒集团、市广播电视台等单位承办的"荷花品格 梅花精神"2016感动常德十大人物评选活动启动,鼎城区农民剧作家黄士元当选为"感动常德"十大人物之一。

黄士元,男,1943年1月出生,中共党员,国家一级编剧,享受国务院特殊津贴,全国有突出贡献曲艺家,中国戏剧家协会会员,中国戏剧文学学会会员,中国曲艺家协会会员,原湖南省曲协副主席(现顾问),湖南"三百工程"人选,湖南"非遗"专家评审团委员,常德市剧协、曲协顾问,鼎城区政协常委，鼎城区文联荣誉主席等，从事文艺创作50

余年,曾出版《黄士元戏剧选》《黄士元小戏选》《黄士元曲艺选》《待挂的金匾》《艺海藏珍》《古曲新韵》《奇特的录音带》《金辉集》《沅水欢歌》9 部专著,其戏剧曲艺作品曾多次进京演出,并获全国大奖 40 余次,其代表作有现代戏《嘻队长》《山里哥哥山里妹》《旋转的钞票》《特别新娘》及曲艺《瓜中情》《枕头风》《待挂的金匾》《奇特的录音带》《乡嫂骂夫》等。黄士元曾当选为全国剧代会代表、全国曲代会代表、省党代表、省人大代表、省文代会代表、常德市及鼎城区政协委员、曾被评为湖南省、常德市优秀共产党员、湖南省十佳知识型职工,常德市有突出贡献专家、常德市十佳文艺工作者、常德市十大新闻人物、常德市十佳政协委员、常德市婚育新风十佳倡导者,常德市四个好老干部,常德市老科协精英人才,并多次评为先进工作者,10 余次立大功、二等功、三等功,中共常德市委曾发出《向黄士元学习的决定》,常德市政府给予其 10 万元奖励。新华社、人民日报、中国日报、光明日报、中国文化报、经济日报、中国农民报、解放军报、北京日报等全国 30 余家媒体报道其事迹,中央电视台新闻联播曾专题播放。 （严　波）

黄士元当选 2016“感动常德”十大人物

【全民健身服务中心成立】 根据《中共常德市鼎城区委常德市鼎城区人民政府关于印发〈常德市鼎城区人民政府职能转变和机构改革方案的实施意见〉的通知》(常鼎发〔2015〕4 号)和《中共常德市鼎城区委常德市鼎城区人民政府关于常德市鼎城区人民政府机构设置的通知》(常鼎通〔2015〕7 号),2016 年正式成立常德市鼎城区全民健身服务中心,副科级,为区文体广新局管理的公益事业单位。

其主要职责是贯彻执行国家、省、市有关全民健身服务工作的方针政策，组织实施全民健身服务工作规划和措施；负责区本级公共体育场馆和设施的运营、管理和维护,负责区本级公共体育场馆及设施向社会免费、低收费开放,为公众开展体育健身活动服务。配合区委、区政府或有关部门、有关社会团体组织各类大型活动并提供服务;为各类体育赛事和青少年业余运动训练提供服务;组织开展全区群众性体育竞赛;协助组织参加省、市以上群众体育竞赛；承办其他各级各类体育赛事;参与体育对外友好交流活动;协助行政主管部门组织实施区本级公共体育设施建设计划；协助行政主管部门宣传全民健身政策、法规,普及推广体育健身知识;开展健身指导咨询,指导各类人群开展健身活动；举办各类体育运动健身知识与技能的培训,承担全区体育行业特有职业培训任务,协助行政主管部门举办其他体育专业培训；协助开展全区国民体质监测工作;承办区委、区政府和区文体广新局交办的其他事项。 （严　波）

广播电视

【概况】 2016 年，鼎城区广播电视台设 5 个中心:鼎城广播电台、鼎城电视台、湖南有线网络鼎城公司、湖南广电移动数字电视鼎城公司、台机关后勤中心,广播电视从业人员 185 人。鼎城区广播电视台负责宣传、贯彻、执行党和政府有关广播、电视方面的方针、政策和法律、法规,把握正确的舆论导向，发挥党和政府的喉舌作用,负责广播电视新闻报道宣传、专题、广告的制作播出,负责广播电视事业建设,经营有线数字电视,负责农村广播“村村响”的节目录制,播出。负责鼎城区广播电视安全播出工作,承办区委、区政府交办的其他工作。

网络建设。湖南有限网络鼎城公司实施网格化经营管理，2016 年 1 至 9 月农网有线电视客户的安装成本从上年 146.51 元下降到 81.48 元，下降幅度 44.45%；宽带户安装成本均从上年 188.73 元下降到 121.41 元，下降幅度 35.67%；农网维护成本从上年 80.33%下降到 66.32%。城网电视安装成本从上年 64.31 元下降到 40.33 元，下降幅度 37%；宽带客户户均安装成本从上年 128.61 元下降到 64.46 元，下降幅度 49.87%；维护成本从上年 75.03%下降到 37.73%。业务收入稳中有增，电视续费率稳定在 90%左右，宽带续费率稳定在 70%以上。经营收入除 1 至 3 月份外，比上年同期均有增长，7 月份比上年同期增长了 28%。视频交互业务中，2016 年开通的双向业务量户 5000 户，交互业务收入 60 余万元，比上年同期大幅增长。客户满意率考核，每个网格都在 98%以上，未发生客户投诉现象。

广播电视宣传。鼎城电视台组织策划了《喜迎党代会　建设新江南》《抢抓新机遇　建设新江南》《梦回两千年　荷处是故乡》《守护生命之源　亲亲美丽鼎城》《鸟瞰新江南》《棚改进行时》等系列报道，编播电视新闻节目即《鼎城新闻》180 组，自采新闻稿件 2000 余条；播发系列报道和连续报道 18 组，播出电视专题 80 余期；《民情直通车》影响力广泛。策划了乡村旅游、秋收、环保、扶贫、落实党代会精神等方面的稿件，分别在中央台、湖南卫视等上级台播出，在常德新闻联播发稿 14721 秒，湖南卫视新闻联播发稿 1785 秒，央视新闻联播发稿 1 条，新闻频道新闻栏目发稿 5 条，位列全市各区县电视台前 3 名。新媒体及新技术整合运用方面，首次实现微直播，通过手机移动客户端收看鼎城区第十二次党代会开幕式和闭幕式直播的市民 3 万余人。采用航拍、延时、后期三维合成等多种制作手法，历时一个月，制作沅江风光带形象宣传片《一江风景入画来》，在鼎级传媒推出后 8 个小时点击量近 2 万次。成立鼎城广播乡村之声，开通“村村响”。2016 年，成立了鼎城广播“村村响”中心台，配备专门的人员，负责广播“村村响”各项工作。1 月初，相关人员到鼎城区各乡镇，召开听众座谈会，现场播放鼎城广播村村响“乡村之声”的各档试播节目，听取老百姓的意见和建议，调整改进试播节目。1 月 18 日，“村村响”中心台首播，每天播出 2 小时，分别在 7:30 至 8:30 和 17:00 至 18:00 播出，设置了《晨曲飞扬》《时政聚焦》《健康与生活》《美丽乡村》《走进三农》《田园交响》等 10 档对农节目。

安全优质播出管理。鼎城区广播电视台把安全播出作为生命线，各中心制定和修正规章制度，形成规范化管理机制。在各种重要保障期启动广播电视安全播出预案，值机人员树立政治敏锐性和责任心，遵守值机纪律和操作规程，机开人在，人在思想在，监听、监看电台及电视台播出节目内容，确保安全播出。

广告经营。2016 年，鼎城电视和鼎广电台优化广告结构，调整广告经营战略，拓展创收渠道，从专题宣传及活动入手，全年经营创收总额 921.9 万元，其中电视台收入 582.65 万元，电台收入 339.25 万元。有线网络公司全年经营收入 4000 万元。

（苏晓强　姚　军　周志梅）

“忆党史　感党恩”演讲比赛复赛

【《政务之窗》更名《阳光政务》】 2016 年 3 月 28 日，《政务之窗》更名为《阳光政务》。《阳光政务》节目播出时间段为每周一至周五上午 9:00 ~ 10:00，周一至周四主要是政策解读，周五是嘉宾访谈，各职能单位轮流上线，听众和政府部门直接沟通、答疑解惑。有23家职能部门负责人及相关人员做客电台直播间，接到听众来电近千个，回复率100%。2016年10月起，该节目在鼎广电台的微信公众平台上同步“微直播”。（苏晓强　姚　军　周志梅）

《阳光政务》播出现场

卫　生

【概况】 2016年，区卫生和计划生育局办公地点设原人口和计划生育局机关院内，在编在岗工作人员87人，班子成员5名，内设股室12个，二级事业单位2个，挂靠群团组织2个(区计划生育协会、区红十字会)。乡镇、街道、区属农林场统一设置“卫生和计划生育办公室”。区卫生监督所和区计划生育执法监察大队合并，组建“区卫生计生综合监督执法局”；区妇幼保健机构与区计划生育技术服务机构合并，设立“区妇幼保健计划生育服务中心”；乡镇卫生院和计划生育技术服务所资源整合，设立“妇幼保健计划生育服务站”。2016年，区卫生和计划生育局获“2016年全省计划生育协会工作优秀单位”“2016年全省血防工作先进单位”“2016年度全市计划生育工作优秀单位”“2016年全市卫生三年攻坚工作先进单位”“2016年全市无偿献血工作红旗单位”“2016年度全区综合绩效考核红旗单位”等称号。区卫生和计生局机关巩固了市级文明单位成果。

综合医改。城市公立医院改革启动。市四医院、市二中医院、区妇幼保健院、区血防专科医院纳入全市城市公立医院改革范畴。9月30日，区城镇居民医保与新农合合并。10月1日，市第四人民医院、市二中医院、区妇幼保健院、区血防专科医院启动药品零差率销售。卫生计生系统专业技术人才自主招录机制经本年度第16次区长办公会议研究通过。医疗水平创建升级推进。市四医院、市二中医院、区妇幼保健院通过“二甲”评审。创建省级“群众满意卫生院”4家。在全省基层卫生岗位练兵和技能竞赛中鼎城区2人分别获一等奖和三等奖。评选表彰全区“十佳医生”和“十佳护士”各10人。项目建设发力。卫生三年攻坚保持全市领先地位，全年项目投资7352万元，四医院南区二期工程如期推进。4个社区卫生服务中心主体工程完工，其中斗姆湖社区卫生服务中心成功创建全省“群众满意社区卫生服务中心”。中央投资项目黑山嘴、十美堂、灌溪、许家桥4个乡镇卫生院的公卫楼和住院楼竣工验收。完成卫康室配套设施建设项目12个。

公共卫生服务。服务项目提标扩面，12类45项基本公共卫生服务全覆盖，财政补助标准增加到人均45元。服务模式改革创新，全区实行政府购买公共卫生服务模式，村级计生专干参与部分服务项目签约，妇保、儿保、计生三线专干联席例会制度。农村妇女“两癌”普查1万例，开展精神卫生综合管理试点，救治重性精神疾病患者102例，免费孕前优生健康检查9853例，免费婚前医学检查4520对，孕产妇和儿童系统管理率分别90.5%和85.25%。抓传染病、艾滋病、结核病防治，免疫规划疫苗接种率90%以上，成功处置水痘和诺如病毒暴发疫情。

计划生育。实施二孩生育政策，全区办理生育服务证6793例，其中二孩3244例，再生育证119例；出生人口7919人，出生率10.04‰，符合政策生育率98.26%。社会抚养费征收立案率100%，实际征收入库资金560万元，征收到位率40.52%；排查“两非”线索60余起，查处“两非”典型案件3起，出生人口性别比107.85，趋于正常水平。在干部提拔重用、两代表一委员推荐、人员招录、各类评先评优中实施计划生育审查 4810 人次，否决 95 人次。流动人口一盘棋信息建设位居全市前列。按照“老人老办法，新人新办法”的原则，完善并落实计划生育利导政策。全区审核确认农村部分计生家庭奖扶对象 25275 人，城镇奖扶对象 8722 人，独生子女伤残伤亡家庭扶助对象 1261 人，计划生育手术并发症扶助对象 226 人，独生子女保健费享受对象 11862 人，兑现直接经济利益近 3000 万元。探索村级计划生育协会承接卫生计生基本公共服务项目，打通卫生计生公共服务“最后一公里”通道，推进惠民政策落地见效，成为全省创新推介项目。推行“诚信计生群众自治”模式，创建省级村民自治示范村 2 个。计划生育协会获“全省模范单位”称号。 （杨光武）

【卫生职工中等专业学校】 卫生职工中等专业学校，主要负责全区乡村医生、护士等医技人员培训工作。核定编制 63 人，有教职人员 28 人，退休 31 人。 （杨光武）

【鼎城区卫生计生综合监督执法局成立】 2016 年 5 月，原区卫生监督所和原区计划生育执法监察大队整合，组建了“鼎城区卫生计生综合监督执法局”，为参照公务员法管理的副科级事业单位，核定编制 26 人，有工作人员 23 人，退休人员 13 人。 （杨光武）

【红十字会】 2016 年，开展“博爱满人间”募捐活动，全区 180 余个机关事业单位参加，募集善款 20 余万元，救助特困家庭、特困群众 50 余人次，走访慰问因灾因祸致贫群众 100 人次。推进红十字“三献、三救”工作，收集申报“三献”（献血、献器官、献遗体）个人及家庭、小儿白血病家庭特殊困难救助材料 10 人次。 （杨光武）

【血吸虫病防治】 2016 年，查螺 2451.32 万平方米，灭螺 491.43 万平方米，查病 46409 人次，化疗 25325 人次，救治晚期血吸虫病人 69 人次，次均补偿约 5000 元，农村慢性病人普遍住院治疗。全区全年未发现新感染血吸虫病人，未发生急血病例。 （杨光武）

【“诺如”病毒防控工作调度】 2016 年 12 月 14 日，鼎城区卫生和计划生育局召开全区“诺如”病毒防控工作紧急会议，会议由副局长沈毅主持，各乡镇（场）卫生院、区直医疗卫生单位、街道社区卫生服务中心的主要负责人约 50 余人参加了会议。会上，该区疾控中心副主任张春光通报了近期牛鼻滩镇一幼儿园发生“诺如”病毒感染事件进展及防控工作等情况，培训“诺如”病毒的防控知识和消毒方法。提出了下段防控工作具体要求，要早发现、早报告，按照传染病防治法的规定，规范全区传染病的上报和防治工作；要组织医院医务人员、个体诊所和村卫生室医生开展相关知识培训；要加强疫情的主动搜集，定期巡查托幼机构、学校，主动发现；要加强宣传教育，采取印发宣传资料、广播上课等多种形式，进校园、进社区广泛宣传诺如病毒和冬季多发传染病的防控知识、消毒方法等。 （杨光武）

疾病预防控制

【概况】 2016 年，传染病监测覆盖率 100%，疫情网络直报及时率提高；及时处置了 2 起学校托幼机构暴发疫情，没有发生重大突发公共卫生事件。全区儿童疫苗扫码接种率 100%，AEFI 监测覆盖率 100%；完成麻疹、AFP 年度监测任务。加强了检验检测能力建设，建设区疾控中心实验室，配齐了原子吸收仪设备。2016 年，区疾病预防控制中心参加全市卫生计生系统免疫规划知识竞赛获三等奖，参加全省实验室间比对考核微生物检测项目麻疹病毒 IgM 抗体检测结果为优秀、风疹病毒 IgM 抗体检测结果为优秀、食源性致病菌定性检测结果为合格，全省实验室间比对理化检测项目生活饮用水中铁含量检测结果为优秀，全国农村饮用水水质实验室质控氯化物、铅考核结果为满意。

市人大领导调研疾控工作

疾病监测。全区报告甲乙丙类传染病2480例,其中乙类1513例、丙类967例;发病排名前5位的传染病依次为肺结核699例、手足口病823例、乙肝465例、梅毒197例、丙肝74例。预警处置。全区处理预警信息122起,核实调查为疑似事件65起,其中通过现场调查排除18起;确定为暴发或流行的47起，包括手足口重症病例预警45起,诺如病毒致其他感染性腹泻暴发疫情2起。每起疑似事件进行详细的流行病学个案调查，及时写出现场调查报告并上传。公共卫生事件。2016年,全区发生2起突发公共卫生事件,第一起是9月28日至11月2日蔡家岗镇长岭岗学校的水痘暴发疫情，报告水痘病例38例,11月5日起无新发病例报告；最后一例病例发病时间为11月2日,经过一个最长潜伏期(24天)监测观察,11月27日结案。第二起是12月8日在牛鼻滩镇白洋湖幼儿园发生的诺如病毒暴发疫情，通过调查核实诊断,该幼儿园发生40例病例,其中实验室确诊诺如病毒感染病例5例,临床诊断病例35例。至12月15日,所有病例痊愈出院,经过一个最长潜伏期,无新发病例后结案。疫情处理。2016年,鼎城区发生暴发疫情2起，按照突发公共卫生事件一般事件调查处理。处理流行性出血热病例3例,手足口病重症病例45例。手足口病病例823例,比上年同期上升8.28%。重点传染病监测。人感染高致病性禽流感中霍乱、细菌性痢疾、伤寒副伤寒、狂犬病、钩体病、出血热、疟疾、登革热、手足口病、感染性腹泻等传染性疾病纳入重点传染病监测范畴,制定监测方案,开展监测工作。其中霍乱外环境检测300份，医院内腹泻病人登记数508人，开展检索487份。截至12月25日,发热病人镜检486人。

艾滋病防控。艾滋病监测与报告。2016年,全区报告HIV/AIDS322例（其中AIDS152人，HIV170人),死亡82人。重点人群免费检测。全年重点人群及娱乐场所检测423人,VCT检查567人,丙肝检查567人,梅毒检测567人,吸毒人员检测489人,羁押场所检测137人。实施病人及携带者随访和CD4的检测（HIV/AIDS随访100%，CD4检测比例100%,HIV/AIDS配偶、固定性伴HIV抗体检测比例100%,HIV/AIDS结核检测比例100%),及时治疗达到治疗指标的病人。疫情分析鼎城区艾滋病疫情发展趋势是以性传播途径为主,男男同性和共用针管吸毒传播,年龄在16至80岁之间。外展、干预工作。城区娱乐场所30家,性工作者108人;每月到重点场所进行1次干预,发放宣传资料、安全套等;每半年采血检测1次重点人员。宣传教育。开展艾滋病培训2期,与市皮肤病防治所联合慰问家庭困难的艾滋病病人,发放现金及大米、油、面条折合人民币2万余元。“12·1”世界艾滋病日,联合城区综合医疗卫生单位及3个社区卫生服务中心,在同德职业学院、常德市财校,开展了万名学生签名活动,发放各种宣传资料15000份,发放安全套20000只,摆放宣传盾牌20块,悬挂宣传横幅10条。

结核病防治。全区接诊结核病病人2097人，免费拍片1478人,查痰1887人,发现活动性病人

594 例,涂阳病人 156 例,其中初治涂阳 142 例,复治涂阳 14 例;初治涂阴 438 人。按照公共卫生服务管理规范要求抓结核病人督导随访，病人管理率和规则服药率 90%以上。知识培训。4 月 20 日，在疾控中心集中培训全区防痨工作人员，并现场考核。世界结核病防治日(3 月 24 日),区疾病预防控制中心组织开展宣传一条街活动，悬挂横幅 40 条、制作宣传盾牌 30 块、宣传栏 35 个,发放宣传单 5000 余份,建设定点医院电视宣传墙、电子显示屏 10 个。

疾控中心党员进社区

地慢寄生虫病防治。2016 年,全区死因监测报告信息系统报告死亡卡 4488 张;开展碘盐监测工作,监测盐样 300 份,合格 300 份,没有发现非碘盐,碘盐覆盖率 100%,碘盐合格率 100%,合格碘盐食用率 100%;开展“5·15”碘缺乏病宣传活动。

免疫规划。疫苗接种。2016 年,全区发放Ⅰ类疫苗 13 种共 92785 支(粒);全年,建卡(证)5294 人,建卡建证率 100%;抽样调查Ⅰ类疫苗单苗接种率,脊灰疫苗 99.3%、百白破疫苗 99.2%、乙肝疫苗 99.3%、麻风疫苗 96.6%、麻腮风疫苗 91.4%、A 群流脑疫苗 95.5%、A+C 流脑疫苗 79.9%、乙脑疫苗 95.3%、甲肝疫苗 88.1%。糖丸疫苗转换。按照全国统一部署，从 5 月 1 日起三价糖丸由二价糖丸替代,统一回收剩余三价糖丸,统一销毁,5 月 8 日派专人专车到各个接种点回收三价糖丸，统一上交市 CDC,统一销毁。入学入托接种证查验。区卫计部门与区教育局联合,组织开展小学一年级新生、所有入托儿童秋季入学接种证查验和漏种疫苗补种,明确教育部门为接种证查验主体,卫计部门负责业务培训和漏种疫苗补种。免疫规划知识宣传。加大“4·25”预防接种宣传日宣传力度,设定 33 个宣传点,悬挂过街条幅 40 幅,摆放宣传盾牌 30 块,张贴、发放宣传画 5000 份，发放各种宣传材料 8000 余份,接受儿童家长咨询 800 余人次。Ⅱ类疫苗推广。全区使用的Ⅱ类疫苗共 12 个品种。2016 年,下发Ⅱ类疫苗 39083 支(人份),狂犬疫苗 9169 人份，水痘 2614 支，自费乙肝 1687 支,HIB3996 支,轮状 732 支,23 价肺 1409 支,100 乙免 265 支、流感 1439 支、四价 1371 支、三联苗 1219 支、五联 1192 支,EV71 疫苗 13990 支。信息系统管理和使用。启动全国免疫规划信息系统建设和运用,完成全区 38 个接种单位基本资料维护,人员的录入,完成部分合并乡镇编码重新维护;启用金苗助手信息管理系统,实行省内省外儿童预防接种信息省内共享,与产科信息对接;在山东疫苗事件后,全区所有接种门诊和接种点实施扫码接种，疫苗扫码出入库,每一支疫苗都在全程监控下运转和使用。疫苗针对疾病监测。督导乡镇各预防接种门诊落实安全意识,执行疫苗接种知情告知制度,履行告知签字认可职责;加强受种对象的预检;完善预防接种门诊建设,抓接种门诊消毒,防止交叉感染;及时沟通处置并报告可疑预防接种异常反应。

学校卫生。抽样检测区六中自备水源水和善卷中学、机关幼儿园生活饮用水;开展学生健康体

志愿者服务活动

检,全年体检学生44504人,体检率99.4%。总患病数12338人,总患病率27.7%。其中视力不良患病率13.8%;沙眼患病率4.0%;龋齿患病率7.4%;肥胖患病率1.6%;身高上等0.7%;身高下等1.2%。

居民建档及慢性病防治。全年督查、指导重性精神疾病患者管理工作2次。开展从事居民建档、老年人健康管理、高血压、糖尿病患者及重性精神病患者管理人员业务知识培训1次,培训人员150余人。建立电子健康档案723566份,建档率94%;随机抽查居民健康档案360份,合格档案321份,合格率89.2%;按要求随机抽查700份居民健康档案,有动态更新记录的档案489份,健康档案使用率69.8%。老年人健康档案建档率90%以上,随机抽查350份居民健康档案,核查健康体检表,完整体检表282份,完整率80.1%。实施高血压、糖尿病患者健康管理,主要是原发性高血压、2型糖尿病等慢性病高危人群,登记、定期随访、指导他们用药、饮食、运动等。登记管理重性精神疾病患者,掌握重性精神疾病患者相关信息,建立健康档案,实施专案管理,全区管理重性精神疾病患者3539人;重性精神疾病患者相关信息同时录入国家系统和农卫系统。随机抽查重性精神疾病患者档案349份,规范管理327份,规范化管理率93.7%。服药266人,管理人群服药率76.2%。

消毒监测。2016年,监测个体医疗卫生机构120家,采集样本200个,合格182个,合格率91.0%;监测乡镇医疗单位35家,采集样本175个,合格157个,合格率90.0%;区直医疗单位消毒监测4家,采集样本555个,合格533个,合格率96.0%。

职业卫生防治。健康监护。全年,体检958人(在岗823人,上岗94人,离岗41人),检查发现粉尘作业复查待定1人、噪声作业复查待定11人、苯作业复查待定3人、机动车驾驶作业复查待定3人、紫外线职业禁忌证2人、维持原尘肺观察对象2人。建议有职业禁忌的劳动者调离或者暂时脱离原工作岗位、需要复查的劳动者按照职业健康监护技术规范的要求安排复查和医学观察,建议疑似职业病病人由用人单位安排其进行医学观察或者职业病诊断。职业卫生检测评价。完善职业卫生技术服务项目,拓宽服务渠道,扩大服务半径。在检测评价中规范采样、检测、评价和报告书的制作工作。全年检测评价企业作业场所6家,检测的项目包括锑及其化合物、铅及其化合物、锰及其化合物、铬及其化合物、苯系物、二氧化硫、二氧化碳、粉尘、噪声、游离二氧化硅含量、微小气候等项目,检测207点次,合格164点次,合格率80.0%。及时出具检测评价报告书。

健康教育。组织和网络建设。完善了区、乡、村3级健康教育网络,村村有健康教育宣传员,有健康教育宣传栏。区直医疗卫生单位有健康教育科,定期进行健康教育宣传。健康教育活动。全年举办了以艾滋病防治、计划免疫、动物致伤、结核病防治、传染病管理等为重点的防疫专干培训班4期,举办健康教育员培训班2期,培训人数200余人,发放宣传资料3000余份,宣传画550套。在城区4所学校举办健康教育讲座,听课人数2000余人。抓卫生系统禁烟活动,要求全区卫生单位、公共场所全面禁烟,并下发了相关文件。抓全民健康生活方式行动项目工作及健康素养工作,下发全民健康生活方式行动各种文件,选定区住建局为全民健康生活方式示范单位、区住建局食堂为示范食堂、区花船社区为示范社区,张贴健康生活方式小贴士50块,下发宣传资料30000份,下发支持性工具150套(限油壶、控盐勺、腰围尺等)。建设体育馆健康步道。在“3·24”结核病防治日、“4·25”接种日、“4·26”全国疟疾日、4月宣传周、“5·15”碘缺乏病日、“5·31”无烟日、“禁毒日”“母乳喂养日” “肝炎日”“爱牙日”“艾滋病日”等开展宣传12次,发放健康教育资料361000份,播放音响资料2314小时,更新健康教育宣传栏466次,开展公众健康咨询服务478次(接受群众咨询17938人次),举办健康知识讲座571次(参加听讲人数19868人)。

卫生监测。全年,饮用水监测样品258份,合格105份,合格率40.7%。公共场所卫生监测样品

33 份，合格率 100%。餐具监测样品 21 份，合格率 100%。抓农村生活饮用水卫生监测数据录入工作，更新基础数据，录入监测单位信息 38 家，检测结果 77 条。全年从业人员体检 4937 人（其中食品销售人员 1296 人，餐饮从业人员 1058 人，食品生产从业人员 472 人，公共场所从业人员 1579 人，其他从业人员 532 人），检验“五病”人数为零。督促常德市第四人民医院、常德市第二中医院、鼎城区妇幼保健院上报食源性病例 393 人。食品安全风险监测样品 55 份，其中米粉样品 15 份，蔬菜样品 40 份。

（孙孝新）

【“12·29”卫生下乡活动】 2016 年 12 月 29 日，区疾病控制防疫中心组织传染病、慢性病、免疫规划、健康教育等方面专家 6 名，常德市第四人民医院五官科、妇产科、内外科等相关临床专家到双桥坪镇大龙站居委会开展送医、送药、送知识活动。活动采取咨询、检查、诊断、免费送药、送卫生知识等形式开展。接诊 60 余人次，咨询 40 余人次，接受检查 30 余人，发放宣传资料 200 余份，摆放宣传盾牌 12 块，悬挂宣传横幅 1 条，免费发放治疗药品价值 3000 余元。 （孙孝新）

扶贫工作队义诊下乡

妇幼保健

【概况】 2016 年，鼎城区妇幼保健院总收入 6312 万元，其中业务收入 5287 万元，同比增长 20.8%；门诊诊疗 115548 人次，同比增长 9%；住院 7888 人次，同比增长 11.3%。1 月，鼎城区妇幼保健院通过省级儿童保健合格区创建验收，5 月，医院成功创建“二级甲等妇幼保健院”。

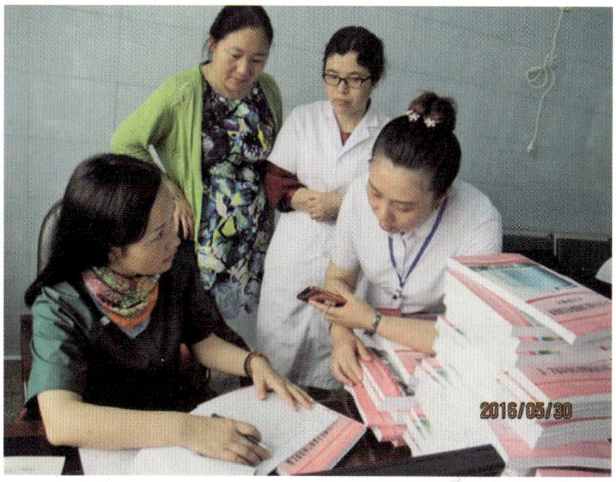

“二级甲等妇幼保健院”创建省级评审

保健管理。全年全区 10029 名适龄妇女接受“两癌”（宫颈癌、乳腺癌）筛查，筛查出宫颈细胞学异常 217 例，宫颈癌确诊病例 3 例，宫颈癌癌前病变 18 例，乳腺癌阳性病例 5 例。新建孕产妇保健手册 6588 本，孕产妇保健管理率 95.85%。免费发放叶酸 15468 瓶，服用率 96.52%，服用依从率 89.2%。6580 名孕产妇接受初次产前保健服务，6202 位孕产妇接受 HIV、梅毒、乙肝表面抗原或乙肝五项免费检测，检测率 94.42%，查出 HIV 感染孕妇 1 例，梅毒感染孕妇 5 例，乙肝表抗阳性孕产妇 204 例。乙肝表抗阳性产妇所生婴儿全部免费

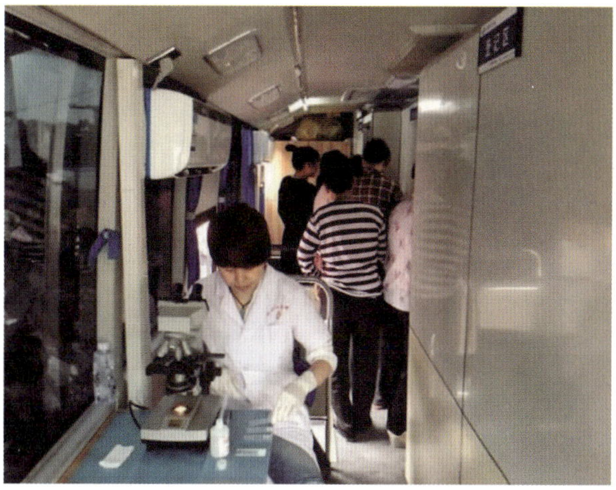

农村适龄妇女“两癌”普查

注射乙肝免疫球蛋白,注射率100%。HIV感染孕妇顺利引产,并为该对象应用了抗病毒药物治疗,至年末无一例婴儿HIV检测阳性。

健康教育。全年,发放健康教育处方3万余份,制作健康教育宣传标语620条,更换宣传栏182期。开展了保健知识及相关政策入户宣传,发放健康教育折页20余万份。开办好2个学校,全年进行了2轮乡镇"孕妇学校"和"家长学校"授课,参课3055人次。

孕妇学校培训

新业务拓展。孕产保健部开展新业务"导乐助产",配合"全新气囊仿生助产""自由体位运动分娩""物理镇痛分娩"等助产分娩技术,减轻孕产妇分娩疼痛感,提高了自然分娩率。妇女保健部新开展宫、腹腔镜微创手术服务。儿童保健部新开展母乳成分分析技术,通过母乳成分分析仪科学分析不同阶段的母乳成分,了解母乳中的营养状态,指导母亲合理饮食,确保宝宝营养均衡,健康成长。

业务学习。坚持每月三基理论考试与操作考核,开展相关专业知识培训、业务操作比武、急救演练等活动。全年12人参加了副高级职称的考试与面试,发表学术论文10余篇,100余人次参加上级举办的各类学术会议与培训。 (彭芸芸)

常德市第四人民医院

【概况】 2016年,诊疗病人284268人次。出院43254人次,施行住院病人手术8870人次,出院者平均住院7.53日。从10月1日起,医院所有药品实行零差率销售。5月13日,南区新建立的杂交手术室施行第一台介入手术。11月28日,南区新生儿科建成开科,按照三级医院标准建设,设立足月监护室、早产监护室、重症监护区、隔离病室,采取全封闭式、无陪护管理。

护理工作。8月27日,医院承办了《常德市护理学会2016年"护理管理创新·提升专业品质"研讨会》,参加会议的有各区县市卫计局护理专干,人民医院护理院长、护理部主任、护士长、临床护理骨干268人。12月医院举行护士脱帽仪式,正式向传统的"燕尾帽"道别。出台了《护士仪表礼仪规范》。

科研与教学。授课长沙医学院2012级临床8班78名见习生理论课、见习课教学;接受长沙医学院2013级见习生74名,安排理论课、见习课;接受中南大学湘雅医学院预防医学实习人员25人。全年接收实习生163人次,乡村医生本土化培养实习学生12名。1月8日,"绿激光在治疗前列腺增生症的临床应用"(课题编号:C2016126)被湖南省卫计委〔湘卫科教发(2016)1号〕批准立项。

科技大奖颁奖

公益服务。9月,常德市第四人民医院加入湖南省急救研究所"第一目击者行动"联盟和"潇湘老年照护联盟"。10月,在区委党校举行"第一目击者行动"启动仪式。医院"第一目击者行动"小组把急救课堂开进社区、机关、学校、企业,开展急救基本技能培训9余次,惠及1600余人。

"第一目击者行动"进一中

推行"精细化管理"。医院围绕"质量、安全、服务、管理、绩效",转变行政管理职能,强化医院执行力,按照医院等级评审和ISO质量体系建设标准,开展并实施医院精细化管理。成立精细化管理办公室,出台《精细化管理实施方案》。采取"检查与考核结合、考核与评价结合、日常与随机结合、监管与改进结合、过程与结果并重"的办法,按照一至四级缺陷(差错)处罚到科到人。每月出一期《奖惩通报》;及时处理违反作风建设的人和事,下发《处罚通报》,处理时间不过夜。 (杨　浩)

【常德市第四人民医院获评"二级甲等综合医院"】 2016年,常德市第四人民医院完善了基础设施,优化就医环境,提高医疗质量和服务水平。6月24日至25日,通过了常德市卫生计生委组织的医院评审团现场评审,获评"二级甲等综合医院"。7月5日,医院启动职工内训工作,采取选送临床和职能科室主任到省人民医院轮训、外请国内知名医院管理专家到该院系统培训中层以上骨干、外请国内知名学者到该院讲学和手术演示、该院副主任医师及硕士研究生学历以上人员定期授课、科室"小讲课"、操作培训考试"人人过关"等方式,培训内容包括医疗、护理、管理、行风、人文等方面。

(杨　浩)

【男科中心成立】 2016年4月12日,常德市第四人民医院男科中心成立,在常德市公立医院中率先成立男科中心。中心拥有检验和检测设备、高精尖的诊疗设备和资深的男科医学专家,致力于男科疾病的研究与临床治疗,规范治疗前列腺疾病、性功能障碍、泌尿生殖感染、生殖整形、男性不育等男科疾病。医院副院长、泌尿外科主任医师、常德市医学会男科学专业委员会主任委员、常德市医学会泌尿外科学专业委员会副主任委员陈祥担任中心主任。 (杨　浩)

【为104岁患者施行介入手术】 赵某,男性,104岁,鼎城区黄土店镇的离休教师,2016年10月23日入院。心电图监测显示:窦性心律,肢导联低电压,完全性右束支传导阻滞,Ⅱ、Ⅲ、AVF可见Q波,ST段抬高;心肌酶:肌红蛋白610ug/L,肌酸激酶393u/L,乳酸脱氢酶351u/L,肌钙蛋白1.67ng/ml.入院诊断:冠心病、急性冠脉综合征、下壁心肌梗死KILLIP2级等。10月25日,博士葛良清为患者成功施行冠状动脉造影术,手术历时8分钟。刷新了常德市冠脉造影手术史上最大年龄患者的记录。

(杨　浩)

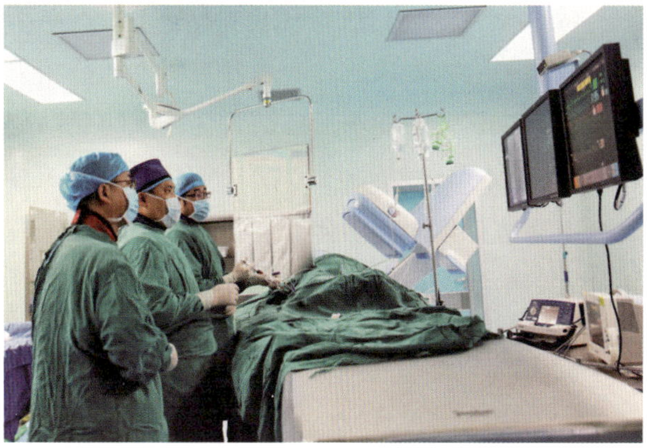

介入手术

常德市第二中医医院

【概况】 2016年,常德市第二中医医院总收入1750万元,其中医疗收入1350万元,收治住院病人2885人次,门诊诊疗20427人次,比上年略有增长。9月选派代表队参加全市中医医院场景模拟急救竞赛,获三等奖。王文沛、余子英入选“鼎城区十佳医护”。

规范管理。医政上强化医疗核心制度的落实,每周三组织业务查房,每周进行2次合理用药查房,组织院内会诊和疑难病例讨论,发现问题及时反馈整改。护理部开展优质护理工作,加强护理质量与安全管理。院感、药政、医保、质控、信息化、后勤管理等工作同步跟进。全年无医疗事故和重大医疗纠纷发生,药占比下降,后勤管理成本降低,综合治理稳定,病人满意率97%。10月1日,医院药品销售实行零差率。

业务发展。引进16排CT1台,引进和开展腰椎间盘射频消融术、腰椎间盘突出PIDD术和银质针微创术等手术。开展冬病夏治“三伏贴”活动。

人才建设。外科学科带头人(副主任医师)1名、中医大学毕业生及其他专技人员5名,聘请退休老中医坐诊。医、护、药、技、院感等各线制订了详细培训计划,定期考核。全年参加培训人员50余人次、上级医院进修10余人次,院内每月举行培训和讲座、并进行考核、演练。

活动开展。3月31日召开第八届第二次职工代表大会,会议表决通过一系列与职工利益相关的方案、决议。在职职工被纳入全区大病互助范畴,建立退休人员大病互助体系。组织全院职工参加全区和医疗集团运动会,主办科室发展PPT演讲比赛、病历书写比赛、护理礼仪竞赛、优质护理演讲比赛等多项活动。 (粟伟丽)

【吴忠文从医六十周年暨中医肝病学术研讨会】 2016年5月7日,“吴忠文主任医师从医六十周年暨中医肝病学术研讨会”在德华宾馆召开,参加会议的专家、领导和中医药从业人员约180人。研讨会由鼎城区人民政府主办,常德市中医药学会、鼎城区卫生计生局、常德市第二中医院承办。省级三甲医院教授孙克伟、龚国忠、谭德明、李永贵就中西医结合防治肝胆疾病的临床诊治经验、基础研究和最新进展等内容与参会人员进行学术交流。

吴忠文幼年秉承家学,1956年从事中医,他主持开发研制了舒肝转阴系列制剂,广泛应用于甲、乙、丙型肝炎;主持的“龙虎清肝汤治疗急性黄疸型肝炎临床研究300例”痊愈率99%,获常德市科技进步三等奖;舒肝转阴片治疗慢性活动性乙型肝炎临床研究”获湖南省1993年度科技成果奖。独创了治疗肝病、结核病、颈肩腰椎病、风湿类风湿、癫痫、胸痹等疑难杂症62个经验方。吴忠文潜心医学研究,撰写出版了《趺阳脉学》《〈金匮玉函经〉研究》《吴忠文医案精华》3部著作。时任中医内科主任医师,湖南省名中医,享受国务院特殊津贴专家,世界传统医学会委员,常德市中医药学会常务理事。 (粟伟丽)

吴忠文主任医师学术研讨会现场

【创建二级甲等中医医院】 常德市第二中医医院于2015年初步启动创建二级甲等中医医院的工作,2016年加大硬件设施的投入,引进先进设备和高级人才,加强专科建设等措施,提升医院整体服务功能。6月,在等级评审中获省专家组肯定,成为二级甲等中医医院。 (粟伟丽)

创建二级甲等中医医院专家评审会现场

人力资源和社会保障

Human Resources and Social Secruity

百团大赛决赛现场

鼎城年鉴（2016）

概　述

【概况】 鼎城区人力资源和社会保障局2010年12月正式挂牌，内设机构有办公室、政工人事股、财审股、公务员管理股、事业单位人事管理股、绩效股、工资福利股、军官专业安置股、专业技术人员管理股、就业和职业能力建设股、养老保险股、医疗生育保险股、信息管理股、工伤保险股、社会保险基金征缴管理处。下属有9个二级单位：人力资源开发交流服务中心、劳动人事争议仲裁院、劳动监察大队、就业服务管理处、城镇职工医疗保险管理服务中心、城乡居民医疗保险管理服务中心、社会劳动保险处、机关事业单位社会保险处、工伤保险处。全局在编人员168人。2016年，人力资源和社会保障局获全市人社工作红旗单位，连续3年位列全市第一。

就业工作。通过发挥职业介绍、技能培训、小额贷款等政策优势促进就业；通过就业援助，公益性岗位等帮助解决贫困家庭和就业困难对象就业；建设创业载体，完善创业孵化园功能，促进大学生创业和就业，全年有52家企业入驻孵化园。2016年，全区城镇增加就业6906人，其中，失业人员再就业3011人、就业困难对象再就业1002人，增加农村劳动力转移就业4900人、增加创业主体3503个、创业带动就业3705人，城镇登记失业率控制在3.2%以内，城镇零就业家庭实现动态就业援助率始终保持100%，受理小额担保贷款170户，发放担保贷款2970万元。2016年开展技能脱贫作为全年就业工作的重点,联合区财政局和区扶贫办下发《鼎城区开展技能脱贫行动的通知》，对建档立卡的贫困户开展免费技能培训的经费保障、培训项目等予以明确，125名“两后生”(初、高中毕业生未能继续升学的贫困家庭中的富余劳动力)技能培训任务已全面完成。

社会保障。全年各项社会保险累计征缴基金16.6亿元，其中：城镇企业职工基本养老保险征缴基金8.88亿元，城乡居民养老保险征缴基金3144万元，建安劳保征缴基金700万元，城镇职工医疗保险征缴基金9800万元，生育保险基金征缴662万元，城乡居民医疗保险基金征缴4.13亿元，机关事业保险征缴基金1.95亿元，工伤保险征缴基金1700万元，失业保险基金征缴520万元。征缴扩面。进一步完善“五险”统一征缴，失业、工伤等“小险种”的基金征缴水平大幅提升，确保参保单位职工享受全面的社会保障。城乡居民医保整合工作顺利完成，机关社保改革工作稳步推进，理顺参保单位和人员在机关社保与企业社保相互归位转移工作。企业养老保险离退休人员待遇不断提高，人均养老金月增加132元；减轻企业用人成本，下调养老、工伤、失业、生育等险种缴费费率。失地农民参保政策进一步落实，7548名失地农民参保，享受财政补贴9085万元。加大社保基金征缴和支付监管力度，确保基金安全运行，全年各项基金结余11.8亿元，基金抗风险能力提升，各项待遇按时足额发放。

人事管理。人员招录。按照省、市考录要求及程序，全区考试录用国家公务员49名；面向社会公开招聘考试6场，为教育系统、四医院等单位招聘88人。人事管理。公务员职务与职级并行制度全面落实；继续推进事业单位岗位管理，建立健全岗位动态管理机制，全区完成岗位设置事业单位364家；把握机关事业单位人员流动调配的条件与程序，全区事业单位人员岗位异动全部按照所设置的岗位要求进行定岗；《乡镇事业站所人员管理办

2016年考试录用公务员派遣工作会

法》《机关事业单位聘用临时工作人员管理暂行办法》相继出台。绩效考核。将省市绩效评估指标任务分解到相关责任单位，出台2016年度区本级绩效评估实施方案，全面完成机关事业单位工作人员年度考核工作。

劳动维权。在全区范围内开展建筑工地及建筑公司农民工工资支付情况专项执法检查、全区民办幼儿园劳动用工检查；保障和维护农民工合法利益，缴存农民工工资保证金1542万元，兑现农民工工资1640万元，追讨农民工工资20起，涉及1600人4000万元左右；全年立案处理各类劳动人事争议案件158起，其中，调解结案82起、裁决结案28起、其它方式结案48起，案外处理92起，为劳动者挽回经济损失375.9万元。（梅戈蓝）

劳动就业服务管理

【概况】 2016年，全区城镇增加就业6906人，其中，失业人员再就业3011人、就业困难人员再就业1002人，城镇登记失业率控制在3.2%；增加农村转移就业4900人，其中促进贫困劳动力增加转移就业1125人，完成27368名贫困劳动力的就业信息采集和建档立卡工作；年内增加创业主体3503个，创业带动就业3705人；创业孵化基地新入驻企业29家，累计52家。

技能培训。全年培训城乡劳动力2683人，其中扶贫培训552人，月嫂、养老护理员培训304人，创业培训510人，“两后生”培训125人，发放培训补贴258万元。同进创业引领92名大学毕业生。

招聘现场

职业介绍。全年共举办专场招聘活动6场，为291家用人单位、9815名求职者提供现场求职招聘服务，帮助实现就业2561人；大厅服务窗口求职登记489人，用人单位成功录用465人；推广应用“e就业”平台服务，年底录完71家企业的数据采集，发布岗位信息123个，求职信息184人。

失业保险。全年征缴失业保险基金1015万元，占任务的195%。全区失业保险参保总人数27206人，其中增加参保单位55家900人，年内共为1859名失业职工发放失业保险金1393万元，落实12家参保单位的稳岗补贴31万元，完成上解调剂金82万元。

创业贷款。全年共为170名创业者发放创业担保贷款2970万元，占任务的114%；回收到期贷款1805万元，回收率100%。（李友成）

机关事业单位社会保险

【概况】 鼎城区机关事业单位社会保险处1996年4月成立，在编人员13人。内设机构有办公室、财审股、业务股、退管股、稽核股。2016年，全区有317家单位参加机关事业单位保险，参保人数12939人，基金收缴19500万元；离退休人数7164人，支付养老金24332万元，其中增加退休人数398人，减少离退休人数145人，净增加253人。

业务培训。推动机关事业单位工作人员养老保险制度改革的贯彻落实，鼎城区社保处选派5名业务骨干参加市局组织的政策、业务工作流程

全区劳保站长工作会

与信息系统操作培训。7月，举办各乡镇长、社区劳动保障站专干业务培训班。

业务档案。整理2016年度各个股室的业务档案20盒，文书档案6盒，业务档案和资料按照编目，编号规范整理、案卷存放入室。

扶贫工作。2016年，社保处领导多次深入扶贫点——尧天坪镇枫梓洞村，协助指导扶贫工作。委托常德市神州电脑科技学校对全村50户贫困户的家庭成员进行为期一个月的技能培训，并为每户申请1000元技能培训补贴金，工作队成员周跃勇坚持跟班协调指导培训工作。（张　纯）

社会劳动保险

【概况】 鼎城区社会劳动保险处1986年11月成立，在编人员28人。内设机构有办公室、财审股、登记结算股、建安股、个人缴费管理股、被征地农民保险股、个人账户管理股、退休人员管理股、稽核股、城乡居民基本养老保险管理中心、被征地农民养老保险管理服务中心。主要职责是负责全区城镇国有、集体、私营企业职工、个体工商户及灵活就业人员、城乡居民和被征地农民养老保险基金的征收和管理，企业养老保险离退休人员、城乡居民待遇领取人员社会化管理和待遇支付，建安劳保基金的征收、保值、增值、调剂使用和基金安全管理以及企业职工、城乡居民养老保险政策宣传、咨询等工作。2016年，鼎城区城镇职工基本养老保险参保缴费51763人，扩面3400人，基金征缴56612万元，占年度征缴任务122%。企业养老保险总收入58269万元（利息收入1116万元，财政补贴收入522万元），基金累计结余31775万元。城乡居民基本养老保险参保登记435644人，实际续保缴费266085人，征缴基金3175.24万元，占年度任务95.7%，实现政府代缴4491人，城乡居民基本养老保险基金总收入17943.18万元（利息收入60.2万元，财政补贴收入14707.74万元），基金累计结29937.81万元。建安劳保基金征缴710万元。城镇企业职工离退休人员34133人，其中企业职工退休增加3688人，累计发放基础养老金65047万元，办理死亡终止丧抚金结算521例，支付丧抚金2494万元，社会化发放率100%。城乡居民养老保险待遇领取人员135949人，其中增加待遇领取人员7237人，累积发放养老金13634.67万元，社会化发放率100%。鼎城区社会劳动保险处被常德市社会劳动保险处评为2016年度“社会劳动保险工作红旗单位”。鼎城区城乡居保中心被湖南省城乡居民社会养老保险管理服务中心评为2016年度“城乡居保经办管理服务工作优秀单位”。湖南省城乡居民社会养老保险管理服务中心授予鼎城区城乡居保经办机构为“湖南省城乡居民基本养老保险经办管理服务示范点”。

惠民政策。落实下岗工人缴费补贴政策，为3286名企业下岗工人给予缴费补贴10146680.9元。调整企业离退休人员养老金，涉及3.1万人，人均月养老金上调132元，共增加发放养老金530万元。调整城乡居民养老保险基础养老金，最低标准由每人每月75元提高到80元，覆盖人员13.63万人，共增发养老金607万元。启动独生子女、乡村民办教师、赤脚医生、乡村放映员4类人群的困难补助代发工作。独生子女代发人数480人，累计发放金额40.3万元；乡村民办教师五年以下代发人数1457人，五年以上3000人，累计发放金额237万元；赤脚医生代发人数588人，累计发放金额77.35万元；乡村放映员99人，累计发放金额10.38万元。

区社保处工作人员向被征地农民宣传养老保险政策

被征地农民养老保险。启动“大堤压浸”“阳明南路”“东星家具城”“岗市安置小区”“竹根潭路”“钢材市场”“新湘达”“沅澧干线”“大湖南路”“武陵监狱迁建”10个项目被征地农民养老保险参保工作。累计上报被征地农民27950人,其中符合参保条件25424人,已参保7706人,征缴基金2.2亿元(其中财政缴费补贴9500万元);办理退休4687人,退休人员月均养老金1389元。

城乡居民养老保险。示范点建设活动。建设一批以黄土店镇、蔡家岗镇为典型的示范乡镇。9月,全市城乡居保示范点现场会在鼎城区黄土店镇召开,市社保处、各区县社保处、城乡居保中心共计70余人现场观摩鼎城区示范点建设成果,市社保处对鼎城区城乡居保办事透明化、工作规范化、管理制度化、监督公开化、服务人性化的经办服务体系给予高度评价。业务平台建设。社保处投入近20万元,按照以旧换新的方式更新乡镇电脑打印传真设备,实现全区18个乡镇城乡居保业务网络和乡镇内网的融合;加强与农商行的协调配合,开辟银行持卡缴费绿色通道,乡镇政务大厅设置便民服务角,印制乡镇城乡居保业务卡片。数据核查。通过与卡管信息系统比对核查2773条信息,2016年发放社保卡2万余张,共计发放42.46万社保卡;与职保数据比对核查重复参保24390人,重复领取待遇190人,其中终止5978人;与卫计委数据比对查出疑似死亡人数1780人,经核查488人健在实行续发处理,626人死亡实行终止。

基金追缴。社保处实地稽核企业退休离人员死亡后土葬的情况,稽核率100%,追回基金13万元,有效遏制虚报冒领养老金待遇行为发生。实地稽核全区45家单位养老保险费缴费人数申报、保费缴纳等情况,追缴基金280万元。城乡居保清理出重复参保领取待遇1103人次,追回重领基金21.8万元,稽核灌溪镇被征地农民98人重复领取待遇人员,追回基金9450元。同时还在系统比对查出重复参保24390人中的重复领取待遇人员190人做出核实并暂停待遇发放处理。

档案管理规范化建设。成立档案管理领导小组,制定《档案管理暂行办法》《档案归档与移交制度》等10项制度。设置档案管理网络图、业务档案分类示意图,连同制度全部制牌上墙。整理全年各股室的档案,做到业务档案和文书档案按照目录,编号规范整理,案卷规范存放。

业务培训。7月,召开片区乡镇业务座谈、专干跟班学习、网络直播教学等形式将政策培训下移至基层;8月,社保处工作人员赴澧县、石门县人社局就城镇职工养老保险和城乡居民养老保险开展学习交流活动;10月,区城乡居保中心运用现场教学的方式,举办全区城乡居保专干乡镇网络平台系统操作培训,确保专干能学会用。

宣传工作。通过微信群、微信公众号、QQ群等公共平台,发布业务知识,发放宣传资料,全年发放宣传资料2万余份,悬挂横幅1000余条。通过广播电视宣传社保政策,8月,社保处与鼎城电视台合作,制作城乡居保专题电视宣传片,在电视台黄金时间多次播出;通过“村村响”广播,每天播放录制的宣传资料。通过各类网站宣传报道,全年在国家级“中国劳动保障网”发表稿件18篇、省级“湖南民生网”发表稿件28篇、市级《常德日报》发稿1篇,市级“中国常德网”上发稿1篇,市社保处网站发稿10篇,展示全区养老保险工作取得的成绩。

春节慰问。走访慰问全区90岁以上的城镇职工和100岁以上的城乡居保待遇领取人员40名,发放春节慰问金32000元。　(钟志峰)

【鼎城区城乡居民养老保险经办机构被授予省级示范点】 2016年,鼎城区组织开展城乡居保“五镇十村”活动,投入人力、物力和财力建设一批以黄土店镇为典型的示范乡镇。9月23日,全市城乡居保示范点现场会在鼎城区黄土店镇召开,市社保处领导、各区县社保处主任、城乡居保中心主任共计70余人现场观摩鼎城区示范点建设成果,市社保处领导高度评价区城乡居保办事透明化、工作规范化、管理制度化、监督公开化、服务人性化的经办服务体系。通过以点带面、典型引路，充分发挥典型示范带动作用，基本做到“树立一个点，带动一大片”，有效促进全区城乡居保工作上台阶、上水平。12月，湖南省城乡居民社会养老保险管理服务中心授予鼎城区城乡居保经办机构为“湖南省城乡居民基本养老保险经办管理服务示范点”。 （钟志锋）

【机构改革】 2016年7月，常德市鼎城区新型农村社会养老保险管理中心更名为常德市鼎城区城乡居民养老保险管理中心。原鼎城区新农保中心成立于2010年10月18日，为社会劳动保险处管理的正股级事业单位，定编10人，更名后仍为社会劳动保险处管理的正股级事业单位。工作职责是负责起草全区城乡居民养老保险业务的发展规划、保障办法等政策性文件，制定全区城乡居民养老保险的业务管理规范和业务流程；负责对全区城乡居民养老保险业务和基金管理的指导，负责全区城乡居民养老保险基金的征缴、业务和财务管理；负责城乡居民养老保险基金的管理；负责城乡居民养老保险待遇的管理和养老金的发放；承办区委、区政府和区人社局、区社会劳动保险处交办的其他事项。 （钟志锋）

工伤保险

【概况】 2016年，全区参保单位612家，增加扩面人数3650人，累计参保人数46786人。征缴工伤保险基金2172万元，占年度任务的127%，其中企业385家，征缴基金1638万元；机关事业单位征缴基金422万元；个体户征缴基金112万元。工伤保险待遇共支出1413万元，享受工伤保险待遇1178人，工伤保险基金滚存节余为2331万元。

政策宣传。搭建平台开展宣传咨询。4月上旬在武陵镇小圆盘附近设立《工伤保险条例》政策宣传咨询点，张贴宣传标语，向群众发放《工伤保险条例》知识问答等宣传资料；面对面与企业开展宣传咨询。6月到谢家铺镇华富田烟花鞭炮厂、10月到东鼎动力有限公司和天厦建材厂开展宣传咨询活动，并制作政策宣传专栏。媒体延伸宣传。4月与鼎城电视台合作开设《工伤保险》专栏，每周一晚上7:30在鼎城电视台《鼎城新闻》中播出；开设培训班，现场指导企业。9月28日，保险处在鼎城区委党校举办全区机关事业单位、各参保企业工伤保险经办业务培训班，工伤保险处负责同志及相关业务股室负责人分别就《工伤保险条例》重点知识及相关配套文件法规进行授课辅导。

人社局副局长杨家军（右二）、主任李爱琼（左二）实地考察天厦建材生产车

基金征缴扩面。乡镇自收自支事业单位的参保。年初将扩面任务分解到各乡镇劳保站，每季度通报工作开展情况。联合区住建局、区安监局等职能部门，落实“同舟计划”，确保建筑施工企业农民工应保尽保；清理未续保单位。未及时续保的单位，保险处采取上门、发挂号信、打电话催缴，并进一步明确“无故欠缴工伤保险费两个月以上视为断保，其间发生工伤事故后工伤保险基金不予支付”的规定，督促企业及时续保。

待遇管理。修订完善工伤医疗服务协议。开展协议医疗机构年度评审和续签协议，把挂账管理、住院药占比、医疗与康复的衔接、住院时间限制、特检特治审批手续规范、违规药品或医疗项目处理方法等内容纳入协议条款。加强协议医疗机构监管。下发协议医疗管理情况年度通报，修改完善《工伤保险协议医疗机构综合考核办法》，加强工伤医疗服务的监督管理，通过检查，责令1家医疗机构限期纠正在特检特治、药品使用等方面存在的问题。加大巡查工伤职工住院情况力度。不定期到各个协议医疗机构巡查、了解工伤职工用药与伤情病情进展情况，发现问题及时指出纠正。4月20日，在第四医院查房过程中查出，武陵机械有限公司工伤职工住院期间存在冒名顶替现象，查清实事后，取消该参保企业在四医院的医疗挂账协议。规范老工伤医疗待遇。截至2016年11月30日，全区有机关事业单位工作人员3640人纳入工伤保险统筹管理，并统一治疗标准，慢血2000元/两年、晚血4500元/年。严控审核待遇。按照工伤保险相关政策，把控待遇支付出口。特别是涉及先行支付、一次性待遇、工亡职工供养亲属享受长期待遇等情况，仔细核对相关资料，认真审核各项待遇，及时有效落实到位。

事故调查管理。学习《中华人民共和国社会保险法》《工伤保险条例》等法律法规政策，参加各级组织的业务培训，提升自身综合素质，精通业务流程，提高工伤事故调查水平。改进工伤事故调查方法。与区劳动人事争议仲裁院、区劳动监察大队成立区工伤疑难案件认定工作领导小组，实行书面调查、现场调查相结合的调查方法，建立事故调查台账、报表、《工伤事故调查内部程序》。鼎城区范围内发生的事故，事故调查工作人员2小时内赶到现场，准确、详细调查事故发生情况，有效的提高疑难案件认定问题，更好的维护企业和员工的合法权益。加强重特大事故取证。分管领导挂帅指导，并在调查前列出提纲，工伤调查领导小组讨论通过，依照调查提纲逐一调查取证。

基金运行管理。实行领导负责制。保险处领导定期组织基金安全形势分析和风险评估，确保基金安全有效运行。实行专户管理。按规定实行"收支两条线"，全局成立征缴处，实现五险统一征缴，基金收入全部纳入五险统一财政专户管理；每一笔基金的支出都由财政集中支付通过银行直接转账，收入户、社保股与支付局均按月核对账目，做到账实相符、账账相符，把好支出关口。实行严格的财经纪律。坚持"一事两岗两审"制度和"钱账分离、管用分开"的原则，由专人负责管理收据、印鉴、财务凭证及账本，执行基金收支业务流程，规范基金部分支出项目管理，实行预算控制，管理使用项目，严格执行审批程序；加强内控制度建设，完善"收、管、发、补"各环节操作流程，用制度保障基金安全。加强基金稽核。加强征缴稽核，稽核重点放在优势企业、民营企业、建筑行业，夯实缴费基数；加强待遇稽核，有效防止虚报冒领工伤保险基金现象发生。

（刘　丹）

城镇职工医疗保险

【概况】 2016年，城镇职工医疗保险参保人数50213人，基本医疗基金总收入10151.44万元，占任务的142.09%，支出10027.92万元，结余123.52万元，累计结余8207.5万元。生育保险参保人数31037人，基金收入693.89万元，占任务的147.64%，支出388.60万元，结余305.30万元，累计结余1642.40万元。城镇居民医保参保人数98773人，基金收入5354.9万元，支出5115.82万元，结余239.08万元，累计结余1588.4万元。特殊人群参保人数426人，其中离休人员71人、伤残军人350人、单位自筹5人，全年支出医疗费854万元。

基金征缴。精准核基。每一分应缴基金精准测算逐一核定，全年增收1600余万元。精准扩面。针对工商企业上门宣传医保政策，引导职工自愿参保，全年增加参保人员1285人，增收基金300余万元。精准服务。根据参保单位和个人的实际需求，准确解答政策、递送相关文件，及时提供数据测算，与相关部门主动协调理顺关系，提供精准服务。精准清欠。根据欠费单位的资金运行情况，上门催收，全年收缴欠费200余万元。2016年职工医保基金征缴1.02亿元。

医疗监管。全年稽查住院病人3651人次，审核病历1884份，稽核发现违规案例104例，其中不在院在床11例、不合理用药56例、不合理检查20例、不合理收费7例、病历记录不规范7例、信息登录不规范3例，扣款总计20余万元。加强意外伤害管理，实地调查意外伤害237起，查出不符合报销政策45例，拒付违规金额38.7万元。医疗监管实行“两医”互动式管理，创新医疗监管方式，变以往的医保单向管理为医保与医院互动式管理。医疗专家参与审核。聘请富有临床经验的医疗专家参与病历审核。医保主任稽查，邀请协议医院医保办主任参与稽查，查找管理漏洞，提高医保管理工作。协议医院交叉稽核，组织协议医疗机构医保定岗医师在不同医院之间交叉审核病历，提高定岗医师医保政策水平。

协议医药机构管理。2016年，鼎城区城镇职工医保协议医药机构的管理方式进行改革，实行新的准入、评估、协议管理办法，对于协议医药机构的申报（具备条件）、评估（过程监督）、意见反馈、公示与签约、报备、协议续签与变更、责任追究等相关事项予以明确。

大病医疗保障。城镇居民大病保险补偿政策。2016年补偿214人次137.63万元，人均补偿金额6413.47元，人次降低医疗费用13.98%。职工医保大病互助二次补助政策。2016年兑现2015年符合政策人员二次补助71人次68.5万元。公务员医疗补助政策。2016年兑现2015年符合政策补助67人次71万元；区内退休副处级及以上干部（139人）医疗补助52人次14.7万元。（胡小平）

【机构改革】 2016年10月13日，《中共常德市鼎城区委机构编制委员会关于整合城乡居民基本医疗保险制度有关机构编制事项的通知》（常鼎编〔2016〕4号）发布，将常德市鼎城区医疗保险处更名为常德市鼎城区城镇职工医疗保险管理服务中心，是鼎城区人力资源和社会保障局管理的副科级事业单位。服务中心的主要职责是：受区人民政府委托，负责全区城镇职工医疗保险的管理服务工作，包括：负责全区城镇职工医疗保险和生育保险基金的筹集、支付审核、日常管理；负责全区特殊人群（离休老干、伤残军人）医疗经费的筹集、支付审核、日常管理；负责全区城镇职工医疗保险协议医药机构、生育保险、特殊人群协议医疗机构的准入、退出、考评相关工作以及医疗服务、售药服务的监督稽查工作；负责相关医疗保险法规、政策、制度规定的相关工作。（胡小平）

城乡居民医疗保险

【概况】 2016年，新农合共补偿2563839人次36951.47万元（含2015年度门诊补偿1500万元），占年度基金总额99.4%，其中住院补偿114149人次24206.94万元，人均补偿2121元，平均补偿率65.8%（统筹区域内平均补偿率85.9%）。城镇居民医保补偿15756人次4835万元，其中住院补偿10131人次3811万元，人均补偿3762元，政策内补偿比例约70.2%。

调整补偿政策。2016年新农合按照“确保基金运行安全，有效发挥基金效益”的原则，调整补偿政策和完善新农合补偿方案，新农合年度补偿封顶线提高到50万元；城镇居民医保年度封顶线提高到45万元，城镇居民医保坚持“为民、利民”的服务宗旨，不断优化补偿方案，最大限度惠利于民。

惠民政策。开展65岁以上农村老人免费健康体检，建立一般诊疗费补助制度，农村特殊群体和特殊疾病给予政策上的倾斜。实施农村五保对象在区乡两级定点医疗机构住院基本医疗费用全免；农村孕产妇在区乡两级医疗机构住院分娩基本服务包内费用全免；开展农村儿童先心病、白血病和农村妇女“两癌”等重大疾病救助；建立尿毒症血透、癌症病人放化疗等30余种疾病的特殊门诊补偿机制。

商业保险参与城乡医保服务。继续实施商业保险参与大病保险和意外伤害补偿服务工作，全年新农合意外伤害补偿4131人次1211.7万元；大病保险共补偿2800人次1717万元。其中新农合补偿2515人次1532万元，城镇居民医保大病保险报销285人次185万元。

监管机制。新农合和城镇居民医保运用“网络监管与现场稽查、定期与不定期稽查、突击与告知稽查”方式，重点实施“六查六防”，实行每年2次“综合督查”和20次以上的“专项稽查”及不定期的日(夜)查房等监管机制；新农合和城镇居民医保成立由临床医学、药学及财务管理等方面的专家组成的专家库，督查全区各定点(首诊)医疗机构财务管理、医疗服务及药品管理，发现问题及时纠正，提高医疗机构内部管理水平和医务人员诊疗技能。坚持参合(保)群众补偿受益情况“三级”公示制，设立监督举报电话，接受社会监督，提高补偿透明度，有效遏制弄虚作假现象发生，医疗费用得到有效控制。进一步完善民营医疗机构分级分类管理机制，分级管理民营医疗机构。

服务为民。新农合建立参合群众医疗费用补偿由金融机构打卡发放补偿款机制，城镇居民医保采取首诊负责制，采取首诊医疗机构即付即补的方式，遏制医疗机构及他人冒领现象，保证全区新农合基金安全平稳运行。（汪恩慈）

【机构改革】 2016年10月，全区新农合和城镇居民医保两项制度整合，成立区城乡居民医保中心。11月3日，召开鼎城区城乡居民医保2017年度筹资工作大会，城镇居民医保制度、新农合制度合二为一，并轨运行，城镇居民与农村居民执行统一的医保政策，实施新的城乡居民医保制度，全区城乡居民基本医疗享受同等待遇。（汪恩慈）

常德市兴隆劳务有限责任公司

【概况】 常德市兴隆劳务有限责任公司是鼎城区政府控股的一家劳务企业，员工5600名，劳务外包90%服务于常德卷烟厂。2016年，实现现产值3.61亿元，利税1529万元，上缴各种社会保险费5300万元、上缴税收2千余万元，实现国家二级安全生产标准化达标，成为省内唯一一家二级达标劳务企业。

业务招标。2016年，劳务业务来源改订单式为招标方式获得。公司全面规范整理应标信息，确保公司竞标的基础，成立由董事长负总责的多部门竞标工作小组，开展对常德卷烟厂主营业务、复烤公司劳务业务和烟厂三产业务的招标工作。1月13日中标常德卷烟厂主营劳务业务2.99亿元；元月14日中标复烤公司90%劳务业务；5月12日中标常烟发展公司劳务外包业务；6月3日中标发展公司货物运输业务；11月22日中标常烟安保4000余万业务。

安全生产。落实“一岗双责”，优化安全责任体系，把安全管理工作作为重要指标纳入年度业绩考核，与部门及负责人绩效挂钩。管控重点场所、关键环节的安全，定期与不定期开展消防安全检查，及时消除安全隐患，同时加强消防训练，提高义务消防队和班组骨干对突发火灾事故的处置能力；加强职业危害防治，重点加强作业场所粉尘、噪声、高温等职业危害防治，督促员工正确佩戴劳动保护防护用品，建立个人防护用品使用制度并留存执行记录；定期组织全员职业健康体检，建立职业健康管理监护档案，保障员工健康安全。开展危险源辨识，落实作业活动风险控制措施及运行控制措施，确保所有作业活动风险始终处于受控状态。排查治理安全隐患，组织开展特种设备、夏季防暑降温、重点时段交通安全等专项安全检查活动，检查发现11个事故隐患全部整改到位。开展安全教育培训，提升全员安全素质，组织55名新员工开展三级安全教育、班组骨干及专职安全员新《安全生产法》等法律法规培训，组织50名员工参加高空作业持证上岗培训，组织管理骨干参加安全管理资格培训。开展安全文艺会演、叉抱车技术比武、“安全在我心中”专题期刊等一系列安全文化建设活动，增强员工依法管理、按章作业的自觉性，培养员工自觉执行制度的习惯，推进安全工作由“被动要求”向“自我需求”转变。（陈　辉）

乡镇·街道·场

Villages and Towns & Neihbrohood

全区乡镇党委换届选举动员大会现场

玉霞街道

红云街道

郭家铺街道

斗姆湖街道

蒿子港镇

中河口镇

十美堂镇

牛鼻滩镇

韩公渡镇

石公桥镇

周家店镇

镇德桥镇

双桥坪镇

灌溪镇

石板滩镇

蔡家岗镇

花岩溪镇

尧天坪镇

许家桥回族维吾尔族乡

黄土店镇

草坪镇

谢家铺镇

园艺示范场

芦苇场

特种养殖总场

玉霞街道

【概况】 玉霞街道总面积5.5平方千米,下辖5个社区,35个网格。总户数20958户,户籍人口59438人。有外来人口14472人。人口自然增长率8.7‰。全年工业总产值11.4亿元,比2015年增长8%;财政总收入近1800万元,比2015年增长19.64%;人均可支配收入29850元,比2015年增长8%。2016年,玉霞街道被授予常德市“城市管理优秀街道”;办事处获区第二届运动会第二名,获区党风廉政建设先进单位、区人口和计划生育工作先进单位、区社会管理综合治理先进单位、区安全生产工作先进单位、区党管武装工作先进单位、区城市工作红旗单位、区现代服务业发展红旗单位、区征地拆迁安置工作先进单位、区妇女工作先进单位;玉霞街道办事处交通管理站被评为区交通工作先进单位。

经济建设与发展。棚改工作。玉霞街道办事处分指负责B08、B05、B06地块868户征拆工作。年末,B08地块327户全部签约;B05、B06地块征拆工作6月20日启动,单日签约最多127户,创全市及至全省最高纪录;过江隧道项目征拆户79户,全部签约倒房;蔬菜批发市场项目征拆户11户,已交地;永安小学建设拆迁户17户,3天时间全部签约腾房;B01、B03地块征拆户310户进入入户调查阶段。项目建设。国龙房产、人防工程、蔬菜批发市场、迎宾园、南城天街、中石油第十三加油站、永安小学、卫计中心等房产项目、民生项目和国防项目,已建成投入使用或已破土动工。城市管理。组建了近60人的专业队伍,每天巡查和不定时暗检,有效遏制违反城市管理的行为。控违拆违。2016年,玉霞街道办事处城管大队拆除违法建设30余起,面积1500余平方米;下达违建停工通知书10份;解决13户居民房屋整改问题。

B05、B06地块动迁启动大会

稳定工作。玉霞街道辖江南老城区,有各类不稳定群体15类,涉稳涉诉涉访对象98人,其中重点对象38人。通过“摸清底子、找准根子、开好方子”,强化维稳责任,落实稳控包保,全年没有发生恶性刑事案件。协同派出所开展涉黄、涉毒、涉赌专项整治,全年逮捕涉黄违法犯罪人员2名、行政拘留29人;查处“鲨鱼机”“地下六合彩”“转转麻将”等涉赌场所35家,逮捕涉案人员2名、行政拘留49人、收缴麻将31副、销毁“鲨鱼机”18台和麻将桌12台;逮捕涉毒人员2名、行政拘留114人。开展矛盾纠纷化解。全年由综治办、司法所、社区受理各类矛盾纠纷12起,化解积案4起,其中包括建新路居民沈政德、燕良安拆迁问题,永安社区居民养老保险购买问题;成功调处矛盾12起,其中意外伤害纠纷2起,邻里建房纠纷5起,劳务纠纷2起,资产分配纠纷1起,合同纠纷2起;处置强行阻工事件2起,行政拘留5人。“三实信息”采集。多次召开推进会,建立微信工作群,截至8月23日采集数据10.23万条。开展民调工作。层层召开会议,建立微信工作群,利用电子显示屏、橱窗、盾牌等宣传方式,发放“创满意促民调”宣传资料、“致居民一封信”等。

安全工作。成立街道安全生产委员会,街道党工委书记为安全生产第一责任人,各分管领导是各分管工作安全生产直接责任人,实行“一岗双责”,健全了街道安全生产管理体系。整治安全隐患。排查农贸市场、网吧、工贸企业、危化品经营店、大型超市、小区物业、大中型酒店等重点领域的安全隐患,建立并完善隐患排查台账。坚持每月一次安全生产大检查,每次至少检查4个单位,及时向上级有关部门汇报检查出来的问题并下达安全整改通知书,责令其限期整改。全年,无较大以上安全生产事故发生。食品药品监管工作。全年发证照613个,接处投诉举报16件,抽检早餐店19家、饭店17家。责令整改餐饮经营场所23家,取缔、关停不合格经营场所6家,办理案件28件,罚缴涉案资金30余万元。辖区内全年没有发生一起食品药品安全事故。

社会事业。开展春季手术月活动。全年上报出生308人,其中计划内出生304人,计外出生4人,计生率98.70%;已婚育妇6742人,落实各种节育措施60例,其中上环26例,取环20例,女扎13例,人流1例。开展流动人口计划生育管理与服务工作。建立健全信息共享机制,及时提交外出流动人员个案信息并建立台账。及时处理实时通、全员端口信息4659条,其中处理全员端口生养信息760条、妊娠信息589条、未建档信息120条、处理投诉信息368条、处理业务消息2822条,为异地流动人口45人办理婚育证,常住人口一孩生育证发放200人,再生育子女申报108人,再生育三孩证发放5人。落实奖扶政策。5个社区全部按照标准发放独生子女奖励费,其中农村奖扶19人、特扶49人。重视征兵工作,开展宣传发动,23人应征入伍,超任务数。困难群体保障工作。发放各类救助资金6万元,年审和入户调查辖区内1638户(2558人)低保家庭。落实住房保障757户,新增就业1580人,取消低保533人,新增低保93人,在"双向关爱"活动中结对帮扶青少年30对,支持教育基金50万元,教育拨款33万元,政协组织扶贫结对经费支持6万元。防汛抗旱工作。成立指挥部,明确各单位地段及责任,落实防汛人员、防汛物资,签订责任状。组建了100人的应急抢险小分队,并组织队员演练。防汛期间,未发生一起险情。文体事业工作。修建了集休闲、健身于一体的近500平方米的街道文体活动中心。2016年获全区庆祝建党95周年"红歌赛"三等奖;获常德市广场舞大赛鼎城赛区一等奖;获鼎城区第二届体育运动会总分第二。 (戴　婕)

鼎城区第二届体育运动会

【创全区首个省流动人口公共卫生服务管理示范点】 2016年,玉霞街道办事处开展流动人口健康教育、建立健全流动人口健康档案管理、加强流动儿童预防接种服务和儿童保健、强化流动人口传染病防控、完善流动孕产妇管理、落实流动人口计划生育基本公共服务,全面覆盖流动人口卫生计生基本公共均等化工作政策。力创全区首个省流动人口公共卫生服务管理示范点。 (戴　婕)

【临江社区申报2016年度湖南省创新创业带动就业示范社区】 2016年,临江社区致力于"扶持能人当老板,引导企业上规模,培育产业成气候",营造创业氛围,扶持引导社区居民创业。大学生彭鹏、下岗职工黄丽慧等创业事迹多次被人才社保报、《常德日报》等媒体宣传推介。社区连续8年为83名创业者提供小额担保贷款服务,累计争取贷款资金1200万元;通过其他融资平台,每年为社区企业融资2000万元以上。聘请指导专家、培训教师为社区中小创业者授课2次以上。通过树立创业典型,设立创业之家、展示创业风采、举办创业沙龙等活动,激发群众创业积极性,从2014到2016年,年新增创业实体120户以上,吸纳外地就业1.2万余人。 (戴　婕)

【鼎城社区书屋开馆】 玉霞街道办事处鼎城社区书屋筹备8个月,于2016年6月15日开馆,正式向居民免费开放。区委常委、宣传部部长李芳,区人大常委会副主任刘运华,区政协副主席、区文联主席蒋利荣以及部分区直部门、办事处、社区负责人,居民代表50余人参加开馆仪式,李芳、刘运华为社区书屋揭牌。鼎城社区书屋位于社区三楼,建筑面积200余平方米,设有成人阅览室、少儿阅览室、电子阅览室,藏书15000余册。 (戴 婕)

鼎城社区书屋开馆仪式

【永安社区成功申报民族团结进步示范社区】 永安社区辖区总面积0.96平方千米,总户数2876户,总人口7167人。其中少数民族人口158人,有壮族、侗族、满族、苗族、瑶族、维吾尔族、土家族、回族8个少数民族。社区坚持"促进民族团结,构建和谐社区"工作目标,贯彻落实党的民族工作方针政策,围绕"共同团结奋斗共同繁荣发展"民族工作主题,建立民族工作联络小组、民族宗教志愿服务队,开通民族宗教服务热线、建立服务站、搭建服务少数民族平台,化解少数民族矛盾纠纷,为少数民族同胞提供就业、就学、健康体检、困难帮助等服务。2016年,永安社区成功申报为民族团结进步示范社区。 (戴 婕)

2016年玉霞街道各社区基本情况

表9

序号	社区名	人口(人)	面积(平方千米)	合并社区名	社 区 特 色
1	临江社区	9730	1.55	临江社区(原)、桥头社区	办公大楼功能齐全,集办公室、接待室、会议室、电教室、图书阅览室、老年活动室和计生服务室于一体, 市场活跃,商贾云集。位于玉霞街道人流物流中心,创建文明城市先进单位、星级社区、文明社区、基层劳动保障工作"红旗单位"
2	迎宾社区	6928	0.98		社区位于江南城区中心地段, 拥有集"一场一园一站五室" 高标准办公服务大厅,辖区内休闲体育广场、陈辉公园等居民活动场所面积大、设施齐全
3	永安社区	7167	0.96		社区位于江南城区鼎城路以南、金霞路以北,东至善卷大道、西至大湖路,划分6个网格中, 有7条大街,6条小巷,辖7个居民小组,2个居民小区。辖区内有12个驻区单位,两所学校,5所幼儿园

续表 9

序号	社区名	人口(人)	面积(平方千米)	合并社区名	社区特色
4	鼎城社区	13635	0.57	渡口社区、鼎城社区(原)	位于常德市江南城区中心地段,属老城区社区,辖区内纵横6条大街8条小巷。社区党总支下设9个支部,在社区过组织生活的党员389名。社区曾获"全国和谐社区建设示范社区""全国科普示范社区""全省社区建设示范社区""全省民主法制示范社区""平安社区"等称号
5	常沅社区	15148	1.89	常沅社区(原)、玉霞社区	东起滨江路,西与善卷路相连,南起金霞路,北至车站巷。社区公共服务站设综合服务大厅、档案室、卫生计生健康服务室、警务室、社区议事室、党建办公室、民兵综合办公室、图书阅览室等。设有慈善超市,日间照料中心,青苗学校,玉霞街道卫生服务中心。室外文体活动场所7处,面积1600平方米。设小学1所,学位1400个;有幼儿园6所,学位762个

红云街道

【概况】 红云街道总面积10.8平方千米,下辖花船、德安、停车场、红云、福广、西站6个社区。总户数2264户,总人口49068人。2016年,获党风廉政建设红旗单位、安全生产工作红旗单位、城市工作红旗单位、优化经济发展环境红旗单位、征地拆迁先进单位、社会管理综合治理先进单位、计划生育工作先进单位、维护社会稳定工作先进单位。

控违拆违。街道办以"控新增、减存量"为目标,强化日常片区巡逻,加大重点区域、重点对象的巡查力度,加强与社区和群众的沟通、联络,调动和发挥社区、群众的监督作用。全年,强制拆除历年存量违法建设8处500余平方米;拆除新建违法建设30处1000余平方米;督促违建业主自拆8处300余平方米;控制违法建设室内装饰、装潢15处,强制行政执法60处。

常德市重点建设项目集中开工暨鼎城临江棚户区改造项目开工仪式

维稳安全。加大综治工作力度,坚持"以防为主、打防结合、标本兼治、常抓不懈",开展打黑除恶、"五项整治"等专项行动,全年,派出所查处刑事案件52起,起诉35人;行政拘留103人,强制戒毒22人;收缴电游赌博机140台。排查各类安全隐患65处,取缔假酒制造企业1家。调处各类矛盾纠纷122起,成功120起,成功率98%以上。开展法律知识、禁毒知识宣讲进社区、进校园活动 8 次;由骨干带队、民警和社区干部参与,开展重点院落的巡逻。

城市创建。推进完美社区建设,用“3+N”模式完善社区品牌服务建设;推进文明创建工作,全年组织开展科普活动 20 次,组织志愿者活动 780 人次,文体活动 22 次;推进爱卫创建工作,发放春、秋灭鼠药物 312 千克,新型灭蟑灭蝇药物 750 余盒,资料 4000 余份;管理不文明行为,清除垃圾死角 280 余处,清运积存垃圾 30000 余千克;创新推动城市管理,组建红云街道智慧城管处置应急小组,开通智慧城管终端设备设施,实现与区智慧城管平台的无缝对接,全年处理案件 788 件,处置率 100%。

计划生育。全年,妊娠、生养、避孕节育 3 项上报及时率指标由 85.21%、86.19%、87.61%,分别提高到 90.17%、91.43%、90.03%。街道投入近 2 万元,新增宣传长廊 1 处,发放宣传品 3 万余份。全年为外来务工人员服务 670 人次,免费送药具上门 1000 余盒。扶助农村奖励对象 272 人,特别扶助对象 17 人,城镇奖扶对象 1817 人,新增 357 人。年内无一例计生服务违法对象上访,无一例违规发放、弄虚作假情况。

“七一”总结表彰大会会场

党风廉政建设。落实党风廉政建设“两个责任”,制定完善班子成员党风廉政建设“一岗双责”责任制、机关干部内部管理制度、干部会议制度和红云街道办事处干部绩效考核等各项制度。落实“三转”,纪工委 3 位成员主抓主业,不分管其他工作,主要负责监督,开展“雁过拔毛”和“纠四风”专项整治,专项审计下属 6 个社区居委会,收回老欠(占用集体资金)11 人次,资金 7.2 万元,整改违纪资金 8.5 万元,清理民政资金不符合要求家庭 35 户,五保户 1 户,优抚对象 1 人,已整改到位。加强重大事项监督,如:征地拆迁的入户调查、评估、公示等程序,街道办公楼建设立项、设计、招标、拨付等程序公开。查办案件,终结违纪案 2 件,调查核实信访案件 1 件。

项目建设。年内,完成临江棚改 A02 和 A06 地块的征拆、花溪路征拆、沅江隧道项目建设征拆等工作任务,安置补偿 550 户,土地征收 25.33 公顷,倒房 540 户,迁坟 23 座。

基层党建。党工委按照“创先争优强党建”的思路开展党建工作。开展“两学一做”学习教育活动,遵守“三会一课”制度,组织党员学习中国共产党党章党规、学习习近平系列讲话精神,做合格党员。健全党建工作的责任体系,制订完善《红云街道党工委党建工作目标管理考核细则》,明确各责任人的责任;强化党组织班子建设,构建街道党工委、社区党总支、网格党支部的基层组织体系,利用已经建立的 6 个社区党总支 19 个网格党支部,深入基层党建工作到党员家庭;加强流动党员的管理,理清党员组织关系。2016 年,红云街道办事处管理流入党员经验在《常德组工》得以推介,“三会一课”工作做法在《常德通讯》被报道,“四必谈”工作做法在全区推介,在省基层党建年度检查中获满分。

(黄　君)

“两学一做”学习教育工作会议

【“忆党史　感党恩”演讲比赛】 2016 年 5 月 13 日,红云街道办事处举办“忆党史　感党恩”演讲比赛，庆祝建党95周年，重温党的光辉历程，增进干部职工的爱党之情和廉洁自律意识。参赛选手7名，福广社区饶烜获冠军，并代表红云街道办事处参加区演讲比赛。（黄　君）

“忆党史　感党恩”演讲比赛现场

【停车场社区“人力资源和社会保障自助服务一体机”启用】 2016年3月31日，红云街道办事处停车场社区“人力资源和社会保障自助服务一体机”启用。当日，湖南省相关部门特意派遣2位工程师到红云街道办事处停车场社区，安装调试自助服务一体机。“人力资源和社会保障自助服务一体机”能识别社会保障卡和第二代居民身份证，具备触摸屏操作、键盘输入等基础功能，使用方便。服务界面包括社会保险、社保卡管理、政策法规、办事指南、招聘信息等五大项目，可查询“五大险种”的参保缴费情况和待遇享受情况。（黄　君）

2016年红云街道各社区基本情况

表10

序号	社区名	人口（人）	面积（平方千米）	合并社区名	社　区　特　色
1	花船社区	13017	1.30	—	—
2	德安社区	16450	1.58	—	—
3	停车场社区	13004	2.50	—	—
4	福广社区	2680	2.30	—	—
5	红云社区	2800	1.50	—	—
6	西站社区	2318	1.50	—	—

郭家铺街道

【概况】 2016年，郭家铺街道辖区面积22.05平方千米，耕地面积8.46平方千米，水面7.25平方千米。下辖王家铺、孔家溶、三滴水、郭家铺4个社区，三叉湖、报国、腰堤、大禾场4个行政村，计95个村民小组，常住人口1.8万人。隆腾物流园、湘西北五金机电市场坐落在辖区内，是鼎城区城市规划的重要区域之一。

2016年，郭家铺街道办事处获市卫生计生委“六五”普法工作先进单位、被市卫生计生委授予“计生基层群众自治示范乡镇”，获市综治工作先进单位。获区“人口和计划生育工作红旗单位”“维护社会稳定工作红旗单位”“信访工作红旗单位”“优化经济发展环境红旗单位”“城市工作红旗单位”“党风廉政建设先进单位”“现代服务业发展先进单位”“征地拆迁安置工作先进单位”等称号。参加区委宣传部举办的“永远跟党走，唱响中国梦”合唱比赛，获二等奖。参加区第二届体育运动会，获街道办事处、区属农林场及驻区单位组团体总分第一名。

项目建设。完成了阳明大道施工作业面、区社会福利中心养护楼、大湖南路等项目的征拆腾地工作。推进完美社区建设，办公大楼、卫计中心服务大楼、郭家铺社区、孔家溶社区、三滴水社区居民服务中心大楼已竣工，其中三滴水社区已入驻办公，办事处办公大楼、卫计中心服务大楼、郭家铺社区、孔家溶社区居民服务中心大楼在装修中。

基层党建。开展“两学一做”学习教育，抓党政班子建设、抓支部建设,新成立了王家铺小学党支部和卫生院党支部2个党支部,发展党员4名,其中35岁以下3名,大专以上学历2名。各支部开展"主题党日"活动,组织党员开展主题学习、党性教育、志愿者服务、慰问困难党员等活动。

城市建设。在控违拆违中,印发宣传资料8000余份,新刷墙体固定标语9条,出动宣传车10台次,定期张贴标语、悬挂横幅、利用电子显示屏滚动播放。加强巡查,全面巡查与重点巡查相结合,建立全方位全天候的监控网络,组织办事处及村(社)组干部、党员参与。严厉打击。一旦发现违法建筑,坚决拆除,绝不手软。全年发现和处置违法建筑78处,其中59处在搭建之初予以及时处置,19处(钢架棚10处,活动板房1处,砖混房屋8处)违法违章建筑全部拆除,拆除面积2589平方米,全年未新增存量违法建筑。城市管理方面。开展集中整治行动10次,清除野垃圾场28个,取缔占道经营17处,清理乱堆乱放、乱吊乱挂问题2368处,查处渣土乱倾倒案件21起。投入141.22万元,用于4条小街小巷道路硬化改造和商贸城下水道清淤工程。结合区城管委考核,街道办事处分季度考核4个社区的城市管理工作,排名前两位的给予奖励,排名末位的给予处罚。

三滴水社区平安创建知识竞赛

计划生育。在元旦、春节、清明、"5·29"协会活动日、"7·11"世界人口日等重大节日,宣传计划生育政策法规,如全面两孩、优生优育、生殖保健等方面政策和知识,印刷永久性墙体标语20余条,悬挂横幅标语10余条;利用村务公开栏,公开办事流程、执法依据、执法程序、服务承诺、办事时限、监督办法、工作程序和要求等内容。维护生育秩序,全年无1例计外超生;2016年流动人口4906人,其中流入人口3101人,流出人口1805人,调查摸底流动人群具体去向,掌握其居住地详细地址,录入信息并备案。奖扶对象629人,新增146人;特扶对象22人,2016年新增3人;按照计生"两扶"政策兑现落实,计划生育家庭奖扶、特扶对象核定准确率100%。

民生保障。落实各项社会保障及惠民政策。农村五保户方面,取消去世的五保对象5人,年末有五保对象39人,全部分散供养,发放五保资金109575元。城乡低保方面,新增城市低保11户,取消17户,城市低保对象115户227人,全年发放城市低保金414540元;7月份抓清理核实农村低保对象,取消10户36人,年末有农村低保对象394户447人,发放农村低保金673920元。扶贫工作方面,完善206户、649人贫困人口的信息并录入系统;通过"雨露计划"培训,帮助1名建档立卡贫困户子女申报职业教育补助,帮助36名建档立卡贫困户子女申报义务教育计划,帮助2名贫困户参加了针对性的实用技术培训;"扶贫日"(10月17日),街道办事处所有帮扶责任人深入贫困农户,宣传政策、开展义务劳动,为他们送去食用油、大米等物资。

综治维稳。2016年,接待信访群众213批次429人次,化解矛盾81起249人次。司法调解达成

安全生产检查

书面协议79件。全年发生意外死亡事件8起，没有出现1起上访行为，实现赴京非访零指标。联村（社）骨干、政法工作人员、驻社区民警和村（社）干部，联合组建50余人的治安巡逻队伍，统一着装，配备警棍，开展巡逻，以奖代投方式为村（社）购买巡逻车辆，每周夜巡夜查2次以上。

五大安全。召开生产经营业主会议，张贴标语150余条、横幅62幅，出动宣传车6台次，发放宣传资料20000余份。开展安全生产大检查、大整治、大督查及“打非治违”活动，全年集中执法8次，出动执法人员95人次，检查生产经营单位146家（含烟花爆竹零售店），发现隐患80处，整改到位50处，责令停产整顿企业2家，取缔非法生产经营单位3家，取缔非法储存危险化学品储存罐3个。

农业工作。引进推广早稻新品种——“中早39”，通过大户3年示范，推广面积233公顷，2016年，早稻集中育秧面积近80公顷，超额完成区农业局下达任务，为种粮大户争取上级补贴资金9万余元。印发病虫情报8期280余份，指导农户搞好病虫防治。成功申报家庭农场1个，年末家庭农场6家，争取补贴资金近5万元。核实种粮大户7个，补贴资金1万元，上报种粮大户10家。抓农产品质量安全，4月，湖南省农业委检测中心到王家铺草莓园检测农药残留，抽查了5个种植户8个样品，合格率100%。抓水稻农业保险。2016年，早、晚稻保险面积近1067余公顷，上缴保费73000余元（其中农民自缴28000余元），获理赔117150元。年内完成农村土地确权颁证工作。（李晓娇）

【郭家铺街道办事处被评为全市综治工作先进单位】 2016年，郭家铺街道办事处推进平安创建工作，完善信访接待制度，由党工委书记和办事处主任牵头、其他党政班子成员每天轮流坐班接访；整合资源，司法专干、民政专干、联村干部以及相关人员一同坐班接访，当场不能调解的纠纷下到村（社）调解。全年，街道办事处接待来访213批次429人次，化解矛盾81起249人（其中化解3年以上的老上访户矛盾2起2人、经司法所人民调解委员会调解达成书面调解协议案件9件）；8起意外死亡事件，全部调解到位。打击各类违法犯罪行为，加大打击“黄赌毒”力度，明确联村（社）骨干负总责，村（社）干部落实到组、到街道、到每个茶馆，包宣传、包劝阻、包关停。开展夜巡夜查行动，组建50余人的治安巡逻队伍，统一服装，配备专业装备，为村（社）购买巡逻车辆，每周义务巡逻2次以上。郭家铺派出所全年接警处警318起，刑事拘留30人，强制戒毒18人，社区戒毒8人；破案33起，其中，侵财案件25起，黄赌案件2起，涉毒案件4起，其他案件2起，移送司法机关起诉15人，行政拘留68人，办结行政案件206起，调解各类矛盾纠纷99起；打击地下“六合彩”，追根查尾，刑拘2人，治安拘留2人；争取上级支持，增设监控摄像头15处。2016年，民调工作位居全市先进行列、全区第一名，获全市综治工作先进单位。（李晓娇）

巡逻队夜间巡逻

【郭家铺街道三滴水社区办公服务用房建成】 三滴水社区办公服务用房建设是全区完美社区建设项目之一，建设地址位于善卷路，该项目于2016年3月动工，8月份正式入驻办公，总投入近140万元，建筑面积596平方米，设有社区服务中心、社区警务室、党群工作室、网格化管理办公室、卫生计生健康服务室、档案室、文体活动室、议事室等。（李晓娇）

【禁毒教育宣传讲座】 2016年6月23日上午，郭家铺街道办事处在王家铺小学举办禁毒宣传教育讲座。派出所民警宣传毒品的种类及危害性，讲解涉毒的原因以及如何防范毒品的侵害等，王家铺小学辅导员带领全校师生宣誓，表达禁毒的决心和意愿，并在“珍爱生命，拒绝毒品”的横幅上签名。 （李晓娇）

2016 年郭家铺街道各村（社区）基本情况

表 11

序号	村（社区）名	人口（人）	面积（平方千米）	合并村（社区）名	村（社区）情特色
1	王家铺社区	2874	5.00	—	最早的完美社区，各项基础设施较为完善，辖区内有海众、顶兴两家混凝土公司
2	孔家溶社区	2999	3.50	—	桥南工业园、湖南应用技术学院、区廉租房落户社区
3	三滴水社区	1268	2.50	—	三滴水地名历史悠久，德山枉水河畔的山泉处，有三滴水连续往山下滴答，长年不断，故此，枉水对岸处得名“三滴水”，以“欧阳”姓氏居多。水产大市场、惠民生猪定点屠宰场落户社区
4	郭家铺社区	1945	2.20	—	隆腾物流园、五金机电市场、广德医药落户社区
5	腰堤村	1871	2.50	—	农业大村，村内福堤果蔬生态园集养殖、果树种植于一体
6	大禾场村	2048	2.20	—	村内有规模企业常德辰州锑品有限责任司公司（国企）
7	报国村	1368	1.47	—	农业村，农业经济主要以种植水稻、棉花、油菜等为主。
8	三叉湖村	1300	2.30	—	农业村，全村以种植水稻为主，兼种棉花和蔬菜

斗姆湖街道

【概况】 斗姆湖街道位于区治西南 10 千米，东接常德市德山开发区，南抵草坪镇、许家桥回维乡，西抵桃源县，北枕沅水。常张、常吉高速在境内设有互通，桃花源机场和连通中心城区的机场快速路位于境内，国道 319 和国道 207 改道后横贯境内，与沅澧快速干线对接，是市、区政府确定的空港新城、临空产业园，泛湘西北枢纽中心。2016 年 4 月合村，辖 7 个社区、4 个行政村，总人口 4.13 万人，土地总面积 41.6 平方千米。居民可支配收入 13773 元，同比增长 8%；固定资产投资 1.2 亿元，同比增长 21%。2016 年，斗姆湖街道办事处获全市综治工作先进单位、区征地拆迁工作先进单位、区城市管理工作先进单位。

基础设施建设。投入资金20万元,用于红星渠道清淤硬化、南垸水毁工程恢复、茅坪电排机埠维修;全年清淤疏通灌溉渠道80千米、硬化灌溉渠道2千米;投资30余万元,用于南阳河危桥改造;投入资金近50万元,增加环卫工人20余人,洒水车清洗频率由原来的每月10次增加至每天2次。市、区项目投入400万元,筹资260万余元,用于新建社区、新农社区、南垸社区、花园社区、红星社区5个完美社区公共服务用房建设项目,完善配套设施,年末全部交付使用。投入资金50万元,改造街道文化活动中心;投入资金20万元改造机场社区排污管网;投入资金12万元亮化辖区内斗飞路、国道319路段,新增道路亮化里程3千米;改造农村安全饮水工程,斗姆湖境内生活用水并入常德市四水厂供水管网,年末农村用水改造完毕,投入使用。南阳村、临沅村、马桥村和葛麻山村作为农村综合服务平台建设的试点站,已选址。

茅坪电排机埠维修

社会事业发展。精准扶贫。按"工作到村,扶持到户,精准到人"工作机制,开展结对帮扶工作,结合贫困户的实际情况,制定脱贫计划,做到"一户一策",破解脱贫难题。组织建档立卡贫困户参加区、街道实用技术培训125人次。年内74户258人全部脱贫。民生保障。完善城镇和农村最低生活保障制度,做到应保尽保。2016年,城镇低保1260人,农村低保845人,解决大病救助46人,扶助孤儿4人,发放各类优抚救助资金1219282.90元。救助特殊困难、意外伤残和因灾造成困难的家庭58户,为残疾人发放轮椅8台、拐杖10副。改造25个农户危房,其中建档立卡贫困户5户;发放危房改造资金19.25万元。城乡居民医疗保险参保人数18650人,城乡居民养老保险6777人,参保率92.65%。城镇增加就业750人,其中困难人员再就业105人,失业人员再就业140人,增加农村转移就业220人,农村贫困劳动力信息采集、建档立卡812人,促进贫困劳动力转移就业28人,发放小额贷款70万元,核定市直离退休人员174人,区直离退休人员800人,机关退休人员191人。投入资金50万元,改造街道文化活动中心,建成高标准羽毛球场地,为所有社区添置整套体育健身器材,丰富群众文化生活。

综治维稳。派出所破获刑事案件25起,行政拘留37人,其中涉黄24人,涉赌9人,强制戒毒8人,社区戒毒7人。调处各类民事纠纷32起,其中,司法所调处疑难纠纷4起。劳动改造和教育社区服刑人员16名,帮教劳释人员22名。开展禁赌行动6次,行政拘留庄家2人,捣毁赌博窝点8个,现场教育群众400人。开展安全生产大检查25次,发放整改通知书32份。治理超载运输车辆12台次。开展消防安全大检查18次,责令整改单位30个。信访工作。每天由骨干带队在大接访办公室坐班接访,记录群众诉求,解答群众疑问。全年接待上访群众62批次154人次,重点信访事件5件:息访4件,1件在调处中。

城市建设。3月份划拨专项经费30万元,组织干部120余人,使用机械设备6台次、乙炔割焊机12台次、货车24台次,拆除斗通路、斗飞路、教育街、国道319两旁违法搭建棚屋621间,违建总面积9766平方米(其中砖混结构房屋面积3676平方米,钢架结构棚屋6090平方米)。收缴违法设置的广告招牌380余块。年末没有1处违法搭建棚屋,无出店经营、占道经营现象。推进重点项目,完成国道319和国道207改线、沅水四桥项目涉及拆迁户(44户)的拆迁交地工作,安置小区在建中。

(谭　静)

教育街违章棚屋拆除前

教育街违章棚屋拆除后

【斗姆湖街道办事处被评为全市综治工作先进单位】 2016年，斗姆湖街道综治维稳工作立足社会管理创新，完善基层治安防控体系，健全街道、村、组三级联防信息网络，成立了“夜巡队”。推进平安创建工作，化解各类矛盾纠纷，协同派出所打击各类违法犯罪行为。被评为全市综治工作先进单位。（谭　静）

【教育基金捐款大会】 2016年11月，斗姆湖街道办事处召开教育基金募捐会，办事处全体干职、直属各单位负责人、村(社)支部书记84人参加募捐会。会上，党工委副书记宣读了《致斗姆湖优秀儿女的一封信》，党工委书记强调：“百年大计，教育为本，现在必须站在发展全局的战略高度优先发展教育，并动员各负责人积极号召斗姆湖优秀儿女参与到教育基金捐资的活动中来，一起为斗姆湖街道的发展贡献自身应有的力量。”全体参与人员现场捐款20万元。（谭　静）

【“七一”表彰慰问活动】 2016年7月1日，斗姆湖街道办事处党工委书记带队，组织联村干部到所联系的村(社)开展“表彰优秀党员、慰问困难党员”活动，结合“两学一做”学习教育活动，各联村干部给党员上“讲规矩、有纪律”党课。表彰优秀中共党员87名，发放荣誉证书和纪念品；慰问困难党员81名，发放慰问金3万余元。（谭　静）

表彰优秀党员

【防震减灾演练】 2016年5月12日上午，斗姆湖街道办事处机场社区和斗姆湖联校开展防止楼道踩踏事故和防灾紧急疏散演练活动，师生和社区工作人员近400人参加。上午9时40分，警报声响起，大家按照既定疏散路线快速撤离，用时1分钟20秒。（谭　静）

防震减灾演练

2016年斗姆湖街道各村（社区）基本情况

表12

序号	村(社区)名	人口(人)	面积(平方千米)	合并村(社区)名	村(社区)情特色
1	南垸社区	2756	5.00	南垸社区(原)、新渠村	国道319横贯其中，交通便捷，水田面积广阔
2	红星社区	3078	7.80	红星社区(原)、阳南桥村	桃花源机场路纵贯南北，金刚桥至葛麻山渡槽通村公路穿境而过。社区距常张、常吉高速互通2千米，桃花源机场与社区毗邻
3	新农社区	3180	5.80	新农社区(原)、万元村	有丁氏、姚氏、李氏为主要姓氏，以水稻种植为主产业。村内8组黄金岗是区重点文物保护单位
4	葛麻山村	2572	5.70	葛麻山村(原)、火田坪村	国道319改线工程贯穿其中，以水稻种植为主产业，俗有“斗姆湖粮仓”之称
5	新建社区	1059	1.80	—	新建社区位于桃花源机场附近，交通便捷，机场社区主要有陈、鄢、姚、曾四大姓氏
6	花园社区	1329	3.00	—	花园社区东抵桃花源机场公路，南抵常张、常吉高速互通中心，主要有蔡、郭两大姓氏
7	机场社区	4063	1.68	—	机场社区位于斗姆湖墟场，交通非常便捷
8	斗姆湖社区	1185	2.50	—	斗姆湖社区位于319国道旁，北枕沅水，东抵南垸社区，交通便捷
9	南阳村	1780	3.40	—	位于沅水南岸，东与临沅村接壤，南与许家桥回维乡八叶桥村毗邻，西与桃源县三叉港乡交界，陬鄂线穿境而过，交通方便，村内主要姓氏：邓、裴、罗、陈。库容71万立方米的太平水库，位于村西南端，水质达到国家规定标准。盘古寺建于明朝末年，占地面积6600余平方米

续表12

序号	村(社区)名	人口(人)	面积(平方千米)	合并村(社区)名	村(社区)情特色
10	临沅村	1851	3.12	—	有红提生产基地8万平方米、蔬菜基地10万平方米，大户水稻种植集中连片，洁怡农林开发有限公司等特色产业位于村内，该村黄土层较厚，周边没有污染源，空气清新、水质优良，适合农林作物的生长
11	马桥村	1324	2.00	—	马桥村位于斗姆湖街道办事处西南方，常吉高速与桃花源机场快速路通村内，交通方便。以水稻种植为主。以姚氏为最大姓氏

蒿子港镇

【概况】 位于鼎城区北部，地处洞庭湖区澧水下游南岸，东与安乡县隔河相望，南与十美堂镇交界，西与西洞庭农场毗邻，北与中河口镇接壤。2016年合村，辖7个行政村、5个居委会，总人口3.6万人（其中城镇人口1.2万人），镇域总面积54.16平方千米。耕地3800公顷，旱地1660余公顷，水田2130余公顷，是鼎城区粮、棉、油主产区，产业主要有粮、棉、油、蔬菜、特种水产等。连续6年被评为全区绩效考核红旗单位，2016年被授予市级平安乡镇、市级计划生育工作优秀单位。6月，镇党委书记高力被评为湖南省“优秀乡镇(街道)党(工)委书记”。

党的建设。镇党委按照“细化、量化、科学化”的要求，确定党建工作目标，推行目标责任书管理，建立定性与定量相结合的考核指标、考核制度，把“软任务”变成“硬指标”，逐项落实党建工作。结合市、区两级党委的要求，制定下发《蒿子港镇2016年基层组织建设工作要点》等文件，制定农村党组织建设考核细则，在省、市党建检查中获好评。开展“雁过拔毛”式腐败问题、村级民政资金发放情况自清自查，开展“纠四风、治陋习”活动，限期整改。

项目建设。启动重大项目6个。投入资金1000万元，整治建设街、劳动街，改造房屋立面、管网、路面、人行道、绿化、亮化等，年底竣工。投入资金1500万元，实施基本农田综合治理(省投工程)，全面改造太岳、咸庆、复宁3个村的机埠、沟渠、机耕道、桥梁等基础设施。投入资金900万元，启动青茅港小流域综合整治。投入资金1300万元，实施天然气通村工程，蒿子港镇成为全市第一个开通管道管网燃气的乡镇。投入资金100万元，启动2号线、红辉路和24号线等近10千米乡道的维修改造工程和4号线约2.5千米的道路加宽工程。配合区相关部门，启动了投入上亿元的千吨级码头建设工程。

美丽乡村建设。完成农村土地承包经营权确权登记颁证工作，引导农村土地承包经营权有序流转，为农村土地适度规模经营打下良好基础；落实耕地地力保护补贴、农机具购置补贴等强农惠农政策；科学调度防汛抗旱、重大动植物防疫等工作，增强农业抗风险能力。按照精准识贫、精准扶贫、精准脱贫的要求，综合运用各类扶贫政策，在危房改造、教育助学、金融贷款、社会保障、特困救助、适用技术培训等方面重点向贫困人口倾斜，全镇1760名建档立卡贫困人口，脱贫94户296人。开展农业科技入户300人次，发放简报500份，推广应用测土配方施肥、油菜秋发高产栽培等新技术；

落实瓜果、蔬菜基地330余公顷,温室大棚6.67公顷,养殖大户21户,水产养殖面积530余公顷,牛、羊、肉鸭、生猪等畜牧养殖总产值1600余万元。指导各村成立环卫协会,形成群众"自我管理、自我教育、自我监督、自我服务"的模式,群众养成"分类减量、垃圾入池、及时焚烧"的习惯,改善农村环境状况、提高农民环卫意识。5月,仁和村顺利通过市级验收并被授予"美丽乡村"。

特色城镇。高起点规划。2016年,配合区规划局,编制村镇规划,抓城镇建设、农村土地、村民建房的规划管理。高标准建设。结合棚户区改造项目,启动劳动街、建设街综合改造工程,地下管网实现雨污分离,完善绿化、亮化,安装高清监控摄像头,促进城镇秩序规范运行。整合项目资源,配套完善学校、医院、文化、环卫等公益设施;采取市场运作方式,引进一批娱乐休闲、连锁超市等经营实体落户;引导建设一批生活小区,提升城镇档次。高水平管理。落实《蒿子港镇城镇秩序和环境卫生管理办法》,开展城镇秩序、环境卫生"两项整治"活动,购置城镇管理用车、成立城镇管理队伍;发动群众参与,引导居民开展门前"四包",实行街道管理"月评季奖"模式;与交警部门衔接,处置镇城区违法违规行为,提高街道秩序管理水平。

社会事业。健全保障体系。城乡低保严格按照本人申请、入户调查、民主评议和张榜公示的审批程序,城乡低保和农村五保做到应保尽保;按程序落实危房改造、教育助学、计生奖扶、大病救助等政策,各类弱势群体及时救助;采集实有人口、实有房屋和实有单位"三实信息"。稳定社会大局。坚持从不稳定的地方抓工作,各负其责化解矛盾,全面化解信访老户;加强生产、食品、交通等"五大安全"监管,处理突发性事故,实现群体性事件、重特大安全事故、重大治安灾害事故等"零指标"。落实计生政策。落实返乡育龄妇女生殖健康检测、计生手术、社会抚养费征收等工作,人口与计划生育工作连续5年被评为区红旗单位。谋划社会管理网格化管理工作,全镇按12个村(居)划分为12个网格;每个网格内,按照100至150户标准、且不打破村(居)民小组的原则划分若干子网格。年末,建立62个子网格微信群。 (何雅婷)

2016年贫困人员实用技术培训

【旧城棚户区改造工程开工】 旧城棚户区改造项目位于蒿子港镇城区建设街、劳动街、河口街,是镇城区的一条商贸老街,全长700余米。该工程于2016年7月8日开工,总投资800余万元,主要改造街道两边房屋立面,统一制作安装防盗网、空调格、广告位,重新布局安装排水、供水、燃气、网线等城市基础设施。车行道采用沥青混凝土,铺设人行道板砖,设置道路标示标线,安装LED庭院路灯,栽植高标准绿化树木。旧城棚户区改造工程于年末完工。 (何雅婷)

建设路改造工程开工仪式(摄影:范圆圆)

【全市农村环境综合整治工作调度会(下半年)在蒿子港镇召开】 2016年9月22日,全市农村环境整治工作调度会(下半年)在鼎城区蒿子港镇政府召开,全市各区、县、市农村环境整治工作分管领导和专干参加会议。市农委副主任贺立新、鼎城区人民政府副区长王直华出席会议并讲话。会上该镇代表做典型发言，介绍如何发挥农村爱卫协会作用，引领全民参与、管理环境卫生，形成良好的长效机制的经验。（何雅婷）

【“教育基金会”成立暨捐赠仪式】 2016年12月22日，蒿子港镇举行“教育基金会”成立暨捐赠仪式。区教育基金会理事长许中诚、区教育基金会副理事长兼秘书长朱方源、区教育基金会办公室主任蔡贤华、近50位镇企业家及优秀儿女、镇全体党政骨干、站办所长及各村支部书记参加。活动得到了社会各界爱心单位及蒿子港籍外地创业人士的支持，募捐爱心教育基金73.7万元。（何雅婷）

区教育基金会理事长许中诚（左9）与捐赠者留影（摄影：全成勇）

【常德港蒿子港港区千吨级码头建设项目动工】 2016年12月30日，常德港蒿子港港区千吨级码头项目开工，区交通局、区公安局相关领导，蒿子港镇人民政府镇长李辉，项目承建、监理、施工单位代表出席开工仪式。该项目是全省“十二五”规划水上重点建设项目之一。建设地点位于蒿子港镇澧水右岸，下距蒿子港（常岳高速）大桥0.59千米。项目拟建1000千克级件杂货泊位2个，泊位总长0.2千米，码头后方建设相应的库场、道路和生产设施。码头设计货物年吞吐量50万千克，建设用地6.49公顷。项目总投资13485.95万元。项目建成后，可以满足西洞庭湖区域部分区县食品、能源、原材料及其他物质运输服务的需求，有利于改善企业的运输结构，降低运输成本，增加运输效益，缩短腹地货物运输距离，降低交通环境的污染，促进节能减排，促进低碳经济发展。（何雅婷）

奠基仪式（摄影：范圆圆）

2016年蒿子港镇各村（社区）基本情况

表13

序号	村（社区）名	人口（人）	面积（平方千米）	合并村（社区）名	村（社区）情特色
1	长安村	2850	4.71	仁和村、长安村（原）	原仁和村通过市级验收并授牌“美丽乡村”
2	咸庆村	3070	6.72	庆丰村、咸庆村（原）	水产养殖
3	福美村	3520	6.82	金仁村、福美村（原）	传统种养
4	民康村	4400	8.72	德安村、民康村（原）	大棚蔬菜基地，特种养殖（蛇、鳝鱼、泥鳅等）

续表 13

序号	村(社区)名	人口(人)	面积(平方千米)	合并村(社区)名	村(社区)情特色
5	光复村	3500	6.43	复宁村、光复村(原)、渔场	专业合作社
6	太岳村	3940	6.68	幸福村、太岳村(原)	传统种养
7	邱家村	2640	4.56	—	甲鱼养殖,镇养老院
8	振兴街社区	3112	0.35	—	商业发展集中街道
9	锦阳街社区	2030	0.35	—	上岸渔民集中安置区域,2016年居委会党员彭富枝获鼎城区“善德公民”称号
10	劳动街社区	1600	0.25	—	棚户区改造区域、天磊建材公司
11	河口街社区	1772	0.33	—	工厂集中地:润田机械、捷昇打火机厂(出口国外)
12	建设街社区	1500	0.25	—	棚户区改造区域,国土所、邮政、电信等单位聚集地

中河口镇

【概况】 中河口镇位于鼎城区东北部，总面积73平方千米,辖居委会1个、行政村10个,计112个村民小组。2016年年末,全镇总户数7909户,其中农业户7504户;总人口33800人,其中农业人口29547人，外来人口183人；人口自然增长率在4.04‰以内。耕地面积3998公顷，其中水田面积2803公顷。全年实现总产值8.46亿元，增长14.6%。其中,工业产值1.92亿元,增长19.3%;农业产值4.79亿元,增长18.3%;服务业产值1.75亿元,增长0.02%。2016年,获省级“平安农机乡镇”称号;获区级党风廉政建设、社会治安综合治理红旗单位,获区级人口与计划生育、安全生产、脱贫攻坚、招商引资工作先进单位。

经济建设与发展。农业。印发各类技术资料11期2200余份,举办各种技术培训班8期800余人次,举办农业技术“田间学校”培训8次,召开农业技术广播大会10次。举办农用培训4期400人次,成功创建平安农机示范镇。在东堤村3组开展10余个棉花品种的对比试验;在铁甲村11组、东堤村1组建早稻高产示范片2个；组织全镇12个种粮大户推广早稻集中育秧项目233.33公顷；举办一季稻栽培、一蓄再生稻示范2个，两季收成亩产900千克。发展油菜和秋冬蔬菜生产,建高产示范片5个,扶植油菜种植大户6个、蔬菜种植大户2个。土地流转。开展土地确权工作,健全土地流转

农用培训现场

服务平台，加快土地流转；全镇摸底登记 8012 户，现场指界 31250 块地，完成第一轮公示签字工作。土地确权后，种粮大户增加到 125 户，引进投资 1 亿元的生态农业园产业融合建设项目 1 个。土地确权工作在鼎城新闻媒体予以报道，工作经验在全区土地确权工作调度会上推介。

基础设施建设。抓 2015 年冬修煞尾工程、南州村和中河口村农村安全饮水后续工作、铁甲机埠房屋维修、受祜电排电机保养 16 处启闭机养护、复兴三角闸启闭机维修、受祜电排机灌沟 2100 米的沟渠清淤及主干线 2000 米沟渠清淤、中河硚保安闸加固除险、3 处涵管拍门安装等工作。协助区级相关单位义务植树 5961 株；督导村级自筹资金抓绿化，东北村沟渠植树 2000 株；动员企业老板栽种欧美杨 13.33 公顷。

社会事业发展。扶贫攻坚。281 户 719 人通过省检查验收脱贫，贫困户异地搬迁 5 户，贫困户危房改造 39 户，兜底扶贫申报 64 户 156 人，实用技术培训 3 天 292 个贫困户，完成金融扶贫任务，建档 1078 户贫困户，结对帮扶 678 户 1659 人。社会保障。按政策要求重新审核五保户、低保户，做到应保尽保。入户调查 584 名残疾人，重度残疾人享受重度护理补贴，低保户中的残疾人享受困难生活补贴；广东狮子会慈善助残 42 户，发放助残资金物资价值 6.5 万元。落实困难群众大病医疗、临时救助等政策，做到对象准确、程序规范、救助适度；全年慰问各类群体 215 人，慰问金 23.8 万元。宣传城乡医保、工伤保险、养老保险相关政策，完成城乡医保任务数 100%，工伤保险新增扩面 14 人、失业保险 11 人、续保工伤保险 39 人，新增参加城乡居民养老保险 211 人、全镇领取待遇 5797 人、发放养老金 510 余万元。落实各项惠农补贴，发放财政补贴农民资金 1315 万元，其中五保户补助 86.8 万元、低保户补助 215 万元、水稻地力保护补贴 687 万元、棉花目标价格补贴 280 万元。卫生计生。年内出生人口 297 人，符合政策生育率 97.3%，新增奖扶对象 192 人，村扶对象 8 人，落实各类节育措施 5439 人，综合节育率 90.1%。科教文卫。北洲村成功创建省公共文化服务体系示范村；腰鼓队参加区百团大赛获优秀奖；镇第二届广场舞大赛获好评。成立了中河口教育基金，12 月 31 日前教育基金筹集资金 50 万元。

社会治安综合治理。派出所全年破获刑事案件 10 起，查处治安案件 19 起；治安调解各类纠纷 48 起，调解各类民事纠纷 36 件；人民调解工作在全市民调中排名第 17 位。开展安全生产隐患大排查、大整改 10 次，整改安全隐患 3 处；抓普法宣传，发放法律知识读本 500 余册，法律宣传材料 3000 余份，提供法律咨询 500 余人次；开展平安乡镇创建活动，张贴平安创建春联 5000 幅。（胡婉钟）

【第二届广场舞大赛】 2016 年 11 月 4 日，以“抢抓新机遇，建设新江南”为主题的中河口镇第二届广场舞大赛在镇文化活动中心举行。全镇 11 个村（居）的 12 支代表队 300 余人参加比赛。比赛节目有幸福排舞、啦啦操、水兵舞等。居委会代表队以 9.85 分成绩获一等奖，复兴村代表队、中河口村代表队获二等奖，北洲村、南洲村、麻河口村代表队获三等奖，比赛评选优秀奖 6 名。（胡婉钟）

第二届广场舞大赛

【《悦读》（第一期）出版】 2016 年，由镇党建工作站、镇文化站联合编辑内部刊物《悦读》，刊内文章全部由机关干部投稿。《悦读》第一期收集文集 20 余篇，民情日记 3 篇，选刊部分领导人讲话及党建知识。（胡婉钟）

《悦读》(第一期)封面

【镇妇联开展禁毒宣传活动】 2016年6月22日，镇妇联联合镇团委、综治办、司法所、安监站等部门在中河口镇中学举办禁毒宣传活动，迎接“6·26”第29个国际禁毒日。活动围绕“珍爱生命、远离毒品、禁毒防毒、从我做起”主题，展出禁毒宣传图片、分发宣传资料、张贴禁毒宣传专栏。让青少年了解毒品知识，增强识毒、拒毒、防毒意识，倡导健康文明的生活方式。 (胡婉钟)

“6·26”禁毒宣传活动

2016年中河口镇各村(社区)基本情况

表14

序号	村(社区)名	人口(人)	面积(平方千米)	合并村(社区)名	村(社区)情特色
1	双剅村	3269	4.51	林家村、双剅村(原)	—
2	麻河口村	3018	4.14	同德村、麻河口村(原)	2016年市级扶贫点村
3	乐安村	2698	3.59	长坝村、乐安村(原)	2016年区级扶贫点村
4	北洲村	2827	3.88	西河村、北洲村(原)	2016年省级文化示范村
5	南洲村	2800	3.76	灯油村、南洲村(原)	—
6	团洲村	2326	3.72	东堤村、团洲村(原)	—
7	中河口村	2945	3.93	太平村、中河口村(原)	—
8	受祜村	2975	4.28	柴码村、受祜村(原)	—
9	复兴村	3290	4.11	下河村、复兴村(原)	—
10	东北湾村	3399	4.08	铁甲村、东北湾村(原)	—
11	河口社区	4253	—	—	—

十美堂镇

【概况】 十美堂镇位于鼎城区的东北端，乡镇区划调整由原黑山嘴乡、黄珠洲乡、十美堂镇3个乡镇合并组建。2016年，全镇总面积138.9平方千米，辖行政村18个、居委会4个、农场1个，计村民小组219个。全镇总户数16345户，其中，农业户13500户；总人口64295人，其中，农业人口52000人；外来人口270人；人口自然增长率7‰。耕地面积8350公顷，其中水田面积7086公顷。全年工农业总产值53881万元，农民年人均纯收入8590元。农作物播种面积22285.67公顷，其中，粮食播种面积13509.73公顷，粮食总产量76754吨；经济作物播种面积2160公顷。规模工业增加值750万元；工业固定资产投资5500万元。2016年，十美堂镇获常德市“平安乡镇”称号，被评为区安全生产工作红旗单位、区信访工作红旗单位、区农村工作红旗单位、区维护社会稳定工作先进单位、区优化经济发展环境工作先进单位、区党管武装工作先进单位。

项目建设。2016年，投入10余万元，维修牛望咀机埠，疏通原白泥村、小茅村、杨家台村3村交会形成的水利渠道“肠梗阻”3000余米。争取上级项目改建9000米“秧七”线，加宽硬化一港村至东洲村、秧田村至信阳湖村、东风村至兴镇居委会的公路，改造同富线。争取省级投资启动街道棚户区改造，投资800万元，完成集镇街道建设设计、招投标等前期准备工作。

乡村旅游。3月3日，举办以“十美花海，浪漫河洲”为主题的第三届“油菜花节”（暨“河洲美食节”）。当日100余家农家乐接待游客约15万人次，营业额750余万元。投入100余万元，改造升级景区道路，配备环保垃圾桶、游客休息亭等基础设施，在农户房前屋后空地建500余个免费停车位。实行市场运作，引进民间资本，以股份投资方式投入100余万元购买游船5艘；与香港“纳芙”时尚国际有限公司合作，在主景区上演内衣T台秀，为乡村旅游增添时尚元素；举办“河洲·纳芙”杯山地骑行赛，广东、湖北、江西等全国各地近50个团体约300名专业骑行爱好者参赛；河洲集团在万亩花海的中央布置河洲美食文化长廊，开展河洲美食节万人免费品尝甲鱼宴、品尝长寿米粉等活动；建设农特产品展销一条街，农产品日销售额40余万元。中央、省市等各大媒体跟踪报道十美堂赏花经济现象。微信“十美花海，纳芙闹春”点击量25.9万。

河洲山地骑行赛

社会管理。全镇各类涉稳群体11个，省、市、区挂号的涉稳重点对象300余人。2016年，镇党委、政府设立信访接待室，实行坐班接访，骨干带班，机关干部及村（居）支部书记参与，采取矛盾调处“2、4、6、8”限时法，处理矛盾积案。全年接待来信来访群众近5000人次，处理各类涉稳矛盾185起近2000人次，调处矛盾积案166起，信访办结率100%，群众满意率95%以上。镇村干部和党员开展经常性的治安义务巡逻，镇村成立了专职治安巡逻队，经常性的检查校车、渡口安全。公安机关查处营利性茶馆5家，强制戒毒8人。

脱贫攻坚。落实金融扶贫，发放扶贫贷款1200万元，扶助贫困户320户。实施雨露计划扶贫，全镇考入二类本科以上贫困学生38人，发放助学资金11万元；“六一”儿童节慰问特困学生41人，发慰问金每人500元。实施农村实用技能培训扶贫，培训人员490人。项目扶贫方面，争取上级扶贫项目33个，资金345万元；危房改造110户，采取结对帮扶等措施，每一个贫困户都有一名干部或党员结对帮扶，结对帮扶贫困人口1251户3140名；镇党政骨干、站所负责人与41名特困学生结成帮扶对子；10月15日，邀请市第一人民医院17名专家医生到镇义诊，免费诊疗500余名贫困患者，发放各类药品价值2万余元；2016年397户1008人均自愿签订了《脱贫验收表》；回访慰问2015年脱贫的517户1341人，满意率100%。

镇长罗军初（左三）田间指导农业生产

美丽乡村。抓美丽乡村建设，农村环境卫生整治采取“四定五评”模式，定人员、定任务、定标准、定费用，评村居、评路段、评协会、评农户、评小组。

特色产业。东风村的“美润红提”、小茅村的“金色吊瓜”、界福村的“沅澧蔬菜”、同乐村的“三红蜜柚”、胜利村的“月旺香黄梨”、沙河村的“太空湘莲”、月亮洲村的“勇福富硒米”、互助村的“十美香菌”、同兴村的“鸟儿洲森林土鸡”、紫流村的“白芨药材”十大农业特色产业园形成规模。吸引了众多游客，产生了良好的经济效益，成为具有本土特色的高附加值乡村旅游农特产品。

镇村融合。年初乡镇区划调整；整合办公场所，干部职工按照站所部门划分办公室合署办公，统一餐宿；镇党委、人大、政府、政协换届选举，严守换届纪律，依法按程序选举区党代表15人、区人大代表22人、区政协委员9人、镇人大代表81人。5月并村合组，39个建制村合并为18个村，减幅53.8%（对应的村、居党支部由原来的64个合并为32个，减幅50%），425个村民小组合并为219个，减幅48.5%。严控非生产性支出，规范收入、支出和票据管理，村级转移支付资金362.4万元、惠农资金53.23万元拨付到位。

社会事业。硬化通村公路50余千米。投入100余万元，提质改造中心水厂；投入105万元，硬化血防渠道1.2千米。配合区交通部门改造升级周西公路。全镇广场舞队伍46个。参加市、区百团大赛及鼎城区第二届体育运动会12个大项的比赛。农村儿童入学率100%。东风村、一港村的文化阵地建设被定为全区农村文化建设示范村。6月8日，为了庆祝建党95周年、纪念红军长征胜利80周年，在东风村群众文化广场举行拔河比赛，参赛队伍22支，裁判员、教练员、运动员458名，群众15000余名。6月15日，“鼎城区十美堂镇我们的节日·‘七一建党’广场舞大赛”在东风群众文化乐园举行，全镇23个单位34支广场舞队参加比赛，领队、教练、运动员578人，近20000名群众到场观看比赛。8月8日至9日，柳叶湖沙滩公园举办常德市沙滩拔河比赛。十美堂镇代表队代表鼎城区参赛，9战9胜，获沙滩拔河比赛全市第一名。9月14日，在鸟儿洲文化广场举办“新德希望·十全十美中秋之夜”文艺晚会。晚会邀请了副区长王直华，全国人大代表、著名诗人刘绍英等嘉宾到场，观看演出群众20000余人。区第二届运动会，十美堂镇参加全部12个大项的比赛获拔河乡镇组、乒乓球

镇组织文体活动

乡镇组、齐步奔小康团体金牌，健身操比赛一等奖，总积分榜乡镇组第一名。市、区百团大赛，十美堂艺术团参赛节目歌伴舞《共圆中国梦》、原创歌曲《鸟儿洲之恋》、常德丝弦《美不过家乡十美堂》、古筝表演等，获得常德市二等奖，鼎城区一等奖。其中，原创节目常德丝弦《美不过家乡十美堂》获全市优秀创作奖。

党建工作。开展“两学一做”学习教育，开展“讲政治、比党性，讲责任、比担当，讲规矩、比作风，讲奉献、比作为”活动。按照“信念坚定、为民服务、勤政务实、敢于担当、清正廉洁”五条标准要求干部，严格执行中央“八项规定”以及省市区关于改进干部工作作风、密切联系群众的相关规定，坚持机关干部上班打卡签到、周一例会等工作纪律。抓机关会务、接待、食堂等后勤保障工作。制定出台机关后勤与财务、考勤与值班、文书与印章、学习与会议、考核与问责管理等制度，明确干部分工联村，定岗定员“6站5办”人员，坚持用制度管人，用制度管事。严格考核，实行工作成绩与绩效工资挂钩，奖罚分明。合村并组后明确23个村(居)党支部临时班子，向各村派驻第一党支部书记，由机关干部兼任。党风廉政建设责任制，开展村(居)财务审计，严格落实“雁过拔毛”式腐败问题的整治和各类违纪案件的查处工作，通过自清自查、纪委督查，查处违纪案件8起，处理党员干部13人。

(罗　力)

【第三届“油菜花节”走进中央电视台新闻联播】2016年3月20日，中央一台《新闻联播》以“‘春分’沐春风，欣欣向荣好景象”为题，报道了十美堂镇油菜花乡村游的赏花经济现象，播放时长约23秒，中央二台、四台、十三台，湖南卫视、湖南经视等媒体相继宣传报道十美堂镇赏花经济现象。

(罗　力)

2016年十美堂镇各村(社区)基本情况

表15

序号	村(社区)名	人口(人)	面积(平方千米)	合并村(社区)名	村(社区)情特色
1	上河口村	3107	6.22	界福村、上河口村(原)	—
2	杨家台村	2513	5.15	杨家台村(原)、长湖村	—
3	荷包湖村	2884	5.58	福民村、荷包湖村(原)	—
4	信阳湖村	2756	5.91	信阳湖村(原)、四百弓村	—
5	邓家窖村	2175	4.52	邓家窖村(原)、康乐村	—
6	秧田村	1480	2.61	—	—
7	白泥洲村	2704	5.64	白泥洲村(原)、南堤村	—
8	菱角村	1578	3.21	菱角村(原)、东洲墟场	—
9	一港村	2420	5.40	一港村(原)、三分场	—
10	月亮洲村	2173	5.23	打鼓台村、月亮洲村(原)	—
11	庆福村	2249	5.82	移堤村、庆福村(原)	—
12	观音寺村	3880	8.77	四港村、沙潮村、七港村	—
13	黑山农场	1112	1.65	—	—
14	同乐村	3345	7.98	民东村、同乐村(原)	—
15	紫流村	4082	8.55	紫流村(原)、同富村	—

续表 15

序号	村(社区)名	人口(人)	面积(平方千米)	合并村(社区)名	村(社区)情特色
16	同兴村	2926	7.22	沙河村、同兴村(原)	—
17	胜利村	2728	5.33	胜利村(原)、互助村	—
18	小茅村	2580	4.76	小茅村(原)、上坝村、虾子湖村	—
19	教育村	3914	6.95	高粱村、教育村(原)	—
20	老街社区	2622	2.65	南湾村、老街社区(原)	—
21	兴镇社区	3555	4.04	东风村、农科站、兴镇社区(原)	—
22	交通街社区	3245	3.61	黄珠洲村、交通街社区(原)	—
23	沅阳社区	2938	3.24	黑山嘴村、沅阳社区(原)	—

牛鼻滩镇

【概况】 2016年,全镇总面积89平方千米,辖行政村10个、街道居委会1个、村民小组243个。全镇总户数11517户,其中农业户884户;总人口3.79万人,其中农业人口31461人。外来人口1249人。人口自然增长率5.2‰。耕地面积2768.8公顷,其中水田1908.80公顷,旱地860公顷,养殖水面1458.47公顷。全年工农业总产值53791万元,比上年增长14.1%;财政总收入3011.7万元,其中地方财政收入533.95万元;村级集体经济总收入280.5万元,增长15%;农民年人均纯收入8038元,增长16%。农业总产值38791万元,增长11%。农作物播种面积11349.2公顷,其中粮食播种面积6149.2公顷,粮食总产量33019吨;经济作物播种面积5200公顷。工业总产值15000万元,比上年增长18%;工业固定资产投资1000万元,比上年增长38.89%。2016年,牛鼻滩镇获区"计划生育工作先进单位"、区"安全生产先进单位"、区"2016年度春运工作先进单位"称号,镇扶贫工作站获区"扶贫工作先进单位"称号;书记蒋华、镇长黄晓英受市扶贫办通报表扬;镇司法所获"全国模范司法所"称号。

项目建设。全年整修渠道23条,全长53.18千米,投入资金374万元,其中省级投入334万元,镇本级投入40万元;粮食产能项目投入960万元,建设原观音庄村、芷湾村、百家湖村3个村沟道、机耕道、机埠等基础设施;道路建设14.1千米,投入资金343.5万元。

环境保护。义务植树8万余株,新造林面积5.33公顷;绿化永福村主渠道8千米、美丽乡村上林村主公路2千米;11月24日,关停白洋湖村黏土砖场;劝阻秸秆焚烧20余起;每月召开环境保护知识宣传广播会1次,督导检查12次。

治安维稳。开展禁毒禁赌整治行动、学校及周边治安秩序集体整治行动、道路交通社会化管理整治行动,集中整治六总宫、镇墟场等重点部位,侦破各类刑事案件和治安案件。全年,派出所侦破刑事案件2起,强戒7人、刑事拘留2人、查处治安案件12起,治安拘留10人;调解各类纠纷10余起,调解成功率100%,无一起民转刑案件发生。

特色农业。蔬菜种植面积1333余公顷,上林村华茂蔬菜种植专业合作社有连体育苗温室大棚

10月21日,镇党委书记蒋华、镇长黄晓英查看华茂蔬菜基地绿色蔬菜种植情况

4000平方米，采用先进的育苗技术，实行标准化和规格化育苗，解决部分蔬菜育苗难的问题。

群娱活动。组织武陵村民间艺术团体参加了市政府组织的文艺团体“百团大赛”，获优秀节目奖；组织参加区第二届全运会，参赛人员60余名，参加体育项目8个，获金牌2枚，银牌1枚，获体育道德风尚奖。

脱贫攻坚。全年脱贫137户537人，精准识别建档立卡贫困户817户2951人。开展建档立卡贫困户培训3次256人，拨付参训人员补助资金7.68万元；建档立卡户在校学生276人，职业教育扶贫8人，补助资金1.6万元；危房户152户，危房改造其中36户；贫困户评级授信工作，发放小额贷款32.5万元，参与区企业阳明湖公司分贷统还项目51户，每户每年享受红利3000元。

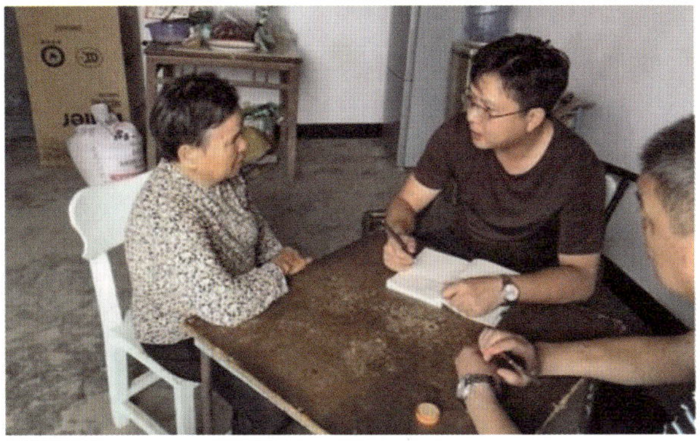

9月23日，镇党委书记蒋华走访慰问贫困户

社会保障。新型合作医疗参保人数3.158万人，占农村人口83.3%以上。新型城乡居民养老保险参保人数1.219万人，上缴金额160.47万元，享受待遇人数6778人，享受国家社保资金补贴650.68万元。享受国家优抚对象324人，发放优抚资金140万元。享受高龄补贴244人，资金补贴22万元。大病救助对象173人，发放求助资金100万元。享受一、二等残疾待遇对象297人，发放残疾补助资金32万元。五保老人286人，其中集中供养39人，国家拨供养资金每人5700元；分散供养247人，国家拨供养资金每人3200元。保教孤儿6人，供养标准每人7200元。享受农村最低生活保障居民1453户1597人，发放低保资金近243万元；享受城镇低保居民518人，发放低保资金185万元。社救对象46人，发放救助资金3.2万元。发放救灾、临时生活救助资金20万元。全年发放城市低保、农村低保、农村五保及各项民政救助等费用近855万元。 （宋　娜）

【散装食品标签专项整治】 2016年9月1日至9月30日，镇安监站联合镇派出所、食药监站、工商所开展散装食品标签专项整治活动，以超市、农贸市场为重点区域，重点整治腌制品、豆制品、馒头制品、熟肉制品及现场制售食品。宣传新实施的《食品安全法》，向商户宣传销售散装食品的注意事项及如何规范散装食品标签。活动出动执法车辆25台次，出动执法人员100人次，检查经营散装食品经营户85户，查处散装食品标签不合格商户3户。 （宋　娜）

9月，开展散装食品标签专项整治活动，执法人员在超市检查

【易燃易爆物品大整治】 2016年7月，镇综治办联合镇安监站、镇派出所、镇交管所，大规模整治易燃易爆物品，发放整改通知30份，取缔非法瓶装加油站3家，扣押报废车辆5台、处罚无证无牌运送学生车2台，查处烟花爆竹非法经营商户4家。 （宋　娜）

【综治宣传月】 2016年6月，牛鼻滩镇结合“六五”普法和农村法制教育宣传月活动，悬挂整治横幅、禁毒禁赌横幅5条，张贴宣传标语600余条，永久性固定标语3条，制作法制宣传牌40块，设立犯罪举报箱2个，出动法制宣传车3台。 （宋　娜）

2016 年牛鼻滩镇各村(社区)基本情况

表 16

序号	村(社区)名	人口(人)	面积(平方千米)	合并村(社区)名	村(社区)情特色
1	白洋湖村	3672	10.60	白洋湖村(原)、黄溪堰村、南港渔场	—
2	上街社区	1512	0.14	—	—
3	南街社区	1828	0.17	—	—
4	新街社区	1308	0.13	—	—
5	北街社区	1731	0.17	—	—
6	武陵村	3377	5.30	武陵村(原)、陈家铺村	—
7	濠洲村	2644	3.40	濠洲村(原)、林场村	—
8	谈家河村	3402	7.40	谈家河村(原)、顶兴村、兴丰村	—
9	拦马口村	2150	5.40	—	—
10	芷湾村	3360	5.80	芷湾村(原)、观庄村	—
11	百家湖村	1335	2.28	—	—
12	小河口村	2500	3.75	小河口村(原)、水月村	—
13	永福村	3511	5.70	永福村(原)、肖家湾村	—
14	同春垸村	6253	8.06	同春垸村(原)、渔码头村、上林村、三星村	—

韩公渡镇

【概况】 韩公渡镇位于常德市鼎城区东部，东与西洞庭管理区、黑山嘴乡、汉寿县罐头嘴乡接壤，南与贺家山原种场、牛鼻滩镇相连，西与柳叶湖旅游度假区白鹤镇交界，北与镇德桥镇、石公桥镇毗邻。2016 年，全镇面积 119.3 平方千米，辖行政村 15 个、居委会 2 个、镇属渔场 4 个，总人口 4.86 万人。耕地面积 3735.07 公顷，其中水田 3268.4 公顷，旱地 466.67 公顷；水域养殖面积 326 公顷。地区生产总值 3.94 亿元，地方固定资产投入 6200 万元，农民年人均纯收入 7942 元。2016 年，韩公渡镇获“市级文明村镇”、区“维护社会稳定工作先进单位”“安全生产工作先进单位”“脱贫攻坚工作先进单位”“城市工作先进单位”“食品药品监督管理工作先进单位”“计划生育协会先进单位”“国土资源先进单位”“先进政协联络处”等称号。

基层党建。落实“三会一课”“四议两公开”等制度。各支部在重大事项上，坚持民主公开原则，接受群众监督。组织镇村干部党风廉政建设培训 12 次，观看党风廉政教育警示片 8 次。组织 17 个村(居)监委会主任述职评议，召开党政班子成员及基层党组织书记、站办所长的述职评议大会 2 次，现场测评打分，现场问题交办。

干部作风。在制度上定规矩。年初，研究制定机关干部内部管理制度、镇村干部管理办法和岗责考评细则。在工作中正行为。针对干部队伍中存在的“懒、散、奢、邪、躲、乱”等问题，开展机关干部“树正气、强效能、惠民生、促发展”的作风建设主题活动，通过民主会查摆问题，严肃纪律。在服务上提标准，窗口单位工作人员坚持“微笑服务、热情服务、贴心服务”，实行一站式便民服务，实施工作人员代办业务。

农业交通。出台农业工作方案、春耕生产计划。加强早稻集中育秧、机插秧、晚稻抛秧、病虫统防统治等科学技术的推广运用；加强农田水利基础建设，通过"一事一议"资金的整合，为粮食增产增收提供了保障。发放耕地地力保护金1069万元，惠及9449户；发放棉花目标价格补贴165万元，惠及6915户；发放农机具购置补贴234万元，"一事一议"奖补资金50万元。开展农业普查，收集农村、农业和农民有关情况。提质公路工程9.1千米、生命防护工程17千米，每月一大查、每周一小检渡头、码头安全情况，确保水上交通安全零事故。配合上级主管部门完成四号大道的线路采集、涵洞及平交路口的设计和环境测评、高架桥的轴载重量及车流量调查等工作，助力常德沅澧快速干线四号大道启动。

环境整治。投入农村环境整治资金235万元，配置垃圾桶2000个，增加垃圾板车6台，修建垃圾池100个、三格池200个，聘请村保洁员，清扫和处理垃圾。

安全稳定。贯彻《安全生产法》《国务院关于特大安全事故行政责任追究的规定》等有关法律、法规，加强安全生产监督管理，召开安全生产专题会议，落实安全生产责任制。定期或不定期开展重点工程、重点部位安全检查。开展安全专项检查4次，下发安全问题整改通知书78份。加强安全生产知识培训，安全培训人员173人。开展安全生产隐患排查，捣毁丁家口村黑加油站点1个，销毁2家门店烟花爆竹非品20件(筒)，查封处理丁家口村19组非法经营户肖某某储存的烟花爆竹77件(筒)，给予非法经营户治安拘留处罚。全年上访人数减少，信访秩序好转。落实骨干分工管线责任，分解责任，把维稳工作落实到村一级及联村干部上，加强镇、村干部的工作责任，制定镇、村干部岗责考评细则，把工资待遇与工作绩效挂钩。通过月例会形式，组织镇、村综治队伍开展业务培训。开展"禁赌""禁毒""社会治安重点地区排查整治""学校周边环境整治""平安创建""访民情、听民意、察民心"为主题的综治民调等工作。规范"夜巡"行动，落实五大安全工作责任，开展五大安全宣传教育活动，查处各类安全隐患，处理因安全而引发的各类不稳定问题。发放各类宣传资料30000余份，受益30000余人。打击毒品案4例、强制戒毒7人、治安拘留44人，其中涉"黄"涉"赌"16人、盗窃案2例、赌博刑事案1例、涉案人员6人。

消防安全演练

脱贫攻坚。联村干部实地调研，驻村工作队员走访座谈，为贫困户建档立卡。争取项目，筹措资金，健全扶贫机制，强化扶贫责任，联村干部每周下村工作3天以上，村两委班子成员每周办公时间5天以上，逐户签订脱贫致富决心书，结合贫困户实际制定发展规划。省脱贫攻坚检查，高度肯定韩公渡镇脱贫攻坚工作。

社会事业。摸底登记造册受灾困难群众，通过民主评议、张榜公布、公开发放形式，接受群众的监督。发放优抚、危房改造、特困、低保、五保及大病救助等资金1238万元。争取小额创业贷款120万元，建档立卡贫困劳动力2300余人。坚持计划生育工作联村干部责为先、村为主的原则，全年上环手术75例，取环手术22例，政策生育率98.35%。改善教育教学环境，提高师德师风，落实"两免一补"政策。发展歌舞、健身等文化事业，丰富群众文化生活。城址村申报区创建公共文化服务体系示范村，在区验收时获好成绩。参加区"百团大赛"和区第二届体育运动会，举办镇文艺会演和城址拔河比赛。改善卫生条件，完善药物制度。

水利建设。全年投入水利建设资金630万元，其中争取省级沟渠疏浚补贴项目资金200万元，疏通沟渠、维修机埠、疏通郑家湾、团洲湖等10条计32千米排渠。投入资金30万元,在冬季维修镇管机埠11处23台2350千瓦机组，更换北滘头、立新、高湾、英湖、同心障等机埠机组水泵、电机等易损配件,调试保养所有机埠机组。扩容提质集镇水厂,解决集镇居民饮水问题。（彭小耘）

防汛检查

【中国·常德古索县城址荷花节】 古索县城址位于韩公渡镇城址村，是中国保存最完好的郡县古城,具有重要的考古价值。韩公渡镇以保护和利用古索县城址文化为契机,创建旅游新镇、发展乡村旅游。2016年7月8日,由市旅游外事侨务局、区人民政府主办,区旅游外事侨务局、韩公渡镇人民政府、区乡村旅游协会承办的2016“中国·常德古索县城址荷花节”开幕。以荷为媒,突出古城、荷花、廉政文化三大主体,通过提炼“一堂一屋三馆”“一宫一城四亭”古索县城址文化，结合古索县“渔、米、水、荷、莲、藕、蔬、果、禽”等旅游资源和多元文化,给游客以“赏、听、访、感、享、品”历史、文化和美食盛宴体验。活动开展3个月,吸引游客60万人,村民创收700万元。（彭小耘）

中国·常德古索县城址荷花节

【民康南路街道改造】 2016年，韩公渡镇政府自筹资金680万元,启动民康南路街道改造工程。更新改造街面743米,实施下水管网、人行道板、弱电入地、亮化绿化等工程。（彭小耘）

街道建设沥青铺设

2016年韩公渡镇各村(社区)基本情况

表17

序号	村(社区)名	人口(人)	面积(平方千米)	合并村(社区)名	村(社区)情特色
1	崇河村	4521	7.26	崇河村(原)、建丰村、罗家铺村	曾经是地下党联络
2	牛皇庵村	2506	4.08	牛皇庵村(原)、花园村	—
3	丁家口村	2130	3.74	—	养殖螃蟹
4	流花口村	1740	2.17	—	—
5	立新村	3297	4.20	立新村(原)、小湾村	种植棉花
6	镇龙庵村	2545	3.59	镇龙庵村(原)、军山村	基督教堂
7	郑家湾村	2935	3.87	郑家湾村(原)、双胜桥村	—

续表 17

序号	村(社区)名	人口(人)	面积(平方千米)	合并村(社区)名	村(社区)情特色
8	朱洛铺村	2602	6.53	朱洛浦村(原)、幸福村	种植棉花、养殖业
9	小山村	1474	2.54	—	—
10	走马岗村	4497	10.00	走马岗村(原)、大路陂村、牛古陂村	种植水稻
11	株木山村	1473	2.65	株木山村(原)、篾片湖村	曾经是地下党联络站
12	永寿寺村	2565	5.60	永寿寺村(原)、永南岗村	种植水稻
13	黄家铺村	2341	5.24	黄家铺村(原)、英湖村	养殖业
14	团洲湖村	1177	4.67	—	种植水稻
15	城址村	2636	3.80	城址村(原)、杨柳村、黄腊溪村	索县古城、省级公共文化服务体系示范村、全国重点文物保护单位
16	三美社区	1753	2.48	园艺二场、金牛村	种植葡萄、养甲鱼
17	永泰社区	3521	0.36	—	—

石公桥镇

【概况】 石公桥镇距常德市城区 30 千米，地处太阳山东麓，洞庭湖西滨，东抵西洞庭管理区，西接原大龙站镇，南临镇德桥镇，北靠周家店镇。2016 年，全镇土地面积 91.74 平方千米，辖行政村 10 个、居委会 4 个、渔场 1 个，计 120 个村民组。年末总户数 9982 户，总人口 36887 人。工农业总产值 5.2 亿元；村级集体经济收入 316 万元；农民年人均收入 8160 元，增长 6.8%。农作物播种面积 12930 公顷，其中粮食作物播种面积 7638 公顷，粮食总产量 4.5 万吨。2016 年，社会经济平稳发展，安全生产工作被评为全区红旗单位。

荣誉牌展示

农业产业化发展。围绕农业增效、农民增收中心，重点优化产业结构调整，抓种植业、养殖业主导产业，推动农业产业化，增加农产品附加值，提高农民收入。12 月 26 日，《常德日报》刊发了《鼎城区石公桥镇农业文章做出特色》的文章。专业合作社带动产业发展。通过专业合作社带动相关产业的发展，是石公桥镇结合实际探索的全面建设小康社会的重要方式。有各类农业专业合作社 33 个，合作社成员 1947 户，带动非成员 182 户。全年销售农产品总值 2687 万元，上缴税金 92 万元，带动相关农业生产投入 923 万元，形成产业链。红提种植 120 公顷(以王家桥村、三堰口村、三兴村为主)，甘蔗种植 80 公顷(以覃家岗村、三堰口村为主)，千亩油菜示范片(以夹堤口村为主)。有规模化养猪场——“惠生肉业”，年出栏生猪 5 万头；有规模化养鸡场——“晟源养殖场”，存栏 20 万羽；有鳜鱼养殖基地——“常德市鼎城兴达鳜鱼繁养场”，占地面积 14.67 公顷，其中拥有特养水面 15

公顷；有精养池塘26个，其中亲鱼池16个、苗种培育池10个；建有孵化环道37个、产卵池6个、水池方池7个。各种鱼类优质亲本4300余组，年产四大家鱼、鳜鱼饵料鱼等鱼种水花20亿尾。年产优质鳜鱼苗种500万尾，每年可销售各种规格的鳜鱼苗种200万尾以上。鳡鱼养殖基地——鳡鱼繁养专业合作社，养殖面积12.33公顷，合作社社员33名，年繁殖小花1000万尾、驯化苗60万尾，年产值300余万元，解决就业60余人。改善农村农业基础设施。争取国家建设投资资金30万元，用于水利站标准化建设；争取国家水利工程投资60余万元，用于改善各村的水利基础设施；自筹资金近20万元，维修9处镇属机埠的变压器和水泵；水利秋冬修，疏通沟渠近30千米，山塘清淤扩容25口，新增、维修机耕道近100条50余千米；投资6万元修复八一撇流、青草陂出水闸、刘撇出水闸、刘撇决口等水毁工程。

脱贫攻坚。落实危房改造123户，涉及资金75万元；兜底丧失劳动力的贫困户46户153人；搬迁5户14人；投资150万元，硬化和维修6条道路8.5千米，清整沟渠8条；实施"雨露计划"，惠及贫困学生214名。年末贫困户1179户、贫困人口2893人，已脱贫1279人。

合作社分红大会

宜居工程。加强新型城镇基础建设投入。投资近20万元绿化、美化南河堤路段；投资20万元，修建健身休闲场所3个；投资15万元，新增和改造了高清监控摄像头29个，实现集镇街道全覆盖。完成集镇街道提质改造的设计。加强集镇的管理力度，整治各类占道经营、占路为市、乱停乱靠、乱搭乱建的行为，规范街道秩序，提升城镇品质。注重农村生态环境改善。每个村配备2至7名责任心强、素质好的保洁员，全镇聘请保洁员62人、卫生监督员9名；加强宣传引导，设立卫生知识宣传栏26个，粉刷固定标语12条，发放宣传资料5000余份，在全镇开展卫生评比活动；以省道、县道和3条主干乡道为主线，以重点村为突破口，以点带面，在全镇开展"三清三建"活动，出动劳力800余人次，机械40余台次，清理垃圾238立方米，废旧牌匾45块，拆除违章建筑10处、断壁残垣6处，粉刷墙体2万平方米，设立垃圾箱58个，建设垃圾池108个，配备垃圾清运车5辆。

社会保障事业。民政工作。落实"五保"343人，兑现"五保"资金110万元；落实农村低保1321户，兑现农村低保金219万元；发放民政救灾款7万元；兑现救助资金75440元、优抚资金235万元。劳动保障工作。开展"就业、创业服务一条街"专项宣传活动，城镇新增就业120人，新增农村劳动力转移就业250人，失业人员再就业500人，就业困难再就业20人，选送高技能人才3人，采集贫困劳动力信息1649人，新增转移贫困劳动力55人，完成小额贷款6户；城乡居民养老保险12870人，参保率90.80%；新型农村合作医疗参保人数29232人，参保率86.8%，全年为农民报销医药费8760人次，金额2870万元。教育工作。按照农村义务教育经费保障政策，落实"两免一补"资金30余万元，中小学适龄人口入学率100%。安全稳定。开展安全生产专项治理工作，下达安全隐患整改通知书154份，涉及整改内容397项；加强生产企业安全监督，确保道路交通和工程项目安全；经常性排查处理居民加油站、危房、商店、农贸市场等公共聚集场所的消防、食品等安全情况，行政拘留无证加油站人员2人；开展"打非治违"行动，拉网式排查全镇生产企业和危化物品销售、存储点，公安机关行政拘留无证销售烟花爆竹者1人，刑事拘留非法生产烟花爆竹者1人，收缴非法生产的烟花爆竹一批，价值9万余元。走村入户宣传政策、法律知识，发放宣传资料4万余份。调处矛盾165起，调处成功率97%；帮教社区矫正人员，接受社区矫正人员56名，帮教解除41名。加强打击各类违法行为力度。（赵 爽）

镇中心幼儿园消防安全教育活动

【马来西亚“星洲之星”捐赠助学暨实施“侨(爱)心工程”发放仪式】 2016年10月14日，“马来西亚‘星洲之星’捐赠助学暨实施‘侨(爱)心工程’发放仪式”在石公桥镇中学举行，全校师生代表100余人参加，现场为28名贫困学生发放助学金28000元。市侨联主席陈丽君、区副区长杨凡出席发放仪式。

（赵 爽）

马来西亚“星洲之星”捐赠助学暨实施“侨(爱)心工程”发放仪式

【石公桥镇被纳入国家级冲天湖湿地保护区范围】 2016年，石公桥镇成功通过国家验收，纳入国家级生态湿地保护区范围，立足湖区生态特色，加强原始生态的保护与恢复。（赵 爽）

【齐心战胜超历史洪水】 2016年雨季，石公桥镇遭遇超历史洪涝灾害。出动劳力3000余人次，车辆180余台次，全体防汛人员奋战3天2夜，成功处理重大险情3处，挽回经济损失上千万元。确保了所有大堤、水库的安全，安全度汛。（赵 爽）

维修人员潜入水底维修排水机埠

2016年石公桥镇各村(社区)基本情况

表18

序号	村(社区)名	人口(人)	面积(平方千米)	合并村(社区)名	村(社区)情特色
1	贵家铺村	2896	8.21	高堰岗村、杨腊溪村	—
2	赵家垱村	3543	10.18	赵家垱村(原)、夹堤口村、建新村	油菜种植示范片
3	冲天湖村	3898	12.50	冲天湖村(原)、桃树嘴村、泥港口村、余家垱村	—
4	丁家垸村	3548	10.49	丁家垸村(原)、龙子岗村、新竹湾村	—
5	白云阁村	2620	8.75	白云阁村(原)、仙人庵村、北极宫村	—
6	覃家岗村	3591	9.19	覃家岗村(原)、东陂堰村、文家坪村	甘蔗种植

续表 18

序号	村(社区)名	人口(人)	面积(平方千米)	合并村(社区)名	村(社区)情特色
7	芦茅岗村	3270	6.40	芦茅岗村(原)、芦花坪村	—
8	三兴村	2781	8.49	刘家铺村、新庵村、林场	红提、甘蔗种植
9	王家桥村	3130	5.94	王家桥村(原)、联五堰村	柑橘、红提种植
10	三堰口村	1867	5.18	—	甘蔗、红提种植
11	桥头社区	1457	0.50	原街道社区	—
12	桥北社区	1248	0.45	原街道社区	—
13	桥南社区	1556	0.76	原街道社区	—
14	夹堤口社区	859	1.25	—	—
15	渔　场	363	1.88	—	—

周家店镇

【概况】 周家店镇辖行政村 12 个，社区 3 个，总面积 147.5 平方千米，总人口 3.7 万人。全镇 2 公顷以上规模种粮大户 248 家，申报面积 1670 公顷。全镇新造油茶面积 1900 公顷，建立高品质油茶示范片 4 个，老油茶林低改 100 公顷。农户户均增收 8000 余元。2016 年，周家店镇获“湖南省文明村镇”。

党建工作。抓党风廉政建设。开展党风廉政教育党课 5 次，参会人员 800 余人次，开展党员干部谈心提醒 300 人次，组织学习廉政行为准则及纪律处分条例，查办案件 10 起，处分党员干部 10 人。抓党员学习。建立“七彩周家店”公众号，不定期推送党建工作动态、党建系列文章；建立镇村干部微信群、支部党员学习微信群；利用广播村村响宣传党建知识、党建指导员到各支部宣讲党建知识。抓党日活动。组织各支部进行拔河比赛、老单车驮负比赛，组织机关干职每月第 1 周星期二上街大扫除、老干老支书学习考察“一江两岸”新变化、机关干职“主题党日”户外拓展活动、参观武陵监狱、党的报告员讲党课比赛，接请市区专家授课，组织开展党建知识测试、村(居)党组织书记“双述双评”、村(居)干部述职评议等。

社会事业。特困救助。2016 年，城市低保 177 户 267 人，农村低保 1433 户 1535 人。农村低保资金实行“一卡式”发放，发放城市低保金 242 万余元，发放农村低保金 194 万余元。城乡医疗救助 81 人次 16 万余元。为低保、五保、优抚、困难户等 949 人发放各类资金 442.5 万元。发放残疾器具到 118 人，发放困难救助金 39589 元。筹集资金 30 余万元慰问特困人员 1000 余人。自筹资金 10 余万元资助贫困学子 47 人，每人 2000~3000 元，奖励考取重点本科学生每人 1000 元；成立教育基金，落实资金 70 万余元资助困难学生。就业与再就业。城镇新增就业 121 人，失业再就业 69 人，困难人员再就业 20 人。脱贫攻坚。全年脱贫 162 户 370 人。排查辖区扶贫攻坚贫困户，建立帮扶台账，开展驻村帮扶、发展扶贫产业等措施预脱贫 590 人。向上争取资金 63.5 万元改造农村危房 84 户，投入 2 万余元整改敬老院电路。审批确认新增奖扶对象 259 人，特扶 8 人，发放补贴资金 110 余万元。计划生育。出生人口 337 人，符合政策生育率 97.6%，违法生育立案 17 起，立案率 100%。流动人口信息监测平台全天候值守，信息回复及时率 98%以上。计生系列保险完成全年任务的 140.3%。城乡医保缴费 400 余万元。社会治安综合治理。6 月，捣毁流动赌场，抓获参赌人员 30 余人。全年行政拘留 50 人，刑事拘留 41 人，破获治安案件 48 起、刑事案件 35

起、涉赌案件17起,涉毒案件10起。发放便民联系卡1万余张,发放防火、防盗、禁毒资料5000份。

文化事业。3月13日,举办首届“乡村文化旅游节暨金丹桃花赏花会”;组团参加区运动会;10月28日,举办镇第二届“樊溪之声”诗词吟诵及民间艺术文艺会演。聘请市公共电视台拍摄该镇宣传片。

项目建设。投入资金200万元,硬化贫困村太平寺通村公路6.5千米,突破该村通村硬化公路零的记录。镇村投入水利建设资金280万元,新建或整修山塘39口,机埠维修5处、新建3处,清沟除淤35千米,修补水毁工程8处。全镇投入资金450万元,硬化村组公路15千米。

工业发展。周家店镇亿美钟表加工厂,投资资金500万元,年初投入生产,年产值800万元。敬佩粮油有限公司,增加资金500万元加大厂房配套设施、设备的投入,年产值1.3亿元。湖南省希母生物科技有限公司,投入技改资金300万元,年产值增加到6000万元。立聪电子厂投入技改资金100万元用于培训工人的生产技能。

城镇建设。周家店镇于2015年被确定为常德市13个美丽城镇试点镇之一,区位、交通优势明显,是“一市五县三区”的集中地。2016年6月28日周士街改造工程动工,该项目东起中石化加油站,西至益丰大药房,路段全长470米,商户143户。项目总投资近900万元,改造的主要内容为:道路“白改黑”、人行道板、地下管网、强弱电入地、绿化亮化、凸显唐宋风格的外立面等。投入资金66万元回购集镇水厂管网所有权(已投入使用),重新规划、升级供水管网,改变每天2小时定点供水、水压过低的状况,实现集镇24小时安全供水。成立城镇综合管理大队,自购城镇管理执法车辆1台,提升集镇管理水平。 (尹　运)

【首届“乡村文化旅游节暨金丹桃花赏花会节”】周家店镇有“中国民间文化(吹打乐)之乡”“中华诗词之乡”等美誉。2016年3月13日,首届“乡村文化旅游节暨金丹桃花赏花会节”开幕。活动以“天下桃花何处艳,醉美常德周家店”为主题,游客“赏千亩桃花、游乡村美景、看民俗节目、尝农家美食”。开幕当天来自省内外的游客人数6万余人,节会期间接待游客30万余人次,农庄、农家乐、农副产品销售收入1000万余元。19日,邀请古筝演奏者胡潋夕演奏,联合区妇联、区广电台举办“桃花之约——大型交友会”。20日,举办“唱响桃花山——著名民谣歌手唐唯先生演唱会”。21日,举办周家店籍知名岭南派画家、国家一级工艺美术设计师丁为美画展,中国华夏万里行书画家协会副会长、天门书协主席郭爱林个人书画展,诗词、书画、摄影展览交流。召开周家店镇文联年会,中国华夏万里行书画家协会湖南周家店分会常德创作基地授牌和周家店镇首届“书香门第”授牌。吹打乐、蚌壳精等民俗表演穿插节会期间。 (李　凯)

首届“乡村文化旅游节暨金丹桃花赏花会节”开幕式

【建党95周年拔河比赛】2016年6月27日,周家店镇党委为迎接“七一”——中国共产党建党95

比赛现场

周年,组织党员开展拔河比赛。15个基层党支部党员参赛,经过4轮淘汰赛,1轮积分赛,白鹤寺村党支部获一等奖、荷花村党支部获二等奖、武岗寨村党支部获三等奖。（李　凯）

【高考一本奖励暨黄选乐、郑大毛夫妇慈善捐助仪式】 2016年8月12日,周家店镇党委、镇政府在区六中电教室举办“高考一本奖励暨黄选乐、郑大毛夫妇慈善捐助仪式”。镇党委及黄选乐、郑大毛夫妇捐资11.8万元,资助贫困学子47人、高考一本学子18人,每人获奖励或资助1000元至3000元不等。（李　凯）

高考一本奖励暨黄选乐、郑大毛夫妇慈善捐助仪式

2016年周家店镇各村(社区)基本情况

表19

序号	村(社区)名	人口(人)	面积(平方千米)	合并村(社区)名	村(社区)情特色
1	团垱坪村	3288	15.80	团坪垱村(原)、泉水村、向家垱村	农家乐众多
2	白鹤寺村	3468	15.30	白鹤寺村(原)、闵家桥村	—
3	娥公桥村	2710	8.50	娥公桥村(原)、金家垱村	湖区村
4	太平寺村	2850	8.70	太平寺村(原)、熊家桥村	贫困村
5	濠口村	3073	10.50	黄公嘴村、竹山嘴村	湖区村
6	新时堰村	1876	9.70	新时堰村(原)、鹤子山村	油茶产业较为发达
7	瓦屋垱村	3110	13.50	瓦屋垱村(原)、蜘蛛山村	集镇特色明显
8	大砖桥村	3058	14.50	大砖桥村(原)、天井村	张家山庄坐落该村
9	荷花村	3585	13.70	年丰村、九岭村	—
10	阳陂庵村	1750	10.60	阳陂庵村(原)、天门岗村	—
11	恒丰垸村	1356	7.60	—	—
12	武岗寨村	2788	16.50	武岗寨村(原)、岩桥村、柳溪湾村	桃花山、寨王山

续表 19

序号	村(社区)名	人口(人)	面积(平方千米)	合并村(社区)名	村(社区)情特色
13	樊溪社区	1410	0.80	—	周家店镇集镇,经济中心
14	闵泉社区	1678	0.90	—	周家店镇集镇,经济中心
15	建设社区	1320	0.90	—	周家店镇集镇,经济中心

镇德桥镇

【概况】 2016 年,镇德桥镇总面积 43.2 平方千米,辖行政村 6 个、社区 3 个,计 165 个村民小组。全镇总户数 5785 户，其中农业户 5075 户；总人口 19202 人,其中农业人口 18094 人,城镇人口 1108 人。山林面积 251 公顷;耕地面积 2238 公顷。全年农作物播种面积 5916 公顷，其中，粮食播种面积 4297 公顷,粮食总产量 22574 吨;经济作物播种面积 1287 公顷。全年工业总产值 8000 万元，增长 5.3%,工业固定资产投资 1500 万元,增长 47.1%。2016 年,获市综治工作(平安建设)先进乡镇,获区安全生产工作先进单位、信访工作先进单位、党管武装工作先进单位。

农业生产。按城乡总体规划,严守“18 亿”耕地红线,培植种粮大户,制止耕地抛荒,稳定水稻播种面积。农业站、农机站工作人员服务到田间地头,融入到双季稻生产的翻耕、育苗、移栽、病虫害防治、收割等全过程,优化品种结构,推广耕种技术,提高单产水平,双季稻种植 1782 公顷,亩平均产量 1000 千克。发展水产养殖,同心甲鱼养殖合

城郊农业

作社养殖甲鱼 33.33 公顷,年产甲鱼 200 吨;迎风青鱼养殖合作社养殖面积 66.67 公顷，年产青鱼 500 吨。发展朱家桥生态草莓园、晚秋黄梨等生态农业典型。引进乔家岗村千亩蔬菜基地和桑蚕养殖项目，甘蔗作为农业转型增收典型在湖南卫视播出。

基础建设。改造提质政府院落。筹措资金 100 余万元升级改造机关院落,修建花园、硬化公租房前坪、整修办公楼、改造院内电网入地、拆除水塔等。刘镇公路改造项目纳入省“非国省道”改造项目,已完成各项审批手续和规划设计。5 月,刘镇公路沿线的村居和群众自发组织实施拆违工程。投资近 300 万元,硬化村组道路 8.3 千米;加宽道路 5 千米,新修通村碎石路 5 千米。水利建设。全年维修机埠 12 处,1528 千瓦 /14 台;疏浚排灌渠 24 条 32.6 千米;改造或硬化排灌渠 3 条 4.2 千米;扩容、清淤山塘 46 口；储备防汛物资砂卵石 120 方、编织袋 7200 条,防洪大堤清基扫障 15.2 千米。

园林式机关院落

精准扶贫。全镇贫困村 2 个、贫困户 706 户 1791 人。完成全国扶贫开发信息系统的录入、资料完善和贫困户建档立卡工作。全年危房改造 29 户,

异地搬迁5户,“雨露计划”助学4人,开展农村实用技术培训148人次,“微善风”助学6人,金融扶贫43户,总贷款208万元,享受城乡居民医疗保险补贴1887人。全年脱贫132户315人。

综治维稳。成立巡逻组,在全镇境内定期不定期巡逻,打击违法犯罪。加强法制宣传,实施“六五”普法规划,引导社会学法、知法、守法、用法。全年为中小学生上法制课4场次,利用广播集中宣讲3场次,指导村居调解各类重大矛盾纠纷34起,调解处理重大疑难纠纷26件,为特困和弱势人群提供法律援助5件,监管6名社区矫正对象,安置帮教37名刑释解教人员。全体干部职工参加并通过了普法考试。治理校园、网吧等周边环境,开展群防群治,构建“平安村(居)”“平安家庭”,张贴宣传标语300余条,横幅30余幅,评选“五星平安家庭”350户。开展应急管理工作,加强应急预案体系建设和管理,建立应急救援队伍,开展应急演练和救援物质的储备。“五大安全”管理。坚持“安全第一、预防为主、综合治理”方针,树立“发展是第一要务,安全是第一责任”意识,贯彻落实领导干部安全生产“一岗双责”,开展打非治违和危爆物品整治活动,监管境内企业、学校、道路交通、森林、易燃易爆物品等安全,加强烟花爆竹零售的巡查和打击力度。全年开展联合专项安全检查活动20余次,日常巡查50余次,发放《告群众安全书》5000余份。联合区交警四中队,检查非法营运车辆和校车安全6次。农产品质量安全检测样本500余份。加强镇德桥镇中小学校校舍安全及周边环境监督检查。信访维稳。抓省市区党代会、人大政协会议等特别防护期稳控工作,召开专题会议,制定稳控方案,成立以镇长为组长的稳控工作领导小组和原民幼师、原农机员、退伍复员军人等重点人员稳控工作组,实行宣教、阻访、劝访工作专人负责制。全年接待处理各类信访事项50余件。防火、防汛抗旱。森林防火工作坚持以预防为主,采取包村包片,入村入户办法,突出宣传、巡查、监控、打击手段,发放各类防火宣传资料3000余份,签订防火保证书2000余份,刷写标语100余条。抓防汛抗旱工作,完善各山塘水库的度汛计划和抢险应急预案,建立防汛值班制度,排查病险水库、山塘、地质灾害隐患点,7月至8月连续暴雨,镇农作物洪涝灾害范围广,面积大,全体镇村干部坚守在抗洪防汛第一线,一日一记录,一日一汇报,并与保险公司联系,争取农业保险理赔。

社会民生。落实强农惠农政策。全年发放耕地地力保护补贴(包括粮食直补、农资补贴、综合补贴、良种补贴等)420.56万元,农机补贴29户54.23万元,棉花补贴47.85万元。全年危房改造56户(包括建档立卡贫困户危房改造35户),发放改造资金44.1万元。完善社会保障体系。抓新型社会农村养老保险日常工作和农村养老保险续保、参保工作,加大小额人身意外保险宣传和收缴力度,新农保参保7139人,参保率87.18%。实施最低生活保障。全年清理不符合条件的低保105人,五保52人;新增低保97人,五保10人;享受城镇低保312人,农村低保891人,五保152人,其中镇敬老院集中供养35人。开展城乡居民医保。全年新农合报销医疗费88.06万元,受益群众1109人次。全镇城乡居民医疗保险16935人,参保率92.5%。落实独生子女“奖扶”。独生子女父母奖励739人,其中农村奖励扶助715人,特扶24人;新增119人,全年兑现独生子女父母奖励、农村计划生育家庭奖励扶助和独生子女死亡伤残特别扶助近79万元。镇卫计办全年发放准生证93本(其中,一胎准生证59本,二胎准生证30本,多胎准生证4本)。

卫生环保。环境卫生整治。制定环境整治考核实施办法,完善各项制度,建立长效机制,明确责任主体。开展城乡卫生整洁行动,以集中整治、强化日常工作为重点,集中清运306省道两旁、镇街道等交通沿线视野范围内的暴露垃圾,实现“乡风文明、村容整洁”。建立保洁体系,实施和完善“妇女主任管环境卫生”的长效机制。开展秸秆禁烧。宣传秸秆禁烧政策,推广秸秆资源综合利用,镇村组干部全天候巡查,聘请保洁员29人,修建垃圾池

210个，配垃圾桶910个、大型垃圾板桶12个、垃圾拖车50台，立农村环境卫生责任整治牌14块。环境保护。全年植树造林40公顷，完成退耕还林后续产业，种植工业原料林20.51公顷。

（冯丕岗）

【周德睿慰问优抚对象】 2016年8月1日，常德市委副书记、市长周德睿到镇德桥镇，走访慰问军烈属毛元珍、复员军人张腊生。毛元珍，73岁，是中越边境自卫反击作战中英勇牺牲的烈士龚太成的母亲；张腊生，86岁，是参加过抗美援朝战争的复员军人。周德睿详细询问了他们的身体状况及家里的生产生活情况，并送予慰问金。市军分区司令员李辉忠，市政府秘书长周代惠，区领导朱金平、邓碧波、刘新远陪同慰问。（冯丕岗）

常德市委副书记、市长周德睿看望慰问军烈属毛元珍

2016年镇德桥镇各村（社区）基本情况

表20

序号	村(社区)名	人口(人)	面积(平方千米)	合并村(社区)名	村(社区)情特色
1	张家桥村	2509	7.31	周家岗村、张家桥村(原)	赵家垱、流溪湖莲藕
2	乔家岗村	2290	4.93	八方岗村、乔家岗村(原)	千亩蔬菜基地
3	刘家桥村	2908	8.41	丁家井村、刘家桥村(原)	种植优质水稻；有仙井庙、古香樟树
4	同心坝村	1849	3.45	文化村、同心坝村(原)	同心甲鱼
5	卧龙岗村	3386	6.64	龙潭港、卧龙岗村(原)	—
6	朱家桥村	1089	3.04	—	种植甘蔗、草莓、晚秋黄梨；查陂庵的战国古墓群
7	水浒庙社区	2666	5.25	枫树口村、水浒庙社区(原)	渔场
8	财神庙社区	1608	3.60	受福村、财神庙社区(原)	—
9	夹巷口社区	897	0.58	—	—

双桥坪镇

【概况】 2016年，双桥坪镇总面积131.5平方千米，辖居委会3个、行政村11个，计136个村民小组。全镇总户数9604户，其中，农业户9054户；总人口32276人，其中，农业人口30526人。有外来人口175人。人口自然增长率4.2‰以内。山林面

积 4890.6 公顷;耕地面积 2867.5 公顷,其中水田面积 562.7 公顷。2016 年,双桥坪镇获市“平安乡镇”称号,获区党管武装工作先进单位、招商引资工作先进单位、现代服务业发展先进单位。

经济建设与发展。农业。推广农业新科学技术,引进推广新品种水稻 10 个、油菜 5 个、柑橘 2 个、棉花 2 个。集中育秧 333.33 公顷,推广优质稻 533.33 公顷,超级稻 333.33 公顷,开展专业统防统治 1666.67 公顷,测土配方施肥 2000 公顷,油菜免耕直播轻简化 266.67 公顷。开展科技培训 5 次,参训人数 1000 人,发放各类农业生产资料宣传手册 1.5 万份,发放各类科技短信 3 万余条。成功建立办点示范园,其中水稻 4 个,油菜 66.67 公顷示范片 3 个;33.33 公顷示范片 8 个。新培养家庭农场 7 个,种粮大户 33.33 公顷以上 5 个、13.33 至 20 公顷 27 个、6.67 至 13.33 公顷 35 个。林业。全年油茶新造 80 公顷,血防林 46 公顷,中幼抚林抚育 93.33 公顷。鼓励造林,发展林业,建设高标准苗木花卉基地 200 公顷,油茶产业基地 100 公顷。吸取“2·7”森林火灾的教训,抓森林防火工作,与各村及各承包大户签订森林防火责任书,制作森林防火警示牌 27 块,书写标语 300 条,发放各类宣传单 1 万余份。水利建设。全年整修山塘 45 口,硬化山塘 27 口,渠道清淤 27 千米。

社会事业发展。民政救助。慰问特困群体及涉军特困家庭,共慰问 300 人,发放慰问金 40 余万元。兜底扶贫救助 209 人。救助特困学生 27 人,发放救助金 8 万元;救助困难残疾人 220 人,享受重度护理补贴 239 人,补贴资金 27 万元;医疗救助 131 人,救助资金 20 余万元;城乡低保 1489 人,救助资金 240 万元;五保救助 286 人,救助资金 110 万元;残疾人创业扶持 2 人,扶持资金 1 万元。劳动保障。登记各类就业失业人员 170 人。组织培训农民工 130 人,劳动技能培训 35 人,创业培训 10 人,农村劳务输出 1320 人。处理劳动维权 16 人次,办理小额贷款 2 人。低保、五保、养老保险。2016 年,农村低保标准每人每月 145 元,低保户 1322 户 1561 人,发放低保资金 238.9 万元;城镇低保户 63 户 107 人,发放低保资金 2.89 万元。五保老人 326 人,其中集中供养 90 人,分散供养 236 人,发放五保生活资金 113.32 万元。新型农村社会养老保险参保人数 11636 人,上缴保险基金 141 万元;享受养老保险 5827 人,领取养老金 559.39 万元。计划生育。刷新墙体标语 15 条,书写标语 100 条,发放宣传资料 3000 余份,更新户外大型宣传牌,翻新村内宣传橱窗。摸底全镇流出人口 2000 余人,人口返回 1000 余人,录入联系电话。修改计生系统中逻辑错误 6000 余个;打破传统的月初例会报表方式,通过微信开展生养、新婚、避孕节育、怀孕等信息的上报。全年核查奖扶对象 218 人。文化教育卫生。投入 1.2 万元,维修村村响广播,保持信号畅通,安装户户通 650 户居民。投入 3.2 万元参加区第二届体育运动会和百团大赛。成立教育基金,筹资 50 万元。全镇参加农村合作医疗 30582 人,参合率 98%。

福民工程实施。农村清洁工程。通过招标方式承包墟场卫生;镇域范围内各村均配齐垃圾桶、修补垃圾池,分类处理和清运垃圾;绿化、美化村主干道的同时,整治农户房前屋后卫生,每月坚持环境卫生检查、排名,督促各村及时整改。交通建设。7 月,重建修复 X028 线双桥坪至大龙站段道路 1.2 千米,投入 194 万元,道路整修由公路局主导,镇内负责管线转移、道路分流以及沿线群众矛盾协调工作。危房改造。第一批农村危房改造 23 户通过验收,全部补贴资金打卡到户,第二批农村危房改造 72 户在改造中。精准扶贫。全镇 350 户 895 人脱贫。组织实用技术培训 399 人,为期 3 天。传授种植水稻、养殖小龙虾、养猪等实用技术。完善 12 个到村项目资料,其中山塘整修项目 4 个,道路硬化项目 5 个,道路整修项目 2 个,油茶新造项目 1 个,计投入资金 63.49 万元。异地搬迁 7 户 22 人,发放每人搬迁资金 2 万元。

其他工作。五大安全(生产安全、消防安全、交通安全、环保安全、食品安全)。取缔无证经营黑油站5个,取缔液体燃料加工厂1个,关停无证黏土砖厂1个。每月安全隐患大排查1次,发出限期整改通知书50余份。与烟花爆竹经营户签订责任状,安全培训5次,全镇原有88个经营户规范成25家持证经营户,销毁超规格产品100余件。整治非法营运和超载超速等违法行为,查处非法营运三轮车27辆、超速超载车辆8台次。定期检查商店、酒店、学校、食堂等场所安全,查处不合格食品3件并及时处理,及时予以责任人安全警示教育。社会综合治理。加强综治维稳队伍建设,成立30人的治安巡逻队,投入10万元添置巡逻队员装备,每月在镇辖区内的三大集中赶集地开展治安巡逻,开展夜间警车巡逻。坚持信访案件交办、会办、督办、查办制度,坚持每日党政骨干带头坐班接访。全年排查各类矛盾55件,调处矛盾55件,调处成功43件。在学校开展普法教育授课3次,受教育学生1000人次,利用赶集日发放法律资料3000份。公安机关打击辖区内茶馆、网吧等,治安拘留1人,警示谈话3人。（高梁盼盼）

【公租房建设】 2016年5月,公租房动工建设,12月底完成。新建的两栋公租房共有住房60套(其中1号楼40套,2号楼20套),总建筑面积1814.34平方米,项目总投资450万元,其中国投198万元,自筹252万元。（高梁盼盼）

【“6·26”禁毒宣传系列活动】 2016年6月24日,双桥坪镇集中开展禁毒宣传活动。张贴禁毒宣传图片、发放禁毒宣传资料1000余份,解答群众咨询20余人次,从“禁毒知识与危害”“拒绝毒品的方式”“禁毒的法律法规”等方面,讲解毒品的危害性,教育群众增强拒毒、防毒意识,引导群众远离毒品、拒绝毒品、关爱生命。整个宣传活动持续1周,在集市、中小学校开展集中宣传。（高梁盼盼）

安全生产检查

禁毒宣传进校园

2016年双桥坪镇各村(社区)基本情况

表21

序号	村(社区)名	人口(人)	面积(平方千米)	合并村(社区)名	村(社区)情特色
1	双桥坪社区	1901	3.30	双桥坪社区(原)、白鹤垭村	七姑山
2	大龙站社区	1829	5.70	大龙站社区(原)、富贵坡村	—
3	郑家岭社区	1473	5.90	郑家岭社区(原)、翠正庵村	—
4	涂家坪村	2038	7.90	涂家坪村(原)、金鸡岩村	—
5	五同庵村	2104	9.30	五同庵村(原)、双堰角村	—

续表 21

序号	村(社区)名	人口(人)	面积(平方千米)	合并村(社区)名	村(社区)情特色
6	官堰坪村	3132	9.50	官堰坪村(原)、农夫堰村	桃花基地
7	大桥村	3057	10.10	大桥村(原)、马鞍山村	陈辉烈士故里
8	宋家坪村	3030	9.30	宋家坪村(原)、刘家湾村	—
9	王家嘴村	3100	13.50	王家嘴村(原)、李家铺村、江家垱村	—
10	全家坪村	2572	9.80	全家坪村(原)、板桥坪村	—
11	双堰堤村	1926	6.40	双堰堤村(原)、茶庵岗村	—
12	兴国寺村	1073	4.30	兴国寺村(原)、龙山村	明荣庄王墓,省级文物保护单位;荣王妃墓
13	南洋坪村	1956	7.00	—	紫薇花基地
14	祝家垱村	1335	4.50	—	—

灌 溪 镇

【概况】 灌溪镇地处常德市西北郊,距常德城区 5 千米。东界武陵区南坪街道办事处,西邻桃源县畲田乡,南接武陵区河洑镇,北抵石板滩镇。区域面积 64 平方千米,其中林地 1289.2 公顷,耕地 1694 公顷,水面 304.27 公顷。辖行政村 10 个,居委会 2 个。总人口 35635 人,其中城镇人口 9468 人,农业人口 26167 人。2016 年,工农业总产值 78 亿元(其中工业产值 75.62 亿元,农业产值 2.38 亿元)。上缴国家税金 3.3 亿元,农民居民年可支配收入 13830 元。2016 年,灌溪镇获全市安全生产先进单位,区人口和计划生育红旗单位、维护社会稳定工作红旗单位、信访工作先进单位、征地拆迁安置工作先进单位、道路交通安全社会化管理工作先进单位、党管武装工作先进单位、招商引资工作先进单位、城市工作先进单位、现代服务业发展红旗单位。

项目建设。芙蓉王项目开工建设,征地 93.33 公顷、拆迁 410 户;芙蓉北路、紫菱西路建成通车,东鹏陶瓷一期建设竣工、二期征拆完成;竹根潭路、兴发安置小区三期等项目完成征拆,已进场施工。占地 113.33 公顷的中联西区征地拆迁及倒房已完成,中联重科塔吊基地已开工建设;西区标准化厂房,占地 20 万平方米,已建成并投入使用;工业园五铁路、塔铁路、樟窑路建成;国立变压器、立欣电子竣工投产;占地 4 公顷,投资 1.2 亿元的龙诚钢构,项目厂房修成并投入使用;占地 5.33 公顷,投资 1.2 亿元新湘达项目完成土地征收和青苗补偿发放,拟于 2017 年 8 月建成投产;湘联实业,占地 5.33 公顷,投资 1.1 亿元,完成项目选址、土地征收和青苗补偿发放,拟于 2017 年 10 月建成投产;占地 3.33 公顷,投资 1.3 亿元的湖南常德大洋包装制造有限公司,完成项目选址和征地相关手续,拟于 2017 年 1 月开工建设;常德欣平液化气钢瓶检测中心、金宏墙体材料有限公司建成投产;水表厂、佳达电缆、岗中路、渐安南路等项目完成征拆;富窑西路、塔铁西路、五铁南路征地 12.13 公顷,科剑机械有限公司、鑫文天补征 2.85 公顷,标

园区标准化厂房

准化厂房一期、二期补征 27.6 公顷；远大集团征地 13.33 公顷，拆迁房屋 47 户。完工石长铁路复线 3.6 千米，通车高速公路 5.9 千米，完工黔张常高铁（灌溪境内）基建工程 8.7 千米。沅澧快速干线完成征拆协议签字任务，已全线施工。

美丽乡村建设。基础设施建设。实施狗头岗、草坪、城堰、老垱机埠、七一、七〇水库除险加固，实施西线公路、经三线、纬七线维修。硬化村组道路 19.3 千米，整修、扩容山塘 12 口，硬化渠道 15.5 千米，整修硚闸 5 处，硬化道路护肩 16.5 千米，防汛道路铺装 7.6 千米，机耕道铺碎石 21.2 千米，电力补点增容 1100 余千瓦，更换电力导线 9.6 千米，疏通大型沟渠 9.2 千米、小（Ⅱ）型水库渠系 3.7 千米、斗毛渠 31.3 千米，新增绿地、花坛 12000 余平方米。白马岗村新建农民休闲广场 1 座，占地 2000 余平方米，新增公厕 2 座。富贵、中心村引进土地平整项目，引入资金 980 余万元，用于硬化沟渠 11.9 千米，整修泥石机耕道 6 千米，道路硬化 1.7 千米，整修机埠 3 处。白马村、溪沿村、汤家坪村等村（居）新增太阳能路灯 244 盏。农业产业化水平提升。发展优质稻订单 533.33 公顷，收购优质稻原粮 1000 余吨，新增种养大户 12 户，农业产值增 500 余万元。引导农民专业合作组织做大做强，全镇新增合作社 10 家，新增社员 47 户，辐射农户 4000 余户。引导鼓励农民参加农业保险，全年投保 426.67 公顷，投保金额 2.8 万余元，争取理赔资金近 26 万元。油茶低改 23.33 公顷，繁育“铁成一号”“常林”系列种苗 102 万株。抽检农产品质量 621 批次，初抽合格率 98.5%以上。交办渍堤、渐堤、水库重点险情 15 处。巩固农村环境整治成果。落实乡村主干道垃圾清扫清运人员岗位和设施，农村卫生清洁工程形成长效管理机制，每月全区评比均名列前茅。白马岗村、中心村、富贵村等村探索垃圾分类减量模式，垃圾分类减量见成效。健全应急处置体系。落实森林防火和防汛抗旱工作责任制，组建 100 余人的森林防火和防汛抢险应急中队，各村组建人数不少于 15 人的应急分队，做到有预案、有队伍、有器材，确保森林防火和防汛抗灾有备无患。抓汛前检查，全年防汛检查 6 次，发现问题 8 处（已及时处置到位），备纺织袋 5600 余条，沙砾 260 余方，铺装防汛道路 7.6 千米。处置狗头岗机埠的重大排渍险情，在徐家大堰开展防汛应急演练，投入 100 余万元用于 4 个防汛抗旱机埠的除险改造。

白马岗村新建休闲广场

城镇建设。加强基础设施建设。实施镇区硬化、绿化、亮化、美化工程。投资 25 万元提质改造友谊街，实施政府街环线“白改黑”工程，维护浦镇街 119 盏路灯，更换损坏人行道路 100 余平方米、路沿石 320 米、下水道井盖 18 个、流泥井 5 处，整修路牌 13 块，镇区大雨街道无积水，雨停路干。抓卫生保洁。形成卫生保洁长效机制，镇区卫生保洁队伍发挥作用，垃圾清扫、收集、清运“日产日清”，镇区 10 万余平方米的路面实现全天候清扫保洁，环卫工作在全区位居前列。落实危房改造。全年危房改造指标 24 户，其中新建 12 户，加固、维修 12 户，危改建设完成率 100%。加强控违拆违。投入 40

镇区友谊街道路完成提质改造

余万元用于控违拆违考核和拆违专项经费,查处违章建设81宗,拆除违章建筑面积13000平方米。

社会事业。抓综治维稳工作。信访维稳坚持矛盾化解重心下移,发挥村(居)党支部的主动作为意识,全年排查调处矛盾纠纷56起,调处成功55起,调解成功率98.2%。加强信访老户思想教育,化解信访积案,信访总量下降。镇综治办与派出所联合开展黄赌毒清查打击行动,破获刑事案件27起,查处治安案件95起。推进"平安灌溪"建设。镇村两级干部层层签订综治目标管理责任书。落实责任到各村(居)的主要负责人。凡是因信息掌握不准、矛盾纠纷排查不到位、调处工作乏力、措施不落实引发重大群体性事件甚至激化升级的,坚决追究有关责任人责任。坚持每季度召开1次综治例会,分析形势、交流经验、通报情况、布置工作,及时有效掌控全镇稳定情况,提高上下信息畅通、综治队伍调处能力。抓安全生产监管。坚持分块负责、分头管理,安全监管实现规范化、制度化、常态化、台账化,2016年,灌溪镇被评为全市安全生产先进单位。镇工业口、政法口多次组织职能部门检查企业生产、消防、道路交通安全,查处隐患198起,取缔烟花爆竹无证经营33家,取缔不符合安全经营条件31家,缴获烟花非品8万余元。全年全镇未发生一起重特大安全事故。抓计划生育优质服务。核实新增计划生育奖扶对象196人,年末,享受奖扶对象1066人,享受计划生育家庭特别奖励扶助对象37人,享受独生子女保健费对象632人。孕检育龄妇女5820人次,孕检参检率96.8%,完成各类手术268例,其中上环152例,流引产22例,结扎75例。抓社会保障工作。新增就业岗位439个,组织外出务工人员1796人,劳动力输出1228人。组织招聘会、发布就业信息20余次,招聘人员近300人,接待咨询630人次,安排就业182人。巩固城乡居民基本养老保障制度,城乡居民基本养老保险参保9005人,城镇居民医疗保险参保1700人,统一发放社会保障卡410张,为1400名老年人办理意外伤害保险。协调处理各类劳动纠纷5起,涉及金额20余万元,发展维权协会会员124人。完善失地农民保障机制,完成沅澧快速干线、东星家具城、鲲鹏钢材市场、岗市安置小区、溪沿、富贵安置小区、新湘达、竹根潭7个项目的失地农民养老保险。抓教育文体工作。投入10万元用于镇中学改善办学条件,组织资金50万元注入区教育基金会,除50万元本金外,另争取10万元用于该镇扶贫助学和教师奖励,年内镇中学向区一中输送优质生源2个班。抓医疗卫生工作。全镇新农合参合率100%,全年兑付医保补偿金300万元以上。提高镇卫生院的医技水平,加强内部管理。

(丁　霖)

【明代铁戈墓挂牌"区级文物保护单位"】 2016年4月2日上午10:00,灌溪镇举行明代铁戈墓"区级文物保护单位"挂牌仪式。区文物局、文宗局领导及铁氏族长参加了仪式。明代铁戈墓位于灌溪镇岗市村,迄今已600余年。铁戈,明朝山东布政使兵部尚书铁铉之子,与其父在山东德州抗击兵变燕军有功,封武略太保将军。燕王朱棣兵变篡权,铁戈被流放于河池(广东省),后定居于灌溪镇岗市村,藏于此。

(丁　霖)

【灌溪镇65米高烟囱爆破】 2016年6月17日,灌溪镇组织安监站、综治办、派出所等相关部门工作人员实施铁山村武铁砖厂烟囱定向爆破。安全隐患排查,发现该烟囱底部开裂倾斜,有倒塌危险,危及周边群众的安全。镇党委、镇政府等相关

65米高烟囱爆破

部门研究决定，请专业的爆破公司操作，相关工作人员考察、设计和评估，通过准确测量、开挖定向窗等爆破技术，采取爆破作业定向拆除。上午9时半，高65米的大烟囱整体瓦解，成功定向爆破。

（丁　霖）

【森林防火实战演练】 2016年12月30日，灌溪镇在百家坪社区茶山场举行冬季森林防火应急演练活动。镇武装部、应急办、林业站、民兵应急分队、派出所、卫生院50人参加演练。演练模拟百家坪社区茶山场廖家祖坟因祭祖引发山火，火势迅速蔓延，镇森林防火指挥部接到报告后立即启动《灌溪镇森林火灾应急预案》，集结装备组、各应急小分队赶赴现场，扑救火灾。在指挥员的指挥下，镇民兵应急分队协同作战，安全、快速、高效、有序地扑救，20余分钟，大火被扑灭。（丁　霖）

【白马岗村被评为“全省2016年度美丽乡村建设”先进单位】 白马岗村2014年被确定为常德市美丽乡村市级示范村。按照“四美一化”的建设标准，3年（2014至2016年）时间，全村硬化村、组道路18.1千米，村民小组公路硬化率100%，新增绿地4000平方米，电力补点增容800千瓦，更换导线6.8千米，除险加固小（Ⅱ）型水库徐家大堰，硬化沟渠6.5千米，整修、扩容硬化山塘16口，实施垃圾分类改量、村民宜居建房。探索创新社会管理，形成卫生长效保洁、特困群体帮扶、党员干部义务劳动及巡逻、退职老干部义务调处矛盾、党员干部维护美丽乡村建设成果、美丽乡村建设资金社会化筹措6大长效管理机制。2016年，白马岗村获全市美丽乡村示范村称号，创省级示范村验收成功，获“全省2016年度美丽乡村建设”先进单位称号。

（丁　霖）

2016年灌溪镇各村（社区）基本情况

表22

序号	村（社区）名	人口（人）	面积（平方千米）	合并村（社区）名	村（社区）情特色
1	富贵村	4104	10.22	唐桥村、富贵村（原）	种植水稻、油茶，古墓群
2	中心桥村	1891	3.14	—	畜牧、水产养殖
3	兴发垸村	3500	2.13	—	生猪养殖
4	黄土村	2850	3.53	—	生猪养殖，古墓群
5	汤家坪村	1802	2.90	—	种植水稻
6	岗市村	2070	2.58	—	古墓群
7	铁山村	2120	3.20	—	种植油茶
8	窑顶村	1097	4.50	—	橡胶
9	乐福村	1245	3.30	—	种植油茶
10	白马岗村	3437	12.63	常桃村、白马岗村（原）	基督教堂
11	百家坪社区	2085	2.20	五里岗村、百家坪社区（原）	机械加工
12	溪沿社区	3018	4.13	大垱村、溪沿社区（原）	种植花卉苗木

石板滩镇

【概况】 石板滩镇位于区境中北部，北纬29°16′，东经111°64′。东靠太阳山常德林场，西抵桃源县架桥镇，南接灌溪镇，北连蔡家岗镇、长岭岗乡。因境内渐水河中有一长约900米的石板河滩而得名。镇人民政府驻石板滩社区，距常德市城区12千米。

全镇总面积64.5平方千米，水田1400公顷，丘陵3133.33公顷，总人口21167人，辖6个村、4个居委会，是远近闻名的“花木之乡”，鼎城的工业重镇。全镇农业、粮油、林果、花木业“产供销”一体化。其中，花木产业是农业主导产业，石板滩镇是湘西北最大的花卉苗木产销基地。全镇初步形成以建筑建材、机械加工、烟花爆竹为主的工业体系。2016年，石板滩镇获市计划生育工作优秀单位、安全生产优秀单位，获区绩效考核红旗单位。

花木种植。花木种植以毛栗岗、荷花堰、玉皇庵、大溪冲、石板滩、雷家铺等村（居）为集中种植区。有花木销售市场1处，花木合作社2家，专业公司8家，花木品种471个，花木种植户1153户，从业人员5000余人，种植面积1333.33公顷。花木总产值1.6亿元，占全镇农业总产值60%以上。

工业园区建设。石板滩工业园区规划约8平方千米，有企业25家，其中规模企业9家，投资过亿元的企业3家，就业2000余人。2016年，全镇有工业企业32家，其中规模以上企业6家，分别为华利烟机配件有限公司、永欣机械制造有限公司、荣泰机械制造有限公司、南方水泥有限公司、金煜机械有限公司、天泽建材有限公司，从业人员4500人，企业总产值10.71亿元，纳税3500万元。

美丽乡村建设。石板滩镇新农村建设示范片分布在毛栗岗村、玉皇庵村、荷花堰村3个村，总人口4756人，总面积1355.87公顷，耕地面积334.8公顷，人均收入9000元以上。花木、水果、蔬菜、休闲旅游、农家乐是该示范区的特色产业。打造精品旅游环道、旅游景点，发展星级农家乐4家。红烨山庄、水木佳园获评“五星级农庄”。毛栗岗村获评“全国文明村”“省级美丽乡村建设示范村”“常德市城郊宜游美丽乡村”，荷花堰居委会获市级“美丽乡村”称号。

社会保障事业。落实惠民政策。发放低保金145万元、五保金45万元、贫困户补助资金7万元，发放异地搬迁补助4户20万元，为127户贫困户、五保户、残疾人户等困难群体投入77.2万元用于危房改造。推进平安“石板滩”建设。完善维稳工作机制，加强排查、分析和调处，从源头上减少不稳定因素，把矛盾化解在基层。全年排查民事纠纷112件，成功调处109件。信访报结率100%，满意率80%以上。提升农民素质。依托农村党员现代远程教育网络，组织农民800余人次听取讲座。依托教育机构，开展技术培训8期400余人，包括村级会计、森林防火、植保工等各类培训。依托镇、村党组织，建立长效的村级党员培训机制，开设培训班，培训人员600余人次。

党建工作。落实“三会一课”制度，推行“两委三会制”农村社会治理新模式，发挥村务监督委员会、文明新风理事会和产业协会的监督和示范作用，落实阳光村务。开展“两学一做”学习教育，3次邀请市级教授、专家上党课，结合镇情，号召全镇党员在学习教育中践行“赵必振精神”。开展“纠四风、治陋习”“雁过拔毛”式腐败问题等专项整治，倒逼干部既廉又勤，既干净又干事。推进省、市、区“7+2+2”项重点工作，建立支部党员微信群，强化党员日常教育管理。（廖莉嘉）

【禹新荣一行到毛栗岗村调研】 2016年6月16日，省文化厅常务副厅长禹新荣、省公共文化处处长颜喜、副处长叶建武一行到“全国文明村”——石板滩镇毛栗岗村调研现代公共文化服务体系建设工作。禹厅长一行到毛栗岗村村部，参观了文化休闲广场、广播室、图书室、电子阅览室、群众娱乐活动室、室内文体活动室等场所，听取了镇党委书记钟科程关于石板滩镇文体建设制度等方面的汇报，给予石板滩镇文化体育阵地建设高度评价。市文体广新局局长黄修林、副局长郭震宇，市局公共文化科科长邓忠林，区常委宣传部部长李芳，副区长熊辉陪同调研，镇党委书记钟科程与镇骨干成员全程陪同。（廖莉嘉）

2016 年石板滩镇各村(社区)基本情况

表 23

序号	村(社区)名	人口(人)	面积(平方千米)	合并村(社区)名	村(社区)情特色
1	常水社区	3254	6.89	常水社区(原)、现阳堡村、古堤坪村	水木家园五星级农庄、乡村旅游
2	雷家铺村	3356	13.34	雷家铺村(原)、南家坪村、莫家铺村	油茶种植
3	玉皇庵村	2656	10.04	玉皇庵村(原)、大溪冲村	区级“美丽乡村”、花木村、乌梅园
4	兴隆桥村	2526	8.22	兴隆桥村(原)、枫树桥村	水稻花木种植、红烨山庄五星级农庄、乡村旅游
5	狮子山村	1688	4.47	狮子山村(原)、骑龙庵村	水稻花木种植
6	拾柴坡村	2361	8.09	拾柴坡村(原)、田家坪村	油茶种植
7	荷花堰社区	1829	4.00	—	市级“美丽乡村”、花木村
8	毛栗岗村	1250	4.61	—	全国文明村、花木村
9	石板滩社区	1829	1.74	—	机械产业配套
10	莲花堰社区	1086	3.22	—	油菜种植

蔡家岗镇

【概况】 蔡家岗镇位于常德市城区以北 19 千米处,西抵桃源县盘塘镇,北靠临澧县太浮镇。石长铁路、国道 207 及沅澧快速干线一号大道穿镇而过,省道 313 公路横贯东西,2016 年被鼎城区规划确定为四个中心镇之一。2015 年 12 月,原蔡家岗镇、雷公庙镇、长岭岗乡合并成蔡家岗镇。总面积 155.5 平方千米。2016 年 5 月,由原 39 个村(居)合并成 14 个行政村、3 个居委会, 计 155 个村民小组。全镇总户数 12298 户,总人口 42990 人。其中农业户 11412 户 39943 人; 非农户口 886 户 3047 人。耕地面积 4158.2 公顷,其中水田面积 3573.87 公顷,旱地面积 584.33 公顷。林地面积 5783.33 公顷。中型水库 1 座,小(Ⅰ)型水库 6 座、小(Ⅱ)型水库 10 座,山塘 2300 口。全年工业总产值 5.81 亿元; 农民人均纯收入 5000 元。农作物播种面积 10414.53 公顷,其中,粮食播种面积 6019.2 公顷,粮食总产量 32884 吨;经济作物播种面积 4395.33 公顷。规模工业增加值 4760 万元;工业固定资产投资 2.6 亿元。2016 年,蔡家岗镇成功创建市级文明村镇,辖区内五里溪村被评为市级“美丽乡村”,并申报创建省级“美丽乡村”。该镇被评为脱贫攻坚工作红旗单位、社会综合治理红旗单位、现代服务业发展先进单位、农村工作先进单位、安全生产工作先进单位、党管武装工作先进单位等。

经济建设与发展。投入资金 120 万元,硬化村组公路 38 千米; 投入资金 80 万元修复水毁工程 15 处;以奖代投 50 万元,清淤骨干山塘 64 口;投入资金 280 万元,解决 5000 余人安全饮水问题;投入 50 万元新建 1 座 1800 平方米的文化广场;投入 50 万元编制镇建设规划;投入 3000 万元重建原八中校舍;投入 30 万元改造雷旺路下水道 1.5 千米。争取农开项目资金近 2000 万元,实施龙门村、尹家坪村、花园村土地整理、沟渠硬化等建设;争取粮食产能项目资金近1500万元，实施落子山村、黄山峪村、长岭岗村农业开发等项目建设；争取交通项目资金100万元，实施村组道路拓宽、修复、维护等建设；争取改水项目资金190万元，改造建设集镇街用水设施。年末土地流转率37%。100亩以上种粮大户60个；家庭农场12家；太浮山等特色专业合作社3家，种植蔬菜面积200公顷。专业养殖大户31个，牲猪存栏1.38万头，耕牛存栏318头，山羊2168只，家禽15.5万余羽。

扶贫工作。建档立卡贫困人口1260户3601人。2014年至2015年脱贫447户1421人，2016年脱贫208户578人，年末未脱贫贫困户605户1602人。异地搬迁5户17人。危房改造31户。原沈家岗村为市级扶贫点村，5月由原沈家岗村、湖海坪村合并成立湖海坪村，湖海坪村总人口856户3081人，党员99名，全村总面积10.4平方千米，总耕地面积305.73公顷，山林面积433.33公顷，大小山塘186口，水面面积36.67公顷，建档立卡贫困人口152户469人。2014年至2015年脱贫74户254人，2016年脱贫户27户48人。贫困危房改造3户。全村村组道路硬化9.2千米，整修渠道2.3千米，整修山塘12口，新成立柑橘合作社1个，新建柑橘打蜡厂1个，新建60千瓦的光伏发电站1座。

副市长朱晓平(左二)到沈家岗村调研扶贫工作

社会保障。城乡居民基本养老保险征缴16989人，征缴率95%，城乡居民基本医疗保险征缴率100%。10人享受家庭病床及特殊病种，核实发放小额贷款10户，计100万元。建档贫困劳动力2077人，转移劳动力71人，培训劳动力350人次，其中贫困劳动力250人次。组织参加招聘会270人次，签约35人。城镇低保户63户105人，发放低保金35.13万元。农村低保户1497户1745人，其中A类569人、B类725人、C类451人；发放低保金266.58万元。全年申报大病救助60人次，发放救助资金15万余元。发放临时救助9万余元，解决近90户群众临时生活问题。为700名重度残疾人发放生活补贴、护理补贴，其中发放护理补贴重度残疾人300名，资金18万元；发放生活困难补贴重度残疾人400名，资金23万元。投入15万元用于18户残疾人无障碍改造。投入18万元改造敬老院，发放危房户改造资金41户23.7万元。

农业工作。栽培优质水稻面积433.33公顷。推广“双低”油菜新品种，栽培面积933.33公顷。推广旱地农机深松整地项目266.67公顷。培训科技示范户63户，农业科技辐射户1800户。培育种粮大户、家庭农场、农业合作社、农机合作社、新型职业农民等农业新型经营主体73家。全年抽样检测农产品800余批次。发放各类农机安全资料4000份，购置农机具30台(套)，发放购置补贴资金30余万元。

血防造林20公顷，油茶新造86.67公顷，中幼林抚育40公顷。全年清理坟头灌木、杂草2万余座，森林防火应急队队员230人，开展森林防火应急演练1次。

安全管理工作。全镇有两轮、三轮摩托车1806台，农用车121台，2016年摩托车上户83台次、办驾驶证57人次、买交强险71人次、行驶证年审19人次，农用车年检、买交强险62人次。全年集中开展道路交通治超整治2次。开展日常、集中执法活动114次，参加检查人员265人次，检查生产经营单位452次，下达执法文书79次，责令停产停业34家。组织17个村(居)食品监督管理员食品安全业务培训5次，制定村(居)赈酒食品安全管理办法。

文化事业。全镇学校(包括公办、民办幼儿园)13所，有在校学生2626人(其中：中学生538人，小学生 1132 人，在校幼儿 956 人）、在编教师 196 人、退休教师 219 人。在册留守儿童 482 人，特困学生 259 人。结对帮扶在册人员 176 对，授牌陈亚湘“助学之星”称号（陈亚湘，统计至年末，计资助小学、中学、大学学生 50 人次，助学金额 20 万元）。组织参加市 2016 年“友阿国际广场舞杯”广场舞大赛，获区乡镇组一等奖、市总决赛三等奖。组织代表队参加区运动会，获男子篮球、健身舞、自行车 3 项团体一等奖，男女混合拔河、起步奔小康、乒乓球团体、气排球、太极拳 5 项二等奖。（周 刚）

“欢乐潇湘”群众文艺演出百团大赛

【省道 313 线改建】 省道 313 线西接桃源县盘塘镇长张高速出口，东连鼎城区双桥坪镇二广高速出口，途经镇泉垱村、延寿庵居委会、高桥居委会、舒公殿村、黄山峪村、长岭岗村，设计里程 17.37 千米，拟建设时长 3 年。2016 年 10 月 24 日，蔡家岗镇召开省道 313 线改建工作启动大会，启动征地、拆迁工作，12 月 31 日，完成征地拆迁测量工作，境内征地 17.33 公顷，拆迁群众 85 户。（周 刚）

【森林火灾扑救演练】 2016 年 12 月 7 日，区森林防火指挥部在蔡家岗村张家屋后山举行森林火灾扑救实战演练。区森林防火指挥部、区人武部、区林业局、区森林公安局主要领导现场观摩指导。演练分 4 个演练分队，1 个观摩分队，参加演练防火队员 150 人。市森林公安局、消防大队负责人传授森林防火经验及扑救安全知识，点评演练情况。（周 刚）

森林防火应急演练

【市人防疏散基地开工建设】 2016 年 12 月 20 日，常德市人防疏散基地开工建设动员会在蔡家岗镇召开，市政府副厅级干部黎建平、鼎城区副区长蒋宏武出席开工仪式。项目选址在蔡家岗镇，占地面积 34.13 公顷，建筑面积 16620 平方米，拟于 2017 年完成主体工程。市人防办全体班子成员，区人防办、镇负责人参加开工仪式。（周 刚）

2016 年蔡家岗镇各村（社区）基本情况

表 24

序号	村（社区）名	人口（人）	面积（平方千米）	合并村（社区）名	村（社区）情特色
1	黄山峪村	2653	7.40	黄山峪村（原）、周夹巷村、桂花堰村	有 5 家碎石厂，有绿化苗木面积 1.33 平方千米，苗木合作社 3 家，苗木公司 1家
2	落子山村	2479	12.80	古堤溶村、安家岗村、落子山村（原）	以油茶、水稻、花卉种植为主，村内有专业合作社 1 家，碎石场 1 家
3	长岭岗村	3218	12.75	长岭岗村（原）、蒋家坪村	2015 年“太阳花节”在该村举办

续表 24

序号	村（社区）名	人口（人）	面积（平方千米）	合并村（社区）名	村（社区）情特色
4	坛坪村	2718	9.10	坛坪村（原）、周家坪村	东临太阳山，森林覆盖率大
5	大银岗村	2304	7.10	芭蕉堰村、大银岗村（原）	西抵桃源县盘塘镇朱家港村，以水稻、柑橘、油茶、渔业为主
6	蔡家岗村	1695	3.38	陆家殿村、蔡家岗村（原）	以水稻、柑橘种植为主
7	五里溪村	2204	6.00	宝家山村、五里溪村（原）、刘家咀村	有中型水库 1 座——五里溪水库；国道 207 线、乡道 232 线穿境而过；常德市后备饮用水源保护地；2016 年被评为市级“美丽乡村”
8	泉垱村	2490	10.45	泉垱村（原）、高冲村、岩巴垱村	省道 313 线穿境而过
9	延寿社区	2101	5.20	延寿社区（原）、南山村	镇政府驻地
10	高桥社区	3075	4.40	高桥社区（原）、小溪村	国道 207、省道 313 和渐河穿境而过，紧邻蔡家岗镇政府驻地
11	舒公殿村	2270	10.00	舒公殿村（原）、牛车垱村	以种植花卉、油茶、三红柚为主
12	湖海坪村	3081	10.40	沈家岗村、湖海坪村（原）	丘陵山区，西面与桃源县盘塘镇宋家港村交界，北面与临澧县太浮镇雷水村交界，石长铁路横跨全村。以水稻、柑橘种植为主。原沈家岗村是市级扶贫点村
13	中湖村	2917	10.30	中湖村（原）、黄潭桥村	水稻、棉花、油菜为主导产业，油茶、果木、林业、畜牧养殖为辅助产业
14	尹家坪村	3066	11.50	尹家坪村（原）、望仙桥村	种养殖业为主，南方水泥有限公司矿区在村内
15	龙门村	1897	16.92	张家垭村、龙门村（原）	以丘陵为主，水稻、棉花、油茶等农作物为主要经济来源，境内有龙门水库，水库旁有地下溶洞“龙门洞”
16	镇南社区	1893	5.70	镇南社区（原）、石牛冲村	原雷公庙镇政府所在地，北与临澧县交界，东临沅澧快线；以农业、个体商业为主
17	花园村	2929	11.60	花园村（原）、谢家岔村、大会庵村	北与临澧县太浮镇交界；以种水稻、柑橘、油茶为主

花岩溪镇

【概况】 花岩溪镇位于区治西南40余千米，由原港二口镇和逆江坪乡合并成立。总面积178.11平方千米，总人口3.34万人，镇人民政府驻吴家坝（原港二口镇人民政府驻地）。

党建工作。把党建工作列入重要议事日程，要求党员骨干、联村干部定期进村入户，记好民情账，制定党建工作计划。开展党员冬春训，举办党的报告员、“今日开讲”“周例会汇报5分钟”等活动，镇党委书记葛辉琳在鼎城区党的报告员“微党课”比赛中获“优秀报告员”称号。组织开展“庆七一拔河比赛”、参观潘振武将军故居等文化体育活动。

“庆七一拔河比赛”

安全维稳。落实各项安全监管措施，年初，制订安全宣传教育培训计划，组织相关人员参加市、区组织的安全生产教育活动。镇1家企业35名安全管理人员参加区安监局组织的培训，培训率100%，特种作业人员35人报名参加培训，并取得资格证书。各企业开展从业人员上岗培训，安全教育培训率95%以上。全镇查出安全隐患48处，下达限期整改通知书，跟踪检查，整改率100%。开展“查隐患、抓整改、保稳定、促发展”安全隐患排查治理工作，查出各类安全隐患34处，关闭非法加油站1家。建设和谐乡镇，落实社会治安综合治理各项措施，维护社会稳定，全年调处矛盾95件，调处率100%，成功率98%。接待群众来信来访150余件，接待群众450余次，办结率100%。全省民调排名全区第8。

产业发展。发展传统产业，增加农民收入。在黄壁坪村、新庵冲村、湖江坪村等村开展早稻集中育秧186.67公顷（大田），推广机械催芽、机插秧、软盘抛秧、再生稻栽培等系列新技术；在党家庵村、高峰村分别创办百亩油菜高产示范片；在湖江坪村农业生态园种植紫云英绿肥66.67公顷。全镇山林面积9200公顷，其中生态公益林面积4783.13公顷。专职护林员7人，管护全部山林。油茶新造46.67公顷，中幼林抚育66.67公顷，工业原料林20公顷，血防造林133.33公顷，巩退项目73.33公顷，林农收益360万元。立足生态优势，发展第三产业。3月26日在湖江坪村生态农业园举办紫云英风筝节，历时15天，接待游客近10万人，收入1000余万元。中央、省、市、区100余家媒体宣传报道，湖南经视拍摄专题宣传片《花落游不落》。推出“一宴九鼎”“擂茶38式”等特色饮食，镇土特产品统一标准、统一包装、统一营销，建成花岩溪特产销售专线和微店。12月31日，举办高峰村年货节，销售特色产品40余种，吸引游客2000余名，交易金额50万余元。

湖江坪村农业生态园紫云英示范片

民生保障。落实各项惠民政策，抓社会保障卡登记发放工作，城乡居民医疗保险工作连续5年被评为全区先进。2016年,在全区率先启动待遇领取人员审核、生存认证等工作,全镇分4个组利用半个月时间到各村(居),审核待遇领取人员生存状况8000余人,核实冒领待遇人员73人。全镇低保1166户1313人,发放低保资金191.76万元。五保老人373人,其中,分散供养318人,发放生活补助资金100.80万元、五保户丧葬费3.52万元;集中供养人员55人,开支385397元。发放社会救助金29988元、孤儿生活费5.4万元。申报城乡医疗救助34人次,解决救助资金55612元,开出医疗救助证210余张,大病保险资金52139元。临时救助78人次,发放救助资金5.4万元。发放高龄老人补贴156800元。上交老年人保费5.4万余元。慈善一日捐4660元。全年新增城镇就业110人,完成就业困难对象再就业10人,新增农村劳动力转移400人。

脱贫攻坚。组织开办铜管乐器、厨师、家政服务等农村实用技术劳动技能培训班5期近200人次。参加区首届电子商务培训,建立电商平台。高峰村的莫丽平和茄子冲村的谭阳,在结业考试中成绩名列前茅,各获得奖励笔记本电脑1台。组织贫困村村干部后备力量3人参加湖南省创业致富带头人培训班学习。金融扶贫,配合农商行,开展金融产业扶贫,为62个贫困户发放产业扶贫贷款304万元。救助扶贫,38位贫困学生与爱心人士结成对子。协助区慈善总会调查困难学生14户,为困难学生争取救助资金65000元。危房改造贫困户42户,脱贫169户477人。

基础设施。亮化工程方面,投入200万元亮化改造乡村道路,安装路灯750盏。其中,墟场安装路灯80盏,各村(居)安装路灯670盏。道路硬化工程方面,投资173.5万元硬化廖花河村、铁山坪村6.4千米道路,惠及农户900户。抓水利基础设施建设和防灾减灾工作,清淤渠道28千米,整修河坝5处,维修机埠1处,修复水毁渠道30千米。抓防汛抗旱、森林防火工作,保障群众的生产生活。抓农村环境卫生整治工作,聘请保洁员48名,爱卫协会15个,会员2.7万人。购买分类垃圾桶1200余个,投放到部分示范农户;购买保洁员工作服50套;修建垃圾中转站2个,并制定了村(居)环境整治百分制考核细则,采取平时考核与年终考核相结合的办法,实地检查,查出问题及时整改。

社会事业。办理一孩登记119本,二孩登记86本,办理再生育证3本。全年上报出生267人,其中政策外出生3人,符合政策生育率98.97%。新增奖扶对象199人,上缴计生系列保险85000元,理赔108000元。征收社会抚养费45.5万元,征缴名次位列全区第二。启动湖江坪村公共文化服务体系建设,完备各项资料。申报并安装户户通无线电视358户。5月,组织参加区文艺百团大赛,获二等奖。参加区第二届体育运动会,获乡镇组第二名,其中,气排球、太极拳、女子乒乓球项目获单项冠军。筹划太极拳之乡的申报,注重本地民间艺术的发掘和保护,多次与宋文信(口技)、罗久如(三棒鼓)、莫付田(渔鼓)等民间艺人交流,探讨保护和传承民间艺术的方法。7月30日,镇共青团第一届委员会第一次全体会议召开,选举产生书记、副书记各1名,委员7名。11月24日,镇第一届妇女代表大会第一次会议召开,选举产生主席1名,副主席4名。完成工会换届,选举了工会主席。完成民兵整组和兵役登记,严把体检和政审关,报名入伍55人送检33人,合格8人。（何梦黎）

【花岩溪镇挂牌成立】 2016年1月28日,花岩溪镇举行区划调整揭牌仪式。区划调整将原港二口镇、逆江坪乡合并建制成立花岩溪镇,下辖33个建制村(居),总人口3.3万人。（何梦黎）

【花岩溪镇第一次党代会召开】 2016年4月25日,花岩溪镇第一次党代会召开,大会选举产生第一届党委班子和纪委班子、出席区第十二次党代会的区党代表13名。（何梦黎）

【第二届乡村年货节】 2016年12月31日,花岩溪镇第二届乡村年货节在高峰村举行。开展文艺演出、农特产品展销、“杀年猪”等民俗活动，推介“吃杀猪饭、游美丽高峰”活动线路，带领游客品尝农家美食、观赏高峰优美风景。活动吸引游客近2000名，交易金额50万余元。（何梦黎）

2016年花岩溪镇各村（社区）基本情况

表25

序号	村（社区）名	人口（人）	面积（平方千米）	合并村（社区）名	村（社区）情特色
1	党家庵村	3100	10.00	黄鹤桥村、芭蕉冲村、党家庵村（原）	种植水稻，栽植楠竹、杉木
2	金家坊社区	1468	10.50	鹤子湾村、桅子岗村	以种植水稻为主
3	荆树湾村	2200	6.00	新开山村、荆树湾村（原）	养殖生猪、豪猪
4	黄壁坪村	2628	8.00	苏家桥村、打鼓洲村、黄壁坪村（原）	栽植桂花树苗、罗汉松
5	茄子冲村	2116	18.50	马家堰村、茄子冲村（原）、新屋嘴村	以农业生产，竹木加工、竹木经营为主
6	铁山坪村	3130	13.30	铁山坪村（原）、兰宫坪村、广嗣阁村	栽植楠竹、杉木
7	青龙嘴社区	510	0.90	—	栽植楠竹、杉木、茶叶
8	吴家坝社区	1835	2.73	—	商业经营、竹木交易
9	逆江坪村	2326	16.41	逆江坪村（原）、二家湾村、高岩塘村	生态旅游
10	湖江坪村	2641	13.91	黄殿溪村、清塘湖村、湖江坪村（原）	以种植水稻为主发展生态农业
11	廖花河村	2457	10.50	廖花河村（原）、木龙冲村、栎树坝村	种植水稻、发展养殖业
12	新庵冲村	2300	10.20	土桥冲村、新庵冲村（原）、鸿鹤陂村	栽植樱花，发展生态旅游
13	高峰村	2120	25.70	柏叶坪村、老屋坪村、高峰村（原）	生态旅游

尧天坪镇

【概况】 2016年,尧天坪镇总面积122.88平方千米,辖12个行政村和2个居委会,计334个村民小组。全镇总户数9374户,其中,农业户7915户;总人口3.31万人,其中,农业人口3.08万人。有外来人口7173人。山林面积5055公顷;耕地面积3843.5公顷,其中水田面积1493公顷。2016年,全镇生产总值3.81亿元;固定资产投资5900万元,人均收入12036元。2016年,尧天坪镇获区社会管理综合治理先进单位、安全生产工作先进单位、农村工作先进红旗单位、脱贫攻坚工作先进单位、城市工作先进单位。

小蜜蜂有机农场

文化特色。利用"中国民间文化艺术之乡"品牌和传统龙狮特色,实现传统文化"走出去"战略,成立专人班子深挖民间文化的内涵,收集、整理民间文化艺术。增加文化站办公场所,布置文化墙,文化墙分为尧天坪镇简介、红色经典、龙狮欢腾、文化瑰宝4块。加强文化传承人的培养和培训,在镇中学培训十龙十狮、中心小学培训四龙四狮,并参加常德市中学生运动会的开幕式、老西门的"元宵喜乐会"、鼎城区沅江风光带开园活动和区老干局组织的"老少同乐庆端午"活动。以小学或幼儿园为载体,组织亲子活动,近千名幼儿、学生、家长互动,表演舞龙舞狮、巫舞、地花鼓等名俗节目,受到多家媒体的关注。喜洋村文麦秋被授予"常德市民间文化传承人"称号。

艺术节龙狮

班子建设。4月22日尧天坪镇党委换届,会议按照选举议程产生新一届纪委班子。10月27日尧天坪镇召开十八届人民代表大会,会议按照选举议程,选举产生新一届政府和人大领导班子。5月底完成合村工作,35个村(社区)合并成14个村(社区),减幅63.64%。

脱贫攻坚。以"建档立卡"落实扶贫到户政策。开展贫困家庭的调查摸底,建立了贫困家庭档案983户2753人,2016年全镇脱贫人口342人,金融贷款62人,贷款金额308万元,教育兜底13人,拓宽朱家冲村、喜洋村2个贫困村道路3.5千米。

经济建设与发展。取缔乱搭乱占乱建行为;墟场道路提质改造("白改黑"伍福路、金峰路、林管路、尧逆路1.5千米),新修下水道2条,实行雨污分流,总长1114米。全镇3.33公顷以上规模种植户222户,6.67公顷以上种植大户28户,家庭农场13户,农机、种植专业合作社8家,早稻集中育秧200公顷。油菜种植面积333.33公顷。油茶低改30公顷,新造人工林41.33公顷,喜洋村实施国家后扶楠竹项目46.67公顷,全镇新造中幼林抚育33.33公顷。办理林木采伐许可2500立方米,处理林业纠纷5起,处理违法滥伐2起,在桃花公路沿线和文甲起义纪念碑义务植树6000余株,长势良好。渠道疏洗68余千米,山塘整修、扩容70口,田间机耕路整修13千米,尧天河河道清理4.2千米。完成农村饮水安全工程主体工程建设,投入30余万元启动水厂办公楼建设,全镇集中供水和分散供水覆盖到14个村(居),受益群众3万余人。

尧天河河道治理

社会事业。通过创业招聘会"e"就业信息平台等形式，农村劳动力转移就业 257 人，新增创业主体 6 个，加强农村劳动力转移就业的培训管理和服务。推行培训、就业、维权三位一体的工作模式，维护外出就业人员的劳动权益，动员 125 人参加区劳动维权协会，采集农村贫困劳动力信息 1149 人，转移就业 533 人，未转移就业 616 人，2016 年转移就业 72 人。落实各类社会救助政策，严格执行最低生活保障制度，确保应保尽保。农村低保取消 116 人，异动 117 人，新增农村低保对象 261 人，农村低保对象 1075 户 1481 人，五保 408 人、优抚对象 479 人，困难救助 125 人次，发放救助金 7.2 万元。全年危房改造 81 户，投入危改资金 55.5 万元。落实耕地地力保护、退耕还林等涉农惠农资金 860 余万元。

安全稳定。严厉打击非法改装、无证运输、不按规定路线行驶、超速、超载、酒后驾驶、农用车非法载客等非法违法行为；开展校车安全隐患、校车运营线路安全隐患大排查大整治，组织校车驾驶员、随车照管员、校车公司安全管理员培训，制止不符合安全规定和存在安全隐患的车辆接送学生。排查整治危桥改造、危险路段和事故多发路段，特别是客车、校车经行线路中的长大下坡、急弯陡坡、临水临崖等重点路段的安全隐患。进砖厂、瓦厂、建筑工地等生产企业开展安全大排查，加强烟花爆竹、危险化学品、成品油、民爆物品的生产、储存、经营、运输、使用和废弃处置各个环节的安全监管。打击取缔烟花爆竹的非法生产经营、无证经营、非品经营以及成品油的非法经营，确保生产安全。开展消防安全检查，检查市场、养老院、中小学校、幼儿园、网吧、木材市场等人员密集场所特别是木材市场等大型场所的消防通道、消防设施等情况。到各生活超市、中小学食堂开展食品安全检查，督促学校食堂做好食物留样工作，没收过期变质食品及"三无"食品，集中处置。督促各村妇女主任切实抓该村赈酒的食品安全，督促赈酒用户购买合格食材、安全存放。督促各个行政村抓清洁环保工作，杜绝白色垃圾，生活垃圾入垃圾池。

（谈　杰）

【第十八届人民代表大会第一次会议】 2016 年 10 月 27 日，尧天坪镇第十八届人民代表大会第一次会议召开。参加会议代表 60 名，区人大代表、区政协委员、党委政府人员、站所人员以及村支部书记等列席会议。大会各项议程严格按照法律规定进行。会议投票表决、选举产生了镇新一届人大主席、人大副主席，镇长、副镇长。 （谈　杰）

【八龙四狮操场大点兵】 2016 年 4 月 8 日，在尧天坪镇中学操场，组织百名中学生开展龙狮传承人培训演练，由专业的舞龙舞狮艺人，利用学生体育课的时间，为孩子们传授舞龙舞狮技艺。培养下一代的兴趣，传播和发扬民间传统文化。

（谈　杰）

八龙四狮操场大点兵现场

2016年尧天坪镇各村(社区)基本情况

表26

序号	村(社区)名	人口(人)	面积(平方千米)	合并村(社区)名	村(社区)情特色
1	尧天坪村	2176	7.17	—	有机农场
2	烟云山村	2644	6.31	烟云山村(原)、白洋坪村	种植水稻为主
3	喜洋村	3360	11.28	喜洋村(原)、金岗岭村、太平桥村	种植水稻为主
4	下午冲村	2980	11.04	下午冲村(原)、桂花村、金家冲村	沙场
5	双合桥村	1802	5.82	双合桥村(原)、中太桥村	林木
6	官坊湾村	2490	6.23	官坊湾村(原)、东门冲村、袁家桥村	种植水稻为主
7	花园岗村	2795	7.63	花园岗村(原)、大洋湖村、长兴村	种植水稻为主
8	发旺桥村	2412	7.12	发旺桥村(原)、七斗冲村、大官陂村	办有沙发厂
9	田坪村	2010	4.79	田坪村(原)、枫林村	药材种植
10	花莲冲村	2162	6.88	花莲冲村(原)、古城村、七里岗村	种植水稻为主
11	万寿村	2158	7.64	万寿村(原)、万新村、南阳村	办有瓦厂,种植油菜
12	朱家冲村	1993	7.76	朱家冲村(原)、枫梓洞村	养殖业
13	金峰社区	762	0.50	—	镇党政机关驻地、商业发展街道
14	伍福桥社区	1080	1.58	—	办有伐木厂

许家桥回族维吾尔族乡

【概况】 许家桥回族维吾尔族乡是鼎城区唯一的少数民族乡,由原丁家港乡和原许家桥回族维吾尔族乡合并而成。2016年,行政区划面积116.6平方千米,总人口40000人,其中,回族、维吾尔族、土家族、苗族等少数民族人口9500余人。辖行政村14个、社区居委会2个。2016年,全乡工农业总产值4.05亿元;人均纯收入7890元。

经济发展。2016年全乡油茶面积3866.67公顷,是全区油茶面积最大的乡镇,总产量291.9吨,总收入2335.2万元;发展大牲畜6870万头,家禽38万只,牛奶产量3510吨,禽蛋产量7168吨;农田播种面积3576.67公顷,粮食总产量1985万吨,总经济效益3865万元。制定秋冬修水利方案,清淤沟渠、河坝223.8米,整修扩建山塘66口,保养整修机电6处,投入资金65万余元。全年,改线207国道、319国道7.38千米,拆迁164户,投入资金8157万元;酒湖线拆迁24户,投入资金1150万元。投建兴佛山敬老院,改建村级公共服务中心2个。

民生事业。医疗保险方面,全年民政医疗救助78人次,发放救助资金15.6万元,发放低保补贴资金1659人246.76万元,发放五保户补助资金489人156.48万元。全乡人口计生率保持在92%以上,人口出生率保持在5‰以下。脱贫攻坚方面,全年脱贫156户522人,市政府、区政府等单位加强结对帮扶力度,投入帮扶资金20余万元(含物资折价),用于资助贫困学生和贫困户发展牲畜养殖等产业。乡村工程方面,搭建广播平台,广播村村通,有线电视网络覆盖率100%;乡政府投入资金近20万元安装集镇路灯、整修下水道、清除乱搭乱建违法建筑;完善少数民族村基础建设,投资59万元用于中堰村“民族之家”配套设施和绿化美化，改造维修清真寺大殿及配套设施。中堰村已申报国家级群众自治示范村。12 月 15 日，《湖南日报》全文刊发该乡“雁过拔毛”式反腐文章《许家桥回维乡一年查处 3 名村支书》。

安全稳定。每周全方位巡逻 2 次，取缔非法茶馆 6 家，收缴麻将机 15 台，依法处置责任人 3 人；取缔非法滚纸筒作坊 1 个、非法储存点 3 个、查处非法运输行为 1 次，销毁非法半成品 1500 余组，回收旧纸筒 1000 组，退回不合格产品 300 余组，派出所拘留涉嫌非法储存和非法运输 2 人；调解乡村纠纷 20 起。综治工作代表全区接受省信访局的调研，得到高度评价。（陈美龄）

【防“诺如”保健康病毒防疫】 2016 年 12 月 21 日，乡安全检查工作小组开展“诺如”病毒防疫工作全面排查中，小学校及公立、私立幼儿园，加强宣传，普及消毒方法，实施食堂、寝室及厕所大扫除、大消毒，密切监控、及时处置和报告，加强水厂饮用水管理，严格按标准消毒处理。（陈美龄）

防“诺如”保健康病毒防疫排查

【许家桥回族维吾尔族乡“开斋节”】 开斋节是伊斯兰教的三大节日之一，也是回族的盛大节日。在中国，有的民族称开斋节为肉孜节。开斋节，是阿拉伯语“尔代·菲吐尔”的意译。按伊斯兰教规定，回历每年分十二个月，单月为三十天，双月为二十九天，每年较公历少十一天，三年相差一月余。因此，按公历计算，伊斯兰教的节日并没有固定的时间。但回历每年九月为斋月，斋月期间，穆斯林只许在每天日出前和日落后进餐。老弱病残、孕妇和小孩可以不用守斋（守斋亦称封斋或把斋），妇女在月经期间也可以不用守斋。在斋月里，按伊斯兰教教义要求，穆斯林要做到静性寡欲，白天戒绝饮食，即使是不守斋的，也要尽力节制自己的食欲，决不允许在公共场所吃喝。斋月的开始和结束，均以见新月为准。斋月有时二十九天，有时三十天。经过一个月的封斋，完成了“真主”规定的“使命”，于伊斯兰教教历的十月初开斋，故称开斋节。

据伊斯兰教有关经典的记载、伊斯兰教创立的初期，在封斋满月时，伊斯兰教的创始人穆罕默德曾率领穆斯林步行到郊外公共旷野，举行礼拜，穆罕默德沐浴后，身着整洁服装，并散发“菲吐尔”（开斋）钱，从此以后，穆斯林便把这一天作为节日，隆重庆祝。目前，世界各国穆斯林都要在开斋节这一天举行礼拜和其他庆祝活动。中国信仰伊斯兰教的少数民族，在开斋节的这一天，都要沐浴更衣，聚

许家桥回族维吾尔族乡“开斋节”

集在附近的清真寺礼拜,然后开始节日活动。人们身着民族服装,走亲串乡,互相赠送节日礼品。家家户户准备杏仁、杏干、油香、油炸果子、茶、瓜果等食品,有的人家还备有奶茶、五香茶(用茶叶、枸杞、杏仁、冰糖、杏干泡的茶)招待亲友和客人,男女老少成群结伴游玩,很多青年男女汇集一起、唱歌跳舞。

2016年7月6日,鼎城区政协副主席蒋利容,到许家桥回族维吾尔族乡民族村清真寺,慰问穆斯林群众,并与阿訇、社首以及穆斯林群众亲切交谈,向他们致以节日的问候和美好的祝愿。

(陈美龄)

2016年许家桥回族维吾尔族乡各村(社区)基本情况

表27

序号	村(社区)名	人口(人)	面积(平方千米)	合并村(社区)名	村(社区)情特色
1	许家桥村	1830	5.33	许家桥村(原)、三德桥村	以水稻种植为主,是茶油主产区
2	八叶桥村	1918	8.00	八叶桥村(原)、三元桥村	以种植水稻为主,发展养殖业
3	五宝山村	2120	9.00	五宝山村(原)、药王溪村	优质水稻种植基地和茶油主产区
4	广成山村	2914	9.57	广成山村(原)、金牛山村	以种植水稻为主,发展养殖业
5	中堰村	1769	4.14	中堰村(原)、跑马岗村	系该乡重点少数民族村,国家级民主法治示范村、省级民族团结模范集体及示范单位、市级同心示范村,全国计划生育先进单位,区级美丽乡村,区农村红旗党支部
6	永寺山村	1216	7.11	永寺山村(原)、兴佛村	以种植水稻为主,发展养殖业
7	兴旺冲村	2695	8.90	兴旺冲村(原)、双堰岗村	以种植水稻为主,发展养殖业
8	民族村	1058	2.54	—	少数民族村,是区重点扶贫村
9	许家桥社区	2967	3.15	麻家巷村、许家桥社区(原)	以种植水稻为主,发展养殖业
10	杨公庵村	2747	7.68	杨公庵村(原)、莲花庵村	优质水稻种植基地和茶油主产区
11	珊瑚岗村	3669	13.08	珊瑚岗村(原)、西陂堰村、五泉村	优质水稻种植基地和茶油主产区,是区重点扶贫村
12	赤家岗村	2616	9.69	赤家岗村(原)、高岭山村	优质水稻种植基地和茶油主产区

续表 27

序号	村(社区)名	人口(人)	面积(平方千米)	合并村(社区)名	村(社区)情特色
13	双冲村	2074	9.39	双冲村(原)、西窝里村	优质水稻种植基地和茶油主产区
14	牌楼村	2275	9.22	牌楼村(原)、杜家冲村	优质水稻种植基地和茶油主产区
15	清凉村	2196	8.81	清凉村(原)、五里冲村	优质水稻种植基地和茶油主产区
16	601 社区	1530	3.00	—	—

黄土店镇

【概况】 黄土店镇由原黄土店镇、沧山乡、钱家坪乡 3 个乡镇合并成立,2016 年,全镇总面积 220 平方千米,辖行政村 21 个、社区 5 个,计 496 个村(居)民小组。全镇总户数 13425 户,其中,农业户 1.25 万户;总人口 5.33 万人,其中,农业人口 4.91 万人。有外来人口 3500 人。人口自然增长率 3‰以内。山林面积 1.25 万公顷;耕地面积 4177 公顷,其中水田面积 3676 公顷。工农业总产值 1.25 亿元;财政总收入 1950 万元,其中地方财政收入 210 万元。农村经济总收入 4.8 亿元;村级集体经济总收入 55.87 万元;农民人均纯收入 8746 元。农业总产值 1.32 亿元。农作物播种面积 9400 公顷,其中,粮食播种面积 7500 公顷,粮食总产量 45000 吨;经济作物播种面积 3900 公顷。规模工业产值 5000 万元;工业固定资产投资 1.2 亿元。2016 年,黄土店镇获区安全生产工作红旗单位、社会管理综合治理工作红旗单位、脱贫攻坚工作红旗单位、人口和计划生育工作红旗单位、城市工作红旗单位、党建工作 A 类乡镇、党风廉政建设先进单位、农村工作先进单位、现代服务业发展工作先进单位等称号。

党建工作。坚持民主集中制原则,做到大事讲原则,小事讲风格。推进"两学一做"学习教育。在并村的过程中,通过考察、测评比选,选准配强了村党支部班子,优中选优配强支部书记队伍。党建工作在市组织的交叉检查中获上级领导肯定。

亮点工作。城镇建设方面,投资 900 余万元,用于常安街 1800 米主街道的综合改造,实施地下管网、人行道改造、路灯亮化、行道树绿化、电子监控等工程建设,配套垃圾转运设施,改变集镇"脏乱差"现象,提升城镇品质。结合长安高速公路建设整合资金 200 万元拉通迎宾街道路。举办第三届"竹文化"节,唱响云峰竹海、百年老屋、千年古寨的旅游品牌。脱贫攻坚工作方面,按照"六个精准、五个一批"的要求实现 340 户 801 人如期脱贫,竹清潭村在全省的脱贫攻坚大验收中整村脱贫,霞峰村在国调队组织的第三方评估中,24 户脱贫户逐户通过检查。

第三届竹文化节现场

稳定工作。顺利完成党委、人大、政府的换届和区、乡人大代表的选举。在"8·10"的特大山洪中,镇、村两级干部在不到 4 个小时的时间内,安全转移群众8000余名，没有造成人员伤亡，省、市、区主流媒体予以报道。灾后，云峰山村、沧浪坪村等9个重点受灾村抢修水毁工程，没有发生一起因灾社会矛盾。抓民调和社会治安综合治理工作，社会治安综合治理和维稳工作位居全区前列，民调工作取得好的成效。

农业工作。调整农业生产结构，实现基础产业新突破，培植规模生产经营主体。新发展专业合作社12家，专业合作社计25家。“建刚黄栀子种植合作社”面积200余公顷，每亩纯收入3000元；“永乐蔬菜专业合作社”发展面积20余公顷，其中特色水果、蔬菜面积12公顷，有火龙果、软籽石榴、韩国萝卜、日本白菜等。鼓励农户以土地流转的形式将水田承包给大户经营，以便集中管理和科学耕种。全镇20公顷以上的水稻种植大户25户。争取林业项目，林业产业持续发展。全年，巩固退耕还林成果楠竹低改66.67公顷，荒山造林133.33公顷，血防造林26.67公顷，油茶新造9.33公顷，中幼林抚育33.33公顷。整合项目加大投入，加强农田水利基础设施建设。利用农开项目投入800余万元用于整修扩容回龙桥村山塘11口、U型渠2千米、孙家冲渠道护坡硬化4.5千米、野猪窝支渠硬化1千米、铺设涵管650米；争取国土项目投入150万元用于桃花庵村荷花堰水库灌溉渠道浆砌硬化工程；争取水利项目50万元疏通硬化新桥村田间渠道3000余米，镇投入30余万元用于水毁道路修复、渠道塌方清障。秋冬修清基扫障去淤金霞渠道22000米、团岭渠道4500米。

（贺辉波）

【取缔“黑加油点”】 2016年9月20日，黄土店镇联合商务执法、派出所、安监、工商等部门在集镇墟场人口密集地段取缔一处“黑加油点”，查获成品柴油3.5吨，10立方米油罐1个，电脑加油机1台。

（贺辉波）

取缔现场

【黄土店镇特大山洪】 2016年8月10日凌晨，黄土店镇范围内陡降暴雨，4个小时降雨量250毫升，并引发山洪，钱家坪村、云峰山村、八角楼村、沧浪坪村等10个村出现严重灾情。接险情报告后，黄土店镇主要负责人在凌晨3:00召集党政骨干及相关的联村干部，第一时间赶赴受灾村组，督促村干部利用高音喇叭、电话及上门呼喊等方法

市、区领导视察沧浪坪村新农村建设

洪灾现场

组织群众紧急转移,转移人员8000余人。洪灾造成淹没并致绝收农田1266.67公顷,垮塌房屋26间,冲毁道路15千米,冲毁桥梁8座,山体滑坡90处,被淹畜禽养殖场2个,受淹加工厂2个,其他受损水、电等基础设施若干。区人武部、区消防大队、区水利局、区国土局单位人员赶赴现场参与救灾工作。 (贺辉波)

【辖区内取缔1家无资质药店】 2016年7月27日,黄土店镇联合安监、药监、卫生院、派出所等部门,取缔钱家坪墟场1家无资质药店。该药店经营者在没有资质的情况下,借用村卫生室的手续进货,造成较大的影响,留下一定的安全隐患。

(贺辉波)

检查现场

2016年黄土店镇各村(社区)基本情况

表28

序号	村(社区)名	人口(人)	面积(平方千米)	合并村(社区)名	村(社区)情特色
1	金城堡村	2595	10.98	新田村、青岗村、金城堡村(原)	养殖业发达
2	回龙桥村	815	3.70	—	盛产油茶
3	湖堤村	2951	9.37	冲天村、湖堤村(原)	区级美丽乡村,双季稻示范片,油茶资源丰富
4	官仓村	2360	7.49	官仓村(原)、鹿角村	史上官府粮仓所在地,二广高速服务站所在地
5	桃花庵村	1828	6.98	桃花庵村(原)、七斗桥村	以种植水稻、油茶,发展养殖为主
6	红岩嘴村	3153	12.18	黄花堰村、红岩嘴村(原)、沙溪坪村、株树岗村	枉水之畔,盛产油茶、水稻,苗木繁育基地
7	白岩嘴村	1498	5.99	—	盛产水稻、油茶
8	金霞山村	2460	8.78	金霞山村(原)、青龙井村	"金霞夕照"是"武陵八景"之一
9	上街社区	1322	2.00	—	—
10	中街社区	1048	0.50	—	—
11	下街社区	1209	1.50	—	—
12	金沙社区	1218	0.50	—	—

续表 28

序号	村(社区)名	人口(人)	面积(平方千米)	合并村(社区)名	村(社区)情特色
13	友谊社区	1650	0.80	—	—
14	黄土坡村	2699	11.49	洞桃村、小溪冲村、黄土坡村(原)	与益阳市桃江县接壤,楠竹之乡
15	砂田溪村	1580	8.16	砂田溪村(原)、徐家嘴村	生态养殖竹林山鸡
16	清水冲村	1818	9.14	将军桥村、清水冲村(原)	交通便捷
17	钱家坪村	2636	12.35	黎家坪村、袁家湖村、马安头村	沧水流经地,农副产品贸易繁荣
18	云峰山村	1661	12.73	枞山嘴村、中溪冲村	区级美丽乡村,云峰竹海、百年老寨所在地
19	八角楼村	1822	10.39	鸡嘴山村、八角楼村(原)	生态养殖业发达
20	陡水坡村	1812	9.69	铁炉坪村、陡水坡村(原)、栗岗岭村	山林资源丰富
21	凉水井村	2217	6.26	霞峰村、凉水井村(原)	金霞山南麓,种植水稻、葡萄为主
22	新桥村	2260	6.98	湖坪村、新桥村(原)	交通便捷
23	沧山村	1886	6.89	海坪桥村、彭家桥村	旅游胜地
24	唐家溪村	2233	16.21	紫云山村、唐家溪村(原)、九龙村	枉水发源地
25	沧浪坪村	3939	21.23	桃花溪村、沧浪坪村(原)、东山坪村	市级美丽乡村,沧浪之水源头,沧山古寺所在地
26	竹清潭村	1010	5.38	—	2016 年实现整村脱贫

草 坪 镇

【概况】 2016 年,草坪镇总面积 76.6 平方千米,辖 8 个行政村、2 个居委会,计 90 个村民小组。全镇总户数 7560 户，其中，农业户 7484 户；总人口 26850 人,其中,农业人口 25213 人。人口自然增长率 2‰以内。山林面积 2630 万公顷；耕地面积 2867 公顷,其中水田面积 2700 公顷。工农业总产值 9.18 亿元，同比增长 8%；财政总收入 2070 万元，同比增长6%。村级集体经济总收入435.71万元，同比增长22%；农民年人均纯收入1.43万元，同比增长14%。农业总产值4.1亿元，同比增长3%。农作物播种面积6000公顷，其中，粮食播种面积4900公顷，粮食总产量30000吨；经济作物播种面积300万公顷。规模工业增加值0.05亿元，比上年增长7%；工业固定资产投资0.8亿元，同比增长11%。2016年，草坪镇被省安委办、省农委评为“2016年度全省平安农机示范乡镇”，被市政法委评为“常德市平安乡镇”，被市老年委、市民政局评为“2016年全市老年人意外伤害保险工作明星乡镇”，被区委、区政府评为“鼎城区脱贫攻坚工作红旗单位”“鼎城区安全工作先进单位”“优化经济发展环境先进单位”“城市工作先进单位”“鼎城区粮食生产先进单位”，被区扶贫开发领导小组和区移民领导小组评为“扶贫移民开发工作先进单位”，获区“三星级农技站”称号，获“欢乐潇湘”常德市鼎城区群众文艺演出百团大赛金奖。益农水稻优质稻协会被省科协评为“省级先进单位”。

基础建设。2016年，全镇投入210万元用于公路硬化、渠道整修、山塘整修、机埠维修。在电力改造方面，投入近300万元用于增加农网改造万伏线路，解决群众出行难、用电难问题。推进小城镇扩容提质建设，清淤改造流经集镇的排涝干沟，启动水环境治理工程，改善城镇面貌。投入400余万元用于草坪文化广场建设、政府公租房配套设施建设和政府机关院落的全面改造。兴建草坪文化展示馆和草坪文化活动室。

草坪镇公租房（摄影：刘念念）

文化展示馆（摄影：刘念念）

农业生产。2016年，全镇新增插秧机、悬耕机、耕整机、收割机等现代农业机械设备200余台套。农业合作社兴起，以家庭农场、养殖合作社、种植合作社、种植大户为主体的新兴农业经济组织，通过土地流转、土地入股等方式，开展规模化、集约化经营，减少土地抛荒，提高土地利用效益。推广新型农业技术，镇农业技术推广站在全镇创建新品种展示区、新技术示范片、创高产示范片，全年兴办点4个，面积1333.33公顷。

社会事业发展。落实各项惠民政策，登记发放社会保障卡，完成城乡居民医疗保险和社会养老保险续缴费任务。2016年城乡居民医疗保险参保任务为23700人，实际参保人数为19707人。出资84000元为“特殊人群”（包括低保、五保、重残、孤儿、优抚户）200人购买医保。住院报销3645人次，医疗总费用为1540余万元，报销金额740余万元。新增社会养老保险领取待遇人数180人，领取待遇总人数为5500人。发放待遇总金额44万元。发放死亡丧葬金12人。发放临时救济款18.2万元，救济550户；医疗救助110户，救助总额为37.6万元。按照国家精准扶贫政策，投入近70万元用于危房改造，用于精准扶贫户危房改造的住房改造、加固工作，解决93户（含扶贫户）困难群体的住房问题。

精准扶贫。教门冲村和三角堆村为省级贫困村。全镇通过金融扶贫、医疗扶贫、加大财政资金投入、完善基础设施、发展脱贫产业等措施，全镇脱贫195户521人。全镇仍有贫困人口362户960人,适龄儿童入学率100%,未发生因贫辍学的现象;所有村建有标准化卫生室,贫困户的医疗保险参保率100%;大部分村有活动室、图书室等文化活动场所;广播电视综合入户率100%。基础设施方面,硬化教门冲村道路6000米,硬化三角堆村道路1500米,完成全镇饮用水和电网的改造升级,实现有线电视、宽带网络全镇覆盖。教门冲村投资50万元用于光伏发电,村集体投入5万元,用于加大群众文化场所和村部阵地建设,通过省、市验收退出贫困村,并被省扶贫办评为省级脱贫攻坚示范村。

区长朱金平慰问教门冲村贫困家庭(摄影:刘念念)

美丽乡村建设。抓农村环境卫生整治力度,加大定点存放垃圾和垃圾分类的宣传,实施清洁工作动态抽查管理,按月考核奖补,实施卫生整治不力村的问责制。各村(居)安排卫生保洁员,成立爱卫协会,开展卫生评比,镇村实行垃圾清运一体化,全镇环境保洁形成常态化机制。在陡惠渠村、放羊坪村、兴隆街村、教门冲村、稻罗岭村、三角堆村、陡山村、草坪居委会、先锋村等村(居)委会率先进行美丽乡镇的示范建设。启动杜鹃湖为中心的生态旅游项目和航空俱乐部基地建设。

安全生产。召开安全生产例会,制定工作措施,成立安全生产活动领导小组。开展安全生产活动月,开展安全隐患排查治理歼灭战,取缔非法手工加油点1家,烟花鞭炮经营门面2家,收缴超范围烟花28件,下发整改通知书12份。全年没有发生一起安全生产事故。

综治维稳。组织资金20余万元启动"天网"工程,在镇墟场、重点企业、交通要道等地安装监控、摄像头26个。组建专业巡逻队。排查矛盾纠纷问题300余宗800人次。现场解决问题450宗1000人次。领导干部包案受理化解问题6宗20人次。全镇没有出现一起因调处不当而发生民转刑事件,没有发生群众集体越级上访现象。

建制村合并。草坪镇合村工作到5月底完成。全镇原18个村2个社区,合并成8个村2个社区。分"前期准备、制定方案、通过方案、上报资料、组织实施和检查验收"6个阶段进行建制村合并工作。成立合村工作领导小组调研、走访,结合镇实际情况(地理位置、水系、发展规划)形成合村方案,通过村民代表大会协商,以合大并强、不建新址、不改新名为原则。建制村合并工作没有出现1起上访闹事和违纪违法事件。

人大换届。8月,启动人大换届选举工作。通过宣传发动、成立换届选举工作领导小组、领导分工包片、组织业务培训、依法提名推荐和广泛协商酝酿等工作步骤,严格按照时间节点推进换届选举工作,做到登记1个不漏、张榜1个不掉、公示1个不缺,落实每一个环节。选举产生镇人大代表58名,按期召开草坪镇第十七届人民代表大会第一次会议。 (刘念念)

区人大常委会主任杨君督导人大换届选举工作(摄影:刘念念)

【第三届文化艺术节】 "湖南·鼎城·草坪镇第三届民间文化艺术节"于2016年8月开始筹备,是全省民间艺术交流的大舞台。10 月 22 日开幕，活动涵盖了五大内容：湖南省“民间文化艺术之乡”艺术展演；湖南省“民间文化艺术之乡”交流座谈会；“魅力草坪”全国诗词楹联大赛颁奖仪式；“魅力草坪”摄影作品展；《钟相草坪大起义研究》新书发行仪式，发起南宋初年出生在草坪的农民起义领袖钟相的研究。艺术节的举办获省、市、区领导和社会各界的好评。（刘念念）

“民间文化艺术之乡”文艺展演（摄影：刘念念）

【草坪演艺集团在区百团大赛中获一等奖】 2016 年 1 月 25 日，“草坪金鹰艺术团”和“杨波艺术团”注册为“湖南草坪演艺文化传播有限公司”，举行授牌仪式。公司投资近 200 万元，经营婚庆、演艺、培训等项目，承接过鼎城春晚、常德市元宵喜乐会、草坪镇迎新春歌舞大会等一系列大型调演。2016 年代表草坪镇参加区百团大赛，获大赛一等奖。其中，原创节目地花鼓《喜联姻》成为鸳鸯湖和杜鹃湖的旅游宣传节目。（刘念念）

百团大赛优秀创作奖地花鼓《喜联姻》（摄影：刘念念）

【兴隆街村成为全市网格化管理试点村】 兴隆街村安装高端无线广播 33 支，实施 22 个村民小组的组级干部通讯互联。在国道沿线邻村的主要进出口安装远红外高清电子监控摄像头 13 处，服务平安创建、和谐创建。2016 年兴隆街村增加天网监控设备，完善网格化工作的硬件设施，成为全市网格化管理试点村。（刘念念）

黄清宇调研网格化管理试点工作（摄影：刘念念）

2016 年草坪镇各村（社区）基本情况

表 29

序号	村（社区）名	人口（人）	面积（平方千米）	合并村（社区）名	村（社区）情特色
1	草坪社区	3628	16.00	草坪社区（原）、泉塘观村	墟场中心，镇党政机关、中小学校、卫生院所在地
2	先锋村	3339	11.00	先锋村（原）、花叶港村	以种植水稻为主，发展养殖业；有惠锋水稻专业合作社、海云农机专业合作社；有特色民居伍家大院

续表 29

序号	村(社区)名	人口(人)	面积(平方千米)	合并村(社区)名	村(社区)情特色
3	枫林口村	3460	12.00	枫林口村(原)、连三桥村、伍家坪村、官庄陂村	优质水稻种植基地和茶油主产区
4	教门冲村	572	3.20	—	少数民族村,2014 年被确定为省级重点扶贫村、区长扶贫点村,2016 年 10 月被省政府、省扶贫办评为脱贫攻坚示范村
5	丁家坪村	2486	11.50	夹岩嘴村、丁家坪村(原)	伍大姐休闲农业基地,曾秋会养殖基地;抗日战争遗址
6	兴隆街村	4218	15.80	兴隆街村(原)、陡山村	省级文化重点示范村、全市农村唯一网格化试点村、美丽乡村创建示范村,抗日战争遗址
7	陡惠渠社区	1125	3.50	—	美丽乡村示范村,鼎城区机插秧试点村,有全国第一家农民诗墙“国艳山庄”
8	三角堆村	1969	7.10	三角堆村(原)、稻罗岭村	种植优质水稻、火龙果;办有养猪场;紫云英基地,乡村旅游业发达
9	夹溪岭村	2239	10.80	夹溪岭村(原)、白云庵村	有回族、土家族、苗族、汉族等多种民族,以水稻、菜油种植为支柱产业
10	放羊坪村	2659	6.20	放羊坪村(原)、兴垸村	农民起义领袖钟相、杨幺练兵旧址,有寨子岗、枉水河、杨梅滩湿地等自然风光,有村级工业园;2014 年被区政府确定为“美丽乡村”示范村

谢家铺镇

【概况】 谢家铺镇位于鼎城区和汉寿县交汇处,距市城区 20 千米,为鼎城区的东南门户。东与汉寿县聂家桥乡接壤,西与黄土店镇毗邻,南抵汉寿县朱家铺镇,北与德山经济开发区石门桥镇相接。总面积 128.5 平方千米,辖 18 个行政村、1 个居委会,计 188 个村民小组。全镇总户数 11095 户,其中,农业户 10674 户;总人口 4.85 万人,其中,农业人口 4.28 万人。人口自然增长率 4.8‰以内。山林面积 4067 公顷;耕地面积 3220 公顷,其中水田面积 3000 公顷。地区生产值 5.5 亿元,财政总收入 1963 万元,其中地方财政收入 100 万元。农村经济总收入 6.51 亿元;村级集体经济总收入 1081 万元;农民年人均纯收入 9000 元。全年农业总产值 4.5 亿元。农作物播种面积 10747 公顷,其中,粮食播种面积 6936 公顷,粮食总产量 76754 吨;经济作物播种面积 4205 公顷。全年规模工业增加值 1.53 亿元;工业固定资产投资 0.46 亿元。

经济建设。坚持打造“小城镇建设、油茶产业、文化旅游产业”三张名片。加快小城镇建设。按照“突出规划龙头,分步实施,注重特色,突出品牌”的原则,实施惠春路棚户区改造、墟场垃圾中转站修建、319国道南侧近700米下水道改造及人行道铺装、绿化、亮化等一系列工程。打造鼎城茶油品牌。抓住区委、区政府油茶产业扶持政策,突出“油茶大产业”,引导建立“六线一点”的油茶产业示范带, 打造1333.33公顷油茶品改基地2个,333.33公顷特色产业园1个,油茶带状更新466.67公顷,油茶新造133.33公顷,成为全省样板。发展文化旅游产业。抓住区位优势,发展近郊休闲旅游,打造向家巷山庄、银杏山庄、下陈湾雷竹园等农庄。举办谢家铺镇“红益杯”首届广场舞大赛,促进乡村文化的交流与融合。创新乡村文化建设,向家巷村乡村文化建设受到省文化厅的高度赞扬。

农业生产。集中育秧333.33公顷,落实高产创建示范40公顷,双季稻种植面积1666.67公顷,培植2公顷以上种粮大户235户。完成国家粮食产能基点调查整村推进工作任务和省优质晚杂粳稻推广示范工作,获上级主管部门好评。实施了5个村粮食产能建设项目,改善群众生产生活条件。完成农产品安全监测采集样本信息4800个及第三次农业普查试点工作。

民生保障。新增城镇就业人数150人,下岗失业人员再就业60人,就业困难对象再就业34人,扶持创业典型20人,组织农民工技能培训500人次。走访慰问留守老人、留守儿童、五保户、特困户、困难军人、移民户近5000人,发放各类惠民补贴2300万元。

基础建设。投入近2000万元,整治谢家铺河道5千米、山塘整修300余口、硬化沟渠10千米、渠道出淤近110千米,基本解决农业灌溉“最后一公里”问题。投入近300万元,硬化村组道路及“断头路”20千米,村组道路硬化率95%以上,完成8个村和集镇墟场电力补贴增容工作。

脱贫攻坚。全镇危房改造62户,扶贫贷款898万元,实施产业19个,产业扶贫贫困人口近1000人,培训贫困人口近500人次,享受教育助学补助贫困学生近400人,2016年脱贫攻坚工作获市区领导好评。

安全维稳。创新“一中心,五网格”建设与管理,全镇建立网格联系站25个,聘请安全生产信息员19个,全镇未发生一起安全生产事故,未发生一起进京登记、赴省越级上访和群体性事件。(陈友弟)

【“蓝结行动第六季　禁毒志愿者三湘骑行接力”活动】 2016年6月5日,由省、市、州100余名禁毒志愿者组成的骑行队,在谢家铺镇中学举办“蓝结行动第六季　禁毒志愿者三湘骑行接力”活动。以接力旗帜签名、发放禁毒宣传资料,观看禁毒宣传展板等方式,宣传毒品危害的严重性、禁毒工作的严峻性和紧迫性。省禁毒办副主任、省公安厅禁毒总队副总队长唐纯杰,市禁毒委副主任、市公安局党委副书记、副局长李培桂, 市禁毒办常务副主任、市公安局禁毒大队支队长杨瑞东,市公安局禁毒支队政委龚继刚,区禁毒委第一副主任、区委常委、区政法委书记彭勇,区禁毒委常务副主任、区人民政府副区长、区公安局局长洪振坤出席活动。

(陈友弟)

“蓝结行动第六季　禁毒志愿者三湘骑行接力”活动

【全国第三次农业普查谢家铺镇试点工作】 2016年9月28日,全国第三次农业普查谢家铺镇试点工作完成。普查的内容包括农业从业者情况、土地利用和流转情况、农业新型经营主体情况等方面。普查对象为农业经营户、农业经营单位、居住在农村且有确权(承包)土地的住户。各区县市农普办业务骨干分成8组，普查试登谢家铺镇官桥坪村的8个样本。鼎城区人民政府副区长王直华、市区两级统计局及镇农业普查领导小组负责人参与。

（陈友弟）

2016年谢家铺镇各村(社区)基本情况

表30

序号	村(社区)名	人口(人)	面积(平方千米)	合并村(社区)名	村(社区)情特色
1	丁家桥村	2174	6.90	丁家桥村(原)、桂花村	东抵汉寿县聂家桥乡三元村、白马村，主产水稻、油茶，交通水利条件良好
2	港中坪村	800	1.53	—	以段姓、代姓为主要姓氏，是美丽乡村示范村
3	向家巷村	1675	3.18	—	有小型水库2座、山塘16口、抗旱机埠2座，村组道路全部硬化。常德市兴隆劳务公司股东之一，大部分劳动力在兴隆劳务公司务工
4	官桥坪村	3690	8.00	官桥坪村(原)、高湖村、唐家坝村	东抵汉寿县毛家滩乡，南邻汉寿县朱家铺乡三合村；以朱、姜、粟姓为主；主产水稻，境内有3个优质农民专业合作社，省级粮食产业示范区；市级美丽乡村示范村
5	边山铺村	1392	2.90	—	以回族为主。20世纪60年代以该村人员为主组建常德市卷烟厂搬运队，是常德市兴隆劳务公司股东之一
6	施家陂村	3365	7.64	施家陂村(原)、王家湾村、栗山村	以焦、周、王姓为主；主产水稻，兼种花生、红薯等；办有多家民营企业
7	雷轰山村	1549	7.70	雷轰山村(原)、公王庙村	以张、杨、佘姓氏为主，主产水稻、油茶等，有企业众鑫棉业、嘉兴纺织2家
8	粟家庵村	2240	5.18	粟家庵村(原)、仙羊村、黄马井村	主产水稻、油茶等，以粟、熊、王姓为主，村组道路贯通，水利灌溉条件良好
9	赵家庵村	2915	12.50	赵家庵村(原)、杨旗咀村	以王、赵姓氏为主，主产水稻、油茶等，有小(Ⅱ)型水库2座，交通便捷，水利条件好
10	鹿角坪村	2510	7.14	鹿角坪村(原)、八方巷村、雨塘庵村	以张、王姓氏为主，主产水稻、油茶，境内有2个大型农民专业合作社，交通便捷，水利条件好

续表 30

序号	村(社区)名	人口(人)	面积(平方千米)	合并村(社区)名	村(社区)情特色
11	下陈湾村	2198	7.55	下陈湾村(原)、泉塘村、玉峰村	以陈、梁、杨姓氏为主,主产水稻、油茶,境内有常德市雷竹基地,小(Ⅰ)型水库 1 座,小(Ⅱ)型水库 2 座
12	匡家桥村	1443	3.90	匡家桥村(原)、楠竹村	以杨、张、匡姓氏为主,主产水稻、油茶,省级贫困村
13	古龙山村	3485	16.20	古龙山村(原)、金泉山村、联新堰村	以胡、张、郭姓氏为主,主产水稻、油茶,兼种花生、红薯,有小(Ⅱ)型水库 2 座,贫困村
14	东湖山村	2521	11.70	东湖山村(原)、仙人塘村	以钟、张、何、刘姓氏为主,主产水稻、油茶等,境内种植大量樱花、牡丹等名贵花木
15	金陵桥村	1612	8.65	—	主产水稻、油茶等,有山塘 32 口、小(Ⅱ)型水库 3 座、主干塘 2 口,属贫困村
16	白泥塘村	1945	11.40	白泥塘村(原)、杉木村	以高、罗姓氏为主,主产水稻、油茶,兼种花生
17	葛藤桥村	1943	9.70	葛藤桥村(原)、龙虎口村	以何、徐、高姓氏为主;主产水稻、油茶,兼种花生、红薯、油菜;全省油茶示范基地
18	河图冲村	1556	7.70	河图冲村(原)、八斗巷村	以高、何姓氏为为主;主产水稻、油茶等;有小(Ⅰ)型水库 1 座,水利条件良好
19	桥头社区	3568	1.77	—	镇政府所在地,集市商贸活跃。办有农贸大市场、木材交易市场、金辉米业、青山名优苗木基地、东风驾校训练基地、裕丰农牧业有限公司等

园艺示范场

【概况】 园艺示范场位于常德市沿省道 306 旁,距市城区 22 千米,总面积约 22 平方千米,辖老分场、新分场 2 个分场;辖西洋陂村、李家桥村 2 个自然村,计 42 个村(居)民小组;辖市场管委会。耕地 615.33 公顷,水面 279.67 公顷,山林 273.67 公顷。全场总户数 2011 户,总人口 7732 人,人口自然增长率 1.2‰以内。全场工农业总产值 2800 万元,同比增长 7.6%;固定资产投资 250 万元,农民人均纯收入 7100 元,同比增长 2.7%。

经济发展。2015 年年末,与常德市常红脐橙开发有限公司签订土地租赁协议, 开发国有土地 66.67 公顷进行脐橙种植,引进国家“坡改梯”等项目,更新柑橘品种,引进各种名优水果,实行土地集中流转制, 培植旅游观光新型休闲农业产业。2016 年倒树垦覆土地 266.67 公顷,投入 1800 万元栽种成年大树33.33公顷、移栽小苗60万株。投入600万元硬化机耕道15千米,修建文化广场(占地1公顷)1个。种植热带火龙果,产果近5万千克,接待游客近5万人。

社会事业。核查城市低保133户,清查出不合格人员22人,新增2人;核查农村低保190户208人,取消8户12人;核查农村五保53人,清退9人。救助困难就医对象13人;为重度残疾人、五保户141人代缴城乡居民医疗保险。解决大病救助对象15人,救助贫困大学生15人。卫计工作坚持"一把手"负总责和计划生育"一票否决"制度,加强村级妇幼保健专干培训。关心弱势群体生产生活,落实精准扶贫工作,机关干职、村支部书记结对帮扶贫困户28户65人,帮助他们发展种植、养殖、加工业,输出劳动力13人次。

党建工作。场党委下辖党支部7个,党员355名,2016年发展党员3名,发展积极分子8名,培养优秀后备干部5名。开展党的群众教育路线教育实践工作及"三严三实"专题党课教育回头看,抓学习,落实"两学一做"学习教育,完善基层党建"三会一课"和民主生活会制度,落实党委主体责任、党风廉政建设责任和纪检监察责任。开展"重述入党志愿、重访入党引路人、重温入党誓词""三重"活动,通过讲述入党动机、入党历程,对照合格党员标准,深刻反思,践行入党时的承诺,教育党员坚定理想信念,增强宗旨意识,通过汇报思想,交流体会,共同勉励做合格党员。李家桥村被评为鼎城区基层党建工作先进单位。

综治维稳。抓制度建设和防控体系建设,健全矛盾纠纷排查调处机制,落实各项工作措施,加强社会管理和重点整治工作,宣传五大安全生产,制定安全生产责任制。推行"纪检、信访、司法"三结合办信模式,充实和健全场、村组织网络,妥善化解各类矛盾20起,化解群众上访事件9起,提供法律服务3次。打击各类违法犯罪活动,群众对社会治安满意率100%,平安创建知晓率99.7%。落实防汛、防火安全责任制,实现了单位安全无事故。

村、场合并。贯彻省市区关于乡镇区划调整改革工作要求,综合考虑历史沿革、风俗习惯、人文渊源、河流水系、资源分布、产业布局等具体情况,合并5个建制村为2个建制村,全民分场5个合并为2个,减幅60%。通过建制村合并,实现优势互补、规模适度、实力增强、班子更优、机制更活的目标。

基础设施建设。清淤、硬化西洋陂村农田水利灌溉渠道近5千米;升级改造文化水库、舵陂堰水库,除险保安,保证人民群众的生命财产安全;投资近100万元,硬化西洋陂村级道路7千米。

(张会先)

【"常红果业"首届趣味西瓜游园节】 2016年7月9日,由常德市外事侨务旅游局、鼎城区人民政府主办,鼎城区园艺场、鼎城区常红脐橙开发有限公司、鼎城区外侨局、鼎城区乡村旅游协会、鼎城文广新局承办的"常红果业"首届趣味西瓜游园节在园艺场崇仙庵分场活动广场开幕。活动以"趣味西瓜"为主题,开展"万斤西瓜疯狂抢、顺藤摸瓜、西瓜保龄球、激情与速度、爱的抱抱"等亮点活动。各农庄以"西瓜"为主题做脆皮炒西瓜、糖醋西瓜皮、红烧肉炖西瓜、西瓜西米露等特色美食。工会组织体育运动拔河比赛。"常红果业"首届趣味西瓜游园节活动接待游客1万人次,创旅游经济收入近10万余元。 (张会先)

"常红果业"首届西瓜节开幕式

2016年园艺示范场各村(分场)基本情况

表31

序号	村(分场)名	人口(人)	面积(平方千米)	合并村(分场)名	村(分场)情特色
1	西洋陂村	2581	9.39	小西堰村、万福庵村、野鸡庙村	以种植水稻、柑橘为主
2	李家桥村	1827	7.95	岩潭嘴村、李家桥村(原)	有神堰水库、常德惠生公司养猪场
3	老分场	867	2.22	崇仙庵分场、贾家岭分场	有常德常红脐橙开发有限公司落户,以种植脐橙、红心火龙果特色水果为主
4	新分场	705	2.03	舵陂堰分场、西洋陂分场、太山坡分场	—
5	市场管委会	315	0.06	—	—

芦苇场

【概况】 鼎城区芦苇场是区属企业化管理的事业单位,场部位于蒿子港镇,有干部、职工293人(其中退休职工121人)。党员78名,下辖6个芦苇分场和1个食品厂。拥有澧水外滩面积2200公顷,其中杨树面积1533.33公顷。

经济建设与发展。芦苇场洲滩整体租赁给吉林森工益阳森化林业栽植欧美杨树,年租赁收入528万元;引进国家“血防造林”项目,开发闲置洲滩资源,全年增收20余万元;开展“二次创业”“为职业办实事,为发展解难题”活动,扶持分流职工创办第二产业,为他们提供政策、资金上的支持。全年创办种养业建筑业实体4个。

社会福民工程实施。湖州国有林场转型处于攻坚阶段,已理顺退休人员的养老关系,从原来的两种体制统一归并为机关养老保险。富余人员的安置处于调研探索阶段。食品厂的棚户区改造项目——江南美景,2栋32层的高层房屋基本竣工。公租房2栋101套房已竣工验收。

社会事业发展。围绕“两学一做”学习教育开展工作。每月开展1次以上“两学一做”学习教育活动。“七一”表彰活动,表彰了先进党支部1个和优秀共产党员18名。推进“荷花品格、梅花精神”系列文化活动,关心困难职工,精准扶贫帮困职工20人次。落实党风廉政建设,实行各职能股室风险等级防控,实行各责任主体廉政风险警示谈话的常态化,防腐于未然。

安全工作。摸排各个安全环节,把危险因素消除在萌芽状态。创新社会化治理,开展网格化管理,科学划分7个子网格,推进“三联四大”工作,开展大走访、大沟通、大排查、大化解活动,从源头预防重点涉军群体和各类涉稳工作。 (周先锋)

2016年芦苇场各分场基本情况

表32

序号	分场名	人口(人)	面积(平方千米)	合并分场	场情特色
1	麻河分场	39	4.70	—	以种植欧美杨树为主
2	蒿子港分场	32	4.00	—	以种植欧美杨树为主,发展养殖业
3	光明垸分场	32	3.60	—	以种植欧美杨树为主,国家血防造林示范基地
4	沙河口分场	31	3.70	—	以种植欧美杨树为主,发展养殖业
5	牛望咀分场	29	3.80	—	以种植欧美杨树为主
6	三角堤分场	36	3.90	—	以种植欧美杨树为主
7	营养食品厂	53	—	—	—

特种养殖总场

【概况】 2016年,区特种养殖总场总面积27.33平方千米,辖2个行政自然村、1个社区、8个分场,计34个村民小组。全场总户数1291户,其中农业户1216户;总人口4916人,其中,农业人口4617人。人口自然增长率3.6‰以内。水域面积2067公顷;耕地面积644.6公顷,其中水田面积619.5公顷。全年农业总产值3933万元,比上年增长5%。粮食播种面积1109.9公顷,粮食总产量6282.5吨;渔业养殖面积2067公顷,其中精养水域面积73公顷,粗养水域面积1994公顷,全年渔业总产量9800吨;固定资产投资520万元;人均纯收入6937元,比上年增长6%。2016年,特种养殖总场获评区新农合宣传筹资工作先进单位,获区第二届体育运动会道德风尚奖。

综治稳定。全场不稳定因素和矛盾隐患11类,涉及人数83人。制定维稳工作考核办法,签订责任状,加强情报信息员的管理;不定期排查各类信访问题和矛盾纠纷隐患,建好台账,按照属地管理、分级负责,谁主管、谁负责的原则,引导人民群众依法依规逐级走访。采取"1+5"的包保模式包保重点对象。全年,无1人赴省进京非正常上访;处理网上信访件8次,回复率100%;处理五甲村10组与11组因祖坟问题引起的纠纷;打击取缔地下六合彩窝点1处,公安机关行政拘留2人;处理工程建设阻工事件1起,公安机关行政拘留5人。

水利建设。全年疏浚黄家沟沟渠1.5千米,维修与更新改造五甲机埠、断港头机埠、马鞍山机埠、福兴机埠275千瓦机组。其中黄家沟沟底到沟堤顶深12.5米,且常年淤塞,疏浚工程量大,投入资金7万元;维修沟堤垮塌工程1处,投入资金2万元;维修主干道涵管1处,投入资金1万元。

黄家沟清沟疏浚现场

安全工作。开展安全生产大检查、大排查、大整治,取缔无证加油点4个;排查烟花爆竹零售点隐患,联合区"打非"大队、派出所收缴烟花爆竹零销点"非品";清退、取缔无证经营户。排查危险路段,水泥浆砌"丁马线"五甲13组路段;在事故多发地段安装减速带4处。每季度检查辖区内的面粉厂、食品加工店,查看其生产环境是否达标,工作人员是否办理了健康证，产品质量是否合格；开展农村厨师安全知识培训；开展农村环境卫生整治，实施垃圾分类处理，每户发放2个垃圾桶，各村聘请保洁员，上门收取垃圾并集中由清运公司拖走。每月检查“超杰加油站”消防安全，查看其消防设施和消防安全台账，及时处理消防隐患。与各村、分场和各危险品销售点签订消防安全责任状，加大人口密集场所的消防隐患排查整治力度。

民生保障。2016年，农村低保163户193人，打卡发放保障资金30万元；城镇低保82户116人，打卡发放保障资金42万元；农村五保54户54人，打卡发放保障资金17万元；农村退伍军人41人，其中参战、带病回乡、涉核16人，伤残军人1人，打卡发放保障资金15万元。申请大病救助22人，发放救助资金6万余元；临时救助13人，打卡发放临时救助资金0.97万元；发放自然灾害救助资金1万元。持证残疾人79人，其中一、二级残疾人41人，三、四级残疾人38人。享受残疾人重度护理补贴5人，打卡发放资金0.3万元；享受困难残疾人生活补贴34人，打卡发放资金2.04万元；享受燃油补贴资金16人，打卡发放资金0.43万元；居家托养4人，打卡发放资金0.24万元。为残疾人发放轮椅6台，腋拐4付，盲杖3根。新农保参保1700人；新农合参保4489人，占任务数112%。

社会事业。干部作风建设。按照干部作风建设的要求，结合实际，加强干部作风建设，制定各类考核制度与绩效工资挂钩，实施上下班指纹打卡制度。农村环境卫生整治。制定环境卫生整治实施方案，宣传发动，加强领导，成立清洁工程领导小组，领导小组采取定期、定向、随机等方式督查考评各单位清洁工程建设情况，督查结果作为年度综合考核的重要依据。计划生育。发挥和利用广大党员和计生协会会员的作用，向广大育龄群众宣传计生政策，定期走访和回访育龄群众。加强流动人口的管理，利用党员和干部联户制度，掌握流动人口信息，特别是已婚育妇的信息，完善网络信息管理工作和流出地计生部门通力协作，齐抓共管，提升对流动人口的服务水平。全场育妇924人，出生47人，其中符合政策生育47人，符合政策生育率100%。手术应24例（其中女扎20例，上环4例），无1例手术下存。土地确权颁证。培训土地确权颁证工作人员50人，发放宣传资料500余份，签订土地承包合同1032份，合同承包面积569.56公顷，涉及5187丘块，经测绘实际面积716.02公顷。脱贫攻坚。全年，建档立卡贫困户188户271人，2016年脱贫21户63人。特种养殖总场落实国家扶贫政策和细则，成立领导班子，实行结对帮扶全覆盖，确保脱贫户精准脱贫不返贫，争取区扶贫办技能培训指标，实行脱贫户21户63人技能培训。2016年上半年为每个脱贫户发放备耕资金500元。

保障住房建设。实施场部机关公租房建设工程，改建住房25套、面积1000平方米，工程总投资71.8万元。实施农村危房改造建设项目，计20户，先锋村改建9户，五甲村改建9户，马鞍山分场改建2户，其中五保户2户，低保户10户，贫困户8户。项目总投资13.1万元。

党建工作。履行第一责任人职责。抓年初规划、日常督查，坚持每月一调度、每季一督查、半年一小结；抓年终考核，把党建工作纳入年终考核，考核结果作为党员干部和各支部年底评先评优的重要依据。落实各项党建任务。加强服务型党支部建设、加强党员教育管理，严把教育关、入口关、管理关、发展关，全年发展党员2名；落实“7+2”党建工作任务，排查出22名正式党员没有党组织关系档案，及时整理，党费补缴10896元，开除1名吸毒的违纪党员党籍。强化基础保障。把党建工作经费纳入年度经费预算，落实村级在职干部、卸职干部的各项待遇。抓党风廉政建设。落实和完善党建工作责任制，坚持谈心谈话制度，加强监督。

特色养殖。推广和发展特色养殖，以点带面扩大规模，南美白对虾养殖面积18.67公顷，鱼鳖套养面积20公顷以上，鱼蟹套养面积66.67公顷以上，年产虾蟹27吨。（黄国武　彭政华　贺仁华　贺健　熊英　孙新权　覃永先）

2016年特种养殖总场各村(社区、分场)基本情况

表33

序号	村(社区、分场)名	人口(人)	面积(平方千米)	合并村名	村(社区、分场)情特色
1	五甲村	1545	2.33	—	以种植水稻为主，发展养殖业；有欣怡水稻专业合作社、五甲农机专业合作社和向荣家庭农场
2	先锋村	2249	3.44	先锋村(原)、福兴村	以种植水稻为主,发展养殖业；有沃禾水稻专业合作社、建丰农机专业合作社、沃达农机专业合作社
3	断港头社区	338	0.20	—	墟场中心,机关、卫生院、学校所在地
4	马鞍山分场	233	0.50	—	以淡水养殖为主，马鞍山粮食储备库所在地
5	杜家庄分场	253	0.37	—	以种植水稻为主，发展淡水养殖
6	熊家垱分场	17	0.17	—	以淡水养殖为主
7	示范场	233	5.47	—	—
8	苏家吉分场	无常住人口	3.67	—	—
9	马家吉分场	无常住人口	2.33	—	—
10	英湖分场	无常住人口	1.73	—	—
11	土硝湖成鱼分场	无常住人口	5.20	—	以淡水生态养殖和特色养殖为主，有海丰生态养鱼专业合作社、海华生态养殖专业合作社、九洲龙水产养殖专业合作社、嘉源南美白对虾养殖专业合作社

资证论坛

Certification BBS

桥南沅江风光

开展“四讲四比”，推动全面从严治党向纵深发展

县乡人大换届选举工作要把握“四定”

新形势下做好基层政协工作的思考与实践

鼎城年鉴（2016）

开展“四讲四比”，推动全面从严治党向纵深发展

中共常德市鼎城区委书记 杨 易

为全面落实管党治党责任，推动全面从严治党向纵深发展，结合“两学一做”学习教育，鼎城区深入开展“四讲四比”活动，切实增强了广大党员党性意识，建强了基层堡垒，严肃了纪律规矩，管党治党从宽松软逐渐走向严紧硬。

一、讲政治、比党性，让党性观念强起来。抓好党员教育这一基础性工作，让所有党员在经常接受教育中坚定理想信念，增强“四个意识”。领导带头制度化。明确所有党员区级领导和乡镇、科局党委(党组)书记为党的报告员，每年必须在所在单位、支部至少上一次党课。去年以来，43 名党员区级领导全部建立了党建联系点，在基层支部讲授党课 297 场次，全面宣讲了十八届六中全会及省、市、区党代会等重要会议精神。12 月底，组织全区党的报告员“微党课”大赛，330 名党组织负责人参加比赛，用小故事讲述大道理，用短形式取得长效果，收到了良好效果和社会反响。日常学习规范化。区委明确，每周五下午为“党日活动”时间，采取观看警示教育片、专题研讨、理论学习、民主生活会、实践活动等形式，让全体党员掌握党的基本知识，切实增强党性意识，严肃党的纪律。党员培训经常化。要求每个党员签订发挥先锋模范作用的承诺书，增强党员带头意识。对流动党员，采取用 QQ、微信等推送学习资料的方式，确保党员教育培训没有死角。组织全体村支部书记每两年到区委党校进行一次轮训，不断增强基层党组织书记的履职能力和水平。

二、讲责任、比担当，让党建责任实起来。区委坚持把抓好党建作为第一责任，时刻把党建责任扛在肩上、抓在手上。牢牢抓住“第一责任人”。从区委书记开始，层层落实各级党组织书记第一责任。年初抓好党建责任制分解，让每个党组织书记知责、明责。定期召开乡镇党委书记例会，汇报党建工作落实情况。年末组织乡镇、科局党委(党组)书记向区委，村支部书记向乡镇党委进行党建述职，现场打分、排名。建强支部“第一主阵地”。改善硬件环境，从 2017 年起，区财政连续五年，每年投入 1000 万元用于基层阵地建设。对全区村级阵地实行统一规划、统一建设、统一标识、统一评审，确保村级活动有平台、服务群众有场所。配强支部书记，实施“领头雁”工程，选拔一批大学生、退伍军人、致富带头人、退休教师、退休公务员担任村支部书记，切实增强支部战斗力。用好考核“第一指挥棒”。把基层党建作为单位绩效评估的首要内容，增加权重、严格标准，党建工作排名后五位的单位取消评先资格，督促各单位党组织全面落实党建责任。坚持述职述党建、评议评党建，用党建看干部，在全区上下营造抓好党建就是称职、得重用，抓不好党建不称职、被处理的浓厚氛围。

三、讲规矩、比作风，让纪律规矩严起来。坚持挺纪在前，不断增强纪律规矩意识。转观念，在思想上严起来。领导带头示范，在公务用车、办公用

房、外出学习考察、会议宣传等方面，严格按照有关规定执行，不搞变通。加强警示教育，区级领导每年组织一次党风廉政建设现场警示教育，《镜鉴》等警示教育片逢会必看，做到警钟长鸣。查处典型案例，形成了正风肃纪的震慑效应。管长远，在制度上严起来。全面落实谈心谈话制度，全面开展例行谈话、廉政谈话、提醒谈话、任前谈话、“两同时”谈话，及时提醒教育、防微杜渐。加强权力运行监督与制约，深入推行重大权力(事项)“三权制衡”，站所权力“五权制约”，村级权力“四步监督”，扎紧制度笼子，从源头上减少腐败问题的发生。重执行，在细节上严起来。要求全体干部从小事做起、从当前改起。精简会议数量、压缩会议时间、严肃会议纪律，一般性会议不超过2个小时，领导讲话不超过半小时，开短会、求实效。严格落实请假外出制度，单位主要负责人离开常德，必须书面向区委、区政府主要领导请假。全面实施上下班打卡制度，加强上班纪律日常督查。精简行政审批，实行全程代办、集中审批、责任追究“三制联动”，科学确定审批项目、审批流程、审批时限“三大举措”，行政效率全面提升。

四、讲奉献、比作为，让先锋形象树起来。区委坚持用党建总揽全局，用宏伟事业感召人、用扛鼎精神凝聚人、用先锋形象激励人。在干事创业中形成良好导向。区委在第十二次党代会向全体党员发出了“抢抓新机遇、建设新江南”的号召，要求全体党员干部以时不我待的意识、只争朝夕的精神、风雨兼程的干劲、舍我其谁的担当，全力推进“三城四区五中心”建设，把鼎城建设成为以现代工业文明为特征的现代化新城区。坚持在项目建设、征地拆迁、基层党建、民生服务一线看干部，让想干事的干部有机会、会干事的干部有舞台、干成事的干部有位置，形成“抢”抓机遇、干事创业的生动局面。在勇于担当中凝聚扛鼎精神。面对改革发展中的难题，区委以对长远负责、对人民负责的态度，集中精力、攻坚克难，完成了控违拆违、征地拆迁等一系列改革，得到了全体干部群众的拥护。同时，区委坚持三个“区分开来”，坚决为担当者担当、对负责的干部负责，鼓励干部想办法、破难题，极大提振了干部的精气神。城市三大板块开发全面提速，阳明湖开发、临江棚户区改造、临空产业园建设、新城西区开发等一批重点项目加速推进；园区创建国家级高新区成功获批，远大住工等一批重大项目迅速开工投产。在创先争优中擦亮党员形象。区委响亮提出各项工作在全市有位置、全省有影响、全国有印象，坚持各项工作有部署、有督导、有总结、有奖惩，激励全体党员全面开展创先争优。去年，多项工作跻身全市先进，全面小康提升幅度全省排名第一，获“十快进”奖。

县乡人大换届选举工作要把握“四定”

常德市鼎城区人大常委会主任　杨　君

县乡两级人大换届选举是人民政治生活和地方政权建设中的一件大事，是人民当家作主、管理国家事务的重要体现，也是最广泛、最基础的民主实践。作为县级人大常委会，如何落实中央〔2015〕18 号文件、省委湘发〔2015〕26 号文件精神、适应新形势、完成新任务，笔者结合基层实际谈些看法。

一、把握原则定向。做好县乡两级人大同步换届选举工作必须坚持党的领导、充分发扬民主、严格依法办事的总原则。坚持党的领导，就是把党委的领导贯穿于换届选举工作的全过程，严格依法依程序推进，确保换届选举工作始终保持正确的政治方向。对于换届选举工作中遇到的重大问题和重要情况，人大常委会党组要及时向党委请示报告，使党委的意图得到充分体现和圆满实现。要充分发挥基层党组织的战斗堡垒和党员的先锋模范作用，教育和引导广大党员特别是党员选民和党员代表候选人，带头贯彻党的路线方针政策，模范执行上级党组织有关人大换届选举工作的意见和决定，积极向选民宣传党委的政策和主张。充分发扬民主，就是必须相信和依靠人民群众，激发广大人民群众的参与热情和主人翁意识，把尊重选民的民主权利、体现大多数选民的意愿贯穿于换届选举的全过程，使县乡人大直接选举建立在广泛、有序、坚实的民主基础之上，这是换届选举工作成功的基础。严格依法办事，在选举的各个环节，都要遵守相关法律规定和程序要求。十二届全国人大常委会第十六次会议审议并通过了全国人大常委会关于修改地方组织法、选举法、代表法的决定，新修改的“三法”重点对县乡人大的组织制度、工作制度和代表选举等方面作出了修改完善，这不仅让党中央提出的加强县乡人大工作和建设的重要举措于法有据、顺利实施，也对县乡人大换届选举的各项程序规则及选民、代表的权利义务等都作出了明确规定。

二、把握目标定位。中发〔2015〕18 号文件、湘发〔2015〕26 号文件都明确提出了本次换届选举的总体目标：“确保选举工作风清气正，确保选举结果人民满意。”这一目标的实现，对巩固党的执政基础，坚持人民主体地位，充分发挥基层国家权力机关作用，健全基层国家政权体制，夯实推进国家治理体系和治理能力现代化具有至关重要的作用。同时，我们也要以换届选举为平台，切实推动基层民主法治建设进程。县乡人大换届选举不只是一般意义上的工作部署和安排，也不只是人大代表和领导班子的交接更替，更重要的是通过宪法和法律的贯彻实施，通过选民的广泛参与，让各级各部门及广大人民群众充分认识到坚持和完善人民代表大会制度的重要性和必要性，让其深刻领会“坚持党的领导、充分发扬民主、严格依法办事”绝不是一句空话，而有实实在在的内容。实质上，换届选举各环节、各步骤依法依规开展的过程，就是一步步、一次次民主与法制不断纵深推进的过程。

三、把握任务定责。根据《选举法》第八条第二款规定，负责直接选举工作的县乡两级选举委员会，接受县级人大常委会的领导。因此，县人大常委会要在换届选举工作中履行好三项主要职责：一是依法做好代表候选人推荐和代表资格审查确认。县乡人大要做好提名相关工作，推荐履职优秀的代表参加连选。根据新修改的选举法，代表资格审查委员会依法对当选代表是否符合宪法、法律规定的代表的基本条件，选举是否符合法律规定的程序，以及是否存在破坏选举和其他当选无效的违法行为进行审查。县级以上的各级人民代表大会常务委员会或乡、民族乡、镇的人民代表大会主席团根据代表资格审查委员会提出的报告，确认代表资格或者确定代表的当选无效，在每届人大一次会议前公布代表名单。所以，必须严之又严地把好代表入口关的最后一道防线。二是依法做好选举组织工作。在县乡人大代表选举中，县级人大常委会要领导和指导县乡选举委员会依法做好选区划分、选民登记、确定和公布正式代表候选人名单、组织代表候选人同选民见面、组织投票、计票监票、选举结果确定等各个环节的工作，，确保代表选举工作程序一个不少、环节一个不漏、步骤一个不省。三是组织选举地方国家机关领导人员和上一级人大代表。县乡两级人大第一次会议一项主要议程是依照地方组织法选举本级地方国家机关领导的人员。如果设区的市一级人大相继进行换届选举，县级人大第一次会议还有一项议程是依照选举法选举上一级人大代表。

四、把握要求定规。习近平总书记多次强调要以“零容忍”的政治态度、规范严谨的法定程序、科学有效的工作机制、严肃认真的纪律要求搞好换届选举，切实强化政治意识、规矩意识和纪律意识。一是要确保挺纪在前。从中央办公厅印发的有关换届文件提出把纪律和规矩挺在前面，到《关于加强换届风气监督的通知》划定“九严禁”、“九个一律”等纪律红线，从全国干部监督工作座谈会聚焦换届纪律，到中组部就换届风气监督工作进一步明确部署，无不释放出正风肃纪的强烈信号，宣示以铁规铁纪确保换届风清气正的坚定决心。市委书记王群在全市换届工作座谈会强调：我们要坚持“零容忍”，实行“约法三章”、“三个一律”：哪个地方出了问题，就追究这个地方党委书记的责任；哪个部门出了问题，就追究这个部门一把手的责任；哪个环节出了问题，就追究这个环节直接责任人的责任；一律快查严办，一律通报曝光，一律上追一级。所以，县级人大常委会要带头把规矩和纪律挺在前面，严格依法依规做好换届选举工作。二是要确保把关从严。从当前县乡人大代表的实际情况看，结构不优是关键问题，素质不高是核心问题，审查不严是源头问题。这三个问题具有关联性和普遍性，只有把这三个问题真正解决好了，换届选举工作的第一粒扣子才能扣好。中发〔2016〕3号文件指出：要建立责任倒查和追究机制，坚持“谁推荐谁负责，谁提名谁负责，谁考察谁负责”。笔者认为，县乡两级应该结合本地换届选举的实际，进一步对接举措，细化责任，让其更具监督性、可行性和操作性。三是要确保培训到位。在范围上，要按照“横向到边，纵向到底”的原则，从选举委员会、选举工作小组到选举投票站、流动票箱工作人员层层进行培训。在内容上，突出“选民登记、民主协商推荐、投票选举”三个关键环节，及时对工作人员进行培训，确保人人都能熟悉掌握选举的具体程序、操作方法和注意事项。在方式上，可以采取以会代训、逐级轮训、专题培训等方式进行，使培训工作覆盖县乡两级选举机构的工作人员和选举工作骨干。在指导上，要建立分片指导机制，由常委会正、副主任带队，各委室参加，赴各乡镇现场指导和督查。四是确保选民参选。选民参与的程度如何，直接关系到选举工作的成败，创新委托投票方式对于提高选民参选率具有立竿见影的效果。人大换届选举是程序性、法律性极强的工作，必须严谨有序的执行，尤其是要严格把好委托关。《选举法》规定“选民如果在选举期间外出，经选举委员会同意，可以书面委托其他选民代为投票。每一选民接受的委托不得超过三人。”但在之前的历次人大换届选举中，书面委托操作起来较难，很多时候只有被委托人口头转述委托的意思来代替投票，甚至个别基层工作人员为了保证高投票率，在没有获得选民直接委托的情况下大量代投票，这也在一定程度上影响了选举的真实性和公正性。因此，要与时俱进创新工作方式，充分借助电话、短信、网络语音视频聊天工具等信息化平台，开展宣传、候选人介绍、投票等工作，减少委托投票，保障选民的知情权，提高选民参选率。

新形势下做好基层政协工作的思考与实践

常德市鼎城区政协主席　韩才渊

党的十八大以来，以习近平为总书记的党中央从推进国家治理体系和治理能力现代化的要求，就加强社会主义民主建设和人民政协工作作出了一系列新的论述和部署。在新的形势下，基层政协既面临着严峻的困难和挑战，同时又具备难得的发展机遇。如何按照“四个全面”建设的要求，贯彻落实中央精神，紧密结合本地实际，紧紧围绕基层党委、政府的中心工作，认真履行职责，为本区域的政治、经济和社会各项事业的发展作出新的更大的贡献，是当前摆在基层政协面前的一个重大课题，值得我们去认真思考、探索。

一、充分认识做好政协工作的重要意义，切实增强责任感与使命感

1. 加强人民政协工作是提高党的执政能力的重要途径。习近平总书记在庆祝人民政协成立65周年大会讲话中高度评价人民政协在建立新中国、建设新中国、探索改革路、实现中国梦伟大实践中所作的重要贡献，深刻指出“人民政协植根于中国历史文化，产生于近代以后中国人民革命的伟大斗争，发展于中国特色社会主义光辉实践，具有鲜明的中国特色，是实现国家富强、民族振兴、人民幸福的重要力量”。这一论断，雄辩地证明了人民政协这一中国特色政治组织和民主形式的巨大优越性和强大生命力。作为政协组织，要进一步深化对人民政协性质和定位的认识，深刻认识到做好新形势下人民政协工作，有利于密切党与社会各界特别是新社会阶层的联系，把不同党派、信仰、民族、界别的人们紧密团结在党的周围；有利于进一步拓展广开言路、广求良策的渠道，使决策更能统筹各方要求，更有民意基础，促进各级政府科学执政、民主执政、依法执政。

2. 加强人民政协工作是发展社会主义协商民主的重要任务。习近平总书记讲话指出，社会主义协商民主是中国特色社会主义民主政治的特有形式和独特优势，是中国共产党的群众路线在政治领域的重要体现。比如，区委在制定“推进二次创业、建设现代鼎城”行动纲要时，与区政协常委会进行了专题协商讨论，广泛听取和征求方方面面的意见建议，使之更好地贯彻党的十八届三中全会精神，符合科学发展观要求，反映全区人民群众

的愿望,更加符合鼎城实际。实践证明,通过各方协商形成的《行动纲要》得到了全区广大干部群众的一致认同,为党委、政府顺利推进各项工作奠定了坚实基础。当前,在社会主义市场经济体制逐步完善、社会利益日趋多元的新形势下,只有进一步深化对协商民主实质内涵和本质要求的认识,切实增强发展中国特色社会主义协商民主的自觉性和坚定性,广泛听取民主党派和各界代表人士的意见,才能真正找准全社会意愿和要求的最大公约数。

3. 加强人民政协工作是促进社会大局和谐稳定的迫切要求。习近平总书记强调,人民政协要坚持在热爱中华人民共和国、拥护中国共产党的领导、拥护社会主义事业、共同致力于实现中华民族伟大复兴的政治基础上,最大限度调动一切积极因素,团结一切可以团结的人,汇聚起共襄伟业的强大力量。人民政协是我国政治体制内系统反映群体利益诉求、调处利益冲突的重要渠道。通过这条渠道,可以将分散于基层的情况、呼声和要求汇集起来,及时全面地掌握各个阶层和社会群体的意见和关注的问题,保证党委、政府的重大决策和方针政策符合最广大人民的根本利益。当前,随着我区经济发展加快转型,社会建设中一些深层次矛盾和问题交织出现,比如在征地拆迁、控违拆违、城市管理等工作中,由于多方面原因,造成部分群众不理解、不支持,在一定程度上影响了社会大局的和谐稳定。而人民政协具有密切联系群众的优势,通过人民政协这个平台,能最大限度地促进社会各界相互了解,达成共识,从而化解和减少矛盾,在政协组织内部实现各方面的团结。

4. 加强人民政协工作是助推鼎城经济社会发展的客观需要。习近平总书记指出,人民政协要充分发挥代表性强、联系面广、包容性大的优势,聚焦推动科学发展、全面深化改革中的重大问题和群众最为关切的问题,深入进行调查研究,努力为改革发展出实招、谋良策。近年来,随着区域经济实力不断增强,社会事业不断进步,人民生活水平不断提高,经济社会发展呈现出又好又快的良好态势,从一定程度上来讲这与政协组织始终坚持围绕中心、服务大局,致力于促进改革发展是分不开的。目前,在全国经济下行压力较大,经济发展进入新常态的背景下,各地经济也面临较大挑战,肩负着全面深化改革、加快经济发展方式转变、统筹城乡发展等艰巨任务。面对艰巨的挑战与任务,更需要政协组织发挥的独特优势和重要作用,把各党派团体、社会各界人士的思想和行动统一到党委的决策部署上来,把方方面面的智慧力量凝聚到聚精会神搞建设、一心一意谋发展上来,形成推动发展的强大合力。

二、适应新形势新要求,切实提高政协履职水平

1.不断完善民主协商制度机制。一是努力完善协商制度。要进一步完善政治协商的各种会议制度,明确与谁协商、怎样协商等具体要求,使政治协商步入规范化轨道;要建立健全政协委员联系群众制度,通过吸收不同利益主体代表参与政治协商,充分表达自己的意见,扩大协商参与面;要建立协商成果的运用和反馈制度,加强对协商意见的跟踪督办,切实将委员的意见建议纳入党委决策,助推政府工作,增强协商实效;二是合理规范协商内容。要紧密结合当地实际,积极向党委、政府汇报,建立健全共同确定协商内容的工作机制,将当地重大发展规划、重大改革任务、重大项目建设,纳入政协协商民主的重要内容,提高科学决策、民主决策水平。特别是要始终把关系人民群众切身利益的重大决策作为协商的重点,广泛征求和听取基层群众的意见,通过协商实现人民当家作主;三是积极拓展协商形式。要把握协商的针对性,不断丰富和发展广泛多层的政治协商形式,通过进一步完善全会协商、专题协商、提案办理协商,积极探索资政会议、对口协商、界别协商、网络协商等多种方式,让广大政协委员表达意见有渠道、贡献力量有平台、服务发展有载体。

2.充分发挥人民政协独特作用。一是要发挥人才荟萃、智力密集的优势。政协组织和广大政协委

员要始终坚持把促进经济社会发展作为履行职能的第一要务，充分发挥自身的专业特长，积极投身到改革与发展的伟大实践中去。紧紧围绕建设现代城市、建设现代园区、做强现代产业、建设美丽乡村等工作重点和目标任务，通过开展调研协商、撰写提案、反映社情民意信息等形式，提出意见和建议。二是要发挥位置超脱、包容性强的优势。当前，深化改革的各项任务已经全面铺开，当然也不可避免的面临来自各方面的阻力。政协组织和政协委员要努力做好联系人、团结人、争取人的工作，凝心聚力，共同促进改革任务的推进；要加强对全面深化改革重大问题的综合研究，为改革出实招、谋良策；要多做化解矛盾、解疑释惑、理顺情绪的工作，积极引导各方面正确对待改革带来的利益格局调整，在促进改革上展示新作为。三是要发挥代表性强、紧密联系群众的优势。政协委员来源于群众，是各界别群众的代表，与广大群众有着血肉联系与深厚的感情。我们要进一步拓展和巩固党的群众路线教育实践活动成果，积极组织委员开展走访慰问、扶贫济困、捐资助学等多种形式的社会公益活动；要认真倾听群众呼声，及时反映群众意愿，重点围绕解决好就业、教育、医疗、住房、社保等民生问题，提出解决问题的对策和建议，在促进改善民生上取得新成绩。

3.*积极巩固民主和谐生动局面*。一是要千方百计营造民主氛围。要大力倡导平等讨论的氛围，鼓励委员畅所欲言，对不同的甚至是尖锐的意见要听得进，对反对的甚至是批评的意见要容得下，让各界、各党派人士愿意讲话、敢讲真话，把政协建设成为各方面交流、交锋、交融的重要平台，体现政协组织的生机与活力。二是要矢志不渝凝聚各方力量。发展目标确定后，人的作用就是决定因素。对于当前来讲，只要有利于实现全面建成小康社会发展目标的，无论是哪一个阶级、阶层和群体，也无论是哪一个界别、团体和个人，我们都要团结共事，充分调动他们的积极性。作为政协组织，要切实增强责任感和使命感，特别是要加强同新社会阶层、新利益群体的联系，把这些新生的力量有效动员起来、凝聚起来。三是要扎实有效开展民主监督。政协组织要从本地本单位的大局出发，把经济发展中遇到的重大问题、影响全局的核心问题、社会关注的热点问题作为监督的重要内容，敢于讲真话、建净言。要建立健全政协委员行使民主监督职权的保障机制、沟通机制、责任机制和落实机制，充分调动政协委员参与民主监督的积极性。

4.*着力推进政协履职能力现代化*。习近平总书记强调，人民政协是国家治理体系的重要组成部分，要以改革思维、创新理念、务实举措大力推进履职能力建设，努力在推进国家治理体系和治理能力现代化中发挥更大作用。我们要按照总书记的要求，主动适应新形势新任务的变化，不断加强政协自身建设，努力提升人民政协履职能力现代化水平。一是推进履职制度的现代化。要按照省、市精神，大力在完善制度建设上下功夫，努力形成内容完备、结构合理、功能健全、科学管用的政协履职制度体系。各基层政协组织要结合本地实际，尽快制定和完善当地政协组织履行三项职能的相关细则，使政协履职有章可循、有据可依；要进一步完善政协履职成果报送、督办、落实、反馈制度，使政协履职成果转化进入规范化运行轨道，提升履职实效。二是推进履职主体的现代化。严把委员“入口关”，进一步建立健全政协委员服务管理机制、激励机制、退出机制，增强委员履行职责的意识，调动委员参政议政的积极性和主动性；进一步量化各专委会、联络处（组）管理考核细则，以政协专委会和联络处（组）为单位，广泛开展提集体提案、反映社情民意信息、撰写调研报告、组织视察协商等活动，充分发挥其基础性作用；利用政协界别的特色和优势，探索建立界别联系委员、委员联系群众的工作机制。赋予界别更多职能，加大界别发言权，丰富界别活动内容，提高界别活动效果。三是推进履职方式的现代化。坚持问题导向，积极开展“订单式”专题调研视察。紧扣经济社会发展中的综合性、战略性、前瞻性课题和热点难点问题，组织委员深入基层、深入群众开展调查研究,增强调研视察的针对性,为党委、政府科学民主决策提供有益参考;创建多维度的监督载体,寓民主监督于协商议政、提案督办、视察调研、反映社情民意等工作中,开展经常性民主监督,加大监督广度与深度。

三、始终不渝坚持党对政协工作的领导,努力开创政协工作新局面

1.把政协工作纳入党委工作全局。把握政协工作的方向原则。各级党委要高度重视人民政协工作,按照总揽全局、协调各方的原则,把政协工作摆上重要议事日程,定期听取政协工作汇报,及时研究解决政协工作中遇到的实际困难和问题,会同政协制定好协商工作计划,努力形成党委高度重视、政府大力支持、政协积极作为、各方协同配合的工作格局;鼓励引导政协建言资政。党委、政府要注重发挥政协组织位置超脱、智力密集的优势,坚持主动为政协出题目、交任务、提要求,委托和支持政协围绕中心工作和重点任务开展重大课题调研,邀请政协委员参与重大项目研究论证,认真办理来自政协的意见和建议,倾听民意、集中民智,使党委的决策更加符合鼎城实际,政府的工作更加符合群众利益;充分发挥政协党组的领导核心作用。通过政协党组实施党对政协工作的领导,把党的有关重大决策和工作部署贯彻到人民政协的全部工作中去。充分发挥政协组织中共产党员的先锋模范作用,带头贯彻党的方针政策和区委的决策部署,带头遵守政协章程,带头广交、深交党外朋友,努力成为合作共事、发扬民主、廉洁奉公的模范。

2.主动争取党委支持政协履行职能。支持政协参政议政。各级党委、政府要从讲政治、顾大局的高度出发,支持人民政协依照章程独立负责、协调一致地开展工作;积极采纳政协提出的真知灼见,主动接受政协的监督,真正做到听得进逆耳之言,容得下尖锐批评。各级政府和相关职能部门要继续在政协委员中聘请特约监察员、司法监督员、行风评议员,充分发挥其在依法行政、勤政廉政中的监督作用。建立健全党委、政府与政协联系制度。进一步完善党委、政府负责同志参加政协会议和活动制度,以及政协有关负责同志列席党委、政府相关重要会议制度,使参政议政真正成为加强党的执政能力建设的有效形式。完善政协建议案、提案、协商意见、社情民意信息等履职成果办理机制。对政协全体会议、常委会议、主席会议提出的建议案、协商意见,党政主要领导要高度重视、及时提出办理意见;对政协委员提出的重要提案、社情民意信息,政府分管领导要亲自督办,确保做到件件有答复,事事有着落。

3.形成推进政协工作的强大合力。重视人民政协理论教育工作。各级党委要重视人民政协理论建设和教育培训工作,切实加强党政领导干部尤其是年轻干部统一战线和人民政协理论的培训工作,使各级领导干部进一步了解、熟悉政协工作;加强政协班子建设、专门委员会建设和干部队伍建设。要把政协干部的培养、选拔和使用纳入党政干部建设的总体规划,根据政协的性质、职能和特点,优化干部年龄结构、知识结构、界别结构。统筹考虑党内外干部配备,重视做好党外代表人士和后备干部的培养锻炼使用工作。要支持政协组织加强和改善委员服务与管理工作,进一步调动委员履职积极性,真正把那些政治素质好、代表性强、热心政协工作、具有参政议政能力的人士吸纳到政协委员队伍中来;积极为政协组织和各党派团体开展工作创造条件。帮助解决好议事设施、办公条件和工作经费等方面存在的困难和问题。政协委员所在单位要在时间、经费等方面给予必要保障,为政协委员履行职能提供支持;加大对政协工作的宣传力度,扩大社会影响力。宣传部门要广泛宣传中国共产党领导的多党合作和政治协商制度,加强对人民政协性质、地位、作用以及政协组织履行职能情况的报道,扩大政协的社会影响,进一步在全社会营造各方重视、关心、支持政协工作的良好氛围。

重要文件

Vital Document

《地方志工作条例》颁布10周年宣传活动

关于印发《鼎城区建制村合并工作方案》的通知

关于印发《鼎城区森林禁伐减伐三年行动实施方案》的通知

关于印发《常德市鼎城区环境保护工作责任规定(试行)》的通知

关于印发《鼎城区乡村公路管理养护办法》的通知

关于明确江南城区征地拆迁安置有关问题的通知

中共常德市鼎城区委员会 常德市鼎城区人民政府 关于印发《鼎城区建制村合并工作方案》的 通知

常鼎办〔2016〕2号

各乡镇党委、街道党工委，乡镇人民政府、街道办事处，区属农林场，区直相关单位：

现将《鼎城区建制村合并工作方案》印发给你们，请遵照执行。

中共常德市鼎城区委员会
常德市鼎城区人民政府
2016年3月24日

鼎城区建制村合并工作方案

根据《中共湖南省委湖南省人民政府关于开展乡镇区划调整改革工作的意见》（湘发〔2015〕15号）文件精神，结合《中国共产党农村基层组织工作条例》《中华人民共和国村民委员会组织法》有关规定，为推进和规范全区建制村合并工作，特制定本工作方案。

一、指导思想

认真贯彻省市关于乡镇区划调整改革工作要求，围绕促进城乡一体化发展、构建现代农村治理体系的目标，着力提升公共服务能力，推进产业结构调整，改善农村生产生活条件，优化资源配置和村级干部队伍，减轻农民负担，加快我区新农村建设步伐，全面实行合村工作。

二、目标任务

本次区划调整，全省合并建制村16000个以上，减幅约39%；常德市合并建制村1700多个，减幅50%以上。按照市委、市政府要求，此次我区建制村必须从495个减至226个，减少269个，减幅54.34%。按照平原湖区建制村平均人口规模2500-3500人、丘陵区建制村平均人口规模

2000-3000人的标准，统筹考虑我区实际情况，有序推进建制村合并工作，重点合并人口规模在1000人以下的建制村。合并后平原湖区建制村人口3000人左右，丘陵区建制村人口2700人左右。新建制村的规模不搞“一刀切”，各乡镇（街道）可因地制宜，宜大则大，宜小则小，原则上合并后建制村人口2000人以上。

三、基本原则

（一）坚持乡镇为主。并村工作在区委、区政府的统一领导下，由各乡镇（街道）具体组织实施，乡镇（街道）党（工）委书记为第一责任人。

（二）坚持民主协商。并村工作要争取绝大多数群众支持，既要严格遵守法律法规，又要充分尊重民意。并村方案由乡镇（街道）提出，经村民会议适当形式讨论通过方可上报，区政府批准后方可组织实施。

（三）坚持合大并强。并村方案要综合考虑历史沿革、风俗习惯、人文渊源、河流水系、资源分布、产业布局等具体情况，合理确定合村规模。通过建制村合并，实现优势互补、规模适度、实力增强、班子更优、机制更活的目标。

（四）坚持整体合并。并村不打乱建制，实行成建制合并，确保有利于优化资源配置，有利于村民自治的开展。

（五）坚持“三个不变”。坚持农民享受的政策不变，农村山林、土地及其附着物、水利、资源等权属不变，农业经济利益关系不变。

（六）坚持人口面积适当。并村方案要综合考虑人口和面积等因素，科学合理确定建制村规模。原则上平原湖区村人口多一些、区域面积小一些，丘陵、山区村人口少一些、区域面积大一些。1000人以下的建制村原则上要合并。

四、工作步骤

（一）前期准备（2016年4月25日前）

一是宣传发动。区乡两级要分级召开动员会议，对并村工作进行安排部署，做到家喻户晓。二是清产核资。乡镇（街道）组织专门班子对各村资金、资产、资源进行全面清理审计，对村干部开展任期财务审计，自审计之日起，要冻结各村财务，严明财经纪律，严防集体资产流失。三是征求意见。各乡镇（街道）就并村后村委会选址、命名、资产及债务处置等广泛听取意见。

（二）制定方案（2016年4月26日~5月14日）

一是拟定方案。各乡镇（街道）在广泛调查研究基础上，提出科学合理的并村方案。二是通过方案。并村方案要按照《中华人民共和国村民委员会组织法》的有关规定依法召开村民会议适当形式表决通过。召开村民会议，应当有本村户籍十八周岁以上村民的过半数，或者本村户籍三分之二以上的户代表参加，并村方案应当经到会人员的过半数通过。同时，可根据本村实际情况，以村民小组为单位召开村民小组会议通过方案。召开村民小组会议，应当有本村民小组十八周岁以上的村民三分之二以上，或者本村民小组三分之二以上的户代表参加，所作决定应当经到会人员的过半数通过。三是报批方案。以乡镇（街道）政府（办事处）名义上报区政府关于建制村合并方案及其他相关资料，经区建制村合并领导小组办公室审核，由区政府下发批准文件。上报资料包括：①关于并村工作的请示；②村民会议原始记录；③村民会议决议；④村民签字意见表；⑤并村前后基本情况对比表；⑥并村前后乡镇（街道）行政区划图（注明村居名称、村居驻地及村居的边界线，报纸质文档和电子文档）。所有资料一式三份（其中一份原件）报区建制村合并领导小组办公室。

（三）组织实施（2016年5月15日~5月20日）

方案经区政府审批后，由乡镇（街道）组织实施。一是公布实施方案。召开村组干部、党员代表和村民代表会议公布并村方案，让群众知晓，并在村务公开栏内公示。原村党组织、村委会牌子由乡镇（街道）统一收回。二是设立新村的党组织领导班子。新合并设立的建制村要根据党员人数等情况及时设立党组织，择优指派党组织书记，主持新村全面工作。在新村民委员会选举前的过渡时期，原村村委会成员的任期不断，补贴不停，继续履职，误工补贴发至2016年12月31日。三是接管集体资产财务。由乡镇经营管理机构按照上级制定的村集体资产及债权债务处置办法负责主持村集体资产财务移交工作。原则上属于原村集体经济组织收益使用和分配按原范围不变；原村集体经济组织债务按性质分类处理，逐步化解；原学校、村级组织活动场所、山林等资产一并转入新村资产分类统一管理。

(四)检查验收(2016年5月21日~5月26日)

并村工作结束后，区政府组织对各乡镇（街道)并村工作进行检查验收,发现问题及时整改。

五、组织领导

成立鼎城区建制村合并领导小组。

组　长:刘定青

副组长:杨　易　车世忠(主持日常工作)
　　　　杨　君　韩才渊

成　员:邓碧波　李宏秋　汪泽云　朱正权
　　　　王少贤　洪振坤

成员单位责任人:

舒　伟　李军华　杨　斌　曾立初　彭　龙
朱剑伟　廖再文　潘文斌　何奕波　郑　军
阮　龄　李书跃　王志新　刘志平　李南孝
雷绘玻　冀万喜　林新忠　王成猛　钟兴满
陈学武　杨　珂　李新民　刘　荣　贺　云
肖仁华　李友明　徐晓斌　胡建新　李阳杰
胡新军　施伟建　尤明清

领导小组下设办公室，办公地点设在区民政局,朱正权兼任办公室主任,李书跃兼任办公室副主任。

领导小组下设五个工作组。

1. 综合协调组。组长:车世忠;成员:曾立初、彭龙、施伟建、龚金国、伍晗、黄文新;职责:日常工作调度,工作方案策划与拟定,综合协调与请示汇报。

2. 并村指导组。组长:朱正权;成员:彭龙、李书跃、朱建伟、龚金国、伍晗、黄文新;职责:合村方案拟定并具体指导实施。

3. 资产清查组。组长:邓碧波;成员:舒伟、李国忠、廖再文、王志新、贺云、钟兴满;职责:债权债务清理认定,集体资产资源盘点,指导村级财务的审计与管理。

4. 纪检督察组。组长:汪泽云;成员:舒伟、曾立初、彭龙、朱剑伟、李新民;职责:工作推进的督导,纪律监察,案件线索的受理,违纪违法事件、典型案件的查处。

5. 信访维稳组。组长:洪振坤;成员:李军华、李新民、刘荣、何奕波、钟兴满、施伟建;职责:信访事件的受理,突发性群体事件处置。

六、组织保障

1. 加强组织领导。各乡镇(街道)要成立以乡镇(街道)党(工)委书记任组长的领导小组及相应的工作班子，明确分管民政工作的班子成员为并村工作联络员,负责日常联络及资料上报。政法、信访部门要加强并村工作中群体事件的处置;农业、财政、农村经营管理等单位要加强村级集体资产及债权债务处置指导工作，对违规处置和变相侵吞集体资产的行为及时纠正,严肃处理;财政部门要切实保障并村工作所需的工作经费;纪委、监察部门要加强对并村工作中违规违纪人员的追责工作，涉嫌违法犯罪的移送司法机关追究法律责任;公安、国土、林业、水利、交通、卫计、住建、审计、民族宗教等单位要密切协作,形成工作合力,确保并村工作任务圆满完成。区里派出并村工作指导组,联系乡镇(街道)的区级领导任组长,相关单位人员为成员，抓好相关政策的落实，负责组织领导、业务指导、政策宣传、纪律检查和信访维稳,工作不完成,指导组不撤回。

2. 抓好新村建设。各乡镇(街道)并村方案中要包含并村理由、新村建设规划等内容,重点谋划和实施合并后新村的农村社区建设工作，被合并建制村原村部设立便民服务点，与新村便民服务中心、乡镇(街道)便民服务中心形成公共服务、自我服务、便民服务网络,逐步实现政府服务与村民自治良性互动,形成农村社区现代化、多元化治理格局。

3. 加强印章管理。新村成立后,原相关村党组织、村委会印章由乡镇(街道)统一保管。新村党组织、村委会印章按规定制作,2017年选举产生新一届村委会后启用新村委会印章，新村党组织成立后启用新党组织印章,原相关村党组织、村委会印章由乡镇(街道)根据调整情况决定是否保留或收回，村级其他组织印章在新一届村级组织换届后进行更换。

4. 做好稳定工作。各相关单位要高度重视群众来信来访接待工作，及时解决并村工作中发现的问题,及时化解矛盾,避免越级上访。乡镇(街道)要制定并村工作应急预案,落实维稳措施,实行包保负责。同时要重视做好现任、退任、离任村干部思想稳定工作,关心关爱他们的生产生活,鼓励他们积极参与和支持合村工作，确保合村工作顺利完成。

附件:1. 并村工作指导组花名册

2. 建制村合并工作任务指标分解表

3. 建制村合并有关问题的处理意见

附件1

并村工作指导组花名册

表34

乡　　镇	联系领导	工作人员	乡　　镇	联系领导	工作人员
蒿子港镇	李宏秋	朱剑伟	双桥坪镇	刘新远	龚金国
中河口镇	罗旺甫	黄　波	谢家铺镇	邓碧波	龚金国
十美堂镇	杨　君	黄文新	黄土店镇	车世忠	王光银
牛鼻滩镇	沈国华	王光银	草 坪 镇	刘运华	王光银
韩公渡镇	熊　辉	施伟建	花岩溪镇	李　芳　苗俊峰	杨　斌
石公桥镇	洪振坤	李新民　黄胜波	尧天坪镇	王直华	黄　波
镇德桥镇	朱正权	彭　龙　黄文新	许家桥回维乡	汪泽云	舒　伟
周家店镇	李润初	伍　晗	斗姆湖街道	彭　勇	李军华
灌 溪 镇	刘定青	李书跃	园 艺 场	涂国祥	伍　晗
石板滩镇	雷建国	黄文新	特 养 场	李湘建	黄　波
蔡家岗镇	杨　易　肖汉学	施伟建	花岩溪管委会	唐少华	黄文新

附件 2

建制村合并工作任务指标分解表

表 35

乡镇(街道)名称	现有村数(个)	保留村数(个)	减少村数(个)
十美堂镇	39	18	21
蒿子港镇	13	7	6
中河口镇	20	10	10
韩公渡镇	30	15	15
牛鼻滩镇	20	10	10
石公桥镇	25	10	15
镇德桥镇	13	6	7
周家店镇	25	12	13
双桥坪镇	24	11	13
蔡家岗镇	36	14	22
石板滩镇	14	6	8
灌 溪 镇	14	10	4
许家桥回维乡	29	14	15
黄土店镇	49	21	28
花岩溪镇	31	10	21
草 坪 镇	18	8	10
谢家铺镇	38	18	20
尧天坪镇	33	12	21
斗姆湖街道	8	4	4
郭家铺街道	4	4	0
园 艺 场	5	2	3
花岩溪管委会	4	2	2
特 养 场	3	2	1
合计 23 个	495	226	269

说明:1. 考虑到社区建设,灌溪镇的黄土山村、汤家坪村、兴发村,郭家铺街道所辖 4 个村不纳入合村系列

2. 市里按 2700 人 / 村分配,考虑到我区的实际情况,按平湖区 3115 人 / 村、丘陵区 2670 人 / 村二种类型分配指标

附件 3

建制村合并有关问题的处理意见

一、关于并村后村干部职数的设置

按照《中华人民共和国村民委员会组织法》第六条规定:村干部设置 3~7 人,并村后 3000 人以下的设置 3~5 人,3000 人以上的设置 5~7 人。

二、关于建制村与社区居委会的合并

原则上社区居委会不进行合并;并村工作结束之前,暂停村委会改居委会工作,不能以村改居抵扣并村任务;对条件成熟,有利于发展的村可以并入就近居委会。

三、关于乡镇所属林场、农场、渔场的合并工作

按照就近原则并入邻近村,实现政事分开、政企分开。

四、关于新设建制村的名称和村委会驻地

尽可能以原有建制村名称中的一个作为合并后建制村的名称,并征得多数村民同意。村委会驻地原则上选择位置相对适中、交通便利、人口相对集中且现有基础设施较好的地方。

五、并村的债权债务和"三资"处置

坚持"六个不变"。一是合村后原村范围内农户享有的自留地、宅基地、责任田使用权不变;二是农户的承包关系不变;三是原村组签订的各项经济合同不变;四是原确定的债权债务关系不变;五是并村后退任的村干部当年的误工补贴、养老保险待遇不变;六是政府及部门原确定扶持的项目和款物不变。

六、关于村干部特别是村支书的留退问题

要鼓励退出、合力安排、适度保障、一乡镇一法,12 月 31 日前所有村干部待遇可以不变。

七、全面推进"一强两定"

按照市委常委会要求,把建强村级班子、定村级发展规划、定制度规矩作为并村工作的主题。要依法有序推进所有建制村村支两委班子换届选举,健全村民小组,逐步推进村支两委,特别是村支书、村主任的能人化、年轻化、知识化。要与美丽乡村建设和扶贫攻坚相结合,完成村庄建设发展规划,订好村规民约,健全议事规则和监督议事机构,推进村民自治。

八、关于村民小组的合并

原则上按 300 人 / 组的标准合并村民小组,合组工作由乡镇(街道)具体负责,合村与合组同时进行。

常德市鼎城区人民政府办公室关于印发《鼎城区森林禁伐减伐三年行动实施方案》的通知

常鼎政办发〔2016〕4号

各乡镇人民政府、街道办事处、区属农林场，区直有关单位：

《鼎城区森林禁伐减伐三年行动实施方案》已经区人民政府同意，现印发给你们，请认真遵照执行。

常德市鼎城区人民政府办公室

2016年3月1日

鼎城区森林禁伐减伐三年行动实施方案

为进一步加强生态文明建设，改善城乡生态环境，巩固“创森”成果，根据湖南省林业厅、湖南省财政厅《关于实施森林禁伐减伐三年行动的通知》（湘林资〔2015〕25号）文件精神，决定我区从2016年开始实施森林禁伐减伐三年行动，特制定本实施方案。

一、总体目标

2016年1月1日至2018年12月31日对全区重要生态区域和重点生态部位的森林实施三年禁伐，确保全区森林覆盖率、森林蓄积量稳步增长，林相明显改观，林分质量显著提高，生态功能进一步完善，生态环境更加优美。

二、禁伐范围及内容

禁伐范围：全区国家级公益林、省级公益林以及铁路、高速公路、国（省）道两旁第一层山脊以内陡坡地段或平地200米范围内的森林。全区禁伐总面积21834公顷，其中：国家级公益林16554.7公顷，省级公益林3437.6公顷，铁路、高速公路、国（省）道两旁商品林1841.7公顷（G207国道402.3公顷、G319国道251.4公顷、S205省道2.2公顷、S306省道104.8公顷、二广高速322.2公顷、杭瑞高速496.7公顷、长张高速57.9公顷、石长铁路204.2公顷）。

禁伐内容：禁伐范围内除实施森林抚育、灾害木清理、开设防火带、工程建设项目征占用林地的林木采伐以外，不得实施其他任何性质的商业性采伐。禁伐范围内的竹林、杨树、桉树等工业原料林以及林木流转合同到期的林木确需采伐的，必须依法报区级以上林业主管部门批准。市、区林业主管部门在批准后15个工作日内报省林业主管部门备案。

三、实施步骤

(一)宣传发动阶段。召开动员大会,广泛宣传森林禁伐减伐行动的重要性、目标、要求,争取全社会的理解与支持,营造禁伐减伐的良好社会氛围。

(二)制定方案阶段。成立领导机构,制定森林禁伐减伐具体实施方案。

(三)组织实施阶段。根据森林禁伐减伐具体实施方案,建立相关制度,将森林禁伐区落实到山头地块并进行公示;建造森林禁伐标识牌,组建管护队伍,落实管护措施;加强技术指导,开展森林禁伐减伐年度检查,并将本年度检查结果作为下年度补助资金发放的重要依据。

四、职责分工

林业行政主管部门负责全区的禁伐减伐具体工作,财政、国土资源、住建、公路、交通运输、农业、水利等有关部门在各自职责范围内,做好禁伐减伐相关管理工作。

(一)区林业局:负责相关配套政策和管理制度、考核办法的制定实施;负责禁伐减伐的规范管理和技术指导工作,对禁伐减伐工作的开展和成效进行检查验收,打击处理乱征滥占林地、乱砍滥伐林木、乱采滥挖树木、乱捕滥猎野生动物的违法犯罪行为。

(二)区财政局:负责资金筹措,确保工作经费和补偿资金及时足额到位。

(三)市国土资源局鼎城分局、区住建局、区公路局、区交通运输局、区农业局、区水利局等按各自职责,全力配合此项工作。

五、保障措施

(一)加强组织领导。为认真组织完成全区森林禁伐减伐三年行动工作任务,经研究,决定成立鼎城区森林禁伐减伐三年行动工作领导小组。

组　长:王直华　区人民政府副区长

副组长:雷绘玻　区林业局局长

　　　　王志新　区财政局局长

成　员:肖仁华　市国土资源局鼎城分局局长

　　　　李南孝　区住建局局长

　　　　罗光新　区公路局局长

　　　　李友明　区交通运输局局长

　　　　钟兴满　区农业局局长

　　　　王成猛　区水利局局长

领导小组办公室设在区林业局,雷绘玻兼任办公室主任。各乡镇(街道、场)要成立相应领导小组,切实加强本区域禁伐减伐工作。

(二)广泛宣传发动。各有关单位要全面贯彻落实省、市文件精神,组织专门力量大力宣传森林禁伐减伐三年行动的政策措施。各乡镇(街道、场)要召开村民小组长以上人员参加的森林禁伐减伐三年行动动员大会,采取书写宣传标语,制作森林禁伐减伐宣传牌,发放和张贴禁伐减伐通告等形式,广泛宣传森林禁伐减伐工作。村组要制定森林禁伐减伐的村规民约,设立公开举报电话,接受社会监督。

(三)健全体制机制。制定森林禁伐减伐三年的检查验收办法,实行严格的责任追究。根据禁伐范围,配置足够专职或者兼职护林员。

(四)切实加强管护。任何部门和单位不得擅自批准在禁伐范围内采矿、采石、取土等破坏森林植被和自然环境的建设项目。定期组织开展林业执法专项治理活动,依法严厉打击偷砍盗伐、乱占林地等破坏森林资源的各种违法犯罪行为,维护森林资源安全,确保森林禁伐减伐三年行动工作取得实效。

(五)落实经费保障。森林禁伐减伐三年行动禁伐范围内的商品林实行协议补偿的方式,现场界定、签订禁伐协议、树立标示牌、宣传发动和巡山检查等工作经费由区财政解决。区财政要将森林禁伐减伐三年行动工作经费与补偿经费纳入年度财政预算,建立长期稳定的公共财政投入机制。

常德市鼎城区人民政府关于印发《常德市鼎城区环境保护工作责任规定(试行)》的通知

常鼎政发〔2016〕3号

各乡镇人民政府、街道办事处、区属农林场,区直和驻区有关单位:

《常德市鼎城区环境保护工作责任规定(试行)》已经区人民政府同意,现印发给你们,请认真贯彻执行。

常德市鼎城区人民政府

2016年3月4日

常德市鼎城区环境保护工作责任规定(试行)

第一章 总 则

第一条 为进一步强化环境保护责任,从经济社会发展的各个环节加强环境保护工作,根据《中华人民共和国环境保护法》、《湖南省环境保护条例》、《湖南省人民政府关于印发〈湖南省环境保护工作责任规定(试行)〉的通知》(湘政发〔2015〕6号)、《常德市人民政府关于印发〈常德市环境保护工作责任规定(试行)的通知〉》(常政发〔2015〕12号)等有关法律法规和文件精神,结合我区实际,制定本规定。

第二条 全区各乡镇人民政府(街道办、农林场)、高新区管委会及有关部门、企事业单位、社会团体和公民依照相关法律法规履行环境保护职责,按照本规定抓好各项工作任务的落实。

第三条 环境保护工作坚持保护优先、预防为主、综合治理、公众参与、损害担责的指导思想,按照“属地管理、分级负责”和“谁决策、谁负责”、“谁监管,谁负责”、“谁污染、谁负责”的原则,建立责任体系及问责制度。

第四条 各乡镇人民政府(街道办、农林场)、高新区管委会对本区域的环境保护工作及环境质量负全面责任,区环境保护行政主管部门对本区域环境保护工作实施统一监督管理，其他有关部门在各自职责范围内履行环境保护相关职责。

企事业单位和其他生产经营者应依法履行环境保护的责任，对其造成的环境污染或生态损害等环境违法行为负责。

公民依法履行保护环境的责任和义务，同时享有环境保护的知情权、监督权、参与权。

第五条　环境保护工作坚持“一岗双责”制，各乡镇人民政府(街道办、农林场)、高新区管委会及相关部门领导班子成员在抓好分管领域业务工作的同时，按有关要求落实环境保护措施。政府及有关部门的主要负责人是本区域、本部门职责范围内环境保护工作的第一责任人，对环境保护工作负全面领导责任；分管环境保护工作的负责人对环境保护工作负综合监管领导责任；其他相关负责人对分管业务工作范围内的环境保护工作负直接领导责任。企事业单位的法人代表和其他生产经营者的负责人是本单位环境保护的第一责任人；其他相关人员对职责范围内环境保护工作负直接责任。

第二章　政府环境保护责任

第六条　区人民政府对本行政区域内环境保护主要承担以下职责：

(一)对本行政区域环境质量负责，制定有利于环境保护的经济、技术政策，将环境保护工作纳入国民经济和社会发展规划，组织编制和批准本行政区域环境功能区划、水环境功能区划、环境保护规划，建立健全生态功能区和生态红线等环境保护制度。坚持科学民主决策，避免因决策失误和施政不当导致生态环境损害。切实采取措施，保持本行政区域环境质量稳定并逐步改善，推进生态文明建设，促进经济社会可持续发展。

(二)严格执行重点污染物排放总量控制制度，完成上级下达的总量减排任务。组织实施本行政区域内大气、水、土壤、噪声和核与辐射等环境污染防治，依法加强工业园区和其他环境敏感区环境污染防治，维护环境安全。

(三)组织所属相关部门加强环境保护执法监管，严格环境准入，严厉查处环境违法行为，依法取缔或关闭严重环境违法和不符合国家产业政策的企业。

(四)适应经济社会发展和保护环境的需要，加大保护和改善环境质量、防治污染和其他公害的财政投入，推行有利于环境保护的财政、税收、价格、政府采购等政策。

(五)加强环境应急管理，编制突发环境事件应急预案并组织实施。建立健全环境污染公害的监测预警机制，做好突发环境事件的风险控制、应急准备、应急处置和事后恢复等工作。

(六)加强环境保护宣传教育，提高全民环境保护意识；依法公开环境信息，建立监督参与平台，引导公众参与环境保护；依法向区人民代表大会报告环境保护工作和环境保护目标完成情况，并接受监督。

(七)建立健全环境保护目标责任体系，对保护环境作出重大贡献的单位和个人给予奖励；对工作不力、造成环境损害和发生突发环境事件的严格行政问责。

第七条　高新区管委会对辖区内的环境保护工作负总责。应督促指导本行政区域企事业单位和其他生产经营者落实环境保护措施，认真执行环境影响评价制度和“三同时”制度；加强隐患排查，发现环境违法问题及时处理；负责调处辖区范围内的环境污染纠纷和环境信访；负责落实区人民政府及有关部门下达的环保目标任务，并严格执行到位；负责辖区范围内的环境宣传教育工作。

第八条　乡镇人民政府(街道办、农林场)应督促指导本行政区域企事业单位和其他生产经营者落实环境保护措施，加强隐患排查，发现环境违法问题及时向上级人民政府和有关部门报告；配合上级有关部门查处环境违法行为。组织本行政区域内各单位和居民开展农村环境综合整治，加强畜禽水产养殖及农业面源污染防治，抓好家庭生活垃圾、污水处理，加强农村饮用水源和耕地保护。

第三章　区人民政府职能部门环境保护工作责任

第九条　区环境保护部门工作责任：

（一）在区政府领导下，贯彻执行国家环境保护的方针、政策和法律、法规，建立健全本行政区域环境保护法规和制度，对区人民政府相关部门和企事业单位履行环境保护职责进行综合协调和统一监督管理。

（二）监督管理本行政区域环境保护管理制度的实施。结合本地实际，建立健全排污许可、环境影响评价、环保“三同时”、排污收费、总量控制、污染减排、企业环境行为监管等环境保护管理制度，并组织和监督实施。

（三）负责编制本行政区域环境功能区划、环境保护规划和计划，编制本行政区域重点区域、流域污染防治规划和饮用水水源地环境保护规划等专项规划，报区人民政府批准后组织实施。参与编制主体功能区规划，配合相关部门实施。

（四）负责本行政区域生态环境保护工作。拟订生态保护规划，指导、协调、监督各种类型的自然保护区域的保护和环境管理。

（五）负责本行政区域环境保护行政执法监管。依法制定执法计划，开展执法检查，查处环境违法行为；监督其他负有环境保护职责的职能部门依法履行职责，依法对各类环境保护责任主体履行环境保护义务的情况进行监督。

（六）负责本行政区域环境监测管理工作。制定环境监测规划，规划建设环境监测网络，按照国家相关规范，统一规划环境质量监测站（点）的设置，组织实施环境质量监测和污染源监督性监测。

（七）负责本行政区域环境污染防治监督管理工作，加强对包括核与辐射、危险废物在内的各类污染源的监督管理。会同有关部门加强饮用水水源地环境保护、城乡环境综合整治等工作。

（八）负责编制环境应急预案报区人民政府批准后实施。在区人民政府领导下，会同有关部门依法调查处理本行政区域环境污染事故，协调处理污染纠纷。

（九）拟定本行政区域环境保护经济政策，提出环境保护领域固定资产投资规模和方向、财政性资金安排建议，报区人民政府批准后实施。组织指导排污权有偿使用和交易工作，建立健全企事业单位环境行为信用评价管理制度。

（十）会同有关部门采取措施，指导和推动本行政区域环境科技进步和环保产业发展，开展环境保护对外合作与交流。

（十一）组织、指导和协调本行政区域环境保护法制建设、环境保护宣传教育工作，推动社会公众和社会组织广泛参与环境保护。

（十二）负责本行政区域环境信息发布工作，编制并发布环境质量状况报告、重点污染源监督性监测报告，发布重大环境事件处置情况信息，依法公开环境信息，指导并监督重点污染企业自行监测和环境信息公开。

（十三）制定并组织实施本行政区域环境保护目标责任制。受区人民政府委托，将本行政区域环境保护重点工作任务分解落实到相关部门、乡镇人民政府（街道办、农林场）、相关企业，并组织对工作目标完成情况进行监督、考核，并将结果报请区人民政府实施奖惩。

第十条　其他负有环境保护职能部门工作责任

一、区监察部门工作责任：

（一）负责对乡镇人民政府（街道办、农林场）、高新区管委会、区环境保护行政主管部门、其他负有环境保护监督管理职责的部门及相关人员在环境保护工作中的执纪监督问责。

（二）参与和监督环境污染事件调查处理，负责环境问题行政责任的追究，对责任追究落实情况进行监督检查。

二、区发展和改革部门工作责任：

（一）协调经济社会发展与资源节约、环境保护的重大问题，将生态文明建设和环境保护纳入国民经济和社会发展规划，拟订并组织实施本行政区域主体功能区规划，参与编制环境保护规划。

（二）国家重特大项目目录内项目，在办理投资项目审批、核准、备案手续中，协同监管项目依法进行环境影响评价。

（三）组织拟订发展循环经济、能源资源节约和综合利用规划、政策并协调实施，综合协调节能环保产业和清洁生产促进有关工作，拟定应对气候变化战略、规划和政策，并协调实施。

（四）会同有关部门争取中央、省、市预算内资源节约和环境保护项目资金，拓宽环保筹融资渠道。

（五）负责资源环境价格改革，完善资源环境的价格形成机制，促进节能降耗和环境保护。

（六）负责监管能源行业环境保护规划计划、重大项目和产业政策的执行情况，监管能源行业节能减排和资源综合利用工作情况，督促输变电企业落实环境保护措施。

（七）监管供电企业严格执行可再生能源上网电价、差别电价等节能减排电价政策，依法对违规发电企业采取吊销发电上网许可证等措施。

三、区教育部门工作责任：

（一）组织指导各类学校将环境保护知识纳入教学内容，积极开展环境保护科普教育和志愿服务活动，培育学生的生态文明理念和环境保护意识。

（二）在突发环境事件和重污染天气状态下，可能危及师生安全时，配合有关部门按照应急预案采取应急保护措施，保障师生安全。

四、区科学技术部门工作责任：

（一）加强环境保护科学技术研究、开发和应用，提高环境保护科学技术水平。

（二）加强环保专项科研经费管理，保障科研经费用于环境保护研究。

五、区工业和信息化部门工作责任：

（一）拟定并组织实施工业能源节约和资源综合利用政策，参与拟定能源节约和资源综合利用规划；组织推进工业企业节能、资源综合利用和清洁生产。

（二）落实国家产业政策，负责制定和发布淘汰落后产能计划，协调配合各执法部门对落后产能依法实施监管。

（三）监督供电企业严格执行政府有关部门作出对淘汰、关停企业和环境违法企业的停、限电措施。

（四）承担工业企业的节能目标考核，参与编制和实施节能行动方案，参与编制全区生态建设规划，采取措施推进工业环境保护，指导工业企业节能示范工程和相关新产品、新技术、新设备、新材料的推广应用。

（五）研究提出由政府审批和核准投资的重大工业项目的能耗、水耗审核意见，指导、协调工业企业节能管理，组织实施工业企业节能监察工作。

（六）依照环境影响评价相关法律规定，办理工业建设项目审批、核准手续。

六、区农业部门工作责任：

（一）制定并实施全区农业生态建设规划，指导农业生物质产业发展和农业节能减排以及生态农业、循环农业的发展。

（二）制定并实施全区农业资源区划，指导农用地、渔业水域、宜农湿地以及农业生物物种资源的保护和管理。

（三）加强耕地质量保护、监测和修复治理工作，加强农业野生植物、水生野生动物保护和渔业水域生态环境保护，牵头管理外来物种；负责农业面源污染防治，加强农业投入品监督管理，指导农民科学使用农药、化肥和农膜等生产资料、防止和减少农业生产资料形成的污染；会同和配合有关部门对农业生态环境污染事件进行调查、处理。

（四）指导和管理秸秆等农业废弃物综合利用，禁止秸秆焚烧，推进农业废弃物的减量化、资源化和无害化，负责农村环境综合整治，组织实施农业节能减排项目。

（五）区畜牧兽医水产局负责组织开展畜禽养殖污染防治、病死动物无害化处理。调整优化畜牧业布局，依法将饮用水水源保护区纳入畜禽养殖禁养区。严格落实禁养区制度,饮用水水源保护区内全面取缔畜禽养殖场、养殖小区和养殖专业户。组织实施畜禽养殖业节能减排项目。

七、区公安部门工作责任:

(一)依法查处涉嫌环境刑事犯罪案件和因环境违法需给予行政拘留处罚的治安管理案件。

(二)负责危险化学品和放射性物品公共安全管理。

(三)负责对交通噪声和社会生活噪声污染进行监督管理,依照有关法规规定,组织淘汰黄标车、老旧车辆,协助环境保护行政主管部门对机动车尾气污染进行监督管理。

(四)会同和配合有关部门妥善处置因交通事故、火灾、爆炸和泄漏等各类事故引发的突发环境事件。

八、区民政部门工作责任:

(一)依法加强对本行政区域环境保护社会团体登记管理。

(二)依法参与涉及环境公害事件的社会救助工作。

九、区司法行政部门工作责任:

(一)将环境保护法律法规纳入普法的重要内容,推进环境保护法律法规的全民教育。

(二)依法加强本行政区域律师事务所及律师、公证机构及公证员、基层法律工作服务者涉及环境保护的法律事务的规范管理。指导建立健全环境保护领域专业性、行业性人民调解组织,加强对环境保护纠纷的人民调解工作。加大因环境损害导致合法权益受到侵害的公民的法律援助工作力度。

十、区财政部门工作责任:

(一)依照国家、省、市规定和区人民政府关于加强环境保护的决策部署,根据全区经济社会发展和环境保护工作的实际需要,统筹做好环境保护工作经费的预算安排,保障环境执法、环境监测和环保科技支撑体系建设经费支出,加大城乡环境污染防治和生态文明建设的财政投入。

(二)协调实施有利于环境保护的财税政策和经济政策,支持和推进环保产业、绿色采购和企业旨在改善环境的转产、搬迁、关闭措施。

(三)会同相关部门组织实施生态补偿制度。

(四)依法加强排污费的征收和使用规范化管理,根据国家统一部署,推进排污税改革,加强对各部门涉及生态文明建设和环境保护专项经费的监督管理,确保专款专用,提高资金使用效益。

(五)督促所监管企业强化环境保护责任,落实环境保护、污染治理的各项措施,将环境保护工作纳入企业负责人经营业绩考核,严格奖惩。

(六)指导督促所监管企业自觉接受环境执法检查,做好环境隐患排查和整改,加强环境应急管理。

十一、区人力资源与社会保障部门工作责任:

(一)将区人民政府有关部门、各乡镇人民政府(街道办、农林场)和高新区管委会等履行环境保护职责的情况纳入绩效考评体系,加强考评,落实奖惩。

(二)会同纪检监察和环境保护行政主管部门,按照区人民政府确定的环境问题问责调查结论,对负有管理责任的领导干部和工作人员落实问责处理决定。

十二、区国土资源部门工作责任:

(一)建立健全全区自然资源产权制度和用途管理制度,编制土地利用总体规划和矿产资源总体规划,组织保护和合理利用土地资源、矿产资源等自然资源;配合做好土壤污染防治工作。

(二)依据环境影响评价法律法规,办理建设项目用地的供地手续。

(三)开展地质和生态环境保护工作,防治矿山地质灾害,负责国土开发和矿山生态环境恢复,依法取缔非法矿山开采和粘土烧砖等行为。

十三、区住房和城乡建设部门工作责任:

(一)加强城市园林、绿地和风景名胜区的建设与管理,加强对自然遗迹、人文遗迹、风景名胜区等环境要素的保护。

(二)依照环境影响评价法律规定,核发建设项目施工许可证,防范违法开工建设行为。

(三)组织实施城镇污水减排项目,推进城镇主要污染物减排。

(四)负责自来水水厂的建设与管理,保证出水水质安全。?

(五)推进建筑节能和绿色建筑工作,负责建筑工地施工扬尘污染防治;配合做好建筑施工噪声污染防治工作。

十四、区交通运输部门工作责任:

(一)编制全区交通运输体系规划,推进绿色交通建设。

(二)依照环境影响评价法律规定,依法办理交通建设项目审批、核准、备案手续。

(三)组织实施码头、船舶及交通干线污染治理,对职责范围内机动车船的环境污染实施监督管理。淘汰监管内“黄标车”,加强公路建设工程污染防治和管理。

(四)加强危险货物道路运输、水路运输的许可以及运输工具的安全管理,防止危险化学品污染环境;会同和协助相关部门处理公路、水路交通安全事故引发的环境污染事件。

十五、区水利部门工作责任:

(一)拟定全区水资源保护规划,划定水功能区划,建立健全最严格水资源管理制度,严格实行用水总量控制、用水效率控制和水功能区限制纳污。严格依法审批从水体取水和河湖(库)排污的设置。

(二)依照环境影响评价法律规定,办理水利建设项目审批、核准、备案手续。

(三)组织开展地下水保护和水土流失的预防及治理,预防和治理河道采砂过程中的生态破坏与环境污染。

(四)负责乡镇饮用水水源保护、水厂建设及农村饮用水水源安全;禁止在饮用水水源保护区内投肥养殖,依法开展水功能区水质监测。

十六、区林业部门工作责任:

(一)拟定和实施全区林业生态建设规划,负责对林业(含国有林场、森林公园、植物园、林业系统自然保护区)及其生态建设的监督管理。

(二)负责造林绿化、森林资源保护、石漠化防治、湿地保护、陆生野生动植物资源的保护与利用等工作。

十七、区商务和粮食部门工作责任:

(一)坚持“环保优先”,严把招商引资环境保护准入关口;推进流通领域环节的资源节约和环境保护。

(二)负责报废汽车管理、再生资源回收工作和机动车燃油的供应管理,推动油品升级和油气回收工作。

十八、区文化体育广电新闻出版部门工作责任:

(一)协调媒体加强环境保护宣传,发布环境公益广告。

(二)指导和监督媒体加强对环境保护的监督管理。对环境违法行为进行曝光,在突发环境事件应急工作中,配合相关部门加强正面舆论引导,依法依规查处利用环境问题恶意炒作和新闻敲诈等违纪违法行为。

(三)加强生态文明和环境保护的文学艺术宣传,提高社会公众的环境保护意识。

(四)配合有关部门加强文化娱乐场所的环境管理,防治噪声、振动等污染环境。

十九、区卫生和计划生育部门工作责任:

(一)加强公共场所和饮用水的卫生安全监督管理,对自来水厂出厂水水质进行卫生监督监测。

(二)指导和监督医疗机构加强对医疗废物收集、运送、贮存、处置过程中的环境污染防治,配合支持环境保护行政主管部门监督查处医疗卫生机构环境违法行为。

(三)指导监督医疗卫生机构加强对应用辐射设施设备管理,做好突发环境事件和放射源的放射性污染事件应急工作;组织协调突发环境事件中的伤亡人员救治和相关疾病预防工作。

（四）根据国家环境与健康监测、调查和风险评估制度及研究结果，协助做好与环境污染有关疾病的预防和控制。

二十、区审计部门工作责任：

（一）加强对环境保护治理资金审计监督，开展专项资金审计，促进提高专项资金使用效益。

（二）把环境保护和自然资源资产管理使用纳入领导干部经济责任审计内容，配合区直有关部门做好对乡镇人民政府（街道办、农林场）、高新区管委会及有关部门生态环境保护审计工作的绩效考评。

二十一、规划部门工作责任：

（一）编制和控制城乡建设及城市发展空间布局规划时组织环境影响评价，在规划实施控制中同时保证环境保护规划依法实施。

（二）凡未依法经环保审批、不符合国家环保法律法规和标准的建设项目，不得发放规划选址意见书，不得核发建设项目规划许可证，防范违法开工建设行为。

二十二、区城市管理和行政执法部门工作责任：

负责城市生活垃圾处理设施建设与管理。

加强渣土运输管理，负责做好城区道路扬尘污染的防治工作。

二十三、区工商行政管理部门工作责任：

（一）按照环境影响评价法律法规，严格依法办理企业登记。

（二）负责取缔无照经营行为，对因违反环保法律法规被吊销环境行政许可的企业，依法办理变更、撤销或吊销营业执照。

（三）及时采集企业环境信息，充实企业信用信息公示系统，按照有关规定向社会公示并作为工商监管的参考内容。

（四）依法加强对进入市场的野生动物或者其产品监管，防止污染环境。

二十四、区质量技术监督部门工作责任：

（一）加强工业产品生产许可证管理，严格执行国家有关环境保护法规的要求，依法采集企业环境管理信息，加强企业和产品列入名牌和政府质量奖申报管理工作。

（二）负责机动车安全环保检测机构的资质认定，配合环境保护行政主管部门做好对环保检测机构的监督管理工作。

（三）负责环境管理体系认证监督管理。

（四）负责环境监测设备、仪器、仪表等的计量检定工作和对危险化学品包装物、容器的产品质量实施监督。

二十五、区安全生产监督管理部门工作责任：

监督检查重大危险源监控、职责范围内的生产经营单位安全生产事故隐患排查治理工作，依法查处工矿商贸生产经营单位不具备安全生产条件的违法违规行为，防范因生产安全事故引发环境污染事件。

二十六、区统计部门工作责任：

（一）将环境保护有关统计指标纳入国民经济和社会发展统计指标体系，并定期公布。

（二）加强对生态文明建设和环境保护相关的经济社会发展数据统计，并定期公布。依照统计法律法规，查处弄虚作假行为。及时提供数据，支持有关部门开展环境保护绩效考核、减排统计核算、领导干部环境保护经济责任审计和环境问题（事件）问责调查。

二十七、区政府法制部门工作责任：

（一）综合协调加强环境保护政府规章建设，及时审查修改相关草案。

（二）对有关部门报送政府审议的规范性文件中涉及环境保护方面的内容进行合法性审查。

（三）加强对环境保护行政执法的监督检查，依法办理涉及环境保护方面的行政复议案件。

二十八、区气象部门工作责任：

配合、协调环境保护行政主管部门加强重大灾害性天气的监测、预报、警报工作，及时发布天气预报、预警信息，及时提供重大突发环境事件的气象信息，拟定气象干预应对措施，加强大气污染监测、预警和应急管理工作。

二十九、区食品药品监督部门工作责任：

（一）配合环境保护部门做好餐饮行业的环境监管工作。

（二）配合落实餐饮行业环境影响评价制度，配合督促安装高效油烟净化设施。

三十、区电力部门工作责任：

对未取得环保部门批准的建设项目不得供电；对因违法排污被政府或有关部门责令停产、关闭、吊销营业执照的企业或建设项目实施停电、限电；具体停电、限电操作由区工业和信息化局组织，供电企业配合实施。

第十一条 环境保护行政主管部门和其他负有环境保护职责的部门除按上述规定履行环境保护工作责任外，还应认真做好本级人民政府交办的其他环境保护工作，并承担相应责任。

第四章 企业事业单位和其他生产经营者环保责任

第十二条 企事业单位和其他生产经营者依法履行以下环境保护职责：

（一）严格按国家法律法规取得生产经营环境行政许可。

（二）履行和承担污染防治责任，建立健全环境保护制度，采用清洁生产技术和工艺；按照排污许可证规定的标准和总量排放污染物，依法缴纳排污税费；防止、减少环境污染和生态破坏，并对所造成的损害依法承担责任。

（三）自觉接受环境保护主管部门和其他负有环境保护监督管理职责的部门的依法监督检查和处理。

（四）按照环境保护法律法规，为掌握本单位的污染排放状况及其对周边环境质量的影响等情况，组织开展环境监测活动。重点排污单位应当按照规定安装使用监测设备，保证监测设备正常运行，保存原始监测记录。

（五）加强企业环境信息公开，依法如实向社会公开环境影响评价、环保设施建设、运行及污染物排放情况等环境信息，接受社会监督。

第五章 公民和其他社会机构的环保责任

第十三条 公民、法人和其他组织发现任何单位和个人有污染环境和破坏生态行为的，应当依法向环境保护主管部门或者其他负有环境保护监督管理职责的部门举报。

第十四条 公民应当增强环境保护意识，自觉履行环境保护义务，自觉采取低碳、节俭的绿色生活方式和消费方式，减少日常生活对环境造成的影响和损害，并对行为造成的影响和损害依法承担责任。

第十五条 法人和其他社团组织参与环境保护公益活动时，应依法获取环境信息和传播信息，依照法律法规对污染排放者和政府及其职能部门履职情况进行监督。

第十六条 环境监测机构应当使用符合国家标准的监测设备，遵守监测规范，并对监测数据的真实性和准确性负责；环境影响评价机构以及从事环境监测设备和防治污染设施维护、运营的机构，对其有关环境服务的合法性、真实性、公正性负责，依法承担责任。

第六章 附 则

第十七条 本规定自公布之日起实施。

常德市鼎城区人民政府关于印发《鼎城区乡村公路管理养护办法》的通　　知

常鼎政发〔2016〕5号

各乡镇人民政府、街道办事处、区属农林场，区直各单位：

现将《鼎城区乡村公路管理养护办法》印发给你们，请认真组织实施。

常德市鼎城区人民政府

2016年4月26日

鼎城区乡村公路管理养护办法

第一章　总　则

第一条　为加强全区乡村公路管理养护，提升乡村公路路况水平，维护好乡村公路建设成果，依据《中华人民共和国公路法》、《湖南省乡村公路条例》的规定，结合我区实际，特制定本办法。

第二条　本办法所称乡村公路，是指经上级交通运输主管部门批准认定的乡、村道，及其桥梁、涵洞、隧道、渡口，公路附属设施等。

第二章　管理职责

第三条　区人民政府是本行政区域内乡村公路管理工作的责任主体。

第四条　乡村公路管理养护工作在区政府的统一领导下，管护责任落实为"乡道乡管、村道村管"。

第五条　区交通主管部门负责指导和协助乡镇人民政府（农林场、街道办事处）编制本行政区域内乡道、村道规划及年度建设养护计划，并对规划、计划的执行情况进行监督、检查。

第六条　区发展和改革、财政、国土资源、农业、林业、水利、公安等相关部门按照各自职责做好乡村公路的相关工作。

第七条　乡镇人民政府（农林场、街道办事处）负责编制本行政区域内乡村道路规划及年度建设，养护计划，建立由乡镇人民政府（农林场、街道办事处)分管负责人为召集人,各村(居)民委员会主任参加,以本乡镇(场、街道)交通管理站为依托的管养机制，开展本行政区域内的乡道管养工作,并指导、督促所辖村(居)民委员会做好村道管养工作。

第八条 村(居)民委员会在区交通运输主管部门和乡镇人民政府(农林场、街道办事处)的指导下，按照村民自愿、民主决策原则，组织本村(居)村(居)民做好村道的管理养护工作。

第三章 养护管理

第九条 乡村公路养护包括日常养护与养护工程。日常养护是指路面保洁,路肩除杂、整理,行道树管护,公路边沟、涵洞疏通、清杂,桥梁观测、日常管护,附属设施维护等;养护工程是指砼路面换板灌油,砂石路面填补坑槽、处治软弹,路基水毁修复如砌筑挡土墙,桥梁的维修加固,公路安保工程等。

第十条 乡村公路各级管理主体按照市场化原则,公开、公平、公正地确定养护队伍。养护作业实行专业化养护或者群众性养护等多种养护方式,鼓励面向社会公开招标,择优选择具备相关资质的养护作业单位。

第十一条 各级要配齐配强专门的乡村公路养护机构和人员,负责本辖区乡村公路日常管护,有责有权开展工作。

第十二条 乡村公路管养要落实好管养队伍,与养护工人签订一年一次的养护合同,用合同条款规范养护行为。

第十三条 乡村公路管养要落实好养护责任,工作内容包括路产、路权维护,路面养护,路基养护,桥涵养护,交通安全设备维护,绿化管养,安全生产等。

第十四条 乡村公路管养工作要落实必要的养护经费，经费来源为本级财政投入和上级补助，经费必须列入年度预算安排,专户储存,专款专用。

第十五条 为促进乡村公路养护管理工作尽早走上经常化,规范化发展轨道,区、乡两级政府应将此项工作纳入政府年度目标责任制考核。

第十六条 坚持乡村公路管理养护标准,确保工作绩效。

1. 落实好乡村公路路肩填培及整型工作,保证路肩无缺口。硬化公路均要求填培路肩,标准为每边宽幅不低于50厘米,与路面平齐,禁止在公路路肩栽种农作物。

2. 常年实行公路两侧除杂、除草,确保路肩与边坡无超过公路路面的长草,为保护植被,禁止施药除草,行道树要定期施水、打药、整枝、刷白,确保路容美观。

3. 定期清扫路面、使路面长期保持干净整洁、无洒落异物。

4. 及时处理砼路面破碎板和缺口,每两年一次对砼路面进行一次沥青灌缝。

5. 清理边沟,保持排水畅通,整洁。

6. 合理设置公路附属设施。定期进行维护,清洗、刷漆、校正,确保醒目。

7. 加大公路巡查力度。及时清除各类路障,保障道路安全、畅通。

8. 搞好水毁恢复工程。确保路基、边坡处于稳定状态。

第四章 路政管理

第十七条 任何单位和个人不得侵占、损坏、涂改或未经批准擅自移动,拆除公路附属设施。

第十八条 乡村道路两侧设立建筑控制区,乡道控制距离(指与路面边缘线,下同)不低于5米,村道控制距离不低于3米，新增建筑物违反上述规定,将依法予以拆除。

第十九条 乡村公路及用地范围内,禁止下例行为:

(一)车辆的轴载质量或总质量超出公路工程技术标准要求的超载运输;

(二)非法设卡、收费、罚款或拦截车辆;

(三)搭建棚屋,摆摊设点及设置各类经营场所;

(四)倾倒、堆放垃圾杂物及非公路作业施工材料;

（五）采石、取土、开挖鱼塘、排放污水，损毁公路的引水灌溉。

（六）打场、晒粮等占用公路路面的行为；

（七）设置非公路用途的标志、标牌、电杆、通信杆；

（八）擅自设置路障；

（九）损毁行道树、交通安全设施；

（十）挖掘，损坏公路及其构造物。

第二十条 乡村公路各级管理养护工作责任主体应完善各自管理公路的安全防护设施，按客观实际设置警告、禁令、指路牌等公路标志。乡村公路与流量较大的国省干线的平面交叉道口必须设置减速带和各种车辆通行提示标志。已硬化的乡村公路按实际需要设置限速、限载、限宽、限高标志。切实保护好混凝土路面，延长公路使用寿命。及时保养、维修更新交通安全设施。

第五章 养护资金保障

第二十一条 乡村道路的管养资金由乡镇人民政府（农林场、街道办事处）负责筹措，资金来源是：1.区级以奖代补资金；2.本级财政预算安排的资金；3.一事一议筹措资金；4.企业、个人等社会捐助资金；5.通过拍卖、转让乡村公路冠名权、广告经营权等运作方式筹集的资金。

第二十二条 区、乡两级应建立乡村公路养护资金合理增长机制，以满足不断增长的客观需求。

第二十三条 养护资金实行财政统一管理，专款专用。任何单位和个人不得挤占、挪用或截留。区财政、审计和交通运输主管部门应加强对乡村公路管理养护资金的监督，确保资金的有效使用和安全。

第六章 奖惩办法

第二十四条 区交通运输主管部门定期组织对各乡镇（场、街道）主管的乡村公路进行检查与考核，结果作为区考核乡镇（场、街道）交通工作的重要依据，并与区拨以奖代补养护资金挂钩，奖优罚劣。

第七章 附 则

第二十五条 本办法自发布之日起施行，原办法（常鼎政发〔2010〕7 号）同时废止，区交通运输局负责解释。

常德市鼎城区人民政府关于明确江南城区征地拆迁安置有关问题的通知

常鼎政发〔2016〕6号

各乡镇人民政府、街道办事处、区属农林场,区直有关单位:

为做好江南城区征地拆迁安置工作,逐步实现公寓楼安置房与商品房完全并轨,根据《国务院关于进一步做好城镇棚户区和城乡危房改造及配套基础设施建设有关工作的意见》(国发〔2015〕37号)和《常德市集体土地征收与房屋拆迁补偿安置办法》(常政发〔2015〕2号)等有关文件规定,结合江南城区公寓楼建设安置实际情况,现就明确江南城区征地拆迁安置有关问题通知如下:

一、自2016年5月1日起,江南城区范围不再规划建设公寓楼安置房,已开工建设的公寓楼项目按原规划设计方案建设并交付使用。

二、2016年5月1日前,江南城区征地拆迁项目签定拆迁补偿安置协议选择公寓楼安置的拆迁户,重新选择货币安置和商品房奖励安置的,按原协议签订时段的安置政策进行补偿和享受相关优惠政策;继续选择公寓楼安置的,可优先选择在江南城区存量公寓楼安置房源中安置。

三、2016年江南城区公寓楼安置范围征地拆迁项目的拆迁户选择居住公寓楼的,安排在现有公寓楼存量房源中安置。

四、存量公寓楼房源安置完毕后,江南城区公寓楼安置范围内征地拆迁项目一律实行货币安置和商品房奖励安置,引导拆迁户团购商品房安置。

五、根据征地拆迁项目安置情况,鼓励街道牵头引进房产开发企业定点建设商品房,以解决有田土耕作的拆迁户就近购买住房居住,方便生产、生活。

六、落实奖励购买商品房契税优惠政策。按财政部、国家税务总局财税〔2012〕82号文件规定,对江南城区被征地拆迁对象按常鼎政发〔2015〕6号文件规定在江南城区购买商品房的,其安置面积内的购房价款免征房屋交易契税。

七、本通知自2016年5月1日起施行,现行规定中凡与本通知不符的,一律按本通知规定执行。

特此通知。

常德市鼎城区人民政府

2016年5月4日

附录

Appendix

群众文化生活

2016年度全区综合绩效和部分单项工作考评结果及年度考核记功人员

2016年度全区综合绩效和部分单项工作考评结果及年度考核记功人员

一、优秀单位

（一）绩效评估优秀单位

1. 绩效评估红旗单位（20个）

蒿子港镇　郭家铺街道　石板滩镇
十美堂镇　玉霞街道
区纪委案件审理室
常德高新技术产业开发区　区编办
区财政局　区农业局　区住建局
区人社局　区文体广新局
市公安局鼎城分局　冲柳垸　四医院
区一中　区国税局　区地税局
朗州城市建设投资开发有限公司

2. 绩效评估先进单位（42个）

蔡家岗镇　许家桥回维乡　灌溪镇
中河口镇　红云街道
斗姆湖街道　镇德桥镇　区人大办
区人大内司工委　区政协办
区政协法制群团委
区纪委第四纪检监察室
区纪委党风政风监督室
花岩溪管委会　区工商联　区总工会
区党史办　区妇联　区老干局
区林业局　区工信局　区发改局
区商务粮食局　区交通运输局
区农机局　区水利局　区卫计局
区民政局　区科技局　区统计局
区广播电视台　区交警大队　区检察院
区审计局　八官垸　善卷垸
区九中　区卫生计生监督执法局
区供电公司　区公积金管理部
市规划局鼎城分局
兴隆劳务有限责任公司

（二）工业发展和规模企业优秀单位

1. 工业发展目标管理红旗单位（2个）

灌溪镇　石板滩镇

2. 工业发展目标管理先进单位（4个）

郭家铺街道　蒿子港镇
尧天坪镇　蔡家岗镇

3. 规模企业红旗单位（5个）

中联重科建筑起重机械分公司
常德芙蓉烟叶复烤有限责任公司
湖南常德南方水泥有限公司
常德南方混凝土有限公司
湖南特力液压有限公司

4. 规模企业先进单位（11个）

常德创兴混凝土有限公司
常德顶兴混凝土制品有限公司
湖南武陵机械制造有限公司
常德质中电通讯设备制造有限公司
湖南佳达电线电缆有限公司
精为天生态农业股份有限公司
常德市鼎城金标粮油工业有限公司
常德华利烟机配件有限公司
常德市联嘉机械有限公司

常德长岭烟机配件有限公司
常德辰州锑品有限责任公司

(三)文明单位

1. 省级文明村镇、文明单位(2 个)

周家店镇　区交警大队

2. 市级文明标兵单位(3 个)

区林业局　区财政局　区住建局

3. 市级文明村镇、文明单位、文明社区(12 个)

韩公渡镇　蔡家岗镇
常德高新技术产业开发区
区政协机关区　政府办　花岩溪管委会
玉霞街道鼎城社区　玉霞街道常沅社区
玉霞街道永安社区　红云街道花船社区
红云街道德安社区
郭家铺街道王家铺社区

二、年度考核记功人员

1. 下列 36 名同志呈报市委、市政府记二等功(记大功):

贺　译　曾立初　李三葆　李国忠　苏苗苗
李靖华　郑　军　王志新　李南孝　刘志平
林新忠　李新民　何奕波　丁敬宝　张圣华
周德新　钟兴满　高　力　金　刚　廖再利
陈谋昌　冀定辉　吴友春　葛良清　廖冬云
龙凌云　黄志敏　丁新家　宁　丽　段成功
卢　雯　陈开文　李向勇　陈　慧　周昌云
胡帮建

2. 给予下列 338 名同志记三等功(记功):

刘　怿　龚天宝　周跃华　戴　芳　吴希令
陈　宏　钟科轩　杨　珂　谭建新　朱首舵
李政达　郑小林　贺用森　曾世平　雷绘玻
马庆云　李圣年　龚万喜　李友明　易文松
王成猛　李书跃　尤明清　熊晓勇　钟伟胜
郑立军　梅其伟　向中福　张四平　罗　辉
李　磊　吴代锋　张宏胜　罗　义　方　辉
朱金平　廖四华　易宇平　刘仕敦　蔡清波
杨韶清　郭作全　王泽富　何南祥　丁忠仁
郝晓辉　刘里昂　刘永新　李　源　王国兵
刘　平　黎佳乐　丁跃南　毛育林　朱　蓉
谢　峰　李新国　胡永红　周晓晨　李　明
肖桂华　周和生　王　磊　伍　伟　刘清武
皮明灯　刘　俊　刘汉初　彭宏伟　胡光明
袁利民　杨家军　李建军　喻富国　彭朝晖
杨善军　周元枝　李　辉　熊月来　罗军初
张长远　牟凯波　涂华军　聂君利　罗振军
汪其明　丁保国　丁　科　邓小敏　雷四海
周　刚　邵国君　王丽群　徐建华　李超选
李云华　胡锡锋　唐诗球　潘柯柏　张述生
赵海斌　郭佑希　钟　伟　刘　德　张　敏
龚和平　谌玲琳　王建军　胡　蓉　宋崇明
邓思恩　张元健　李新发　肖拥军　旷能虎
韩德谷　杨小玲　何咏岚　卜秦蓉　丁　俐
李独明　罗　勇　詹　林　张文武　周科伶
谭　伟　张　毅　苏省文　朱　静　王建超
秦华强　胡　妍　黄　林　何　娟　潘云芳
胡爱华　张旺军　毛海英　张煜彬　邵　繁
盛荣华　高　斌　杜　峰　熊文波　鄢小军
杨德富　张志华　石冬华　张承佳　熊文捷
陈晓光　赵　刚　侯厶瑜　杨滕先　李　涛
贾仁斌　段艳丽　汤建华　刘　军　陈　真
张媛媛　熊柯冰　刘阿林　石建军　张智宾
刘　波　周朝龙　任英姿　彭立平　刘建军
陈定军　范建兵　李　曼　赵　勇　胡忠涌
龚金慧　高新民　邓应标　涂建民　洪智林
蔡正云　莫艳妮　陈建华　文　毅　薛晓文
江喜凤　孙宏志　马本标　刘建平　唐治国
熊小英　龚文静　陈　燕　白文学　张凤婵
何　婷　张国萍　李世曼　周庆明　杨继刚
杨翠文　杨　华　何　为　田　芳　唐　甜
卢丙贵　文慧香　刘　勇　刘小明　杨传景
林　红　姚开红　贺小红　何明安　丁敬国
蔡振宇　李　琼　刘国军　欧阳丹凤　孙友志
杨世明　彭珍香　吴志华　钟学爱　孙金蓉
覃世乔　邹伟民　蒋双初　刘晓明　侯丽华
黄金贵　黄代红　刘　杰　田长富　陈蔚平

雷加明　彭万孝　黄亚丽　魏先瑞　梅　利
陈友华　唐纯尧　姚菊英　陈兴加　杨会珍
黄明蓉　李淑兰　郭昌云　鲁　欢　汪为军
宋文忠　娄明华　赵琼进　唐永红　李小霞
冯良君　石小芳　熊丽娟　周　颖　彭桃仙
高文龙　申婷蕾　梁　凤　陈克钧　徐振钊
欧阳章俊　刘宏远　帅　勤　苏　俊　杨　芳
黄嵩贵　唐　静　罗　磊　李明晖　张德星
周继斌　欧阳宙　杨立红　刘文武　蒋宏斌
金明娟　刘　涛　陈芳兰　胡陕英　金春初
熊椿杰　陈洪波　彭　彪　诸光跃　王　琴
李文忠　陈勇任　刘丽萍　罗功仪　左光华
阮华全　游新全　肖利群　程海斌　陈立新
陈淑保　李元香　葛丽萍　姚运华　张桂英
雷小林　王新萍　刘建军　代友红　刘立波
廖雪珍　祝国华　鲁红菊　石长春　刘正权
蒯正文　陈小龙　朱小敏　苏　俊　李　伟
郝宏英　喻忠前　余友华　张学枝　高雪珍
贾仁国　杨慧敏　谢　飞　蔡辉武　陈建平
马春芳　张红财　元晓敏　陈红英　郑　梅
帅开政　唐秋梅　潘清平

摘自《中共常德市鼎城区委员常德市鼎城区人民政府关于2016年度全区综合绩效和部分单项工作考评结果及年度考核记功人员的通报》(常鼎委常鼎委〔2017〕5号)

索　引

说明：

一、本索引把年鉴条目的内容用主题分析的方法，按汉语拼音字母顺序排列；第一字相同，按第二字音序排列，依次类推。

二、标引词后的阿拉伯数字表示内容所在的页码，所有表格按序号排列，以类目提取的索引用黑体字区分。

三、本年鉴的“特载”“专题”“专文”“大事记”“资政论谈”“地方文献”“附录”“彩页”“随文图片”均未作索引。

湖南常德高新技术产业园

1 高新区班子成员
2 高新区新办公楼
3 湖南特力液压有限公司生产流水线
4 高新区孵化器大楼
5 中联重科建筑起重分公司厂区一景

1

2

3

4

5

常德市公安局鼎城分局

1 全区公安工作会议现场

2 局党委会研究公安工作

3 街面大巡防启动仪式

4 "回应民调关注、打击违法犯罪"新闻发布会

5 时任常德市政府副市长、公安局局长唐恒忠到鼎城分局业务技术用房建设工地调研

住房和城乡建设局

1 建筑工地安全检查

2 义捐助学活动现场

3 局党委书记、局长李南孝在施工现场为工作人员上安全课

4 住房困难家庭喜获新居

机构编制委员会办公室

1 全区行政审批制度改革工作调度会

2 全办主任(扩大)会议

3 了解贫困户家庭状况

4 在职干部植树活动

5 慰问结对帮扶对象

1

2

3

4

5

农　业　局

1 区农业局党委书记、局长，区委农办主任　钟兴满

2 省土肥站副站长黄峻率省农委救灾补损技术指导组到中河口镇指导工作

3 市农委检查验收灌溪镇白马岗村“美丽乡村建设”

4 副区长王直华检查指导石板滩镇毛栗岗村美丽乡村建设

5 区农业局“两学一做”学习教育动员大会

人力资源和社会保障局

1 局长　刘志平

2 参加阳光政务节目

3 农村劳动力就业技能培训

4 义务植树活动

5 局机关党员进社区

6 环湖竞走比赛

7 招聘活动现场

文化体育广电新闻出版局

1 局班子成员

2 "欢乐潇湘"常德市鼎城区群众文艺演出百团大赛

3 广播"村村响"技术培训

4 鼎城区第二届体育运动会开幕式

5 "重阳节"老干座谈会

6 学习常德市第七次党代会精神暨"讲奉献、有作为"专题研讨会

玉 霞 街 道

1 玉霞街道 2016 年骨干合影

2 省市侨联到街道指导工作

3 庆“七一”表彰大会现场

4 鼎城区第二届体育运动会玉霞街道获奖留影

5 B08 地块动迁启动现场

郭家铺街道

1 党工委书记　金刚

2 王家铺小学庆“六一”活动

3 在王家铺小学开展禁毒宣传教育

4 党员志愿者服务活动

5 夜间巡逻队开展巡逻

1

2

3

4

5

石板滩镇

1 主街一景
2 省文化厅常务副厅长禹新荣到镇视察
3 石板滩镇政府办公大楼
4 工业园区
5 居民区一角
6 党员春训暨网格化管理工作会议
7 机关干职“五四”登山活动

蒿子港镇

1 党委书记李辉献血

2 振兴街一景

3 棚户区改造后的建设街

4 蒿子港千吨级码头奠基

5 青茅港沿河风光带

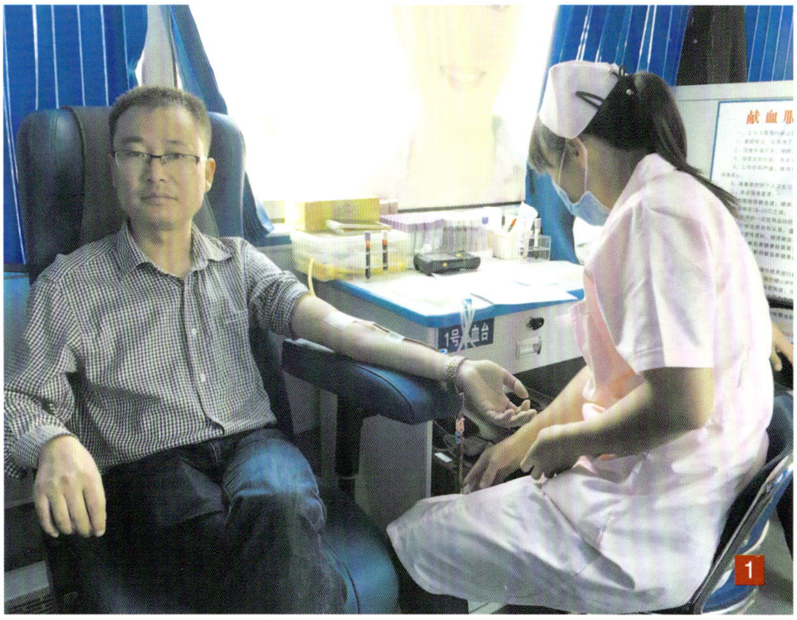

十美堂镇

1 班子成员
2 可爱十美堂
3 鸟儿洲文化长廊
4 区委书记杨易一行到镇调研
5 防汛工作检查